四川省繁荣发展哲学社会科学2004年重点课题
重修《四川通史》编委会

名誉主任：
　　陶武先　王少雄　黄新初
顾　　问：
　　杨析综　何郝炬　章玉钧　陈　文　殷建中　贾松青
主　　任：
　　侯水平　郑晓幸　张邦凯
副 主 任：
　　孙成民　罗　鸣　贾大泉　陈世松　罗韵希
委　　员：（以姓氏笔画为序）
　　王　炎　王　素　王庭科　向宝云　孙成民　吴康零
　　张邦凯　李绍明　李敬洵　陈世松　林　向　罗　鸣
　　罗开玉　罗韵希　郑晓幸　侯水平　段　渝　胡昭曦
　　贾大泉　隗瀛涛　温贤美　解　伟　谭继和

主　　编：
　　贾大泉　陈世松
副 主 编：
　　吴康零

卷一　先秦　　　　　　段　渝　著
卷二　秦汉三国　　　　罗开玉　著
卷三　两晋南北朝隋唐　李敬洵　著
卷四　五代两宋　　　　贾大泉　主编
卷五　元明　　　　　　陈世松　主编
卷六　清　　　　　　　吴康零　主编
卷七　民国　　　　　　贾大泉　主编

主编 贾大泉 陈世松
副主编 吴康零

本卷主编 吴康零
撰稿 张 力 王 纲 张学君 张莉红
　　 王 炎 胡越英 吴康零

四川通史
SI CHUAN TONG SHI

卷六 清

四川人民出版社

图书在版编目（CIP）数据

四川通史. 卷六，清 / 贾大泉，陈世松主编；吴康零分册主编. —2 版. —成都：四川人民出版社，2018.12
ISBN 978-7-220-11028-3

Ⅰ.①四… Ⅱ.①贾… ②陈… ③吴… Ⅲ.①四川－地方史－清代 Ⅳ.①K297.1

中国版本图书馆 CIP 数据核字（2018）第 232055 号

SICHUAN TONGSHI

四川通史（卷六　清）

吴康零　主编

责任编辑	吴焕姣　杨雨霏　王　莹
封面设计	敬人书籍设计
技术设计	杨　潮
责任校对	叶　勇
责任印制	祝　健
部分图片	罗韵希　帅初阳　武　韵
摄影作者	黄晓帆　帅黎明　胡翠兰
出版发行	四川人民出版社（成都市槐树街 2 号）
网　　址	http://www.scpph.com
E-mail	scrmcbs@sina.com
新浪微博	@四川人民出版社
微信公众号	四川人民出版社
发行部业务电话	（028）86259624　86259453
防盗版举报电话	（028）86259624
照　　排	四川胜翔数码印务设计有限公司
印　　刷	成都东江印务有限公司
成品尺寸	170mm×230mm
印　　张	44.5
字　　数	730 千
插　　页	8
版　　次	2018 年 12 月第 2 版
印　　次	2018 年 12 月第 1 次印刷
书　　号	ISBN 978-7-220-11028-3
定　　价	1280.00 元（全套共七卷）

■版权所有·侵权必究

本书若出现印装质量问题，请与我社发行部联系调换
电话：（028）86259453

重建于康熙年间的成都武侯祠诸葛亮殿

始建于康熙四十五年（1706）的泸定铁索桥

雍正七年（1729）着手修建的德格印经院

乾隆元年（1736）动工兴建的自贡西秦会馆（现为自贡盐业博物馆）

嘉庆二十三年（1818）都江堰治水六字诀刻石："深淘滩，低作堰"

道光年间修建的资中文庙灵星门

修建于清代的成都望江楼古建筑群

清末重庆法国水师兵营旧址

光绪三十四年（1908）修建的彭州白鹿上书院教堂

清末重庆日本领事馆旧址

矗立在成都人民公园内的"辛亥秋保路死事纪念碑"

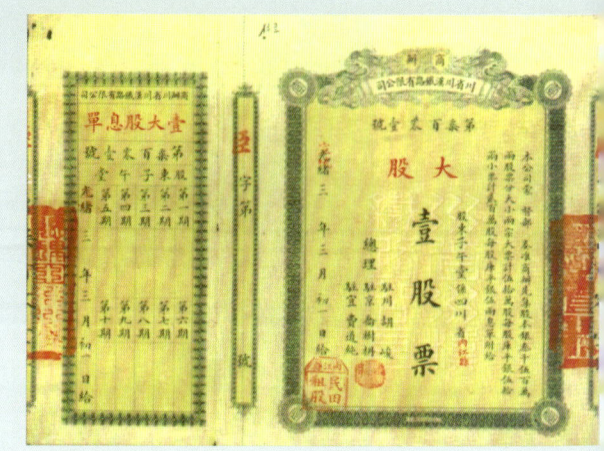

川省川汉铁路有限公司股票

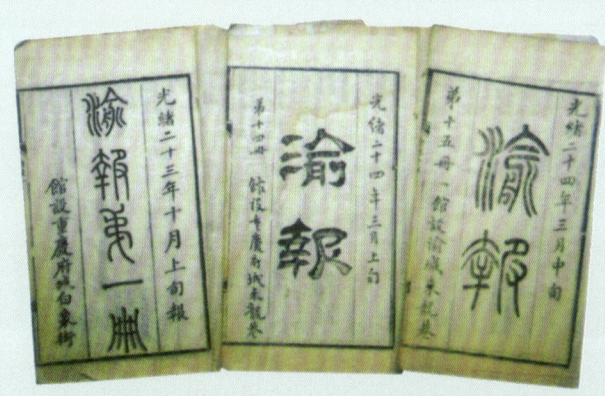

光绪二十三年（1897）在重庆创办的《渝报》，是四川第一家近代报刊

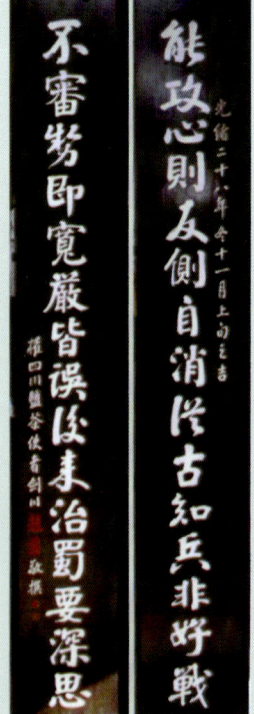

清人赵藩所题"攻心审势"联

光绪二十八年（1902）四川总督奎俊关于尊经书院与四川中西学堂合并为四川通省大学堂的奏折及清廷的御批

目 录

前　言	（1）
第一章　清朝四川政权的建立与巩固	（1）
第一节　清初四川政局	（1）
一、张献忠率军入川与大西政权的建立	（1）
二、清军入川剿抚大西军及抗清势力	（3）
第二节　清朝四川政权的确立	（10）
一、四川巡抚衙门初建保宁	（10）
二、四川省会迁定成都	（11）
第三节　清代前期的治蜀方针及实施	（12）
一、顺康雍乾的治蜀方针	（12）
二、四川平吴战争的胜利	（16）
三、清代前期的四川吏治	（19）
四、雍正朝的文字狱与四川主管官员的牵连	（25）
第二章　清代四川的政治军事制度	（30）
第一节　四川政区	（30）
一、建置	（30）
二、疆域	（36）
第二节　行政组织	（38）
一、省级官制	（38）
二、府州厅县官制	（45）

目录

　　三、基层保甲制 …………………………………………（46）

第三节　军事制度 …………………………………………（47）

　　一、驻川八旗兵 …………………………………………（47）

　　二、成都将军 ……………………………………………（49）

　　三、四川绿营兵 …………………………………………（50）

　　四、屯练土兵与乡勇团练 ………………………………（52）

　　五、清末新军与巡防军 …………………………………（54）

第三章　"湖广填四川"及其影响 ……………………………（56）

第一节　"湖广填四川" ……………………………………（56）

　　一、"湖广填四川"的政策缘起 ………………………（56）

　　二、"湖广填四川"的历史进程 ………………………（68）

　　三、移民路线与移民定居 ………………………………（76）

　　四、"客家人"的移民入川 ……………………………（79）

第二节　"湖广填四川"的深远影响 ………………………（82）

　　一、重塑四川社会经济结构 ……………………………（82）

　　二、促进四川社会经济繁荣 ……………………………（84）

　　三、海纳百川的文化熔炉 ………………………………（89）

　　四、客家民系的"回归" ………………………………（91）

第四章　清代四川的社会问题 …………………………………（95）

第一节　社会矛盾逐渐激化 ………………………………（95）

　　一、田地隐匿与社会问题 ………………………………（95）

　　二、根深蒂固的官场腐败 ………………………………（99）

第二节　民间宗教与秘密社会 ……………………………（105）

　　一、白莲教 ………………………………………………（105）

　　二、啯噜 …………………………………………………（108）

　　三、哥老会 ………………………………………………（112）

第三节　民众反清抗暴斗争 ………………………………（118）

　　一、四川白莲教反清起事 ………………………………（118）

　　二、李永和、蓝朝鼎反清起事 …………………………（120）

　　三、太平军石达开部在四川的活动 ……………………（126）

第五章 近代列强侵华对四川社会的冲击 (132)

第一节 鸦片战争对四川社会的影响 (132)
一、分摊赔款与鸦片贸易的灾难 (132)
二、鸦片种植的社会危害 (135)

第二节 资本主义列强向长江上游推进 (138)
一、西方教会势力渗入四川 (138)
二、《烟台条约》与英国的西部战略 (141)
三、川江航运与重庆开埠 (143)

第三节 甲午战后列强迫使清廷开放四川 (148)
一、《马关条约》与列强在四川的特权 (148)
二、领事馆的设立与租界的划定 (151)
三、川江航运权益的丧失 (155)
四、欧美教会机构遍布全川 (159)

第六章 清代四川教案与川人救亡图存 (165)

第一节 清代四川教案 (165)
一、四川多发教案究因 (165)
二、四川多发教案举例 (169)

第二节 四川士子的救亡主张与实践 (177)
一、川人在京的救亡活动 (177)
二、杨锐、刘光第喋血菜市口 (179)
三、变法改制思想在四川的传播 (185)

第三节 广大民众的反清反帝斗争 (187)
一、红灯教、啯噜、哥老会的反清斗争 (187)
二、东乡抗粮斗争 (190)
三、四川义和拳反清灭洋起事 (193)

第七章 清末四川新政 (198)

第一节 晚清"新政"潮流的延续 (198)
一、同光新政与戊戌新政中四川的改革 (198)
二、清末新政出台与四川大吏遵旨改革 (201)
三、预备立宪与四川咨议局的建立 (204)

四、四川城镇乡地方自治的推行 …………………………………… (210)
　第二节　清末新政在四川的展现及其影响 ……………………………… (213)
　　一、编练新军，开办警察 …………………………………………… (213)
　　二、兴学育才，废除科举 …………………………………………… (218)
　　三、振兴商务，奖励实业 …………………………………………… (222)
　　四、剔除陋习，移风易俗 …………………………………………… (227)
　　五、新政对四川近代化的促进 ……………………………………… (232)
　　六、新政导致四川社会矛盾激化 …………………………………… (235)

第八章　民族民主运动的勃兴 ……………………………………………… (240)
　第一节　新兴资产阶级登上历史舞台 …………………………………… (240)
　　一、四川资产阶级的产生及其特点 ………………………………… (240)
　　二、四川近代知识分子阶层的形成 ………………………………… (244)
　　三、四川商会的建立 ………………………………………………… (245)
　　四、四川绅商收回江北厅矿权斗争 ………………………………… (248)
　第二节　青年学子的新求索 ……………………………………………… (249)
　　一、新政中的游学热潮 ……………………………………………… (249)
　　二、留日学生的爱国、革命活动 …………………………………… (253)
　第三节　立宪派的形成及其活动 ………………………………………… (255)
　　一、四川立宪派的形成 ……………………………………………… (255)
　　二、四川立宪派的立宪活动 ………………………………………… (258)
　第四节　资产阶级革命派的崛起 ………………………………………… (262)
　　一、邹容与《革命军》 ……………………………………………… (262)
　　二、民主革命思想在四川的传播 …………………………………… (265)
　　三、同盟会组织在四川的建立与发展 ……………………………… (269)
　　四、革命党人在四川的武装起义 …………………………………… (272)
　　五、川籍志士在省外的革命活动 …………………………………… (276)

第九章　保路运动与四川辛亥革命 ………………………………………… (280)
　第一节　川汉铁路的筹办 ………………………………………………… (280)
　　一、保利权，自办川汉铁路 ………………………………………… (280)
　　二、杜外资，筹集筑路股款 ………………………………………… (283)

三、争商办，反对官府控制 …………………………………………（286）
第二节　保路风潮席卷全川 ………………………………………（289）
一、清王朝悍然夺路卖路 …………………………………………（289）
二、同志会奋起破约保路 …………………………………………（291）
三、立宪派领导文明争路 …………………………………………（295）
第三节　同志军武装起义 …………………………………………（299）
一、同盟会藉名保路导以革命 ……………………………………（299）
二、"成都血案"与同志军揭竿而起 ………………………………（302）
三、同志军的反清武装斗争 ………………………………………（304）
第四节　革命独立推翻清朝四川政权 ……………………………（308）
一、荣县首义掀起全川独立浪潮 …………………………………（308）
二、重庆独立与蜀军政府建立 ……………………………………（311）
三、成都光复与大汉四川军政府改组 ……………………………（314）
四、"引起中华革命先"的功绩 ……………………………………（320）

第十章　清代四川少数民族 …………………………………………（323）
第一节　清代四川少数民族概况 …………………………………（323）
一、清代四川民族的构成与分布 …………………………………（323）
二、清代四川各少数民族状况 ……………………………………（326）
第二节　清代对四川少数民族的治理 ……………………………（345）
一、清代治理四川少数民族的政策与措施 ………………………（345）
二、清代四川的土司制度与改土归流 ……………………………（351）
三、乾隆征剿瞻对与清末收瞻改流 ………………………………（355）
四、平定大小金川土司叛乱 ………………………………………（358）
五、清末"巴塘事件"与川边改土归流 ……………………………（362）
六、清末川边藏区的改革与开发 …………………………………（365）
第三节　四川少数民族的反压迫反侵略斗争 ……………………（371）
一、四川少数民族的反土司反官府斗争 …………………………（371）
二、四川少数民族的反侵略反洋教斗争 …………………………（375）

第十一章　清代四川财政 ……………………………………………（379）
第一节　赋役制度 …………………………………………………（379）

一、地丁制度 …………………………………………………………（379）
　　二、盐茶税 ……………………………………………………………（382）
　　三、杂税 ………………………………………………………………（386）
　　四、耗羡、余平 ………………………………………………………（387）
　　五、捐输 ………………………………………………………………（389）
　第二节　榷关与海关 ………………………………………………………（391）
　　一、榷关 ………………………………………………………………（391）
　　二、重庆海关 …………………………………………………………（394）
　第三节　四川财政状况 ……………………………………………………（395）
　　一、财政管理 …………………………………………………………（395）
　　二、金融 ………………………………………………………………（397）
　　三、财政收支 …………………………………………………………（402）
　　四、清末财政改革 ……………………………………………………（405）

第十二章　清代四川的人口与耕地 ………………………………………（408）
　第一节　人口 ………………………………………………………………（408）
　　一、清代四川的人口数据 ……………………………………………（408）
　　二、清代前期四川人口数据的定量分析 ……………………………（411）
　　三、清代后期四川人口数据的定性分析 ……………………………（419）
　第二节　清代四川人口的原籍构成与地缘分布 …………………………（422）
　　一、清代四川人口的原籍构成 ………………………………………（422）
　　二、清代四川人口的地缘分布 ………………………………………（424）
　第三节　耕地数量与"人土矛盾" …………………………………………（428）
　　一、清代四川的耕地数量 ……………………………………………（428）
　　二、清代四川的"人土矛盾" …………………………………………（429）
　　三、清代后期四川的山岭垦辟 ………………………………………（433）

第十三章　清代四川经济的恢复与发展 …………………………………（436）
　第一节　农业 ………………………………………………………………（436）
　　一、高产农作物的引进与粮食产量的增加 …………………………（436）
　　二、农田水利工程日益完善 …………………………………………（439）
　　三、科技知识的推广与生产技术的提高 ……………………………（441）

第二节　盐业 ……………………………………………………………… (443)
　　一、恢复井盐生产的措施 ………………………………………… (443)
　　二、井盐生产技术改良 …………………………………………… (445)
　　三、井盐生产全面发展 …………………………………………… (452)
　　四、"引岸"运销制度的形成 ……………………………………… (457)

第三节　其他手工业 ……………………………………………………… (463)
　　一、纺织业 ………………………………………………………… (463)
　　二、矿业 …………………………………………………………… (467)
　　三、酿酒业 ………………………………………………………… (470)
　　四、制茶业 ………………………………………………………… (473)
　　五、制糖业 ………………………………………………………… (475)
　　六、造纸业 ………………………………………………………… (476)
　　七、印刷业 ………………………………………………………… (477)

第四节　交通运输 ………………………………………………………… (479)
　　一、水路运输 ……………………………………………………… (479)
　　二、驿站运输 ……………………………………………………… (480)
　　三、麻乡约 ………………………………………………………… (482)

第五节　商业贸易 ………………………………………………………… (483)
　　一、大宗商品的区域贸易 ………………………………………… (483)
　　二、以区域经济为依托的城市商业辐射区 ……………………… (485)
　　三、农村场镇市场的兴盛 ………………………………………… (489)

第十四章　清代四川商品经济的发展 …………………………………… (493)

第一节　农村商品生产的发展与农业商品化过程的出现 ……………… (493)
　　一、土地租佃关系的变化 ………………………………………… (493)
　　二、集约型农业的出现 …………………………………………… (497)
　　三、日益活跃的农村副业 ………………………………………… (500)

第二节　手工业生产规模的扩大与资本主义萌芽 ……………………… (505)
　　一、手工业生产规模的扩大 ……………………………………… (505)
　　二、技艺改良与行业分化 ………………………………………… (507)
　　三、雇佣劳动的增长 ……………………………………………… (510)

目录

　　第三节　区域商品市场的形成与商业资本向产业资本转化 …………… (513)
　　　　一、区域性市场的形成 ………………………………………………… (513)
　　　　二、商业资本向产业资本转化 ………………………………………… (515)

第十五章　清末四川资本主义经济的产生与初步发展 ………………… (519)
　　第一节　重庆开埠后四川经济的深刻变化 ………………………………… (519)
　　　　一、农村自然经济开始解体 …………………………………………… (519)
　　　　二、市场开放为传统手工业带来发展契机 …………………………… (523)
　　　　三、四川兴办实业热潮 ………………………………………………… (525)
　　第二节　外商在四川的经营投资活动 ……………………………………… (527)
　　　　一、对外开放的冲击波和冲击效应 …………………………………… (527)
　　　　二、外商投资活动及其成效 …………………………………………… (532)
　　第三节　四川近代工商企业的产生和初步发展 …………………………… (538)
　　　　一、丁宝桢与四川机器局 ……………………………………………… (538)
　　　　二、近代工商企业产生的途径 ………………………………………… (542)
　　　　三、近代工商企业的初步发展 ………………………………………… (544)

第十六章　清代四川文化（上） ……………………………………………… (547)
　　第一节　教育 …………………………………………………………………… (547)
　　　　一、清代四川教育概述 ………………………………………………… (547)
　　　　二、尊经书院 …………………………………………………………… (553)
　　　　三、新式学校的兴起 …………………………………………………… (556)
　　第二节　科学技术 ……………………………………………………………… (559)
　　　　一、农业与《三农纪》 ………………………………………………… (559)
　　　　二、医药学 ……………………………………………………………… (562)
　　　　三、盐业钻井技术的成就 ……………………………………………… (565)
　　　　四、近代科学技术的推广 ……………………………………………… (566)
　　第三节　学术思想 ……………………………………………………………… (569)
　　　　一、清代四川学术思想概述 …………………………………………… (569)
　　　　二、反理学思想家费密 ………………………………………………… (571)
　　　　三、唐甄与《潜书》 …………………………………………………… (573)
　　　　四、刘沅与《槐轩全书》 ……………………………………………… (575)

五、经学奇才廖平 …………………………………………………… (577)
六、宋育仁的"经学"与"西学" ……………………………………… (579)

第十七章 清代四川文化（中） …………………………………… (585)

第一节 文学与艺术 ……………………………………………… (585)
一、清代四川文学艺术概述 ………………………………………… (585)
二、彭端淑与《示子侄》文 ………………………………………… (588)
三、文坛全才李调元 ………………………………………………… (590)
四、性灵派杰出诗人张问陶 ………………………………………… (593)
五、杨锐、刘光第的诗文成就 ……………………………………… (596)
六、清代四川竹枝词 ………………………………………………… (599)
七、川剧 ……………………………………………………………… (602)
八、曲艺及其他 ……………………………………………………… (607)
九、书法与绘画 ……………………………………………………… (610)

第二节 新闻出版 ………………………………………………… (614)
一、清代四川的图书刻印 …………………………………………… (614)
二、清代四川的新式报刊 …………………………………………… (619)
三、德格印经院 ……………………………………………………… (624)

第三节 史志 ……………………………………………………… (627)
一、四川治史修志概述 ……………………………………………… (627)
二、方志学者的修志见识 …………………………………………… (629)
三、嘉庆《四川通志》 ……………………………………………… (630)
四、傅崇矩与《成都通览》 ………………………………………… (632)
五、历史学家张森楷 ………………………………………………… (634)

第四节 名胜古迹与建筑艺术 …………………………………… (635)
一、清代对名胜古迹的修缮和扩建 ………………………………… (635)
二、清代新建的名胜古迹 …………………………………………… (637)
三、民居府第 ………………………………………………………… (640)

第十八章 清代四川文化（下） …………………………………… (643)

第一节 宗教文化 ………………………………………………… (643)
一、清代宗教文化概述 ……………………………………………… (643)

目 录

  二、道教文化 …………………………………………………… (644)
  三、佛教文化 …………………………………………………… (646)
  四、伊斯兰教文化 ……………………………………………… (649)
  五、基督教在川的文化活动 …………………………………… (651)
 第二节 社会与习俗 ………………………………………………… (658)
  一、由移民社会向土著社会转化 ……………………………… (658)
  二、家族、宗族 ………………………………………………… (660)
  三、会馆 ………………………………………………………… (667)
  四、服饰 ………………………………………………………… (670)
  五、习俗 ………………………………………………………… (673)
 第三节 饮食文化 …………………………………………………… (678)
  一、川菜文化 …………………………………………………… (678)
  二、川酒文化 …………………………………………………… (680)
  三、川茶文化 …………………………………………………… (684)

大事年表 ……………………………………………………………… (687)
后 记 ………………………………………………………………… (692)

前 言

重修《四川通史》最大的变动之一，是将原《四川通史》第六册的断限由近代（1840~1919年）调整为清代（1644~1911年）。这样调整，更符合通史的编纂体例，能更好地展现四川历史发展的脉络和轨迹。近些年来，随着大量清代档案、史籍的发掘、整理、出版与开放，清史研究领域大大拓宽，一系列高水平的研究成果相继问世，特别是国家清史编纂工程正式启动和新修四川方志的陆续出版，为我们编修《四川通史》清代卷提供了极为良好的条件。

一

清朝是我国历史上最后一个封建王朝。这个王朝从1644年（顺治元年）清军入关在北京建立全国政权算起，到1911年（宣统三年）辛亥革命被推翻为止，经历了顺治（福临）、康熙（玄烨）、雍正（胤禛）、乾隆（弘历）、嘉庆（颙琰）、道光（旻宁）、咸丰（奕詝）、同治（载淳）、光绪（载湉）、宣统（溥仪）10帝，前后268年，其时间之长，堪比汉、唐、宋、明诸代。

纵向考察中国历史发展的进程，清代有过骄人的辉煌，也经历了令人心酸的苦难与屈辱。清代有许多历史经验、教训，值得我们认真总结和记取，同时留下了许多珍贵遗产，需要我们继承并发扬光大。

前言

清代"康雍乾盛世",生产力发展水平超越宋、明,远胜汉、唐,呈现出政治清明、社会安定、经济繁荣、文化昌盛的景象。当时国力强大,版图辽阔,民族的凝聚力进一步增强,各地区之间的联系日益密切,民族团结和睦关系达到史无前例的程度,统一的多民族大家庭基本形成①。当今中国的疆域版图也奠定于清代。毋庸置疑,清代将中国封建社会发展到了顶峰。

从世界历史发展趋势考察,清代处于世界历史大转变、大发展时代。清代与中国历代封建王朝最大的不同之处,在于它从建立到覆灭,都是在与外部世界,特别是在与西方世界的接触、摩擦、冲突和战争中展开的。差不多与清王朝定鼎北京同时,英国于17世纪40年代爆发了资产阶级革命,开创了世界资本主义工业化、资产阶级民主化的新纪元。18世纪英国产业革命以后,生产力突飞猛进。从传统社会向近代社会转化,成为不可阻挡的历史潮流。这时,正是清朝"康雍乾盛世"后期,中国经济的发展水平与西方先进国家并无多大差距。可惜,面对世界历史的大潮,自诩为天朝上国的清朝统治者,背着沉重的封建专制主义包袱,陶醉于盛世的文治武功,妄自尊大,故步自封,顽固推行闭关锁国的对外政策,不肯与世界交往,不愿向外国学习,连西方最先进的科学技术也拒之于国门之外,一次又一次地丧失了发展机遇,使中国的经济水平与西方资本主义国家的差距一步一步拉大,可以说是一落千丈。在此情况下,清朝只能沿着历代封建王朝清廉、腐败、衰落、灭亡的老路运行,成为一个腐败与落后并存的国家,从而注定了在近代史上落后挨打的命运,在近代化的道路上付出了十分沉重的代价。

1840年(道光二十年)爆发的英国侵略中国的鸦片战争,改变了中国历史发展的进程。西方殖民者用鸦片和大炮,打开了古老中华帝国的国门。从此,中国由一个独立的封建国家,一步一步地沦为半殖民地半封建国家。随着列强侵略的不断加深,中华民族的危机日益深重。许多先进的中国人,为了富国强兵,救国救民,在近代化的道路上不懈探索。近代发生的洋务运动、戊戌变法、辛亥革命、五四运动……展示了先进的中国人和人民大众救亡图存、迈向近代化的坎坷历程。

---

① 参见戴逸:《认识清代历史的三个视角——在上海首届"世界中国学论坛"上的讲话》,"中华文史网",2004年11月21日。

研究清代四川历史,离不开清代全国历史和世界历史的大环境。正是在清代盛衰兴亡的演变中,在世界资本主义大潮的冲击下,展开了清代四川多姿多彩的历史画卷。

二

明末清初,四川战乱频仍,满目疮痍。在血与火的争战中建立起来的清朝四川政权,面临着在废墟上再造天府文明的重任。清初统治者,记取明朝灭亡的教训,制定并执行了"安民为先"、"裕民为上"、"便民为要"的治蜀方略,特别是针对四川战乱后田园荒芜、城郭无烟、人口"殆尽"的状况,采取了移民实川、招民垦种、轻徭薄赋等政策措施,在巴蜀大地上形成了史称"湖广填四川"的移民大潮。这个移民大潮,对重塑四川社会结构、稳定政治局势、繁荣城乡经济、推动文化融合、提高人口素质等各个方面,都产生了巨大而深远的影响。当全国出现"康雍乾盛世"之时,四川历史的发展也从第三次低潮,步入了第三次发展高潮[1]。仅就人口而言,顺治十八年(1661),全川在册人丁仅 16096 丁,按一丁五口计算,总人口只有 8 万多人(或说 50 万人);乾隆四十八年(1783),全川人口达到 814 万多人,122 年中增加了 100 倍;嘉庆十七年(1812),全川人口达到 2143 万多人,超过了四川历史上的最高人口数;道光二十年(1840),全川人口达到 3833 万余人,占全国人口总数的 9.3%。四川不仅是全国第一移民大省,也是全国第一人口大省。当时,"川中财货之饶,甲于西南"[2]。大批川粮外运,"东南各省均赖其利"[3]。四川盐业发达,钻井技术先进。道光年间,盐都自贡凿成了世界上第一口超千米(1001.42 米)深井——燊海井,创造了世界深井钻井新纪录。四川"盈宁富庶,虽历代全盛之时未能比隆于今日也"[4]。随着商品经济的发展,四川的一些行业中,已经孕育了资本主义的萌芽。

---

[1] 《古代四川历史发展的高潮和低潮》,《巴蜀文化研究通讯》2005 年第 2 期。
[2] 严如熤:《三省边防备览》卷 9。
[3] 嘉庆《四川通志》卷 72。
[4] 雍正《四川通志》卷 5。

然而,"康雍乾盛世"和四川历史发展的第三次高潮,并没有给中国和四川带来生产力的飞跃和生产关系的重大变革。鸦片战争后中国社会性质的演变,必然导致四川社会性质的演变。由于地理环境的封闭性以及政治、经济、文化发展的不平衡性等因素的影响,四川半殖民地半封建化的进程较之沿海和长江中下游地区大约要迟缓二三十年,而且带有若干内地特色。

三

近20多年来,涉及清代四川历史的通史性著作和断代史著作出版了数种,除初版《四川通史》第五册(元明清卷,陈世松主编)和第六册(近代卷,吴康零主编)之外,主要有:隗瀛涛等著的《四川近代史》(1985年四川省社会科学院出版社出版),四川省社会科学院历史研究所《四川简史》编写组编写的《四川简史》(1986年四川省社会科学院出版社出版),蒙默等著的《四川古代史稿》(1989年四川人民出版社出版),隗瀛涛主编的《四川近代史稿》(1990年四川人民出版社出版),王纲著的《清代四川史》(1991年成都科技大学出版社出版)。上述著作,无一例外是将清代四川历史截然划分为两段:以鸦片战争爆发为界,将1840年以前的四川清史划入四川古代史范围,1840年以后的四川清史划入四川近代史范围。理由是鸦片战争前后,中国社会性质发生了改变,已由封建社会逐步沦为半殖民地半封建社会。这种以社会性质不同而作出的历史分期,在全国史学界普遍流行,当然有其合理性。然而,这种分期法,不应该也不可能取代对完整的清代四川断代史的研究。

社会性质的改变,是一个逐步进行的历史过程,不会因为鸦片战争"一声炮响",就把清代前中期的历史和晚清的历史截为两段。更何况四川僻处西南内陆,社会性质的改变要迟缓得多。清代四川历史有其来龙去脉,前中期的历史和晚期的历史有千丝万缕的联系。作为清代四川断代史研究,没有必要也不应该把清代前中期的历史同晚清的历史割裂开来。然而,这种割裂的现象过去是存在的。由于将它们分别划属古代史和近代史两个学科大类,因此二者之间虽"鸡犬之声相闻"却很少交流沟通。四川近代史的研究者们,往往对清代前中期的历史不甚了了,以致不能追根溯源,阐明近代四川历史发展变化的脉络;而研究清代四川前中期的学者，也很少问津晚清四川历史的发展变化，甚至将半部清代四川历史（前中期的历史）称为"清代四川史"，而把划入近代史的晚清四川历史排除在清史之外。

重修《四川通史》决定将"近代卷"调整为"清代卷"，既是为了统一《四川通史》的编纂体例，更是为了系统地展示清代四川断代史的全貌，加强四川清史研究的学科建设，在探索四川历史发展规律方面进行新的尝试。

四

清代是变革的时代，转型的时代。在清代268年历史中，四川社会的发展变化比以往任何历史时代都更复杂更深刻更急速。清代四川历史，是四川由高度发展的封建社会日渐衰落，在资本主义、帝国主义压迫下，向半殖民地半封建社会转化的历史；是四川"耕织结合"的自然经济开始解体，资本主义经济从萌芽到初步发展的历史；是四川各族人民在大迁徙大融合中形成当今多民族省份格局，在不断交流磨合中共同发展的历史；是四川人民的反帝反封建斗争，由旧式农民自发造反，发展到资产阶级领导的民族民主运动，最终推翻清王朝在四川的专制统治，营建民主共和制度的历史；是四川志士仁人走出夔门、国门，学习并引进西方新知识、新思想、新文化，弘扬优良传统，不断探索创新的历史；是四川社会由中世纪的封闭状态向开放的资本主义近代文明起步的历史。

在清代268年历史中，四川与全国各省区的关系及相互影响比以往任何历史时代都更密切更直接更明显。有清一代，四川发生了多起牵动中央、影响全国的重大事件，如平定吴三桂叛乱、湖广填四川、大小金川之役、川楚白莲教起义、川江通轮、重庆开埠、川边改革开发、保路风潮与同志军起义等等。清代全国发生的若干重大历史事件，社会经济生活领域出现的各种变化，几乎都与四川有关，或在四川有所反映或呼应，所不同的只是时间或先或后，规模或大或小，层次有高有低，震荡或强或弱而已。可以说，清代四川是清代中国西部内陆颇具代表性的缩影。

五

重修《四川通史》清代卷将清代268年的四川历史作为一个整体来考察，力图从政治、经济、民族、文化、社会生活等各个方面，勾勒清代四川历史的概貌和轨迹，展现四川各族人民筚路蓝缕的创业艰辛、饱含血泪的屈辱苦难、可歌可泣的奋斗业绩、坎坷曲折的前进历程，阐明清代四川在四川历史和中国历史上的特点、地位和作用，以探索历史发展的规律，吸取有益的经验教训，为建设社会主义新四川提供历史借鉴。清代四川为今日四川留下了许多珍贵遗产。当代四川政治、经济、军事、文化、社会生活、民族关系等方面遇到的诸多重大问题，大都由清朝演化、延伸而来，都可以在清代找到其历史渊源。因此，要深刻了解四川省情，离不开对清代四川历史的科学认识。学习和研究清代四川历史，具有极为重大的现实意义。

第一章 清朝四川政权的建立与巩固

第一章 清朝四川政权的建立与巩固

第一节 清初四川政局

一、张献忠率军入川与大西政权的建立

1644年（明崇祯十七年、清顺治元年）是中国历史上风云巨变的一年。

这一年，以李自成为首的大顺农民军于三月十九日攻入北京，推翻了统治中国长达276年之久的明王朝。李自成在北京称帝。但大顺军占领北京仅仅42天，又匆忙撤出退往西安。大顺军在与清军数度交战失利后，节节败退，次年李自成牺牲于湖北通山县的九宫山。

这一年，早就建都沈阳的"大清"政权，由摄政王多尔衮亲率大军南下，图谋入主中原。明朝山海关总兵吴三桂献关降清，清军直入关内，于五月初二日进占北京。十月初一日，顺治皇帝福临在北京隆重举行登基大典，从此中国开始了清王朝的统治①。

---

① 1643年（清崇德八年），清太宗皇太极去世，由其第九子年仅6岁的福临在沈阳即位。之所以要在北京重新举行登基仪式，是要向全中国表明，清朝已经入主中原，君临天下。有学者认为，中国历史进入清朝的时间应从五月初二日清军进入北京算起。

第一章 清朝四川政权的建立与巩固

也是在这一年，在南方作战的张献忠第五次率领大西军由湖北进军四川，六月攻入重庆，八月攻破成都。明蜀王朱至澍及主要官员或上吊、投井、投河自杀，或被俘处死。四川大部分地区被张献忠农民军占领。十一月十六日，张献忠在成都建立大西政权，国号大西，建元大顺，造新历，更其名为通天历，以成都为西京，自称为西王（亦说称秦王）。

张献忠称帝后，命令臣民一律称他为"老万岁"。不拘良贱之家，都要立"西朝皇帝万岁"牌位于大门，供以香火。以其义子孙可望、李定国居东、西二府，称千岁。以原蜀王府为帝宫，其正殿改称承天殿，昭明殿为金銮殿，以府门外屋为朝房。

大西政权建立了一套较为完整的中央机构，并任命相应的官员。如任命左、右丞相，六部尚书和京畿道御史，五军都督府都督和五城兵马司都督等，并在其势力所达的各府、州、县建立了地方政权。

大西农民军分设东、西、南、北四将军，由张献忠的四个义子孙可望、李定国、刘文秀、艾能奇分别统领，称"平东"、"安西"、"抚南"、"定北"将军。

大西政权还采取了一系列政治、经济、文化等方面的措施，以巩固政权，发展生产。如：（1）镇压朱室宗藩及对抗大西政权的僧道；（2）对降官分别授以官职；（3）开科取士，录用士子为大西政权效力；（4）宣布边郡新附，"免其征赋三年"[①]；（5）铸钱流通，发展生产；（6）刻印书籍，繁荣文化，等等。

大西政权建立后，对四川官僚地主武装的反抗进行了坚决镇压。

崇祯十七年（1644），当张献忠大西军入川时，四川各地官僚、地主初惧刀兵，争先送款。但随着该年五月南京

图1-1 大西政权所铸"大顺通宝"为小平钱，背文为"户""工""用"等字

福王朱由崧弘光政权的建立，四川的官僚、地主又一时嚣张起来。弘光政权一方面派兵部侍郎左懋第等带着金银前往北京通好清朝政府；一方面任命米寿图为四川巡按御史，以前大学士王应熊为兵部尚书兼文渊阁大学士，总督川、广、云、贵军务，专门组织地主武装与张献忠大西军作战。

---

① 李天根：《爝火录》。

第一章 清朝四川政权的建立与巩固

在南京弘光政权的支持下，四川各地官僚、地主纷纷组织武装，发动叛乱。如曾英、李占春、于大海起合州（今重庆合川），王祥起遵义（当时属四川），杨展起犍为，曹勋起黎州（今四川汉源）。王应熊更纠合一些武装在达州誓师。遂宁吕大器、西充李乾德、宜宾樊一蘅、内江范文光、邛州刘道贞等亦大肆进行武装叛乱活动。

张献忠为了保卫大西政权，下令四将军对四川的官僚、地主武装进行坚决镇压。命抚南将军刘文秀进兵重庆，平东将军孙可望与大将马元利等进兵川北，大将冯双礼等进兵川南泸州、叙州（今四川宜宾）等地，定北将军艾能奇与大将狄三品等进兵雅州（今四川雅安）、眉州等地。经过约半年的激烈战斗，除刘文秀在江北受挫外，其他各路大西军均获得了重大胜利。冯双礼在川南大败杨展，收复叙州等地；艾能奇在雅州飞仙关打败朱俸尹、曹勋，收复雅州等地；马元利在川北消灭了李含乙，收复广安州。在中江、射洪一带活动的约十万叛乱武装亦在大西军的内外夹攻下被消灭。四川官僚、地主武装叛乱的气焰被打了下去。

二、清军入川剿抚大西军及抗清势力

清王朝定都北京后，在进行国家政权建设的同时，立即调遣大军南征西讨，剿抚抗清势力，将清朝统治向全国各省区推进。当时，在四川唯一能与清军抗衡的军队，就只有张献忠率领的数十万大西军了。

清政府为了减少进兵西南的阻力，瓦解四川抗清力量，以高官厚禄诱降张献忠。福临于顺治二年（1645）十一月二十日向张献忠发出一道招降诏谕：

"明祚衰微，臣奸政舛，人心瓦解，国祚沦亡。今天下一统，率土臣民，皆朕赤子。张献忠前此扰乱，皆明朝之事，因远在一隅，未闻朕抚绥招徕之旨，是以归顺稽迟。朕洞见此情，故于遣发大军之前，特先遣官赍诏招谕。方今有志之士，皆欲争先归顺，建立功业。张献忠如审识天时，率众来归，自当优加擢叙，世世子孙，永享富贵。所部将领、头目、兵丁人等，各照次第升赏。倘迟延观望，不早迎降，大军既至，悔之无及。特兹诏谕，想宜知悉。"①

---

① 《世祖章皇帝实录》卷21。按：谢国桢先生所编《清初农民起义资料辑录》（上海人民出版社1957年版）第212页作"顺治二年冬十月戊辰，下诏招四川逆贼张献忠等"，误。顺治二年冬十月无戊辰日。今据《世祖章皇帝实录》卷21原文，为"十一月……戊辰"，即十一月二十日，公元1646年1月6日。

清总督六省军务、吏部左侍郎佟为恭还于十一月之前派遣王汉杰、崔法舜带着有关诏书、告示前往四川向张献忠说降①。清政府又利用投降变节分子向西南地区渗透，企图在大西军和四川官僚、地主中寻找支持者。顺治颁谕说："凡文武官员兵民人等，不论原属流贼或为流贼逼勒投降者，若能归服我朝，仍准录用，倘抗拒不服，置之重典，妻子为奴。开诚投顺者，加升一级，恩及子孙。有能擒献贼渠将佐者，论功优升，永同带砺。朕今抚御寰宇，求贤若渴，凡有长才伟略，怀瑾握瑜之士，亟力奋起，共立功名。迟疑失时，噬脐无及。"②

顺治三年（1646），摄政王多尔衮以顺治皇帝的名义任命肃亲王豪格为"靖远大将军"，统率八旗进兵四川，征讨张献忠。

面对上述严峻形势，张献忠毅然肩负起了抗清重任。顺治三年（1646）七月，张献忠率领大西军从成都出发进驻川北，准备迎击清军。其军事调配是：四将军孙可望、李定国、刘文秀、艾能奇各统兵10万分驻川北前线，刘进忠驻守川北门户朝天关；张献忠驻营西充县凤凰山，居中调度。当时大西军总数约60万，士气高昂，"势甚锐"③。

刘进忠原为大西军成都都督。顺治三年（1646）十一月，肃亲王豪格和叛将原明总兵李国英到达陕南汉中。刘进忠图谋叛变，派心腹"吴之茂等迎降"④。对刘进忠的叛迹，张献忠早有察觉，决定将他从朝天关调回西充。刘进忠接到张献忠的调令，担心事情暴露，遭到张献忠的袭击，便在部队中制造谣言："主上（指张献忠）曾言：'先屠儒，次屠民，再次屠蜀中新附将卒。'今檄文星急，如是殆欲屠新附者也，为之奈何？""事急矣！惟北投大清，活生灵为善计尔。"⑤ 于是，在清军奸细严自敏和李自成旧部降将马科的协助下，刘进忠仓皇逃往汉中，投降了清军。

不久，清军在刘进忠的引导和保宁诸生罗长允、杨芳名、郑大伦等人的配合下，向西充县冒险深入，对张献忠所驻凤凰山指挥部进行突然袭击。

---

① 《明清史料》丙编第2本。
② 《世祖章皇帝实录》卷21。
③ 光绪《西充县志》卷14。
④ 沈荀蔚：《蜀难叙略》。
⑤ 李馥荣：《滟滪囊》卷3。

第一章　清朝四川政权的建立与巩固

顺治三年（1646）十二月十一日清晨，清军骑兵利用大雾的掩护急行至西充。当张献忠得知清军已进抵凤凰山时，来不及穿戴盔甲，只披着飞龙蟒袍，随带三支箭，就匆匆上马冲下凤凰山应战。当他立马太阳溪边时，正在对岸的刘进忠已认出他了。刘进忠指着张献忠对身边的射手蒙古人雅布兰说："衣蟒者，八大王张献忠也。"① 雅布兰应声一箭，正中张献忠左胸。张献忠随身大将马元利等见他中箭，飞快上前将他扶住，但张献忠已鲜血满胸，为抗击清军而英勇牺牲了②。

张献忠自明崇祯三年（1630）率米脂十八寨农民起义以来，到清顺治元年（1644）经过长达15年的反对明朝封建政权的武装斗争，发展壮大成为与李自成大顺军并称的明末两大农民军主力之一。张献忠五次率部攻入四川，为推翻明王朝在四川的统治作出了贡献。由于历史的局限性，张献忠领导的农民起义，只能走封建社会改朝换代的老路。他在成都称帝后，一味仗恃大西军的军事力量，在镇压残明势力及扫荡各地地主武装反叛的同时，不懂得区别对待、利用矛盾、团结民众，而是采取过激行为，杀害了不少无辜百姓及知识分子，从而使自己陷入孤立境地。这也是导致张献忠在抗清战争中走向失败的重要原因。

自清初以来，有关"张献忠屠蜀"、"张献忠剿灭川人"的记载不绝于书，四川民间也有许多"张献忠剿四川"的传说。这当中，夹杂着不少荒诞不实之词，学术界在张献忠是否"屠蜀"的问题上也存在着严重分歧。不过，有一点是肯定的。那就是清初四川的确呈现出社会经济残破、人口锐减的景象，但造成这种状况的原因是多种多样的。若将责任全都归罪于张献忠"屠蜀"，则是不公允的③。

张献忠的牺牲，使大西军遭到了意想不到的严重打击。四将军孙可望、李定国、刘文秀、艾能奇暂退川南、滇、黔地区，并在云南建立兴朝政权，"称张献忠为太祖"④，建太庙，统呼张献忠为"老万岁"。云南兴朝政权的建立，意味着大西军余部获得了重整旗鼓、建立抗清基地的条件。

---

① 费密：《荒书》。
② 详见王纲：《张献忠大西军史》第 12 章第 2 节，湖南人民出版社 1987 年版。
③ 参见本书第三章第一节第一小目《清初四川的残破景象》。
④ 董含：《莼乡赘笔》。

张献忠被清军射杀后，肃亲王豪格向朝廷报捷，称"献忠伏诛，四川平定"①，以为可以乘胜占领四川全境，却遭到大西军和四川抗清地主武装的顽强抵抗。顺治四年（1647），深入川南遵义的清军骑兵遭到抗清武装的顽强抵抗而"大败"，加上清兵多系北方人，水土不合，多染疾病，又缺乏粮食，"孤军深入，难久留"②，被迫退回重庆，又再退保宁（今四川阆中）。

此时，肃亲王豪格已奉命调回北京。总兵李国英不敢深入，仅守川北保宁一隅。到顺治五年（1648），四川地区以大西军、大顺军余部和部分抗清地主武装为一方，以驻守川北保宁地区的清军为一方的相持局面形成。清军的行动也越来越谨慎。顺治亦早有谕令："慎勿穷追"③，"毋得于本军未到之先，轻行深入"④。所以入川清军凡所到州、县，如确难以立足，即很快撤走。在此期间，清军与四川的抗清武装虽时有接触，但战斗规模不大，相持局面未变。

顺治九年（1652），经过长期准备的大西军向清军发起全面反攻，再次掀起抗清战争的高潮。

清平西王吴三桂在攻占叙州后，以总兵蓝一魁担任叙州守城指挥。蓝一魁发现刘文秀等所领大西军逼近叙州的情况后，为避免城外被歼，即将清军收缩城内组织抵抗，以待外援。刘文秀除以骑兵配合步兵攻城外，又以象队直冲叙州城门，并事先部署了叙州外围打援的部队。七月底，刘文秀进抵叙州，数日之间扫除外围敌军。八月初，由少数民族战士驾驭的象队攻开叙州城门，大西军蜂拥冲入城内，生擒守城清军总兵蓝一魁。叙州遂为大西军收复。

吴三桂闻叙州失守的消息后，即亲自率兵往叙，力图挽回败局。吴军抵叙正好落入刘文秀设下的数重包围圈内。刘文秀乘吴军立足未稳，即命象队向被围清军冲击，"步兵夹于左右，冲入队中"⑤，清军大溃。吴三桂只身突出重围，退回保宁。与此同时，向川东进发的大西军亦很快夺得重庆。清守城都统白含贞、白广生等相继被俘。

叙州之战，全蜀震动，给四川地区的抗清斗争带来新的希望，也使清朝统

---

① 《世祖章皇帝实录》卷29。
② 民国《巴县志》卷21。
③ 《世祖章皇帝实录》卷21。
④ 《世祖章皇帝实录》卷66。
⑤ 李馥荣：《滟滪囊》卷4。

治者感到形势严重。顺治闻奏，立即谕令加强西南地区兵力，以利防守。他在敕谕中说："今逆贼侵犯四川，黎元惶扰，深廑朕怀。用以尔阿尔津为安西将军同马喇希总统将士，前赴平西王吴三桂、定西将军墨尔根、侍卫李国翰处，驻扎汉中，保固地方，整顿兵马。贼若入犯，会同平西王、墨尔根侍卫相机剿除。其进征四川事宜，著候明旨。"①

刘文秀乘叙州大捷之势，迅速挥师北进，于八月攻克四川省会成都。但因成都无多少清兵抵抗，亦无固守价值，又跟踪追往川北保宁。

吴三桂自叙州退回保宁后，感到刘文秀来势凶猛，保宁难守，于是继续向汉中退逃。在保宁的四川巡抚李国英、四川巡按御史郝浴得此消息，惊恐万状。此时正值清政府在保宁举行乡试。吴三桂为当时西南地区最高军事长官，如果退逃汉中，保宁必然难守，后果十分严重。因此，郝浴一昼夜向吴三桂连发七封急信，要求吴三桂回守保宁。信中说："大兵去，保宁不守，则四川不可取矣！""三桂不听"②，继续向汉中退逃。直到郝浴表示，如果吴三桂一定要丢弃保宁，退逃汉中，他就要向顺治帝上疏弹其弃川之罪时，"三桂始返斾"③，被迫回驻保宁。

刘文秀率领大西军于顺治九年（1652）八月下旬到达保宁城郊。以象十三头领十三营，列阵四重；象居前，次挨牌、长枪，次偃刀，次鸟铳。阵圆如月，"连营十五里"④。保宁已完全陷入大西军的严密包围之中。

面临大西军的包围，正在千方百计寻机突围的吴三桂，在保宁城墙上巡查时发现，城西南郊的张先璧部"军容耀日，然勇而轻敌"⑤。他立即决定从西南方向突围，并命令守城清军打开城门向外冲杀。外号"黑神"、作战勇敢的张先璧遭到城内冲出清军的突然袭击，措手不及。部队失去指挥，一时惊乱。象队也被冲散。吴三桂命出城清军乘势向南又冲入王复臣营内。王复臣奋起反击，"手斩数人，围之者益众，乃曰：'大丈夫不生擒名王，岂可为敌所辱！'遂自到

---

① 《世祖章皇帝实录》卷69。
② 刘石溪：《蜀龟鉴》卷4。
③ 乾隆《屏山县志》卷4。
④ 《世祖章皇帝实录》卷69。
⑤ 佚名：《吴耿尚孔四王合传》。

第一章 清朝四川政权的建立与巩固

死"①。围城大西军与清军展开激战，互相杀伤数千人。刘文秀知事已败，只好命令撤出战斗。保宁之战，大西军损伤将领200余员，部队遭到重大伤亡。保宁之战失利后，刘文秀被孙可望撤职，调回云南"闲住"②。

顺治十四年（1657）十月，秦王孙可望投降清军，大西军在西南地区的军政机密完全暴露。根据孙可望提供的情报，清军乘大西军内讧之后，"人心未定之际"③，于顺治十五年（1658）二月兵分三路，分别由宁南靖寇大将军贝子洛托和总督洪承畴、平西王吴三桂和定西将军李国翰、都督征南将军卓布泰等率领，由湖南向贵州，由汉中向四川，由广西向贵州，发动全面进攻，"约期会于贵州"④。

康熙元年（1662）六月二十七日，李定国病逝于云南。其子李嗣兴和刘文秀子刘震相继降清。大西军在四川、贵州、云南、湖广、两广等地区的抗清斗争完全失败。

到康熙元年（1662），川西、川南已为清军所控制，在云南、四川的大西军抗清部队已被清军扑灭。清政府此时可以腾出手来集中全力彻底解决夔东十三家⑤的问题。康熙二年（1663）四川总督李国英上奏："蜀寇逋窜川、湖、陕边界，偏攻则易遁，小急则互援，请三省会剿。"⑥康熙立即命令他与西安将军傅喀禅进行筹划，由李国英统一指挥。一个三省"会剿"的计划很快制订出来。按照这个计划，清军的部署如下：（1）由湖广提督董学礼率领荆州、宜昌兵进攻远安、兴山、巴东、归州。（2）由陕西提督王一正率领兴安、郧阳兵进攻房县、竹山。（3）由四川总督督率四川兵进攻夔州、巫山、建始、大宁、大昌。（4）由四川水师总兵官驻扎十三家兵出没长江的首镇云阳县城，分屯一旅驻白帝城。上游自乌江黔、彭，下抵巫山，皆驻军汛守。川东土司如石柱地界滨江，

---

① 李天根：《爝火录》。
② 徐鼒：《小腆纪传》卷65。
③ 《世祖章皇帝实录》卷113。
④ 徐鼒：《小腆纪年附考》卷19。
⑤ 夔东十三家是明末清初活动于川东夔巫和陕、楚交界地区各支抗清部队的一个集体性名号。夔东十三家包括两大武装集团：一是以刘体纯、李来亨等为首的李自成余部；二是川东地区本土的抗清武装，如"三谭"，即谭文、谭诣、谭弘和王光兴等川中旧将。这两部分武装彼此间有所联系，多属自发，没有任何约束力。除李自成余部有统一组织领导外，其他各支队伍均是各自为政，各有势力范围，独立行动，时合时分，甚至对清政府也是时降时起。只因为他们都活动于川东夔巫地区，故历史上泛称为"夔东十三家"。
⑥ 魏源：《圣武记》卷1。

西阳接壤黔、彭，一律归重庆总兵官节制统辖，以堵绝王光兴通路①。各路清兵总共约 20 万，于康熙二年（1663）正月，克期并进。

康熙二年（1663），由万县东下的四川清兵于正月夺取奉节县属的羊耳山，进屯七里坝。二月，清兵与十三家中的袁宗第激战，袁败走巴东。袁部冯起凤、黄守库降清。三月，贺珍、贺道宁降清。清兵"迫及巫山，遂据其城。众议移守夔门。督师计巫山地势卑狭，虽驰骤不便，可利固守。于是深沟坚垒，具炮石城下，树梅花桩，桩外挑品字坑……又于城外高处立敌楼"②，以阻止大顺军接近城墙，便于瞭望。十月，十三家中的刘二虎（体纯）、李来亨、郝摇旗、袁宗第、党守素、塔（亦作拓）天宝、马腾云七家合数万之众攻巫山③。因守城清兵早有准备，未能奏效。刘体纯退走陈家坡、老木空、天池寨。十二月二十三日，清西安将军傅喀禅、副都统杜敏等所领陕西兵进抵陈家坡，战后，又攻天池寨。刘体纯见势难挽回，自缢死。郝摇旗、袁宗第乘夜撤走。杜敏复追至黄草坪，激战中郝摇旗、袁宗第、朱宗蒇等先后被俘。

康熙三年（1664）李来亨居茅麓山，出入通梁，路径悬绝，高险难攻。清军四面合围，昼夜环攻，乘大雾直上夺取通梁。李来亨见势已败，于八月初六日"焚其妻子，自缢，茅麓山破"④。至此，在夔巫山区屯驻抗清的李自成余部亦完全失败。

该年十月，王光兴全伙剃发，遣其子王世德等赍全营印信、花名册于二十三日抵荆州投诚。康熙四年（1665）六月十二日，王光兴自湖广施州卫率都督等官 465 员、兵 7000 余名及家属万余人"倾心投诚"⑤。他如马腾云、塔天宝等皆先后降清。清政府在平定夔东十三家后，设荆州、夷陵、郧阳、襄阳四总兵以镇守。

从顺治三年（1646）到康熙三年（1664），清王朝经过长达 19 年剿抚，终于平定了大西军、夔东十三家及四川各地的抗清势力。清朝在四川的各级政权组织也相继建立起来。

----

① 《圣祖仁皇帝实录》卷 8。
② 彭遵泗：《蜀碧》卷 4。
③ 《圣祖仁皇帝实录》卷 10。
④ 彭遵泗：《蜀碧》卷 4。
⑤ 《圣祖仁皇帝实录》卷 15。

第二节 清朝四川政权的确立

一、四川巡抚衙门初建保宁

顺治元年（1644）、二年（1645），清政府相继任命兵部员外郎张慎学、张濩，户部郎中赵瑞等为四川道监察御史。顺治三年（1646）设四川巡抚，又设川陕总督兼辖四川。是年底，清军曾一度攻入成都，因见成都乃空城一座，成都地区"千里无烟，无所设施"，难于据守，旋即退出①。

顺治五年（1648）闰四月初九日，清廷"以委署四川巡抚、总兵官李国英为都察院右副都御史，仍巡抚四川、提督军务"②，"驻保宁"③。保宁成为清朝四川政权的政治中枢，亦即清朝四川的临时省会。为了争取四川士子，清政府在保宁开科取士，并准备大量粮食、兵械，以供清军深入四川作战。

图1-2 保宁（今阆中）古城，曾是清初四川巡抚衙门驻地

由于四川尚有较强的抗清武装，一直与清军进行拉锯式的战争，清军虽占据了保宁，但其他州县政权很难建立。为了确立在四川的统治，清军以保宁为大本营，先后六次与抗清武装反复争夺原明代四川省会成都和四川政治、军事、经济重镇重庆。

---

① 《清朝文献通考》说巡抚驻成都，实未能立足。
② 《世祖章皇帝实录》卷38。
③ 道光《保宁府志》卷28。

第一章 清朝四川政权的建立与巩固

直到顺治十六年（1659）八月，四川巡抚高民瞻奏报："臣统率弁兵进取成都。逆贼闻风逃遁，追至新津河，阵斩及溺死无算。伪官俱缴印投诚，川西底定。"① 四川总督衙门亦随之迁入成都。虽言"底定"，清政府在保宁的办事机构仍未全部迁来成都。

康熙元年（1662）五月一日，四川总督李国英关于"逋诛巨寇，环伺于下东地方，若仍驻成都，僻在西偏，去夔东三千里，鞭长难及。查重庆居蜀之中，容臣率领兵马，暂驻重庆，缓急可以就近调度。待下东底定，另移驻成都"的奏疏获吏部议复，顺治批准，李国英又由成都移驻重庆。

二、四川省会迁定成都

顺治三年（1646），清军入川后，曾企图迅速控制川东重镇重庆，以稳定川东局势。但是，事与愿违，清军多次进入重庆，又一再被迫退出。

顺治五年（1648）正月，清军总兵卢光祖打败驻守顺庆（今四川南充）的抗清武装岳池人王命臣，入驻顺庆。

顺治八年（1651），知州徐世振任职广安州。因民少虎害，城郭荆棘，移治所于荣禄乡之烛山砦。

顺治九年（1652）七月，清军副将曹洪忠抵达州，招抚逼反王刘维明赴保宁投诚，"达州平"。

顺治十五年（1658）四月，吴三桂等奏报："官兵败贼于合州，斩杀甚多，遂进取重庆。伪都督杜子香率众逃窜，全城克复。"②

顺治十六年（1659）九月四日，川陕总督李国英疏报："收复嘉定一路，招降伪将军杨国明、总兵武国用。各州、县伪官皆缴印投诚。"清军游击赵虎臣、党世昌又于该年取马湖、叙州二府，俘土司牟胜，令以招降马湖、叙州等地。"不数月，郡县俱入版图，三川平"。

顺治十七年（1660）九月十二日，清廷任命佟凤彩为都察院右副都御史巡抚四川等处、提督军务③。佟凤彩到任后，见成都孔庙茂林丰草，已成狐兔藏

---

① 《世祖章皇帝实录》卷127。
② 《世祖章皇帝实录》卷116。
③ 《世祖章皇帝实录》卷140。按：嘉庆《四川通志》卷103作"佟凤彩……康熙元年以都察院右副都御史任"，误。今从《实录》。

· 11 ·

第一章　清朝四川政权的建立与巩固

图 1-3　清代成都城墙及城楼

身之所。于是"疏请修筑成都府城"①，修孔庙大成殿、启圣宫、明伦堂等。成都城市建设开始恢复。

康熙二年（1663），李国英在重庆补筑通远门城墙，康熙三年（1664），建重庆府文庙。康熙六年（1667），重庆府巴县知县张楠建县署。康熙八年（1669），重庆镇总兵署、分巡川东道署、重庆知府署相继建成。

康熙四年（1665）二月，李国英关于"下东底定，藩司应自保宁移驻成都"②的奏疏获得批准。至此，原设保宁的四川政权机构全部迁往成都。

第三节　清代前期的治蜀方针及实施

一、顺康雍乾的治蜀方针

以满族贵族为核心的清朝政权定鼎北京以后，吸取和借鉴历代封建王朝特别是明朝的历史经验教训，在中华大地建立起了"大一统"的专制主义的封建

---

① 民国《华阳县志》卷 35。
② 《圣祖仁皇帝实录》卷 14。

第一章 清朝四川政权的建立与巩固

帝国，并将中国封建社会发展到了顶峰。清朝前期出现的"康雍乾盛世"，与清初诸帝的治国之道及其采取的政策措施是分不开的。这些政策措施概括起来主要有以下几点：一是果断铲除反清势力，坚决反对分裂，维护国家的统一。二是承袭明制，并在此基础上建立起一套更为系统更为完整的政治制度，坚持把澄清吏治摆在治国之首位。三是理顺满族与汉族及其他少数民族的关系，把推行"满汉一体化"作为基本国策。四是坚持以农为国本。当大规模的军事行动结束后，即把着重点转移到农业生产上来，全面推行垦荒政策，轻徭薄赋，发展经济。五是尊孔崇儒，兴办书院，开科取士，网罗人才，等等。上述基本政策推行全国，四川都是执行了的，而且取得了实效。

四川是明末清初战乱中受损最重的省区之一，也是清朝政权进入较晚、安定较晚的省区之一。针对四川残破衰败的状况，清朝统治者制定并采取了切实可行的政策措施，以再造天府之国的辉煌。这里，着重介绍清初诸帝以民为本的治蜀方针。这个方针可以概括为12个字，即："安民为先"，"裕民为上"，"便民为要"。

安民为先　明末清初，四川战乱频仍，社会混乱不堪，生产严重破坏，人民深受其苦。清朝四川政权建立后，当务之急是尽快使社会秩序恢复，让百姓有一个休养生息、恢复生产的安定社会环境。

顺治三年（1646）二月，福临敕谕入川清军："总以安民为首务。"① 顺治五年（1648）五月，福临在给平西大将军固山贝子吞齐的敕谕中强调："凡归顺良民，不得擅取一物。"② 顺治十四年（1657），福临在给平西王吴三桂、侍卫李国翰等人的谕旨中要求："惟期安民，须严禁兵将，申明纪律，凡归顺良民，不得扰害。"③ 顺治十五年（1658）正月，福临敕谕在川清军："行师以安民为首务。"④

康熙十一年（1672）正月，谕新任四川建昌总兵官何德成："务期清白自守，表率属员，统辖兵丁，使军民相安。"⑤ 康熙二十五年（1686）四川总督哈

---

① 《世祖章皇帝实录》卷24。
② 《世祖章皇帝实录》卷38。
③ 《世祖章皇帝实录》卷112。
④ 《世祖章皇帝实录》卷114。
⑤ 《圣祖仁皇帝实录》卷38。

· 13 ·

瞻一再奏请征剿土司。康熙质问他,"身为督、抚,不思安静抚绥,惟诛求无已,是何理也?""督、抚、提、镇各官,不惟不善加抚绥,更尔恣行苛虐,利其土产珍奇,赀藏饶裕,辄图入己。悉索未遂,因之起衅"①。他要求四川等省督、提、镇等官,一定要"洗心易虑,痛改前辙,推示诚信,化导安辑。各循土俗,乐业遂生"②。不能再造成事端,使得四川不得安宁。康熙四十八年(1709),玄烨就湖南丈量土地、生事扰民之事,告诫四川巡抚年羹尧:"为巡抚者,若一到任,即欲清丈地亩,增加钱粮,即不得民心矣!……尔须使百姓相安。钱粮以渐次清查可也。此为四川第一要事。"③

雍正登基,首先强调的问题是四川等省土司与内地人民要"一体休养,俾得遂生乐业……嗣后毋得生事扰累"。

乾隆也十分重视四川的安民问题。乾隆十四年(1749)三月,乾隆就平定大金川之后的治蜀问题给四川总督策楞的谕旨中指示:"总之,安静以养民"④。乾隆还要求四川松潘镇总兵官马义在治理少数民族地区时,"最宜顺其习俗而晓以礼义。若拂其性而滋事,则好事不如无也"⑤。乾隆十八年(1753)二月,乾隆谕军机大臣:"川省地当边徼,番夷杂处。抚驭之道,当令怀德畏威,不可贪功启衅。"⑥

裕民为上　顺、康、雍、乾诸帝都认为,治蜀必须以裕民为上。

顺治十四年(1657),福临就向四川的官员们提出要求:"无负朕足国裕民之意。"⑦

乾隆即位的当年,四川总督黄廷桂等奏请将原四川火耗每两加二钱五分减去五分,统按二钱征收。乾隆立即批谕:"川省火耗较他省为重。汝等奏请量减五分,固是。然朕意仍以加二为多。可悉心斟酌,于加二之耗再可减若干,务令民力宽而公事不至匮乏。"⑧乾隆十四年(1749)十二月,在看了四川总督策

---

① 《圣祖仁皇帝实录》卷124。
② 《圣祖仁皇帝实录》卷133。
③ 《圣祖仁皇帝实录》卷239。
④ 《高宗纯皇帝实录》卷337。
⑤ 《高宗纯皇帝实录》卷29。
⑥ 《高宗纯皇帝实录》卷432。
⑦ 《世祖章皇帝实录》卷112。
⑧ 《高宗纯皇帝实录》卷7。

楞关于嘉奖四川茂州知州陈克绳、汶川县令王声銮"急火勤慎，尽心竭力"的奏疏后，乾隆说："该州、县于运粮、筹饷等事，果能实力奉公，自应加恩嘉奖。"但是，针对茂州知州陈克绳，随意"撙节夫价一事"，"雇夫换班，按例需银五万余两，而该员止给发八百余两"，"过求撙节，刻减病民，为害匪细"。乾隆认为对这种刻薄民夫的官员，如果给予奖励，其他官员也仿效而行，"援以为例，大非国家政体"①。

便民为要 顺治八年（1651）八月，顺治谕户部："凡有不便于民者，悉令罢之。今四川进贡扇柄，湖广进贡鱼鲊，道经水陆，去京甚远。夫马船只，动支钱粮，苦累小民……以后永免。著为令。"②

在鼓铸钱文方面，雍正亦强调要便民利用。为了使四川、云南能有充足的雍正年号钱文流通，他即位不久即批准"云南、四川两省设炉鼓铸"③，并"听其流通各省以便民"④。

乾隆元年（1736）十二月，四川建始县改隶湖北后，例销湖南引盐，相距武汉水陆二千余里，商运成本太高，百姓食盐很不方便，盐价高达每斤六七分。如果不受省区建置限制，改销四川云阳盐场之盐，则地近价廉，"商民两便"⑤。乾隆很快批准了户部这一复议。乾隆十四年（1749）十二月，就四川总督策楞奏请开采四川铜矿、铅矿一事，乾隆说："向来督、抚遇事不敢担承。若此等便民之处，每以不可轻举为词，其实不过图省后虑，便于因循，全不以地方为切己之务。今策楞此奏，能实力担当，询属可嘉。"⑥

乾隆二十五年（1760）正月，在看了原四川学正周人骥关于各省流寓民人入川者多，请设法限制的奏折后，乾隆指出："小民自量本籍生计难以自资，不得不就他处营生糊口。此乃情理之常。岂有自舍其乡里田庐而乐为远徙者？地方官本无庸强为限制。若其中遇有生事为匪之人，则在随时严行查禁，不得以一二败类潜纵，遂尔因噎废食。"他批斥周人骥之奏，实属"所谓知其一，不知

---

① 《高宗纯皇帝实录》卷355。
② 《世祖章皇帝实录》卷59。
③ 《世宗宪皇帝实录》卷1。
④ 《世宗宪皇帝实录》卷29。
⑤ 《高宗纯皇帝实录》卷32。
⑥ 《高宗纯皇帝实录》卷354。

其二"，要求"封疆大吏，当通达大体，顺民情所便安，随宜体察"①。

从清代四川历史发展的情况看，顺、康、雍、乾诸帝所制定的安民、裕民、便民的治蜀方针是正确的。这一方针对四川政治的安定、经济的发展、文化的繁荣都起了重要作用，具有重大意义。

第一，这一方针具有明确的针对性。四川人民饱受战乱之苦，穷困不堪。发展经济，改善生活，为治理四川的当务之急。针对这一实际情况，清朝统治者制定了上述方针，顺民情，合人心，有助于四川经济社会的恢复和发展。

第二，这一方针成了治理四川一系列政策措施的依据。例如，鼓励外省人入川开垦、经商，调整四川建置，发展四川粮食生产及销售外运，开采矿产，改善财政状况的政策及具体措施，等等，都是从这一方针出发而采取的。

第三，清朝统治者对其制定的治蜀方针，不仅仅停留在口头上、文字上，而是严格督促四川官员，特别是总督、巡抚、藩司、臬司等重要官员坚决贯彻执行。对执行不力的官员，加以饬斥，对严重违反这一方针的官员坚决罢撤，直至治罪。

第四，这一方针对巩固清朝四川政权、树立清政府的威信起到了决定性的作用。明末清初，四川之乱，为全国各省之最；四川之残破，为历代所罕见。民不安，国无以宁，政无以固；民不裕，君无以足，国无以富；民不便，气无以和，人无以睦。不安、不裕、不便、不宁、不固、不足、不富、不和、不睦，人心惶惶，无以为生，四川政权的巩固、清政府的威信也就谈不上了。这一治蜀方针的执行，安定了四川的社会秩序，改善了四川人民的生活，团结了全川的士农工商，为建设四川创造了一个良好的环境。

二、四川平吴战争的胜利

康熙十二年（1673）十一月二十一日，吴三桂在云南发兵反清。康熙十三年（1674）三月，耿精忠亦举兵反。康熙十五年（1676）春，尚之信降吴三桂

---

① 《高宗纯皇帝实录》卷604。

以应，史称"三藩之乱"，又称"后三藩"①之乱。三藩之中，以平西王吴三桂功最高，兵最强，势最大，受清帝恩礼亦最多，影响最广。

吴三桂发动叛乱时，发出檄文指斥清廷"窃我先朝神器，变我中国冠裳"，声称"共举大明之文物，悉还中夏之乾坤"②，部众皆蓄发易衣冠，旗帜皆白色，自称"天下都招讨兵马大元帅"，扯起"复明"旗号，督率叛兵向湖南、四川等省进发。康熙十三年（1674）正月，吴军将军王屏藩、游击董清芳等率兵3万从云南经建昌、越西攻入四川内地，气焰嚣张。一时间，四川官员"反者四起"③，川省落入叛军手中。不久，吴军攻下陕西汉中、兴安（今陕西安康）等重镇，但随即遭到清军的顽强抵抗，西线战场出现了相持局面。

当时，清军原拟在大将军图海指挥下发起"兴汉之役"，但康熙考虑到要集中兵力在中部战场打击吴军，且进取四川的准备工作尚不成熟，于是康熙下令："暂停兴汉之役"④，同时要求西线官兵作好反攻的准备。

康熙十七年（1678）三月，年届67岁的吴三桂已感力不从心，财用渐竭，军事形势不利，即在衡州匆匆即帝位，立国号"周"，改元"昭武"，改衡州为定天府。同年八月，只当了5个月皇帝的吴三桂在衡州暴病而死。十月，其孙吴世璠在衡州继位，改元"洪化"。

康熙十八年（1679）正月，清军在湖南岳州、长沙等地重创吴军。康熙认为，在西线战场发动反攻的时机已到，于是谕令大将军图海"恢复兴汉，以平蜀地"。九月，清军分四路向兴安、汉中发起反攻，吴军王屏藩败退广元。"兴汉之役"的胜利，为清军反攻四川打下了基础。

根据康熙的部署，进军四川的部队兵分两路。一路由奋威将军、平凉提督王进宝率领，于康熙十八年（1679）十月入川，突破朝天关，攻占保宁，首先在利桥、红花铺诸处大败吴军，收复凤县、两当县等地，生擒伪将军吴之茂、张起龙，总兵郭天春等17员将领。吴军将军王屏藩、陈君极兵败自杀。康熙十

---

① 魏源：《圣武记》卷2。清朝有"前三藩"、"后三藩"之称。"前三藩"指明福王、唐王、桂王，"后三藩"即指平西王吴三桂、平南王尚之信、靖南王耿精忠。康熙初，南方平定后，命诸王各帅所部绿旗兵留镇其地。平西王吴三桂王云南，靖南王耿继茂初王广东，继迁王福建。继茂死，其子精忠嗣。平南王尚可喜王广东，后由其子尚之信嗣。此为"后三藩"并建之始。

② 夏琳：《闽海纪要》卷下。
③ 《清史稿》卷274。
④ 《圣祖仁皇帝实录》卷3。

九年（1680）正月，清军抵顺庆，伪顺庆知府彭天寿等率众投降。二月二十六日，建威将军吴丹率领清军抵达重庆，吴军守城官员出城迎降。不久，川北、川东北广大地区为清军收复。另一路由陕西提督赵良栋率领，于康熙十八年（1679）十月直下阳平关，打通了入川道路。此时康熙又授赵良栋为勇略将军。赵良栋军直指川西，连克龙安府（今四川平武）、江油、绵竹等府、州、县，于康熙十九年（1680）正月进抵四川省会成都，伪四川巡抚张文德率"文武兵民跪迎道左"①，成都遂复。

与此同时，康熙谕令湖广提督徐治都速统舟师，溯江而上，直取重庆。清军先后攻取巫山、夔州、云阳、大昌、大宁等地，收复川东地区。

康熙十九年（1680），吴三桂军进行最后挣扎。闰八月初，吴军突犯纳溪、泸州，川南各地相继失守。原在万县降清的吴军将军谭弘等，又叛变降吴，攻陷万县、达州等地。降清之建昌总兵彭时亨也发动叛乱。清军面临再次丧失四川的严重威胁。

此时，康熙决定改四川总督为川陕总督，统一领导两省，组织清军反攻。川陕总督哈占等由成都率兵增援川南。吴军将军何德成、宋国辅等相继投降。康熙十九年（1680）十二月，川东反叛首领谭弘死，叛军士气大衰。清军乘势收复万县、云阳、忠州等地。

康熙二十年（1681）八月，清军总兵官李述芳等打败吴军胡国柱部，收复建昌。分散在川北、川东北之吴军亦纷纷瓦解。至此，四川平吴战争取得了胜利。随后，清军进入云南，进占昆明，吴世璠服毒自杀，"三藩之乱"终于平息。

四川平吴战争持续八年，波及全省。战争激烈残酷，破坏非常严重。

四川平吴战争的胜利具有重大意义：第一，铲除了尾大不掉的地方割据势力，避免了一次国家大分裂，扫除了清朝建立统一的中央集权制封建国家的巨大障碍。自此以后，清政府在全国的统治局面完全形成。第二，清朝四川政权得以恢复和巩固。吴三桂叛军入川时，清朝四川政权几乎土崩瓦解。经过平吴之战，清政府更加重视四川政权建设，相继调陕西巡抚杭爱为四川巡抚，升任陕西关西道刘显第为四川布政使。还提高四川官员的待遇，将薪俸由"腹俸"

---

① 嘉庆《四川通志》卷12。

改为"边俸"。这些措施有力地推动了四川各级地方政权的恢复和建立。第三，扫除了四川发展经济的障碍，消除了社会不安定因素。四川平吴战争的胜利，使四川社会自此安定下来，社会经济开始恢复发展。直到乾隆末嘉庆初，四川获得了多年的安定环境。

三、清代前期的四川吏治

清朝四川政权建立不久，各级官吏中就暴露出种种问题。其主要表现如下：一是劣员太多。雍正三年（1725），胤禛在给吏部的谕旨中说："各省吏治，今渐可观。惟四川、陕西两省劣员甚多。皆因年羹尧任用私人，举劾不公所致。"① 这些劣员"平日侵蚀军需，剥削民膏，谄媚上司，苛刻地方"②，实为四川之害。二是好逸恶劳。清初，四川社会经济残破，又地处边疆，生活较苦，交通不便。不仅京派四川官员不愿赴任，连江浙一带的官员也不想来川。他们采取一种消极的对抗手段，久拖不赴任，迫使清政府不得不"预发人员备用"，以应四川缺员之急需。然而，此类备用官员，多无真才实学，"但图以边俸速升，居官无一善者"③。他们派到任所，使本来劣员就多的四川又增加了一批劣员。三是一味因循，苍滑成性。四川有的地方官，不卖力办事，一味因循，应付上司。如四川巡抚杨馝，就被乾隆斥为"心口不相应"④，"系一苍滑不肯出力人"⑤。四是争权夺利，文武不和。四川地方官，特别是总督、巡抚、提督、布政使等封疆大吏、方面大员，经常为争权夺利，闹得文武不和，政事废弛。五是贪婪勒索，营私舞弊。如康熙朝四川布政使卞永式与巡抚能泰共同贪污四万余两。雍正朝四川布政使刘应鼎，"贪利营私种种劣迹"⑥ 被查出，等等。

对四川各级官吏中出现的种种问题，如不及时加以整治，治蜀方针就谈不上贯彻执行。因此清政府采取了一系列整顿四川吏治的措施。

首先是积极引导，奖励廉洁，有例有变，具体落实。（1）引见甄择。在清

---

① 《世宗宪皇帝实录》卷33。
② 《世宗宪皇帝实录》卷34。
③ 《圣祖仁皇帝实录》卷241。
④ 《高宗纯皇帝实录》卷37。
⑤ 《高宗纯皇帝实录》卷25。
⑥ 《世宗宪皇帝实录》卷149。

代,地方官视能为皇帝接见为最高荣誉。清代皇帝也把定期、不定期接见地方官作为一种制度定了下来。乾隆二十四年(1759),各省道、府、直隶州知州等官员调取引见,按照省份远近酌量分别年份,著为定例。四川、广东等省"著以八年为期"①。通过接见,鼓励官员效忠皇帝,认真办事,这也是皇帝亲自甄择地方官的一种方法。(2)奖励清官。康熙曾说:"为官以清廉为第一。为清官甚乐,不但一时百姓感仰,即离任之后,百姓追思,建祠尸祝,岂非盛事!从来百姓最愚,而实难欺。官员是非贤不肖,人人有口,不能强之使加毁誉。"②他曾一再表扬全国闻名的清官于成龙、四川遂宁大学士张鹏翮和四川清官巡抚姚帝虞等,主张"考察官吏,以奖励廉洁为要"③。(3)支给养廉银,增加官吏收入。(4)立传入祠,表彰清廉。清政府对四川政绩卓著、为政清廉的已故文官,都经奏请照例立传设碑,加谥入祠,给予表彰。雍正八年(1730),四川渠县已故知县王质,作战有功,"建绩致身","照例立传设碑,从祀昭忠寺"④。乾隆十三年(1748),川北道参议陶尔德入祀乡贤祠⑤。(5)照顾承袭,赏给荫生。对有功受封、受奖的官员,清政府作出了承袭其封、其职或赏给荫生的规定,以示鼓励。(6)体恤微员。乾隆十年(1745)七月,弘历在谕旨中重申:"各直省县丞、主簿、典史、巡检等微员,革职解任或告病身故,实系穷苦,不能回籍者","该督、抚于存公项内酌量赏给还乡路费"。乾隆发现,四川等省教官一项从未赏给,而教职品级原与县丞相仿。故又谕令:"嗣后各省教官,有相隔本地五百里以外,实系艰窘者,俱照例赏给(路费),以昭画一。"⑥上述措施,有理有情,有例有变,且具体落实,在一定程度上解决了四川地方官员从本人的升迁、病休、经费开支到家庭子女的照顾抚恤等一系列切身问题,解除了他们的后顾之忧,大大鼓励了四川地方官员的积极性,有利于四川地方澄清吏治和廉洁之风的养成。

其次是制定了一套考察升奖、淘汰地方文职官员的制度,称为"三年大

---

① 《高宗纯皇帝实录》卷601。
② 《圣祖仁皇帝实录》卷210。
③ 《圣祖仁皇帝实录》卷198。
④ 《高宗纯皇帝实录》卷110。
⑤ 《世宗宪皇帝实录》卷378。
⑥ 《高宗纯皇帝实录》卷241。

第一章 清朝四川政权的建立与巩固

计"。清因明制，明代为六年考察一次，清改为三年，便于及时发现官吏优劣，升奖淘汰。如因战争等重大事件，影响大计照常进行，事后必须补行。

四川大计，总督、巡抚除自陈功过外，对各级官员优劣填注考语，分为各类，造册报送吏部、都察院具奏候旨。经皇帝批准后，传达公布，分别予以升赏、降革淘汰。

大计所分官员类别如下：

卓异官　清廉自守，才力甚强，卓有成绩者，荐举卓异。这类官员占据从乾隆到嘉庆四川16次大计统计的365人中的116人，占31.8%。他们一般都要受到奖励升擢。

不谨官　不能谨慎言行、严以束己的官员。此类官员据前述统计为28人，占7.7%。

年老官　年岁已过60，且精力不济、办事效率低的官员。此类官员据前述统计为105人，占28.8%。大计之后，一般作休致（退休）处理。

有疾官　身有重病，难以任职之官员。此类官员据前述统计，为51人，占14.0%。大计之后，一般准予休致。

浮躁官　办事轻率、急躁，不能冷静处置政务的官员。此类官员据前述统计为6人，占1.6%。大计之后，一般予以降调。

才力不及官　能力较差，办事效率不高，任职吃力的官员。此类官员据前述统计为35人，占9.6%。大计之后，一般予以降调，安排一个无关紧要的官职。

罢软官　此类官员据前述统计为24人，占6.6%。

贪酷官　贪婪勒索，欺压百姓，情节严重的官员。此类官员据前述16次大计统计，尚无列名。但据康熙四十一年（1702）补行江南、江西、河南、四川等省大计中，就有贪酷官15员。因未明确四川之名额，故未作统计。列入贪酷官者，都要受到不同程度的惩处。

表1—1　乾嘉时期四川文职官员16次大计统计表

年　份	卓异官	不谨官	年老官	有疾官	浮躁官	才力不及官	罢软官	贪酷官
乾隆七年	14	4	6	5		1		

第一章 清朝四川政权的建立与巩固

续表

年份	卓异官	不谨官	年老官	有疾官	浮躁官	才力不及官	罢软官	贪酷官
十年		5	4	6	3	3	3	
十三年	6	2	6	4		3	1	
二十二年	4	2	2	3	1	4	2	
二十五年		3	5	4		3		
二十八年			1	2		3	1	
三十七年 四十年	12	1	11	4		3	1	
四十三年	7	2	14	2		2		
四十六年		2	8	2		2	2	
四十九年		1	9	3		2	10	
五十五年	15		2	2	1	2		
五十八年	15	2	8	4			2	
嘉庆七年	15	2	9	3	1	1		
十三年	14	1	8	3		4		
十六年	14	1	9	4		2		
总计	116	28	105	51	6	35	24	
百分比	31.8%	7.7%	28.8%	14.0%	1.6%	9.6%	6.6%	

说明：1. 本表据《大清历朝实录》有关卷页编成。2. 统计大计凡与他省合计，无明确四川数字者，不录。四川大计共16次，统计365人。

三年大计，对考察四川地方官发挥了重要作用：第一，使清政府能及时发现卓异官员加以升擢，给各级地方官队伍不断输送新鲜血液，保证了地方官员的随时更新。第二，能及时查出各类不堪职任和贪赃枉法的官员，并加以降调、淘汰、惩处，而不致给政务造成长期危害。第三，既是对府、州、县官员的考察，更是对四川全省负有责任的总督、巡抚的考察。总督、巡抚如不负责任，随意填注考语，一旦查出，就要受到惩处。如乾隆十八年（1753），四川总督策楞对川东道积行保举卓异，但对其居官行事及历年政绩如何，以及将来能否胜任藩、臬等事却未注明。乾隆令其据实具奏。又经策楞复奏："查川东道积行自莅任以来，一切奋勉办事，明白详慎，是以列入附荐卓异。臬司专理刑名，其人尽能胜任。但器局不能扩充，难胜藩司之任。"① 又如四川总督李世杰给四川川北道明安所出考语"老成端谨，办事实心"②，显属意存干誉，被乾隆发现，不仅将明安以部属改补外，还谕令将李世杰交部严加议处。

　　清代有督、抚大员保举之例。如四川总督可保举道员一员、知府三员。要求督、抚"秉公慎重拣选，据实具奏"③。被保举之人，吏部、督、抚均需共同留心试看，确可升用，才能带领引见。如乾隆十四年（1749），四川提督岳钟琪保举废员王廷松、王世爵。乾隆谕令发往四川交总督策楞酌量委员，并令吏部将此二人带领引见。经乾隆亲自目试，看其才具似属可用，但觉王廷松不免有轻浮之习，未见诚实，为慎重保举，又谕策楞、岳钟琪再行考察。如此二人果尚可委用，可留川酌量差遣，倘不克胜任，即行据实奏闻，"不可因已经保荐，稍有回护，亦不必因朕此旨，有意刻核"④。为了加强保举官员的责任心，弘历于乾隆二年（1737）谕吏部，对保举不当或被保举任职之官员犯案，保举之督、抚，应"一并议处"⑤。如四川巡抚杨馝，疏请以中江县知县铁景曾升补眉州知州。经吏部查审，铁景曾任内有降职二级留任之案尚未开复，不便准其升补。而杨馝并未将此案叙入保题本内。此事杨馝本应处分，因已革职，无庸再处。

　　顺治时期，四川初辟，多将白身之人委署地方官员，以满足各级地方政权建设之急需。到了康熙登基，发现这类官员能力太差，难以适应要求，且贪婪勒索不断发生，遂开始强调官员的正途科举出身。吏科给事中刘如汉建议，四川"今后应择邻封正印官用之，庶几以爱惜功名之故，爱惜百姓，亦澄清吏治之一助"⑥。

　　由于四川地处边远，许多官员规避授任，所以空缺很多。为了不致影响政务，康熙四十五年（1706）规定：嗣后知府以下，知县以上员缺，凡候选人员内有愿往效力者，递呈之后，令彼掣签。四川四十员，预先遣往，缺出，则由

---

① 《高宗纯皇帝实录》卷 447。
② 《高宗纯皇帝实录》卷 1342。
③ 《高宗纯皇帝实录》卷 1265。
④ 《高宗纯皇帝实录》卷 353。
⑤ 《高宗纯皇帝实录》卷 45。
⑥ 《圣祖仁皇帝实录》卷 7。

四川督、抚照名次补授。为免巧生规避，每年自正月起，投供官员到齐后，即请旨命下使彼掣签①。

平定两金川战事结束前后，四川缺乏大量地方官员，急需补充。当时四川州、县委署之员，竟有一人兼摄数篆，有相隔一两县亦令兼署者，有关政务，常顾此失彼，耳目难周，鞭长莫及，多有贻误。如果由吏部选赴，北京至四川路途遥远，动经数月。吏部奏请采取灵活变通办法，四川所需通判以下正、佐各项官员，均照旧从试用人员中拣发，知府、同知、知州等官，俟上述人员补完后，再由四川总督咨部办理。

第三是明令禁止官场中的痼疾陋习，不留余地，以免托口再犯。其主要禁令有：

（1）禁朋党。雍正七年（1729），胤禛在一道给翰、詹、科、道等的谕旨中说："自古朋党为患，必要害于而家，凶于而国，而己身亦并受其毒。"他举例指出，四川巡抚蔡珽与浙江道御史谢济世等结伙"本欲倾害田文镜（河南巡抚），而适以自害其身，岂不可为众人之炯戒哉"②！他指出，为官之人如果"卑污苟且，夤缘请托，瞻徇情面，党同伐异，流弊不可胜言"③。故他一再申明禁止朋党交接，一当查出，必予严惩。

（2）禁迎谒。顺治朝和康熙前期，凡奉旨遣往各省大臣官员，沿途所经，文官朝服，武官介胄以迎之。兴师动众，劳民伤财，助长迎谒不正之风。康熙认为，"此皆未当于理"④。康熙三十三年（1694）十月谕令："著禁止。"⑤

（3）禁攀结趋承。乾隆二十六年（1761），吏部等部规定："凡上司之子侄亲戚有官者，经过属员境内，拜候往来，属员趋承供应，均照不应重私罪律降三级调用。其无官职者，照不应重律杖八十。上司未能查察，别经发觉，照约束不严例，降一级调用。知而不举，照徇庇例，降三级调用。倘有夤缘贿嘱等事，分别革职治罪。"⑥

---

① 《圣祖仁皇帝实录》卷225。
② 《世宗宪皇帝实录》卷87。
③ 《世宗宪皇帝实录》卷87。
④ 《圣祖仁皇帝实录》卷165。
⑤ 《圣祖仁皇帝实录》卷165。
⑥ 《高宗纯皇帝实录》卷633。

（4）禁干谒宴会。乾隆初各省总督、巡抚遇有公事，将各府、州、县地方官或调至省城办理，或调赴他府办理，动经数月不回本任。更有甚者，将一府的有关官员全部调去开会，举办干谒宴会。这不仅花费大量钱财，由于守土之官长期离任，本地政务废弛，无人经理。乾隆四年（1739）七月，弘历下令："禁督、抚擅调地方官干谒宴会。"①

（5）禁立生祠。明末魏忠贤广立生祠，败坏朝政，为百姓深恶痛绝。清初以来，余风未息。一些大官相沿陋习，在各省建立生祠，借民意以为自己树碑立传，造像供祀。四川在平定大金川战争结束时，给经略、大学士傅恒建立生祠数间，言为该处士民所建。乾隆认为，这本来就是陋习虚文，且傅恒现在又日侍左右，"而该省建祠供奉，尤觉无谓"②。他谕令四川总督黄廷桂，将此生祠改奉佛像。

（6）禁官役家人干事勒索。四川时有官役家人干预外事，勒索扰累，为害百姓之事发生。为杜绝此类事件发生，清政府作出了严禁官役家人干预外事、勒索百姓的规定。一旦发现，必严加惩处。如乾隆十二年（1747），川陕总督庆复傅姓家人干预外事。乾隆朱批严查。庆复"闻命之下，不胜惶惧，即行押锁拘禁，严查重处"③。乾隆五十五年（1790）八月谕令四川总督保宁要严查官役仗势勒索事件。他认为，地方官役勒索平民，藉端扰累，最为间阎之害，必须认真严办，不得稍存徇庇。凡百姓控告官役之案，要立即查明具奏。

四、雍正朝的文字狱与四川主管官员的牵连

清初统治者夺取全国政权后，在强调社会稳定、发展生产、改善百姓生活、让人民休养生息的同时，又大力加强政治思想控制，以巩固其封建专制政权，对凡是以书信、诗文等文字方面的形式影射、讽喻或公开反对清朝的士子采取坚决镇压的政策。清代前期各朝的文字狱即由此而生。其中与四川主要官员有牵连的文字狱案有两起，均发生在雍正年间。

---

① 《高宗纯皇帝实录》卷97。
② 《高宗纯皇帝实录》卷476。
③ 《高宗纯皇帝实录》卷287。

第一章 清朝四川政权的建立与巩固

(一) 汪景祺案与川陕总督年羹尧的牵连

汪景祺 (1672~1726) 字无已, 号星堂, 浙江钱塘 (今杭州) 人, 出身书香门第, 青年时即作文写诗, 并与一些名士如毛奇龄、朱彝尊等一起商论诗文, 写成《读书堂诗集》。汪景祺通过陕西布政使胡斯恒认识了川陕总督年羹尧。年见其颇有文才, 便收为幕僚。在做幕僚期间, 汪景祺写成《读书堂西征随笔》一书。其主要内容是歌颂年羹尧的功绩, 以讨年的欢心, 还有一些评论和抨击清廷的诗文。汪认为 "功臣不可为", 并列举了做过清朝大臣的熊赐履、高士奇、张鹏翮等人的遭遇以及历代皇帝杀戮功臣的历史。他还在一篇文章中提醒年羹尧要处理好与皇帝的关系, 以免像那些功臣一样遭受杀身之祸。

年羹尧, 字亮功, 号双峰, 汉军镶黄旗人, 康熙三十九年 (1700) 进士, 历任翰林院检讨、内阁学士、四川巡抚、四川总督、定西将军、川陕总督等职。雍正即位后, "命年羹尧管理大将军印务"①, 寻又加太保。"论平西藏功, 以羹尧运粮守隘, 封三等公, 世袭"②, 后又加至二等、一等公爵。

汪景祺在送给年羹尧的书中, 提醒年羹尧要注意搞好君臣关系, 但地位声望已达顶峰的年羹尧竟狂妄到目空一切的地步, 根本听不进去。"羹尧才气凌厉, 恃上眷遇, 师出屡有功, 骄纵行文诸督抚, 官斥姓名。请发侍卫从军, 使为前后导引, 执鞭坠镫。入觐, 令总督李维钧、巡抚范时捷跪道送迎。至京师, 行绝驰道。五大臣郊迎, 不为礼。在边, 蒙古诸王公见必跪, 额附阿宝入谒亦如之……"③ 年羹尧居然在给雍正的贺疏上把本应写成 "朝乾夕惕" 的语句倒写成 "夕惕朝乾"。雍正看后大怒, 认为这是年羹尧对他的极大不敬, 便于雍正三年 (1725) 四月, 撤了年羹尧的川陕总督职务, 改授杭州将军。不久, 又尽削年羹尧职务。在抄年羹尧杭州的家时, 抄出了汪景祺送给年羹尧的书和信。雍正在看到汪书时, 极为震怒, 当即在该书封面上批示: "悖谬狂乱至于此报, 惜见此之晚……弗使此辈得漏网也。"④ 同年十二月, 将年羹尧逮至京师, 下议政大臣、三法司、九卿会审。十二月甲戌 (十一日) "具狱辞: 羹尧大逆之罪五

---

① 《清史稿》卷295。
② 《清史稿》卷295。
③ 《清史稿》卷295。
④ 《清代名人传略》。

(按：这五大罪中第三大罪就是：'见汪景祺《西征笔记》，不行参奏。')"①
"……凡九十二款，当大辟，亲属缘坐。"② 雍正"念青海之功，不忍加极刑"③，令年羹尧狱中自裁。其父年遐龄、其兄年希尧夺官，免其罪，斩其子富，诸子年十五以上皆戍极边。年羹尧幕客邹鲁、汪景祺先后皆坐斩，亲属给披甲为奴。

（二）曾静、吕留良案与川陕总督岳钟琪的牵连

曾静，湖南永兴人，因在科举中屡试不第，对清廷十分不满，遂以教育幼童为业，编著有《小学开蒙》一书。曾静在读吕留良的著作中，被其反清思想所感染。他听到许多关于雍正皇帝谋害其父康熙，并迫害其亲兄弟的传说，认为雍正乃无道之君，遂下定了反清决心。当时，社会上流传着担任川陕总督的岳钟琪是宋代民族英雄岳飞的后代。曾静认为，岳钟琪手握大权，是他最理想的结盟者。于是他派自己最信任的学生张熙，带着他写给岳钟琪的信，历数雍正无道，百姓苦状，动员岳钟琪继承先祖岳飞抗金传统，起兵反清，为宋、明报仇。

岳钟琪（1686～1754），字东美，号容斋，四川成都人。父昇龙，官至四川提督。康熙五十年（1711），岳钟琪以捐纳同知改武职为四川游击，补四川松潘镇中军游击。因屡立战功，不断被擢拔，历任直隶固关参将、四川永宁协副将、四川提督等武职。

在率兵进入西藏打败准噶尔侵扰、平定川边土司郭罗克以及平定青海罗布藏丹津之乱等重大事件中，功勋卓著，因而受到雍正信任，并于雍正二年（1724）授奋威将军，"命兼甘肃提督。三年（1725）复命兼甘肃巡抚"④。该年四月，即升任川陕总督，驻西安。

岳钟琪在西安见到张熙送来曾静的信后，

图1-4 岳钟琪像

---

① 《世宗宪皇帝实录》卷295。
② 《清史稿》卷295。
③ 《清史稿》卷295。
④ 《清史稿》卷296。

大为吃惊，于是他找了陕西巡抚西琳、臬司硕色与他一起在密室审讯投书人张熙。虽经严刑拷问，而张熙坚不招供真情。岳钟琪见刑讯无效，便设下一个骗局，表示愿与曾静结盟。"乃诱置密室中，许迎聘其师，佯与设誓。"① 张熙信以为真，便将曾静的一切计划及所联系共同举事人名单和盘托出。岳钟琪将张熙所说情形迅速密奏雍正。雍正立即传旨，令人前往湖南将曾静等逮捕押解北京审讯。根据曾静的招供又命浙江总督李卫搜查出其与吕留良、严鸿逵、沈在宽等人的文字著述，由此又牵出了吕留良一案。

曾静见事已败露，只有坦白交代："自悔从前执迷不悟，万死莫赎，今乃如梦初觉……甘服上刑。"② 雍正见曾静、张熙等能坦白交代，认为曾静之事的处理应该与吕留良案有所区别。曾静误听，尚有可原之情，而无必不可宽之罪，而真正诬谤雍正的人却是被称作"阿其那、塞斯黑"的雍正的兄弟等逆党奸徒，曾静只不过是受他们布散传播的影响。雍正还认为，曾静犯罪的另一原因则是读了充满反清思想的吕留良的书，受其影响走上反清道路。因此，雍正决定，将曾静释放，让其返回湖南故乡，还给其银两让曾静在家购地置房，以表示当今皇帝之仁慈宽大。

吕留良（1629~1683），字庄生、用晦，号晚村，浙江崇德人。他认为满族在北京建立的政权，使华夏受到异族统治。康熙六年（1667），他因应试不中，对清政府更为不满，转而"追思明代"，弃绝科场，专心读书授徒，并从事著述。后以博学鸿词科和山林隐逸荐举，他却剃发为僧表示拒绝。在向生徒讲解"四书""五经"时，他强调夷夏之别，表示不能接受满族的统治。

由曾静案牵出吕留良案时，吕留良已经去世。雍正认为，吕留良在其著述中诬谤康熙，"自出胸臆，造作妖妄"，"罪大恶极"③。雍正十一年（1733）其案定谳时，雍正下令将吕留良开棺戮尸，枭首示众，吕的儿子被处死，诸孙子充军，妇女籍入内务府为奴。吕留良的20多名学生均被判刑。吕的著作列入禁书。雍正还将曾静等口供及历次所降谕旨编成《大义觉迷录》刊刻颁行天下。到乾隆元年（1736）才将该书收回销毁。

---

① 《清代七百名人传》第2编《岳钟琪》。
② 《满清野史续编》第20种。
③ 《满清野史续编》第20种。

第一章　清朝四川政权的建立与巩固

　　川陕总督岳钟琪也受到曾静案的牵连,但因其屡立战功,又有检举曾静的实际表现,雍正命巡抚黄炳、提督黄廷桂严查,最后查明,所谓岳钟琪系岳飞后裔等传闻,是寄居四川的湖广人卢宗因私事制造的蜚语(已将卢宗论斩)。其后,雍正任用岳钟琪为宁远大将军,加少保,直至封侯。雍正十年(1723),大学士鄂尔泰劾岳钟琪专制边疆,智不能料敌,勇不能歼敌,降三等侯,削少保。后又因"统驭将士种种失宜",将岳钟琪官爵尽夺,并交兵部拘禁,至乾隆二年(1737)才释放回成都。乾隆十三年(1808)三月,清军征剿大金川,久无功。在家乡隐居10年的岳钟琪又被起用,予总兵衔。因征大金川立功,被列为"二等功臣",称"三朝五臣巨擘"①。乾隆十五年(1750),岳钟琪卒于资阳,谥襄勤,予一等轻车都尉。

---

① 《清史稿》卷296。

第二章 清代四川的政治军事制度

第一节 四川政区

一、建置

清代仿明制，实行行省制。清代前期建十八行省，光绪时又改建台湾、新疆、盛京、吉林、黑龙江为行省，故有二十三行省之称。四川在清代前期即为十八行省之一。

清代地方政区建置，在省之下分置各府，以领诸县。州、厅则参列其间，或直隶如府，或分治如县。就是说，直隶州和直隶厅，直隶于省，与府同级；其他州（散州）、厅（散厅），与县平行，隶于府。清代在省与府之间，还设有分守、分巡道，道设道员，多兼兵备衔，负责辅助布政、按察二使，巡察辖区政事，如清代四川就设有松茂分巡道、建昌上南分巡道、川北分巡道、川东分巡道、川南永宁分守道等。故有学者认为，清代地方政权机构，分为省、道、府、县四级①。四川是个多民族的省份，在少数民族聚居区，则因袭明制，实行土司制度，其后逐渐改土归流。

---

① 萧一山：《清代通史》上卷，中华书局1985年影印本，第525、526页。

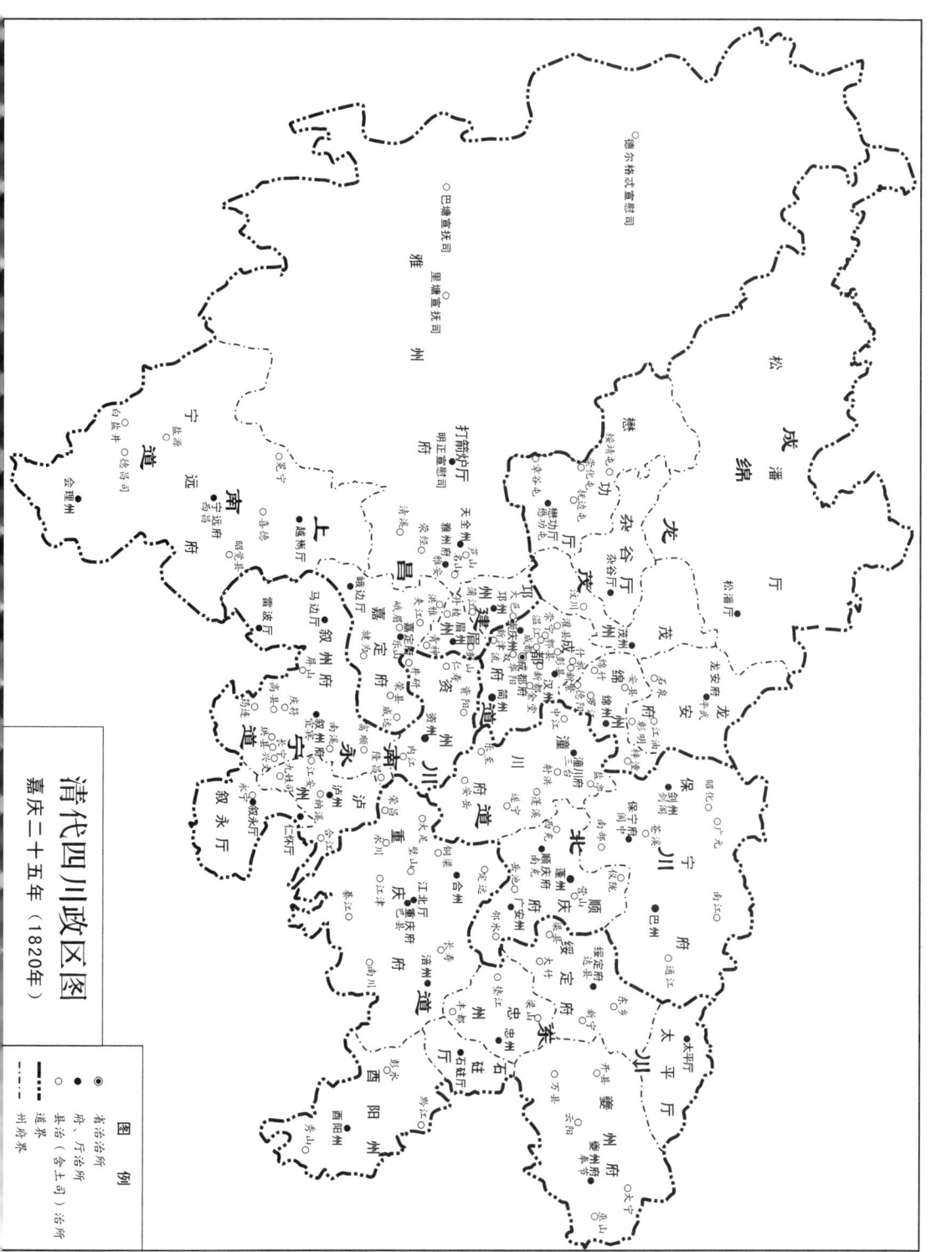

第二章 清代四川的政治军事制度

清代四川建置基本上承袭明制,但又针对四川实际情况,先后作过裁并、复设、改设等调整。据嘉庆《四川通志》所载,四川维系着领府 12、直隶州 8、直隶厅 6、属州 11、厅 4、县 111 的建置格局。现略述如后:

成都府　成都府为四川省会所在地。领州 3:简州、崇庆州、汉州;领县 13:成都、华阳、双流、温江、新繁、金堂、新都、郫县、崇宁、灌县、彭县、新津、什邡。

重庆府　领州 2:合州、涪州;领县 11:巴县、江津、长寿、永川、荣昌、綦江、南川、铜梁、大足、璧山、定远。

保宁府　领州 2:巴州、剑州;领县 7:阆中、苍溪、南部、广元、昭化、通江、南江。

顺庆府　领州 2:蓬安、广安;领县 8:南充、西充、营山、仪陇、岳池、渠县、大竹、邻水。嘉庆十九年(1814),以渠县、大竹改属绥定府。

叙州府　领县 11:宜宾、庆符、富顺、南溪、长宁、高县、筠连、珙县、兴文、隆昌、屏山;领厅 2:马边、雷波。

夔州府　领县 6:奉节、巫山、云阳、万县、开县、大宁。

龙安府　领县 4:平武、江油、石泉、彰明。

宁远府　雍正六年(1728)以前,置建昌卫,以总兵镇之。六年始罢卫改置宁远府。领州 1:会理;领厅 1:越西;领县 3:西昌、冕宁、盐源。

雅州府　雍正七年(1729)以前为州,直隶于省。七年始升为府。领州 1:天全;领县 5:雅安、名山、荥经、芦山、清溪。同知分驻打箭炉。

嘉定府　雍正十二年(1734)以前为州,直隶于省。十二年始升为府,领县 7:乐山、峨眉、洪雅、夹江、犍为、荣县、威远。嘉庆十三年(1808)添置峨边厅。

潼川府　雍正十二年(1734)以前为州,直隶于省。十二年始升为府,领县 8:三台、射洪、盐亭、中江、遂宁、蓬溪、安岳、乐至。

绥定府　雍正六年(1728)以前为州,属夔州府。六年始升为直隶州,领县 3:东乡、太平、新宁。嘉庆七年(1802),裁州升为府,领县 5:达县、东乡、新宁、渠县、大竹。

眉州直隶州　因明制直隶州,领县 3:丹棱、彭山、青神。

邛州直隶州　因明制直隶州,领县 2:大邑、蒲江。

32

泸州直隶州　因明制直隶州，领县3：纳溪、合江、江安。

资州直隶州　雍正五年（1727）以前为县，属成都府。五年始升为直隶州，领县4：资阳、内江、仁寿、井研。

绵州直隶州　雍正五年（1727）以前为州，属成都府。五年始改为直隶州。乾隆三十五年（1770）移州治于罗江，裁罗江县。嘉庆六年（1801）复旧治，复设罗江县。领县5：德阳、安县、绵竹、梓潼、罗江。

茂州直隶州　雍正五年（1727）以前为州，属成都府。五年始改为直隶州。领县1：汶川。

忠州直隶州　雍正十二年（1734）以前为州，属重庆府。十二年始改为直隶州。领县3：丰都、垫江、梁山。

酉阳直隶州　顺治十五年（1658）归附，因明制仍为酉阳宣慰司，属重庆府。雍正十二年（1734）改黔彭厅，十三年（1735）始改设县，乾隆元年（1736）升为直隶州。领县3：秀山、黔江、彭水。

叙永直隶厅　康熙初因明制永宁卫，仍置同知。雍正八年（1730）始改直隶厅。领县1：永宁。

松潘直隶厅　雍正九年（1731）以前因明制为松潘卫，属龙安府。九年始设抚民厅，直隶于省。

石柱直隶厅　顺治十六年（1659）归附，授石柱宣慰使司，仍属夔州府。乾隆二十七年（1762）升为石柱直隶厅。

杂谷直隶厅　康熙十九年（1680）土舍板第儿吉归诚，仍授为安抚司。乾隆十七年（1752）土司苍旺不法伏诛，改土归流，以保县旧城为厅治所。嘉庆六年（1801）改为直隶厅。

懋功直隶厅　乾隆四十一年（1776），平定两金川，于大金川设阿尔古厅，小金川设美诺厅。四十四年（1779），裁阿尔古厅并入美诺厅，改为懋功直隶厅，辖屯务5员：懋功、抚边、章谷、崇化、绥靖。

太平直隶厅　嘉庆七年（1802）以前为太平县，先后属夔州府、达州。七年始升县为直隶厅。道光初（1821）复降为太平县（今四川万源）。

清代四川各府、州、县因区划不尽合理，常有改辖变动，如雍正五年（1727），四川巡抚宪德奏请：改资中县为直隶资州，管辖仁寿、资阳、井研、内江4县，裁资中县原设之典史一员。改绵州为直隶州，管辖德阳、安县、绵竹、梓潼4县，改茂州为直隶州，兼辖汶川、保县二县及各土司，裁威州，并入保县管理①。雍正八年（1730），改四川成都府属松潘卫，归龙安府管辖②。雍正九年（1731），平武县所属之关家村、石子村、捡石坝、红豆树等处，改归江油县管辖；擂鼓坪、邓家渡等处，改归石泉县管辖；青莲坝、五郎沟等处，改归彰明县管辖。此外，彰明县改隶龙安府管辖③。雍正十一年（1733），改重庆府属之黔江县，隶重庆府分驻黔江同知管辖。雍正十二年（1734），四川巡抚鄂昌奏请吏部议复"四川道府州县分辖改设事宜"：川东道属之顺庆府改隶川北道，川北道属之绵州改隶松茂道，松茂道属之资州改隶永宁道，夔州府属之新宁县改隶达州④。乾隆二十一年（1756），巴县所属缙云山岭以西之祥、直二乡，改归璧山县管辖；嘉陵江以北之义、礼二乡及仁和乡二十六甲，改归江北镇同知管辖⑤。

从上述可看出，建置改辖原因主要有三：（1）相距太远，难以顾及。如成都府属松潘卫，路隔千里之遥，以就近改划龙安府管辖，更为方便。（2）地域不尽合理。如顺庆府，从地域上看，由川东道属改归川北道，更为合理。（3）事繁难以兼辖。如重庆为水陆要冲，巴县附府，事务繁多，许多边远农村难以兼及，不如将接壤璧山县的缙云山岭以西之有关地区划归璧山。

清代四川与邻近之陕西、湖广、贵州、云南等省亦有辖区改易调整。康熙四年（1665），改乌撒府隶贵州⑥。雍正四年（1726），因四川东川府与云南寻甸州接壤，兵部复准改隶云南就近管辖⑦。雍正五年（1727），镇雄府、乌蒙府亦同时改归云南管辖。雍正六年（1728），四川所属遵义府改归贵州省管辖。雍正十三年（1735），四川夔州府属之建始县，去恩施不过百里，令改该县归湖北施南府管辖⑧。

清初四川人口很少，没有必要仍照明朝建制，建立各县衙门，故裁并了不

---

① 《世宗宪皇帝实录》卷 63。
② 《世宗宪皇帝实录》卷 100。
③ 《世宗宪皇帝实录》卷 130。
④ 《世宗宪皇帝实录》卷 149。
⑤ 《高宗纯皇帝实录》卷 526。
⑥ 《清史稿》卷 69。
⑦ 《世宗宪皇帝实录》卷 43。
⑧ 《高宗纯皇帝实录》卷 6。

少州、县。顺治九年（1652）八月，礼科给事中刘余谟奏言："至川、广部选各官，未有地方人民者，应行裁并，俟地熟人多，再复旧制。其俸禄工食，可为牛种诸费。"① 他的这一建议得到顺治帝的批准。

四川复设州、县多在康熙后期和雍正朝。当时四川各地人口增多，生产发展，事件日繁，有必要恢复原有的一些州、县建制。康熙六十年（1721），川陕总督年羹尧疏请：将重庆府属之合州，复设铜梁县；顺庆府属之广安州，复设岳池县。各设知县一员、典史一员②。雍正五年（1727），四川巡抚宪德奏请户部复准，成都府复设华阳县，添知县一员，典史、教谕、训导各一员，裁府属税课大使员③。雍正九年（1731），根据宪德的疏请，四川一次"复设双流等一十四县"④。

通过以上行政建置的调整，对四川行政管理、经济发展产生了积极作用。一是提高了管理效率，地方官员可就近视察，及时解决所属地区发生的问题。二是节省了开支。多一个县一级的行政建置单位，无论该县人口多少，收入多少，总得开支县衙各部门所设官员、差役的费用。在当时，四川人口不多，耕地较少，财政收入微薄，政事说不上繁杂的情况下，按照明制全部恢复县治，确无必要。官多事少，不仅经费紧绌，反而会生出许多事端，于清廉吏治十分不利。

清朝末年，英国加紧对我国西藏的侵略，川边形势异常严峻。川督鹿传霖提出了"固川保藏"、经营川边的方略。光绪二十九年（1903），川督锡良奏准将原属雅州府的打箭炉升为直录厅，改隶建昌道。光绪三十二年（1906），清廷决定设置并任命赵尔丰为川滇边务大臣（相当于省级督抚）。赵尔丰遵照清廷旨意，在川边大力推行改土归流。光绪三十四年（1908），赵尔丰奏请改巴塘为巴安府，辖三坝厅、盐井县、定乡县等；改打箭炉为康定府，辖理化厅、河口县等。又请设立康安道，统辖府、厅、县。同年九月，川边最大的德格土司家族发生内讧，争战不已。赵尔丰率军平息动乱后，德格土司多吉僧格请求改土归流。于是，赵尔丰又奏请设立登科府、德化州、白玉州、石渠县、同普县等，

---

① 《世宗宪皇帝实录》卷 67。
② 《圣祖仁皇帝实录》卷 293。
③ 《世宗宪皇帝实录》卷 63。
④ 《世宗宪皇帝实录》卷 130。

第二章 清代四川的政治军事制度

并设边北道，统辖新设府、州、县。宣统三年（1911），又奏设怀柔县、甘孜县、炉霍县、道孚县、九龙县、丹巴县、泸定县等。同年闰六月，代理川滇边务大臣傅嵩奏请于川边建立西康省，因辛亥革命爆发，建省之议遂罢。

二、疆域

清代四川疆域因承明制，但又有所调整变动：

（1）川东略有变化。如将原明朝属四川夔州府的建始县于雍正十三年（1735）划归湖北施南府。

（2）川南较多收缩。如明代、清初属四川省辖的东川府于雍正四年（1726）改隶云南，镇雄府、乌蒙府于雍正五年（1727）改隶云南。雍正六年（1728），根据云贵总督鄂尔泰奏请，"改四川遵义、桐梓、绥阳、仁怀四县，正安一州及遵义协官兵，俱隶贵州管辖"①。

（3）川北基本稳定。

（4）川西大幅扩展。清初因明制，川西疆域仅及于天全六番招讨司，至打箭炉以东为界；川西南仅及于宁番卫、盐边；川西北仅及于松潘卫所属的麻儿匝安抚司（今马尔康）、红原、阿昔洞簇司和甘肃迭部以南为界。随着四川及邻近地区政治、经济、军事形势的发展，到嘉庆、道光时期，四川省区向西、西南、西北进行了大幅扩展。

打箭炉地方，自明季至清，原系内地土司所辖之地，宜归四川管辖。康熙三十五年（1696），理藩院命四川巡抚于养志将打箭炉四交界之地细查报部，编入《大清一统志》。打箭炉"外通西域，内皆高山峻岭，实为天设之险"②。炉地之外地名里塘，向系拉萨所辖，而里塘之外又为巴塘，由此两地构成四川边隘，里塘距打箭炉甚近，巴塘紧接里塘，直通叉木多地方。康熙五十七年（1718），四川巡抚年羹尧因拉藏汗被害，里塘地方无所统属，飞咨护军统领温普等选满、汉官兵，前赴里塘设防。康熙五十八年（1719），副将岳忠琪领兵到里塘。康熙中期以来，清政府陆续加强了对打箭炉及其以西地区的军事控制和治安稽察。雍正七年（1729）设打箭炉厅，将巴塘、里塘等土司地划属四川管

---

① 《世宗宪皇帝实录》卷71。
② 《圣祖仁皇帝实录》卷278。

图 2—1 打箭炉（康定府）"外通西域，内皆高山峻岭，实为天设之险"。图为清末来华科学考察的英国自然学家尔尼斯特·亨利·威尔逊拍摄的康定地区地貌

辖。到雍正八年（1730），移驻打箭炉的清军，凡噶达、与三渡、吹音堡各处均设营伍，安塘置铺，修建塘房、烟墩、哨楼，以保障交通畅达，商旅安全。随着打箭炉地区的经济发展，茶马交易更趋繁荣，乾隆二年（1737），又令"建四川新设打箭炉厅"①。清政府在打箭炉以西先后收降五十多个部落，四川以西的省界一直扩展到朵甘都司之宁静山以东一线，与西藏的边界至此基本固定下来，形成西炉地区。

康熙五十九年（1720），四川提督岳钟琪、松潘总兵路振扬平定上、中、下阿坝，土目旦增等投降。接着，岳钟琪又与游击周瑛于该年冬十月开始相继平定下、中、上郭罗克。四川西北边界至此推进到黄河以南一线地区，构成炉边地区。

康熙末、雍正初，由西南盐井沿宁静山至西北巴颜喀喇山，沿黄河东流至玛曲一线构成四川西南、西部和西北部的省界。在这一界线内即由西炉、炉边构成的川边地区。这一省界直至清末基本未有更动。

据嘉庆《大清一统志》所记，清代四川地界四至情况如下：陆程自省至京师 5710 里，东西距 3000 里，南北距 3210 里。东至夔州府巫山县界岭，与湖北

---

① 《高宗纯皇帝实录》卷 44。

宜昌府巴东县交界1760里。西至松潘直隶厅属部落毛儿革生番，与甘肃西宁生番交界1240里。南至宁远府会理州金沙江，与云南武定府元谋县交界2030里。北至保宁府广元县七盘关，与陕西汉中府宁羌州交界1180里。东南至叙永厅永宁县赤水河，与贵州大定府毕节县交界1150里。西南至雅州府打箭炉口外巴塘之南墩塘，与西藏阿里拉丹交界9675里。东北至太平直隶厅分水岭，与陕西兴安府安康县交界1410里。西北至龙安府平武县属部落，与甘肃阶州文县番地交界1150里。水路自省至京师10710里。

清代四川主要是川南、川西地区作了较大调整。川东地区与湖北交界，已属内地。除特殊情况外，已没有必要在建置上作过多调整，引起动荡。川北地区紧邻陕西。四川、陕西曾长期由川陕总督管辖，令出一督，形似一省，且以保宁为中心的川北地区经清政府多年经营，更无必要轻易更动建置。川南地区多属苗族、彝族聚居地，且离四川省会均较远，难以顾及，而距云南、贵州两省省会却更近，就近管辖更为有利。川西南、西部、西北皆属少数民族地区，受西藏影响很大，土司经常生事。扩大这一地区的四川管辖范围，对加强四川在政治、经济和军事上的地位，并进一步控制西藏、青海、云南、贵州等地具有重大意义。

第二节　行政组织

一、省级官制

清代省级官制实行督抚制。总督、巡抚之职，始设于明代，但明之督抚，因时而设，事毕复命，职亦取消。清代总督、巡抚成为省级常设最高长官。有的省只设巡抚不设总督，有的省则只设总督不设巡抚。有的总督管辖两省或三省，所管省的巡抚、提督，均受其节制。清代省级官制除督抚外，还有布政使、按察使、学政、道员等行政官职。

（一）总督

总督为从一品官，也有为正一品者。其职责是"掌厘治军民，综制文武，察举官吏，修饬封疆……其三年大比充监临官，武科充主试官"①。可见，总督实为全省最高军政长官，总揽全省军、政及科举大权，节制抚、镇文武诸臣。总督直属部队称督标营，以副将、参将等官统领。全省知府以下员缺，总督有权酌量题补。总督衙门设笔帖式二员，随督办事。

康熙三十一年（1692），定总督加衔制。如在总督衔前加兵部尚书、右都御史等衔。大学士兼管总督者，仍带原衔。如乾隆三十五年（1770）九月三日，谕令四川总督阿尔泰"著补授大学士，仍留办四川总督事务"②后，即用"大学士管四川总督阿尔泰"全称。有关四川总督兼衔事，雍正元年（1723），吏部在议复中强调："查川陕总督统理西安、甘肃、四川三处事务，控制番羌……俱应授为兵部尚书兼都察院右都御史……由各部侍郎以及别项官员补授总督者，俱改为兵部右侍郎兼都察院右副都御史……永著为例。"③

四川总督始设于顺治四年（1647）。是年十一月二十二日，顺治谕令"增设四川总督一员"④。以汉军镶红旗兵部右侍郎兼右副都御史孟乔芳为四川首任总督。但当时仍为虚名，因四川还在大西军控制之下，而孟乔芳的实际官职则是陕西三边总督。顺治十年（1653）二月，命孟乔芳总督川陕三边军务，兼督四川兵马钱粮。

自此之后，四川总督的设置，经历了四川总督—川陕三边总督—川湖总督—川陕甘总督—川陕总督的变化过程。到乾隆十三年（1748），添设四川总督，兼管巡抚事。乾隆二十四年（1759），根据陕甘总督杨应琚奏请，将四川总督改为川陕总督⑤。二十五年（1760），令"四川总督不必兼管陕西"⑥。以后，直到清末，四川总督的设置未再变更。

四川总督设置及其变化，有以下特点：（1）总督设置与四川重大军务密切相关。从顺治四年（1647）任命孟乔芳为四川总督开始，每一次设置四川总督都与四川发生的重大军事行动有关。孟乔芳为副将军官出身，且颇有政治头脑。

---

① 《清史稿》卷116。
② 《高宗纯皇帝实录》卷868。
③ 《世宗宪皇帝实录》卷5。
④ 《世祖章皇帝实录》卷35。
⑤ 《高宗纯皇帝实录》卷593。
⑥ 《高宗纯皇帝实录》卷627。

第二章 清代四川的政治军事制度

任命他为四川总督,明显是为了加强与张献忠大西军作战,也是为了加强四川政权的领导力量。到顺治十八年(1661),四川战事行将结束,为了组织川、楚、陕三省对茅芦山李自成余部的"围剿",全面恢复建立四川地方政权,故以李国英为四川总督。此后,直到平定吴三桂在四川的叛军,又改四川总督为川陕总督。雍正九年(1731)也是因为"川省幅员辽阔,军民番苗杂处,加以西陲办理军需,陕督一员难以控制,所以特设四川总督"①。乾隆十四年(1749),命四川总督管巡抚事,"所有地方刑名钱谷及兵马营制各事宜,统归一衙门办理,一切章程,允宜稽参旧制,酌立规条"②。十分明显,这是为了更好地统一领导平定大金川的战争。(2) 四川总督的兼衔越来越高,地位越来越重。顺治四年(1647),任命孟乔芳为四川总督时,仅为兵部右侍郎兼右副都御史。康熙十九年(1680),杨茂勋为四川总督时,已是太子少保兵部尚书兼都察院副都御史。乾隆十八年(1753)再任四川总督的黄廷桂,到二十年(1755),即授为武英殿大学士兼吏部尚书,被称为"学士总督"③。后来担任四川总督的官员不少不仅具有尚书兼衔,而且也是大学士,如阿尔泰、阿桂、福康安、勒保等。阿桂、福康安等更是乾隆特殊信任、权力极大的重臣。四川总督地位的提高,也正是四川政治、经济、军事地位越来越重要的反映。到康熙末、雍正朝,特别是乾隆朝,要靠川陕总督兼管,已无法适应四川政局发展的需要,必须专设权力很大的总督总揽全省的军政事务。

(二) 巡抚

巡抚为从一品或正二品官。顺治三年(1646),设四川巡抚,以都察院右副都御史王遵坦首任。以李国英为四川总兵,吴之茂为布政使。但因当时清军尚未控制四川,实为空职。顺治十四年(1657)九月,定巡抚职责:"巡抚专制一省。凡刑名钱谷、民生吏治,皆其职掌。"④ 顺治十八年(1661),因巡按停差,其地方事务俱交巡抚管理,吏部议定巡抚荐举额数:"四川巡抚应荐方面官三员、有司佐贰共七员、教官六员……著为例。"⑤

---

① 《世宗宪皇帝实录》卷110。
② 《高宗纯皇帝实录》卷345。
③ 《高宗纯皇帝实录》卷579。
④ 《世祖章皇帝实录》卷111。
⑤ 《圣祖仁皇帝实录》卷3。

从顺治初到乾隆十三年（1748），因四川总督、川陕总督时有变化，故四川巡抚驻四川，全省"宣布德意，抚安济民，修明政刑，兴革利弊，考核群吏，会总督以诏废置"① 之事，皆其掌握。康熙要求四川巡抚年羹尧："尔为巡抚，须文武和衷，不可偏刻。"② 雍正元年（1723）正月，雍正在给巡抚的谕旨中说："国家任官守土，绥辑兆民，封疆之责，惟抚臣为重。今之巡抚，即古者保厘夹辅之臣也。一省之事，凡察吏安民，转漕裕饷，皆统摄于巡抚。"③ 因此，巡抚必须正己率属，振饬励精。

乾隆十三年（1748），专设四川总督并兼理巡抚事。四川巡抚已无必要，奉旨裁撤。故四川巡抚在清代四川史上，从顺治三年（1646）初设，至乾隆十三年（1748）裁撤，只存在102年。乾隆二十四年（1759），虽陕甘总督杨应琚奏请，因西陲平定，幅员广大，陕西、甘肃非一总督所能兼理，建议将西安总督改为川陕总督，四川总督改为四川巡抚，甘肃巡抚改为甘肃总督，管巡抚事。但乾隆并未接受他关于改设四川巡抚的建议，而是谕令开泰补放川陕总督，仍驻扎四川，"令其往来西安，稽察一应事务"④。

（三）学政

清代四川在省设提督学政一人，简称学政，又称督学使者，为全省教育行政长官。雍正四年（1726），又定各省督学为学院，故又称学院。学政任期三年，到期除特殊情况外，都必须调换。学政由中央从各部进士出身的官员如侍郎、京堂、翰林等中挑选任命。

学政由内阁与吏部、礼部考选，报请皇帝任命，领敕前往，其地位甚高。不问原品级高低、官职大小，在任期间与总督、巡抚相见坐次及文移俱平行。按照惯例，三品以上学政视巡抚，四品以下学政视藩、臬，与布政使、按察使同列。

学政的任务是："掌学校政令，岁科两试，巡历所至，察师儒优劣，生员勤惰；升其贤能者，斥其不帅教者。凡有兴、革，会督、抚行之。"⑤ 即所谓"教

---

① 《清史稿》卷116。
② 《圣祖仁皇帝实录》卷239。
③ 《世宗宪皇帝实录》卷3。
④ 《高宗纯皇帝实录》卷593。
⑤ 《清史稿》卷116。

第二章　清代四川的政治军事制度

职乃学政专辖"①，"化导士习，养育人材，职任甚重"②。

四川首任学政为顺治八年（1651）之江都进士陈卓。学政的生活待遇较丰厚，除其应得俸饷外，还根据省区之大小由政府支给养廉银。如乾隆三十四年（1769），军机大臣会同礼部奏准，四川属中省，学政养廉银为3200两。

由于学政掌握着全省生童考试录取大权，"尤人伦风化所系"，而岁、科两考易生弊端，清代"遴选学臣，倍加郑重"③。乾隆曾明确谕令，学政按照考试必须"公当"，教训士子必须"实心"④。要求学政"须廉洁持身，精勤集事。实行、文风，两者所当并重。若徒事文华，而不敦崇实行，犹未为尽职也"⑤。如果发现有交通关节、贿卖生童之事，学政将受到严厉惩处，直至正法。

清代的教育系统：省设学政；府设教授，正七品；州设学正，正八品；厅、县设教谕，亦为正八品；府、州、厅、县还设有训导，从八品。

光绪三十二年（1906），清政府实行官制改革，各省撤学政，改设提学使司提学使一人，正三品，在布政使之次、按察使之前，为总督、巡抚之属官。

（四）布政使

全称为"承宣布政使司布政使"，别称藩司、藩台，为从二品官。顺治三年（1646）设四川布政使司布政使，以中书舍人吴宏融为首任。布政使职掌"宣化承流，帅府、州、县官，廉其录职能否，上下其考，报督、抚上达吏部。三年宾兴，提调考试事，升贤能，上达礼部。十年会户版，均税役，登民数、田数，上达户部。凡诸政务，会督、抚议行"⑥。

四川布政使的属官有：经历司经历（正六品）一人，掌出纳文移。照磨所照磨（从八品）一人，掌照刷案卷。库大使（正八品）一人，掌库藏籍账。四川还设有监铸官一人，"以同知、通判选充"⑦。

康熙六年（1667），定四川等省布政使一人。雍正元年（1723），开始参用汉人为布政使。乾隆曾一再谕令强调："藩、臬为方面大员，凡该省事关民生利

---

① 《高宗纯皇帝实录》卷848。
② 《世宗宪皇帝实录》卷58。
③ 《钦定学政全书》卷15。
④ 《高宗纯皇帝实录》卷974。
⑤ 《钦定学政全书》卷15。
⑥ 《清史稿》卷116。
⑦ 嘉庆《四川通志》卷99。

弊、属员贤否及地方两畅谷麦情形，并应留心体察。"① 藩、臬有通省钱谷刑名之责。

鉴于布政使基本上是秉承总督、巡抚的指示办事，即所谓"为通省承宣大吏"②，上、下双方关系十分密切，为避免他们之间产生互相包庇、徇私植党等弊，从康熙五十一年（1712）开始实行的三年大计考核办法规定：总督、巡抚不得荐举卓异；布政使缺不能由总督、巡抚坐名题补，必须由吏部统一题请皇帝批准。

清代布政使任职还有一个明显的特点，就是任期短，调动频繁。据嘉庆《四川通志》所载统计，从顺治三年（1646）设四川布政使以来，至嘉庆十九年（1814）共169年中，调换布政使59人次，平均约2.8年即调换一次。清政府如此频繁调动布政使的原因，就是因为其既是权力的拥有者，又是执行者，很容易与直属长官总督、巡抚以及下级官员徇私舞弊。如此频繁调动，可使其难于在一地生根建立个人关系网，避免发生上述弊端，从而保证中央集权统治。但布政使每到一省，情况刚熟悉，又被调任，实不利于当地政治之改善。

（五）按察使

全称为"提刑按察使"，别称臬司、臬台，为正三品官。顺治四年（1647），以陕西洋县廪生杨道淳为四川首任按察使。按察使的职责是："掌振扬风纪，澄清吏治。所至录囚徒，勘辞状，大者会藩司议，以听于部、院。兼领阖省驿传。三年大比充监试官，大计充考察官，秋审充主稿官。"③

四川按察使的属官有：经历司经历（正七品）一人，掌出纳文移。初设照磨所照磨（正九品）一人，掌照刷案件，康熙三十八年（1699）裁撤，事务归经历管理。司狱司司狱（从九品）一人，掌检查系囚。

按察使的题请任调权属吏部。经吏部开列题请，皇帝批准，即可确认。总督、巡抚皆不准荐举卓异，坐名题补。这同样也是因为按察使与总督、巡抚关系太密切，须防止他们之间徇私舞弊。这一规定，对按察使行使职权大有好处。因为升、降、去、留，权不在顶头上司的总督、巡抚，可以大大减少他们对按

---

① 《高宗纯皇帝实录》卷588。
② 《高宗纯皇帝实录》卷333。
③ 《清史稿》卷116。

察使实行司法权力的干预,更有利于其独立行使权力。

清宣统二年(1910),改按察使为提法使。

(六)道员

道员,又称道台,一般为正三品或正四品官。道员分两类:一类为专司一事,如粮道、盐茶道等;一类为分守、分巡道。道员的职责是辅佐布政使、按察使管理所辖府州厅县区域中的行政事务。加兵备衔的道员还管辖区中的军队事务。道,实际上是布政使、按察使派出的差使,是藩、臬的辅佐官。

清代四川专管道的设置如下:

通省盐茶道。雍正五年(1727)设盐茶驿道。乾隆二十九年(1764)分巡成、绵,兼管水利。乾隆四十四年(1779)驿传仍归按察司管①。

驿传道,道署设于按察司内。

宣统朝设巡警道、劝业道,驻省城。

清代四川分守、分巡道的设置如下:

分守川西道,道署在布政司内。

分守川北道,驻保宁府。

分守上下川东道,驻涪州。

分守上南道,嘉定、雅州均设道署。

分守下南道,叙州、泸州均设道署。

分巡川西道,道署设按察司内。

分巡松茂兵备道,"旧有整饬威茂道驻茂州,整饬安绵道驻绵州,整饬松潘道驻松潘,旋俱奉裁。康熙八年(1669)复设松茂成绵道兼管水利。乾隆十七年(1752)统辖杂谷直隶厅,二十九年(1764)改加兵备衔,专辖松潘、茂州、龙安、杂谷,以原辖成都府绵州改归驿盐道辖。康熙四十一年(1702)兼理懋功厅新疆屯政,驻茂州"②。

分巡建昌上南兵备道,"旧有上南道驻邛州,整饬建昌道驻建昌,旋俱奉裁。康熙八年(1669),复设建昌兵备道,辖雅(州)、嘉(定)、宁(远)三

---

① 嘉庆《四川通志》卷103。
② 嘉庆《四川通志》卷103。

府，眉、邛二州，初驻宁远府，今驻雅州府"①。

分巡川北兵备道，"旧有川北道，旋裁，雍正八年（1730）复设川北道，辖保、潼、顺三府，驻保宁府"②。

分巡川东兵备道，"旧有上川东道驻重庆，下川东道驻达州，康熙八年（1669）裁下川东道，统为川东兵备道，辖重（庆）、夔（州）、绥（定）三府，忠（州）、酉（阳）二州，仍驻重庆府"③。

分巡川南永宁道，"旧有巡下南道驻泸州，整饬叙泸道驻旧马湖府，旋俱奉裁。康熙八年（1669）复设永宁道，辖叙州府、泸、资二州，初驻叙永厅，今驻泸州"④。

康安道，驻巴安，加提法使衔，带兵备衔，宣统二年（1910）置，隶川滇边务大臣。

边北道，驻登科，带兵备衔，隶川滇边务大臣。

各道员衙门设有典吏一二员至十数人不等，以协助道员办理所属有关事务。另还设有库大使、仓大使各一员。库大使专司道库之收藏。库大使为从九品。仓大使掌道仓之管理，品秩未入流。

二、府州厅县官制

（一）知府

四川有12名知府，占全国215名知府的5.5%。知府向为正四品。乾隆二十八年（1763）谕令，更定道、府品级，将三、四、五品不等的道员品级统定为正四品，"知府仍其所属，自应量为区别。著将各省知府改为从四品"⑤。知府"掌总领属县，宣布条教，兴利除害，决讼检奸。三岁察属吏贤否，职事修废，刺举上达，地方要政白督、抚，允行"⑥。

知府为承上接下要职，是一府最高行政长官。四川知府多用汉员。

---

① 嘉庆《四川通志》卷103。
② 嘉庆《四川通志》卷103。
③ 嘉庆《四川通志》卷103。
④ 嘉庆《四川通志》卷103。
⑤ 《高宗纯皇帝实录》卷691。
⑥ 《清史稿》卷116。

府同知（正五品）、通判（正六品），分掌粮盐督捕、江海防务、河工水利、清军理事、抚绥民夷诸要职。

知府的属官有：经历司经历（正八品），掌出纳文移。知事（正九品），掌勘察刑名。照磨所照磨（从九品），掌照刷案卷。司狱司司狱（从九品），掌检查系囚。

（二）知州

乾隆时期，四川8个直隶州，占全国76个直隶州的10.05%，有11个属州，占全国48个属州的20.3%。州设知州。直隶州知州于乾隆三十五年（1770）定为正五品。属州知州为从五品。知州"掌一州治理"。属州视县，直隶州视府。

州同，为从六品官。州判，为从七品官。分掌粮务、水利、防海、管河诸职。

知州的属官：吏目一人（从九品），掌司奸盗、察狱囚、典簿录。

（三）直隶厅同知、通判

同知或通判是直隶厅的行政长官，其地位和品级与直隶州知州同。

（四）知县

知县为正七品官。四川111个县，占全国1358个县的8.1%。知县"掌一县治理。决讼断辟，劝农赈贫，讨猾除奸，兴养立教。凡贡士、读法、养老、祀神，靡所不综"。

县丞（正八品）、主簿（正九品）：分掌粮马、征税、户籍、缉捕诸职。

典史（未入流）：掌稽检狱囚。

三、基层保甲制

清代在进行府厅州县政权建设的同时，在州县以下城乡普遍推行保甲制度，建立基层政权组织。"世祖入关，有编置户口牌甲之令。其法：州县城乡十户立一牌长，十牌立一甲长，十甲立一保长。户给印牌，书其姓名丁口。出则注所往，入则稽所来……其客店令各立一簿，书寓客姓名、行李，以便稽查。"① 牌长（头）、甲长、保长由"有身家之人报官点充"。乾隆二十二年（1757）保甲

---

① 《清史稿·食货一》卷120。

法规定,"甲长三年更代","保长一年更代"①。保甲的职能主要有三:一是维护社会治安,无事递相稽查,有事互相效应;二是协助胥吏催收地丁钱粮税费;三是编查和管理户籍户口。保甲制度康熙年间已在四川普遍建立,乾隆时期更加完备。光绪年间,四川遵旨在省设立保甲总局,在县设保甲分局,作为各地保甲的主管机关。清末开办新式警察局后,保甲局被裁撤,但基层保甲依然存在。

保甲单位是清朝最基层的统治机构,四川官府通过保甲与各地城乡基层绅商及家族、世族势力紧密结合,对维护和加强清王朝在四川的统治秩序起了重要作用。

第三节 军事制度

一、驻川八旗兵

顺治时期,为了剿抚四川抗清势力,清政府曾调遣大批满洲八旗兵入川作战。战事平息之后,这些满洲八旗兵多奉命调回原驻地。

康熙十二年(1673),为平定吴三桂叛乱,清廷先后下令从北京、西安、荆州等地调拨满洲兵入川。康熙二十一年(1682),平吴战争结束。由全国各地调入四川作战的满洲兵亦多调返原驻地,但入川的荆州满洲兵却被留在成都常驻下来。

清政府对由汉人组成的绿营兵,一方面要利用,但却不甚放心。因此,凡是有较多绿营兵驻扎的地方,都要调配一定数量的满洲兵,以备万一绿营兵出现不测事端,则有满洲兵可供依靠。康熙曾在一道谕旨中说:"凡地方有绿旗兵丁处,不可无满兵。满兵纵至粮缺,艰难困迫,至死断无二心。若绿旗兵丁至粮绝时,少或窘迫,即至怨愤作乱。"② 康熙二十一年(1682),平定吴三桂叛乱后四川的驻军情况,正如当时的四川提督何傅在一折奏疏中所说:"蜀省兵

---

① 闻均无:《中国保甲制度》,上海书店 1992 年影印本,第 266 页。
② 《圣祖仁皇帝实录》卷 274。

丁，多非土著，将弁多非实授，必藉满兵弹压，以计万全。"① 兵部同意了何傅的这一奏请，康熙也批准将满洲兵留驻四川的要求。由此看来，满洲兵常驻成都，系自康熙二十一年（1682）始。

康熙四十八年（1709），年羹尧任四川巡抚，又疏请将荆州满洲兵丁长期留驻成都。他在奏疏中说："川省地居边远，内有土司番人聚处，外与青海、西藏接壤，最为紧要。虽经设有提镇，而选取兵丁，别省人多，本地人少，以致心意不同，难于训练。见今驻扎成都之荆州满洲兵丁，与民甚是相安。请将满洲兵丁酌量留于成都。省城西门外空地造房，可驻兵一千。若添设副都统一员管辖，再将章京等官，照兵数量选留驻，则边疆既可宣威，内地亦资防守。"② 康熙得奏后，即令议政大臣等会议面奏，认为年羹尧所奏似属甚是。

康熙五十六年（1717）十月，荆州将军拜音布根据玄烨谕旨，派副都统宁古礼领满洲兵二千"赴成都驻扎"③。

康熙五十七年（1718）八月，议政大臣会议又议复四川巡抚年羹尧："川省设防满洲兵丁一千，恐不敷于调遣防守，应再添六百名。俟军务毕时，令巡抚年羹尧会同副都统宁古礼，将见在四川驻防之二千荆州满洲兵丁内照数拨派。"④

康熙五十七年（1718）十月二十日，玄烨又谕议政大臣："在成都驻扎之满洲兵，止有二千，为数甚少。将荆州之满洲兵，再派一千，前往成都驻扎预备。此满洲兵，俱令都统法喇管辖。"⑤ 到该年十二月，驻扎成都的满洲兵官兵数字基本固定下来：设副都统、协领、佐领、拖沙喇哈番品级章京、骁骑校等官53员，甲兵1600名，并造官房732间、兵房4800间。

自此以后，驻成都满兵常保持在2000至3000名之间，视情况需要酌有增减。如乾隆二十九年（1764）七月，工部尚书四川总督阿桂认为"成都为通藏大路，番夷环居，地居紧要"⑥，原驻满兵2000名，为数尚少，奏请批准从西安

---

① 《圣祖仁皇帝实录》卷106。
② 《圣祖仁皇帝实录》卷282。
③ 《圣祖仁皇帝实录》卷274。
④ 《圣祖仁皇帝实录》卷280。
⑤ 《圣祖仁皇帝实录》卷281。
⑥ 《高宗纯皇帝实录》卷715。

调拨满兵 1500 名入驻成都。

满营分设军标、中营、左营、右营统辖。其中军标马、战、守兵 779 名，中、左、右营马、战、守兵 1000 名，分别由副将（中营）、都司（左营）、守备（右营）统领。乾隆二十九年（1764）七月，因四川总督阿桂奏准，增调驻扎成都满兵达到 3500 名，仅副都统一员管辖，恐有不周，军机大臣议复将成都满兵归四川总督统辖，寻常案件由副都统承办。"其军政保荐及整饬营伍，俱令请示督臣会办"①。

成都满洲兵营中还设有养育兵。原设 144 名，至乾隆五十四年（1789）、嘉庆十年（1805），根据成都将军鄂辉、德楞泰先后奏请，又添设养育兵 48 名。嘉庆十六年（1811）八月，成都将军丰绅再次报请添设养育兵 96 名②，陆续添至 288 名。

图 2-2　光绪二十一年（1895），驻守成都的清军士兵

二、成都将军

驻四川八旗兵的最高军事长官是成都将军。成都将军设于平定两金川之后，为正一品官。乾隆四十一年（1776）三月初八日，乾隆谕令："前经军机大臣议复定西将军阿桂筹办善后事宜案内，令于大功告成后，特设成都将军一员驻扎雅州，统兵镇守，节制绿营。并于两金川之地安设营讯，移驻提镇，以资控驭……所有成都将军员缺即著明亮补授。移成都满兵一千至雅州随将军驻守。其原设之成都副都统仍留驻省城，分兵防守，俟二三年后，再令将军驻扎成都，

---

① 《高宗纯皇帝实录》卷 715。
② 《仁宗睿皇帝实录》卷 247。

副都统移驻雅州,永资绥靖边圉之益。"① 此为四川设立成都将军之始。

该年三月初十日②,乾隆又就成都将军统辖番地事宜谕令军机大臣:"所设之将军,若不畀以事权,于地方文武不令其统属考核,仍与内地之江宁、浙江等处将军无异,尚属有名无实。且番地事宜仍由地方文武办理,仅禀知总督而行,而将军无从过问,非但呼应不灵,即于绥靖蛮陬之体制亦不相合……自应令成都将军兼辖文武,除内地州、县、营讯不涉番情者,将军无庸干预外,其管理番地之文武各员并听将军统辖。凡番地大小事务俱一禀将军,一禀总督,酌商妥办。所有该处文武各员升迁调补及应参、应讯大计举劾各事宜,皆以将军为政,会同总督题奏,庶属员有所顾忌不敢妄行,而番地机宜亦归画一。"③ 该年六月八日,乾隆又谕:"成都新设将军,控驭番地,兼辖文武。其体制即与总督无异。"④ 按照清政府规定,驻防清军官兵不准干预地方事务。此次对明亮兼辖文武的谕令,确系特殊破例,实从当时平定两金川战争刚刚结束,急需大员统辖文武,使两金川地区秩序迅速安定下来,恢复发展生产出发。

四川设成都将军 1 人,副都统 1 人,协领兼佐领 5 人,佐领 19 人,防御 24 人,骁骑校 24 人⑤。

成都将军的直属部队称军标。共中、左、右三营马、战、守兵 1000 名,设中营中军副将、左营中军都司、右营中军守备各 1 员,分别统领各营部队。

三、四川绿营兵

清朝入关后,为解决八旗兵力之不足,在全国各地招募汉人及改编原汉旗武装,组建了一支有别于满洲八旗的军队。因其以绿旗为标志,以营为建制单位,故称为"绿营"。绿营的编制,分为标、协、营、汛四级。

四川绿营兵,有督标,由总督统辖;有抚标,由巡抚统辖(后四川不设巡抚,也就没有抚标);有提标,由提督统辖;有镇标,由总兵统辖。督、抚、

---

① 《高宗纯皇帝实录》卷 1004。
② 嘉庆《四川通志》卷 85《武备志四》作"三月初一日",误。乾隆有关谕旨发于三月辛巳;辛巳即初十日,初一日为壬申;乾隆有关此一谕旨应在初八日任命明亮为成都将军之后发,似属合理。《高宗纯皇帝实录》卷 1004 作辛巳,今据《实录》改正。
③ 《高宗纯皇帝实录》卷 1004。
④ 《高宗纯皇帝实录》卷 1010。
⑤ 《清朝通典》卷 36。

提、镇等标统辖本标各营，提、镇兼辖者有协，由副将统率；协下为营，系绿营兵的基本编制单位，由参将、游击、都司、守备分别统率；营下设汛，由千总、把总分别统领。

清制，总督管辖一省或数省的军队和民政。总督虽有权节制绿营，但总督不是在役军官。总督之下，主管全省军事的最高长官称为提督。

提督为从一品官，其职责是：掌巩护疆陲，典令甲卒，节制镇、协、营、汛，课其殿最，以听于总督。四川提督多由各镇总兵官中擢升。

四川提督直属部队为提标，有中、左、右、前、后五营共马、战、守兵2000名。提标中营设中军参将1员，左、右营设游击各1员，前营设都司1员分别统领之。各营还设中军守备各2员、千总各2员、把总各4员、外委各6员，分别统率部队。尽管提督的职衔为武职从一品，比文职巡抚高一级，与加尚书衔的文职总督平级，但按照清制，提督仍需受制于督抚。这是清代实行"以文制武"的"督抚制"的特点之一。遇特殊情况，总督、巡抚也有兼任提督者。

四川绿营兵除总督、提督统兵之外，还下设四镇即川北镇、重庆镇、建昌镇、松潘镇。每镇设总兵官1人，其职责是"各掌其镇之军队，统辖本标官兵及分防各营协将弁而受命于提督"①。总兵的职衔为正二品。

据《清史稿》载，全川绿营兵由提督1人、总兵4人、副将（从二品）8人、参将（正三品）7人、游击（从三品）23人、都司（正四品）32人、守备（正五品）51人、千总（正六品）114人、把总（正七品）207人逐级分别统领②。

四川绿营兵的人数，据康熙四年（1665）四川总督李国英奏报批准的四川驻军编制合计为45000名，以马二步八，战、守各半定额。当时全国绿营兵约60万。四川兵额为全国兵额的7.5%。其驻防分布兵额如下：

清代四川绿营兵，分驻四川腹地及边陲要隘之地，遍布全川各府、厅、州、县，形成了一个庞大的军事网络。其镇戍原则是"量地形之险易，酌兵数之多寡"，"因地设官，因官设兵"③。如在川西南彝族地区，设置总兵官，建立建昌

---

① 嘉庆《四川通志》卷99。
② 《清史稿》卷117。
③ 罗尔纲：《绿营兵制》，中华书局1984年版，第202页。

镇，有中、左、右营，驻兵1490~1995名。建昌营下，分驻各地的有冕山营（兵240~300人）、会川营（兵540~700人）、越西营（兵540~700人）、会盐营（兵380~500人）、泸宁营（兵220~300人）、怀远营（兵300~330人）等，由参将、游击、都司、守备统领。营以下的驻兵是汛，由千总、把总统率，其驻防巡逻的地区称为"汛地"。各地汛兵又在要冲之地，设卡守望，称为"塘"。可见绿营兵镇戍系统之严密。

图2-3 清代成都有东南西北四个校场，西校场是八旗兵专用的，东校场则专为绿营兵操练之用。图为成都的校场和兵营

绿营兵的功能主要有二：一是维护清王朝的统治，镇压各族人民的反抗。如参与镇压川楚白莲教起义和李蓝起义等。二是威慑地方，维持社会治安。如负责城防、参与地方察奸、缉捕、缉私、解饷、解犯、禁赌等工作。清代前期，四川绿营兵作战能力较强，曾多次受到康熙的嘉奖。但嘉道以后，武备废弛，战斗力降低，虽一再整顿，仍无多大起色。

四、屯练土兵与乡勇团练

四川还有由少数民族（主要是藏族）组成的屯练土兵，又称"屯土兵""番兵"。屯练土兵与各土司所统率的土兵不同。四川最早起于乾隆十七年（1752），因杂谷土司苍旺作乱，经四川总督策楞、提督岳钟琪派兵平定后，在该土司所辖藏族百姓中挑选精壮3000名作为屯兵。平时任其力田佣工，岁纳杂粮600余石，并不支给粮饷。遇有征调，即整装参战。

这些屯土兵因与清政府关系较为密切，虽为少数民族，对改土归流尚能拥护。打起仗来，冲锋陷阵，被乾隆誉为"军营得力之人"①，谕令各路将军等，对他们要"另加爱惜，遇有奋勇者，随时奖慰。如实有出众功绩，并当奏闻赏录，以示鼓励"②。四川总督刘秉恬也很赞赏这支部队，专门向乾隆报告他们的作战功绩。

四川屯练土兵，统一按清兵军制任命各级官弁，如外委、把总、千总、守备等。只是在每一职衔前加了一个"土"字，如"土外委"等，以示与八旗、绿营兵之区别。但土军官的最高官职仅为土守备，这与土兵人数不多似有关系。

乾隆末期，土兵作战能力充分显示出来，有的赏给二、三品职衔，并准食副将、参将实俸。兵丁亦赏给钱粮二千分。一个守备、千总，立功赏给二品顶戴，与清朝惯例极不协调。乾隆认为与其赏给虚衔，莫若酌添实缺。于是谕令，可以"守备以次递设都司、游击、参将，至副将而止。该处兵丁钱粮……亦应酌量增添……俾兵弁多得上进之阶，生计又资宽裕，以示优奖勤劳，一视同仁至意"③。

四川屯土兵的任务，一是维护川西和川青、川滇、川藏边区的社会治安，二是调赴外省作战。在第一次鸦片战争中，四川屯练土兵曾奉调浙东抗英前线，在反击英军侵略的斗争中英勇杀敌，战功卓著。

四川地区的土司还掌握有自己的武装力量，这些土司的军队也称"土兵"。土司所实行的是征兵制。凡所管辖区域内家庭里男子16岁以上，三丁抽一，五丁抽二，七丁抽三，服兵役至50岁为止。其编制是：十人为什，十什为牌，十牌为寨，五寨至十二寨为沟，也有三五寨为一沟者。沟，直属土司管辖指挥。什有什长，牌有头，寨、沟有主。土司、寨主可直接征调青壮民众为兵。这些土兵的任务主要是守卫该土司管辖地区之要隘门户及土司官寨。四川土司地区大寺庙还有由僧众组成的武装，以维护寺庙安全。

四川乡勇由于对当地情况熟悉，在配合清军镇压白莲教起义方面，确实起了重要作用，并且出现了被一再升拔的名将。如四川东乡（今宣汉县）人、官

---

① 《高宗纯皇帝实录》卷931。
② 《高宗纯皇帝实录》卷931。
③ 《高宗纯皇帝实录》卷1488。

第二章 清代四川的政治军事制度

至提督的罗思举，东乡人、官亦至提督的桂涵，邻水人、官至总兵官的相卿等，都是乡勇出身。

团勇，"百姓等自出己资，修筑堡寨，择其中年力稍壮，各备器械，里民自行捐给口粮，以为守御者，谓之团勇"①。

团勇的作战能力不如乡勇。太平天国起义后，清廷谕令各省办理团练。根据《团练章程》规定，团练由当地绅士承首办理，受当地政府指挥。各道府设团练总局，省城设团练督办大臣衙署。团丁由民户摊派，捐钱3000文，可免派丁。团练的主要职责，平时"缉盗防奸"、"查禁邪教"，战时担任防卫，坚壁清野或配合清军作战。四川于咸丰三年（1853）开始办理团练。咸丰、同治时期，四川大县有练丁（亦称练勇）240多人，中县有160多人，小县有100人，全省练丁当在2万人以上。清政府强令各地办理团练，是为了镇压人民群众的反抗，同时也加重了广大群众的经济负担。

五、清末新军与巡防军

到咸丰、同治时期，八旗军和绿营兵的腐败，明显地暴露出来。为了重整军队，加强统治力量，光绪二十一年（1895），清廷决定在天津小站练兵，并由袁世凯负责办理，称为"新建陆军"，亦简称为"新军"。所谓"新"就是按西法训练，以洋枪洋炮装备部队。光绪三十三年（1907），清廷决定在全国各省建立新军36镇。各省设立督练公所，由总督、巡抚、将军、都统兼任督办。按照建军方案规定，四川应练新军三镇，并限三年完成二镇，另一镇由度支部和陆军部统筹拨付经费。四川从光绪二十七年（1902）开始编练新军，但直到辛亥革命爆发，四川只练成新军一镇，即陆军第17镇。镇的编制是：一镇（师）辖步兵二协，另辖马队各一标；工程、辎重各一营；一协（旅）辖二标；一标（团）辖三营；一营（营）辖四队；一队（连）辖三排；一排（排）辖三棚；一棚（班）有正兵4名、副兵8名。各级军官的名称是：镇称统制，协称协统，标称标统或统带，营称管带，队称队官或哨官，排称排长，棚有正副目。陆军第17镇共有官兵8000多人。四川新军的兵源，一是从绿营中挑选，二是重新招募。新军之招募条件是：（1）年龄，20～25岁；（2）身高，4尺8寸以上，

---

① 《仁宗睿皇帝实录》卷69。

川人可减2寸；(3)臂力，可平举100斤以上；(4)来历，必须土著，查明三代；(5)品行，食烟及不安分有事案者，不收。新军的招募方法：由各府、州、县按以上条件组织选募。村长、首事、地保等各举合格乡民，开具名册，偕同前往验所检验。

四川大吏岑春煊、锡良、赵尔巽以及川滇边务大臣赵尔丰等对编练新军十分卖力，除按规定编练新军、开办各类新式军事学堂外，还向日本、德国购买了大量枪弹，以装备新军。

图 2—4 编练中的四川新军中路军第5营部分兵丁（德国人魏司1907年拍摄于成都武侯祠）（图片由成都武侯祠博物馆提供）

按照清廷的部署，四川在编练新军的同时，对原来的绿营兵进行裁汰和整顿。光绪二十五年（1899），川省有绿营兵82营、33000多人，经过裁汰后，尚余37营。锡良督川时，奏准将37营整编为30营，作为续备军，补充新式枪炮，实行新法操练，布防于四川腹地和川边要隘。光绪三十二年（1906），奉旨将续备军改为巡防军（又称巡防队）。原驻防成都的旗兵，归成都将军节制，宣统元年（1909），按清廷统一军制，各省旗兵改编为巡防队。成都旗兵改编为3营，每营301人，共903名。

第三章 "湖广填四川"及其影响

第一节 "湖广填四川"

一、"湖广填四川"的政策缘起

"湖广填四川"是影响清代四川历史乃至今日四川民情文化的极其重要的一环。它之由来,清人魏源在《湖广水利论》中说:"当明之季世,张贼屠蜀民殆尽,楚次之,而江西少受其害。事定之后,江西人入楚,楚人入蜀,故当时有江西填湖广、湖广填四川之谣。"① 大体上勾勒出了清代长江流域大移民的动因及其发展趋势。

(一) 清初四川的残破景象

明末清初,四川经历了长期的兵燹之灾。从崇祯六年(1633)张献忠首次入川攻克夔州等地算起,到康熙二十年(1681)清军平定吴三桂叛乱部将,攻占建昌、云阳、东乡等处止,战乱前后达半个世纪之久。其间,政权更迭频繁,狼烟燎播全川,影响甚巨。

---

① 《魏源集》,中华书局1976年版,第388页。但也有学者不赞成以上说法,详见胡昭曦:《"张献忠屠蜀"考辨》,四川人民出版社1980年版。

第三章 "湖广填四川"及其影响

张献忠五次入川作战，重创明军与地方武装势力，又于当地发家取财①，激起拼死反抗，兵祸殃及川东、川北、川西南 50 余州县。顺治元年（1644），张献忠攻克重庆、成都，建立大西政权。但此时南明政权续立，四川明军残部及地主武装割据川东、川南，数年间收回重庆、夔府、叙府及长江沿岸一带州县。"献忠见川人心恋故主，愤闷已极，于是虎威大作，势若癫疯，即下命令剿灭川人。"② 这是张献忠撤离成都前夕，疑心被川人出卖，丧失理智的过激举措③。屠蜀发墓，后果严重，"成都所属州县，人烟断绝千里，内冢白骨亦无一存"④。

顺治三年（1646），清军入川建立保宁政权后，曾六次派兵攻打成都、重庆等地。所至之处，烧杀掳掠，催粮逼款，激起众多反抗，难以立足。顺治四年（1647），清将梁一训撤出成都，"驱残民数千北走，至绵州，又尽杀之"⑤。康熙年间平吴战争中，川南富顺一二百里内，全部耕牛被清军抢去装运行李，而且遍地逃兵，搜寻可食可用之物，奸淫烧杀，不受约束，致使"路无行人，道惟荆棘"⑥，极大地破坏了四川地区的农业生产。

清初，保宁政权势力仅及川北保、顺二府部分地区，其余州县多为残明官军及地主武装控制。这些武装集团，多半靠劫掠为生。据欧阳直《蜀乱》记载："曾英、王祥、王启、冯朝鲜等，各集兵走涪、泸、合、永、綦、真等处。凡所过所驻，皆抢劫而食。东南大扰，庐舍一空。"川西北亦未能幸免。顺治四年，王祥部占顺庆，"其始也，每家给免死牌一张，需银若干两。其继也，每牛

---

① 黄光辉等：《重修丰都县志》卷 11，民国 16 年铅印本。
② 古洛东：《圣教入川记》，四川人民出版社 1981 年版，第 19 页。另见嘉庆《四川通志》卷 190《纪事》："献忠惧，尽屠境内民，沉金银江中，大焚宫室，火连日不灭，将弃成都走川北。"另一种说法是："献忠深恶川人，以为汉中及各处之败皆由川人使之，故大加杀戮。"（《圣教入川记》第 26 页）
③ 关于张献忠之过激举措，正史、野史、方志资料等有多种记载。其中虽夹杂大量荒诞不经之词，但也足见其行为相当背离民心。兹略举一二："其立国之初，假开科之名，召士人三万二千三百余人（《蜀龟鉴》、《甲申朝事小纪》作'二万二千三百人'），其中一人未至，小视其令，即虎威大作，将众士人尽行屠戮。"（《张献忠屠蜀记》称：应试者约五千人，放走四千余，点杀于策论中诋毁、诽谤者七百三十七名。）"前时，蜀王之太监三千，留为己用。一日，某太监犯法，献忠饬令全行诛戮，只留二十名事奉伪后。又某营之军人，一卒违犯军律，令将全营之军围而杀之。"（《圣教入川记》第 22 页）
④ 孙錤：《蜀破镜》卷 5。
⑤ 顾山贞：《客滇述》。转引自柯建中等：《四川古代史稿》，四川人民出版社 1988 年版，第 424 页。
⑥ 同治《富顺县志》卷 18。

给牛票一张，需银若干两。未几，而牵其牛，掠其人，掘其粮，焚其室，胥西南之民而兵之"①。顺治六年（1649），曹勋部驻雅州，"其兵亦不易得食。于是纠合焦英等队外掠西道，内掠雅边"②，"已播谷种，亦漉来作食"，"凡途间有碗米者，夺而食之。由是僵尸横路，白骨遍野"③。更有甚者，盘踞于资、内、富、隆、泸、合间之官军，"日以挞粮为名，四出劫掠"，"每得一人，榜剌炮烙，必得财物而后已"，"故民虽免于兵刃而死于拷掠者十常八九也"。"诸兵搜劫不已，民不能出而求食，故不死于兵则死于饿"④。全川由此涂炭，大部地区农耕断绝。

康熙十二年（1673），吴三桂发动叛乱，四川成了清军与吴军决战的西部战场。吴军"残暴无纪律，百姓患之"⑤。战争中，吴军北路将军谭宏贪得无厌，"所在地方，劫掠财贿"，"勒索居民，十室九空"，广元、南江、通江、巴中、太平诸州县百姓，即避"深山穷谷人迹罕到之地，尚不得免"。兵败退走时，又"劫抢保宁城，男女溺死无数"，一时"生灵涂炭，怨声满路"⑥。

以上兵革之灾，造成了四川社会经济的大破坏。时人总结说，"甲申一变，祸乱踵于蜀。献贼贼其半，姚黄贼其半，乱兵贼其半"⑦，加之"斯时处处召兵，人人入伍"⑧，"民尽为兵，废耕绝食"⑨，其景象可想而知。

面对如此长期而残酷的战乱，四川民众无疑只有两种选择：要么等死，要么逃难。稍有资力者均选择后者。胡昭曦先生曾作过一统计，可以概见此情况：

---

① 民国《南充县志》卷16。
② 民国《雅安县志》卷4。
③ 李蕃：《明末清初雅安受害记》。
④ 杨鸿基：《蜀难纪实》。
⑤ 同治《宜昌府志》卷10。
⑥ 李馥荣：《滟滪囊》卷5。
⑦ 民国《重修丰都县志》卷11。
⑧ 李开先：《盘飧录》。
⑨ 民国《江津县志》卷2。

表 3-1 明末清初四川乡绅流续表

姓名	原住地	逃往地	返回地	返回时间	资料来源
吴仕贤	仁寿	滇南	仁寿	二十余年后	民国《吴氏族谱·仕贤公碑铭》
吴宗城	仁寿	遵义府仁怀县	仁寿	顺治六年	民国《吴氏族谱·序录》
仲登鸾	昭化虎跳驿	绵竹	绵竹	清初	光绪《(绵竹)仲氏家谱·序》
牟应晓	大邑	洪雅	大邑	清初	光绪《鹤鸣山牟氏支谱》卷1
伍吉朝	仁寿	嘉定	仁寿	清初	光绪《牟氏支谱》卷10《牟氏祠堂》
鲁乔	大邑	天全	大邑	顺治年间	光绪《(大邑)鲁氏支谱》卷2
刘永安	简阳	"左右奔窜"	简阳	清初	光绪《(简阳)刘氏族谱·重修宗谱序》
蔡光周	中江	崇庆	崇庆	清初	民国《四川中江崇庆蔡氏族谱·清明会簿序》
漆言现	眉州	华阳	华阳	清初	民国《华阳漆氏续修谱·道光十四年序》
刘万胜	眉山	蒲江	眉山	顺治初年	民国《(眉山)刘氏族谱》
刘甫臣	泸州	遵义府	泸州	顺治十三年	光绪《(泸州)刘氏族谱·原序》
郭之尧	安岳	建昌	安岳	顺治年间	民国《郭氏族谱·乾隆三十一年序》
徐仁宇	资中	雅州	资中	顺治十三年	光绪《徐氏族谱·总序》
黄蛟	中江	川南	中江	清初	民国《(中江)黄氏族谱·序》
黄文焕	资阳	洪雅	资阳	康熙三年	民国《(资阳)黄氏族谱地集》
黄裳	资阳	遵义	资阳	康熙三年	民国《(资阳)黄氏族谱地集》
郑有	资中	不详	资中	清初	民国《(资中)郑氏族谱》
陶世熙	什邡	遵义	什邡	清初	道光《(什邡)杨氏族谱》
杨维宪	蒲江	"族人逃散"	蒲江	康熙三年	民国《(蒲江)杨氏续修族谱》
赵时英	温江	绵竹	温江	康熙五年	民国《(温江)赵氏族谱·道光四年赵氏始祖序》
赵廷简	渠县	甘肃岷州	绵竹	康熙元年	民国《(绵竹)赵氏家乘·咸丰十年赵氏家谱记》
严良佑	合川	云南	庆符	清初	民国《(庆符)严氏家谱·良佐公家传》

续表

姓名	原住地	逃往地	返回地	返回时间	资料来源
苏仰坡	内江	遵义桐梓	内江	清初	光绪《（内江）苏氏族谱·采江西金溪县谱序》
陈于廷	嘉定	洪雅	洪雅	清初	道光《陈氏族谱》

转引自胡昭曦：《"张献忠屠蜀"考辨》，四川人民出版社1980年版，第44~45页。
表内所引族谱，均藏于四川省图书馆。

以上24家谱主，除3家不详外，其余1家逃往甘肃，2家逃往云南，5家逃往贵州，13家逃往省内各地。省内流窜者占54％强，而在明末清初，遵义府大部分地区亦属四川，如合并计算，则达75％，说明多数民众避往川西、川南。周询总括此情形说："盖由明末清初，张献忠由东北入川，所过屠戮，民无孑遗，至成都未久，即败溃死。故西、南两路多得保全。"①

在四川人口向西、南两面盆周山区避难的同时，也有相当数量的川人经汉中逃往江浙与湖广。《荒书》的作者费密曾参加杨展组织的地主武装，抗击农民军。失败后，走避陕西，不久，又偕其父费经虞（明广西知府）卜居江苏泰州野田村②。《蜀都行》的作者余榀明亡出游，僦居浙江四明山（宁波）以终老③。大体而言，经北路逃往江浙者皆亡明遗臣或缙绅功名之家，一般民众流徙多在秦、楚之间。康熙三年（1664），四川巡抚张德地考察流民时称："前者臣过秦境，闻有川民避难汉中……备查流移之众，秦中最多，楚、滇、黔亦有。"④"查蜀省士绅……乃知旅寄于秦、楚、滇、黔、江、豫等处。"⑤可知清初四川流民移徙的大致情形。

大规模的避乱逃亡，造成清初四川在籍人口锐减。据载，明万历六年（1578），四川有户262694，人口3102073⑥。而在清初却"丁户稀若晨星"⑦。温江"劫灰之余，仅存者范氏、陈氏、卫氏、蒋氏、鄢氏、胡氏数姓而已"，

---

① 周询：《蜀海丛谈》卷1《田赋》。
② 王渔洋：《池北偶谈》卷11。
③ 杨钟羲：《雪桥诗话》。
④ 康熙《四川总志》卷10《贡赋》。
⑤ 康熙《四川总志》卷10《贡赋》。
⑥ 《明史·地理志》。
⑦ 雍正《四川通志》卷5《户口》。

"榛榛莽莽，如天地初辟"①。金堂也是"遭祸尤惨。兵燹之余，居民靡有孑遗。即间有以土著称者，亦不能尽道先代之轶事，且为数寥寥"②。安县在明末战乱后，"尽成荒土，鲜有居民"③。苍溪在三藩之乱后，"民不聊生，俱逃避深山穷谷中"④。云阳自明季丧乱，"孑遗流离，土著稀简，弥山芜废，户籍沦夷"⑤。太平"经明季兵燹之余，遗黎播迁殆尽"⑥。

康熙初年，四川巡抚张德地赴任由广元入境，"沿途瞻望，举目荆榛，一二孑遗，鹑衣菜色"，往昔田园，尽皆荒芜。每每"行数十里，绝无烟爨"，"及抵村镇，止茅屋数间，穷赤数人而已"⑦。后来，他由顺庆、重庆而达泸州，溯流而上，"舟行竟日，寂无人声，仅存空山远麓，深林密箐而已"。川东各州县，"或无民无赋，城邑并湮；或哀鸿新集，百堵未就。类皆一目荒凉，萧条百里，惟见万岭云连，不闻鸡鸣犬吠"⑧，完全是一派抛荒景象，社会经济遭到极大的破坏。

当时，不唯川东、川北荒凉，就连素称"天府之国，水旱从人"的川西平原，也不免沦入绝境。余榀迁移去宁波，从青神途经成都平原，但见"生民百万同时尽"，"四郊廓落农人稀"，往昔"夫耕妇凿无所扰，桑麻树畜随所宜"的景象荡然无存，因而发出"数十年后看生聚，庶几天命有转移"的哀叹，完全丧失了希望与信心⑨。

"大兵之后，凶年饥馑，瘟疫频仍"⑩，前代多有记述，清初亦然。顺治年间，四川长寿、綦江、巴县、开县、达州、盐亭、潼川等州县相继发生大旱灾。顺治三年、四年（1646～1647），"四川大饥"，"饿死者日无计数"⑪，乃至"民

---

① 民国《温江县志》卷3《民政·户口》。
② 民国《金堂县续志》卷3《食货志·户口》。
③ 民国《安县志》卷26《食货·户口》。
④ 民国《苍溪县志》卷13《灾异祸乱》。
⑤ 民国《云阳县志》卷9《财赋》。
⑥ 光绪《太平县志》卷3《户口》。
⑦ 康熙《四川总志》卷35《筹边》。
⑧ 康熙《四川总志》卷10《贡赋》。
⑨ 余榀：《蜀都行》。
⑩ 康熙《四川总志》卷36《艺文·碑记》。
⑪ 嘉庆《峨眉县志》卷9。

互相食"①。顺治七年（1650）又发水灾，射洪县"山溪及江水暴涨，没城堞，城内水深一丈，人口赀畜淹没殆尽"②。康熙朝更是水灾不断，川东、川南、川北，"田庐多被漂没"③，景象十分凄凉。

更有甚者，清初四川一再流行瘟疫。顺治二年（1645），重庆地区瘟疫流行，"骈死连村"④。顺治四年（1647），四川流行"大头瘟、马眼瘟、马蹄瘟"，其症状是：头发肿赤，大几如斗；双眸黄大，挺然露出；膝胫青肿，状若马蹄。患者无可救药，每每死亡⑤。乡人因避传染，无人敢近，致"死者朽卧床榻，无人掩葬"⑥。其状惨不忍睹。顺治五年（1648），在已遭大旱、"人互相食"的内江地区，又"瘟疫大作，人皆徙散，数百里无烟"⑦。凡此种种，皆历朝所罕见。

此外，尚有"古所未闻，闻亦不信"之虎患。由于"数年断绝人烟，虎豹生殖转盛"，四川"遍地皆虎"⑧。南充县"群虎自山中出"，"县治、学宫俱为虎窟"⑨。富顺县的虎豹"昼夜群游城郭村圩之内"，"遇人即攫。甚至突墙排户，人不能御焉"⑩。成都一带亦无例外。华阳县衙大堂也时有虎豹出没。《蜀龟鉴》的作者刘石溪对此作过一个估计：川北、川西"死于瘟虎者十一二"，川东、川南"死于瘟虎者十二三"⑪。

由此种种原因，四川"农业尽废"，"米珠薪桂"，"斗米数十金"。时人记叙："田失耕种，粮又废弃"，"时米皆出土司。雅州尚有大渡河所越巂卫接济，米一斗银十余两，嘉定州三十两，成都、重庆四五十两。保宁赖大清运陕西之粮，亦十余两"⑫。这样的状况，百姓何以安身？故"自甲申以来，民之死于兵者半，死

---

① 费密：《荒书》。
② 光绪《射洪县志》卷17。
③ 民国《荥经县志》卷13。
④ 民国《江津县志》卷3。
⑤ 《蜀碧》卷4。
⑥ 道光《綦江县志》卷10。
⑦ 咸丰《内江县志》卷14。
⑧ 欧阳直：《蜀乱》。
⑨ 嘉庆《南充县志》卷6。
⑩ 乾隆《富顺县志》卷5。
⑪ 刘石溪：《蜀龟鉴》卷3。
⑫ 费密：《荒书》。

于荒者半,死于虎者半"①。四川社会经济在清初完全陷入瘫痪与衰败之中。

(二) 清政府的断然举措

面对清初四川地区的残败凋零,清政府与地方官吏忧心忡忡。一方面,平蜀战争仍在进行,"川东遗寇尚未尽除",一些州县的聚众反抗也时有发生。军兴粮行,徭役采买输运不息。而"蜀民因役搬移,竭蹶于崇山叠嶂之间;继值会剿,召买于十室九空之际"②。虽"岁费朝廷一百三十余万之内帑"③,地方官亦心感"不获展济川之策",哀叹其"实不堪命"。另一方面,成、渝两地及一些州县,虽屡攻屡下,但因"人口耗散",无从建立署衙,一则"工程浩大,钱粮何措"? 二则"千里荒烟,实无民力可为"④,极大地影响了保宁政权控制全川的局势⑤。

为了尽快解决这一问题,清政府制定了一系列恢复农业生产、发展社会经济的政策措施,概括起来,有如下几点:

1. 招抚流亡

招抚流亡的政策,从顺治三年(1646)清军入川起即已执行。福临敕谕清军"总以安民为首务"⑥。王遵坦随肃王入川,任四川巡抚,"披荆榛,坐戎幕,招辑流亡,极意抚恤,民气渐苏"⑦,保宁政权乃得维持。

顺治十年(1653),清廷准四川荒地官给牛种,听兵民开垦,酌量补还价值⑧。顺治十三年(1656),巡按四川兼管盐法屯田监察御史高民瞻"谕令军民人等,凡抛荒田地,无论有主无主,任人尽力开垦,永给为业"。此外,又"行令地方官,凡流移在外者,设法招徕,以实户口"⑨。这些招抚流亡的优惠政策,高悬榜文,大张条示,持续不断地宣传了很长时期。顺治十六年(1659),

---

① 韩国相:《流离传》。
② 康熙《四川总志》卷35《筹边》。
③ 康熙《四川总志》卷10《贡赋》。
④ 《顺治揭帖》,《清代档案史料丛编》第6辑,第349页。
⑤ 清军曾数次攻占成都,但因缺乏民众基础,不得不放弃。直至康熙四年(1665),保宁政权才全部迁入成都。
⑥ 《世祖章皇帝实录》卷24。
⑦ 嘉庆《四川通志》卷115《职官志17·政绩7》。
⑧ 嘉庆《四川通志》卷62《食货·田赋上》。
⑨ 《清代钞档》,《地丁题本50·四川2》。转引自鲁子健:《清代四川财政史料》上册,四川省社会科学院出版社1984年版,第49页。

内江县"奉文招还流遗士庶。先于流寓处领牒报明里籍,有无科名。士子归里定业后,送学道考复。原名乡里庐墓听旧主据认。于是风闻爱戴,陆续归来"①。可见这一政策在局部地区还是很有成效的。

但康熙四年(1665)保宁政权迁省之后,成都有一郡之治而无一郡之民,"招抚流亡"又提上了议事日程。四川巡抚张德地鉴于"招集流移,兴复屯田,更为今日之急务",于康熙六年(1667)提出请旨将四川巨室大族避乱于外省者"发遣回籍,敢有抗拒不归者,即以违旨悖祖论"。若省外地方官胆敢与之勾结,"隐匿容留者,亦以违旨例处分"。其目的仍是填实户口,"若得彼一家归里,则其附会之众咸亦随之,可抵贫民数十家"②。张德地强迫富豪归籍的建议经康熙认可,在一定范围内是执行了的。江津县夏继兹,顺治间避乱川边,奔入黔境。清王朝定鼎后,即随本邑进士龚懋熙返乡,可为一证③。

这项政策在"三藩之乱"后执行得更为严格,不仅明末清初逃亡省外的乡绅富豪"应归原籍"④,"次第行之",即使是清代以功名科举居官宦游滞留他省者,也应"疏令还籍以实地方"⑤。康熙二十九年(1690),玄烨谕令:"四川缙绅迁居别省者甚多,应令伊等各归原籍。"⑥ 这道命令实际上是针对以上两个方面而言的。

2. 移民实川

与招抚流亡几乎同时,清政府开始实行移民填川的政策。

康熙七年(1668),四川巡抚张德地在一道奏折中提议迁湖广人士填实四川。他说:"查川省孑遗,祖籍多系湖广人士。访问乡老,俱言川中自昔每遭劫难,亦必至有土无人,无奈迁外省人民填实地方。所以见存之民,祖籍湖广麻城者更多。然无可稽考,亦不敢仿此妄请。"⑦ 其实张德地的奏折就是为了打动玄烨。所谓"不敢仿此妄请",只不过是一种臣下自谦之辞。就在同一道奏折里,张德地还提出了更为具体的移民措施,他说:"各州县人民,虽册籍有名,

---

① 民国《内江县志》卷12《外纪》。
② 康熙《四川总志》卷10《贡赋》。
③ 民国《江津县志》卷3。
④ 《圣祖仁皇帝实录》卷126。
⑤ 同治《剑州志》卷4。
⑥ 《圣祖仁皇帝实录》卷136。
⑦ 《明清史料丙编》第10本《户部题本》(康熙七年十一月十六日)。

而家无恒产，出外佣工度日之人，准令彼地方查出汇造册籍，呈报本省督抚，移咨到臣，臣即措处盘费，差官接来安插。"并解释说，这种无业无产的游民，在他省是累赘与肇乱的包袱，到川省业农，由无产而有产，自为良民。"在于蜀省，（由）无人而有人，渐填实而增赋税，一举两得，无逾于此"①。这条建议的范围不仅针对湖广地区，而且带有相当的普遍性，魏源所述"湖广填四川"的"填"字，就从这里而来。这一个"填"字，实际上已经成为整个清代以"湖广填四川"移民运动为政府宏观调控手段的理论依据。

事实上，张德地有此想法已经很久。他在康熙三年（1664）赴任之初的一道奏折中即提出："臣整理荒残，非民无以布置"，"在他省饶有编氓，当所不靳者也"②。当时，虽仅涉及查发蜀民流寓各处者，"以川民而实川户"，实则大移民的倾向已有所流露。因此，当他在康熙六年（1667）湖广道御史萧震的一道奏疏中获知，福建一省投诚官兵，除家口外，尚有23600余名之众无可安置，即请以福建投诚之人移垦"西川荒芜之地，两利各便"③。

从有关资料看，康熙采纳了张德地的建议，并雷厉风行地加以实施。康熙七年（1668），清廷撤裁湖广总督，以其领地属隶四川等省，并任命湖广巡抚刘兆麟为四川总督，总领兴川事务。康熙九年（1670），设置川湖总督，驻荆州，节制四川、湖广两巡抚。以上政治重心的偏移，有利于移民实川。这种建置，在整个清代是一个特例，一直维持到康熙十三年（1674）的"三藩之乱"，由于四川、湖南两个战场的开辟，清廷才又恢复建制，分别设置四川、湖广两总督④。

3. 鼓励屯垦

与招抚流亡、移民实川相配合，清初四川实行鼓励屯垦的政策。这一政策主要是针对组织屯垦的各级官吏而言，同时也以轻徭薄赋的方式优待屯垦之民。顺治六年（1649），福临传谕各地：凡"无主荒田，州县官给以印照开垦耕种，永准为业"⑤。顺治十年（1653），准四川荒地官给牛种，听人开垦。顺治十三

---

① 《明清史料丙编》第10本《户部题本》。
② 康熙《四川总志》卷10《贡赋》。
③ 康熙《四川总志》卷10《贡赋》。
④ 《清史稿》卷197《疆臣年表》。
⑤ 光绪《湖南通志》卷首之一。

第三章 "湖广填四川"及其影响

年（1656）又规定，凡四川抛荒田地，无论有主无主，任人尽力开垦，永给为业等。

顺治十四年（1657），福临根据户部给事中粘本盛疏奏，批准对官员实施以劝垦为考成的奖励办法。其办法规定：（1）督、抚按一年内垦至二千顷以上者，记录；六千顷以上者，加升一级。（2）道、府垦至一千顷以上者，记录；二千顷以上者，加升一级。（3）州、县垦至一百顷以上者，记录；三百顷以上者，加升一级。（4）卫、所官员垦至五十顷以上者，记录；一百顷以上者，加升一级。（5）文武乡绅垦至五十顷以上者，现任者记录；致仕者给匾旌奖。（6）对贡监生、民人有主荒地，仍听本主开垦；如本主不能开垦者，该地方官给予印照开垦，永为己业；若开垦不实，及开过复荒，新旧官员俱分别治罪①。康熙元年（1662），又规定对地方官一年内无垦荒业绩者罚俸半年，以示处分②。康熙七年（1668），四川巡抚张德地提出："无论本省外省文武各官，有能招民三十家入川安插成都各州县者，量与记录一次；有能招六十家者，量与记录二次；或至百家者，不论俸满，即准升转。"③康熙时改为：每百家记录一次，四百家加一级，五百家加二级，六百家加三级，七百家以上不论俸满即升④。

但招民限以七百户之例，能招够此数而获奖升者甚少。康熙十年（1671），玄烨核准川湖总督蔡毓荣的奏议，将招民之限放宽到"统以三百户为率"，并可以此业绩，"实授本县知县"。川湖总督蔡毓荣《敕部准开招民之例》的内容如次：（1）招民有绩者，授以官职。如候选州同、州判、县丞等，及举、贡、监生生员人等，有力招民者，授以署职之衔，使之招民，不限年数，不拘蜀民流落在外及各省愿垦荒地之人，统以三百户为率。俟三百户尽皆开垦，取有地方甘结，方准给俸，实授本县知县。（2）现任本省文武各官，有能如数招民开垦者，准不论俸满即升。（3）四川随征投诚各官，俟立有军功，咨部补用者，如能如数招民开垦，照立功之例，即准咨部补用⑤。

平定吴三桂叛乱之后，为加快恢复四川的农业生产，康熙二十九年（1690）

---

① 《世祖章皇帝实录》卷109。
② 《古今图书集成》，《经济汇编·食货典》卷52。
③ 《明清史料丙编》第10本《户部题本》。
④ 《古今图书集成》，《经济汇编·食货典》卷52。
⑤ 《圣祖仁皇帝实录》卷36。

议准："以四川民少而荒地多，凡流寓愿垦荒居住者，将地亩给为永业。"① 许多插占大户，获田数百上千亩。延至雍正六年（1728）仍获题准："各省入川民人，每户酌给水田三十亩或旱地五十亩；若有子弟及兄弟之子成丁者，每丁水田增十五亩或旱地增二十五亩；实在老少丁多不能养赡者，临时酌增。除拨给之数外，或有多余三五亩之地，亦准一并给垦；其奇零不成丘段之地，就近酌量安置，给以照票收执管业。"② 这样的措施，获得了不少无田少地农民的欢迎。

不仅如此，为了提高农民的生产积极性，吸引更多的外省移民，清政府还放宽了四川垦荒的起科年限。

顺治元年（1644），清政府始定开垦荒地之例，凡州、县、卫、所开垦荒地，"三年起科"③，全国一体执行。顺治十三年（1656），巡按四川监察御史高民瞻独请对蜀省起科宽至五年。他申奏说："川北石田瘠薄，年若丰稔，尚足相偿，苟雨不时，举终岁勤苦付之乌有。比及三年又起科矣！是未必食开耕之利，而复愁差粮之忧。"所以他恳求皇上"轸念蜀民困苦已极，大破成恪，以示宽恤。凡其复业者，暂准五年之后当差；开荒者，暂准五年之后起科"④。顺治朱批"户部议奏"，并载入《地丁题本》，看来是执行了的⑤。康熙十年（1671），川湖总督蔡毓荣上奏，称"蜀省有可耕之田，而无耕田之民，招民开垦，洵属急务"，请求"其开垦地亩，准令五年起科"⑥。时保宁政权已迁成都，填实川西乃能有济。蔡督系沿川北前例，将"暂准"祈为定例，以资吸引省外之民。经康熙批示：下吏、户、兵三部会同议行，旋经九卿科道会议题定，记叙在

---

① 嘉庆《四川通志》卷62《食货·田赋上》。
② 嘉庆《四川通志》卷62，并见《大清会典·事例》卷166《田赋开垦一》。
③ 《清朝通典》卷1《食货一》。
④ 《清代钞档》，《地丁题本50·四川2》。转引自鲁子健：《清代四川财政史料》上，第49~50页。
⑤ 从史料看，川北保宁一带恢复较早，较好，所谓："蜀土开复最先者，惟川北保属一隅户口稍聚，而顺庆则不及。以川西成都一府，则四方流氓艺业贸易，凑成省会，其属邑之荒凉如故也。"可知为维系保宁政权，清廷作过一些努力。"暂准"之类破格，是完全可能的。如无川北前例可循，后蔡督于康熙十年请准以"五年起科"着实唐突。又，嘉庆《四川通志》卷66《食货·徭役》载："顺治十一年，部臣议奏：凡外省新、旧流民俱编入册籍，与土著一体当差。新来者五年当差，从之。"知高民瞻所请，"五年之后当差"，在川省已有前例。亦可为一证。
⑥ 《圣祖仁皇帝实录》卷36。

第三章 "湖广填四川"及其影响

案①。该年，四川之外各省，"准三年后再宽一年起科"②，即四年起科，开荒垦田的优惠政策比四川稍逊。

迨至康熙十一年（1672），全国开垦田地，"俱限六年起科"。十二年（1673），康熙晓谕户部："嗣后各省开垦荒地，俱再加宽限，通计十年方行起科。"至十八年（1679），又恢复"六年起科之例"③。

雍正、乾隆年间，清廷对四川再度放宽政策。雍正八年（1730），"准四川报垦田地，分别年限起科"，"荒田垦种，六年起科；荒地垦种，十年起科"。雍正十一年（1733），又以四川"苗疆山林坡冈之间犹未尽辟，令招民垦种，酌定年份分别起科"④。乾隆五年（1740）下诏："四川所属，地处边徼，山多田少，田赋分上、中、下三等，按则征粮。如上田、中田丈量不足五分，下田与上地、中地不足一亩，以及山头地角、间石杂砂之瘠地，不论顷亩，悉听开垦，均免升科。"⑤这些规定，以后成为定例，与民方便不少。

二、"湖广填四川"的历史进程

声势壮阔的大移民运动以湖广籍移民为主体，移民从东、南、北三个方向纷纷涌入四川定居，并沿江河通道形成浸润式分布的格局，前后绵延达一两百年，其社会影响无疑是深远的。

（一）大移民的预演

大移民的浪潮是从康熙中期开始的，一直延续到乾隆中期才基本结束，主体阶段约达一个世纪⑥。考虑到其缘起是由康熙七年（1668）四川巡抚张德地的奏折而来，以及其后嘉庆年间流民入川的再起，不妨将其稍作扩展，划为康雍时期与乾嘉时期两个段落。而顺治时期保宁政权招抚流亡的阶段，则可以看

---

① 康熙《四川总志》卷10《贡赋》。
② 《清朝文献通考》卷2《田赋考2·田赋之制》。
③ 《清朝文献通考》卷2《田赋考2·田赋之制》。总体来看，顺、康之际，全国均处复荒之期，清廷对四川单独的升科优惠并不多，即使有，也在康熙十年以前。有学者将六年、十年起科的规定视为单对四川，并以此解释"湖广填四川"的踊跃，不妥。
④ 《清朝文献通考》卷3。另，雍正时，四川安插移民，拨给熟地：水田三年起科，旱地五年起科，有别于垦荒。见《世宗宪皇帝实录》卷80。
⑤ 《光绪大清会典事例》卷164，第2页。
⑥ 一般以康熙二十年（1681）平息"三藩之乱"后算起，到乾隆四十一年（1776）四川人口基本恢复自然增长状态止。参见李世平：《四川人口史》及柯建中等：《四川古代史稿》。

作是大移民的序幕①。

顺治三年（1646）清军入川，招民垦荒，实行三年起科政策。王遵坦（山东益都人）随肃王入蜀，以右副都御史巡按四川，"招辑流亡，极意抚恤"②。杨三知（直隶良乡人），顺治三年进士，后外擢四川松龙道、上东道。上东道属经张献忠之劫，"存者在绝峒密箐中"。杨极力安抚，"招来千数百家，筑堡渝东，民名之曰杨公堡"③，川北渐有起色。

然而，招民垦荒初期并不顺利，"复业垦荒者犹是寥寥然，未有成效可观"④。究其原因，"皆缘地方未静"⑤，观望避匿者甚多。"居者恐差粮为累而不肯疾于开垦，流者愈虑资身无策而不敢轻于复业也。"⑥ 也有"阻于关隘之盘诘，或苦于途费之艰难，欲归不得者"⑦。顺治年间，尽管移民不太多，但却揭开了复业兴川的序幕，川北保宁一隅，"户口稍聚"。这为康熙年间的大移民决策，提供了现实背景。

康熙三年（1664），四川巡抚张德地恳祈清廷令各省督抚，采取有效的行政手段，"于各属郡邑逐一挨查，凡有蜀民在彼，尽将姓名、家口造册咨送过臣。如资斧自具者，给与引照，促令起程；若贫乏缺资，注明册内，俟臣捐措口粮，另发舟车差官搬取"⑧。这是要求各省督抚下逐客令，将流寓各地的蜀绅撵送回川⑨。但由于当时全国普遍田园荒芜，各省同样面临垦荒复业的困难，此一举措，无异于与邻省争夺残黎。因而四川"流移之招徕"，虽已"先经入告及咨移各省，以及捐费差员，频频搬取"，地方官不可谓不努力，但效果仍然不佳，迄

---

① 有学者认为，"湖广填四川"应从明末张献忠入蜀算起，甚至元末明玉珍入蜀算起，并进而认为"湖广填四川"在历史上有两次，而非一次，这是混淆了该历史事件的特定政治含义所致。前文已经说过，"湖广填四川"的"填"字，最早仅见于康熙七年四川巡抚张德地的一道奏折中，至于"乡老所言"，则"无可稽考"，恐别有原委，故不取。另《华阳国志·巴志》"江州以东，其人半楚"，是否应算作最早的"湖广填四川"呢？如此追溯，恐非史家所宜。
② 嘉庆《四川通志》卷 115《职官志·政绩》。
③ 《清史稿》卷 488《列传·忠义》。
④ 《清代钞档》，《地丁题本 50·四川 2》。转引自鲁子健：《清代四川财政史料》上册，第 49 页。
⑤ 康熙《四川总志》卷 10《贡赋》第 16 页。
⑥ 《清代钞档》，《地丁题本 50·四川 2》。转引自鲁子健：《清代四川财政史料》上册，第 49 页。
⑦ 康熙《四川总志》卷 10《贡赋》第 16 页。
⑧ 康熙《四川总志》卷 10《贡赋》第 17 页。
⑨ 康熙《四川总志》卷 10《贡赋》第 19 页。

至康熙六年（1667），"归鸿仍然寥寥"①。可见移民这种大事，并非靠一两项简单措施就能解决问题的。

有鉴于此，康熙六年，张德地主张采取更为严厉的行政手段，"恳祈天语敕下各省督抚，于各属郡邑挨查，凡有川绅，尽令起程回籍。庶士绅归，而流移小民亦将向风川至"。在发遣回籍过程中，"敢有抗拒不归者，即以违旨悖祖论；地方官仍敢隐匿容留者，亦以违旨例处分。如是，则外省不敢姑留，将见旋里者恐后，而从之者亦如归市矣"②。对照前述"另发舟车差官搬取"的强硬手段，或许，这就是清初"奉旨入川"、手捆绳缚的由来。

康熙对移民入川，十分重视，采取毅然措施，加大宏观调控力度，强化行政手段。康熙七年（1668）正月，调升湖广巡抚刘兆麟为四川总督，同年十月裁撤湖广总督，以其地分别隶属四川等省。康熙九年（1670）三月，设置川湖总督，驻荆州，以蔡毓荣总其事，迁刘兆麟为浙江总督③。康熙的这些强硬举措从行政方面消除了移民涉及的巨大阻力。事实上，湖广地区隐匿着相当多的四川流民，历史上川中凡有变乱，蔽江而下者所在多有。加以湖广与四川，尤其与川东巴渝地区在历史上所形成的渊源关系，辗转奔赴者亦不乏人。张德地采访所得，实际上反映了这种人员上的互通关系。

应该看到，这种行政举措在政治方面起了示范作用。这对于湖广人士是不言而喻的。伴随政治中心的西移，追风入蜀者当不在少数。尤其是"招民授职"、不拘省内省外及"准令五年起科"两条颇具实惠的辅助措施在康熙十年（1671）正式议行④，对于湖广缙绅民人在政治、经济方面的吸引力可谓强矣。

值得注意的是，康熙初年入蜀之大户，多插占川西附近土地，与政策导向基本一致，效果较为显著。康熙九年（1670），张德地在《四川总志序》中回忆说："甲辰抵成都，茸城署于荒烟蔓草之中，孜孜垦土招民，不觉五易其稔，而远迩之以鸿集告者，亦既比比。戊申，余陟玉垒下郊原，翘然一望，见虎豹去而井疆开，雉堞严而衢市密，俛俛一都聚也乎！"⑤ 此时，都江堰灌区已然恢

---

① 康熙《四川总志》卷 10《贡赋》第 23 页。
② 康熙《四川总志》卷 10《贡赋》第 24 页。
③ 《清史稿》卷 197《疆臣年表》。
④ 《圣祖仁皇帝实录》卷 36。
⑤ 康熙《四川总志》卷首《张序》。

复，成都、灌县颇有生机，因而当年张德地受到康熙谕令加工部尚书衔的奖叙①。另一位巡抚罗森，上任后招聚流移民1428户，大大超过每300户奖叙的范围，也于康熙十二年（1673）受到特别议叙的恩宠②。

需要着重指出的是，康熙初年移民实川的成效，由于升科年限未到，并不反映在户籍编审资料中；继后"三藩之乱"发生，移民聚而复散，十数年间中断了一这历史进程。但这并不是说清初移民毫无业绩可言。相反，正是由于康熙初年的种种行政努力，奠定了康熙中叶起至乾隆中叶止近百年社会大移民的基础。从某种特定意义上可以说，这是"湖广填四川"大移民的预演。

（二）大移民政策的具体实施

据现存资料记载，大移民的进程是从康熙中叶开始的。川西、川北属二次恢复生聚，川东、川中则为移民重点。

安县，"当明末乱后，尽成荒土，鲜有居民。清康熙中叶，始招民开垦，官给耕牛、籽种"③。乐至，"本境自明季荡版，鞠为茂草，至康熙三十三年，仅有27户"④。苍溪县，"自献贼乱后，土著几空"，"顺治十年至康熙三十年，计户止85"⑤。云阳，"自明季丧乱，遭献贼屠□，孑遗流离，土著稀简，弥山芜废，户籍沦夷"，"至康熙四十年，始编审户籍"⑥。这些州县的大体情形都相差不多，可以视作代表状况。其中部分州县，如苍溪、云阳等，清初也曾"招徕流亡"，"移民吴楚"，但仅"羁縻而已"，不及旧籍之半，真正起步规复，当在康熙三四十年。兹再举几例：

康熙四十一年（1702），邹图云任大竹县令，"时奉文安集楚民，户口增益"⑦。康熙四十八年（1709），徐缵功任蓬溪令，"楚民无业者入蜀垦荒"，田土纠纷不断。徐善调解之，不数月"四境晏然"⑧。同样的情形在康熙四十五年（1706）李维翰任中江县令时也发生过，李"拨真荒以安新民，禁侵夺以安土

---

① 《圣祖仁皇帝实录》卷33。
② 康熙《四川通志》卷10《贡赋》第30页。
③ 民国《安县志》卷26《食货·户口》。
④ 光绪《乐至县乡土志》《户口》，民国元年刻本。
⑤ 民国《苍溪县志》卷9《食货志·户口》。
⑥ 民国《云阳县志》卷9《财赋》。
⑦ 嘉庆《四川通志》卷116《职官志·政绩》。
⑧ 嘉庆《四川通志》卷116《职官志·政绩》。

第三章 "湖广填四川"及其影响

著,不逾年而尘案一清"①。康熙三十九年(1700),梁永祚任蒲江县令,时"民多四散。永祚按籍招徕,计日授食,且给以牛种,履亩劝耕,复业者众"②。康熙四十八年(1709),蓬溪县"安插新民曹石友等350余户"③。康熙三十八年(1769)左右,蜀人李先复上疏陈明湖广之民入蜀垦荒情形,"乃近有楚省宝庆武岗、沔阳等处人民,或以罪逃,或以欠粮惧比,托名开荒携家入蜀者,不下数十万"④。史籍记载的诸多事实,均成为以上各县创业复垦的起点,清晰预示着一次大规模移民高潮的到来。

(三)大移民的波折与复兴

大约从康熙五十年(1711)以后起,清廷不再鼓励湖广之民入川。文献记载,湖广入蜀之民多刁猾之徒,入蜀后指荒占熟,屡与土著争讼,甚而恃强侵夺,所以四川人深怨湖广人⑤。另一方面,湖广移民入蜀前往往将原籍房产、地亩变卖,在四川垦地届满五年登录起科时,又逃回湖广,欲赎回房产、地亩,争讼亦多,弄得两省皆难管理。因此,康熙五十一年(1712)发出上谕:"嗣后湖广人有往四川种地者,该抚将往种地民人年貌、名姓、籍贯查明造册,移送四川巡抚,令其查明;其自四川复回湖广者,四川巡抚亦照此造册,移送湖广巡抚。两相照应查验,则民人不得任意往返,而事亦得清厘,争讼可以止息。"⑥这无疑给湖广人入川下了一道严厉的"紧箍咒"。而与此同时,对陕西入川者却非常宽松,因"陕西来者皆讲道德,与川民相安无事"⑦。而且从康熙二十年(1681)起,重置川陕总督,驻陕西,行政区划一体,迁徙融合较易。

---

① 嘉庆《四川通志》卷116《职官志·政绩》。
② 嘉庆《四川通志》卷116《职官志·政绩》。
③ 道光《蓬溪县志》卷8《户口》。
④ 嘉庆《四川通志》卷64《食货·户口》。
⑤ 嘉庆《四川通志》卷首之一《圣训》。
⑥ 嘉庆《四川通志》卷首之一《圣训》。许多学者误认为清廷"始终"鼓励移民入川,实际情况并非如此。该条史料,也有人断章取义,录为鼓励移民入川的证据。但该文重点在"民人不得任意往返"这一规定,否则即为"私垦"或"罪逃",较之以往任人移徙、听凭垦荒的政策已经不可同日而语。关于这条控制移民的措施,早在康熙三十八年(1699)即有人提出,"将楚民流寓开垦者,令各州县逐户确查","造具清册,咨移楚抚查明原籍","取具各州、县印结,转咨川省存案,方准开垦,入籍当差。(嘉庆《四川通志》卷64《食货·户口》)但康熙一直未加采纳,目的仍在休养生息,与民方便。直至康熙四十八年(1709),仍告诫四川巡抚年羹尧,"比年湖广百姓,多往四川开垦居住,地方渐以殷实"。上任不得滋事扰民,"此为川中第一要事"。(鲁子健:《清代四川财政史料》上册,第94页)
⑦ 古洛东:《圣教入川记》,第63页。

一些地方遂有秦人超过楚人之势①。

康熙五十一年至雍正五年（1712～1727）的15年间，虽湖广人迁移四川者仍年年不息，但终因有禁有限，获政府安插者甚少。雍正五年，川陕总督岳钟琪奏请开禁，称"湖广、江西、广东、广西等省之民，逃荒入川，不下数万户。请开招民事例，给穷民牛具籽种，令其开垦荒地，方为有益"②。而雍正帝却说："去岁湖广、广东并非甚歉之岁，江西、广西并未题成灾，何远赴四川者如此之众?!此皆本省大小官吏平日全无抚绥，以致百姓失所。身为司牧，而于地方民瘼漠不经心，尚何以腼颜任职乎。""且地方官坐视百姓远徙于异乡，而不知轸念，不可不加惩戒。"雍正在申斥官吏之余，并将移民活动视为有害，"此等远来多人，良奸莫辨。其中若有游民无赖之徒，不行稽查，必转为良民之扰"。他在规定善后办法时，一方面严令清查，"果系无力穷民，即留川令其开垦"；另一方面又令当地官员对流民示以儆戒，规定安置流民所用牛种、口粮，"即著落本籍州县官照数补还"，以堵源的方式"杜流移民之患于将来"③。

这一从严从紧的控制流民政策，到乾隆前期仍继续沿用。《清代四川财政史料》中有一条资料记载说："（川省）户口，原报743088户。乾隆十八年，广东省入川民人杨国能等408户，湖南省入川民人蒋玉先等991户，广西入川民人胡志章等8户，江西省入川民人萧药荣等394户，福建省入川民人林理臣等17户。乾隆十九年，广东省入川民人姚官秀等281户，湖广省入川民人谢恭敬等1612户，江西省入川民人萧天祥等140户，广西省入川民人李子杰等73户。乾隆二十年，湖南省入川民人蔡芝茂等1860户，广东省入川民人高三才等590户。"④兹据以列为下表：

---

① 如绵竹，康熙时"课雨占晴半楚人"，到乾隆时，因地近西秦故，居然一变而为"楚居三，秦居五"了。
② 《世宗宪皇帝实录》卷61。
③ 《清朝文献通考》卷19《户口》。
④ 鲁子健：《清代四川财政史料》上册，第8～9页。这个材料看来系从贵州省沿途关卡统计所得，因缺陕西等省北路入川户数，仅反映了南路入川情况。其中乾隆十九年（1754）"湖广"一项，应为"湖南"之误。见彭遵泗：《蜀故》卷3《田赋》第21～22页，光绪二十四年刻本。

第三章 "湖广填四川"及其影响

表3-2 入川民户统计表

时间＼省份＼迁入户数	广东	湖南	广西	江西	福建	湖广	各省累计
乾隆十八年	408	991	8	394	17		1818
乾隆十九年	281		73	140		1612	2106
乾隆二十年	590	1860				2450	
三年累计	1279	2851	81	534	17	1612	6374

资料中所载"户口，原报743088户"，显然系指乾隆十七年（1752）统计数①，比较乾隆元年（1736）的654160户②，增长13.5%，16年间平均每年仅增长8.5‰，大大低于15‰～20‰的自然增长率，显示人口流入极少，并可能有流出迹象③。乾隆十八年至二十年（1753～1755）三年间，资料统计移民共6374户，平均每年流入仅2000余户，亦大大低于康雍时期平均每年移民八九千户的情形，证明其控制流民移民相当之紧。即便考虑资料仅叙及南路移民情况，不妨将陕西、湖北等北路移民估算进去，加倍计算，也仅年4000余户，不及康雍大移民时之半。可见并未放松移民限制。

然而也有个别资料与之相左，极言入川人口之盛，但均系灾荒所致，季节性的流民就食，非耕垦移民。例如，乾隆十三年（1748）云贵总督张允随奏覆："查贵州旧案，自乾隆八年至今，广东、湖南二省人民，由黔赴川就食者共二十四万三千余口，其自陕西、湖北往者，更不知凡几。"④则5年之内，南路平均每年饥荒流民约5万名入境。北路川陕总督庆复在乾隆十年（1745）秋后奏称："凡赴川之人，本省给照；无照，阻回。后仍有捏造姓名，指称依傍，两月之内，来川者多至三千余名。请嗣后搬眷入川之人，由川省查覆，实有亲属产业，

---

① 该资料从乾隆十八年叙起，则"原报"当为乾隆十七年之前，此处姑且按十七年计；另据《乾隆会典》卷9《户部·户口》载：乾隆十八年为750785户（见梁方仲：《中国历代户口·田地·田赋统计》第261页），与之也较吻合，故从之。
② 嘉庆《四川通志》卷64《食货·户口》，乾隆元年新旧户数与流寓户数之和。
③ 15‰～20‰为中等水平自然增长率。人口约35～50年翻一番，平均每年净增约2%～2.8%；如按8.5‰的净增长率，大约要118年才翻番，这是极不正常的，除非经历战争或饥荒。
④ 《高宗纯皇帝实录》卷311。

方许本地给照"①。观此一条也可说明,真正的耕垦移民并不太多,冒牌就食的流民占有相当比例;而南、北两路的关卡盘查,既有数字统计,证明也相当认真,自乾隆十年川陕总督奏后,控制当更为严格②。

然而,持续不断的流民涌来,引起了巨大的社会震荡,禁阻愈严,摩擦愈烈,不少地方官基于治安管理,忧心忡忡,屡请设法禁绝。而乾隆皇帝这时却另有想法,他在批阅地方奏折时训示:"此等搬移入川民人,其不法奸徒及往为哂噜子等类,固应设法究治,并饬一切卡隘加意稽查。至于贫民远图生计,亦不可持之太峻。盖伊本籍如有产业,必不肯轻去其乡,何用阻截?若因亲族可依,就食他处,必尽行逐回,转绝其谋生之路。即如山东流民,往来各处种地者甚多,亦难概行禁止。"接着他又说:"嗣后入川民人给照查察之处,如系奸拐兴贩匪类,断宜严行究处;至实系良民觅食他乡者,虽未便明弛其禁,该督抚亦宜酌量办理,不必过于严紧。"③这实际上是在暗中开了一道移民入川的口子,这一年是乾隆十五年(1750)。

到乾隆二十五年(1760),周人骥等又奏:"各省流寓民人,入川者甚多,请设法限制。"乾隆却反驳说:"此所谓知其一,不知其二也。国家承平日久,生齿繁庶,小民自量本籍生计难以自资,不得不就他处营生糊口,此乃情理之常,岂有自舍其乡里田庐而乐为远徙者?""今日户口日增,而各省田土不过如此,不能增益,正宜思所以流通,以养无籍贫民。"④乾隆"以流通养贫民"的办法其实是一种不负责任的放任政策,他将错综复杂的一系列社会问题简单归结为一个"口食之计",他认为:"此等无业贫民转徙往来,不过以川省地广粮多,为自求口食之计。使该省果无余田可耕,难以自赡,势将不禁而自止。若该处粮价平减,力作有资,则生计所趋,又岂能概行阻绝?"⑤

---

① 《高宗纯皇帝实录》卷251。
② 乾隆初年,川省为禁"流棍""咕匪",颇费周折。乾隆八年(1743),四川巡抚纪山奏:"查湖广等省外来之人,皆因误听从前川省地广人稀之说,群思赴川报垦,不知川省已无荒土可辟。嗣后除有亲族可依,来川帮工为活者,令各省地方官,给与印照,使彼此均有稽查,其无本籍印照者,各该管关隘沿途阻回,毋使积聚多人滋事。"乾隆批示:"所见甚是,妥协为之。"(《高宗纯皇帝实录》卷203)从而加强了管理。
③ 《高宗纯皇帝实录》卷367。
④ 《高宗纯皇帝实录》卷605。
⑤ 《高宗圣训》卷80《乾隆三十年谕军机大臣》。

乾隆固执己见，轻率下令，著各地方官勿庸强为限制，"倘有流为盗贼，如川省啯匪之类，则实力惩治，毋使养奸贻累。既不绝小民觅食之路，又可清闾阎盗贼之源，斯两得之"。他宣布"传谕湖广、江西、四川各督抚，令其妥协办理"①。这样，从乾隆二十五年（1760）起，各省完全开禁，一个移民入川的新浪潮随之而掀起。

三、移民路线与移民定居

省外移民入川的道路是漫长曲折而又错综复杂的。以清代的交通情况而论，入川移民大致从东路、南路、北路三个方向而来。

从东路而来的移民，主要以湖北宜昌为集散地，分水、旱两路入川（见图3-1：湖北四川路）。

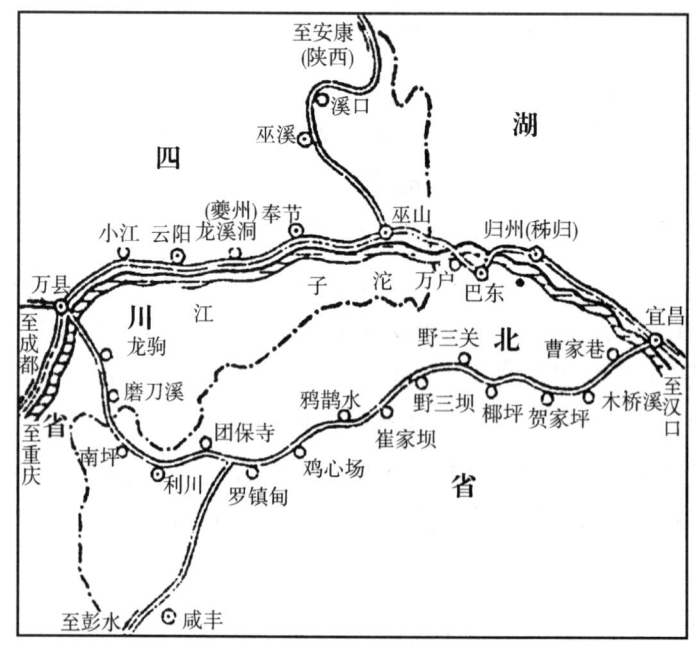

图3-1 湖北四川路

水路溯长江而西行，经巴东、巫山、奉节、云阳而达四川万县。但水路费时费财，且沿江道路崎岖险峻，匪患时有，非人多势众者莫取，因而主要为贩

---

① 《高宗纯皇帝实录》卷604。

货入川的商人或携家迁徙的士族所采纳,更多的贫苦百姓则沿旱路入川。旱路由宜昌过江西行,经野三关、恩施、利川,再北上过江达万县。抵达万县之后,即可由万县一路西行,经梁山、大竹、渠县、南充、蓬溪、射洪、金堂而达成都(见图3-2:万县成都路)。

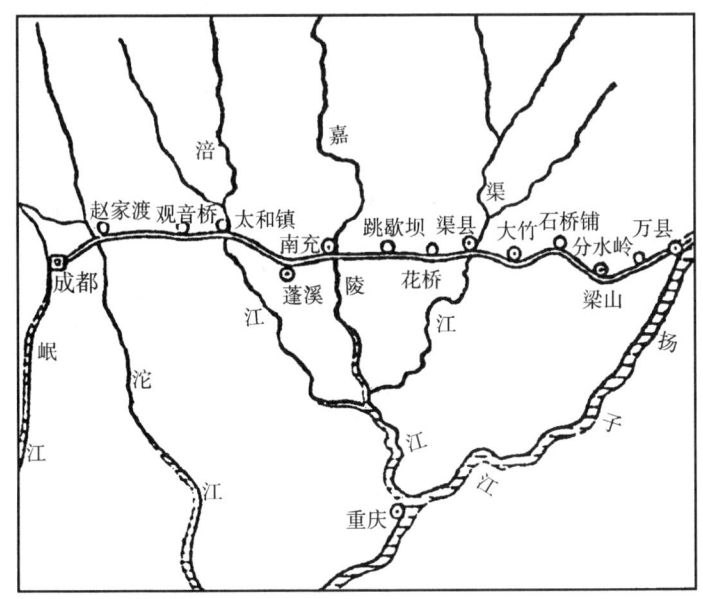

图3-2 万县成都路

由南路入川的移民主要以贵州铜仁、思南、湄潭三地为集散地,并由此形成三条线路(见图3-3:四川贵州路):

由铜仁入川经秀山、酉阳而达彭水、涪州;由思南入川即沿乌江右岸下行(北上),经沿河、龚滩而达彭水、涪州;由湄潭入川即经绥阳、桐梓、綦江而达重庆。这三条道路都相当难走,只是由于雍乾年间两湖地区对入川移民的"印照"检查相当严格,贫困百姓无奈而抄小路绕贵州入川。当年贵州巡抚祖秉圭曾经奏称:"江西、湖广人民搬家前往四川开垦,由贵州地方经过者甚多……嗣后,福建、广东亦间有来者。一路由石阡府湄潭县入川,一路由铜仁府、思南府入川。"①所描述的就是这种情形,只不过他把铜仁、思南二处分赴彭水、涪州算做一条线路而已。

---

① (台北)《宫中档雍正朝奏折》第9辑,《贵州巡抚祖秉圭奏折》,雍正六年正月。

第三章 "湖广填四川"及其影响

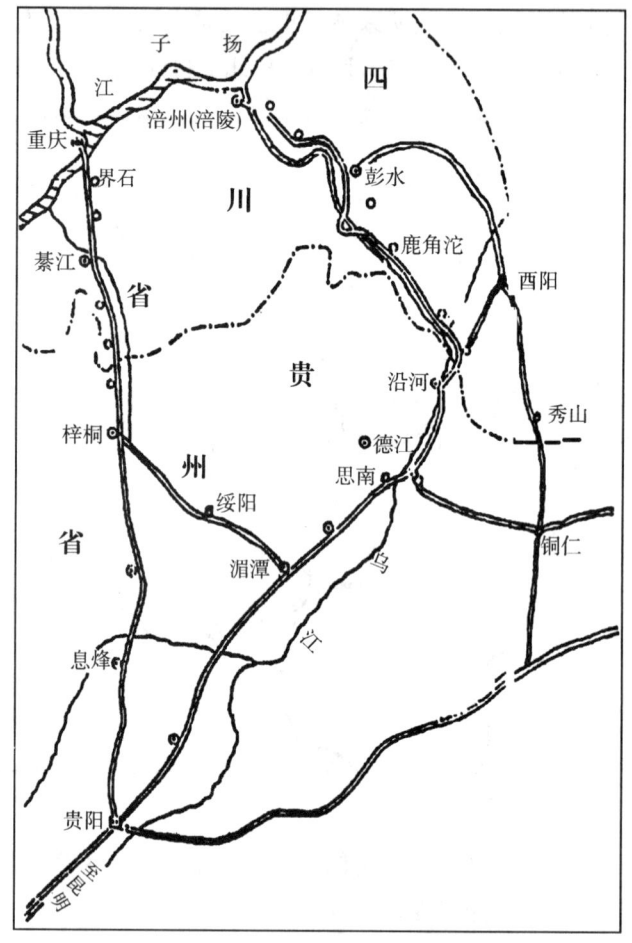

图3-3 四川贵州路

由北路入川的移民主要以陕西汉中、紫阳两处为集散地，分为东、西两路。东路由紫阳翻大巴山经城口、万源、东乡、达州、渠县、广安、合州而达重庆；西路则由汉中翻秦岭经广元、剑阁、绵州而达成都。清代初年，西路曾由昭化沿嘉陵江而下经阆中，再西折经三台、金堂而达成都，以避剑门关之险。（见图3-4：陕西四川路）同时也可由阆中继续沿嘉陵江而下，经南充、合州而达重庆。

移民过程中的定居选择，与移民路线有相当直接的联系。沿江、沿路的一批重要口岸，如万县、涪州、重庆、江津、泸州、宜宾、内江、成都等枢纽地，当年既是南来北往的交汇点，又是移民栖息定居或"二次迁徙"辐射的中心区，

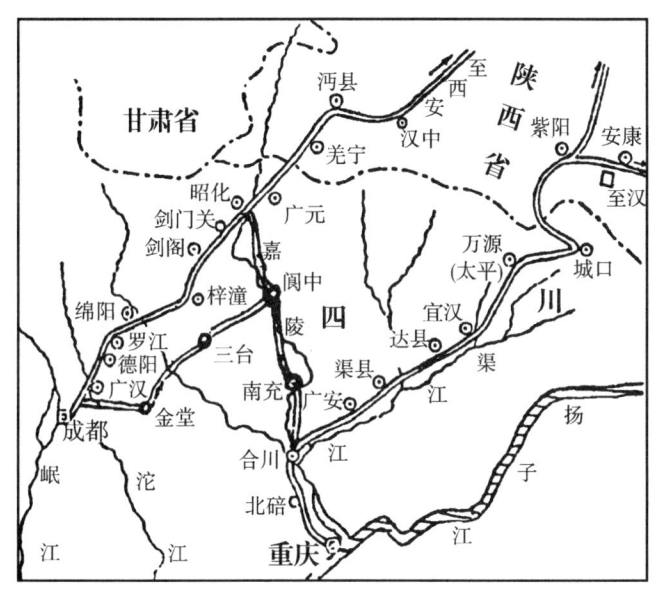

图 3-4　陕西四川路

其他如广元、三台、阆中、南充、合川、渠县、金堂、简阳、资阳、富顺、自贡等经济较为发达的城市周边，也成为吸引移民定居的广阔天地，由此决定了入川移民定居的主体格局。

四、"客家人"的移民入川

在"湖广填四川"的移民运动中，有一个值得注意的移民群体，这就是客家人。与清前期政府鼓励的政策性移民有所不同，"客家人"的移民入川，大部分是在四川经济已经恢复，四川人口已渐充裕，清政府已经开始限制流民入川的情况下，冲破重重阻挠来到四川的，带有更加强烈的趋利性质。

明清时期，闽粤人一向重利求富，不惜离乡背井，漂洋过海。闽粤地区的客家人限于生存环境的艰难，土客纷争的哀怨，因此，当清初政府大力鼓励外省人民入川落籍垦荒时，有相当多的闽粤客家人抱着不妨一试的心态，陆续向四川迁来，其中不少人逐渐富裕起来，成为闽粤客家人效法的楷模。而当清政府开始限制流民入川时，闽粤地区的客家人仍然前赴后继地涌入四川。对闽粤客家人入川求富的心态，雍正十一年（1733）广东龙川县往川的客家人告帖曾对此进行了淋漓尽致的描述。兹摘录如下：

第三章 "湖广填四川"及其影响

往川人民告帖

字告众位得知：我等前去四川耕种纳粮，都想成立家业，发迹兴旺。各带盘费，携同妻子弟兄安分前行，实非匪类，并无生事之处。思得我等祖父因康熙三十年间，广东饥荒逃奔他省，走至四川，见有空闲地土，就在四川辛苦耕种，置有家业。从此回家携带家口，随有亲戚结伴同去，往来贸易，见四川田土易耕，遂各置家业。从此我等来去四川，至今四十余年，从无在路生事，亦无在四川做下犯法事情遗累广东官府。近来不知何故，官府要把绝我等生路，不许前去。目下龙川县地方处处拦绝。不容我等行走。思得我等若人少，他们必不肯放我们，亦不敢同他争执。但是我等进生退死，一出家门，一心只在四川。阻拦得我们的身，阻拦不得我们的心肠。况且我们去了四川，并不曾抛荒了广东田土，减少了广东钱粮。

我等各自谋生都在朝廷王土，并不是走往外国，何用阻拦？……总之，我等众人都是一样心肠，进得退不得①。

这份告帖，实际上是一份宣言书。它向世人宣告其入川的目的就是"想成立家业，发迹兴旺"。他们不是逃荒的难民，而是"各带盘费"的朝廷良民。写告帖是为了冲破地方官拦阻，集众拼力往川，"恐散行劝阻，竟写传单会众同行"②。

当时闽粤客家人地区流传着一种说法，"川米二钱一石，肉七文一斤"，在"川省浮于地，闽粤满于人"的情况下，四川无疑是闽粤客家人心目中的天堂，无数"村民竟有变产欲去者"③。闽粤地方官的结论是：闽粤客家人之所以不听从地方官的"再四劝谕"，是因为听信了"川地米肉多贱于粤"以及"川省地土膏腴，易致富足"的诱惑所致。

随着闽粤客家移民入川高潮的掀起，雍正年间在广东的一些地方还出现了一种专门以游说粤人入川为职业的人——包揽棍徒。这些人利用粤民求富的心态，竭尽所能地将四川说成是黄金世界，怂恿粤民入川，并从中牟利。广东将

---

① （台北）《宫中档雍正朝奏折》第22辑，雍正十一年九月初九日杨永斌折。
② （台北）《宫中档雍正朝奏折》第9辑，雍正六年正月初八日石礼哈折。
③ （台北）《宫中档雍正朝奏折》第9辑，雍正六年正月初八日石礼哈折。

军石礼哈奏折中说："臣又访得一种包揽棍徒,讹言川省肉米平贱,一去落业立可富饶,每户得银包送。愚民被惑,不特贫者坠其局中,即有业者亦鬻产以求富足。"① 雍正十一年(1733)十月,广东总督鄂弥达的奏折,说得更为透彻,他说:"又有棍徒耸动、引诱,从中牟利,包揽引路送人入川。扬言:川省膏腴,每亩种一石可收谷百余石,百物俱贱,易于资生。以致愚民垂涎,卖弃现在产业,挟资而行,虽多方晓示,给予房屋居住,田土垦耕,无如彼等惑于川省逸乐之说。"② 可见,包揽棍徒的手段是舆论鼓动、收取银两,引路送人入川。在他们的游说下,逐队往川的广东客家人,都是趋利性的经济性移民。闽粤客家移民的趋利性入川动机还表现在:人们把入川当做求富发家的一次机会,一次选择。这在客家移民的族谱中时有反映。如连平州的谢子越,"幼即有远志,及年历五旬,壮怀未展,恒郁郁不自得。探知四川遭张献忠乱,明末迄清康熙之季,犹然土旷人稀,正豪杰可乘之机也,爰商之家族,挈眷西迁"③,落籍华阳。龙川县张氏是为了"大发"而入川的。其族谱载:"太君,吾族迁蜀之始祖妣也,姓巫氏,习英公之配,美升公之母。当习英祖捐馆服阕时,太君偶适市,遇星士推子评曰:仆阅人多矣,如贤太婆之命,富贵大发之命也。太君曰:衣食维艰,发祥何自?星士曰:今岁贼蹂躏四川,空虚无人,曷迁之以践吾发祥之言乎?太君慨然允之。于是偕子携孙始迁川东,继迁绵竹,终迁德阳蕉芭滩,遂家焉。"④ 福建汀州府上杭县的蓝仲荣,"居闽时有远志,不屑近谋,兼通青乌术,以西蜀为名胜之区,山环水带,必能钟毓贤才,于是挟资遍游川蜀"⑤,至隆昌县老君坝定居落业。由上杭胜运里迁居龙岩大池社的魏氏则是抱着"能一徙一发"⑥ 的信念而入川定居内江县的。

经济性移民是闽粤客家人入川的最主要动因。除此之外,还有因其他原因而入川的闽粤客家人。如广东兴宁的廖明达即是因为宗族间的冲突而入川的。谱载:康熙末年"时粤荒旱,公家徒壁立。岁且暮,族中强横者擅卖祖茔,公

---

① (台北)《宫中档雍正朝奏折》第9辑,雍正六年正月初八日石礼哈折。
② (台北)《宫中档雍正朝奏折》第22辑,雍正十一年十月初四日鄂弥达折。
③ 民国《华阳谢氏族谱》。
④ 民国《绵西张氏族谱》。
⑤ 光绪《隆昌蓝氏族谱》。
⑥ 民国《内江魏氏谱牒》。

第三章 "湖广填四川"及其影响

阻之不能。众分金与公，公愤而掷之且斥曰：'吾虽贫，不忍与亡此血食也。'除夕祀先，复对祖诅詈之。于是强横者闻之，愤甚，朋殴公。聚议将溺公于水。公闻之，知强悍者不可与居也……初，公长子凤绚于雍正二年甲辰岁先至川，颇有余赀，思蜀中土旷人稀，地多腴壤，货物滋殖，衣食易谋。因寄书告公，劝来川。公得书意尚未果也。洎恶族见陵，乃决意来川"，于雍正四年（1726）春"率妻子辞祖"，竟去四川，落业务农①。

当然，闽粤客家人入川的最初诱因可能是来自经济、社会、自然环境等因素的某一方面，但有时往往是诸多因素掺杂在一起相互为因。诚如上述的廖明达入川既有遭受荒旱的切身体会，又有蜀地书信述说川省衣食易谋的信息，应该说他对粤蜀两地情况都较为熟悉。尽管其最后迁川是因为宗族间的利益冲突所迫，但这其中的动因可能是三方面的合力影响最大。也就是说，具体到每一个家庭的迁移，往往是有许多复杂的原因掺杂在一起的，只不过在主次上有所区别而已。

第二节 "湖广填四川"的深远影响

一、重塑四川社会经济结构

明末清初，四川人口锐减，耕地大量荒芜。为了恢复四川农业生产，清王朝先后颁布了一系列优惠的招垦政策，吸引了在外的四川流民和外省无地少地的农民，纷纷返回或迁徙入川，形成了四川有史以来最大的移民高潮。为了稳定移民和维护移垦秩序，清廷又规定，凡流寓四川愿垦荒居住者，将地亩给为永业，准其入籍，子弟入籍考试。同时，四川地方官吏也努力招垦，或捐资给耕牛、种子，或从宽决狱。这些举措，有力地推动了移民入蜀浪潮。据不完全统计，四川人口由顺治十八年（1661）的16096丁（8万多人）猛增至康熙六十一年（1722）的57万户、285万口。人口的猛增，又推动了垦殖运动，使耕地面积日益扩大。雍正五年（1727）四川清丈土地，耕地已由顺治年间的1万

---

① 民国《廖氏族谱》。

余顷增至45万多顷,增长了40余倍。

在康熙、雍正时期招垦移民高潮中,先期入蜀的移民足迹不断"西进",首先分布在富饶的盆地西部——成都平原水田区和先期恢复的川北阆中一带,稍后入蜀者则分布于盆地中部和东部的丘陵区,再后者则多深入山区,分布于盆地南部边缘。到了雍正初年,四川的明代旧有耕地已大体垦殖完毕,而外来移民仍源源不断入蜀,再加之前期入蜀移民和蜀地居民的自然增长,人口与田土之间的供求关系变得紧张起来。在这样的情况下,清政府开始鼓励开垦荒山林地。如雍正七年(1729)所谕,"国家承平日久,户口日繁,凡属闲旷未耕之地,皆宜及时开垦"①,务使田土日辟。此后的乾嘉两朝,四川便是在人口不断增长、田地日益开辟的相互作用下进入"盛世"的。到嘉庆末年,官府黄册所载四川人口已达2074万余人,耕地53万余顷②。

在康雍复垦的过程中,产生了一批"插占"起家的大户。如德阳刘才亨,其先祖在"康熙五年自湖南武岗破塘入蜀,居仁寿;复自仁寿迁县北之盘龙山,肇造基宇"。"至三传,子孙繁多,田百顷,家声崛起"③。又如广汉黄正义,"原籍楚南武岗州",清初其"高祖全凤公跋涉来川,居州治之铁匠营,插占土地,躬耕传家"。历五世,"承祖父余业田五百亩,以勤俭故增至二千五百有奇"④。再如灌县官泽贵,其祖上"康熙初由豫章(江西)迁楚入蜀,居邑东崇义铺。少年承祖先业,膏腴遍温、郫、崇、灌,颐使气指,仆婢成群"⑤。也有四川本省氏族,战乱中舍弃原有产业,迁来川西平原插占的。如崇宁万氏,"康熙十年,始祖万公讳可通,由川北中江县大磜木、老鸦山、青溪寺、万家庵烽烟四起,抛弃鸿业,八大房人各自逃生至川西成都府崇宁县北门外义兴乡天生桥合滩,插占落业","开垦成熟之田二百二十块"⑥。再如云阳县"李茂亮,字有邦,其先湖南邵阳县人。康熙四十四年,徙县北之黄村。既定居,归迎父子华,母艾就养,并挈弟茂林、茂椿等与俱。益治产业,买荒地,招佃垦殖。积

---

① 《清朝文献通考》卷3。
② 嘉庆《重修大清一统志》。
③ 《德阳县乡土志》《氏族》。
④ 同治《续修汉州志》卷22《艺文》。
⑤ 光绪《灌县乡土志》上册卷首。
⑥ 《万氏宗谱》原叙,民国十一年本,藏四川省图书馆。

数十年，自盐渠至路阳，延袤数十里，沃壤相属，遂为县北著族"[1]。再有云阳县"彭氏，湖北大冶人。有光圭者，担篓来夔。初以卖膏环寒具为业，后为人浚陂塘，渐至殷阜，传子至孙，益恢张富赡，所购田畎连数县，入谷至溢万石"[2]。还有巴县李敏葵，雍正四年（1726）由粤长乐转迁巴县，"佃耕立业"，"赤手置产"，"买官庄谷田百九十石"[3]。

大姓、大户的经济发展，带动了县以下区域社会的结构重建。在新一轮的"安土重迁"观念下，聚族同居与世代为邻的现象越来越普遍，以至于"张家湾""李家沟"之类以姓氏为代表的小地名层出不穷，遍地开花。家谱续修、家祠重建的工作也越来越盛行。

在普遍的小农经济和典型的大户经济相互影响、相互融合的过程中，乾隆年间，四川的场镇经济得到了较快的恢复和发展，一些流动人口较多的场镇，按移民的原籍文化传统，建立起同乡（同籍）互助的会馆组织，并与邻省的移民会馆，展开不同风俗的文化竞赛，场镇经济呈现出多元化发展的态势。

与清政府的设官分治、恢复社会经济的努力相结合，一批重点城镇很快成为政治、经济、文化的中心：成都、重庆是最大的两个多元化的中心，自贡、内江则分别是最大的糖业经济中心和盐业经济中心。这四大商贸都市在乾隆年间的形成，表明四川社会经济的重建和社会结构的重建已经完成。此外，乐山、宜宾、泸州、南充、涪陵、万县等沿江城市也发展很快，分别成为区域性的经济文化中心。

二、促进四川社会经济繁荣

（一）农业生产力和生产资源的有效配置

四川广大农村在清代初年出现的人口稀少、田园荒芜、水利失修等问题，说明作为农业生产力首要因素的劳动者严重不足，说明作为农业生产力基本要素的劳动对象——土地和水利资源被闲置起来，未能得到有效利用。大移民的直接目的就是要使两者很好地结合起来，创造出满足社会需要的物质财富。以

---

① 民国《云阳县志》卷35《士女》。
② 民国《云阳县志》卷23《族姓》。
③ 《陇西李氏续修族谱》。转引自郭松义：《清初四川的外来移民与经济发展》，《中国经济史研究》1988年第4期。

湖广籍为主体的外省人士大量入川定居，补充了四川人口数量，改变了四川人口分布和人口构成。从总体上看，大移民基本上解决了四川农业生产力与农业资源的有效配置和利用的问题。

清政府在组织移民入川开垦山林荒地的同时，十分重视农田水利建设。从清初开始，官府就十分重视兴修水利。首先，对川西平原的重大水利设施进行了整治。顺治十六年（1659），四川巡抚高民瞻到任即着手整治都江堰。顺治十八年（1661），四川巡抚佟凤彩上《修都江大堰疏》，恢复了岁修惯例。其后，四川官府又多次组织人力物力维修大堰。康熙二十九年（1690），巡抚阿尔泰提出："自灌郫至成华等州县，各有小堰，自数道至十余道不等，亦一律修葺，以裕田水。"① 他还指令灌县沿江上游州县，在冬季垒筑埂坝，使蓄水充盈，于次年春季次第开放，以利提高灌区的供水能力。到乾隆五十一年（1786），都江堰灌区已达14州县，灌溉面积300多万亩。此外，盆地西部以及中部的资州、潼川府，南部的叙州府，也相继建成一些堤堰，使四川的自然灌溉范围向东扩展至涪江流域，向南延伸到长江以南。

为了解决农地用水问题，清代四川农村还普遍使用汲水工具，最主要和最常见的有筒车和龙骨车。乾隆时期，四川更加注重水利事业，在都江堰灌溉的基础上，进一步发展丘陵地带的水田灌溉，以提高农业产量。乾隆十八年（1753）四川总督黄廷桂"奏饬通省勘修塘堰，引灌山田。于是新都、芦山等十州县及青神县之莲花坝、乐山县之平江乡、三台县之南明镇悉成腴壤……"②

（二）城乡社会经济的全面恢复和发展

清初四川农村经济的恢复和发展，主要原因是解决了人口与土地的矛盾，从而大大解放了农业生产力，使广大农村逐渐有了生机。当时移民们往往是"所在隙地，著为开垦"，或者是"佃业耕种，勤于稼穑，寒暑无间"③。经过数十年的艰苦创业，到雍正时，"蜀中元气既复，民数日增，人浮八口之家，邑登万户之众"④，出现了欣欣向荣的景象。据称，当时是"盈宁富庶，虽历代全盛

---

① 陈振汉编：《清实录经济史资料》第3章，北京大学出版社1989年版。
② 嘉庆《四川通志》卷115《职官志》17、《政绩》7。
③ 民国《简阳县续志》卷7《士女篇》。
④ 雍正《四川通志》卷5《户口》第7页。

第三章 "湖广填四川"及其影响

之时未能比隆于今日也"①。农业生产已经恢复并超过了明代的水平。从雍正时起，四川的商品粮便运销江南地区，至乾隆时更为兴盛，时论称："川省产米素称饶裕，向由湖广一带贩运而下，东南各省均赖其利。"② 水稻生产的重心已由江浙西移至两湖，进而延伸到四川，形成"三分天下有其一"的局面。

清初四川社会经济得以迅速恢复和发展，除上述主要原因外，还有两个极为重要的因素：一是清政府实行了正确的农业政策和措施，二是省外移民带来了一些新的农作物、生产经验和耕作技术。

高产粮食作物红薯、玉米、马铃薯的引种，全面缓解了全川人口的食用、饲养用粮压力，为社会经济的全面恢复奠定了基础③。同一时期，由闽粤移民携入的甘蔗、烟草、苎麻等经济作物，给四川农村、城镇经济的发展增添了新的活力。

沱江流域的甘蔗种植和榨糖业，清初由于福建移民引入蔗种和制糖技术，获得新的发展。而长江流域的甘蔗种植与榨糖技术的引入，则与广东移民有关，此后沿江发展，泸州、江津、江北等地也有种植。烟草在明代时四川就有人种植，因战乱遭到破坏。康雍乾三朝闽粤客家人的移民，将烟草再次引入四川，推动了四川农村烟草种植与制作。《南溪县志》载："大约土著之民，多依山耕田；新籍之民，多临河种地。种地者栽烟植蔗，力较逸于田，而利或倍之。"④这是种植经济作物优于传统农耕的证明。苎麻在四川早有种植，明末清初破坏殆尽。闽粤客籍人在移川的同时，新引进了苎麻与织麻技艺。乾嘉年间，荣昌县"南北一带多种麻，比户皆绩，机梭之声盈耳"⑤。崇庆州"女功以织绩为务，东北多绩麻，西南多织棉"⑥。潼州府、保宁府等地苎麻纺织也颇流行，重庆江北厅也因苎麻"一岁三收"，"利厚而种植易"，"近来人家多种之"⑦。由此，丰富了四川社会经济生活，活跃了城镇商品经济市场。

---

① 雍正《四川通志》卷5《户口》第7页。
② 嘉庆《四川通志》卷72。
③ 详后本书第十一章、第十二章。
④ 同治《南溪县志》卷2《食货·物产》。
⑤ 同治《荣昌县志》卷16。
⑥ 光绪《增修崇庆州志》卷2《风俗》。
⑦ 道光《江北厅志》《物产志》。

（三）安定富足的城乡社会生活

清代四川丘陵、山区的深度开发，使得四川的粮食产量大大增加。据史料记载，"乾隆十八季，拨四川谷十八万于江南，自是亦屡有拨济临省之举"①。当时粮价低廉，"米价每斗一百七八十文"②，谷价每石不过七钱③，人民生活安居乐业，促进了乾嘉之治的盛世繁荣。

在大移民的过程中，清政府一方面注意调动农民垦荒耕种的积极性，发展四川社会经济，增加农民的收入；另一方面实行休养生息的政策，轻徭薄赋，减轻农民的负担，因此当时四川农民生活从总的情况来看，优于全国水平。

明代时全川每年约征银56万两（不含役银）④。清代时实行薄赋政策，长期征收达不到这个数额。顺治末年，全省田赋银尚不足3万两。康熙末年也不过20多万两。直至雍正末年，全省清查田亩之后，始达明代正额水平，地税约60万两，丁银约6万两，合计地丁银66万两⑤。此后基本维持这一格局。比较而言，赋税特轻，因而康熙五十一年（1712）四川巡抚年羹尧称：川省"见征钱粮甫及原额十分之一"⑥。道光十九年（1839）廷议称："川省地丁额征六十六万，田赋之轻，甲于天下。"⑦ 虽不免有夸饰之辞，但其基本陈述应是可信的。

关于清代前中期四川农村安定富足的社会生活，不少史书及地方志均有记载。如《南川县志》的编者在汇集前代资料后说："予生亦晚，清嘉道以上，邑中阜安谆厚景象不得而睹……至光绪中年，安息休养，年谷屡丰……虽不及高曾享受熙洽，然实无大患苦。"⑧ 以民国人的眼光看，清代人的生活是幸运的。

又据《合江县志》记载："回忆昔时，家给户足，秋报春祈，椒馨酒芬，羔

---

① 王庆云：《石渠余记》卷4。
② 民国《长宁县志》卷15。
③ 李竹溪、刘方健编：《历代四川物价史料》，西南财经大学出版社1989年版，第74页。
④ 嘉庆《四川通志》卷62《田赋上》。明季原额夏、秋粮及折布米约111万石，地亩棉7万斤。而每石米折银五钱，棉一斤折米二斗，征银56万两系折算所得。
⑤ 鲁子健：《清代四川财政史料》上册，第755页，《四川省历年耕地赋额统计》。
⑥ 《清朝通志》卷83。
⑦ 《清史稿》卷374《何凌汉传》。即以粮册所载46万顷计，平均亩承粮赋不过一分四厘而已。对比长江下游的江浙等省，"亩几输银三钱"，且有漕米一斗，"亦当银二钱有奇，合之则亩输银五钱"；中游湖南，"亩输财银三分"，但无漕米。（见《章太炎政论选集》上册，第459页）可见四川亩征田赋仅为湖南之半，江浙之二十分之一。
⑧ 民国《南川县志》卷4。

肥豚腯，夜犬无吠，道遗不拾，恍如别一世界。更溯百载以前（注：约在嘉道年间），父老所传，其时田土赋税之薄，征召徭役之简，稻粱菽麦之饶，材木森林之阜，沼池园圃之裕，衣服器用之朴，营缮建筑之便，百工佣值之低，里闾生活之易，岁时聚会之娱，悬隔霄壤矣！"① 这种陈述，虽不免有夸张之嫌，但其大要，也还有一定的事实基础。

《南溪县志》载，经过清初休养生息，至雍正时，"宇内宁谧，嗜欲单简；局钱未通，以粟易械。徭轻赋薄，时有蠲免；粟帛充溢，子姓繁衍。诚有如老子所谓小国寡民，使有什陌之器而不用，使民重死而不远徙。甘其食，美其服，安其居，乐其俗者"。而至嘉庆时，"民生之丰裕，以此时为最"。"当时货物充牣，生齿孳殖，家给人足，安土乐业"②。

尽管"湖广填四川"的移民运动迅速恢复了四川农村的经济活力，推动了社会经济的迅速发展，造就了清代前期、中期四川农村安定富足的社会生活，但它却没有也不可能在整个四川农村引起革命性的变革。这是因为，当时主要是解决现有生产力的配置和生产资源的利用问题，整个社会生产力的性质特别是生产工具并未出现大的变化，农业生产仍然是依靠人力、畜力和简单的手工工具。所以，通过这场大移民运动，千百年来延续下来的封建社会的生产方式依然保留着。也就是说，大移民并未从根本上改变四川农村传统的以耕织结合为基本特征的自给自足的自然经济形式和结构。

经过大移民后的四川农村，绝大多数地区的生产特点是"田种禾稻，山种杂粮，相资为用"③。禾稻供食用与纳税，杂粮供养猪、养禽、养牛（山区则杂粮也供食用），而牲畜粪肥又供农田施用。在精耕细作的条件下，粮食亩产不断提高，从而形成一个良性循环的自给自足的自然经济格局。清代四川种植业趋于精细化。水田役力，大多使用水牛；旱地耕作，多用黄牛，因而农家喂养十分普遍，为精耕细作奠下基础。养猪喂鸡更是普遍见于农村千家万户。豚栅鸡栖，于中、上等人家固不可或缺，即便下户穷檐，也每每可见以所收黍、麦、芋、薯之类杂粮喂养"敞猪""敞禽"④。川东一带，惯养荣昌猪种"白豕"（丘

---

① 民国《合江县志》卷2《食货》。
② 民国《南溪县志》卷2。
③ 乾隆《涪州志》卷5。
④ 民国《南溪县志》卷4。

陵型），所谓"白毛猪儿家家有"；川西一带，则侧重饲养黑猪（成华猪，平原型）①，四川遂渐渐以"粮、猪安天下"。

同时，在一些地方也存在过度垦辟的情况。在这场垦荒浪潮中，川中丘陵与盆周山区几乎开发殆尽，许多地区甚至出现乱砍滥伐的情况。这种过度垦辟，造成日后水土流失，生态环境恶化。如《秀山县志》云："县四郊盛山，旧时材木不可胜用，今垦辟皆尽，无复丰草长林。"② 大相岭一带，"一路万山陡削，壁立千仞，似无路可通。而山上居民栖止，种植成畴，颇有鸡犬云中之概"③。如此过度垦辟，致使大渡河流域"荒山日多，水源无从涵养，下游农区受害之程度与日俱增"④，从而给日后四川农业的发展与生态环境带来一定的负面影响。

当然，在大移民的过程中，随着四川农村经济的全面恢复，商品经济也有一定的发展，农村中也开始出现两极分化现象，不过其程度还比较微弱，自给自足的自然经济仍居于绝对统治地位。

三、海纳百川的文化熔炉

"湖广填四川"之后的四川城乡社会，是一个经济上十分活跃、政治上相对宽松、文化上兼收包容的新型的"移民社会"，它对清代以后四川历史的发展，奠立了非凡的文化根基。

今日的四川方言是湖广大移民的产物。历史上大规模的移民运动除了政治、军事和经济方面的诸多影响外，还有一个重要的影响，即语言文化上的渗透。清代的"湖广填四川"也不例外。随着大批外省籍的移民落业四川，现代四川方言开始孕育并形成了⑤。

清人傅崇矩在《成都通览》中说："成都之地，古曰梁州，历代皆蛮夷杂处，故外省人呼四川人为川蛮子，也不知现在之成都人，皆非原有之成都人，明末张献忠入川，已屠戮殆尽。国初乱平，各省客民相率入川，插占地土，故

---

① 乾隆《荣昌县志》，傅崇矩：《成都通览》。
② 光绪《秀山县志》卷12。
③ 《西征日记》，《川藏游踪汇编》。
④ 程绍明：《大渡河上游森林调查报告》，《四川之森林》卷3（1938）。
⑤ 参见崔荣昌：《四川方言与巴蜀文化》，四川大学出版社1996年版。

第三章 "湖广填四川"及其影响

现今之成都人,原籍皆外省也。外省人以湖广占其多数,陕西人次之,余皆从军入川,及游幕、游宦入川,置田宅而为土著者。"光绪《四川邛州大邑县乡土志》记载:大邑县"土著历来惟有汉人,并无苗蛮番回异种。献贼乱后,几无孑遗,全资两湖、江西、两广、山陕之人来邑垦荒生聚。麻城人较多,江西、山陕次之,两广又次之。俗传湖广填四川,其明征也"。民国《阆中县志·户口志》载:"明末之乱,全川几靡有孑遗。阆之所为土著者,大半客籍。以其毗连陕西,故陕西人为多。此外,江西、湖南北又次之。率皆康熙、雍正年间入籍。其有明时入籍者,则为老户。惟刘氏来自元时,最为久远,元以前则无矣。"

这些移民带来各自家乡的语言。民国《大足县志》载:"清初移民实川,来者各从其俗。本县语言旧极复杂。凡一般人率能操两种语言:平时家人聚谈或同籍交谈,用客家话,曰'打乡谈';与外人交接则用普通话,远近无殊。"民国重修《安县志》说,前清时县属民皆由各省客民占籍,声音多从其本俗。安县就有广东腔、陕西腔、湖广宝庆腔和永州腔。民国《三台县志》说,三台有宝庆乡谈和广东土语。如此等等,不胜枚举。

在四川方言形成的过程中,川剧也伴随着"湖广填四川"的步伐而产生、定型了。川剧是原流行于四川和云南、贵州的部分地区的戏曲剧种,历史悠久,源远流长。伴随清初移民实川,外省地方戏曲的声腔——昆腔、高腔、胡琴、弹戏与四川民间曲调灯戏相融合,在长期发展中逐渐采用四川方言念唱,异源合流,同台演出,相互影响,形成了较多的共同风格,后来就统称为川剧。川剧的五大声腔正是在这样的形势下,为适应南北省籍移民的文化需求及其审美情趣和欣赏习惯而同台演出并逐步综合为一的。因此,它的形成与四川方言息息相关[①]。

清代四川的会馆和茶馆,是最具特色的方言场所,川剧的五大声腔在这里融会、切磋,实现了海纳百川的文化交融。

在方言与川剧的融合过程中,四川的民俗文化也在逐步融合。移民运动形成了一个复杂的社会结构,移民与土著的习俗日益交融,"土习民风蒸蒸日上,秀者服诗书之泽,朴者安耕凿之常,孝悌力田,敦本务实,以至蛮、賨、夷、

---

① 详见本书第十七章第一节《文学与艺术》《川剧》目。

獠莫不慕义向化"①。从各地汉族传统的三大佳节——春节、端午节、中秋节风俗的逐步趋同整合中，我们也可以看到移民文化与土著文化的趋同与整合。

四、客家民系的"回归"

客家是汉民族中的一个迁徙民系，在汉民族的大家庭中与其他民系同源、同种、同文化。按照秦汉以来中华民族大融合的历史经验，其在迁徙的过程中与其他民系的融合，应该是很自然的事情。

但客家先民的"中原士大夫"秉性，使其在土客交流中滋生了不恰当的"文化优越感"，视闽、粤等地土著为"低文化族群"，所谓"雅不欲与土人混处"，便是最好的注解；绝大多数的客家人宁愿选择"居山不居坝""不与土著通婚"的非经济原则，只是为了保持自己的"完善"与"纯正"，难怪有学者认为客家文化中有"正统思想、人种主义和种族主义"的嫌疑②。

同时，客家人尚气争胜的性格，使得他们作为一个独立的群体存在时，无论处于强势或弱势状态，都不可能融合于土著，更不可能向土著低头。但是长久以来，囿于山区的封闭和局限，客家族群的文化优势逐渐消逝，当绝大部分汉族地区的科技、文化水平普遍提高之后，偏离与异化使客家人社会大大落后于汉民族的主体文化进程，从一个"武化"的强势民系衰变为一个剧烈动荡社会中的弱势民系。连绵不断的"争强斗胜"，却无法从整体上摆脱穷困的命运。最终，随着客观环境的变化，经济利益的驱使，"土客对立"逐渐淡化与消逝，客家人不得不向汉民族的主体文化回归。这在清代"湖广填四川"的移民运动过程中，表现得最为明显。

四川客家人的文化回归，主要表现在以下方面：

首先，与客家人的历次南迁方向相反，清代客家人从闽粤等地移居四川，属于"西进、北上"（西北向）性质，这已经从过去逐步远离汉文化中心地区的"迁徙（离异）"，转变为向汉文化中心地区的靠近与"回归"。与以往历次客家人为躲避战乱而被迫向南迁徙的"政治性避难"有所不同，此次移民是属于和

---

① 嘉庆《四川通志》卷61《舆地志·风俗》。
② 胡希张：《客家研究源流的回顾》，黄钰钊主编：《客从何来》，广东经济出版社1998年版，第566页。

平时期的自发性迁移,其迁移的目的地十分明确,而且大规模自由迁移的根本动因已是经济性原因。为了趋利,客家人大有非入川不可的决心,"进生退死,一出家门,一心只在四川",生动地反映了他们入川的坚定信念。这与以往客家人被迫外迁,盲目地寻求安身立命之地有着明显的不同。

其次,据刘正刚先生研究,清代闽粤客家人向四川的迁移,并不是以往家族型（或部曲型）的迁徙,也不是单身人或流浪群插入式的移民,而是家庭式的迁移。清代闽粤客家移民四川的分段性、一次性和裂变性迁移即是极有力的证明。分段性迁移是闽粤客家移民入川的主要方式。在这种形势下,部分家庭精壮成员先期到达目的地,经过数年的劳作,具备了一定的经济基础之后,即返回原籍搬迁眷属。这是经济性移民的重要特征,毕竟经济性追求是第一位的,远胜于空洞的政治诉求与不切实际的文化操守。正是在这种情况之下,客家移民不再秉持"殖民地、半殖民地"式的"武化"定居原则,而是"负耒挟资"式的和平移民,多少可以称为"牧歌西进",大大减少了"土客对立"的矛盾。由"武化"定居到和平移民方式的转变,反映了客家移民在文化心理上的回归。

第三,闽、粤、赣等省普遍存在的"土客对立"现象,在四川更多地表现为"会馆并立"现象。四川在清初由于人口流失,土著无几,整个社会在大规模的移民运动中表现为兼容并蓄、海纳百川的宽松,只有新老之别,而无土客之议。新老移民的竞争更多地表现在经济方面和文化方面,而不是"土客械斗"的武化方面,绝大多数城镇乡村"会馆并立"的事实就是很好的证明。清代四川的会馆遍布城乡各地,数量之多为全国之冠。与大中城市商埠等会馆的工商业性质不同,其主要功能是乡情联谊与社会扶助。各省会馆的规模建制与精雕细刻,是移民多寡和经济实力的体现,而年俗节日的戏台演出与舞龙跳狮则是一种文化展示与文化竞争。在这样多元宽松的经济文化环境中,"土客械斗"的现象虽非绝迹,但已毫无疑问地大大减少了,客家"碉楼"与

图 3-5 位于成都洛带的广东会馆

"围拢屋"的建造也是大大地简化了。这样的回归,正是融合的前提。

第四,到了晚清,四川各省移民会馆已由原先的分离逐渐走向融合,出现了"五省会馆""六省会馆""八省会馆"等总会馆,总会馆内供奉的神祇也为原先各省会馆神灵的总汇。如彭县九尺镇由湖广、江西、陕西、福建、广东等省成立的"五省会馆"总馆内就塑有各省会馆的神像,每年七月,五省人齐集共祭,形成了具有四川地方特色的乡土文化①。这种由原先只崇拜各省地方神祇到后来熔为一炉共同祭祀、相互接受的转变,一方面说明了各省移民在四川经过长期的生产斗争逐渐融为一体,另一方面也反映了各省移民最终认同了中国传统文化。

四川客家方言岛的普遍消逝就是在这种经济文化背景下产生的。据统计,闽、粤等省客家人在四川分布极广,达110多个州县(厅),客家会馆总数在500所以上。四川客家方言岛按理也应该在500处以上,但现存较大的四川客家方言岛不过仅剩成都东山、隆昌与西昌三处而已,连上仪陇、三台等较小的遗存点,数目也不上十个,而且这些地区的人士毫无例外地都在经济社会生活中使用四川官话,绝大部分地区已经把日常生活中用处不大的客家方言送入了"历史博物馆"。正如郭沫若的家乡沙湾,客籍人本来要占80%以上,但现在,全都与四川人融合了,连郭沫若这样的世绅世商家族也不会讲客家话了。因为在汉民族更广阔的经济文化空间里,郭沫若和他的乡亲们找到了最大的发展余地。

第五,客家与四川移民间的融合与同化,进一步表现在联姻通婚关系上。据福建籍客家移民廖氏纂修的《续修资中廖氏族谱》对其族二世至七世男性婚姻的记录,其配偶中女性原籍有明确记录的为92位,分别为:福建籍28位,湖广籍21位,四川籍18位,广东籍15位,江西籍5位,云南籍2位,贵州、浙江、江苏各1位。这样,闽粤籍共占43位,占总数的47%,湖广、四川等7省为49位,占53%。如此看来,过去那种客家人不与他族通婚的现象在"湖广填四川"的过程中已经开始改变。而且随着时间的推移,客家人与外省人通婚更为普遍,上述廖氏家族第七世男性婚姻状况为:湖广籍15位,占居首位;此外福建籍10位,四川籍8位,广东、江西、云南、贵州共9位。而这仅仅是

---

① 新修《彭县九尺镇志》(未刊稿)。转引自刘正刚:《闽粤客家人在四川》,广西教育出版社1997年版,第338页。

众多四川客家人中的一例。姻缘关系不仅把不同地区的人们结合在一起,使血缘关系同地缘关系拧在一起,而且通过这种婚姻同化的过程,改变着客家移民和当地居民的心理文化素质[①]。

---

① 刘正刚:《闽粤客家人在四川》,第338页。

第四章　清代四川的社会问题

第一节　社会矛盾逐渐激化

一、田地隐匿与社会问题

四川田地隐匿与田赋负担失衡,本是清初战乱造成的后遗症,同时夹杂着复杂的土著与客籍移民矛盾以及根深蒂固的官场腐败,几方面因素综合影响便成了当时非常突出的社会问题,搅扰着康熙、雍正时期的四川政局。

（一）四川田地争讼的历史背景

有关田地纠纷造成的社会问题,从四川巡抚宪德的奏疏可以了解一个大略:"蜀省昔年兵火以来,人民稀少,田地在在荒芜,及至底定,归复祖业者,从来未经勘丈,是以多所隐匿。迨历年既久,人丁繁衍,奸猾之徒,欺其界畔无据,遂相争构讼……又川省词讼,为田土者十居七八,大率为界址不清……而土著、流民各居其半,边界不清,总由田土未丈,以致豪强占争,捏控无已。"①

其中,土著与客籍移民之间的田土争讼纠纷最为棘手。因为当初清廷鼓励

---

① 《世宗宪皇帝实录》卷 93。

南北各省人民入川垦殖，并无多少限制，"只计块段插占管业"①，形成田产疆界不清、数量不明的状况。"湖广入川之人，每与四川人争讼，所以四川人深怨湖广之人。"② 田地隐匿自然造成田赋负担的极不公平，清初已弊端百出、争讼不已，地方官又借机隐瞒田粮，浮征、加派课税，袒护强宗豪姓强占土地，在田赋负担方面又欺软怕恶，让小民负担过重，因此引出大量田土纠纷。全省各个州县诉讼案件层出不穷，早已引起清廷关注。康熙时期，四川巡抚于养志、能泰等，因"私收杂派"、加派钱粮大案，先后获咎。

康熙二十年（1681），康熙发现地方官利用田土隐匿，上下其手，虚报田粮，摊派民间，以利其升迁，曾谕户部檄行直省督、抚，"严行查核"③。但由于田土尚未进行过丈量，造成田土隐匿的根本原因没有解决，隐匿以及与此相关的吏治问题也无法得到解决。康熙五十一年（1712），清廷谕令四川巡抚清查四川隐漏田赋，查出四川钱粮原额 1616600 两，四十九年（1710）仅实收 202300 两，仅为原额八分之一。"盖积弊已久，官借首粮之名需索民钱，以致民间首报无多。"④ 当时康熙已拟议订立"劝戒之法"，明确官吏在田粮征敛中的实际责任，以便依法给予作奸犯科者相应的惩罚。

（二）由田土清丈透视社会问题

雍正登基以后，特别重视四川大量田土隐匿的问题，先后收到四川巡抚马会伯、宪德以及岳钟琪等地方大吏要求清丈全省田地的报告。宪德在奏疏中反映："川省隐田较别省不同，别省之欺隐不过十之一二，而川省之欺隐则所在皆有，且隐匿有年，又非他省初垦隐漏者比也。"⑤ 雍正五年（1727），雍正深感此事积重难返，非进行彻底丈量不可⑥。于是，清廷派出科臣给事中高维新、马维翰、御史吴鸣虞、吴涛等 16 位官员入川，由四川巡抚宪德主持，"会同松茂、建昌、川东、永宁四道，分往诸州县"，对全省田土进行彻底清丈⑦。"所

---

① 民国《广安州新志》卷 2。
② 蒋良骥：《东华录》卷 18。
③ 《清朝通典》卷 1。
④ 《清朝文献通考》卷 2，《田赋考》2。
⑤ 《雍正批谕旨·宪德奏折》，转引自王纲：《清代四川史》，成都科技大学出版社 1990 年版，第 222 页。
⑥ 《清史稿》卷 294《宪德传》。
⑦ 嘉庆《四川通志》卷 62。

到州县拨户书、弓手随往丈勘。"①

经过三年清查、丈量,结果证实:康熙六十一年(1722)四川田土总额为 20544285 亩,征丁条粮银 302612 两;雍正七年(1729)重新核定的田亩和赋税总额为 45902788 亩,征丁条粮银 657297 两。田亩和丁条粮后者均比前者高出一倍多。雍正时期核定田亩比明万历六年(1578)的 13482767 亩高出 2.4 倍,而田赋仅为万历的 40.6%②。

雍正丈量的结果,清查出大量隐匿土地和漏征田赋,不仅大幅度增加了国家的赋税收入,也在一定程度上缓解了土地占有与田赋负担不公的问题。更为重要的是,从这次丈量开始,王朝政令已经能够在四川地区贯彻落实。

同时,在清查中也发现不少的问题。一些地方绅士和地主为了继续隐匿土地,向负责清丈土地的钦差官员行贿。由于地方官员的检举,有两名官员受到革职处分。也有利用清丈的机会,继续蚕食他人田土的事例。还因个别清丈官员执法不公,激起民变。例如万县民控诉吴涛丈量不公,悬旗聚众。垫江、忠州亦以为然③。

特别值得注意的是,清丈结果中,四川的税粮负担存在着地区差异。位于全省精华之地的成都府和重庆府每亩的赋税被定得很低。与此相反,位于边沿地带的川南嘉定府和川北保宁府一带赋税被定得很高。这种看起来非常奇怪的现象,实际上不难解释:明末的战乱和清初动乱余波,成都府和重庆府都是重灾区,社会经济受到严重摧残,地方变得疲敝不堪,农田荒芜,人丁稀少;而川北保宁府和川南嘉定府一带相对来说受到的动乱损失较轻,农村经济还保持着一定的活力,因此税负的摊派依据了这样的现实。从另一个角度看,成都府和重庆府田赋负担显著减轻,有利于这两个粮食生产基地尽快恢复元气。清代中叶,四川粮食大幅度增产和米粮大批量运销长江中下游地区,与此不无关系。

(三)土地兼并与贫富分化

明末清初战乱之后,四川土地荒芜,清政府招抚流亡川民和他省人民入川插占垦殖。起初,并未规定占田数,凡流寓愿垦荒居住者,将地亩给为永业。

---

① 王纲:《清代四川史》,第 225 页。
② 王纲:《清代四川史》,第 225 页。
③ 《清史稿》卷 294《宪德传》。

第四章 清代四川的社会问题

到雍正时，四川人口得到大幅度增长，对入川之民限制了占田数量，"每户酌给水田30亩或旱田50亩；若有子弟及兄弟之子成丁者，每丁水田增15亩或旱田25亩；实在老少丁多不能养赡者，临时酌增。"①

乾嘉时期，四川人口数量激增，荒地的开垦率与清初相比逐渐减缓，使熟地占有方面的矛盾激化。有关记载表明："近日田之归于富者，大约十之五六；旧日有田之人，今具为佃耕之户，每岁收入，难敷一年口食。"②四川占田多的大户已成为各府、州、县的富豪之家，如德阳县的刘氏有田百顷，张氏有田数十顷③。广汉县黄氏有田2500亩④，灌县官氏"膏腴遍温、郫、崇、灌"⑤。云阳县李氏"自盐渠至路阳，延袤数十里，沃壤相属"⑥，彭氏"所购田毗连数县，入谷至溢万石"⑦。

大户强宗兼并土地所采取的手段，一是乘人之危，强买祖业。卖田一方则"情因负债难偿"，"情因需银度用"，被迫出卖自己仅有一块土地⑧。二是仗势欺人，强占民产。清初主要是入川弁兵强占民田。康熙二十年（1681）七月四川巡抚杭爱奏报清廷，川省百姓逃亡，"所存惟兵，各弁兵竟有强占民田，抗赋不纳者"⑨。而后是大户强宗霸占民田，如崇宁县万氏，在康熙间开垦成熟之田220块，"被豪邻黄安侵占……遂失去田110块。后又被豪邻叶芳盛争去20块"⑩。广大农民失去土地后，"其得以暖不号寒，丰不啼饥，而可以卒岁者，十室之中，无二三焉"⑪。

对于土地集中的趋势及其对封建制度的危害性，短视的清朝统治者竟至毫无认识，更不用说采取缓和措施了。

---

① 嘉庆《四川通志》卷62，食货，田赋。
② 嘉庆《四川通志》卷62，食货，田赋。
③ 佚名《德阳县乡土志》，氏族，清末修，民国刻本。
④ 同治《续修汉州志》卷22，武来雨：《黄公嘉会墓志铭》。
⑤ 光绪《灌县乡土志》上册，卷首，人类。
⑥ 民国《云阳县志》卷35，士女。
⑦ 民国《云阳县志》卷23，族姓。
⑧ 嘉庆十二年（1807）谢大鹏杜卖田产契约，道光元年赵其中卖田产契约，藏新都县档案馆，转引自鲁子健：《清代四川财政史料》上册，第163~165页。
⑨ 《圣祖仁皇帝实录》卷96。
⑩ 《万氏宗谱》民国11年版，存四川省图书馆。
⑪ 章谦存：《备荒通论》。

二、根深蒂固的官场腐败

清代康、雍、乾三朝,历来被史家誉为"太平盛世",常常与"文景之治""贞观之治"相提并论。从清代前期社会、经济、科技、文化诸方面获得的丰硕成就看,这一评价一点也不过分。但是,封建专制体制同时滋生恶性官场腐败,由于权力失去有效监督,官场腐败只会愈演愈烈,即使太平盛世也存在着危机隐患。

(一) 田赋、盐税领域的贪赃枉法事例

从当时国家财政收入的两个主要来源田赋、盐税看,问题从一开始就十分严重。

先看田赋的征收:康雍以来,四川"时多浮征"①,州县耗羡无定制,"不肖者视为应得之项,尽入私囊;一遇公事,或强民输纳,或按户派捐,滥取横征,无所底止。且州县以上官员养廉无出,于是收受属员之规礼、节礼以资食用,而上官、下属之间时有交际。州县有所藉口,恣其贪婪,上官瞻徇而不敢过问,甚至以馈遗之多寡为黜陟之等差,吏治、民生均受其弊"②。浮征所获大量民脂民膏,下至州县,上至督抚,都视为"应得项,尽入私囊"。

康熙、雍正、乾隆时期,所发生的巨贪案,有不少贪吃钱粮的大吏。康熙五十年(1711),兵部尚书、大学士萧永藻奉旨查办四川加派钱粮,查出原布政使卞永式征收四川钱粮,每两加派一钱二分,"除送原任四川巡抚能泰等银二万二百两外,共计入己银二万一千四百两有奇"③。经刑部奏准,卞永式照律拟斩,因病故作罢;原任四川巡抚能泰则受到秋后处决的严惩。

再看盐税的征收:从清初开始,川盐即成为地方官员聚敛贪赃的重要经济领域。康熙三十八年(1699)曾发生四川提督岳升龙"霸引行盐,借端科派"案④。雍正元年(1723),又爆出四川夔州知府程如丝贩卖私盐四万余包和武装拦截商家盐船案,同时牵扯出四川巡抚蔡珽巨贪大案⑤。清乾隆四年(1739)

---

① 嘉庆《四川通志》卷116《职官志》。
② 《清代文献通考》卷14,《田赋考》4。
③ 《圣祖仁皇帝实录》卷247。
④ 《圣祖仁皇帝实录》卷197。
⑤ 《世宗宪皇帝实录》卷61。

第四章 清代四川的社会问题

揭发的褚泰受贿案,是盐业运销领域发生的典型大案。当年,扬州盐商曹翰思欲将乙卯纲引16万道另给无引商人认领运销,向四川道御史褚泰行贿白银500两。褚泰受贿后,应其所求。案发后,褚泰依法被处以极刑。

川盐在运销过程中最终实现其商品价值,因此运销领域是盐业利润最高的环节,也自然成为官吏贪赃枉法的利薮。雍正八年(1730),四川巡抚宪德奏称:"川省盐茶课税,正额之外,倍有赢余……历任地方各官,因循旧习,率多额外加征……如盐每水引一张,额征税银三两四钱五厘;陆引一张,额征税银二钱七分二厘八毫。乃历年来各州县竟不按额征收,有每张水引征至八、九两或四、五两并四两有零不等;陆引每张征至六、七、八钱或四钱并三钱有零不等。此外又有各衙门使费、领架各种名色。"① 因此,清朝统治者不得不承认:"……夫一引之课,渐添至数倍有余。官无论大小,职无论文武,皆视为利薮,照引分肥,商家安得不重困?"②

从上述问题可以看出,即使在王朝兴盛时期,农业、盐业等主要经济领域的腐败问题已经形成难以切除的痛疽。

(二)官场腐败,政以贿成

1. 封疆大吏,贪得无厌

乾嘉时期,四川吏治已江河日下,积重难返。官场贪赃成风,政以贿成。四川总督福康安与和珅一样,都是乾隆皇帝重臣,两人贪婪心态也差不多。福康安督蜀后,征调赋役,府库枯竭,州县疲敝。雅安等地"役夫病馁者,相望于道"。继福康安督蜀的和琳(和珅之弟),"崇尚华奢",即使在军营,仍"日夜饮酒听乐"。嘉庆初,和琳病殁,改由勒保继任。勒保"在蜀数年,民不堪命,致有蜀督赋之谣"③。

嘉庆四年(1799),洪亮吉在上军机王大臣书中,通陈白莲教起事的缘由,阐述了"邪教之起,由于激变"的道理。他从达州知州戴如煌蹂躏百姓、残害无辜,追述到四川官场的腐败,"十余年来,督、抚、藩、臬之贪欺害政,比比皆是……出巡则有站规,有门包,常时则有节礼、生日礼,按年又有帮费,升

---

① 《四川盐法志》卷21,《征榷一》《羡余》。
② 《清朝通典》卷12,食货典12。
③ 昭梿:《啸亭续录》。

迁、调补之私相馈谢者，尚未在此数也。以上诸项，无不取之于州县，州县则无不取之于民。钱粮漕米，前数年尚不过加倍，近则加倍不止。督、抚、藩、臬以及所属之道、府，无不明知故纵，否则门包、站规、节礼、生日礼、帮费无所出也"①。总之，四川总督每年可收受陋规十余万两，上行下效，相沿成习。藩臬两司每年各收受陋规四五万两，各道、府每年各收受陋规一万两或数千两不等。各州县藉办差名目，照粮派捐，以充私囊，一州一县，多者派至万余金。而地方豪强，从中把持分肥。百姓"诉之督、抚、藩、臬、道、府，皆不问也"②。

嘉庆十六年（1811），御史韩鼎晋奏称："乃川省官场，摊捐陋习久成风气，竟有驻省办事之人及督、藩、臬大幕藉生辰为名，首府、首县代出知单敛凑公份，每次份金十余两至三四十两不等。一年之内，此等知单或五六次、十余次不等。"③ 这种积习，与咸丰初年何绍基在川了解的情况一致。凡要缺州县每年向总督、藩、臬、本管道、府三节两寿所送规礼，高达二万数千余两，"等于正供，不能短少"④。

同治年间，刘愚揭露四川官场积弊说：总督初到任，"自藩、臬、各道各进千金为寿，以至通省府、厅、州、县优缺，无不馈献白金，或四百余两，或三百两，或二百两、一百两不等……计到任可收受白金近二万金"⑤。广大百姓在如狼似虎的贪官污吏残酷压榨下，生活日益贫困，无法生存。

2. 官场陋规，层出不穷

官场陋规的一个突出表现是送往迎来中的请客送礼、铺张浪费。雍正时，本已失势的川陕总督年羹尧调任杭州将军，随从尚有千余人⑥。乾隆时，四川总督福康安路过绵州，"公馆之盛，亘古所无"。州人李调元曾作《清江行》讽之：

"绵州公馆清江渍，榱题画桷高闲阆。水晶为柱玻璃槛，四面光射窗棂明，

---

① 《清史稿》卷356《洪亮吉传》。
② 《清史稿》卷356《洪亮吉传》。
③ 韩鼎晋：《奏陈四川应除积弊六条疏》，光绪《长寿县志》卷10。
④ 何绍基：《请旨饬裁陋规折》，《东洲草堂集》卷2。
⑤ 刘愚：《醒予山房文存》卷10，《治蜀问答》。
⑥ 吴振棫：《养吉斋余录》卷4。

红罗细叠氍毹平，剪锦百匹悬为棚，两廊陈列充琇莹。金枝向夕飞流星，九华炤爚铜龙檠，洞房尚少桌倚屏，花楠紫檀民不宁。借问何官不敢名，田禾将军方进城，一齐钟鼓声铿鍧，肉山酒海人纵横，三声炮作辰登程，花楠紫檀俱随行。"①

迨至道光以降，官场更是腐败不堪。道光二十七年（1847），任四川按察使的张集馨揭示四川官场内幕说："官将去任，减价勒税，名曰'放炮'。繁剧地方，放炮一次，可得万金，或五七千金不等。官累重者，日放谣言，云将去任，减价催税；差役又遍乡里传知，百姓贪图小利，纷纷投税。其实并无去任之说，名为'太平炮'。又有新官甫经到任，亦减价催税，名为'倒炮'。"不论何种方式，其目的都是为了搜刮钱粮，中饱私囊。

嘉庆年间，地处要冲的州县按粮科派夫马，"以为供应大员往来差使杂费，其实本官衙门一切费用俱出于此。每丁银一两或派制钱八百文、一二千文不等"②，州县衙门胥吏又趁机巧立名目，大肆搜刮，成为直接害民的蟊贼。

地方乡试抽调阅卷官员（同考官），居然也成为官场敛财渠道。"至科场派捐公费一节，更为浮滥。盖州县往往不愿入帘，每科派调同考官时，其已经拟调不愿入充者，则自捐银两，名为科场公费，央首府、首县代恳免调。其未经拟调者，则首府、首县居然函札四出，征求公费"，"上缺州县以五六百两为率，甚至有至千金者，中缺二三百不等"，"其派敛各州县之捐帮公费，徒为首府、首县浮滥支销，并藉饱私囊"③。

3. 滥施刑戮，冤狱山积

清代四川刑狱之滥，早已闻名朝野。道光二十七年（1847）八月，旻宁在召见新任四川按察使张集馨时指出："四川刑名之繁，甲于海内。"④

张集馨到任后，发现"川省刑法极重，各委员更以意为高下，真所谓三木之下，何求不得也"。成都号称首府，"案件积压甚多，屡催不结"。廉访使刘燕庭审案，凡各属解到人犯，"不问真伪，先责小板四百，然后讯供。其中供情不得，而罪名莫定，即于大堂杖毙"。后来干脆改在东门大街城隍庙卜卦，"若阳

---

① 转引自《四川古代史稿》，第429页。
② 韩鼎晋：《奏陈四川应除积弊六条疏》，光绪《长寿县志》卷10。
③ 韩鼎晋：《奏陈四川应除积弊六条疏》，光绪《长寿县志》卷10。
④ 张集馨：《道咸宦海见闻录》，中华书局1981年版，第88页。

爻则免死，若阴爻则立毙。官踞于上，犯罾于下，严刑惨酷，脑裂骨折者不知凡几"①。

4. 捐班充斥，财神开路

咸丰初年，捐例大开，资郎如过江之鲫，充斥官场。咸丰十年（1860），"四川臬司（按察史）蒋徵蒲，由捐纳道员坐升臬司，督办军务，怯懦无能。又四川近来办事大权，全归于成绵龙茂道濮贻孙，其人由佐杂捐升道员，无孔不钻，无恶不作，通省以其贪而忘祸，或呼为扑灯蛾；曾望颜初到四川，声望颇重，传闻该道有馈赠该督黄金三百两之事，后遂遇事挟制，肆无忌惮。该道又藉军饷为名，按亩敛钱，每日二文，十日一收，差役四出骚扰，大半皆饱该道私囊"②。

同治年间，刘愚在给四川总督吴棠的书信中说："四川吏治之坏，非一日矣。推原其故，由冗杂而多穷困也。往年捐输减成，三千余金即可捐州县，近则二百余金即可捐从未。以五方杂处之地，捐官之人，商贾随宦流寓十之四，土著十之三……故捐者愈多，毋怪其冗杂。"③

吏治腐败随着咸丰、同治、光绪时期捐官之风盛行，已经病入膏肓。刘愚曾经痛切地指出："蜀行省领知府十二、同知通判十六、直隶州知州八、知州十一、知县一百十二，计百五十九缺。同治初，奉部牒来候补者千有余人，捐输者十之六，军功者十之三，由科甲十之一耳。官浮于缺，大府既不能精鉴贤明，拔其尤而用之。黠猾者流，工狐媚术，营求百端，而里居之私，故旧之好，同榜之谊，姻亲之情，自总督、将军、藩、臬、道、府莫不有数人焉为人择缺。故十余年来，候补人员得一委署难若登天，彼既竭其心力于各大府谋所谓一州一县之缺，事上之礼无敢失坠，又何能尽心于民事？而尤莫难于为首县，蜀首县有二：曰成都，曰华阳，择干员任之。其上司有八：曰总督，曰将军，曰学院，曰藩司，曰臬司，曰盐茶道，曰成绵道，曰成都府。奔走伺候之时多，尽心民事之时少，势使之然也。"④

---

① 张集馨：《道咸宦海见闻录》，第96～97页。
② 《华续录》，咸丰93，29页。
③ 刘愚：《醒予山房文存》卷7，第30～33页。
④ 《庚辰李君听斋寿序》，《醒予山房文存》卷11，第40～42页。

第四章 清代四川的社会问题

5. 胥吏衙役，胡作非为

既然地方官不愿尽心民事，刑名催征之权自然落入胥吏衙役手中。他们的差事，居然也价值倍增。例如各房书吏，本来不在公薪之列，然而下届承顶上届，要支付顶银数百两至数千两不等。乾隆年间，合州号称"十二牌当家头"。为了保住这份美差，新官上任时，每名照例向上司敬上"到任规"白银200两①。新官不明就里，贪利上钩，于是衙门大小事务都落入胥吏、衙蠹手中，任其胡作非为。结果自然是，"胥役中饱，衣服舆马，拟于长官"②。因此，书吏群体在清初就开始膨胀。达州"冗书以数百计"③。道光年间，巴县衙役多至数千人。

州县吏役为了敲诈小民，竟然私设卡房。"卡房最为惨苦，大县卡房恒羁禁数百人，小邑亦不下数十人及十余人不等；甚至将户婚、田土、钱债、佃故被证人等亦拘禁其中，每日给稀糜一瓯，终年不见天日，苦楚百倍于囹圄。"清中叶，四川田土买卖兴盛，"地方官沾润税契银两，以肥身家。数日无契请印，州县提粮差追比。是以茶房酒肆，每讲论田土，差役必从中怂恿，甚而讲论未定，差役即报官勒税，稍涉辩争，即押入卡房，其风由来久矣。"④不言而喻，这支庞大的吸血鬼队伍加剧了四川官场的腐朽霉烂。

对于上述危及封建王朝政权基础的问题，统治集团虽然十分关注，但对于这种产生于社会结构性的绝症却无法找到灵丹妙药加以根除。清政府采取治标不治本的办法，实行严刑峻法和养廉银制度，以遏止官吏的贪污腐败。

自清初开始，四川揭出的大吏贪污案就层出不穷，在全国很有影响。如康熙朝四川巡抚于养志、能泰，四川布政使卞永式等贪污茶税、加派钱粮案；雍正朝四川巡抚蔡珽、夔州知府程如丝贪赃、受贿案；乾隆朝四川总督阿尔泰，四川道御史褚泰，四川学政朱荃，四川夔州知府雯基、书敏等贪赃、受贿、勒索案；嘉庆朝成都知府叶文馥、成都知县鲁凤辉等贪污案。涉案官员都因贪污数额大，情节严重，受到极刑惩处。但是，贪风并未因此衰歇。

至迟在雍正之初，统治者已悟出一个道理，在严刑峻法之外，必须辅之以

---

① 《合川县志》卷38。
② 《秀山县志》卷5。
③ 民国《达县志》卷6。
④ 张集馨：《道咸宦海见闻录》，第95～96页。

"养廉银",变暗贪为明补。四川各官吏,按品级、职务繁简确定了养廉银数额:总督、巡抚高至白银万两以上,其他省级大吏数千两,高于俸银数十倍;府、州、县分别为2000两、750两、150两,分别高于俸银19倍、9倍、3倍左右。这样优厚的额外收入,不能说对官吏的行为不是一种约束,它在一定程度上减少了因生活拮据被迫贪污的官吏人数。但是,从乾嘉以后四川官场贪婪成风、政以贿成的腐败局面看,养廉银也无法满足官吏的贪欲。很明显,吏治腐败是封建专制制度的孪生姊妹,在其政治框架内是无法根治的。

第二节 民间宗教与秘密社会

一、白莲教

(一)白莲教在四川的活动

白莲教复起于清初,其支派很多。白莲教在四川的活动,可以追溯到雍正朝,云南大理府人氏"张保太倡习白莲邪教,后流入贵州、四川,传及各省"①。他们信奉"真空家乡,无生老母"八字箴言。入教者要缴纳根基银两,学习"灵文经咒",入教之后,教内财物"悉以均分","吃饭穿衣,不分尔我"②。入教者首先要"过愿",然后为其"升丹"。"所谓过愿,即系赌誓学习此教,必须上不漏师,下不漏徒,中不漏自身。所谓升丹,系将姓名、籍贯写在黄纸,向空焚化,亦有称为打丹者。"各派都有自己的"牛八",并宣称"百姓遭水火风三灾","要保扶牛八起事"。牛八隐喻"朱"字③。这表明白莲教活动具有鲜明的政治色彩,它以反清复明为立教宗旨。

白莲教活动地区日益扩大,信徒众多,"招引徒众习教,党类甚多"④。乾隆十一年(1746)六月,四川巡抚纪山在奏疏中说:"白莲教煽徒甚众"⑤。清

---

① 《高宗纯皇帝实录》卷265。
② 严如熤:《三省边防备览》卷17、12。
③ 乾隆五十九年四川福康安奏折,见《清代档案史料丛编》第9辑,第177页。
④ 《高宗纯皇帝实录》卷265。
⑤ 《高宗纯皇帝实录》卷269。

代白莲教支蔓甚多,支派层出不穷。从文献记载可以列举的支派有:红阳教、闻香教、白阳教、青莲教、大乘教、八卦教、无为教、混元教、天香教、收元教、红莲教、清水教、长生教、天理教。而每种教派又枝蔓出一些小教派,如八卦教下面就有乾卦、坤卦、震卦、巽卦、坎卦、离卦、艮卦、兑卦等。

(二)白莲教在四川的教派

1. 大乘教

白莲教在四川最活跃的一个支派名大乘教(或称大成教、空子教),该"教有三船:一名法船,二名瘟船,三名铁船"①。大乘教云南掌教首领张保太,贵州掌教首领为重庆人魏王氏,四川掌教首领为涪州人刘权。刘权"即刘奇,又名刘元亨,妄称教祖"②。涪州、顺庆是大乘教在四川的主要活动基地,法船教教主刘权、瘟船教掌教陈霖龙(江西人,曾在杭州灵隐寺出家)和铁船教教主朱牛八经常出没这一带。川东重庆因系繁华都市,人口众多,沿江连接合江县、广安州,也成为大乘教广为传播的重要口岸。他们印制了传教的宣传品,广收信徒。

大乘教的兴盛引起清廷的注意,乾隆针对其活动说:"大乘邪教,蛊惑人心,皆由伊等著有邪书,转相传播,以致愚民被诱。"③清廷谕令各地督抚,暗中缉拿其中的活跃分子。乾隆十一年(1746),四川官方实施全省大搜捕,各地教首、教徒纷纷落网。四川掌教首领刘权被涪州知府捕获,通过刘权的招供线索,合江大乘教斋头骆东升等5人被捕,担任联络任务的曾瑞芳随后也在广安州落网。当年秋,四川审出需要缉拿的骨干分子124名,已拿获94名。贵州、云南移咨四川协拿的在逃骨干56名,已获35名。这些大乘教罗网的骨干分别遭到凌迟、斩首极刑。但是,大乘教徒众并未被斩尽杀绝,在逃骨干宋之清成为西天大乘教的教首,继续暗中串联,传播教义,广收门徒。乾隆五十八年(1793)清廷大肆查拿白莲教,大乘教事发,宋之清遇难。

2. 无为教

乾隆二十一年(1756),四川人宋朝伦、沈在伯、罗文秀等,在各地传播无

---

① 《高宗纯皇帝实录》卷270。
② 《高宗纯皇帝实录》卷268。
③ 《高宗纯皇帝实录》卷278。

为教。他们造作字帖四处散发，广收徒众。宋朝伦煽惑说，原已被捕处死的大乘教骨干孙奎肉身不死，还在人间，"以耸众听"①。他们吸取了大乘教被镇压的教训，活动转入秘密状态，联络采用隐语、暗号。无为教组织严密，教徒分设东、西、南、北四盘，每盘均设"岸前"（首领）。罗文任、孙学海、宋朝伦都先后担任"岸前"。由于无为教活动保密，直到乾隆二十五年（1760）才暴露内幕，主要首领均被拿获，宋朝伦等凌迟处死，判斩首、监禁重刑人犯100余名。

无为教虽然在乾隆时期遭到残酷镇压，其活动并未根绝。乾隆末、嘉庆初，余众在四川东部、北部各州县活动。习教之家除供奉神佛外，还供奉康熙皇帝的龙牌。很明显，这是一种自我保护办法。这种方式自然为清廷识破，被斥责为"无知妄为"②。

3. 混元教

混元教以刘松、刘之协为首领。乾隆四十年（1775），教首刘松被捕徙甘肃，门徒太湖县人刘之协继续传道授徒，准备反清起事。五十三年（1788），刘之协以"刘松之子四儿为弥勒佛转世，当辅牛八。入教者可免诸厄，借此敛钱"。刘之协又将太和县王廷诏之子双喜儿立为"牛八"，以策动反清起事③。

乾隆五十八年（1793），清廷对白莲教实行大逮捕，大乘教教首宋之清遇难，混元教教首刘之协出逃。清廷在大逮捕中，"州县奉行不善，逐户搜缉，胥役逞虐"④。他们"吓诈富家无算，赤贫者按名取结，纳钱释放。少得供据，立与惨刑，至以铁钉钉人壁上，或铁锤排击多人，情介疑似，则解省城。每船载一二百人，饥寒就毙，浮尸于江。没狱中者，亦无棺殓"⑤。其中，特别是达州知州戴如煌，残害百姓最为残酷，以致激成民变，演为惊天动地的白莲教大起事。

4. 收元教

其教由河南传入湖北襄阳，以徐国泰为教主；另一支在房县，以王应虎为教主。乾隆五十七年（1792）开始，他们在川、陕、楚交界地区的巴山老林和

---

① 《高宗纯皇帝实录》卷625。
② 《仁宗睿皇帝实录》卷254。
③ 嘉庆《四川通志》卷83。
④ 魏源：《圣武记》卷9《嘉庆川湖陕靖寇记》。
⑤ 《清史稿》卷143《谷际岐传》。

川东地区的农民、手工业者以及地方绅粮中间秘密活动,宣传求福避祸,弥勒转世,保辅牛八,广收门徒,许多棚民、手工业者入教。四川大宁县人谢添绣,拜湖北竹溪县人陈金玉为师,传习牛八教,"谋为不轨"①。谢添绣又收陈秀元为徒,前后共传 15 人,后来又增加谢添朋传授的冯贵、唐国泰等 9 名徒众。五十九年(1794)八月,陕西、四川拿获教主、教徒 100 余名。九月,陈金玉、王大烈等教首相继被捕。十月,四川拿获教徒 100 余名,湖北拿获教徒 160 余名,河南拿获教徒 10 余名。

清廷虽然对白莲教各教派日渐兴盛的传教活动十分关注,也不断谕令地方官加强查禁和拘捕教首和教友,却仍无法根除这一心腹之患。当白莲教群众承受的迫害压力达到极限时,一场惊天动地的反抗斗争必将来临。

二、啯噜

(一)啯噜源流

四川秘密会党起源于清初,有踪可寻的最早派别为啯噜,亦名"固噜"。乾隆五十三年(1788),清廷对啯噜的称谓作了规范,以后官方文献统称"固噜"②。有关啯噜的得名,一些学者曾做过有益的考证,但是尚未取得一致看法③。

啯噜的早期活动区域在川陕鄂边区的巴山老林,其成分多为各省流徙之民。"啯噜来自黔、粤十无一二,率楚省流寓为多"。这些人原是本土农民,"在籍皆良民"④。他们听信传言,以为四川土地辽阔,可以插占为业,哪知他们来川已晚,"民居密比,几于土满,流来如故,无业可栖。一经失所,同乡同类,相聚为匪,势所必至"⑤。外省流民入川后,相聚成伙,号称啯噜。"近年以来,四方流民入川觅食,始则力田就田,无异土居,后则累百盈千,浸成游手。其中有等桀黠、强悍者,俨然为流民渠帅,土语号为'啯噜',其下流民听其指

---

① 嘉庆《四川通志》卷 83。
② 《高宗纯皇帝实录》卷 1350。
③ 张力:《啯噜试探》,《社会科学研究》1980 年第 1 期;胡昭曦等:《论清中期五省农民起义四川战区的几个问题》,打印稿。
④ 邱仰文:《论蜀啯噜状》,转引自王纲:《清代四川史》第 914 页。
⑤ 邱仰文:《论蜀啯噜状》。

使"①。

除南北各省流民外，清初张献忠大西军失败，其部众瓦解以后，投身啯噜，应是啯噜的一个重要组成部分。他们流散民间，既不能以合法移民的身份得到垦殖许可，又难以返回故乡，只好与南北各省流民啸聚为匪。乾隆八年（1743），四川巡抚纪山在奏疏中说："川省数年来，有湖广、江西、陕西、广东等省外来无业之人，学习拳棒，并能符水架刑，勾引本省不肖奸棍，三五成群，身佩凶刀，肆行乡镇，号曰啯噜子。"② 乾隆十一年（1746），川陕总督公庆复也在奏疏中说："四川啯噜子多系福建、广东、湖广、陕西等省流棍。"③ 两份奏疏中所言各省无业流棍，应该包括大西军残部。他们长期流动作战，有"流寇"之称，成员来自五湖四海。

啯噜中，也有一部分四川本省人，即所谓"川籍恶棍"。乾隆时期四川著名学者李调元认为，啯噜人数众多的一个重要原因是，"按粮加派，迭加无已，以致民无论贫富皆辛苦终身，不能足食，故从贼反者众"④。他们大多是无业游民，失去土地后，生活无着，依靠"白昼抢夺，乘夜窃劫"维持生计⑤。

此外，乾隆时期，岳钟琪打金川，也曾"募啯噜为新兵"⑥。平定金川的战争，特别是乾隆三十八年（1773）木果木之战，清军被击溃的兵丁较多，这些兵丁为了逃避军令责罚，不敢回原籍，又无以为生，只好入伙啯噜。当时官方文献记载："初，四川有啯匪，而无教匪。啯匪者，金川之役，官兵溃于木果木，其逃卒之无归者，与失业夫役、无赖悍民散匿川东北，剽掠为生。"⑦

（二）啯噜势力的强盛

啯噜势力壮大后，开始结成较有组织的团伙。每伙之中，均有为首头目，而头目的选择是伙众共同决定的。他们在深山密林之中，"砍木架棚，操习技艺，各有徒长，什百为群，拜把之后，不许擅散……其长者曰'老顶'，曰'帽

---

① 《军机处录副奏折》，转引自《康雍乾时期城乡人民反抗斗争资料》下册，第634~635页。
② 《高宗纯皇帝实录》卷230。
③ 《高宗纯皇帝实录》卷251。
④ 李调元：《童山文集》卷16，《嘉庆五年九月答赵耘庄观察书》。
⑤ 《高宗纯皇帝实录》卷130。
⑥ 《碑传集》卷116。
⑦ 《皇朝文献通考》卷199。

顶',其管事之人曰'大武''大满'"①。"老顶"或"帽顶"是啯噜中地位很高、权力很大的首领,只有资格老、劫掠经验丰富的人才能担任。"其头目必材技过人,众乃共推之。"②"大武"和"大满"是啯噜各分支头目,直接带领三五十或十余啯噜子作案,或抢劫行商,或打劫富室,或袭击小规模官兵。管理啯噜队伍的头目称"棚头",他负责招募新人入伙,给他们提供食宿条件。啯噜中普通成员互称兄弟、叔伯,"其兄弟辈所带之龙阳曰干儿"③。啯噜对伙众的约束特别严厉,入伙之后,必须同生共死,不得擅自逃离。"拜把之后,不许擅散。有散去者,辄追杀之……伯叔相遇,不敢亵语。如犯之,拔刀相向,甚于调其妻妹。"④"凡数十人结大伙,先约遇难不许散帮,遇追捕急,公议散去,始敢各自逃生。如未议而一二人先散去,众共追戮之。"⑤

啯噜形成有组织的武装集团后,积极拉人入伙,扩大队伍。他们"遇丁壮辄裹之,反缚令负粮跟走,惘惘行山谷中十余日,去乡已远,渐释其缚,逼令刺杀所掳之人,以坚其心"。对"十数岁小孩,教以击刺;稍大者,号曰'毛牯锥';次者,号曰'马娃子'……便捷轻锐,如锥如马,故以为名"⑥。

啯噜日常活动,除"伏匿边邑僻路,提取过客财货"外,主要是聚众赌博取得生活来源。"匪徒之聚,大抵皆由赌博,山内地虽荒凉,而赌局绝大,往往数百千两为输赢之注,无钱以偿,流而为盗。其赌,自造宝盆,弹钱掷骰。对伙外富有者采取'领账房'办法聚赌。""用青布数十丈,缝大账房二三具,登桌皆备。遇民间红白事,头人持贴送分帐张于其家,号曰'款客',戚友吊贺,坐其帐中,入即赌局。"此外,不时去偏僻场镇打劫,也是他们取得财物的方式。"山民贸易,定期赴场……当山货既集……啯匪猝至,场头恐其劫掠,敛钱相赠。"地方乡保,不敢过问。清军如获其伙,他们就会"中途拦劫,名曰'打炮火'"⑦。

啯噜的组织及活动情况,清代前期已受到人们注意,清廷不断接到有啯噜

---

① 严如熤:《三省边防备览》卷11。
② 严如熤:《平定教匪总论》,见《皇朝经世文编》卷89。
③ 陈雄谋:《与蜀中当事书》,见《皇朝经世文编》卷75。
④ 严如熤:《三省边防备览》卷11。
⑤ 严如熤:《三省边防备览》卷14。
⑥ 严如熤:《三省边防备览》卷14。
⑦ 严如熤:《三省边防备览》卷14。

活动的奏报。雍正时邱仰文《硕松堂集》说：啯噜种类甚多，大致可分为"红钱""黑钱"两类，均以赌博为业，兼以窃劫。其中酗酒打降，勒索酒食，奸拐幼童，杀人放火，或同伙自杀，皆谓"红钱"；下以掏摸为生，掐包剪笞，犯法刺面，则不得入名红钱，称为"黑钱"①。啯噜绝大部分散居山林，但有少数人流散城市，俗称"闲打浪"；还有混迹军营，充当"乡勇营夫"者，"讵能安守营规……饷银不能恣其口腹，宜其难以帖然也"②。乾隆时期，啯噜的活动甚至泛滥到官衙。乾隆在斥责四川总督文绶的上谕中说："通省官吏罔闻，兵民不问，甚至州、县吏役身充啯匪。"③乾隆还指出："啯噜百十成群，又其党羽有身充衙役者，声息相通。"④

乾嘉时期，啯噜活动地域进一步扩大，从巴山老林蔓延到四川各地，以至川西北少数民族地区。乾隆中，"新都县有叛案，亦招啯噜首乱"。梁山、垫江、合川、广安均有大规模抢掠案件发生⑤。据当时调查，川省啯噜"近年每邑俱多至八十余人……白昼抢杀淫凶，如入无人之境"。

白莲教起义后，啯噜势力并未衰落。据嘉庆十六年（1811）调查，"近来啯匪潜滋，川北川东为甚，自五六十人至一二百人不等，或聚或散，忽东忽西，遇行客则肆行劫夺，入场镇则结党成群，而大江船只劫掠更多"⑥。

鸦片战争前，由于地方大吏昏庸无能，进一步助长了啯噜的气焰。啯噜势力在全省范围蔓延，形成燎原之势。道光二十七年（1847）接任四川按察使的张集馨所著《道咸宦海见闻录》记载说："地方啯匪横行，杀人于市，掳掠勒赎之案，无日无之，逼近省城，肆无忌惮。前任宝相，诸事废弛，而于地方公事，漠不留心，遂至署中材官，亦皆通匪；一经缉捕，盗已先知，养痈贻害，不止一年，甚至行香拜庙，非以重兵围护，不敢出署。宝相去而将军廉敬（廉敬，马佳氏，字聚之，号质夫，满洲镶黄旗人，官至成都将军）署理，其人趋跄吞吐，外官习气甚重，议论公事，如在云雾中，真不免腹员将军之诮矣；声名狼

---

① 转自李调元：《童山文集》卷16。
② 严如熤：《三省边防备览》卷14。
③ 《高宗纯皇帝实录》卷1138。
④ 《高宗纯皇帝实录》卷1139。
⑤ 乾隆朝《东华录》，94。
⑥ 光绪《长寿县志》卷10。

藉，秽德彰闻，其人望吏治不如宝相远甚……余到任体察情形，啯匪之敢于横恣者，特有包庇之人耳。各营派有海巡，此辈即系盗媒，平日销赃窝匪，靡恶不为，及闻捕拿，则先期暗传消息。省标十营皆有海巡，而城守营尤甚。"① 张集馨所记是他悉心调查的结果，反映了当时四川的实际情况。因四川吏治隳坏，首先是宝兴、廉敬这样的总督、将军庸碌无为，直接导致了啯噜势力的空前强盛，以至逼近省城，督署执事官、所有军营都有啯噜内线，官方一切捕拿行动都不免扑空，反而为啯噜利用。官匪勾结，兵匪勾结，使啯噜势力有恃无恐，成为难以根治的毒瘤。

三、哥老会②

（一）哥老会源流

哥老会，初称汉流（留），肇始于四川。清代官方调查报告确认："哥老会之起，始于四川，流于贵州，渐及湖南，以及东南各省。"③ 其开创情况说法不一：

1. "反清复明"说

此说称哥老会是清康熙年间郑成功派遣部将陈近南到四川雅安创建的"反清复明"地下组织。民间则称其为袍哥，"取《诗经》'同袍同仇'之意，称为袍哥；又为警惕同人勿忘根本，内部又互称'汉流'"。陈近南之后，哥老会首领天佑洪率部众攻打重庆失败，四川袍哥失去主宰，化整为零，各行其是，更因"海底"（金不换）辗转失真，四川哥老会出现山堂林立、公口遍地的局面。道光二十八年（1848），自称哥老会传人的郭永泰在川南永宁召集部众，创立"荩忠山"，进一步增强了四川哥老会的实力。以后，颜鼎章、李云九、胡文翰、张联第等人先后创立"大峨山""青城山""九成山""华阳山"等"汉流"组织，增辟了山头，暗中进行反满活动。从此，哥老会在四川扎了根，逐步发展。

---

① 张集馨：《道咸宦海见闻录》，第91页。
② 本目参阅了天津人民出版社1990年出版、由赵清教授撰写的《袍哥与土匪》一书，特此说明，并致谢忱。
③ 刘昆：《请饬在籍大员帮办团练折》，《刘中丞奏稿》卷2。

光绪十一年（1885），重庆彭立三开回龙山，中江彭焕如开飞龙山①。

2. 游民组织说

王闿运《湘军志》说："哥老会者，本起四川，游民相结为兄弟，约缓急必相助。军兴，而鲍超营中多四川人，相效为之，湘军亦多有。"②左宗棠也说："鲍超籍隶四川，而流寓湖南最久……所部多悍卒，川楚哥老会匪亦杂厕其间。"③特别是在同光时期，战后湘军、淮军遣散，数十百万将士没有得到妥善安置，壮大了城乡游民队伍，他们最终只有加入哥老会。光绪初，四川总督丁宝桢在谈到"匪患"时说："军兴以后，又益以游勇散弁，从中勾结，匪踪横行，实遍全省。"④《袍哥与土匪》的作者赵清先生曾经访问过一些1949年以前是职业袍哥的老人，他们都不同意某些学者"袍哥源于'反清复明'"的说法，认为这是毫无根据的。他们认为，袍哥只是民间组织，没有政治抱负。

3. 哥老会即"啯噜"说

这种说法，咸同时期已经风行。左宗棠向清廷奏称："盖哥老会者，本川黔旧有啯噜之别名也。"⑤四川剑州学者李榕也说："窃蜀中尚有啯噜会，军兴以来，其党多亡命、归行伍。十余年勾煽成风，流毒湘、楚，而变其名曰江湖会。每起会，烧香立山名、堂名，有莲花山富贵堂、峨眉山德顺堂诸名目。"⑥丁宝桢也说："……川省向多啯匪，而帽顶、盐枭两起，尤为强桀。帽顶则动辄结盟，劫掠粮富；盐枭则到处纠党，毁抢商盐。"⑦严如熤在《三省边防备览》卷11中谈到，"老帽"或者"帽顶"是啯噜中地位很高的人，或许后来这类精明能干的长者及其追随者从啯噜队伍中分化而出，从无法无天的土匪转化为以"三纲五常"立身的会党，形成哥老会（袍哥）。当代学者胡珠生也持这种观点。他认为："哥老会尽管推源于明末郑成功，但可靠史实只能证明它以哥老（啯

---

① 参见王蕴滋：《辛亥革命回忆录之一》，唐绍武等：《解放前重庆的袍哥》，乔曾希等：《四川袍哥的概况》。
② 王闿运：《湘军志·湘南防守篇》。
③ 左宗棠：《附陈鲍提督所部仍请由该员自为主持片》，《左恪靖伯奏稿》。
④ 《四川保路风云录》，四川人民出版社1981年版，第53~54页。
⑤ 《左文襄公奏稿》卷31。
⑥ 李榕：《十三峰书屋文稿》卷1。
⑦ 《四川保路风云录》，第53~54页。

噜）形式起源于四川（来源于闽、粤客家移民）。"①

4. 哥老会非"啯噜"说

研究清代秘密社会组织的蔡少卿教授认为：哥老会虽然发源于啯噜会，但不是啯噜组织的简单再生或名称的变异，"而是以啯噜为胚胎，吸收、融合了天地会、白莲教的某些特点，在半殖民地中国的特定社会条件下迅速发展起来的无业游民组织"②。胡昭曦教授等认为：哥老会兴起以后，啯噜仍然存在，证明他们不是一个组织。咸同时期，啯噜配合农民军打击清朝统治者；光绪时期，仍然可以看到成群结队的啯噜活动。可见，两个组织是平行发展的③。

（二）哥老会的组织结构

哥老会以《三国演义》中刘、关、张桃园结义为楷模，以传统江湖义气作纽带，结为生死攸关的利益群体。其组织结构大致有如下层次：

1. 开山立堂

哥老会开山立堂是仿效《水浒传》中108位好汉在梁山泊忠义堂插旗聚义的故事，举行烧香盟誓的仪式，达到同心同德、生死与共的目的。事前发出通知，送往素有联系的码头、公口，对方一般要赠送礼品，有的还要派人恭贺。举行仪式的地点，选择秘密所在或僻静山区，时间大多在夜间。开山立堂前夕，结盟的香堂布置得壮观肃穆，四面张灯结彩。出口为辕门，入内为忠义堂，堂上正中安置龙头宝座，两厢设虎豹交椅，下设长凳。开门、迎客、安座、敬茶、敬烟都要行令，要念"四言八句"。

时辰一到，红旗管事司仪，龙头大爷升座主盟，声乐齐鸣，迎接神灵，行拐子礼，朗诵赞词，由两位二哥手捧关圣帝君神位安放正中神龛。而后安位排座，烧香礼拜，上供祭品，开光点像。仪式完毕，主盟发开山堂结拜令，宣布山名、堂名，挂出金牌，又要朗诵大段赞词。

接下来是排座次，宣布山堂正副龙头、盟证、坐堂、陪堂、正印、副印、礼堂、香长、监堂、原堂、新福各位大哥名单，又宣布圣贤、桓侯、管事、六、八、九、十幺满各排名单，依次入座，互相道贺。

---

① 胡珠生：《青帮史初探》，《历史学》1979年第3期。
② 蔡少卿：《中国近代会党史研究》，中华书局1987年版，第205页。
③ 胡昭曦、霍大同、杨光：《"啯噜"考析》，《四川省史学会史学论文集》，四川人民出版社1982年版，第266页。

第四章 清代四川的社会问题

再下来是歃血盟誓，演讲"十条""三把半香"，传三刀六眼，并当众宣布"镇山令"，大致是申明忠、孝、仁、义，三纲五常等伦理道德，特别强调违者必须严惩，轻则"荆条驱逐"，重者斩首示众。

最后开宝用印，龙头大爷按名单点名，盖上印章，以昭彰信用。礼毕，众人向龙头大爷道贺，传赏、谢赏、送圣、送客。

2. 加盟哥老会

加盟哥老会，是十分慎重的事，要经过"引、保、承、恩"四道手续。"引"是引进，即介绍人；"保"是举荐人，由管事担任；"承"是担承，由三排担任；"恩"是恩准，由执事大爷决定。

加盟手续具备后，要赶在旧历五月十三日单刀会，或者七月十五日中元节时举行仪式，特殊情况也可以临时举行。仪式一般要选择清净地方作为香堂，供奉关帝圣君神位，担负引、保、承、恩的执事人等就位，焚香燃烛，加盟者盟誓，誓词是遵守一切香规、礼法，强调违礼犯规的处罚，"三刀六个眼，自己挖坑自己跳"。完成誓愿后，向关圣帝君神位及大哥行三跪九叩大礼，接受众人道贺。后来逐渐演变为只叩头或行三鞠躬礼，就算大礼。

加盟哥老会以后，一般位列"幺大"，凭功劳、才干、资格方有晋升机会。但是，在某些码头、公口，有钱有势的人，经哥老会执事者同意，也可以一步登天，被称为"新福大爷"。

3. 内部结构

哥老会内部，入盟者以兄弟相称，用孝、悌、忠、信、礼、义、廉、耻八个字为代号。一排为大哥，又称大爷，比照刘备，是头把交椅。荣升到这个地位，称为"出山"。大爷以资格论，人数不定，"坐堂大爷""执法大爷"管理事务，不负执事责任的大爷称"闲大爷"。二排称"圣贤二哥"，比照关羽。由于哥老会特别尊敬关圣帝君"义薄云天"，一般安排品行清高或僧道弟兄担任。如果无适当人选，宁缺毋滥。三排称三弟，比照张飞，亦称当家，专管内部钱粮和人事要务。五排称管事，有承行、执行、红旗、黑旗之分，承担承上启下、训练弟兄、执法惩戒、送往迎来等重大责任。六排称巡风、护律，又称蓝旗，掌管巡风放哨、查看官兵动向，如有动静，立即报信。八排称纪纲，受大哥、管事之命执行违法惩戒之责。九排称挂牌，栽培新进，提升调补。登记弟兄牌位，上四排挂金牌，下四排挂银牌，受处分挂黑排。十排称营门，传达报告一

第四章 清代四川的社会问题

切事宜。此外,还有大老幺、小老幺,随伺拜兄,服一切杂务。小老幺年纪小,对拜兄应呼大伯。哥老会没有四、七排,据说因陈近南去雅州开"荩忠山",四、七两弟兄向官府告密出卖,陈近南几被杀害。哥老会认为是奇耻大辱,所以不再设四、七排座次。

4. 对外联系

哥老会"海底"规定,以"威德福智宣,松柏一枝梅"十字做旗号,可以组成十堂弟兄。但实际上只有五个旗号、五堂弟兄。四川用"仁义礼智信"五字代之。在"仁义礼智信"五个堂口下,各地又划分成若干公口,如"仁"某某公、某某社之类。一个地方各堂袍哥公口合称为码头,各地袍哥码头之间平等相待、联系密切。旗号不能混淆,更不能乱打,可以申请转旗。从历史情况看,由"义"字号转到"仁"字号的人比较多。袍哥出门跑码头,见面对试,要白姿势、宰言子(江湖隐语)、行拐子礼。正规的拜码头,首先要请辕门官执事九排转报红旗五哥接客,然后由龙头大爷和全堂执事人员出场接见。客人向红旗管事"拿上服"(即请求对方提供什么帮助)时,要口齿清楚地道出以下"条子":

"我兄弟姓×字××,××小码头,久闻贵龙码头山头一缘哥弟,尤恐款式不合,掉红掉黑,卷边折角,言语不清,口齿不明,礼节不周,请候不到。我兄弟多在山岗,少在书房,只知江湖贵重,不知江湖礼节,一切不周不到,还望大哥五哥高抬龙袖,谅个膀子,龙凤旗、日月旗、花花旗,给我兄弟打个好字旗。"

谦恭有礼地做完自我介绍以后,双手呈送公片宝礼,红旗五哥有时还要考问几句细节,然后才打发小老幺请各位大爷给来客接风洗尘。袍哥属于秘密社会组织,游离于主流社会,所以他们有专门的江湖话或者隐语。这种江湖话作为秘密联络之用,也有防备官府奸细打入的考虑。

(三)哥老会的性质和作用

1. 哥老会的性质

哥老会虽然是游离于主流社会之外的秘密社会组织,但它仍然以传统封建宗法社会的"三纲"(君为臣纲、父为子纲、夫为妻纲)、"五常"(仁、义、礼、智、信)、"五伦"(君臣、父子、夫妻、兄弟、朋友)、"八德"(孝、悌、忠、信、礼、义、廉、耻)为群体信仰。这也不难理解,哥老会将维护封建传统道德和纲纪秩序作为号召，可能比它张扬惊世骇俗的反社会意识更具有号召力和凝聚力，便于争取广泛的社会支持，同时并不妨碍哥老会实际上的所作所为。道光间，哥老会崛起，郭永泰在永宁开荩忠山时，"会盟者即达四千余人"。咸同间，哥老会走向兴盛，"江湖豪俊，并州联县，聚众开山，远近景从"①。20世纪初，"四川省会一区，仁字旗公口至三百七十四道之多，礼、义两堂不与焉。至乡区各保与夫临路之腰店，靡不设有公口，招待往来者，日不暇给，故民间有'明末无白丁，清末无侄子'之谣"②。人们对比各省汉留情况之后，得出结论："各省汉留之盛，莫过于四川。"③

哥老会的核心毕竟是由无业游民和下层民众组成，它只有代表下层民众的利益和要求，才可能出现众望所归、参加者如过江之鲫的局面。哥老会敬奉"三把半香"：一把香敬献春秋时期鲍叔牙与管仲的无私友谊，二把香敬献东汉末年桃园结义的刘、关、张，三把香敬献《隋唐演义》中瓦岗寨上的众虎将，剩下的半把香敬献《水浒传》中的孙二娘、扈三娘。半把香敬奉两位女英雄，反映出哥老会仍然受到"男尊女卑"传统思想的束缚。哥老会举行开山立堂大典或"单刀会""中元会"，都要由龙头大爷带领弟兄参拜"三把半香"，歃血盟誓："愿众家哥弟不计生死，不怕困难，同心同德，光复汉业，显姓扬名。"④哥老会特别将《三国演义》中桃园结义作为他们相互关系的楷模，把义薄云天的关羽奉为崇高行为的典范，把江湖义气作为行为准则。他们强调"有福同享，有难同当""义气结合""豪侠仗义""兄弟相称，平等对待""劫富济贫，除暴安良"这类口号，对于漂泊流浪的游民和贫苦无依的下层社会民众很有吸引力，这是他们形成群体精神的纽带。在社会日益动荡，民众生计朝不虑夕的时代，哥老会具有强大的吸引力。

2. 哥老会的历史作用

由于哥老会具有人多势众、联络广泛等特点，因此在四川社会中有重要影响。清代官府文件莫不对哥老会的土匪行径加以谴责。光绪五年（1879），丁宝桢谈到"匪患"时说："即以成都十六属而论，以前枪杀之案，年中具报者不下

---

① 《四川保路风云录》，第48页。
② "白丁"指无功名者，"侄子"指未加入袍哥者。
③ 刘师亮：《汉留史》。
④ 乔曾希等：《四川袍哥的概况》，转引自赵清：《袍哥与土匪》，第18页。

数百起，而隐匿者尚多。甚至还有一二十里内劫案迭出，附省如此，外属可知。而其中尤有难者，匪众日以劫杀为事，而官不能治，于是地方粮富知官之不能卫民，遂不畏官而畏匪。始则畏匪，继则通匪，殆日久习惯，而富家大族之子弟，遂至有用钱捐帽顶之事，于是匪势日盛，民气益蹙，几于不可收拾。"① 哥老会的存在对当时社会秩序的确构成了危害。

哥老会既与主流社会抗衡，在近代若干反抗清王朝的重大事变中，必然要起重要作用。咸丰九年（1859）秋，李永和、蓝大顺在云南大关牛皮寨发动反清起事，就是以啯噜、哥老会为核心的烟帮、私盐贩发动的。蓝大顺是在川滇一带贩运私盐的哥老会首领，人称"蓝帽顶"。李蓝军入川后，队伍迅速扩充到30余万人，横行6年，攻占40余州县。正是遍及四川全境的啯噜、哥老会的加入，才有如此大的影响。20世纪初期，同盟会在川举行武装起义，大都依靠哥老会组织发动。在四川保路运动中，哥老会成为一支重要力量。因为保路同志会是群众性的爱国合法组织，哥老会借参加同志会之机，取得了公开或半公开活动的资格。四川省咨议局副议长、保路同志会领导人之一的罗纶，就是川西南袍哥舵爷。辛亥秋爆发的四川同志军武装起义，也是以四川哥老会为主力，并取得了最后胜利。因此，哥老会在推翻清王朝专制统治的辛亥革命中，是有历史功绩的。

第三节　民众反清抗暴斗争

一、四川白莲教反清起事

18世纪末，清代社会矛盾日益激化，民众的反抗斗争此起彼伏。嘉庆元年（1796），终于爆发了川、楚、陕白莲教反清大起义。这次起义，历时9年半，波及四川、湖北、陕西、河南、甘肃等省，沉重地打击了清王朝的统治。有人认为，这次反清起义及其坚持数年之久的斗争实践，是清王朝的封建统治从"盛世"走向"衰败"的标志。

---

① 《四川保路风云录》，第53～54页。

川、楚、陕白莲教起义,首先于嘉庆元年正月在湖北荆州地区的枝江、宜都两县爆发。接着,襄阳地区的白莲教徒在王聪儿(即齐王氏,襄阳白莲教首领齐林之妻)、姚之富等率领下奋起反清。他们屯聚黄龙垱,焚烧吕堰驿,进攻樊城。史料记载:"襄阳贼数万,最猖獗","贼首姚之富、齐王氏……皆在其中,为四方群盗领袖"①。

四川白莲教起事,完全是官逼民反。四川官场腐败,官吏对民众敲诈勒索手段极其凶残狠毒。尤其是以查拿邪教为口实,诬良为盗、颠倒黑白,乘机敲诈勒索、大肆搜刮。达州知州戴如煌就是一个典型的害民赃官。戴如煌私设衙役5000余名。他将这些衙役分发各地查拿白莲教。当地白莲教教首徐天德、王学礼等,都曾被他拘押,刑讯逼供,直到勒索白银数千两,才得保释。这些衙役所到之处,栽赃陷害,诬良为盗,拘押富户,习教之人无不受其敲诈勒索。对于如此"赃私狼藉,民怨沸腾"的贪酷官吏,四川大吏仅以"年力就衰"参奏革职②。直到嘉庆四年(1799),白莲教起事烽火已燃遍巴山蜀水,清廷才弄清楚戴如煌贪赃枉法、敛怨启衅的基本事实,将他绳之以法。

嘉庆元年至二年(1796~1797),受到王聪儿(齐王氏)等在鄂西发动教友起事的鼓舞,达州地区先后爆发白莲教首领徐天德、徐天寿、王三槐、冷天禄等领导的多支教友起事。教军在达州各属以诛杀知州戴如煌为号召,从者风起。次年春,湖北教军王聪儿部从陕西入川,与四川教军合兵于东乡县,整顿组织,建立"青、黄、蓝、白、绛"等号,又设掌柜、元帅、先锋、总兵等官职,而后进军川西,一度进逼成都,声势震动朝野。

四川白莲教起义军的成分较为复杂。其基本成分当然是由广大下层民众构成的教徒部众。白莲教自称弥勒佛降世,念咒画符,礼敬神佛,特别容易为各阶层群众所接受,而"所煽惑者多系有田产之人,假托于持斋念咒、戒贪戒淫,可以成佛成仙,所取供给米为数无多。而习教之人,入彼党伙,不携赀粮,穿衣吃饭,不分尔我"③。衣食问题解决,附教之人蚁拥蜂至,"地方有传教之人,久之,引诱渐广。村落中则乡约、客头吃教,城镇中则差役、书办吃教"。通过

---

① 魏源:《嘉庆川湖陕靖寇记》,《圣武记》卷9。
② 《仁宗睿皇帝实录》卷72。
③ 严如熤:《三省边防备览》卷11。

第四章 清代四川的社会问题

这种方式，既维系了徒众，也使教首受到群众的拥戴和保护。于是，"此为稽查之人，即为教中之人"。而"教首窜伏大村庄，互相蔽护，难于拘捕"①。这就成为白莲教起义良好的社会基础。

同时，也要看到，白莲教起义军中，啯噜的成分也占有相当大的比重。"山内各色痞徒，闲游城市者，统谓之闲打浪……闲打浪既久，便成啯匪，啯匪之众，即成教匪流贼。"② "自达州倡乱，各匪潜相附从。近闻教匪逸至蜀中，则匪中添生力徒卒，而总以教匪名矣。"③ 白莲教与啯噜紧密结合，相得益彰，所谓"教匪愚而诈，啯匪悍而狂"，形成了强有力的反清阵线。王聪儿部教军在湖南、湖北迅速被镇压，而四川教军延续时间长达八九年，这不能不归结于啯噜的参战。

为了镇压四川白莲教起义，清政府增调多路兵马，进行围剿。嘉庆三年（1798）春，教军主将王聪儿在湖北郧西县败亡。同年秋，东乡县教首王三槐被俘牺牲。冷天禄代行指挥。四年（1799）初，冷天禄战死岳池。而后，达州教首徐天德统率各路教军。五年（1800），教军为争取主动，由教首冉天元统率部众突破清军嘉陵江防线，进至蓬溪，省城震动。冉天元在攻占梓潼、江油的战斗中不幸牺牲，他的部下奋力渡潼河，火烧太和镇，成都报警。但由于各路清军的合力围攻，教军疲惫不堪，不断败退。六年（1801），徐天德率部转战湖北，不幸渡河身亡，余部仍回四川战斗。嘉庆九年（1804），余部才被清军全部消灭。

二、李永和、蓝朝鼎反清起事

咸丰九年九月八日（1895年10月3日），云南昭通府大关县民李永和、蓝大顺为反抗地方官苛索"洋药厘金"，在大关县牛皮寨揭竿起义。李、蓝义军建"顺天旗"，自称"顺天军"，共推李永和为"顺天王"。义军提出不交租、不纳粮和打富济贫的口号，远近贫苦乡民闻风响应，参加义军者700余人。

李、蓝起义后，随即进军四川，以迅猛攻势连克筠连、高县、庆符三县，

---

① 严如熤：《三省边防备览》卷11。
② 严如熤：《三省边防备览》卷11。
③ 严如熤：《三省边防备览》卷14。

直逼叙州府城下,"附胁至数千人"①。义军围攻叙府时,因唐友耕叛逃投敌,泄漏了义军攻城计划,义军又受到陆续驰援清军的威胁,于是决定撤军北上,转攻犍乐、自贡盐场。

清廷接到败报,当即将川督有凤撤职,谕令陕西巡抚曾望颜署理川督,要他火速赴四川部署川南盐场剿抚事宜②。

犍乐和自贡为川南两大主要井盐产区。两场食盐供应四川省和贵州、云南、湖北、湖南广大销区,盐课收入300万两,为清政府重要财政来源。为了阻止义军入占犍乐、自贡盐场,清政府急忙调遣甘肃提督郭相忠统带甘陕标营驰援川南,又命四川提督皂升、川北镇总兵占泰、湖北宜昌镇总兵虎嵩琳率兵火速进驻叙州府通往犍乐盐场和自贡盐场的各处要津,摆出与义军决战的态势。与此同时,清廷又命云南巡抚张亮基督饬滇军与川军配合"并力夹击"③。为了牵制义军,清政府又命川督曾望颜迅速联络各地团练,修筑寨堡,坚壁清野,会同官兵阻击李、蓝义军。

咸丰九年十一月(1859年12月),李、蓝义军沿岷江西上,控制了犍乐盐场。次年正月初四(1月26日),义军攻占自贡盐场,队伍很快壮大到10余万人。义军在川南盐场"申约束、禁淫掠"④,军风严明,深得民心。由于成都将军有凤和川督曾望颜指挥无方,官军屡战屡败,清廷严旨切责,将四川提督皂升撤职,另委川北镇总兵占泰为四川提督,要他统率各路官兵剿办义军,重点加强成都防务。

咸丰十年二月(1860年3月),李、蓝义军撤离自贡盐场。他们兵分两路:一路由李永和、卯德兴带领义军一部开辟和扩大铁山根据地。铁山形势险要,横亘川南犍为、井研、荣县、威县各县之间。这里煤、铁资源丰富,可为义军提供无穷的后勤武备。义军进军铁山,实行轻徭薄赋政策,很快得到广大农民群众的爱戴和拥护。另一路为义军主力,共10余万人,由蓝朝鼎、蓝朝柱(蓝朝鼎之兄,人称蓝大顺)、訾洪发、谢华瑶、何从政等率领,攻克荣县、威远,向川西平原乘胜挺进。三月初,义军一部由富顺进兵川西,所向披靡,如入无

---

① 王闿运:《湘军志·川陕篇》。
② 参阅王闿运:《湘军志·川陕篇》,民国《犍为县志》《武备志》。
③ 《文宗显皇帝实录》卷302。
④ 王安定:《湘军记·援川陕篇》。

第四章　清代四川的社会问题

人之境。

当蓝部义军扫荡川西各府县时,川督曾望颜惊慌失措,急令尚在井研、仁寿追剿义军的占泰率军兼程回省,保护成都。占泰撤军回省一事,被蓝军侦知,于是沿途设伏,重创占泰援军。清政府眼见义军有攻占成都的危险,急令湘军肖启江部由湖南常德取道入蜀,并令川东道、重庆府准备船只,筹措军饷。成都将军有凤和川督曾望颜为逃避罪责,竞相上奏,互相攻击,清政府命驻藏大臣崇实赴川查办。

蓝部义军于三月攻克彭山县,旋攻蒲江、邛州,占领名山县城。两三个月中,义军周旋于雅州附近各州县,连下荥经、天全,随即折而向东,转战成都附近的大邑、崇庆、灌县、新都、郫县、双流等地。六月下旬,蓝部义军攻占崇庆州怀远镇、元通场。省城警报频传,一片惊慌。

清军一败涂地,清政府深为震怒,革去曾望颜川督职务,又命崇实署理四川总督。但是,清政府对崇实的能力也存在怀疑,咸丰十年八月(1860年10月),清廷决定调剿办太平军功绩卓著的湖南巡抚骆秉章接办四川军务。次年,清廷撤去崇实四川总督职务,由骆秉章充任。清王朝走马灯似的撤换四川大吏的事实说明,李、蓝义军在四川的战绩,已使清政府惶惶不安和手足无措了[①]。

咸丰十年九月下旬,蓝朝鼎统率大军从川西回到川南,在富顺县北、沱江左岸的牛佛渡与李永和部大会师。牛佛渡位于沱江中段,"其地富(顺)隆(昌)接壤,长江如带,对岸坦远",起义军"斫竹伐木,搭浮桥,宽十余丈,走马结队,以通窜扰,连营一百余座,周围数十里"[②]。此时,义军势力达极盛。义军会师期间,主要商定了以后作战的主攻方向:以进攻川北、夺取绵州为重点;分兵川东、攻城略地;建设犍为铁山根据地,配合主力,牵制敌军。

牛佛渡会师后,李、蓝义军分兵三路:蓝朝鼎、蓝朝柱、訾洪发、谢华瑶等率主力进攻川北,目标是攻占绵阳;周绍涌、曹灿章、蔡昌龄等分兵攻占川东各州县;李永和、卯德兴等率部坚守犍为铁山地区。

咸丰十一年(1861)初,蓝朝鼎率10万大军迁回川东北地区,再溯涪江而上,进攻遂宁、潼川,计划夺取绵州。三月二十五日(5月4日),兵临绵州城

---

① 参阅王安定:《湘军记·援川陕篇》,王闿运:《湘军志·川陕篇》。
② 同治《隆昌县志》卷42《武功》。

下。署绵州知州唐炯依仗绵州有利地势，闭城死守。蓝军分遣部队陆续攻占绵州附近的安县、魏城、中坝、彰明、江油，获取大批"银钱、货物、粮米、枪炮"，"尽数舟送至绵，意在久困"①。六月上旬，四川提督占泰率军由德阳、绵竹、罗江救援绵州。蓝军采取诱敌深入策略，使清军陷入重围，遭到围歼，提督占泰被杀。

绵州被围后，清廷对四川局势十分担忧，多次严旨督促骆秉章带领湘军驰援川北。骆秉章派遣悍将黄淳熙带领湘军果毅营赶赴川北战场，自率后队缓进。六月下旬，黄淳熙与义军何国梁部遭遇于定远县（今四川武胜），清军使用火箭、火弹、利器快攻，义军不熟悉湘军战术，最初失利，首领何国梁被杀。但是他们很快适应了局面，设伏围歼了这支湘军，并擒获其主将黄淳熙。骆秉章得到败报，不敢前进，暂驻顺庆（今四川南充）收编残兵，招募川勇，整顿训练，待兵勇数量达到一万余人后，才继续向绵州进发。

七月下旬，清廷实授骆秉章为四川总督，仍督办四川军务，崇实改任成都将军。骆秉章向清政府奏陈剿办计划，认为"李党为最多，蓝党为最悍"，应将优势兵力放在蓝军方面，"惟尽捣绵州为事"②。于是，他命署四川提督蒋玉龙牵制眉州李永和部，阻其北援。他亲率湘军坐镇潼川，指挥围剿。他依据长期与太平军作战的经验，针对李蓝义军擅长流动作战的特点，决定采用阵地战办法围歼其有生力量，制订出"合围会剿"计划。

八月一日（9月5日），骆秉章令各路清军向义军发起猛烈攻击，并用火箭、火炮焚毁义军营垒。义军奋起苦战。八月十四日，清军开始总攻。义军腹背受敌，力不能支，纷纷败退。清军"且杀且焚，血流遍野"③。蓝朝鼎率残部突围，向绵竹、什邡、彭县方向退走。进入崇庆州后，在范家桥与清军发生激烈遭遇战，义军损失惨重。蓝朝鼎、蓝朝柱率余部向丹棱转移，与李永和派遣的援军万余人会合，占领丹棱县城。

骆秉章抵成都接四川总督印后，立即着手部署围剿眉州李永和部和丹棱蓝朝鼎残部的计划。

---

① 同治《直隶绵州志》卷 26《武功》。
② 《骆秉章奏稿》卷 2。
③ 《骆秉章自注年谱》。

第四章　清代四川的社会问题

李永和为配合蓝朝鼎围攻绵州，曾率义军数万围攻眉州，连营30里，横列数十垒，并分兵进袭崇庆，攻克名山。因受四川提督蒋玉龙部牵制，未能实现与蓝朝鼎会合的计划。骆秉章解绵州围后，一面派军追击蓝朝鼎部，一面调动大军猛攻眉州。李永和见清军来势凶猛，主动收缩阵地，踞险抗击清军。随后，清军集中兵力，全线出动，采用枪炮、火箭猛攻，焚李军营垒百余座，夺去船只190余艘。李永和部损失3万余人，李永和连夜撤出眉州，退往青神县。眉州一战，摧毁了李军主力。骆秉章除分兵追剿外，又将围剿重点转向丹棱蓝军。

十一月二日（12月3日）凌晨，清军各路同时并进，向蓝军营垒发动攻势，蓝军列阵营外，对抗清军。蓝朝鼎因连日攻战，精锐损失过多，兼之粮道断绝，不可久守，决定突围退走。十一月十日（12月11日），蓝朝鼎率精锐出西门向清军蒋玉龙营地冲击，清军各营急起直追，蓝军退至麻柳沟，被清军包围，蓝军踞山死战。蓝朝鼎在山顶摇旗指挥，被胡中和部下刺中身亡。蓝军大溃，死者万余人，清军攻占丹棱县城。

丹棱之战后，骆秉章又将清军主力转移到被李永和占据的青神。李永和被迫率军沿河下撤，退入犍为铁山根据地。訾洪发残部也与李永和会合，共守铁山。骆秉章严令嘉定、叙州所属各县"派团严堵各隘，断贼粮道，使之坐困"①。铁山地势险要，周围百余里，处处可通，湘军果毅营、护军营会合朱桂秋、彭太和、侯光裕等部奉命进剿铁山。清军多次发动进攻，均未得逞。

同治元年三月（1862年4月），李永和、卯德兴率领义军两万余人，放弃铁山，向东转移至叙府八角寨。骆秉章急令各路清军围剿。义军在八角寨坚守3个月后，粮食缺乏，只好再次突围到犍为县龙孔场。骆秉章调集省内精兵包围龙孔场，并筑坝拦水，然后决堤水淹龙孔场。闰八月二十五日（10月18日）深夜，李、卯率全军5000余人作殊死冲击，突围战斗一直持续到天明，义军战死过半，环龙河"河水被血染红，因被称为血河"②。李永和、卯德兴重伤被俘，不久英勇就义于成都。

李蓝义军牛佛渡会师后，周绍勇、曹灿章、蔡昌龄等分兵东下，活跃于定

---

①《骆秉章奏稿》卷4。
② 参阅《骆秉章奏稿》卷3；四川省志调查小组：《犍为——李永和义军反清斗争史迹调查记》，《四川省文史资料选辑》第11辑。

远（今四川武胜）、顺庆、达州、东乡（今四川宣汉）、岳池、广安、大竹、邻水、梁山（今重庆梁平）、垫江一带，并在涪州（今重庆涪陵）北部鹤游坪（今属重庆垫江）建立了根据地。丹棱之战失败后，蓝朝柱、谢华瑶率部突围，经德阳、江油、平武到达川甘边境，然后折而向东，直抵达州、东乡，与转战于梁山、大竹的曹灿章、郭富贵等军会合。同治元年二月（1862年3月），该部到达鹤游坪，与周绍勇会师。四月，李蓝义军分兵作战，蓝朝柱、张弟才部东走丰都、万县、忠县进入云阳盐场，而后北走东乡、太平（今四川万源）。周绍勇、曹灿章、蔡昌龄等留守鹤游坪，清政府将鹤游坪视为与叙府八角寨同等危险的义军堡垒，谕令骆秉章"严饬兵团，并鹤游坪周、曹二逆，一并勒限剿除，毋再迁延"①。为了避开清军围剿，保存实力，周绍勇、曹灿章等部开始分兵行动，向川陕鄂交界山区转移。一部在曹灿章率领下，进入梁山县，与湘军遭遇，作战失利，经由太平县进入陕南。周绍勇率部撤离鹤游坪后，转战开县、云阳、万县、达州。九月，周绍勇在大竹吉安场与清军遭遇，激战失利，兵败被俘，惨遭杀害。

周绍勇牺牲后，李蓝义军在川东的战事基本结束。其余部均转移到川、甘、陕、鄂边区，互不统率，各自为战。郭富贵部经湖北竹山、竹溪进入陕南，攻克郧县。不久，由宝鸡、凤县进入甘肃两当、徽县，攻克略阳，由宁羌再入四川广元，最后在仪陇土门铺遭清军周达武部歼击，郭富贵不幸遇难。进入陕南的蓝朝柱部，由定远（镇巴）入汉中，攻占西乡，而后北渡汉江，占据洋县。不久，曹灿章、蔡昌龄到洋县会合。他们在洋县建立根据地，重建政权，蓝朝柱被尊为"大汉显王"。割据洋县以后，他们向陕、鄂、豫三省边境发展。这时，太平天国西北远征军扶王陈得才、遵王赖文光、祜王蓝成春、启王梁成富等率大军由河南西上，来到陕南，与蓝朝柱等会师。同治二年（1863），两军联合攻克汉中府，旋又攻占城固县。是年冬，两军雄踞陕南，北克周至，兵锋距西安不过百余里，西安一夕数惊。同治三年（1864）初，天京被围，西北太平军奉命回援天京。太平军东归后，蓝军势孤力单，在清军强力围剿下，各自为战，最后陷于失败。

---

① 《穆宗毅皇帝实录》卷30。

三、太平军石达开部在四川的活动

咸丰六年（1856），太平天国发生天京事变，翼王石达开被洪秀全召回天京辅政。不久，石达开因洪秀全对他心存疑忌，于咸丰七年（1857）愤而从天京出走，并带走10万太平军精锐部队，转战于江西、广西、浙江、福建、湖南、湖北诸省。咸丰十一年（1861）夏，太平军一部由贵州平远、毕节、大定、婺川进入四川綦江，活动于南川、綦江、涪州、彭水、黔江一带。这是石达开部下、宰制曾广依下属的一支先遣部队，由傅丞相、李检点率领。清政府对这支部队产生错觉，误认为是石达开亲率部队入川，十分担心石达开与李蓝义军联合图川，因此急调湖南巡抚骆秉章入川剿办。

同治元年（1862年）一月，石达开亲率太平军由湖北咸丰、利川县进入川东。此时，四川军事形势发生了很大变化。李蓝起义前，四川官兵素质差，战斗力弱，数量也很小。通过一年多来对李蓝义军的剿办，官兵数量成倍增加，加之实战机会增多和南北各省军队的协作作战，其战斗力大大增强。特别是老谋深算的湖南巡抚骆秉章入川，使四川战局发生很大变化。正规军和地方团练严密配合，重点围剿与全面防范结合，使义军很难行动。加之，此时李蓝义军已成强弩之末，官军气焰嚣张，更使太平军面临逆境。

二月，石达开部主力进入涪州境，在涪州东岸连营200里，山上遍插太平天国大黄旗。涪州知州姚宝铭闭城求援，血书告急。守城清军参将徐邦道将城外居民全部迁入城内，又将近城庐舍肆廛尽数焚毁，拆墙垣砖石修筑水城。三月初，太平军击溃徐邦道部的阻击后，由赖裕新率部由朱家嘴扎浮桥渡过涪陵江，昼夜行军200余里，直进南川、巴县境，威逼重庆。李福猷部则进军涪州兴隆场、五马石等地，以牵制敌兵力。石达开亲率主力由陈家嘴、夏家嘴搭浮桥抢渡涪陵江，占领涪州城四面高地，以黄泥堰、仰天窝等处为据点，绵延数十里，居高临下，准备攻城。

当时，城外居民房大火尚未熄灭，百姓流离失所，景象惨不忍睹。石达开对此暴行十分愤怒，书写训谕射入城中。文告说："无心失火，为官者尚奔救恐迟；有意延烧，扰民者何凶残至此？伤心惨目，我见犹怜；饮吞泣声，人孰无恨！"又鼓动百姓起而报仇雪恨，参加义军队伍，"尔四民等痛无家之可归，愧有仇而不报，诚能效沛子弟，杀酷吏以归降，自当妥为安抚，不致一枝无栖"①。

石达开带领太平军用铳炮猛攻城墙，并开挖地道，以巨棺盛火药爆破，当日初战获胜。但因涪州连天大雨，不能进兵。四天以后，清军唐炯、唐友耕等部援涪军队到达。太平军与清军大战于黄泥坡、龙王嘴、仰天窝等地。石达开不顾矢石，亲自督战，命部众用火铳、石块痛击仰攻之敌，打退了清军多次冲锋。但是，黄泥坡阵地终因敌人火力凶猛，被唐炯突破，致使全线动摇，优势转为劣势。涪州大战持续六日不克，太平军转而西向，分兵再入南川，计取巴县，试图乘清军东顾之机，直捣重庆。

石达开撤离涪州后，迅速分兵沿长江南岸进入巴县、南川、江津、綦江县境。太平军进入巴县时，驻防清军已撤往长江北岸，因此并未发生战斗，沿途百姓见太平军军纪良好，也不逃避。太平军途经巴县一品场，"乡人尚演剧，市集如故，石兵呼之为仁义场"②。此时，清军已将南岸船只全部集中北岸，加之骆秉章见太平军西进，急令唐友耕、刘岳昭兼程回防，两军沿长江南北岸竞走，使石达开渡江北进计划受阻。石达开为摆脱困境，决定先攻綦江县城，然后袭取重庆。因清军唐炯闻讯驰援，攻城战事进展不利，石达开决定放弃夺取綦江计划，撤兵南去贵州仁怀。

太平军撤离綦江时，曾留下许多"封仓廒""封当铺""封各庙"的封条并"拘船只，赶造炮船为水陆攻渝计，及安民招贤各伪示"③，这表明太平军确实希望攻克綦江城后，对钱粮船只和军火进行统筹管理，为水陆并进，攻占重庆做物质准备。

同治元年（1862年）四月，石达开率主力部队由綦江南下贵州。当时，李永和、卯德兴正在宜宾八角寨浴血苦战，派人拜请翼王入川，联合图川；南溪地方起义军张四皇帝也在江安、兴文一带活动，派人前来迎接。石达开抓住这一时机，派先锋傅佐廷由仁怀间道西上，经合江、长宁，到达叙永厅。四月三十日，宰辅赖裕新率前军到达兴文县城，与张四皇帝会师，合兵攻克长宁县城，

---

① 《翼王石达开告涪州城民谕》。
② 民国《巴县志》卷21。
③ 《綦江县志》卷5《武备》。

并分兵活动于叙永、长宁、兴文、古宋、庆符、珙县,与清军唐友耕、唐炯等部激战,准备抢渡长江。川督骆秉章调动湘军、川军和地方团练围堵石达开太平军,加强了长江防线,进而围困太平军占据的长宁县城。六月十六日,石达开为保存实力主动放弃长宁,退回叙永,准备绕道进军,伺机渡江北进。七月下旬,石达开率部由川南经合江回师江津、綦江。八月,太平军大部聚集綦江赶水,准备浮江攻重庆,在清白滩为地方武装击败,损失木筏150架。

闰八月初八日,石达开全军进入贵州遵义,兵锋直指大定府(今贵州大方),在这里与两年前离开广西的曾广依部太平军会合。由曾广依做赖裕新、李福猷两军前锋,南进云南。石达开自领中军西进毕节,到达镇雄州。

镇雄是川、滇、黔三省交界地区,清军控制力较弱。石达开为壮大实力,发布文告,召募新兵。告示说:"本主将大开军门,广罗武士,收纳不拘万千,召募无论什百……待之如同手足,用之以作干城。"① 在翼王号召之下,贫苦民众纷纷参军,石达开本军又迅速扩大到10余万人。骆秉章的奏疏也说:石达开"由黔西窜入云南镇雄州地方。该处既无兵团扼堵,且土匪散练,随在皆是。该逆得以裹胁,其势复张"②。

九月二十四日,石达开本军10余万人自云南镇雄州出发,分兵五路,大举入川,攻占筠连、高县。七天以后,攻占叙府所属的横江镇,并北进庆符,连日渡江不成。大兵夹横江(金沙江支流)两岸为营,纵横数十里,旌旗相望,鼓角相闻。

川督骆秉章得知石达开占领横江、逼攻叙府的消息后,十分震惊,急忙饬令湘军悍将胡中和、刘岳昭诸部和川军唐友耕部前往横江会剿。

十一月九日(1863年1月8日),横江会战全面开始。太平军主动出击,由石达开亲自指挥,三路大军直扑清军。清军各部急忙应战,伤亡甚重,石达开各路均获胜利。骆秉章记载这一战况说:"横江双龙场两处贼垒林立,卡坚路险,我军迫欲急攻,贼中炮石雨下,不免多有损伤。"③

双方激战十余日,太平军坚守阵地,清军围剿战略不能奏效。腊月十二日

---

① 《石达开召募兵壮告示》。
② 《骆文忠公奏稿》卷5。
③ 《骆文忠公奏稿》卷5。

黎明，清军倾巢出动，一军正面进攻太平军横江营垒。胡中和自率一军从山间小路袭击石达开大营。此时，大营已被叛徒郭集益、冯百年纵火焚烧，火光冲天。石达开见大营已失，兵心不稳，急令撤出横江地区，退往云南东川巧家。横江之战，石达开部伤亡惨重，几乎溃不成军①。

同治元年十一月（1862年12月），赖裕新与李福猷分兵后，率"中旗"南趋云南东川（今云南会泽），经米粮坝（今云南巧家）抢渡金沙江后，由披沙（今四川宁南）、普格西上，从此，赖裕新"中旗"与石达开失去了联系。二年（1863）一月，赖裕新率"中旗"间道插入礼州所，再进冕宁、泸沽，越小相岭进逼越西厅，与越西厅同知周岐源、参将杨应刚、彝族土司岭承恩等连日激战。当"中旗"后队进入白沙沟谷中时，突遭彝兵滚木擂石袭击，太平军将士死伤惨重，赖裕新不幸牺牲。余部在旗帅郑永和等率领下，继续北进，翻越大相岭，攻占荥经县。"中旗"受唐友耕等部清军追剿，有的成为小股部队，有的进入川甘陕边区，不再有大的战事②。

横江一战失利，石达开败走云南，活动于永善、恩安（今云南昭通）、东川（今云南会泽）一带。当他得知宰辅赖裕新已率领"中旗"从米粮坝渡过金沙江，北上宁远府（今四川西昌）的消息，便决定寻踪入川，与"中旗"会合。

同治二年二月（1863年4月），石达开率领本军4万余人，由米粮坝渡过金沙江，以急行军的速度，直捣西陲重镇宁远府。为安抚川西各地彝族，避免彝族头人产生误解，石达开向各土司散发文告，阐述太平军起义宗旨和用兵川西南的原委。在给昌州土司禄氏的文告中说："满清异族，荼毒中华已极。天王拔举义师，大张挞伐。天兵纪律之师，望所到之处，约束所属百姓，切勿听信谣言，滋生事端。"③

三月二十日，石达开率本军由拖乡、沙坝进入冕宁境内。二十七日到达大渡河南岸的紫打地。紫打地北濒大渡河，西临松林小河，东南两方均为崇山峻岭。在松林小河对岸，有番族土司王应元率军驻守。此时，清军唐友耕部尚未赶到北岸布防，如抓紧时间渡河，太平军或许能冲破天险，挺进川西平原。可

---

① 参阅《骆秉章奏稿》卷5；《佚名日记》，《太平天国资料》。
② 《骆文忠公奏稿》卷5。
③ 《四川省少数民族调查组调查资料》，四川省民族研究所编印（内部资料）。

惜，石达开犯了麻痹大意的错误，他自以为"履险如夷"，轻视了变化中的战局和自然环境。当日，石达开夫人新生一子，为庆贺"弄璋生香"，决定与将士"玩景欢醉"，令对全军战士"传令犒赏，休养三日，各整队登山采粮，俟行囊充实，方计克小河"①。当日夜间，山洪暴发，大渡河水猛涨。河面虽不超过300米，但水流湍急，北岸峭壁林立，平常渡河已非易事，何况清军赢得时间后，即在对岸部署河防，并联络土司共同进行围剿石达开的活动。

三月三十日晚，石达开发动首次抢渡大渡河的攻势。他精选千余壮士分驾船筏，沿河抢渡。但船筏在汹涌澎湃的狂浪中无法施展，每到河心，便被冲回。石达开只好下令暂时退兵，等待水势稍消，再行抢渡。随后，石达开组织了三次大规模的抢渡行动，均遭失败。太平军被困多日，粮食日竭，不得不杀马度日，继以桑葚充饥。

清军眼见石达开部队饥病交迫，死者日众，战斗力日减，加强了攻势。王应元率番兵杀过松林河，岭承恩从马鞍山俯攻，紫打地终于失守。石达开亲率精兵6000余人向东突围，经过两天血斗，冲破清军围堵，到达利济堡。在这里，石达开发现前方老鸦漩也山洪翻腾，无法飞渡。而且敌人早已对他们实行坚壁清野，得不到任何粮食接济。全军面临断粮、饿毙的绝境。石达开清醒地知道"丧败在即"，"乃含泪仗剑，督成部卒将胡、潘、吴三王娘以次抱投江中"②。同时，伤病员和体力不支的战士也相继投河，以免被俘受辱。

陷于老鸦漩绝境之后，石达开完全失去了"血战出险"的信心和力量。他深感死不足惜，但痛惜的是跟随他征战多年的将士也不免同归于尽。石达开在绝望之际，希望通过牺牲自己，来保全余部将士的生命，于是向川督骆秉章写信，提出"舍命以全三军"的要求。唐友耕等利用石达开身处绝境和舍身保全部属的一线希望，策划了生擒石达开、杀戮其余部的险恶计谋。

四月二十四日，接受计擒密计的清军参将杨应刚、南字营游击王松林商定了计擒细节。先由王松林赴石达开营中谈判保全部属的条件，再由杨应刚亲到石营订约、盟誓，保证履约。石达开轻信了他们的诺言，于二十五日携其一子及宰辅曾仕和应约前往洗马姑杨应刚营中，听候清军践约。二十六日，唐友耕

---

① 许亮儒：《擒石野史》。
② 许亮儒：《擒石野史》。

派兵将石达开父子及曾仕和等护送过河,其部属 2000 余人则被阻渡,滞留大树堡。五月初四日(6 月 19 日),清军将石达开部属 2000 余人团团围困,"以火箭为号","同时围杀,其偶有逸出者,亦被夷兵沿途截杀"①。

五月初十日,石达开被解到成都。成都将军崇实、四川总督骆秉章在督署大堂审讯石达开,石达开长揖不拜,痛陈金田起义以来的丰功伟绩,"其枭杰坚强之气溢于颜面,而词色不卑不亢,不作摇尾乞怜之语"②。石达开被绑赴刑场凌迟处死,神气湛然,毫无畏惧,表现了临死不屈的英雄气概。

---

① 《石达开自述》,附《骆秉章奏》,中国近代史资料丛刊:《太平天国》(二),第 785 页。
② 刘蓉:《致曾沅浦中丞书》,《养晦堂文集》卷 6。

第五章　近代列强侵华对四川社会的冲击

第一节　鸦片战争对四川社会的影响

一、分摊赔款与鸦片贸易的灾难

道光二十年（1840）爆发的第一次中英鸦片战争，掀开了西方列强对中华文明剧烈冲击的序幕，中国历史的独立发展进程突然发生了改变。四川虽因地处西南内陆，未直接遭受战火破坏，但随着西方势力的进一步渗透，四川也开始在经济、文化等方面同样受到列强侵略的巨大冲击。尤其是英国人可耻的鸦片贸易，使四川人民饱受其苦，四川一度成为鸦片重灾区。

中英鸦片战争期间，6000多名川籍将士开赴广东、浙江、江苏抗战，本已是巨大的贡献，可同时四川地方还必须负担名曰"夷务津贴"的出川作战费用。由于这是临时摊派，并无定法，一些官员正好"借夷务津贴之名，按地丁加派，并改造米斗，勒民备价领取。又派差役书吏代书出银二千余两，以充私囊"[1]。在四川老百姓缴纳"夷务津贴"的同时，四川的地方官员还有"捐输报效"，不过这笔名为官员所出的费用，最后还是出自老百姓，而多被官员侵吞。

---

[1]《宣宗成皇帝实录》卷351。

第五章 近代列强侵华对四川社会的冲击

鸦片战争失败后，清政府立即将各种经济损失转嫁到地方百姓头上。四川人民因此承担起沉重的额外经济负担：一是川军出川抗英所需费用，二是分摊战后的赔款。

按道光二十二年（1842）中英签订的《南京条约》第 7 条所规定，中方应赔偿英国款项总数"共 2100 万元……自壬寅年（1842）起至乙巳年（1845）止，4 年共交银 2100 万元"①。但若将道光二十一年（1841）的广州赎城费 600 万元一并算入，中国在鸦片战争中的赔款总额应为 2700 万元，折合白银 1944 万两②。清政府根据各省粮赋份额把这笔赔款分摊下去。四川粮赋额在清中叶后不断增高，所分担的赔款额也因此较多。如道光年间四川粮赋应征额为每年白银 1062380 两，但实征额因这笔所谓"广东烟案赔款"被"摊入正粮内征收"，遂从道光二十一年的 1089176 两，逐渐增加到道光二十九年（1849）的 1097149 两③。这仅是从账面上看到的数值，事实上还有各种名目繁多的附加费用，致使四川人民生活更加艰辛。连李鸿章都察觉到："川中自军兴以来，地丁钱粮以外，既有津贴，复加捐输，皆系按亩摊征。两项并计每岁加收银约 150 万两，京协各饷均取给于此"，"苏浙各省，乱后尚有减漕之举，川省反更加赋，农民倍形窘迫"④。

在担负沉重经济压力的同时，川省还是烟毒的重灾区。四川虽在雍正年间已有由印度传入，途经缅甸、滇省而来的鸦片，但烟毒真正泛滥全川是在中英鸦片战争之后，尤其是政府采取"寓禁于征"的政策后。鸦片战争前，仅从广州这一主要通道输入的鸦片，已流毒于全国。战后，烟毒更从上海等五口走私大本营大量输入。从统计数据看，鸦片战争后的 10 年间，从印度加尔各答和孟买输入的鸦片就增长了许多（从 1840 年的 20619 箱，增加到 1850 年的 52925 箱）⑤。如此高的鸦片进口量意味着相当数量的鸦片吸食者，可即便如此，四川的吸"烟"者还没到最多的时候。比如四川三台县在"嘉庆、道光之际，县人

---

① 王铁崖编：《中外旧约章汇编》第 1 册，三联书店 1957 年版，第 31~32 页。
② 这是按一个银元折合中国银两七钱二分换算的。参见牟安世：《鸦片战争》，上海人民出版社 1982 年版，第 365 页。此处进行元两换算，意在与前面四川粮赋额，以及后来的《烟台条约》《马关条约》赔款额等数据统一单位，以便比照。
③ 梁方仲：《中国历代户口、田地、田赋统计》，上海人民出版社 1980 年版，第 415 页。
④ 李鸿章：《李文忠公全集》卷 20，《译署函稿》，（台北）文海出版社 1966 年版，第 13 页。
⑤ 马士：《中华帝国对外关系史》第 1 卷，三联书店 1957 年版，第 626 页。

吸烟者少，即有亦深藏不露，唯恐人知"，可到了"咸同军兴而后，吸者日众，始由富者嗜之，既乃贫者恋之，不但男子困之，更有妇女染之"①。而咸同年间正是清政府开始在四川实行"寓禁于征"政策的时候，可见，四川烟民众多的根源，除大的历史背景外，还在于清政府不得已采取"寓禁于征"的变相认可政策。清代四川的政治、经济、社会生活因鸦片吸食、种植、贸易、走私而发生巨大改变。

鸦片泛滥造成的直接后果：一是因吸食鸦片而影响国民身体素质，吞噬大量的劳动力；二是鸦片大量输入引起白银外流、银贵钱贱等经济混乱；三是造成包括非鸦片吸食者在内的百姓生活窘迫，即社会混乱。

鸦片输入前期，由于鸦片输入量逐年增长，使得中国政府在经济上出现大量白银外流的情形。如道光二十八年（1848）从印度输入鸦片46000箱，按上海每箱鸦片695.8元的价格计算，仅这一年，中国在深受烟毒侵害的同时，还要拱手送给侵略者多达3201万元（2305万两）的白银，这个数目比《南京条约》规定的2100万元（1512万两）赔款额还多1101万元（793万两）②。伴随白银大量外流以及制钱质量的下降，就出现了（白）银贵（铜）钱贱、物价腾涨的混乱局面③。由于当时农民交纳赋税时须折合成银两，而出售农产品使用的货币却是铜钱，若银价上涨一倍，则必须多出售一倍的农产品方可完纳税银，而出卖农产品时却卖不到好价钱。所以，鸦片输入引起的银贵钱贱直接影响到农民生活。

在一般自然经济状态下，银贵钱贱，农民的购买力降低；银贱钱贵，农民的购买力提高。但由于清政府被迫接受不平等对外贸易，尤其在英国以鸦片走私为主的掠夺性外贸时期，即便银贱钱贵，农民的购买力也未必上升。比如，同治十年（1871），由于德国改用金本位币制抛售大量白银以及资本主义国家经

---

① 民国《三台县志》卷12《食货志》1。
② 牟安世：《鸦片战争》，第391页。
③ 有观点认为乾隆后期引起"银贵钱贱"的原因是多方面的，不仅有鸦片贸易的外因，也有清代货币体系本身的问题（许立新：《略论鸦片战争前后银贵钱贱的原因》，《故宫博物院院刊》2003年第5期，第15~18页）。马士也曾谈到银贵钱贱的钱币体制问题。他指出，所有兑换都受到货币本身价值和供求关系的影响，中国制钱的分量从乾隆年间到嘉庆年间已经逐渐减低，到道光年间，铸钱分量更低，其交换价值已丧失20%~30%。可见他认为乾隆后期"银贵钱贱"之主要原因是制钱本身价值的下降（参见马士：《中华帝国对外关系史》第1卷，第233页）。

济危机转嫁，导致中国银价汇率下跌。此前1两银（海关银）的一般汇价是6先令8便士，此后的光绪五年（1879）就跌到从前汇价的84%，甚至跌到光绪十五年（1889）的71%和光绪二十九年（1903）的36%。中国的对外贸易从同治十二年（1873）后至少有40年受到严重打击，最终结果是中华"帝国全境所用的通货已经丧失了近2/3的国际汇兑价值"①，且出现银贱钱贵和钱贱物贵并存的局面②，国民购买力仍旧下降。可见，由于资本主义经济的侵略扩张性，无论银价涨跌，自然经济状态下的四川百姓都是受害者。

二、鸦片种植的社会危害

鸦片泛滥除造成上述人口素质下降、社会生产力萎缩、白银大量外流、财政枯竭和金融恐慌等直接后果外，还有更深重的破坏和影响。这就是，当清政府鉴于鸦片屡禁不止以及逐年增长的鸦片贸易逆差，为阻止白银外流，采取所谓"寓禁于征"的政策后，四川很多地方开始大面积种植鸦片。鸦片种植引起这些地区产业的畸形发展，基本粮食生产得不到保障，以致整个社会、经济一蹶不振，难以自拔。

咸丰九年（1859），清廷在四川采取的"寓禁于征"、开征"洋药税厘"政策，客观上推动了鸦片的大范围种植。到清末，以川东为主的重庆巴县、长寿、涪州、永川、荣昌、大足、忠州垫江、丰都、梁山、夔州府万县、开县、云阳、奉节、巫山，绥定府大竹、东乡、达州、新宁，顺庆府邻水，叙州府宜宾、隆昌、富顺，潼川府遂宁，资州内江，成都府简州以及松潘厅成为鸦片的主要产地③。

由于广种鸦片，到咸丰十年（1860），从印度输入中国的鸦片一改从道光二十四年（1844）以来逐年攀升的趋势，陡然从上年的75822箱下降到58681箱。这表明清政府"寓禁于征"的政策初步起到"进口替代"、拓展税源的预期目标，但也为此付出了高昂的代价——鸦片在中国全面泛滥，不仅吸食者众，且

---

① 马士：《中华帝国对外关系史》第2卷，第453页。
② 汪敬虞：《关于鸦片战后10年间银贵钱贱影响下中国对外贸易问题的商榷》，《中国经济史研究》2006年第1期，第18～27页。
③ 王笛：《跨出封闭的世界——长江上游区域社会研究（1644－1911）》，中华书局2001年版，第153页。

第五章 近代列强侵华对四川社会的冲击

开始普遍种植。烟民需求和鸦片种植形成恶性循环，种植越多，普通烟民越能购买，鸦片需求量就越大。需求增大，供给又受刺激加大，以至于"四川鸦片之产额位于全国之首，川省百四十余州县，除边厅数处，几无一地不种鸦片者"，"吸烟者之数，远在云贵之上"①。

鸦片种植的合法化使四川烟田面积持续上升，"川土"在全国产量的份额亦越来越大。据总税务司赫德（Robert Hart）统计，光绪二十二年（1896）"川土"产量12万担，占全国总产量的37%，到光绪三十二年（1906）这两个数据就分别上升到23.8万担和40.7%②。川西等水田地区因适宜水稻生长而不适宜罂粟生长，故这里的农户一般并不种植鸦片。但在适宜鸦片生长的四川东部山区，种植罂粟与种植水稻或其他经济作物相比，具有投入稍高产出更高的特点，这里因此而成为四川的主要鸦片出产地。到清末，全川罂粟种植面积达到300万～400万亩，烟土总量约2亿两（十四五万担）③。

四川农民种植鸦片是为了提高收入，然而，随着产量的持续增加，收益未见得真正提高，反倒因此影响了正常的农业生产，基本生活物资价格又开始紧缺性上涨，政府、民间抵御灾荒饥年等自然灾害的能力随之降低。如道光十九年（1839）乐山的米价为每担6两，到开征"洋药税厘"后的第三个年头同治元年（1862），由于粮田面积缩减以及人口大幅增长，米价上涨"至四倍以上，百物因之而贵。疆吏芒所补救，穷黎不能朝夕。非荒岁而甚于荒岁，非兵燹而甚于兵燹"，四川人民生活每况愈下。所以，与其说清末四川粮食生产急剧下降，是造成乡土社会危机的重大物质根源④，不如说鸦片种植、吸食引起了四川的粮食生产下降和社会危机。

对于四川粮价日高的情形，光绪二十三年（1897）李秉衡曾向朝廷奏报："罂粟一物，非肥沃地亩不能繁茂，愚民贪图重利，将益谷膏腴之土栽种罂粟，驯至粮价日昂，浸为民患"⑤，可见李秉衡将粮价上涨的原因归在了"愚民"身

---

① 鲁子健：《清代四川财政史料》下册，四川省社科院出版社1982年版，第567页。
② 光绪三十二年，全国鸦片总产量为58.4万担，四川为23.8万担，故四川鸦片产量占全国的40.7%。Report of the international opium commission, 第二卷的57页，1909年。参见鲁子健：《清代四川财政史料》下册，第67～68页。
③ 秦和平：《四川鸦片问题与禁烟运动》，四川民族出版社2001年版，第14页、16页。
④ 周邦君：《清代四川粮食亩产与农业劳动生产率研究》，《中国农史》2005年第3期，第69页。
⑤ 鲁子健：《清代四川财政史料》下册，第549～550页。

上。如果说当初农民种植鸦片是"贪图重利",那么随着种植面积的迅速扩大,烟价的降低,种植鸦片的收益就会随之迅速下降。再加上相伴而生的粮价飙升,按正常的市场规律,农民就会放弃烟土种植,转而追随价格上涨的粮食。但事实并不如此,种植鸦片的农民并未随着粮价上涨而转向粮食生产。究其原因,除上述地区差别造成川东等主要鸦片产地缺乏烟田转粮田的直接经济动力外,还存在其他深层原因。

首先,由于鸦片是一种特殊性的物品,其成瘾性使得鸦片需求量只升不降。再加上许多农民是自种自食,烟瘾使得农民至少还要为自己吸食而种植烟土。宣统二年(1910)四川鸦片产额54299担,其中有近一半(25817担)①的鸦片被四川自身消化就证明了鸦片生产和消费的特殊性。农村自身对鸦片的依赖而形成的固定市场再加上城市的需求,便造成了大量烟田挤占粮田,粮价日高的情形。正如当时有人所言,"谷价日昂,人心惶惑,推源其故,实由稻田日少,烟田日多,盖蠹民妨谷,鸦片为甚也"②,粮价腾涨的原因确实在于罪恶的鸦片,而非李秉衡所说的"愚民贪图重利,将益谷膏腴之土栽种罂粟,驯至粮价日昂"。

其次,在于政府在税收上对烟税的依赖。在四川,烟税已成为仅次于盐税的第二大税源。食盐虽"仍占大宗产品第一位,以比栽种罂粟则食盐产地狭隘而赖以营生之人亦较少",而鸦片则"在全省分布较均匀,借以牟利的居民较多,并可再扩展"③,也就是说,不仅民众在身心和经济上对鸦片有双重的依赖,连政府也在经济上对鸦片有依赖。

四川烟毒泛滥久不能治还与当时英国的贸易政策有着密切的关联。所谓解铃还需系铃人,鸦片既是英帝国主义用炮舰强行输入中国,清政府要想全面禁烟,如不消除英国在这方面的影响,就难以在烟田转粮田(实质就是禁烟)上有所作为。历史证明,由于英国将鸦片贸易作为主要的贸易平衡手段,使得清政府长久以来对烟毒欲禁不能。但随着"寓禁于征"政策而逐渐实现的"洋药"进口替代,以及其他英国商品在华的进一步倾销,使得英国的对华贸易增长点

---

① 鲁子健:《清代四川财政史料》下册,第547页。
② 鲁子健:《清代四川财政史料》下册,第567页。
③ 霍伯森:《重庆海关1891调查报告》,《四川文史资料选辑》第4辑。

第五章 近代列强侵华对四川社会的冲击

已基本从鸦片转移其到他商品上。中国此时禁烟对英国的贸易影响并不大,英国也才同意清政府从光绪三十二年(1906)起的10年内全面实施禁烟。

然而此时四川很多种烟户"农具牛种早已荡然,虽服先畴,不啻学稼,断非仓卒所可资生",向以种烟做活之家"骤失生计,而辗转沟壑,流为盗贼者,不知凡几。数年之中,以此故失去人户,殆将以千百万计"①。广种鸦片的四川禁烟之后,经过剧烈的社会动荡,全省境内的鸦片种植才得到一定控制。这种相对控制的状况虽离严格意义上的禁烟还很远,但烟毒扩散的猛烈势头能得到相对控制,实属来之不易。不过,由于英方协同才实现的禁烟并非英人及西方教会的恩赐或良心发现②,而是清政府被迫以人民的健康、生命,以及长期的时局动荡为代价,直至帝国主义可耻的鸦片贸易无厚利可图方才换来的。

第二节 资本主义列强向长江上游推进

一、西方教会势力渗入四川

西方资本主义势力在炮火的掩护下,不仅打开了中国的沿海门户,还进一步沿长江向内地全面扩张,逼迫清政府逐步开放重庆等内地城市。西方列强这种以武力开道的深入扩张不仅表现在经济方面,同时也表现在政治、文化以及思想方面。尤其是教会势力因有不平等条约的庇护,而变得恃无恐。军事上的胜利加强了侵略者以西方价值观念为标准的优越感,不少传教士的使命已从"传播福音"直接变为"改组中国文化"。列强对中国文化思想的任意践踏引起了各地人民的反感甚至反抗,四川这个曾经对西方基督教的传播相当宽容的省份,也因此在鸦片战争后时有教案发生。

---

① 鲁子健:《清代四川财政史料》下册,第567页。
② 美国传教士裨治文于1837年到1840年在《中国丛报》发表过《对华鸦片贸易史》、《论当前鸦片贸易危机》等多篇有分量的文章谴责鸦片贸易。文章认为鸦片贸易使英国这样一个"主要基督教国家",处于"与其责任和荣誉不相称的地位"。传教士之所以谴责鸦片贸易,首要的原因在于鸦片贸易违背了基督教道义基本原则,但更重要的原因则在于鸦片贸易影响、阻碍了基督教在中国的传播。关于基督徒对鸦片的道义谴责,参见吴义雄:《基督教道德与商业利益的较量——1830年代来华传教士与英商关于鸦片贸易的辩论》,《学术研究》2005年第12期,第99~106页。

第五章　近代列强侵华对四川社会的冲击

在清代，传入四川的西方教会势力主要有意、法等国的天主教和英、美等国的基督教①。

从西方传入四川的天主教与全国其他教区的天主教相比照，具有活动时间长、范围广、教徒多、影响深等特点。明崇祯十三年（1640）天主教就传入四川。早期的天主教传播并未受到朝廷干涉，唯康熙末年"礼仪之争"后，清政府开始采取严厉措施禁止天主教在华活动。尽管如此，仍有执著者在四川内地顶风传教数十年。

天主教在四川仿佛已经与中国传统思想融为一体并为川民所接受。在川巴黎外方传教会会士洪广化（Pinchon）与成都将军崇实曾订立《民教相安章程》，宣称："天主教之说，其大要以昭事为宗，以修身为要，以忠信慈孝为之务，以迁善改过为入门，以生死大事有备无患为究竟，奉教之后期于人心风俗和善相安。故凡劝善戒恶以正人心，建礼拜以祀神明，设馆送药以济民生，皆为奉行之正道。盖于尊崇天主之中，仍不外夫纲常之理也。其教现总以正道为重，别无异端邪术……"② 鉴于当时四川民教的相对融合，清政府还曾将该章程作为调解民教矛盾的样板，拟向全国各省推广。

四川曾是外国传教的重点地区。嘉庆十四年（1809），四川天主教教徒总数已至5.6万余人，约占全国教徒总数的26.12%，居各行省第一位。道光二十年（1840）又建立了天主教四川主教区③。及至道光二十二年（1842）中英《南京条约》出现"耶稣天主教原系为善之道，自后有传教来至中国，一体保护"的条文，天主教不再为清廷明文禁止。道光二十四年（1844）的中法《黄埔条约》开始允许法国人在通商五口建教堂，进一步放宽了对天主教的传播。不过，清王朝并未正面允许洋教在内地传播，四川天主教活动处于"禁者自禁，信者自信"④ 的半公开状态。

天主教在四川再度公开大肆传播，是在咸丰八年（1858）清廷与英、法、

---

① 唐、元时期四川虽已有史称"景教"的天主教，但那是由波斯传入，后中衰。
② 秦和平：《清代四川天主教传教拾遗（四）》，《西南民族学院学报》（哲学社会科学版）1999年8月增刊，第232页。
③ 《天主教四川地区的划分》，见《四川教案与义和团档案》，第17页。
④ 秦和平：《清代四川天主教传教拾遗（三）》，《西南民族学院学报》（哲学社会科学版）1999年第5期，第52页。

俄、美签订《天津条约》以及咸丰十年（1860）与法国签订《北京条约》之后。两条约为天主教传入内地提供了"合法"依据，使之得以迅速发展。欧洲传教士入川人数由光绪十五年（1889）的 82 人（最多的是江苏，99 人；第 3 位是直隶，73 人），上升到宣统元年（1909）的 180 人，成为天主教外籍传教士最多的省份（其次为直隶的 139 人和江苏的 129 人）①。可见，从全国范围看，天主教在四川都显得非常活跃。

英美之基督教入川时间较天主教晚，但大有后来居

图 5—1　1863 年，法国天主教传教士在重庆修建的若瑟堂

上之势。同治七年（1868），英国伦敦会牧师洋格非（Griffith John）和大英圣书公会伟立（A. Wylie），凭借《天津条约》允许外国人入内地游历、传教、通商的条文，到成都等城市考察，成为各国差会入川的先行者。光绪元年（1875）有美以美会派人到重庆考察；光绪三年（1877）英国内地会有传教士祝名扬到重庆，两月后该会另有牧师麦卡悌（Rev. John McCathy）正式在重庆开始布道。此后，英美等国的基督教教会相继蜂拥入川。到光绪二十六年（1900），先后有英、美、加等国传教士、医生 254 人活动。

两教在四川除直接传教外，亦以行医、办学、出书、办报等方式间接布道，与当地民众并无太大冲突，尤其早期天主教为四川的官民所容忍。但自一系列

---

① 重庆海关（英）税务司关于教会活动给海关总署（英）税务司的统计表：《天主教会在中国的发展》，参见《四川文史资料选辑》第 6 辑。

不平等条约签订之后,教会势力凭借条约的庇护开始变得有恃无恐,不仅在思想文化上大肆入侵,在经济上也通过建房置业壮大声势,为民众所反感,民教之间时有因房地产纠纷引起的"教案"发生。另有诸多"教案",则"因罪犯奸赌无从藏匿,借入教为逃避之薮,或因身债积欠畏人追呼,借入教为避债之台"。这些人入教后"恃教为符,不讲情理;或平坟占地,任意欺凌,或捆人凶殴,恣为强暴;或霸占码头,抽取厘息;或估宰耕牛……甚至小事而动辄罚钱,小忿而聚众打架",其"种种恶行,人人不服"①。

西方传教士或许是带着悲天悯人的宗教愿望来到内地四川,起到了中西方文化交流的作用。但同时也如美国驻华公使田贝所言:"这些先锋队(指传教士)所搜集的有关(中国)民族、语言、地理、历史、商业,以至一般文化的情报,对于美国的贡献是很大的。"② 这群怀着让"基督教占领中国"③ 心态,以"改组中国文化"为己任的传教士,为列强的扩张政策提供了深远的"智力支持"。

二、《烟台条约》与英国的西部战略

英、美、俄、法等国虽通过《天津条约》取得了在中国内地游历、经商、传教的权利,然而这一违背民众意愿的"条约权益"并不为中国人民所承认。自恃"合法"的西方人进入中国内地时,常常与当地人民发生冲突,民众的这种反应使得列强时感"条约各事,各省实未照行",一直希望清政府能"说出申明条约办法"④。英美等国认为"条约权利"未得保障的主要原因在于条约规定的权益没有具体实施办法,于是一直伺机使《天津条约》中规定的权益得到落实。

---

① 1876 年 11 月 8 日,《四川布政司、按察司、成绵龙茂道转发华阳县告示仿照办理教案移》,《四川教案与义和拳档案》,第 310~311 页。
② 《美国对外关系文件(1888)》,第 221 页,参见杨天宏:《基督教与近代中国》,四川人民出版社 1994 年版,第 20 页。
③ 费正清:《剑桥中华晚清史》上册,上海商务印书馆 1998 年版,第 534 页。
④ 中国第一历史档案馆:《马嘉理案史料(一)》,光绪元年七月二十一日《总理各国事务衙门大臣沈桂芬等与英国驻华公使馆中文秘书梅辉立为马嘉理案交涉事晤谈记录》,《历史档案》2006 年第 1 期,第 32 页。

第五章 近代列强侵华对四川社会的冲击

恰如云南巡抚岑毓英所言,"英国久存窥伺,心怀叵测,藉故擅自派兵入境"①。英国从弱小且与中国素有频繁的经济、文化交往的缅甸下手,经过两次侵略战争,首先占据了下缅甸。在控制印度后,又加紧了对缅甸的继续侵略,欲图打通从缅甸到中国云南等内地的道路。

同治十三年(1874),英陆军少校柏朗率全副武装的"探险队"从缅甸北上探路。驻华英公使威妥玛为配合"探险队",派翻译马嘉理由京师出发到缅甸接应。马嘉理于十月第一次由京到滇时,因事先知会当地政府,曾得到云南巡抚岑毓英"商同司道派委文武员弁护送出境"的优待。然而,马氏于光绪元年(1875)"复由缅来滇,并不先行知会"②,擅入云南腾越地区的蛮允山寨,因无正式交涉,为当地人所阻。激奋的民众当场击毙先行的马嘉理及其数名中国随员,此即"马嘉理事件"或"滇案"。滇案发生后,英国立即抓住机会,派威妥玛正式向清政府提出6项无理要求。经交涉,于光绪二年(1876)签订中英《烟台条约》。条约主要内容有三部分,并附《另议专条》。

第一部分,除"昭雪滇案"外,还解决英国前往云南等中国西南地区的问题。条约要求中国不仅要派出使大臣带国书前往英国,对滇案表示"惋惜",且向英国赔款白银20万两。

第二部分,以英人标准规定了两国官方交往"礼仪"以及中国处理涉外案件方式。

第三部分,"通商事务"。增设宜昌、芜湖、温州、北海4处为通商口岸;准许英商船在沿江的大通、安庆、湖口、沙市等处停泊起卸货物;各口租界免收洋货厘金;新旧通商口岸尚未划定租界者都要"划定界址";在未开放的"四川重庆府可由英国派员驻寓,查看川省英商事宜",为重庆的开放嵌入"楔子"。

《另议专条》则"因英国酌议",于次年派员"由中国京师启行,前往偏历甘肃、青海一带地方,或由内地四川等处入藏,以抵印度"③。这就意味着,英国不仅可从缅甸、印度进入云南、四川和西藏,还可以由四川、甘肃、青海等

---

① 《马嘉理案史料(一)》,光绪元年三月九日《云南巡抚岑毓英为马嘉理案事致总理各国事务衙门函底》,《历史档案》2006年1期,第28页。
② 《马嘉理案史料(一)》,光绪元年三月九日《云南巡抚岑毓英为马嘉理案事致总理各国事务衙门函底》,《历史档案》2006年1期,第28页。
③ 王铁崖编:《中外旧约章汇编》第1册,第346~350页。

地进入西藏,从而将势力延伸至西南、西北等内陆边远地区。

条约签订后第四天,清政府即予批准。贪婪而老于算计的英国却因有关鸦片税厘的条款未满足迟迟未予批准。光绪十一年(1885),兵部右侍郎曾纪泽代表清政府在伦敦被迫与英国外相沙里斯伯利(Lord Salisbury)签订《烟台条约续增专条》①十款。该文规定:鸦片入口每箱(百斤)向海关缴纳税厘 110 两(正税 30 两,厘金 80 两)后,由华商持凭单运销,中途不再征税。满足英鸦片商愿望的《烟台条约续增专条》签字后,英国政府才将之与 9 年前签订的《烟台条约》一同批准。光绪十二年(1886),双方在伦敦交换批准书。

以滇案为借口签订的《烟台条约》按英国意愿结束了滇案,使英国在法律上实现了它十余年来欲落实《天津条约》"合法"利权的愿望,从而扩大了英国在华通商特权,取得了从四川、云南、甘肃、青海进入西藏的更为具体的法律依据,并种下了所谓西藏问题的祸根。英国谋求多年的"西部战略"由此得以充分展现。如英国海军上校戴维斯通(Henry Rudolph Davies)在其《云南:连接印度与长江的锁链》(Yunnan:The Link between The India and Yangtze)中明确提出的那样,英国在从东南海上沿江西进打通江海航运的同时,还以英国殖民地印度为基地,中国云南、四川、西藏、青海、甘肃为中继,打通西南(甚至西北)的陆路通道,水陆并进,将印、缅及中国内陆边远地区、沿江、沿海连接起来形成庞大的"亚洲内陆市场",进而实现"陆上大不列颠亚洲帝国"的战略构想。

三、川江航运与重庆开埠

长江上游之川江(一般指从四川宜宾到湖北宜昌这段 1050 公里的水域),尽管有崇山峻岭之险阻,亦自古舟楫相通,历代都曾加以开发和利用,是巴蜀地区对外交往贸易的交通要道,其航运史可上溯到距今四五千年的新石器时代②。明清时代的川江是川矿、川盐、川粮、川茶、川丝、川土等物资与中下游、中原地区、西南其余省份进行物资交换的主要水上通道。此时川江航运工

---

① 此前地方史研究多未注意区分 1885 年的《烟台条约续增专条》和 1890 年的《新订烟台条约续增专条》。事实上,前者应是关于中英鸦片贸易的条约,后者才是关于重庆通商的《重庆通商条约》(二者差别详见下面"川江航运与重庆开埠"目)。

② 张友谊:《重庆开埠以来川江航运业研究》,《重庆三峡学院学报》2003 年第 4 期,第 53 页。

具以传统的木船为主。清代前期四川商品经济的繁荣和城镇集市贸易的活跃，与川江航运有着密切的关系，凡通河流之地，无不商运兴旺，舟航不断①。

长江作为一个主权国家的河流，其临海和内河水域及航运权，如其时西方人所制"国际公法"云："船入某国水界，或于海口下锚，或入江河，均归该国管辖，直到出境而后已。"② 本属中国的领水主权，不容他国侵犯。然而，一贯以遵从法理自居的西方国家，一方面要求"中国与外国交涉之事，须事事改变旧样"，因为中国"若事事不肯改变，恐非保全和局道理"③，要中国遵循西方国家制定的"国际公法"；另一方面却践踏自订之法律，用炮舰表述"公法"，用强权谈判、签署与中国的各种"条约"。事实上，这种"炮舰条约代表胜者的意志"，双方"所能谈判的，只是反映胜者意志的程度而已"④。列强于是得以"体面"、"合法"地从长江进入中国西部广袤的土地，去"探索"那里无尽的自然、文化宝藏。

列强图谋川江的原因就在于前面所说的"西部战略"。对于英国而言，云南、四川等西南内地是连接印度与长江流域的重要锁链，要想建立"陆上大不列颠亚洲帝国"，就必须实现长江上游的对外开放。所以，即便在长江上游重要城市重庆未开放的时候，英国就记挂着往重庆"派员驻寓，查看川省英商事宜"，为重庆的开放嵌入"楔子"。一旦陆上通道通畅，四川这一"中国最富足勤勉的一省几乎可以直接与欧洲交通"⑤。

咸丰三年（1853），美国公使马沙利承诺帮助清政府镇压太平天国，但条件是清政府"开放长江及支流"，甚至允许"外国人在全中国一切地方自由出入"⑥。英国政府当然不甘落后，更明确具体地指示其驻华公使包令：争取广泛

---

① 王绍全主编：《四川内河航运史（古代部分）》，四川人民出版社1989年版，第109页。
② ［美］丁韪良（W. A. P. Martin）：《公法会通》卷3，第319章，光绪六年上海美华书馆铅印本，转引自蔡晓荣：《晚清中外船碰问题探论》，《安徽史学》2004年第3期，第32页。
③ 《马嘉理案史料（一）》，英国驻华公使馆中文秘书梅辉立于光绪元年七月二十一日为马嘉理案与总理各国事务衙门大臣沈桂芬交涉时"传威大臣（指英驻华公使威妥玛）话"，《历史档案》2006年第1期，第30页。
④ 罗志田：《帝国主义在中国——文化视野下条约体系的演进》，《中国社会科学》2004年第5期，第195页。
⑤ 伯尔考维茨：《中国通与英国外交部》，第133页，转引自何瑜：《国耻备忘录——中国近代史上的不平等条约》，北京教育出版社1995年版，第146页。
⑥ 卿如辑：《美国侵华史》第1卷，人民出版社1952年版，第139～140页。

地进入中华帝国的整个内地以及沿海各城,如果这一点做不到,则争取扬子江的自由航行,并进入沿江两岸直到南京为止(包括南京在内)的各城以及浙江省沿海人烟稠密的各大城市①。

咸丰七年(1857),英国政府又两次指示其专使,借修约之机扩大在华权益,要求"允许英国人进入各大内河沿岸的城市","准许在扬子江航行及与扬子江通商两样的权利"②。次年签订的《天津条约》除增辟10处通商口岸,准许各国商民"持照前往内地各处游历、通商"外,"长江一带各口,英商船只俱可通商"③,初步实现了英人操纵长江航运的夙愿。

同治八年(1869),侵华急先锋英国分派上海英商商会代表和英国驻汉口领事,沿川江到重庆进行实地考察,制定通航和开埠的方案。同治十一年(1872),当英国商会联合会已经提出"要求扬子江向外国轮船开发"的建议时,法国人杜布易也率队由越南到云南、四川等地"考察",图谋在中国西部市场瓜分中分一杯羹。

1873年资本主义世界经济危机的爆发,加快了列强挺进西部的步伐。同治十三年(1874),英、美、法三国商人就自带洋货闯入四川境内。三国公使先后照会总理各国事务衙门,称其"信和""泰昌""公泰"三洋行共计69只商船,自带洋货入川。当商船在川省夔关被扣时,反倒要求清政府赔偿船货损失,以此实际行为试探清政府对洋货入川的态度,结果发现清政府除拖延战术外别无良方。英国于是在光绪二年(1876)旧事重提,要求进一步开放川江航运权,借口滇案签订了对侵略者来说"重要程度仅次于1840年《南京条约》和1858年《天津条约》"的《烟台条约》,从而进入19世纪80年代帝国主义侵华的"第三个阶段"。

此时,英国入侵中国西南内地经济的"西部战略"进入实质性阶段。"西部中国的开路先锋"立德(Archibald J. little)在光绪九年(1883)"考察"川江、重庆后,写成《经过扬子江三峡游记》一书。他将收集到的一手通航信息带回

---

① 《克勒拉得恩伯爵致包伶博士函》,见马士:《中华帝国对外关系史》第1卷,三联书店1957年版,第764页。

② 何瑜:《国耻备忘录——中国近代史上的不平等条约》,北京教育出版社1995年版,第35~46页。

③ 何瑜:《国耻备忘录——中国近代史上的不平等条约》,第35~46页。

第五章 近代列强侵华对四川社会的冲击

英国,用以游说英国的资本家投资川江航运,为光绪十年(1884)开始经营汉口至宜昌间冬季轮船运输业务做好了先期准备。

及至光绪十一年(1885),英国正式向清政府申请从宜昌到重庆的行轮执照。立德便于光绪十三年(1887)组建川江轮船公司,将其"固陵"号组件运至上海,次年组装完备,驶抵宜昌,欲图上至川江。立德的行径引起川江沿岸船工及民众的抗议。清政府当然明白:"行轮患在坏民船,激众怒。通商患在夺商利,然既行轮必通商,则兼两害;仅通商不行轮,则止一害。"于是采取"两害取轻"的"中策"①:由重庆地方出资12万两白银,全部买下立德的"固陵"号及附属设备,换取英方保证10年以内轮船不上驶重庆的承诺,"姑求10年无事"②,以照应清廷批准的《烟台条约》中"轮船未抵重庆之前"重庆不开放的规定。

光绪十六年(1890),得陇望蜀的英国又与中国签订《新订烟台条约续增专条》(即《重庆通商条约》),"把条约口岸的特权扩展到扬子江上游,离开上海有1400英里"③的重庆市。这个图谋长江上游航运权的《新订烟台条约续增专条》完全不顾英国"10年以内轮船不上驶重庆"的承诺,规定:

(1)重庆即准作为通商口岸,与各通商口岸无异。英商自宜昌至重庆往来运货,或雇用华船,或自备华式之船,均听其便。

(2)凡此等船只,自宜昌至重庆往来装载货物,与轮船自上海赴宜昌往来所载之货无异,即照条约税则及长江统共章程一律办理。

(3)俟中国有轮船贩运货物往来重庆时,亦准英国轮船一体驶往该口④。

《新订烟台条约续增专条》再次暴露了英帝国的强盗嘴脸:不管何种情况,反正就是要在重庆通商,哪管《烟台条约》"轮船未抵重庆以前"重庆不得开放为对外贸易之用的约束。

由于四川"向无通商口岸",对海关"征收支法一切章程,均未熟悉",为应对迫不得已的重庆开关事务,川督刘秉璋便请总理衙门和江浙、湖北各督抚寄送"宁波、江汉、宜昌等关开关办理章程",借以"仿照办理"开关事务。其措施包括改川东道为海关道,任命川东道台为海关监督。《新订烟台条约续增专

---

① 隗瀛涛:《重庆开埠史》,重庆出版社1983年版,第21页。
② 朱培麟:《三峡地区近代交通史略(一)》,《重庆交通学院学报》2004年第4期,第82页。
③ 马士:《中华帝国对外关系史》第2卷,第458页。
④ 隗瀛涛:《重庆开埠史》,第19页。

第五章　近代列强侵华对四川社会的冲击

条》生效后，英国便依约在重庆"合法"参与海关建设。海关本是一国依据本国法令，对进出其国境的货物、旅客行李、邮递物品、货币、金银、运输工具等进行监督检查、征收关税以及查禁走私的国家行政机关，但自咸丰三年（1853）中国上海海关管理权被英、美、法等国

图 5-2　重庆海关旧址

掠夺后，列强陆续依样在其他各地夺取海关管理、关税收支等权力。光绪十七年（1891）初，海关总税务司赫德派英人霍伯森（H. E. Hobson）到重庆任海关税务司，在霍伯森的主导下与中方海关监督张华奎商议选址重庆南岸王家沱，租寓开关。税务司"体察川江情形，仿照宜昌关一切章程"，拟定《重庆新关试办章程》《重庆新关船只来往宜昌重庆通商试办章程》《重庆关停泊理船章程》等文，报总税务司赫德批准后生效[1]。这些章程对此后通商中可能涉及的船只停泊地、起下货时间、船旗、进出港手续、征税、货物运输等事宜做了相关规定。光绪十七年正月，由外国人主宰的重庆海关便正式成立。

重庆海关名为清政府财政管理体系中的一个职能部门，实际管理大权由英国人一手把持，除收进出口货税外还兼办通商和地方涉外事务。各项管理虽有中方监督，但由川东道道台张华奎兼任的"监督一职，徒拥虚名，仅负保管税款及支拨积款之事，每年四季，按税务司报告查收税银，通报于本省督抚，转报中央，又听候中央之命，拨解各项税银，外此则不能过问矣"[2]。重庆海关的状况和全国其他海关一样，虽有英人带来的有效管理模式，但海关基本权力落入外人之手，给重庆海关烙下深深的殖民地印记。

---

[1] 张策佳:《重庆海关档案的史料价值》,《四川档案》2006年第4期，第24页。
[2] 黄序鹓:《海关通志》下册，商务印书馆1921年版，第98页。

第五章 近代列强侵华对四川社会的冲击

第三节 甲午战后列强迫使清廷开放四川

一、《马关条约》与列强在四川的特权

19世纪末期，列强通过一系列不平等条约掀起瓜分中国的狂潮，刚刚强盛起来的日本也开始觊觎中国。日本曾经和中国一样，同样是受西方资本主义列强侵略的东方国家，然自明治维新以来，日本确立了一套武士道精神和西方殖民主义相结合的侵略政策，主张以武力"开拓万里之涛"，用武士道精神"布国威于四方"，与之相邻的中国和朝鲜就成了这种狂妄政策的实施对象。狂妄的日本制定了征服中国和世界的"大陆政策"：第一期征服中国台湾，第二期征服朝鲜，第三期征服中国东北，第四期征服全中国，第五期征服全世界。

依照既定的侵华方略，日本于同治十年（1871）与清政府签订《中日修好条规》和《中日通商章程》，获得同西方列强一样在中国的领事裁判权、协定关税等特权，但这并没有让这个后来的侵略者满足。同治十三年（1874），日本又出兵中国台湾半载，索得50万两银的赔偿。

为配合紧密进行的军事行动，日本还派人到中国沿海、腹地，甚至长江上游、四川等内陆地区进行大规模有组织的政治、军事、地理情报窃取行动。光绪二年（1876），日人竹添进一郎从北京出发，途经河北、河南、陕西到四川、湖北进行了4个多月的考察，写下《栈云峡雨日记》上下卷并诗草一卷，成为元代雪村考察四川后的又一位考察四川的日本人[①]。光绪十三年（1887），日本制定了周详的《征讨清国策》，准备抓住机会对中国进行一场"以国运相赌"的侵略战争。

光绪十三年（1887），进入第五次世界经济危机时期的日本，为发动战争转移国内政治经济矛盾和摆脱经济困境，竟然制造舆论宣称朝鲜和中国东北都是日本的"生命线"。既然这些地方是与日本的"安危密切相关的地区"，日本就

---

① 蓝勇：《近代日本对长江上游的踏察调查及影响》，《中国历史地理论丛》2005年7月号，第127、128页。

应该"保护"。光绪二十年(1894,农历甲午),日本乘朝鲜发生东学党起义之机进兵朝鲜,且别有用心地诱使清廷出兵朝鲜。当清政府应朝鲜政府派兵镇压的请求出兵朝鲜时,遭遇的却是日本早已设好的战争陷阱。甲午之战清军不堪一击,日本轻易获得全面胜利。军事上的胜利及清政府的软弱令狂妄的日本狮口大开,在战后的谈判中开出了自鸦片战争以来对中国最苛刻的条件。光绪二十一年(1895),丧权辱国的《马关条约》规定中国:

(1) 承认日本对朝鲜完全的控制;

(2) 割让辽东半岛、台湾全岛及所有附属岛屿、澎湖列岛给日本;

(3) 赔偿日本军费库平银二万万两,七年内交清;

(4) 增开沙市、重庆、苏州、杭州四个商埠,日船可沿内河驶入上述各口搭客装货,日本政府得在这些通商口岸设立领事馆;

(5) 允许日本臣民在中国通商口岸任便从事各项工艺制造,又得装运各项机器进口,只交进口税;至于其在中国制造的一切货物,不但不交进口税,而且免内地运送税、内地税、钞课、杂派,及中国内地存栈,亦依上项优例豁除税课。

在与其他西方列强既争斗又合作的过程中,日本用炮舰签订的《马关条约》不仅为之夺得了垂涎已久的朝鲜、东北、台湾,而且勒索到两亿白银的赔款。此数远远超出任何其他西方列强此前在中国获得的类似赔款额,是中英《南京条约》赔款额(白银1944万两)[①] 的5倍多。对中国而言,《马关条约》糟糕的结果不仅在于大片国土和巨额财富的丧失,更在于使日本获得大肆染指中国的机会。日本对中国的经济侵略开始由以商品输出为主逐渐向以资本输出为主转变,从而使中华民族的危机日益深重。

日本在中国获得的通商条件比西方任何一个国家还要优惠,不仅可以在其他西方列强已有的通商口岸经商,还新增重庆、沙市、苏州、杭州4处口岸,通商税则对中国更具掠夺性;其在中国享有的领事裁判权和片面最惠国待遇加深了中国的殖民化程度。《马关条约》关于在重庆开埠、建厂、设领,沿江搭客、装货等规定,较诸光绪十六年(1890)签订的《新订烟台条约续增专条》

---

① 此数是按一个银元折合中国银两七钱二分换算所得。参见牟安世:《鸦片战争》,上海人民出版社1982年版,第365页。

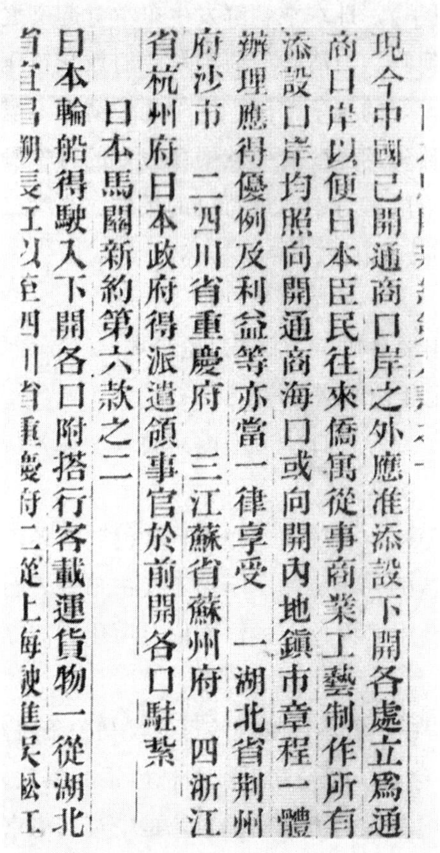

第五章 近代列强侵华对四川社会的冲击

的要求还更进一步。日本因此成为继英国之后,又一个以不平等条约取得在重庆通商、航船、设厂及租地等特权的国家。重庆作为通商口岸对各国开放,为这个内陆沿江城市甚至全川染上了耻辱的殖民地色彩。

四川对日本而言,虽不像对英国那样具有实现其西部战略的特别意义,但四川丰富的物产和矿藏对资源匮乏的小岛国来说,仍具有巨大吸引力。日本据《马关条约》关于在重庆开埠、设领等相关条款,深入四川各地进行有针对性的调查,在掠夺四川资源的同时又倾销日货,将侵略推进到了长江上游。日本沿长江而上的资本输入则像一根插入中国腹地的吸血管,贪婪地吮吸四川人民的血汗。

《马关条约》签订后,不少日人进入川省,或经商或任教或"勘查"。1902年日人藤户计太所写《支那富源扬子江》,正是日本势力沿长江渐次入川的写照①。光绪三十一年(1905),曾在四川省城高等学堂任教的日人山川早水在四川游历四月后成书《巴蜀》,图文并茂地记载了他在四川全境的所观所感,外国人尤其日本人在四川、成都的生活状况,以及外国商品在成都的销售情况等等,是清末外人所著最为详尽的四川游记②,对研究日本势力深入四川的史事颇具参考价值。光绪二十一年(1895)一月,由日本农务部官员、商业专科学校校长、轮船公司代表、新闻记

图5—3 《马关条约》关于重庆开埠的条款

---

① [日]藤户计太:《支那富源扬子江》,同文馆(东京)明治三十五年版。
② 参阅[日]山川早水:《巴蜀旧影——一百年前一个日本人眼中的巴蜀风情》,四川人民出版社2005年版。

者、商人组成的考察团到达重庆，对重庆的票号、当铺、信局、度量、运费、银钱兑换、地价、工资等经济信息做了有针对性的详细调查①。

其他西方国家对四川的调查虽较日本早且详，但《马关条约》后日本在四川咄咄逼人的态势令他们加紧了对四川"考察"。在日本考察团入川两月后，法国也派团到川考察。这支由商会代表、蚕丝专家、采矿工程师等法国各界人士组成的"法国里昂开发中国商业考察团"，好似赶赴一桌丰盛的商业大餐，来到贵阳、成都等地。四川丰富的自然、文化资源使得这些探险家们"整个夏季都在全省考察"，连打箭炉这样偏远的少数民族地区也没有放过，直到秋天才回抵重庆。英国不仅派出"经英国政府特派前往各通商口岸调查英商贸易情况"的英国驻广州总领事百瑞兰（Byron Brenan）"访问"重庆，还在年底派出由英国领事署职员波恩（F. S. A. Bourne）率"布拉克博恩使团"（The Blackburn Mission）考察重庆。这队由纺织专家组成的考察组"不懈地收集情报"②，为英国纺织品倾销川省立下汗马功劳。

光绪三十三年（1907）日本出版的《支那经济全书》，有关于四川会馆、长江航路、重庆和宜昌邮局、在上海和汉口的四川商帮、四川金矿、石油、石炭、沙金、重庆的出版机构和书店等信息。这些关于长江上游各种信息的详尽报告为日本掠夺四川资源、倾销日货和文化侵略提供了支持，是日本势力自西方列强之后凭借《马关条约》大肆入侵西南内地的另一种表现。

二、领事馆的设立与租界的划定

领事，这一近代列强以武力输入中国的西方术语，是指根据国家间的协议，一国政府派驻外国某个城市并在一定区域执行领事职务的外交官员。领事办公处所即领事馆。依据西方的法律体系，在某地设立领事馆往往意味着该地存在较多的侨民和领事业务，具有相当的重要性。四川重庆地处长江上游航段，上连全川甚而整个大西南，下通扬子江中下游各口岸及至海洋。该地区的重要性当然为图谋中国西部的英国所熟知，英国因此开启在四川设立领事馆之先河。其后有法国、日本、美国、德国相继在渝设领。

---

① 周勇、刘景修译编：《近代重庆经济与社会发展》，四川大学出版社1987年版，第137页。
② 霍伯森：《重庆海关1892～1901年十年调查报告》，《四川文史资料选辑》第4辑。

第五章 近代列强侵华对四川社会的冲击

在设立重庆领事馆之前，英国曾根据中英《烟台条约》关于"重庆府可由英国派员驻寓，查看川省英商事宜"的规定，于光绪三年（1877），派出首任驻重庆代表贝德禄（E. C. Bader，1877~1880年在任）。重庆开埠之前，继任驻重庆代表有庄延龄（E. H. Parker，1880年在任）、施本施（W. D. Spence，1880~1881年在任）、贺西（A. Hosie，中文名谢立三，1881年12月~1884年12月在任）、波恩（F. S. A. Bourne，1884年12月~1887年2月在任）、戈颁（H. Cakburn，1887年2月~1889年11月在任）等。其中贺西、波恩、戈颁均为英国政府单方面任命的驻重庆"领事"①。

英国驻渝总领事馆是在光绪十七年（1891）根据《新订烟台条约续增专条》关于重庆对英国开放的规定而正式设立的。设馆后的首任总领事为禄福礼（H. E. Fulfara，1891年4月~1892年6月在任）。英领馆的领事馆事务立足重庆面向全川，后来甚至扩大到贵阳以北的贵州地区。该机构（馆内仅有总领事、副领事各1人）主要负责与川、黔两省交

图5-4 设在重庆的英国领事馆旧址

涉通商及侨务事宜，同时通过英在川、黔的公司、商行、教会、侨民等搜集情报，由总领事定期向英国政府报告。英国驻渝总领事在对外活动中，自认辖区及至全川，多次自称"四川总领事"。清廷对此据理批驳："通商口岸设立领事馆载在条约，四川省惟重庆地方系通商口岸，英国所派总领事自应照约作为重庆总领事。"英国才承认在领事"官衔内叙及重庆二字"。从1891年英国驻渝领

---

① 四川省人民政府外事办公室编：《外事志》第2篇，第1节，参见http://www.scfao.gov.cn/wsz/020101.htm，2006年10月。

事馆正式设立到1949年，先后共有禄福礼、法磊斯（C. D. H. Foveser）、谭德乐（S. H. Tralinam）等46人被任命为驻渝总领事、领事或副领事。

法国政府步英国之后，于光绪二十年（1894）派员抵渝考察设领事宜。二十二年（1896），清廷与法国议定，允许法国在重庆派驻领事。于是，法国驻重庆总领事馆正式建立，首任总领事哈士（F. Haas，原驻汉口副领事）。法国驻渝总领事馆负责办理本国在川、黔、滇、甘、新、青、藏等大西部领区内的交涉、通商及侨民事务。

几乎就在法国设立驻渝领事馆的同时，日本驻上海总领事珍田舍抵达重庆，依据《马关条约》与中方就日设立驻渝领事馆等事项进行会谈。正式开设日本驻渝领事馆后，首任驻渝领事为加藤义三。根据中日签订《通商行船条约》的相关规定，日本驻渝领馆设常驻领事1人、副领事1人，日籍馆员、无线电员、司机、日租界警察多人，并直接管理日租界，享有司法、缉捕人犯、审判等种种特权，其人员、管辖范围大大超过了其他国家驻渝领事馆。

同年，美国驻华公使照会清廷外务部，请求准许在重庆派驻领事1人，专办交涉事宜，外务部照准。十一月，美国驻重庆领事馆正式设立，首任领事史密特。领馆常设领事1人，无馆员，有时仅以副领事兼办馆务。

德国驻渝领事馆设立于光绪三十年（1904），首任领事为米雷尔。

上述五国中的英国、法国、德国除在重庆正式设立领事馆外，还在尚未开埠的成都设有相关办事机构。这些办事机构往往无视中国主权，自称"驻成都领事""领事官""领事署""驻川正领事官"等。比如，英国驻渝总领事不仅忽视清廷交涉，在对外活动中多次自称"四川总领事"，还不顾中国政府虽准许该国驻渝领事暂寓成都，但须含"重庆"二字的约定，从1903年开始先后在成都隆兴街、张家巷、东珠市街、云南会馆街等地，以"成都总领事馆"名义租房办公。1904年，法国驻重庆领事成都行馆也擅自打出"成都大法国总领事署"名号；1907年，德国驻重庆领事魏司以"大德国钦命驻川正领事官"名义，先后在成都义学巷、金马街、西珠市街租房设馆，自称"大德国领事署"[1]。"重庆的英、法、德各领事将副领事或书记员留驻重庆总管，而自己常住成都城内"，在事实上"以成都为总馆，以重庆为分馆，摆出设有两馆的架势"，"四川

---

[1] 四川省地方志编纂委员会编：《四川省志·外事志》，巴蜀书社2000年版，第35~46页。

第五章　近代列强侵华对四川社会的冲击

总督多次指责其不法",或"直接向公使提出抗议,但得不到解决"①。年深月久,这些旅居寓所、行馆往往蒙混为驻成都的领事馆署②。

按照列强与清廷签订的相关条约,成都非通商口岸,当然也就不能设馆驻领,向来"依法行事"的西方列强不会不明白此种基本道理。然明知故犯地打出违背自定法规的称号,无非是鉴于清政府的软弱,欲瞒天过海,故伎重演地迫使清廷承认既成的事实。这些曾经混淆视听的违法称号,便是西方人在国际事务中一贯以双重标准行事的真实历史写照。

在西方人的观念中,国家之间互设领事馆是一件很正常的国际事务。然而,这类国际事务的"正常"运行,如果没有以国家之间的平等为前提,所设领事馆往往就只是不对等的侵略性机构。近代设在中国的各国领事馆,多是中国战败的产物。既然是列强以武力胁迫设立,其平等性就无从谈起。历史表明,英、法、美、日、德先后设立在内陆城市重庆的领事馆,本质上就是列强通过条约体系控制中国大西部的代理机构。

如果说英、法、美、日、德的驻渝领事馆是列强侵略西部的据点,那么设立在重庆的日本租界(foreign settlement)就是强加在天府之国的"国中之国",因为租界(一般认为构成租界有三个要素:一是有不平等条约或类似的外交文书为依据;二是有明确的四至界址;三是建立了殖民主义统治机构,把中国政府的一切权力排除在外)③具有明显侵犯中国主权的特征。设立在重庆王家沱的日租界地就是这样一个拥有独立行政权、司法权、军队的"国中之国"。

甲午战争后,日本一直想在四川重庆设立租界,经过几年的交涉,于光绪二十七年(1901)订立《重庆日本商民专界约书》。该约书确定重庆王家沱为日本专管租界,界址北抵长江,西起水沟注江中心,南达海关税务司地基界址,东邻长江,全界约707亩。承租时间为1901年9月24日至1931年9月24日,租期30年。可连续租用,照30年换契办理。凭此约书,日本在重庆设立租界。日本驻渝领事行使重庆租界的行政管理权。由于日本是第一个在重庆设立租界

---

①　《巴蜀旧影》第77页。
②　成都市人民政府外事办编:《成都市外事志》,世界知识出版社1996年版,第27页。
③　上海市政协文史资料编纂委员会等编:《列强在中国的租界·前言》,中国文史出版社1992年版,第3页。也有观点认为这个租界的界定标准有待进一步讨论,参见吴士英:《租界问题尚须深入研究》,《近代史研究》1999年第2期,第296页。

的国家，日本驻渝领事馆管辖范围大大超过其他未在重庆设租界国家的驻渝领事馆，日本租界以保护侨民为由一直在江边泊有一两艘日本军舰，租界内有警察。日本人不仅在租界内享有不受中国政权约束的种种特权，在租界外也往往为所欲为，每遇华日纠纷多是日人处于优势，华人总是吃亏。

日本在重庆设立租界后，英国不失侵华先锋本色，又在其他列强的怂恿和支持下索得领事巷后打枪坝的承租权。光绪二十九年冬月（1903年12月），四川总督锡良立即札令川东道贺元彬与重庆海关英籍税务司华特森（W. C. H. Watson）商议英方"请开此地为税关建设"的提议。冬月二十八日（1904年1月15日），双方正式签订《永租打枪坝约》，规定重庆海关税务司每年仅付200两租金，永远租借打枪坝。打枪坝永租地的设立是列强继日本租界后在四川又一次对我主权的严重侵害。

三、川江航运权益的丧失

如美、英、加等国基督教差会在为华西大学募集资金时所宣称的那样，四川是"中国最大、人口最多、最富饶、最具战略意义的省份"，列强深知"控制了四川，便控制了中国"，所以华西（包括甘肃、西藏、贵州、云南、四川等地在内的中国大西部）就成了列强在"亚洲的角逐场"①，进入西部的水上交通要道川江航段，也因此成了包括日本在内的各列强争夺中国西部的战场。

《马关条约》签订后，日本等其他国家势力大肆侵入四川，动摇了此前英国在川江上的霸主地位。各侵略国为进一步夺得川江航运权益，时而相争不让，时而"利益均沾"。但不管哪种状况，横行在川江航段上的各式商轮、兵舰，对四川民众来说都是一种耻辱。

列强为加强在川的竞争力，竞相采用新式航运工具，对四川传统航运业产生巨大冲击。英国在刚进入川江航段时，运送货物的船只还按《新订烟台条约续增专条》的规定"或雇用华船，或自备华式之船"，主要以"挂旗船"往返运送进出西部的货物、商品。步英人之后，1901～1902年，德国美最时洋行、日本大阪轮船公司在重庆立行建栈，也使用"挂旗船"进行商业掠夺。但上述公司嫌传统木制帆船装载货物有限，常有在峡谷险滩中覆没的危险，而且耗时价

---

① 华西校史编委会编：《华西医科大学校史》，四川教育出版社1990年版，第4、5页。

高,一直想用快捷的机动轮船。侵略者在这一阶段虽碍于条约限制不能使用轮船,但他们似乎并不担心,因为狡猾的英国人早就在《新订烟台条约续增专条》中预设了一条突破此限的借口:"俟中国有轮船贩运货物往来重庆时,亦准英国轮船一体驶往该口。"

果然,中日《马关条约》出现了"日船沿内河驶入"的条文,英国不忘《新订烟台条约续增专条》中那条可使其"利益均沾"的条款,据此开始尝试将轮船"合法"地驶入川江。光绪二十三年(1897),英人蒲南田开始在宜昌至重庆航段测绘航线图,在险要航道上设置标杆航标,炸礁清理河道,为轮船航行做好先期准备。在轮船试航川江的过程中,英人立德再次扮演了探路先锋的角色,于光绪二十四年正月(1898年2月)驾驶一艘专门试航川江的7吨小火轮"利川"号,由宜昌起航,经过20多天的挣扎航行,于二月十七日抵达重庆。"利川"号轮船首航川江成功,对英、美、日本等国而言,无疑是向川江进一步扩张的强心剂。在其鼓舞之下,侵略者蠢蠢欲动,恨不能即刻着手办理"正规轮船交通"。很快,立德从英国集资8万两,创办专门行轮川江的"溥安公司"。该公司载重331吨的商轮"肇通"号("先行"号),于光绪二十六年五月(1900年6月)由宜昌上驶,经过几天航行驶抵重庆。

图5-5 第一艘驶达重庆的外国小火轮——"利川"号

继英商轮"肇通"号之后,有德国商轮瑞记洋行的"端详"号,于同年十一月由宜昌起航西上入川。宣统三年(1911),又有美国美孚煤油公司的油船拖轮"美滩"号、"美沪"号、"美川"号运煤油入川推销。接着,英国亚细亚火油公司的油船"真光"号、"明光"号、"安南"号等相继驶入四川。

自外轮驶入川江航段后,其境况如总理衙门同治二年(1863)在致英国公使的照会中所说,各通商口岸"外国人已占十分之九",他们对"民间衣食之途尽力攘夺","沿江川船只顿减十之六七,失业之人不可胜计"。英帝国仰仗发达的工业基础,对内地倾销鸦片、棉毛织品等洋货,长江流域几千年来的自然经济形态面临西方工业经济的巨大威胁。湖北宜昌、四川巴县以及湖南湘潭等沿江的内地城镇成了洋货的集散地,一些地区自给自足的自然经济结构相继解体。

图 5-6　航行在川江之上的法国轮船"福源"轮

入侵四川的列强援用《马关条约》中的片面优惠税则,在"中国制造的一切货物,不但不交进口税,而且免内地运送税、内地税、钞课杂派,及中国内地存栈,亦依上项优例豁除税课"①,致使中国政府遭受巨大税收损失,同时也阻碍了新生民族资本主义的发展。在川洋商贩,洋货进口至内地销售,只须纳

---

① 鲁子石:《帝国主义侵华罪行录——中国近代史上的不平等条约选编》,山东人民出版社1986年版,第148页。

进口正税，如果要转口销售，也只交纳另一子口半税，便可免除一切厘金杂税；在华生产的洋货则几乎免交一切税厘。而华商则不论贩运洋货土货，不分进口出口，一律"遇关纳税，过卡抽厘"。

机动轮船驶入川江航段后，虽对四川传统运输工具木船产生巨大冲击，但木船并未绝迹，只不过此时不少木船已变成为侵略者服务的"挂旗船"①。这种给予中国民船外国国旗保护的护航制度，由香港、沿海口岸传到长江上游，其巨大的诱惑力（可赚取大笔注册费和船舶费）使得不管有没有"条约权利"的国家都相继注册民船，给予民船和本国一样的保护，从而有效维持帝国主义在川的商品倾销和物资收购，一时间川江上到处可见飘着洋旗的中国民船②。中方对这些"挂旗船"尽管拥有所有权，但丧失注册期内的利权。国旗所属国拥有"挂旗船"上的所谓"领事裁判权"。比如，中国民船若挂上英国旗，便"就是英国的领土，船上的一切人和财产，都在英国保护之下"③，中方无权过问船上事务，"挂旗船"俨然成了一个个小小的独立王国。可见，对中国而言，列强入侵川江不仅是航权、利权的丧失，也是另一种形式的法权的丧失。

对这种早就出现在香港的丧失实际航运权的情形，清政府本可提出抗议，但任何抗议都要经过英国当局以外交方式处理，更何况清政府既无力也无钱来保障航道畅通，于是从那时起就默认了列强对中国民船的操控。光绪二十五年（1899）《内港行轮章程》的颁布，则标志着中国的所有内河均对外开放。二十八年（1902）、二十九年（1903），英、日两国与中国订立通商行船续约时，这一章程被纳入条约之中。此后，中国的内河，无论巨川支流，凡可以通航者，均对外国轮船开放④。

---

① "挂旗船"是和"厘金船"相对的一个用语，二者基本差异除护航制度外，更在于缴税方式的不同。前者是在海关报关纳税，后者在航行途中完纳厘金，有无洋旗非二者根本差异。所以，挂旗船不仅有挂英、美、德、法、日等外国旗帜的，也有挂中国（招商局）旗的。见邓少琴：《近代川江航运简史》第33、34页表二，及80、81页表六关于挂旗船的统计。

② 挂旗船的多寡各地似不尽相同。如在香港，由于"香港政府准许殖民地所有的船舶，不论他们是英国臣民或中国侨民所有，都可以登记为英国船"，所以"殖民地注册中国人所有的船只"（马士：《中华帝国对外关系史》第1册，第446~448、460~461页）。而在重庆，包括挂中国招商局旗在内的"旗船自开关以来，年有增加，然究不敌厘金船为数之巨"，"旗船贸易，据光绪二十七年关册调查所得仅占厘金百分之二十几耳"（邓少琴：《近代川江航运简史》，第32、77页）。

③ 马士：《中华帝国对外关系史》第1册，上海世纪出版集团2006年版，第463页。

④ 李育民：《近代中国的条约制度》，湖南师范大学出版社1995年版，第241页。

第五章 近代列强侵华对四川社会的冲击

列强并不满足于在所有中国民船上取得的利权。为"巡查贸易""保护侨商""保护商船"和"捕盗",他们甚至把沿海租借地的军舰开到了中国内地领水。最先闯入川江的军舰是英国的军舰。光绪二十五年三月(1899年5月),英国海军少校魏森率"山鸡"号、"山莺"号两艘浅水炮舰从宜昌上驶至重庆江面。之后,"山莺"舰到达泸州,"山鸡"舰驶至嘉定(乐山)。这两艘英国军舰不久离开四川,英人又将驶至重庆的"擎通"号商轮改装成"金沙"号内河兵舰,用以维持英国在川江内河的航运。

既然英国军舰可以在长江游弋,其他条约国家便接踵而至。光绪二十七(1901),法国炮艇"阿纳利"号、"大江"号来川,继后是"奥立"号驶抵重庆。德国军舰"华特兰"号和"娥特"号,法国军舰"都大"号,日本军舰"优见"号、"鸟羽"号和"势多"号,美国军舰"盖巴乐斯"号,相继侵入四川。在此期间,法国海军曾两次派员测量川江水道,英国水师提督也以"游历"为名溯江而上,探测川江航道。

如果按照西方人自定的国际法,航行在中国租借地的外国军舰已经违背了"法"的精神,而游弋中国内地河流的军舰更是严重违反国际法。外国军舰在川江上的任意横行,表明近代中国是由西方人制定一切规则和标准的时代。处处宣扬法理的西人如章太炎所说,"始创自由平等于己国之人",却"实施最不自由平等于他国之人"①,以便在中西方标准中选择一个符合西方利益的方式。

四、欧美教会机构遍布全川

随着川江航段权益的丧失,列强不仅输入商品、资本,也输入了天主教和基督教,以期获得更长久的经济收益。两教的各种机构像决堤的洪水,无孔不入地浸透到包括乡村和少数民族地区在内的几乎全川各地。这些机构包括各差会支持的教派、自立教派、地方教会、宗教团体、神学院、书局、期刊、学校医院、慈善堂等等。

据重庆海关华特森报给总税务司赫德的统计,1901年12月31日在川的传教会有巴黎国外布道会(1783年创立)、美以美会(1881年创立)、伦敦传教会(1887年创立)、加拿大监理会(1892年设立)、友谊会(1886年设立)、英国

---

① 章太炎:《五无论》,《民报》第16号,第7页。

教会联合会（1894）、美国浸礼会（1860）、中国内地会（1874）以及圣书公会（1879）。两教在成都、华阳、双流、巴县、打箭炉、西昌等全省各县共有传教士514人（其中法国152人，英国275人，美国63人，德国1人，瑞典1人）。这些传教士在各地购置房产修建教堂，发展教徒。据四川洋务局1910年1月的统计，四川全省的从教人员共计184492人，其中天主教从教人员共计141135人，耶稣基督教为36823人。可见在四川的英国基督教传教士虽多于法国天主教传教士，但由于后者入川较早，影响深远，教徒众多，固在川天主教从教人员几乎是耶稣基督教从教人员的4倍。法国在全川各地的房产629所、地产16680亩，英国仅为181所和700亩[①]。由于鸦片战争以前四川对天主教有相当的容忍，尽管清廷曾严厉禁教，但经传教士的不懈努力，到嘉道年间，四川的天主教教徒及外籍神父人数分别已占全国同类数量的26％和40％，居各行省之首。

为广泛布道，四川天主教曾陆续开办传授宗教知识的经言学校。乾隆六十年（1795）有15所（男校5所，女校10所），嘉庆八年（1803）有64所（男

图5-7　清末康定地区的天主教堂

①　四川省档案馆编：《四川教案与义和拳档案》，第174～246页。

校35所,女校29所),嘉庆十五年(1810)有107所(男校50所,女校57所),嘉庆十六年(1811)由于四川总督常明执行禁教政策,经言学校降至78所(男校41所,女校37所),直到道光十年(1830)才回升至128所(男校51所,女校77所)①。

天主教在四川一度显得声势浩大,即便在禁教时期也敢公开举行隆重的活动。据古洛东记述,当江津传教士故若翰建成新教堂时,"附近各县教友皆到此处领秘迹,聚在经堂,高声唱经,声彻云汉,远近皆闻","在各大瞻礼庆礼,集教友众多,有由重庆往者,有由永川去者,有由铜梁至者,亦有由合州、涪州而来者,济济一堂,盛不可言。一次汇聚教友400余人,庆贺瞻礼,一连数天热闹,并用笙、箫乐曲彰扬圣教"②。在禁教时期都如此张扬,可知弛禁后的情形。

在川两教的发展如果以教徒的多寡相比

图5-8 清末法国天主教成都主教杜昂

较,则英美等国基督教传播远不敌法国天主教。然而,通过办学、行医等其他间接方式,英美基督教在四川也取得了空前的"成功"。尤其通过创办教会学校的方式,英美等国对清末及民国时期四川的思想文化、教育事业、社会风气都产生了远非法国天主教所及的影响。他们知道"一个受过高等教育的人是一支燃着的烛,别的人就要跟着他的光走"。所以,英美等国在四川创办大学的近期目标是"在中国西部于基督教主办之下,用高等教育促进天国的发展",远期目标则是"用基督教和科学来教育他们","要取儒学的地位而代之",让这些经过他们教育为其影响甚至控制的人"能胜过中国的旧士大夫",并"取代旧士大夫

---

① 秦和平:《清代中叶四川天主教传播方式之认识》,《世界宗教研究》2002年第1期,第70页。
② 古洛东:《圣教入川记》,四川人民出版社1981年版,第76~77页。

阶级所占的地位"①。

近代英美基督教在川除办有影响较大的华西大学外，还办有相当数量的中学、小学和幼稚园。关于教会的办学情况，本书第十八章第一节之"基督教在川的文化活动"中有详细介绍。

后于法国天主教会到达四川的英美基督教会，在不太长的时间内便在四川建立起一套全面的教育体系。全省教育系统上至大学，下至幼稚园，甚至职业教育，到处都有洋人的影子。由教会出资兴办的这些学校要么采用全英文的教材，要么进行课堂英文教学、英文会话，当然还有直接传教英文唱诗班和宗教活动，以便使中国的未来们渐渐沉浸在西方文化的氛围中，不自觉地产生对西方文化的向往，和对自身文化的否定，而这正是西方侵略者早已向往的境界。所不同的是，早期的侵略者侧重武力和商业，到此时却以宗教、科学这些更隐蔽的意识形态为武器，试图从思想上打压、征服，甚至铲除西人眼中落后、低等的东方中国文化，达到间接控制为其服务的目的②。这种通过文化渗透实现的"间接控制"③尽管显得很文明，但却和炮舰写下的条约一样，都具有无法改变的帝国主义特征和侵略本质。

仁慈的传教士们曾于"在华新教（基督）传教士大会"上直言不讳地表示，"教会的目的，不仅仅是要尽可能多地使个别信徒皈依，而且要征服整个国家，使其服从基督"④。这些露骨的言论无不透露出基督徒在仁爱、慈善、科学的外衣下，包藏着何等远大的征服狂想。

华西大学首任校长毕启（Joseph. Beech），在1925年发表的《关于中国基督教教育问题》中讲到，"目前这个伟大国家的外交政策大部分掌握在毕业于基督教学校的人们手中"，"我们相信，若在四五年内将周密的计划实施，则将掌握中国半个世纪的未来"，教会学校欲从思想上控制中国的本质由此表露无遗。可见，教会之于教育，可谓是西方价值观的巧妙推行和列强征服世界的有效

---

① 《在华新教传教士1877年大会记录》，上海美华书局1878年版，第173页，转引自华西校史编委会编：《华西医科大学校史》，四川教育出版社1990年版，第5页。
② 罗志田：《国家与学术：清季民初关于"国学"的思想论争》，三联书店2003年版，第59～69页。
③ 罗志田：《帝国主义在中国：文化视野下条约体系的演进》，《中国社会科学》2004年第5期，第193页。
④ 华西校史编委会编：《华西医科大学校史》，第4、5页。

实践。

除办学外,19世纪末到20世纪初,在川基督教还采取另一有效传教方式:兴办医院、诊所和药局。到1920年,各教会在四川兴办医院共26所、药房(诊所)28个,拥有病床1041张、医生63人(中国医生19人)。其中卫理公会办有重庆宽仁医院(1892)、成都存仁医院(1894)、资中宏仁医院(1908),中华基督教会办有成都仁济医院(1892)、乐山仁济医院(1906)、重庆仁济医院(1896)、彭县仁济医院(1908)等,华西浸礼会创设宜宾仁德医院(1897)、雅安仁德医院(1900),公谊会办有三台仁慈医院(1902),基督会办有巴塘基督会医院(1919),圣公会办绵竹仁泽医院(1919)等等①。这些教会所办医院不唯拯救中国人的肉体,还要"拯救"中国人的灵魂。除派道员、牧师到医院进行正式的宗教活动外,还时时不忘传播"福音",连医院门诊处方笺上也有上帝的"福音",圣诞节当然更是一个宣传教义的良机②。

图 5—9 清末在成都传教的公谊会部分传教士

---

① 刘吉西等:《四川基督教》,巴蜀书社1992年版,第413~436页。
② 曾文霁:《雅安仁德院》,《雅安文史资料选辑》第3辑,中国人民政治协商会议四川省雅安市委员会文史资料研究委员会,1985年,第114~122页。

如果说办学、行医是帝国主义让四川人民并无恶感的传教方式，那么教会所办的慈善机构（孤儿院和孤老院）更是一种博人好感，甚而令人感戴的布道良方。而教会在川之诸多印刷出版机构和报刊同样为西方宗教文化的传播起着重要而巧妙的作用。

第六章 清代四川教案与川人救亡图存

第一节 清代四川教案

一、四川多发教案究因

中英鸦片战争后，大批西方传教士深入中国穷乡僻壤，开展传教及其他政治、经济、社会活动，由此引发了一系列民教冲突的交涉案件，咸称为"教案"。其范围之广、个案之惨烈、后果之严重、民教双方损失之巨大，令国内外瞠目，成为近代中国历史上最为不幸的事件。四川是全国发生教案最多的省区。据统计，从道光二十年至光绪二十八年（1840~1902）的62年中，全国共发生较大教案400余起，四川就占近百起，而且范围遍及川中八九十个州县。

四川多发教案的总体原因，主要有三个方面：

一是文化冲突加剧。中国人长期尊儒，信仰佛教、道教。鸦片战争之后，雍乾以来的"禁教"政策被西方大炮轰垮，天主教、基督教来华势猛，传教士人数之多，传播地区之广，令中国人的传统信仰受到严峻的挑战，四维八德的崇儒传统，祖宗崇拜的几千年习俗，因果轮回的佛说教义，心身修炼成仙的道教宗旨，都受到"耶和华"的猛烈冲击。重庆耆民刘春洲在公禀中说："长安寺历唐宋元明，俱为祀庙，内设文昌、武圣、吕祖神像，并丈六铜佛三尊，向为

第六章 清代四川教案与川人救亡图存

川东三十六属居民拜祷之祖山，忽为改造（指建教堂），众情哗然。"① 内阁侍读广安在奏报川省教案时言："……何至种种不善之端，干扰我朝国法，祖宗定例，曲直是非，一切颠倒。"② 由于中国长期闭关锁国，受愚昧无知、妄自尊大以及尊王攘夷的思想与传统影响，表现出浓厚的保守性与排外性。在守旧士绅心目中，来自夷邦的夷教，就是异端邪教。入教者不祭祖先，不敬神佛，不崇孔子，男女混杂同做礼拜，简直是大逆不道、伤风败俗。加之时人对洋教输入之西方文明产生种种误解，听信洋人"挖眼取心作药""杀害婴儿"等谣言，甚至迷信天不下雨、洪水成灾是因为修建教堂破坏了风水地脉。这些，也是引发不少教案的重要因素。从这个层面上讲，教案也表现为先进与落后文化的碰撞。

二是生存危机加剧。四川人对外来宗教原本是相当宽容的。明末清初，天主教就已传入四川。雍、乾以来的禁教政策虽在四川推行，但却没有出现过如近代那样惨烈的民教冲突，而且天主教在四川的传播并未因此而中断。这是因为，当时天主教主要是传播宗教信仰及西方科技文化，并不具有明显的政治色彩。鸦片战争以后，四川承担的"夷务津贴""广东烟案赔款""捐输报效"等赋税，数倍于前，皆转嫁到百姓头上。此时，西方教会势力入川，虽然其中不乏虔诚的传教士，但总体上带有强烈的政治性质。他们是列强借以"张国威""广土地""为商业之先"和借保教为名而发动侵略战争的工具，宗教活动反而退居次要地位。这种状况一直到义和团运动以后才逐渐有所收敛。一些外国传教士、不法教民在列强的支持下，在四川的城镇乡村掠夺土地房屋、钱财物货，与当地非教百姓乃至士子乡绅发生正面冲突。川人均感生存维艰，生活前景暗淡，身家性命难保。即如川督锡良所言："财力内竭，上下不周于用；欧、日纺织制造之物，流布于穷僻，故货权外授，虽女红亦为之废夺；生齿甲于寰宇，农末皆不足以养之，故旷土少而游民多。"③

三是民族危机加剧。清代教案与列强对华侵略日益加深密切相关。19世纪后半期，清朝政权衰败。在两次鸦片战争中失败，彻底暴露出清朝统治者的羸弱与无能。各通商口岸的洞开，宗藩屏障逐渐被剥离，国土丧失迫在眉睫。中

---

① 王明伦编：《反洋教书文揭帖选》，齐鲁书社1984年版，第233页。
② 王明伦编：《反洋教书文揭帖选》，第51页。
③ 《锡良遗稿》下册，中华书局1959年版，第403页。

法战争中，战胜国清王朝，反向战败国许诺诸多卖国条款，举国义愤填膺。甲午战败，台湾被割让，辽东半岛即将成为日本的下一个占领目标，中华民族危机日益深重。国仇家恨，使广大民众把外国传教士的活动与侵略中国的西方列强等同起来，于是把一切愤懑全部发泄到洋教士、洋教堂以及教民身上，从而形成一系列打教事件。

少数教士、教民的劣迹，往往是引发四川众多教案的直接原因。鸦片战争后，法国天主教在川势力大增；中法战争以后，英国、美国、加拿大等国十多个基督教差会派遣更多的传教士，以更快的速度进入四川，巴蜀各阶层人民面临巨大的外来宗教压力。少数教士、教民的劣迹，损害了众多虔诚传教士的声誉。特别是个别主教、神甫和教民，他们在川掠夺土地房屋，强迫人民入教，勾结官府，巧词构讼，性格暴戾，滥杀无辜，使本来视天主、耶稣为异端的士子乡绅、非教百姓仇教心理炽烈，且有莠民蓄意挑起事端，致使民教冲突屡屡发生。

现列举教士、教民劣迹如下：

1. 劣迹斑斑的川东主教范若瑟

范若瑟是法国巴黎外方传教会教士，道光十八年（1838）来华。二十年（1840）潜入四川。咸丰六年（1856），被罗马教皇任命为第一任川东主教。过去单身闯巴蜀的传教士，不可能携带大量资金到某地修建教堂，一般是先租屋布道，施洗礼发展教徒，并借教徒自愿捐献和自身行医收入来修建教堂，这是传教士行之有效的办法，四川很多教堂就是这样建成的。但是，范若瑟则不然，他一反常规，在巴县培植教中败类罗保之，坑骗教民钱财，先修起"爱德堂"作为自己及同伙"游玩之所"，继而与罗合伙开设"西成号""西法号"商行，经营盐、匹头、药材等商品，并几次到成都，欲谋巴县盐商地位，以领重庆盐行，独霸渝城盐业销售、转运大权。为逃避关税，他还以教学所需物品的名义，每年以领单从上海运输大量洋货入川，然后抛售牟利，并包庇他人走私。他还非法贩运鸦片，"仅在重庆真原堂一处，就贮有二千多担鸦片"①。他升任川东主教时，支持酉阳、黔江等地不法教民对百姓的迫害，引发两地惨烈的民教血案。他在强拆长安寺改建教堂时，引发两次重庆教案。由于范若瑟劣迹斑斑，

---

① 林建曾等：《世界三大宗教在云贵川传播史》，中国文史出版社2002年版，第346页。

总理衙门多次与法公使交涉,强烈要求将其调走。光绪四年(1878),迫于四川人民的反对和清政府的压力,梵蒂冈将范若瑟召回欧洲。

2. 罪行累累的不法教民张添兴

传教士初到四川各地,不谙乡民在当地口碑如何,只要愿意奉教,不管其人是否有"前科",品格如何,即为之洗礼,收为教徒,因此教民中良莠不齐。据载:"习教之民……或因贫穷不能治生,希图教堂给予资本;或因讼事恐难必胜,投入教堂,借其声势,甚有在他处犯案,而以教堂为逋逃薮者;有被田主追租,而倚教堂为报复计者。"① 他们人虽少,但受教士青睐,其行为影响甚坏。川督丁宝桢说:"大约教案滋事之初,由教民恃教欺压平民,积渐既深,平民不胜其忿,遂群聚而仇杀教民。寻仇愈甚,则结怨愈深。"②

张添兴,酉阳豪绅。同治元年(1862),重庆主教范若瑟派教士邓司铎到酉阳小摇坝传教,首先发展张添兴等人入教,修建教堂,名曰"公信堂"。张添兴估逼刘胜超等人入教,刘胜超在后来的供词中说:"小的没有应允。张添兴们斥骂小的不信天主教,后来定没好死,遇事时常欺凌,小的因此怀恨。"③ 故于四年(1865)正月初六,邀约刘慎法等将公信堂及张添兴房屋打毁。此即酉阳第一次教案。邓司铎在清军保护下逃到重庆,与范若瑟密谋,向法国公使罗淑亚提出处理此案的苛刻条件,并派趾高气扬的玛弻乐教士赴酉阳,加强教务,允组教堂武装。张添兴等人有恃无恐,藐视朝廷法令,于同治七年(1868),纠众到乡绅张佩超家,借索欠为名,强奸妇女,抢去银2万余两并衣物等件,杀害雇工吴昌林等3人,由此引发了同治七年(1868)血腥的第二次酉阳教案。在这场民团与教堂的武装对抗中,双方各死伤数十人,教堂被毁,教士李国被击毙。后四川地方赔款"几二十万两",民教双方为首者皆被处死。次年三四月间,酉阳纸房溪教堂司铎覃辅臣,又乘酉阳民团解散之际,至纸房溪一带肆焚杀,"纠众杀毙团民赵永林等二百余名"。这场惨不忍睹的大屠杀,既是外国传教士的报复,也是张添兴等人种下的祸根。

---

① 王明伦编:《反洋教书文揭帖选》,第366页。
② 丁宝桢:《饬川东道成绵道清理教案片》,《丁文诚公奏稿》卷13,第5页,台湾文海出版社据光绪十九年刻本影印。
③ 四川大学历史系编:《四川人民反帝斗争档案资料》,四川人民出版社1962年版,第20页。

3. 煽起两次重庆教案的"教霸"罗保之

罗保之又名罗元义,在巴县城内开药店40年,捐有"三品封职同知衔",咸丰六年(1856)即为巴县教民中的富商,为天主教川东主教范若瑟最器重的教民,与其合伙开商行,进行百货、鸦片走私。教民原有公地拟建之"爱德堂","竞造楼台亭阁,作为游玩之所"①,以致范若瑟强拆长安寺另建教堂而引发重庆第一次毁教事件。案结,罗保之索赔所受损失,八省会馆筹款偿付,巴县百姓咸憎恶之。此后,他又经营多处茶店,委金玉山"经收茶厘",生意越做越大,与巴县非教绅商结怨更深。事隔23年之后,重庆第二次教案发生,罗保之勾结清军"中营世职"陈海帆,痞棍吴炳南、何包鱼等,组织100余名打手,持枪械刀矛,潜伏宅内,杀毙百姓11人,击伤22人,造成震惊川东的大血案。事后,罗保之逃至湖北洋行藏身,后被抓回重庆,判处死刑。

二、四川多发教案举例

(一)第一次重庆教案

乾、嘉两朝禁教,川东天主教所有教产被没收。咸丰八年(1858),法国以《天津条约》弛禁条款为由,要求退还川东四所教堂旧址②,并"在京指索长安寺地,改修重庆教堂"。长安寺即古崇因寺,有800多年历史,是儒佛道三教合一的名寺,为川东三十六属崇仰的"祖山";当时是川东三十六属团练指挥总枢,驻渝八省绅首的办公之所也设在这里。清廷昏聩,"不察重庆为全川要害,而长安寺尤全城要害之区","误将其地点给该国"③。法国教士范若瑟持此文牒,强行在此拆寺建真原堂,并侵及附近民居,大大侵害了巴县绅民的利益。同治二年二月(1863年3月),巴县民众前往天主教堂找传教士说理。但外国传教士态度横蛮,顿时激起公愤,民众一举捣毁了真原堂及教民住宅。这就是侵占与反侵占的第一次重庆教案。

教案发生后,范若瑟通过法驻京公使向总理衙门施压,说"暴徒"抢走放在教堂内的"川黔滇藏寄存货物",及教民店中"川苏洋广匹头、杂货、绸

---
① 《四川教案与义和拳档案》,四川人民出版社1962年版,第48页。
② 指巴县城内光华楼地方之教堂、住屋。此在全国称为"还堂事件",并由此引发许多教案。
③ 民国《巴县志》,"交涉",第1页。

第六章 清代四川教案与川人救亡图存

缎"①，其实就是他与罗保之的走私货物。清廷下旨着四川大吏"火速处理"。时任成都将军、署川督崇实认定八省绅商为祸首，遂将傅苍岩、陈朗斋等人提省讯办，"几陷大辟"。后迫于全省绅民反对，经成都知府再三调停议妥：八省会馆赔款 20 余万两；川东道明示教士"另行卜地建修教堂"；嗣后"各属境内教民如有典买田宅、修理经堂、医馆等项，该处士民均宜玉成其事"；长安寺转给八省永作办公之所；偏右地段永驻清军，以卫阖城。第一次重庆教案看起来是打教者取得了反侵占斗争的胜利，而协议却给教士在川东广建教堂的权力，自此遗患无穷，川东各属遂成为四川乃至全国教案多发地②。

（二）第二次重庆教案

事隔 23 年之后，仍然是教士侵占地产修建教堂而引发了第二次重庆教案。自光绪三年（1877）英国内地会派麦卡悌到重庆租房布道以后，美国差会也有教士来川游历。光绪十一年（1885），美以美会和英国圣公会教士克阿林、嘉胼力、鹿依士相继抵巴县，分别在城中鹅项颈、南岸亮风垭、丛树碑购地，建造教堂、医馆、住所。巴县各阶层人民对长安寺被拆事记忆犹新，而鹅项颈、亮风垭、丛树碑等处，地势险要，"为从来守城尺寸所在必争"③。笃信佛道的巴县士民相互传语，洋人破土建房，将挖坏地脉，"百业人丁不兴"，要求官府出面制止。渝城百姓现闻洋教士又要占地修教堂，"以致人心惶惶，群疑大启"④。民教冲突大有一触即发之势。

光绪十二年五月五日（1886 年 6 月 6 日），市民借端午节聚会之时，到鹅项颈等地游览，与传教士发生冲突，县令派兵弹压，并颁"禁止闲人进入"的告示。这就更加激化了群众的愤懑情绪，于是民众自发形成了仇教团体，其中尤以民团、乡勇为多。而在教民一方，有迁避外出者，亦有持械护家室者，其中以绅贾罗元义（罗保之）为最。他在住所埋伏百余人，配有刀矛器械，每人日给 300 文。五月三十日（7 月 1 日），打教队伍先捣毁南岸两处正在修建的教堂、住宅。参加府试的文武生童数百人亦加入打教队伍，分别将杨家什字法国天主堂、蹇家桥真原堂、石板街慈母堂、修建中的戴家巷英国内地会福音堂、

---

① 《清档·教案档》同治二年八月二十一日 "范若瑟致总署递单"。
② 民国《巴县志》，"交涉"，第 2 页。
③ 《重庆士民公禀》，《清档·教务教案档》第 4 辑，第 952 页。
④ 《重庆士民公禀》，《清档·教务教案档》第 4 辑，第 1324 页。

美以美会正在建修中的鹅项颈教堂一并打毁。英法教士、家属被保护在巴县县衙内。次日，打教行为更加疯狂，民众见教民住室就砸，见"洋"就烧就抢。当民众涌至杨柳街教民罗元义家时，预先埋伏的护卫纷纷出击，非教百姓被击毙11人，击伤22人，教民亦有8人受伤。流血事件发生后，传教士将罗元义、何包鱼等藏匿于白果树教会书院，由清军保护，并急向英、美、法三国公使电告求援。六月二十四日（7月25日），重庆附郭民团约3000人，在团首石开阳、石汇父子率领下，开赴白果树书院等地，将守护清军驱散，与教堂武装展开激战，石汇毙清军杨什长，"复将教堂放火烧毁"[1]。此后，打砸之风蔓延全城。

重庆大规模仇教信息迅速传播，川东30余州县纷起响应，烧教堂，驱教士，毁教民店铺、居室，并波及滇、黔、鄂接壤州县。

此案经李鸿章与驻京三国公使再三交涉，川东道及府县官与各国驻渝主教"再四筹议"，拟定以下善后条款：（1）赔法天主教会银220000两（含铜梁、大足等地赔款），美国23000两，英国18570两，另付续地银5000余两；（2）民教双方首要罗元义（即罗保之）、吴炳南、何包鱼、石开阳、石汇被处死；（3）巴县令国璋保教不力，撤职查办；（4）今后民教一体编联保甲，以卫身家[2]。同时，为安抚巴县死亡百姓家属，每名给埋葬银10两。江北厅烧教民店铺400余家，毁境内所有教堂，单独议结赔银3000两，铜梁教案赔银3000两。

（三）大足民教冲突20年

1. 余栋臣三打教堂

乾隆四十五年（1780），天主教开始传入大足县。教民中有举族参加者，形成了以宗法制为核心的教民宗族群体，凝聚力更强。第一次重庆教案后，川东主教范若瑟派教士到大足、铜梁等地扩展教务。光绪八年（1882），法籍教士彭若瑟在大足龙水镇、三驱、万古三地连修三座教堂，家族教民势力复炽，屡屡欺压非教百姓，与绅团关系紧张。民教矛盾在龙水镇尤为明显，黄万有、王槐之等少数教民与民众结怨甚深。

---

[1]《四川人民反帝斗争档案资料》，第53页。
[2]《四川人民反帝斗争档案资料》，第70～77页。

第六章 清代四川教案与川人救亡图存

重庆第二次教案后,有人将案情"编造歌谣,四乡传播"①,川东所属纷起响应,龙水镇百姓亦欲试打教。光绪十二年六月二十九日(1886年7月20日),为镇上传统的灵官会期,乡民四至参加迎神赛会。适逢新修的教堂告竣,彭若瑟为避免纠纷,"预于门外假设官署引杖公案,以资弹压",并请几十位教民护堂。百姓见有官衙"引杖"保护,顿生逆反心理,与教民理论而发生口角、拉扯,教堂内鸣枪示警,人群中有人顿呼"教士杀人"。于是,乡民一举捣毁了新建教堂。接着,被鼓动起来的人流又将三驱、万古场教堂、医馆及98家教民住宅全部摧毁,而打教者却一哄而散。官府以无主凶搪塞以应。此案归并于重庆第二次教案一并解决。所签协议16条中,有政府要保护教堂,主教、司铎不得偏袒教民,赔款15000两结案等内容。这就是龙水镇第一次打教事件。

在这次打教事件中,出现了震动四川大局的余栋臣弟兄,从此龙水镇民教均不得安宁,大足全县乃至邻近数县民教都付出惨痛代价,经济受到严重破坏,民教对立愈不可解。

余栋臣(1851~1911),名腾良,绰号余蛮子,龙水镇余家坝人,以挑煤售卖营生。余栋臣习过武术,胆略过人,是当地哥老会首领。在其领导下,形成了以地主富商为首兼领团保势力的哥老会与以宗族为首的富商豪绅教民武装势力长期对立的局面,为保护各自在龙水镇的经济利益,双方展开长达20多年血与火的争斗。

光绪十三年六月二十九日(1887年8月8日),又是灵官会期,彭若瑟函请大足县令派兵保护新建教堂,而余栋臣兄弟早就集结好打教队伍,鼓动围观群众冲击教堂,与守卫兵勇、教民发生斗殴。余栋臣兄弟率煤窑纸厂工人和苦力,以白布缠头为记,蜂拥而上,又将刚建好教堂打毁,彭若瑟提前走避。这就是余栋臣第二次毁教事件,仍议由县筹款修复结案。此后两年,灵官会期未发生事故,但有传言称教会欲购西山煤矿,用机器开采,在龙水镇又引起挖煤工人、苦力、贩夫严重的不安,双方经济利益又发生碰撞,开始孕育着动乱的因素。

光绪十六年六月十九日(1890年8月4日)又是灵官会日,大足县令派把总刘联升带队来龙水镇保护教堂,豪绅教民王槐之亲率教民百余人,拥枪械潜

---

① 《四川教案与义和拳档案》,第471页。

伏于教堂之内。余栋臣亦相约百余人集结待命。人群见教堂贴有禁止灵官会告示，与清军兵丁发生拉扯，农民蒋顺兴被清军砍死，王槐之纵火焚民居数间，并"声言缉捕捣教堂徒党，置之重典"①。"一时众大哗，栋臣尤忿恨，立率众捣毁教堂，夷为平地。"② 在民教斗殴中，教民抢得一面铜锣，上有"蒋赞臣"三字，彭若瑟指蒋为打教祸首，逼令大足知县钱葆塘交出"主凶"。这就是余栋臣第三次毁教事件。

蒋赞成是龙水镇开明士绅，读过书，习过武，家有田产80亩，在龙水镇是头面人物，未参加打教，铜锣是乡邻借去迎神之用，今被诬，急逃到表弟余栋臣处求援。余栋臣说："毁教堂者众人也，赞臣何辜，独遭其祸耶！"③ 即偕赞臣约唐翠坪、李玉亭、李尚儒等12人，在余家院子歃血为盟，推余栋臣为首，准备武装对抗。时，川东道张华奎言："龙水镇教堂必为移建，彭若瑟司铎必令撤换，又握定衅由彼启，决不赔偿。"④ 清吏的强硬态度，更使得这场冲突不可避免。

2. 余栋臣武装仇教

国仇家恨是余栋臣发动武装仇教的根本原因。龙水镇的秀才们帮助余栋臣认识到大清国被西方众列强打败，国土被瓜分，藩篱尽失，强迫通商以攫取利权。传教士又纷至沓来，儒学、祖宗都受到践踏，还要机器开采煤铁，夺小民生计，并指索蒋赞臣，大足非教百姓已无退路。余栋臣以为毁教堂、杀教士教民就可以救国救民，实幼稚、盲动至极。

光绪十六年六月二十三日（1890年8月8日），余栋臣率领以手工工人、挑夫为主的300多人的队伍，携刀矛枪械，攻入龙水镇，大开杀戒，无辜教民死难12人，毁教民房屋200余间，没收教民财产，强迫教民退教。邻近荣昌、铜梁等县教民生命财产亦受损失。余栋臣仇教事起，法国公使、川东主教等向清廷提出严正抗议，清廷令四川大吏妥善处理。同年冬，重庆镇清军攻打龙水镇，蒋赞臣投降免究，余率残部退守西山脚下余家大院，旋又退至山野丛荒之中，几百人队伍生活维艰，靠打劫教民资财维系。十八年七月（1892年9月），

---

① 《民国重修大足县志》卷4，"大事记"第9页。
② 《民国重修大足县志》卷5《余栋臣传》。
③ 《民国重修大足县志》卷5《余栋臣传》。
④ 《反洋教书文揭帖选》，第333页。

打教队伍与清军在大足十万场相遇,余部死27人,余栋臣二弟余翠坪战死,四弟余海坪被俘,队伍乃散。余栋臣只身"敛迹潜伏"达5年之久①。

光绪二十四年(1898),巴县令王炽昌及教民罗国藩等,诱捕余栋臣,送荣昌县衙关押。后被张桂山率部樋城劈狱救余栋臣出,打教队伍发展至六七千人。五月(7月)余栋臣即派张桂山、唐翠坪毁荣昌河包场郑家湾天主堂,掳法教士华芳济以归,从而开始了长达200天的劫持人质事件。

图6—1 大足教案中余栋臣发布的反洋教布告

六月十六日(8月3日),余栋臣颁仇教"文告",倡"扶清灭洋",历数列强"焚我春宫,灭我属国,既占上海,又割台湾,胶州强立埠,国土欲瓜分;自古夷狄之横,未有甚于今日者"。并声言:"本义民但诛洋人,非叛国家……以剪国仇,以维圣教,以除民害,以雪沉冤,报国捐躯。"②

这个"文告",有人称"檄文",开"扶清"之先河,对晚清政坛产生了重大影响,揭露列强罪行亦有入木三分之深,具有一定的爱国主义情怀,是四川

---

① 余家兄弟曾为争炭市,与教民械斗,"余翠坪几被教徒打死",见《大足人民反洋教斗争》,《大足文史资料选辑》(二),第68页。

② 《民国重修大足县志》卷5《余栋臣传》。

人民对清末社会较大的文化贡献。"文告"使清廷欲剿不得，欲抚更难。正当政府犹豫不决之时，余栋臣不再等待政府表态，即分兵数路，分途出击，使所到州县教堂被毁，无数教民生命财产受到严重威胁。清廷这才下决心进剿，免署川督文光职，以成都将军奎俊补授，撤川东道任锡汾职，派四川布政使王之春坐镇内江，力主剿杀，征调各路清军，齐向大足集中。转战资州一带的唐翠坪牺牲，在内江一带活动的何西然等也兵败战死，举事部队实力大减，蒋赞臣、余栋臣萌生归顺朝廷的主和思想。十一月初（1898年12月中旬），王之春20营清军数路向龙水镇边隅场镇强攻，"顷刻堡堞分飞，帐寨成齑粉……村中居民不及避，被戮多多，遗尸一百三十三具"①。十二月初六（1899年1月17日），清军攻占龙水镇，焚余家大院。余栋臣率部三千退守西山，蒋赞臣下山投降清军。八日（1月19日）余栋臣释放华芳济，并携眷下山投降，历时5个多月的第二次武装仇教事件结束。

后，余栋臣被"禁锢终身"于成都；蒋赞臣遣戍西安，交地方管制；四川地方赔款1106100两结案。民国元年，余栋臣被释归龙水镇，时年已七旬，复召旧部上西山，自称"大清将军"。是年5月，川军第一师师长周骏派兵兜剿，执之，杀于永川，余栋臣为"扶清"搭上了一条老命。

（四）一桩小事引起的成都教案

甲午战败和马关条约屈辱的条款，是成都教案发生的深层次原因。早在光绪十八年（1892），加拿大美以美会教士赫斐秋租得天涯石民房，美国美以美会教士也在四圣祠、玉沙街、陕西街等地租到民房，都准备创建教堂、医馆、住宅，并与出租人签有"永租"契约，而动工兴修。

光绪二十一年五月初五（1895年5月28日），是中国人传统的端午节，成都人有吃粽子、划龙舟、撒李子等习俗。这天有600多人在东较场举行"撒李子"竞戏，一片欢乐景象。薄暮人散，行至四圣祠围观洋人，并愈聚愈多于教士所办诊所门前。适教士何忠义和女儿吉洛丁，正与美国美以美会两医生闲谈，见来人汹汹，何即手牵女儿过街返回教堂住所，人群中忽有人喊，洋人"拖走

---

① 《法国传教士华芳济被俘记》，《四川教案与义和拳档案》，四川人民出版社1985年版，第528页。

一个小孩"①，喜凑热闹的市民遂向医馆、教堂扔石块，医生启德尔、史蒂文森向空中鸣枪示警，事态益发不可收拾。当晚即有民众捣毁四圣祠北街教堂、医馆及教士住宅；深夜，数支人群又分别打毁平安桥、一洞桥等天主教堂、育婴堂和教士住宅，主教杜昂越墙而逃，天主教无辜受到牵连。六日（5月29日），成都出现揭帖："约初十日打洋房，赶洋人。大众议和，各铺执棒一根，若有不来者，是洋人的舅子。"② 当天，基督教各差会在玉沙街、陕西街的教堂、医馆、教士住宅均遭摧毁。传教士及其家属均被清军护送到县衙避难。除杜昂身受轻伤外，其他数十名教士及其家属均平安撤走。

成都这场悲剧延至七日（5月30日）才告平息，但全川却又形成打教的高潮，乐山、新都、邛州、丹棱、眉州、什邡、仁寿、屏山、宜宾、雅安、灌县、阆中、大邑、冕宁、新津等州县，共70座教堂被毁，其中基督教30座、天主教40座。

结案：头品顶戴四川总督刘秉璋被撤职，永不叙用；后补道周振琼、成都知府唐承烈，华阳、乐山、灌县、大邑、冕宁、新津等县知县革职，还有邛州、宜宾等11名官员受到处分；朱瑞亭等6人被处死，"军流枷杖"者17人；赔款50万两③。

民间谣言古来有之，围观洋人在偏僻省区亦常有之事，民众喜"起哄"各地皆然，这本是一桩小事，反映了我们的民族文化素质亟待提高；而教士鸣枪示警亦过于恃强凌弱，反映了有借列强政治势力的倾向，以致引起一场席卷全川的大教案，白白送掉6条性命，17人遭军流，赔款50万两。而为教案撤二品大员，受处分官员之多，此前在中国也不曾出现过。一桩小事引起的大风波应引以为戒。

"教案"是晚清政坛上特有的涉外事件。从总体上说，打教事件是当时四川人民反侵略斗争的表现形式。四川教案不仅次数多、延续时间长，而且范围广、规模大。参加打教的民众，动辄成千上万，成员十分复杂。他们中，有农民、城市贫民、小商贩、手工业者、游民、士绅、团练、会党及秘密宗教信徒。广

---

① 《华特生给赫德的报告》，《四川教案与义和拳档案》，第496页。
② 《清档·教务教案档》第5辑，第1698页。
③ 《世界三大宗教在云贵川地区传播史》，第357页。

第六章 清代四川教案与川人救亡图存

大贫苦农民、市民是主力军，但鼓动者、策划者及支持者，往往是地方士绅、会党首领或中下级官吏，可以说是各阶级、各阶层联合起来打教。打教成员的广泛性与复杂性，既是打教斗争迅速兴起和发展的动力，又使打教事件染上了浓厚的封建色彩。由于历史的局限，打教行动没有明确的斗争纲领和长远目标，具有明显的自发性、突发性和分散性。斗争手段原始落后，主要表现为打、砸、抢、烧、杀。一旦打教事件发生，所有洋教士、洋教堂和教民，不分青红皂白，通通在打倒之列，因而具有极大的破坏性。这种情况，反映出四川民众的反侵略斗争还处于自发盲目的初始阶段，代价惨重，教训至深。

第二节 四川士子的救亡主张与实践

一、川人在京的救亡活动

由于四川地处西南僻壤，自古交通闭塞，信息传递缓慢，故鸦片战争失败而割地赔款之辱，震动甚微。不败而败的中法战争所签不平等条约，利权丧失在两广和东部地区，只在四川官吏和士子中间引起不安。廖平在研究"托古改制"之说，宋育仁的《时务论》在宣传复古改制图强的主张，而广大民众仍漠然不知。而甲午战败后丧权辱国的《马关条约》的签订，在四川引起了前所未有的震荡，川人奔走相告，皇皇大国被弹丸小国打败，川人由此顾及国家和民族生死存亡的大问题了。川人刘光第于光绪二十年（1894）冬上《甲午条陈》，言变通者四条。川人宋育仁时在英国任职，仍上书言拒日防俄之策。二十一年四月（1895年5月），维新派领军人物康有为、梁启超发动的"公车上书"，有来京会试的18省举人603人参加署名，其中四川举人有71人署名①。

会试后多数四川士子陆续回川，将变法维新思想带回巴蜀大地，广为传播；在京川籍官绅及进士、举人，不少参加了康有为筹组的"强学会"活动。"强学会"是维新志士和拥护光绪亲政的达官显贵所组成的政治团体，"以为政党嚆

---

① 汤志钧：《戊戌变法人物传稿》（增订本）下册，中华书局1961年版，第664~668页。

矢"①。川人杨锐是"强学会"的发起人之一。刚从英国归国的宋育仁也参加了"强学会"的活动，主讲"中国自强之学"，并将所著《时务论》《采风记》在京和各地发行，引起朝野士子的重视。在"强学会"被勒令封闭后，杨锐又据理力争恢复，"旋又与梁启超、汪大燮等创一小会"②。当"强学会"改"官书局"后，杨锐主"选书"事，积极为其筹款添置新式器具。

图 6-2　杨锐像

图 6-3　刘光第像

光绪二十四年正月（1898 年 2 月），杨锐、刘光第等联络四川官绅傅增湘、谢绪纲、王晋涵、李植等于北京组成"蜀学会"，其宗旨是讲新学，开风气，研究自强之策。并成立"蜀学堂"，聘任外文教习，购置西方书籍、仪器。生徒召"留京举员及京官子弟，亦有登甲科通朝籍者十余人俱在其中"③，参加听课的包括骆成骧在内共有 73 人。

同年三月（1898 年 4 月），康有为在京组成"保国会"，以"保国、保种、保教"为号召，共有 186 人署名参加，其中川籍维新志士刘光第、杨锐、李植、王晋涵、周兆祥、傅增湘、冯书、谢绪璠、乔树枏、王揩、杨昌翰、孙定钧、谢绪纲、高树等 14 人参加④。

---

① 汤志钧：《戊戌变法人物传稿》（增订本）下册，附录第 694 页。
② 汤志钧：《戊戌变法人物传稿》（增订本）下册，附录第 701 页。
③ 汤志钧：《戊戌变法人物传稿》（增订本）下册，附录第 728~730 页。
④ 谢光尧：《题蜀学堂旧楹》，《历史知识》1984 年第 1 期。

川籍士子在"公车上书""保国会"的署名人数,在全国18个行省中,都属中等偏上,足见在京川籍士子官绅积极参与变法维新运动。受"保国会"影响,各省亦成立"保浙会""保滇会"等。杨锐则在京成立"保川会"。同年七月(1898年8月),杨锐领衔,会同骆成骧等14名川籍京官,上折开办"蜀学堂",兼中西学业,恳请立案①。骆成骧又于9月19日上书光绪,"先定宰辅,以为用人行政根本事",要求实行西方议院制,"公举执政","择大臣之通达时务者,畀以事权"②。然此时京城两派已处于大决战前夜,反对变法的强大保守势力已拧成一股巨绳,军队亦有异常调动,谣言遍城隅,康、梁已避匿,暴风雨即将来临。

二、杨锐、刘光第喋血菜市口

从光绪二十一年四月"公车上书"至二十四年八月(1898年9月)戊戌政变时止,历时三年多时间,中国近代史上称为维新变法时期。川籍京官刘光第、杨锐自始至终都积极参加了这一震撼中外的政治运动,并为追求民族独立、国家兴盛而英勇牺牲。

杨锐(1857~1898),初字退之,后改字叔峤,又字纯叔,四川绵竹县人,出身中产人家。自幼勤学好问,17岁考中秀才,被四川提学使张之洞看中,选入"尊经书院"深造。光绪十一年(1885),杨锐参加顺天府乡试中举,后授内阁中书,参加《大清会典》修纂工作,书成,升内阁侍读。张之洞督湖广时,曾延杨锐为幕僚,掌机要文牍15年,并参与兴办实业和加强海防建设等工作。

杨锐不仅才华出众,并且具有强烈的爱国主义精神。在中法战争期间,他撰《贾谊陈政事疏》就有借古喻今、反对外侮和改革朝政的主张。

甲午战后,他致汪康年书云:"辱国至此,敷天忠愤之气,或可因之激发。现在门户既失,堂奥必危,开河在即,津沽一带,防不胜防,战无可战,若不有精兵猛将大举北援,大局恐难望转机。"③后即与文廷式、刘光第等维新志士频繁接触,纵论垂帘、庸臣误国。他们"宗旨最合,久有裁抑吕武之志"④。当

---

① 明清档案馆编:《戊戌变法档案史料》,中华书局1958年版,第306~308页。
② 明清档案馆编:《戊戌变法档案史料》第198页。
③ 《汪康年师友书札》卷6,上海古籍出版社1989年版,第109页。
④ 梁启超:《饮冰室文集》卷4,《刘杨合传》。

《马关条约》签订,杨锐在《致沈曾植函》中曾点明是慈禧批准卖国条约①,并积极参与"公车上书"。杨锐以其激昂陈词,成了维新运动的一员干将。光绪二十一年(1895)夏,在康、梁的推动下,由翰林院侍读文廷式出面组织"强学会",杨锐"起而和之甚力"②,成为"强学会"骨干和最初发起人之一。二十三年(1897)冬,康有为来京推动维新运动,杨锐与之"过从甚密",并为其《上皇帝第五书》的变法维新卓见所倾服,积极向给事中高燮曾推荐。高氏在其奏折"请令主事康有为入西洋弭兵会片"中,言康有为"学问淹长,才气豪迈,具有肝胆"③,建议皇上破格召对,委以重任。梁启超在《杨锐传》中称:"丁酉冬,胶变起,康先生至京师上书,君乃日与谋,极称之于给事中高君燮曾,高君之疏荐康先生,乃君之力也。"④ 二十四年(1898)初,康有为"欲续强学会",开"粤学会"于北京。接着,杨锐、刘光第等人开"蜀学会"以接应,如是"闽学会""关学会"等接踵而起。随后,杨、刘在京创设"蜀中先贤祠",办蜀学堂,讲求自强之策。

四月二十三日(6月11日),光绪帝下诏变法,至七月底,颁布了一百多道有关裁官、汰冗、节费、练兵、改革科举等变法谕旨,特别是汰冗员、裁庸吏方面,大大触动顽固派的痛处,改革的阻力也越来越大。七月十九日(9月4日),光绪将礼部六堂官全部解职;七月二十日(9月5日),光绪未经慈禧同意,决定了礼部各堂官的委署,并授杨锐、刘光第、林旭、谭嗣同为四品卿衔,"在军机章京上行走,参与新政事宜"⑤,掌管有关维新奏折的签拟。当天"即日入直",至八月初,"共收到上书294人次至少259件"。四人隔日轮值,"分看条陈、时务之奏章耳"。杨锐在致其弟书中言:

"圣训煌煌,只增战悚。每日发下条陈,恭加签语,分别是否可行,进呈御览,事体已极繁重,而同列又甚不易处。刘与谭一班,兄与林一班。谭最党康有为,然在直当尚称安静;林则随事都欲取巧,所签有甚不妥当

---

① 王文等编:《杨锐刘光第研究》,巴蜀书社1989年版,第80页。
② 梁启超:《饮冰室文集》卷4,《刘杨合传》。
③ 孔祥吉:《关于杨锐的历史评价》,《杨锐刘光第研究》,第76页。
④ 梁启超:《戊戌政变记》,中华书局1954年版,第102页。
⑤ 茅海建:《戊戌变法史事考》,三联书店2005年版,第33、252、45页。

者，兄强令改换三四次，积久恐渐不相能。现在新进喜事之徒，日言议政院，上意颇动，而康梁二人，又未见安置，不久朝局恐有更动。每日条陈，争言新法，率多揣摩迎合，甚至有万不可行之事。兄拟加遇事补救，稍加裁抑，而同事已大有意见。今甫数日，即已如此，久更何能相处，拟得便即抽身而退，此地实难以久居也。"①

此信是七月二十八日（9月13日）杨锐当值后一周所写，与林旭签拟条陈不过三四次，即发觉林旭年轻气盛，题签言词过激，恐招致后党肇衅而断送大局，故"强令改换三四次"，应视为明智之举，以尽其四小军机领班之责。当光绪在颐和园为罢黜礼部六堂官等事与慈禧发生激烈争论，并被警告可能失去处理朝政的权力时，他于七月二十九日（9月14日）给杨锐下了一道密诏：

"近日朕仰观圣母意旨，不欲退此老耄昏庸之大臣，而进用英勇通达之人，亦不欲将法尽变。虽朕随时几谏，而慈意甚坚。即如七月二十六日之事，圣母已谓太过。朕岂不知中国积弱不振，非退此老耄昏庸之大臣，而力行新政不可。然此时不惟朕权力所不能及，若必强以行之，朕位且不能保。尔与刘光第、谭嗣同、林旭等详悉筹议，必如何而后能进此英勇通达之人，使新政及时举行，又不致少拂圣意。即具封奏以闻，候朕审择施行，不甚焦虑之至！钦此。"②

杨锐接旨，复奏大纲三条："一言皇太后亲絜天下以授之皇上，应宜遇事将顺，行不去处，不宜固执己意；二言变法宜有次第；三言进退大臣不宜太骤。"③

三项建议是稳健而合乎实际的最佳选择，得到光绪的首肯，即下旨召对。杨锐建议督促康有为速去上海督办官报局，光绪同意，并于八月二日（9月17日）谕令，"着康有为迅速前往上海开办，毋得迁延观望"，显然是做给慈禧看

---

① 《杨参政公家书》，《戊戌变法》（二），上海人民出版社1957年版，第572页。
② 《杨叔峤先生事略》，《杨叔峤先生文集》，《续修四库全书》第1568册，第261页。
③ 《戊戌变法文献汇编》第4册，第67页。

的,"康不得去,祸不得息也"①。这表明光绪和杨锐达成了战略上退让的共识,是明智的,可以避免与顽固守旧派的最后摊牌。但谭嗣同前上折言袁世凯是将才,被光绪擢升二品侍郎衔,并兼领小站"新建陆军"练兵权,还有"专折奏事",与荣禄"各办各事"权,使慈禧、荣禄密切关注,保守派大臣"再三吁恳慈恩训政",慈禧于八月初六日(9月21日)发动政变,囚禁光绪,下旨捉拿康有为、康广仁,"交刑部,按律治罪",八月九日(9月24日),杨锐、刘光第等人被捕,各地维新志士遭追捕、革职、充军。康、梁早获信息,逃亡日本。八月十三日(9月28日),未经审讯,杨锐等6人牺牲于菜市口。在京川籍乡人为其料理后事,后由其子庆旭扶柩运回绵竹安葬。一代英才陨落,川人无不为之哀痛。其师盛百羲赋《杜鹃行》哀之:"杜鹃啼血声不止,白衣少年佐天子。翻云覆雨骤雷霆,竟与党人同日死。死竟无名世尚疑,朝衣仓卒就刑时。似闻唐代永贞际,刘柳诸人有狱词。"②唐永贞党祸,刘禹锡、柳宗元都留有申诉"狱词",而杨锐等不审而诛。

刘光第(1859~1898),字德星,号裴村、培村,四川富顺县人。少家贫,母亲坚持送刘光第读书。刘光第"意气卓荦,不以贫废读"③。光绪四年(1878),应童子试,名列第一。八年(1882)乡试中举人,次年赴京会试中进士,授刑部候补主事。

刘光第在京为官的十余年中,生活清廉自律,不受"别敬"之类的贿赂,更耻于奔走权贵之门,以阿谀求迁升。他为人"性端重敦笃,不苟言笑,志节崭然"④。"君旋谳某狱,司寇受人私谒,欲君枉法徇之,君坚执不挠,司寇无如何。君以刑狱关人命,惧直道难行,致枉屈,遂绝迹不至署"⑤。

甲午战前,刘光第目睹官场腐败,朝廷羸弱,而列强环伺,时局危急,常与知己纵论时事,"至夜分不忍罢",以至痛心疾首,终夜难眠,表现了忧国忧民的爱国情怀。

甲午战争爆发后,清政府节节败退,进一步暴露了朝廷及军队的腐败无能。

---

① 黄尚毅:《杨叔峤先生事略》,《续修四库全书》第1568册,第261页。
② 徐世昌:《晚晴簃诗汇》(四),中国书店1988年影印,第372页。
③ 高楷:《刘杨合传》,《刘光第集》,第438页。
④ 梁启超:《刘光第传》,《刘光第集》,第436页。
⑤ 高楷:《刘杨合传》,《刘光第集》,第438页。

第六章 清代四川教案与川人救亡图存

刘光第在一封家书中说："中日构兵，大势颇危。彼谋大举，蓄之一二十年；我国毫无预备，铅药全无。海军武备尽用贪懦之人，所费巨款尽以报效颐和园及阉宦、军机。现在事机危迫，各省京官纷纷出京，几于十室九空，流散情形，不堪目睹……事机屡失，意在卖国，打仗之事，全不认真，视为儿戏。"①

在此民族危亡之际，刘光第冒杀头之险，于光绪二十年（1894）冬，毅然上书"论战守与愿皇上专政权以图变法"折，请刑部堂官代奏，此即世称的《甲午条陈》，比"公车上书"还早几个月。其主要内容：①请皇上乾纲独断，以一事权也；②请皇上下诏罪己，固结人心也；③请皇上严明赏罚，以操胜算也；④请皇上隆重武备，以振积弱也②。

其中还包括要西太后归政，申斥军机大臣庸碌无能，并"简贤能以代"等等最为敏感的问题，刑部不敢代奏，而条陈被搁置。但其内容在朝野广为流播，在各省亦有传闻，对推动维新活动有一定作用。

《马关条约》签订，举国哀恸。刘光第义愤填膺，在与其弟书信中说："呜呼！堂堂焉以一金瓯无缺之中国，一旦而败坏于诸纤儿之手，虽不遽至灭亡，亦将日渐侵削，忠愤之士，所为痛哭太息。"③ 早有"终老田里"的刘光第萌生归意，于同年请假回福建武平老家省亲，后"由浙而粤，而广西，而湖南、湖北……复与张香涛制府痛谈时事"④。在汉口拜见大吏，引起了湖广总督张之洞的注意。刘光第回京后，与"公车上书"诸同人一一会面，纵谈时事和变法诸事。他在家书中言："今日事势，以兄观之，比中日未战之前更为可怕。为人上者，愈纵酣嬉，而权要之途，愈贪愈鄙，天下大势已去，决不能复振矣。言至此，可为失声一哭者也。"⑤ 此后，刘光第在三国干涉还辽及德占胶州湾事件中都有积极建议，期盼"大庭一日尽易贤人君子"，才能挽国势于危亡，均未被采纳。

光绪二十四年（1898）初，刘光第与杨锐等在北京创设"蜀学会"，以为"强学会"声援。三月，他参加康有为发起的"保国会"。戊戌变法开始后，刘

---

① 《刘光第集》，第 254～255 页。
② 《刘光第集》，第 1～5 页。
③ 《自京师与自流井刘怀安堂手札》，《刘光第集》，中华书局 1986 年版，第 262 页。
④ 《自京师与自流井刘怀安堂手札》，《刘光第集》，第 265 页。
⑤ 《自京师与自流井刘怀安堂手札》，《刘光第集》，第 270 页。

光第、杨锐经张之洞通过陈宝箴折荐,与林旭、谭嗣同等四人被授四品章京,在军机处行走,承办维新奏折初阅签拟。刘光第与谭嗣同一班,隔日当值,相处甚洽。谭嗣同评价刘光第时说:"京师所见高节笃行之士,罕其匹也。"① 刘光第在《京师与厚弟书》中言及当值情况及心情:"二十日得被恩命,赏给四品卿衔,著在军机章京(即俗称小军机是也)上行走,参与新政(不过分看条陈时务之奏章耳。因有'参与新政'四字,遂为嫉妒者诟病,势如水火,将来恐成党祸。)……新旧两党,互争朝局(好在兄并无新旧之见,新者、旧者均须用好人,天下方可久存),兄实寒心,惟圣恩高厚,急切不忍去耳。""现在皇上奋发有为,改图百度,裁官汰冗,节费练兵,改科举之文,弛八旗之禁,下诏求言,令州县士民均得上书言事,决去壅蔽,民气大振。"② 小军机干什么,刘光第这封信讲得清楚明白,过去由于刘、杨被划为"右派""假维新",而此材料不被引用,研究者无视它的存在,实大欠公道。七月二十七日(9月12日),都察院代奏湖南举人曾廉条陈,以叛逆罪请诛康、梁。光绪发交谭嗣同议驳,谭愿以"百口保康、梁之忠,若曾廉之言属实,臣嗣同请先坐罪"。刘光第亦提笔联署:"臣光第亦请先坐罪。"并对嗣同说:"即微皇上之命,亦当救志士,况有君耶?仆不让君独为君子也!"③ 谭嗣同对刘光第此举极为敬服,彼此无分轩轾,为何后人要分孰左孰右。后来康有为在《六哀诗》中说:"我不识裴村,裴村能救我。署奏拒鹰鹯,心感报无所。"④ 表达了对刘光第无限感激之情。刘光第入值军机处,"又不分军机处一分钱,又不受炭别敬……则每年须干赔五百金"⑤。仅15天后,慈禧于八月六日(9月21日),强逼光绪下诏逮捕康、梁、文廷式,戊戌政变从此开始。次日垂帘,仍与光绪同受朝臣恭贺。此后数日,前颁新法废除尽净,同情变法的诸大臣遭革职或拿问。八月九日(9月24日),刘光第等6人被捕,不经审讯,于八月十三日(9月28日)被斩首于菜市口,史称"戊戌六君子"。刑前,刘光第质询监斩官大学士刚毅:"未刑而诛,何

---

① 梁启超:《刘光第传》,《刘光第集》,第436页。
② 《刘光第集》,第287~288页。
③ 梁启超:《戊戌政变记》,中华书局1954年版,第105页。
④ 《康有为诗文选》第257页。
⑤ 刘光第:《京师与厚弟书》,《刘光第集》,第286页。

哉?""吾辈纵不足惜,如国体何?"①刚毅默默无语。刽子手强迫刘光第下跪,刘屹立不屈,"神气冲夷,澹定如平日",表现了视死如归的英雄气概。北方豪杰"大刀王五出来替他棺殓,并派人送其灵柩回到富顺"②。其榇在京莲花庵暂厝时,京城百姓来吊唁者络绎不绝,外省来祭奠的数以百计,皆言"刘君不死",并纷纷解囊以解其家贫,更有不知名者赠银百两而暗暗离去。

杨锐、刘光第等喋血菜市口,为苦难中的中国谱写出最壮丽的诗篇,其英勇就义的事迹可歌可泣。但是,长期以来学术界对杨锐、刘光第评价"有欠公允"③,说他们是变法运动中的"右派""假维新系""坐探""调和者""洋务派"等等④。20世纪80年代以前,有些史学界的研究人员无视康有为、梁启超、谭嗣同对杨、刘的评价⑤,以致使川籍两个殉难者长期蒙上不白之冤。改革开放以来,杨、刘的光泽才被人们重新认识。事实上,四小军机中杨锐威信最高。他对林旭签拟改三改四,林旭都能接受;他对谭嗣同夜访袁世凯的过激行为持反对态度,与刘光第均认为袁世凯不可靠,不愿与之共事。恰恰是康、梁、谭在"百日维新"中一连串的过激奏折和过激行为,导致大好的变法局面日趋紧张。现在有不少史学工作者认为,如果按杨锐、刘光第的稳健步伐进行,也许"戊戌变法"还能做出更多的成绩。康、梁、谭"操之过急",是导致"戊戌政变"发生的主要原因,已是当时中外人士和舆论的共识⑥。

三、变法改制思想在四川的传播

丧权辱国的《马关条约》内容传到四川后,全省上下庶民人等"莫不激昂愤慨,思变法雪其耻"⑦。"这真是空前未有的亡国条约!它使全国为之震动。从前我国还只被西方大国打败过,现在竟被东方的小国打败了,而且失败得那

---

① 《刘光第集》,第438页。
② 周善培:《旧雨鸿爪忆光第》,《四川文史资料集萃》第1卷,第27页。
③ 张秀熟:《杨锐刘光第研究》"序言",巴蜀书社1989年版。
④ 范文澜:《中国近代史》,第326页、327页;汤志钧:《戊戌变法人物传稿》上册,第133页、144页;胡绳:《从鸦片战争到五四运动》,第384页、570页。
⑤ 参见康有为:《六哀诗》,《康有为诗文选》,第255页;梁启超:《戊戌政变记》,第102~103页。
⑥ 张元济:《戊戌政变的回忆》,《李提摩太传》,《戊戌变法文献汇编》之《知新报》《国闻报》《字林西报》等记载。
⑦ 民国《华阳县志》卷16,"人物"。

第六章 清代四川教案与川人救亡图存

样惨，条约又订得那样苛刻，这是多么大的耻辱啊！"① 四川人民陷入沉思和悲愤之中。举人刘奕等泣恳川督驳斥卖国的"和议"；长宁举人张罗澄《上李傅相书》，痛斥清军腐败透顶，"旅顺七统领不战弃城逃"②；一批知识分子要求对"洋务运动"进行深刻检讨，接受盲目"崇洋"血的教训。他们冲破清朝"士人干政"的禁令，要求惩办误国祸民的贪墨大吏。此时，"四川的民志民气昂扬奋发，民众对国家濒于危亡现状，对清廷政治的腐败，已经不是缄默不言，袖手坐视了"③。

维新思想在四川的传播，是通过宋育仁的"复古改制"口号传播开的。光绪二十二年（1896），宋育仁奉旨回川创办工商业。次年，即在重庆创办《渝报》。《渝报》创刊号发表一篇社论性的文章《复古即维新论》，提出"复古改制"，是针对洋务派"祖宗之法不可变"而言。二十四年（1898），宋调任尊经书院山长，《渝报》亦即停刊。宋又在成都创办《蜀学报》，这可以说是《渝报》的续刊。《蜀学报》的编辑指导方针延续"复古改制"思想，所登政论性文章无不宣传其说。如潘清荫（正主笔）的《经史之学与西学相为贯通说》，更有鼓吹井田制才能抑制土地兼并者④。而最能反映宋育仁"复古改制"思想的，是《渝报》每期连续发表的《时务论》和《蜀学报》连续发表的《经说》，皆言《周礼》所有思想都能体现西方各方面新学之功能，只要能改制，就是维新，则"君民共治"，西方教育、西方科技制造业的成就，西方司法的优越性等都可以在中国体现。宋育仁在长篇累牍介绍《周礼》的同时，将西方各方面的知识、经验、成就介绍到四川各地。现仅举一例，他对科举制度的批判言："而司徒乐正之官废……一变而为九品中正，而世胄塞于朝，英俊沈于野。再变为科目，士以投牒求自进，不闻立学，但闻考试；不闻国求才，但闻士求名……"⑤ 他由此要求建立西方式学校。

光绪二十四年（1898），宋育仁约集同人潘清荫、邓榕、吴之英等人在成都创"蜀学会"总会，并拟在各府、州、县设立分会。学会以集讲为主，讲课人

---

① 吴玉章：《甲午战败与百日维新的回忆》，《四川文史资料集萃》第1卷，第4页。
② 《普天忠愤全集》卷6。
③ 张秀熟：《力倡变法图强的宋育仁》，《四川文史资料集萃》第1卷，第35页。
④ 《蜀学报》光绪二十四年第4期。
⑤ 《渝报》光绪二十三年十一月下旬第6册，第15页。

有宋育仁、廖平、吴之英等。讲课内容分伦理、政事、格致三大类。"伦理以明伦为主；政事首重群经，参合历史制度、各省政俗利弊，外国史学、公法、律例、水陆军学、政教农桑诸务；格致统中外古今语言、文字、天文、地舆、化学光声、电气力、水火机、地质、全体动植、算医、测量、牲畜、机器制造、营建、矿学。"① 每月在三公祠聚讲两次，听者亦甚踊跃。这对促进维新思想的传播与发展，起了很大的作用，闭塞而守旧的风气为之一开，乃至穷乡僻壤都受到激荡。正如吴玉章所言："戊戌变法的那些措施，虽然是微不足道的，但在当时却曾经震撼人心……当变法的诏书一道道地传来的时候，我们这些赞成变法的人，真是欢欣若狂。尤其是光绪帝三令五申地斥责守旧派阻挠上书言事，更使我们感到鼓舞。增长了我们的气势，迫使那些反对变法维新的守旧分子哑口无言。"② 四川的变法维新运动不仅在成都、重庆、自贡等通都大邑展开，而且对边远地区乡村也有影响。朱德回忆自己在仪陇县大湾私塾读书时，塾师席聘三老先生也自称是变法维新的信徒，他鼓励学生到外国去留学，去研究科学，并在私塾里增设算学课。年轻的朱德深受熏陶，他"黄昏时分从塾馆放学回家，帮忙把地里的农活干完以后，就热心地向家人叙述变法运动。大人们听得入神，为这孩子能谈出如此之多的天下大事而感到骄傲"③。由此可见，变法图强的思想确实深入人心，但随着戊戌政变的发生，全国大好的政治形势急转直下，四川的维新运动亦宣告夭折。

第三节 广大民众的反清反帝斗争

一、红灯教、啯噜、哥老会的反清斗争

19世纪60年代初至90年代初，四川境内自李蓝起事被镇压下去以后，没有发生大规模的反清斗争，以至骆秉章被誉为"中兴名将"，丁宝桢被尊为"治

---

① 《蜀学报》光绪二十四年闰三月望日，第1册。
② 吴玉章：《辛亥革命》人民出版社1969年版，第41页。
③ [美]艾格丽丝·史沫特莱：《伟大的道路》，生活·读书·新知三联书店1979年版，第61页。

蜀名臣"。但是，由于赋税骤增，人民生活更加困苦，到处危机四伏；又由于清朝统治政权的强化，加紧了对人民的镇压与钤束，阶级矛盾更加尖锐。因此，在此30年间，四川社会并不太平，红灯教、啯噜、哥老会发动了上百次中小规模的反清斗争。

（一）早期红灯教的反清斗争

红灯教是由白莲教支派灯花教演化而来。在咸丰、同治年间，由于清廷屡颁禁令，以刘义顺为掌教的灯花教，联络活动在鄂、川、滇边境的教徒，遂于此时创立红灯教。他们以"吞符燃灯诵经，言人祸福""扶乱降神"等为传教形式，动员贫苦百姓"反清复明"，反抗清王朝的统治。

马边生员宋仕杰，是屏山、马边、洪雅一带最出名的红灯教首领。他招收很多滇省反清志士，并与贵州号军取得联系，开始"私造军器"，准备武装起义。同治五年（1866），宋仕杰率众起事于屏山，在屏山、马边、洪雅等地与清军激战三月而失败。宋仁杰、朱芬、熊文才等义军首领被川督骆秉章残杀。

同治十三年（1874），灌县民众因不堪清朝政府"津帖捐输"的盘剥，在红灯教徒李三少率领下起事。起事民众相约攻打灌县县城，但因众寡悬殊，起事不到10天就失败了。红灯教徒发动的灌县起事，迫使清政府不得不宣布"清减捐输"① 以缓和矛盾。

（二）啯噜的反清斗争

啯噜在乾嘉道咸时期，均以参与者的身份，追随白莲教、李蓝部队参加了反清活动。同光时期规模较大的是张伟堂起事于南江。

光绪三年（1877）夏，南江县发生特大旱灾。这个"万山丛簇，田硗且少，贫者啃玉麦、洋芋，而富家少积谷"的穷地方，不仅春旱，而6、7月仍不下雨，"至秋弥旱"，造成"赤地数百里，禾苗焚槁，颗粒乏登"。贫民缺食，"树皮掘剥殆尽"，"复啖谷中泥土"，至冬，豆麦青苗都食尽，"耕牛几无遗种"。在《丁丑大旱记》中载："是冬及次年春，或举家悄毙，或人相残食，殣殍不下数万。"② 灾情发生后，大吏拨救济粮7000石到南江县，但各乡镇"首事侵蚀其间"，造成贫苦农民大量死亡。南江人民对于官府和地主恨之入骨。他们在啯噜

---

① 《灌县乡土志》卷1，第7页。
② 民国《南江县志》第2编，第38页。

首领张伟堂的率领下，于光绪四年（1878）春举行暴动，远近"饥民闻风啸聚"，攻入镇子场，砸毁平粜局，杀死贪污中饱的首事成九如等4人，击毙击伤地主及团丁多人，并没收了他们的粮食、财物，赈济饥民，又于当夜撤退到巴州所属的陈子寨据守。

川督丁宝桢闻变，急忙调军镇压。起事队伍坚守山寨，并给官军以回击，后因寡不敌众，寨被攻破。张伟堂及数十名啯噜或战死寨头，或被捕牺牲。此后，官府严禁"烧会结盟"、镇压啯噜子的告示遍贴城乡。而啯噜反清队伍，或转移他乡，或隐伏在群众之中，继续进行反抗斗争。

一些啯噜在反对封建剥削压迫的战斗中，也暴露出一定程度的反社会行为。如嘉庆初年在罗江县焚烧李调元藏书的"万卷楼"，就是对珍贵文化遗产的极大破坏。清末，一些啯噜的"吃大户、拉肥猪"等抢劫活动和"绑票"恐怖行为，扰乱了社会秩序，破坏了农业生产。这些啯噜已沦为类似于"土匪"的组织。

（三）哥老会的反清斗争

自道光二十八年（1848）哥老会首领郭永泰开"荩忠山"①堂以来，至咸同年间，哥老会与啯噜、红灯教成为四川三大反清组织。咸丰初，与哥老会结盟的天地会首领万云龙在四川活动。同光时期，哥老会在川小规模的活动甚多，较有影响的反清举事是光绪十年（1884）杨洪中攻破大邑县城。大邑知县王喆，光绪二年（1876）上任，为人贪婪刻毒，"征粮见厘抽分"，断狱"滥刑苛罚"，引起全县百姓的愤怒与不安，称之为"酷吏"。县民旦椿龄出面"控诸院司"，虽获准"勒石县门，永禁浮收"，但王喆钻营于大吏之间，得以"三任县事"，禁归禁，行归行，且衔恨旦椿龄，将其置之以法。大邑监生杨洪（红）中，是当地哥老会首领，常率众打劫富室巨商，并对旦椿龄的胆识甚为钦佩，因此，被王喆禀请上宪革去功名。杨洪中衔恨王喆，伺机报复，遂约同邻近州县哥老会，准备举事，以抗官府暴政和盘剥。光绪十年（1884）杨洪中率众二三百人，诡称"乡团送要犯归案"，打开城门，一拥而入。沿途大呼："县官枉法，诬陷良民监生。""此来但杀官报仇耳，与民无涉。"②王喆闻变，惊恐万状，连大印都来不及带走，缒城逃走。杨洪中搜索知县无获，乃焚毁县衙，打开监狱，不

---

① 《养晦堂文集》卷6，第18~20页；刘师亮：《汉留史》，第117页。
② 民国《邛崃县志》，《兵事志》，第14页。

少囚犯都参加了哥老会的队伍。杨洪中攻破大邑后,因各地"徒党不至",孤军难守,乃于当日午间撤出城垣,向邛崃、雅安转移。其后省城清军赶到,火炮齐施,义军不敌。杨洪中弟杨洪九冒顶兄名就缚。杨洪中只身突围而出,不知所终。事后,王喆因"毫无防范"罪,被川督丁宝桢奏准革职。清廷严令"搜捕余匪,毋任一名漏网"①。但哥老会的势力有增无减,事隔一年(1885),因哥老会首领高红鸡公"被系于狱",其徒党亦"焚署劫狱,拥高红鸡公出"②,可见这一地区哥老会的势力仍很活跃。

二、东乡抗粮斗争

四川省东北部的东乡(今四川宣汉)县人民具有不畏强暴、敢于同恶势力斗争的优良传统。嘉庆初年,鄂西、川东各地的白莲教起义队伍就曾会师东乡县境,然后分兵抗击清军。到了光绪初年,东乡人民又开展了一次英勇顽强的抗粮斗争。这次斗争,是因当地的贪官污吏、土豪劣绅互相勾结,对广大人民敲骨吸髓而激发起来的。

因发动这次斗争而被群众拥戴为领袖人物的是袁廷蛟。他是"邑后河陈家坪农人,不事诗书,而有胆略"。同治十一年(1872),袁廷蛟跋涉万里,到北京控告东乡支应局局绅浮收钱粮,被步兵统领斥为胡闹,解回四川讯办。四川总督吴棠对他杖90,枷号25天,派人押回县里处理。经此打击,袁廷蛟决心效法康熙年间本邑武生王维刚为民请命只身赴京、急公好义的史迹,便四处奔走,组织群众,进行斗争。

同治十二年(1873),东乡知县长廉刚刚上任,控制支应局的劣绅们就送上万民伞,歌颂德政。这时,袁廷蛟联络了40多位在群众中较有威望的人,联名向新知县控告局绅王宗恩等贪赃枉法。知县长廉已受局绅收买,认为袁廷蛟等人是妄图挟制官府,实属不安本分。

县控没有结果,他们又联名进行省控,直接向四川总督吴棠控诉。吴棠批示布政使司对所控各项进行调查。局绅们的所作所为是经不起调查的,他们急忙赶到成都,争取"息讼",答应回县之后立即邀请全县士绅,宣布照前征收地

---

① 《德宗景皇帝实录》卷195。
② 民国《大邑县志》卷14,第4页。

丁各款,铸立铁碑,永不增加。又满口承认让大家清算以往粮账,希望对他们过去的浮收侵吞,不要认真追究。他们并重金贿赂官府,蒙混过关。等到回县之后,他们立即翻脸,既不铸立什么铁碑,也不允许清算账目。

光绪元年(1875),东乡知县长廉调走,由有名的酷吏孙定扬继任。他与局绅们商定筹款办法,即加派捐输5000两,并故意纵容局绅大肆搜括,自己坐地分赃。

这时正值春荒,乡民面有菜色,听到这个消息,大家义愤填膺。是年五月十九日(6月22日),袁廷蛟带领乡民七八百人高举"粮清民安"大旗,来到东乡城外州河南岸的观音崖,要求减少粮税,清算粮账。四乡群众同声响应,纷纷前来参加,队伍很快扩充到两三千人。孙定扬与绥定府(今四川达州)知府易荫芝轮番坑骗县民,抗粮队伍仍时聚时散,与之抗争。光绪二年二月(1876年3月)孙定扬捏造袁廷蛟勾结会党、盐枭,抗拒官兵,劫掠财物,聚众围城等罪名向上级请兵清剿,从而制造了轰动全国的东乡大冤案。

告急文书到达成都之时,署理四川总督文格急忙派遣裕字左营勇丁500名,并添调虎威宝营记名提督李有恒率所部2000人,驰赴东乡,"相机剿办"。在清军到达之前,袁廷蛟已布置请愿队伍散归乡间,或暂避于大山寨峒之中。这时既然无人进行抵抗,裕字左营总兵谢思友、游击金德成又已了解群众请愿的真相,实非聚众围城,于是相继撤兵。但是,李有恒是个有名的刽子手,一向以杀人为乐。他拒不接受谢思友、金德成撤兵的建议,一定要杀人立功,竟借搜查袁廷蛟为名,对手无寸铁的乡民开火,血洗东乡。

光绪二年三月(1876年4月),李有恒带兵攻打寨子梁、鸟咀寨、红岩寨和尖峰寨,对乡民任意搜杀。团首吴仁堂、李开邦引导清军由山后攻入尖峰寨,"壮者夺路逃出者百余人,攀岩死者数十人,被勇杀者近三百人,半属老弱妇孺"[①]。其后,清军围攻千军峒、仙风峒。李有恒向群众喊话,诡称只搜查袁廷蛟,决不伤害其他人。群众信以为真,打开寨门,进峒的清军大肆搜杀,不留一人。另一些听从官府晓谕、离峒归家务农的群众,也同样被残杀。李有恒率清军2000人大杀十余日,致无辜死者数千人,株累乡民以万计,烧毁民房数百间,造成"千人喋血,旷古奇冤"。袁廷蛟对屠夫李有恒早有戒心。他劝告乡亲们暂避乡间峒内,自己则打算上京鸣冤。

---

① 民国《宣汉县志》卷10。

他在深山中蜷伏多日，食野果，饮山泉，昼伏夜出，来到御史吴镇家中。吴镇是达县人，当时在北京任御史。袁廷蛟请求将东乡惨状函告吴镇，由其代奏清廷。吴府家人痛恨李有恒的暴行，同意派人前往北京，并由袁廷蛟扮作仆役随行。于是，他得以冲破重重阻碍，再到北京。

吴镇带领袁廷蛟拜访四川籍在京官员多人，泣诉东乡惨状，大家联名把孙定扬、李有恒等人的罪行上奏清廷。清廷见奏，一面将袁廷蛟交刑部收监，听候处理，一面饬令川督文格，严行查办。

东乡血案，轰动全国。清廷先调湖广总督李瀚章为四川总督，彻查此案。后来又把文格与山东巡抚丁宝桢对调，要丁宝桢对于此案切实查明，不得回护。丁宝桢在当时号称文武全才，颇有声望，四川士民都把昭雪东乡血案的希望寄托在他的身上，但丁宝桢态度暧昧，遮遮掩掩，不敢认真追查。清廷觉得此事影响太大，便任命前两江总督、当时居住四川开县原籍的李宗羲就近前往复查。李宗羲奉旨之后，以衰病之躯来到东乡，亲自查访多日，始明真相。他在奏折中详述袁廷蛟聚众算账，孙定扬捏词请兵，李有恒纵兵滥杀等等事实，直指丁宝桢轻纵李有恒，要求严办。直到这时，清廷才大致知道了东乡血案的真相，并决定另派钦差前往四川查办。

此时，曾任四川学政的国子监司业张之洞上了一道"重案未协有关治本民心疏"的奏章，列举事实，要求平反冤案，严惩罪魁。他在奏章中说："伏思此案之查办由于滥杀，滥杀由于诬叛请剿，诬叛请剿由于聚众闹粮，聚众闹粮由于违例苛敛……东乡自同治八年以后，局中有巨万之征收，无一纸之清账。乡民愤激清算，遂发兵以剿之，且举无数无干之老弱妇孺而屠戮之……今孙定扬横征暴敛，妄召外兵，残民以逞。民不叛而诬为叛，城不围而捏为围，兵已临而不乘机抚定，将欲剿而无一语阻拦。流毒半年，杀人如草……案悬四年，两被京控，三经纠参，两易督臣，三奉查办而卒之，舍首恶而不诛，事无真是非，刑无真罪名。"①张之洞并非川人，持论公平，有理有据，颇受清廷重视，对于推动此案的解决，起了重要的作用。

光绪五年十月（1879年11月），清廷宣布对此案的处理结果：已革知县孙定扬、已革提督李有恒处斩，劣绅张裕康、团首李开邦等充军，文格、丁宝桢

---

① 《重案定拟未协折》，《张文襄公全集·奏议》卷1，（台北）文海出版社丁丑年印行，第302～311页。

交部议处。与此同时,清廷饬令对东乡的地丁、津贴、捐输、茶课等项制定统一章程,不准浮收。并且规定永远不得设立支应局,不准劣绅插手征收钱粮。东乡抗粮斗争历时7年,终于得到了胜利。当东乡县民欢庆胜利的时候,不辞艰辛、不畏强暴、为民请命的袁廷蛟却已冤死于成都监狱。袁廷蛟为东乡广大人民做了好事,群众是不会忘记他的。《宣汉县志》载袁廷蛟"以鄙夫叩阍,除去苛政,轰轰烈烈,载在史册,岂不毅然烈丈夫也哉"!①

三、四川义和拳反清灭洋起事

光绪二十六年(1900),中国爆发了震撼世界的义和团运动。从本质上说,义和团运动是晚清教案的继续和发展,是中国最大的一次教案。在当时的历史条件下,义和团提出"扶清灭洋"口号,一度与清政府合作,被清政府利用,带有浓厚的封建蒙昧主义色彩和笼统盲目的排外倾向,这是不可取的;但义和团英勇抗击八国联军侵略,其悲壮事迹和爱国精神也是不容抹杀的。

在北方义和团举事高潮期间,四川会党亦有所声援。七月,大邑罗文榜建旗"顺清灭洋",毁教堂,打教民。邛州、雅州、丹棱、自贡、成都等23州县都对教堂、医馆、外侨居宅有过激行为。当北方义和团被中外势力击溃后,其成员逃散各省,继续其未了宗旨,而四川红灯教则发动了义和拳大起事。

四川义和拳起事与北方义和团(拳)有相同之处,也有区别。四川义和拳直接或间接受到北方义和团的影响,同样带有浓厚的封建蒙昧主义色彩和笼统盲目的排外倾向。区别在于:北方义和团在"扶清灭洋"旗帜下,一度成为公开合法组织,后来参加了抗击八国联军的战斗;而四川义和拳提出"灭清、剿洋、兴汉"口号,被清政府定为叛逆组织。四川义和拳在开展打教斗争的同时,一直与清军进行大规模的武装对抗。

(一) 动荡的川东

光绪二十六年(1900)冬,北方义和团成员、河南人马回子逃到綦江县扶欢坝,"降谕文,作诗歌,手不停挥,顷刻数千言,琅琅可诵。其说大都以保国灭夷为主……从者众甚"②。次年二、三月间,马回子在与贵州桐梓交界处,传

---

① 民国《宣汉县志》卷13下册,"急公尚义"。
② 民国《綦江县志》卷2"兵事"。

第六章 清代四川教案与川人救亡图存

授胡西生、陈月波等多人学习神拳。二十七年（1901）七月，重庆出现揭帖：

……今奉上帝令，灭清剿洋兴汉。行事多人商议，定今端午日戌时，天下各处共起征伐，临时忽然起火为准。凡欲图者，在起火时各报军器，将发剪短，只留寸长，勿包帕戴帽，以光头短发为记①。

这是红灯教、啯噜、拳民及哥老会等秘密会党大联合的檄文，它反映了各方的信仰和主张。同月，周益三在江津李市场从游牛贩习神拳，"所习咒语，演习四十九日，可以飞檐走壁；演习一百二十日，枪炮不能进身"②，而游牛

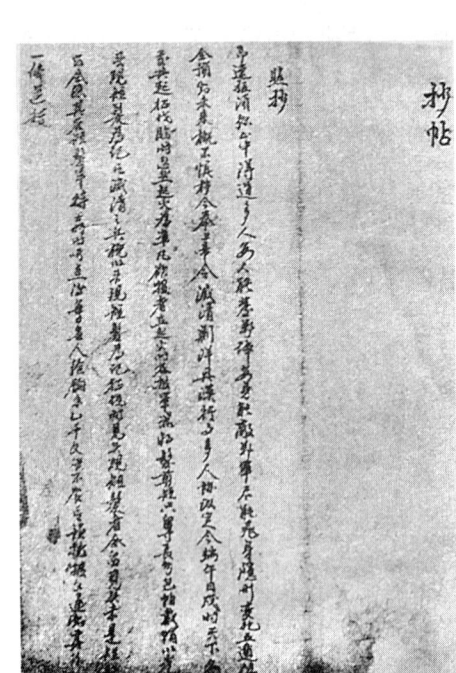

图6-4 四川义和拳提出的"灭清、剿洋、兴汉"抄帖

贩则从习于马回子。这些北方义和团迷信落后的宣传，在四川不胫而走，信者甚众。

同年秋，綦江县与桐梓县发生了民教冲突及教民房屋被焚事件，引起川东一片震动。綦江县青羊市老场与贵州桐梓县新场一河之隔，綦江县基督教传教士王济川曾在青羊市布道受羞辱，常与新场教民肖际云谈及此事。而老场有杨瀛峰、封百川从马回子习拳，"每人各教数棚，每棚十一人，共十八棚，未成丁者居多"③，老场保正陈秀俊未予制止。杨、封利用陈、肖在青羊市纸市之争，越界烧毁新场教民肖际云家房屋。肖与王济川谋划，以烧杀大题状告陈秀俊。川督奎俊以"传习邪教，诱胁团众"罪，杀陈秀俊于巴县，并大举搜捕习拳民众。拳民在川东不能立足，就向川中、川西转移，为次年四川义和拳大发动提

---

① 《四川教案与义和拳档案》，四川人民出版社1985年版，第685~686页。
② 《四川教案与义和拳档案》，第688页。
③ 《巴县档案》，光绪二十七年九月八日川东道札文。

供了有利条件。

（二）李冈中资阳发难

资阳为川中小县，地瘠民贫，是水陆两路交通要道。早在该县阳化场、大堰塍一带传授神拳的李南山，被公认为是这个地区义和拳首领，其信徒遍及简阳、安岳、乐至、仁寿等地。资阳县令胡薇元逮捕了拳民冉永福、李老二，"分别监禁枷责"，引起资阳四乡拳民的武装对抗。光绪二十八年三月十七日（1902年4月24日），以县北核桃园为基地的李冈中率1000余人进入资阳县城，"喝令放人"，因清军援军赶到，拳民毙县丁一人后撤出。此后，李南山、李冈中均被捕牺牲。他们的部下800余

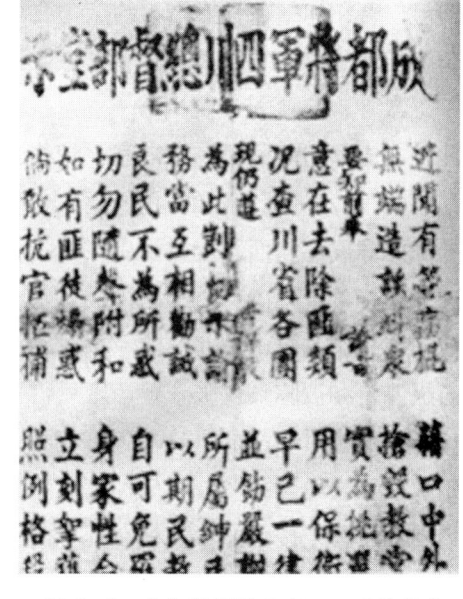

图6-5 成都将军绰哈布、四川总督奎俊镇压义和团的布告（局部）

人杀清水河保正祭旗，与清军激战三昼夜，后资州知州率援兵到，拳民始退散。此后，县西义和拳首领凌天顺、曾洪春率众数千，与县南红灯教首领董顺南等率众攻城，皆被清军先后扑灭，清军并对习拳群众大肆屠杀和抢夺。前任资阳县令马承基有诗云："狐兔窠巢已遍搜，闾阎元气倍增忧。几家灯火连屯屋，一片烟尘起寺楼。妇孺讵能为盗贼，官军枉自结仇雠。"①

（三）廖观音率众威胁成都

廖观音原名廖九妹。其祖父是广州人，因参加过三元里抗英斗争，为避免官府抄捕，"遂率家人远逃四川成都"②，后落脚新都石板滩客家人居住区。光绪二十七年（1901），以曾阿义为首的红灯教徒在这一带传徒习拳，宣传念咒即可"枪炮不入"。他们将16岁的廖九妹奉为观音化身，称其能救苦救难，扬善惩恶。加上廖九妹悟性极高，能登台说法，故廖观音之名远近闻名，顶礼膜拜者络绎不绝。当资阳义和拳攻城战开始后，曾、廖认为起事时机已经成熟，随

---

① 高维寅：《三水关记事诗·马承基和诗》，线装本，藏四川省图书馆特藏室。
② 《成都掌故》，四川大学出版社2001年版，第81页。

第六章 清代四川教案与川人救亡图存

即与仁寿义和拳首领熊青禾约定，会攻省垣①。

光绪二十八年（1902）五月底，廖观音在石板滩击败清军后，与清军对峙于龙潭寺、二台子、院山寺一带，多处教堂、教民生命财产因战乱受到损害。此时，成都四门紧闭，城内官兵惊慌失措，真是"女哭儿啼纷满路，巡街官吏不敢顾"。六月下旬，红灯教队伍与清军鏖战于龙潭寺。76岁的按察使陈璚率兵练死守成都北面孔道龙潭寺一线。而廖观音约熊青禾的密信被清军查获，熊部只在仁寿、彭山、眉山间徘徊，对成都南面压力不大；东面李永洪义和拳队伍亦被阻于龙泉山；北线清军兵力得到加强，廖观音部未能攻下青龙场，退守石板滩，亦被陈璚攻破，曾、廖只得率剩余拳民队伍向金堂撤退。

红灯教对成都的围攻，震惊朝野。列强驻京公使向总署施压，要求保护在川教堂和教民，并调炮艇向泸州、嘉定进发，要沿岷江直抵成都。川籍京官纷纷弹劾川督奎俊无能。高枏在奏折中说："成都一带土匪，竟敢直扑省城……此嘉庆年间白莲教及咸丰年间滇匪所逡巡而不敢为者，该匪等竟大胆为之。"②由此可知廖观音领导义和拳对川局的巨大影响。亦如时人所述："蜀江水碧蜀山平，一点红灯万点迎。"以至川吏惊呼，其祸"不啻北京"③。

六月，廖观音部由石板滩退到金堂肖家坪、清江镇一带，"拆毁金堂县属教堂，并滥杀教民多命"④。六月十日（7月14日），廖部联络本地拳民攻打三水关，毙汉州知州高维寅率领的民团团总傅岳龄及团练27名。七月一日（8月4日），又在清江镇击毙记名提督孙烈全。这场肉搏战，"自辰至午，官军饥，乏食，孙得胜（烈全）战殁，全师覆没"⑤。廖观音回师清江镇火盆山据守。七月三日（8月6日），陈璚率清军及各邻县民团，把山三面围堵，发火炮、火球将山上林木、寺庙焚烧。义和拳牺牲惨重，只得从北面渡绵水逃出包围圈，不善泅者，淹死甚多，到达北岸只剩两三千人。义和拳为报火盆山之仇，将淮口镇苏家湾教堂、高板场七堆瓦教堂打毁，焚烧教民房屋，伤毙众多无辜教民。这种盲目排外仇教的行为，也使义和拳队伍遭受致命打击。在陈璚率领大军的追

---

① 《川中两愚童传》，《新世界学报》1902年第4期。
② 《高给谏奏牍》"恳请新督岑春煊迅速赴川折"。
③ 高维寅：《三水关纪事诗·王蜀琼和诗》。
④ 《德宗景皇帝实录》卷501，光绪二十八年六月三十日上谕。
⑤ 《金堂采访录》"兵事"五。

击堵截之下，拳民战死1000余人，熊青禾等30余名首领被捕牺牲，廖观音、曾阿义等分散回到茨芭店、石板滩。

廖、曾在石板滩休整，溃散拳民纷纷来归，势力复振。他们改变战术，"一遇大队官兵，则扮作农夫，混迹民间；若官军稍寡，则勇往直前，往往官兵反为所败"①。此时，淮口唐顺之率部数千人向简阳、华阳靠拢；仁寿义和拳袭击眉州，声言"复仇"；三台拳民首领江文禄亦分兵来援；新都、崇庆等十余州县都有拳民闹事。这样，在成都附近活动的义和拳队伍"多至三万人"。上海《汇报》惊呼："近闻成都附近州县，拳匪仍复炽昌。"② 青羊宫、白马寺各处，无处无"匪"；"城外附近，草木皆兵"③。城内官吏士绅惶惶不可终日，川督奎俊亦束手无策，"在其内室筑有夹墙，备有饮水、食品，以待阖家藏匿"④。八月十三日（9月14日）夜，有一支义和拳小队，由南门缒城而入，直奔走马街督署，并对市民说："侬不杀若，侬寻官兵斗也。"⑤ 这本是拿下省城的大好机会，但是，迷信散漫的拳民队伍，缺乏统一的组织领导，各支队伍地方色彩浓厚，且在斗争中没有形成有威望的领军人物，因而无法对清军团练实施有效的打击。即如清吏所言，"川省本年匪乱，实无枭雄大憨出其间"⑥，故而被清军各个击破。新任川督岑春煊到任后，采取剿抚兼施政策。光绪二十八年（1902）八至十月，在射洪、蓬溪、三台、荣昌、大足、永川及成都府属各州县的义和拳队伍，或被镇压，或被分化，全川逐渐恢复平静。十二月初，廖观音在简阳县镇子场被捕，其后就义于成都下莲池，时年17岁。一个花季少女，被红灯教推崇为"观音"，招引成千上万农村青年追随其神坛莲座之下，东拼西杀，面对洋枪弹炮，视死如归，史册亦应记载一笔。

---

① 《新民丛报》1902年9月15日，"中国近事"。
② 《汇报》光绪二十八年八月十六日，第412号。
③ 《汇报》光绪二十八年八月二十六日，第415号。
④ 张力：《四川义和团运动》，四川人民出版社1982年版，第94页。
⑤ 汪海如：《啸海成都笔记》，"红灯教进城三则"。
⑥ 《清档·朱批奏折》，农民运动类793号，《川督岑春煊折》。

第七章　清末四川新政

第一节　晚清"新政"潮流的延续

一、同光新政与戊戌新政中四川的改革

鸦片战争以后，中国逐步沦为半殖民地半封建国家。到了19世纪60年代，世界资本主义迅猛发展，"迫使一切民族——如果它们不想灭亡的话——采用资产阶级的生产方式"①。在此情况下，中国不可避免地被卷进了世界近代化的潮流。所谓近代化（有人称为现代化），是指从古代传统的农业社会走向近代（现代）工业社会，走向民主、进步、富裕、强盛，融入世界历史发展潮流。当时，世界上许多国家出现了改革浪潮。在中国周边，日本通过明治维新，走上了资本主义近代化道路，并发展成为亚洲唯一的帝国主义强国。朝鲜也发生了开化派的改革运动。泰国国王拉玛四世和拉玛五世相继推行改革，维护了民族独立，成为东南亚唯一没有沦为帝国主义殖民地的国家。缅甸的曼同王也曾实施一系列改革，并取得了一定成效。清朝的一些官员、学者，认识到落后必然挨打的道理，从自强御侮出发，主张向西方国家学习，"师夷长技以制夷"。此后，清

---

① 《马克思恩格斯选集》第1卷，人民出版社1972年版，第255页。

第七章 清末四川新政

朝统治者先后进行了三次近代化改革,即同光新政、戊戌新政和清末新政。

19世纪60年代到90年代中期,也就是同治、光绪年间,清政府中央及地方官僚发起的洋务运动,也称为"自强新政"或"同光新政"。所谓"同光新政",实质上是清朝统治者经过两次鸦片战争和太平天国农民起义的冲击,在"自强""求富"口号下进行的第一次近代化改革。同光新政的干将先后有曾国藩、李鸿章、左宗棠、张之洞等封疆大吏,清王室中的"议政王大臣"奕䜣、"垂帘听政"的慈禧太后也支持新政改革。改革举措包括练兵、制器、通商、造船、开矿、修铁路以及开办新式学堂、翻译西学书籍、派遣留洋学生、组建北洋海军,等等。同光新政开始的年月比日本的明治维新还早,且时间长达30年,当时的国际形势也没有后来那样险恶。但由于清王朝封建意识太深,传统包袱沉重,新政改革受到传统势力的顽强抵制,使30年的光阴在无休止的争论与无所作为中白白流逝,最终导致甲午战争中中国海军的惨败而给同光新政画上了句号。

同光新政在京、津、沪和沿海地区开展得有声有色,僻处西南的四川也有所动作。光绪元年(1875),洋务派官员、四川兴文人薛焕(工部侍郎,丁忧在籍)与四川学政张之洞在成都创办尊经书院。尊经书院虽不属于北京同文馆那样的新式学堂,但也不同于专习制艺八股文的旧式书院。它上承文翁之教,下启近代蜀学,使四川沉闷的学术空气为之一新,并培养了大批人才。后来,戊戌新政、清末新政和辛亥革命中不少杰出人才都出自尊经书院。光绪三年(1877),四川总督丁宝桢在成都创办四川机器局,生产洋枪洋炮和火药。光绪十二年(1886),架设了自汉口经万县、重庆、泸州到成都的电报线路,沟通了四川与国内重要都市之间的电信联系。光绪十七年(1891),川商卢干臣等在重庆创办森昌泰火柴厂。从此,四川有了近代军事工业和民用企业,并开始了近代通信建设。

图7-1 张之洞像

图7-2 丁宝桢像

第七章 清末四川新政

长期以来，学术界对同光新政（洋务运动）及洋务派的功过褒贬不一，但越来越多的人认为，这场改革不仅从西方引进了新的生产力，使古老的中华帝国向近代化跨出了第一步，而且首开清王朝自上而下改革的先河，并为后来的戊戌变法、清末新政开辟了道路。

中日甲午战后深重的民族危机，促使中国在"救亡图存"口号下进行了第二次改革。由维新志士康有为、梁启超等和维新派官员策划、推动光绪皇帝实行的戊戌变法，也称"戊戌新政"。改革的举措包括政治、经济、文化等各个方面，如精简机构、训练新军、兴办实业、修筑铁路、编制预算、废除八股文、创立京师大学堂等等。然而，急于求成的戊戌变法激化了"帝党"和"后党"之间的矛盾，当改革进行到第103天的时候，以慈禧太后为首的保守势力，发动政变，将戊戌新政扼杀了。尽管如此，戊戌新政的功绩永载史册。戊戌新政是中国资产阶级领导中国近代化运动的首次尝试。它不是同光新政的简单继续，而是在新形势下改革的深入和发展。

在维新变法的鼓动阶段和实施时期，四川的维新派官员和维新志士奔走呼号，呕心沥血。"戊戌六君子"中的四川人杨锐、刘光第为变法献出了宝贵的生命。光绪二十二年（1896），宋育仁奉清廷之命回川担任川省商务局监督，负责矿务、商务之提倡与规划。他在任职期间（1896~1898），制定了《四川商务局招股公司章程》，鼓励爱国绅商兴办各类实业，推动了四川民族工商业的发展。他同时联络四川志士，创办四川最早的新式报刊《渝报》和《蜀学报》，成立"蜀学会"，相继出版了介绍西方议会、工业法规、教育制度的书籍，翻印了严复翻译的《天演论》《原富》《法意》等西方资产阶级启蒙学者的著作。在此期间，四川的尊经书院增设了新课，大讲新学；光绪二十二年（1896），四川总督鹿传霖在省城创设中西学堂，聘请英、法文教习，"分课华文、西文、算学"，是为今日四川大学的前身；蓬溪、荣县、广安、遂宁、江津、重庆、彭县等地也相继办起了新式学堂。戊戌新政向封闭的四川吹进了一股近代新风，使四川人民经历了一次近代思想解放运动，并为清末新政在四川的推行奠定了基础。

以慈禧太后为首的顽固势力对戊戌新政的镇压，不仅使清王朝又一次丧失了通过自上而下改革实现强国梦的可能性，而且引起了社会的分裂，使一些原来赞同和平改革的人——如孙中山等走上了武装革命的道路，最后导致了清朝政权的覆灭。

图 7-3 创建于光绪二十二年（1896）的四川中西学堂，是四川近代高等教育之肇端。图为四川中西学堂外景

二、清末新政出台与四川大吏遵旨改革

清王朝进行的第三次改革，发生在 20 世纪初年。这次改革被称为"清末新政"，也称"慈禧新政"。

清朝顽固势力镇压了戊戌新政，却不能阻挡中国社会的改革潮流。经过义和团运动和八国联军侵华战争，中国资产阶级民主革命浪潮蓬勃兴起，清朝统治者深感"内忧外患"迫在眉睫，再也不能照旧统治下去了。为了摆脱统治危机，并向洋人表白自己并非顽固守旧，扼杀了戊戌变法的慈禧太后不得不接过"维新"旗帜，尴尬地倡言变法。光绪二十六年十二月十日（1901 年 1 月 29 日），逃居西安的慈禧太后以光绪皇帝的名义发布上谕，声称三纲五常虽为万世不易之理，但朝廷的统治方法则应顺应时势加以改革。上谕说："法积则敝，法敝则更，要归于强国利民而已。"上谕要求朝廷百官、驻外使臣、各省督抚"各就现在情形，参酌中西政要，举凡朝章国故、吏治民生、学校科举、军制财政"等情，考虑"当因当革，当省当并"①，提出具体意见以供朝廷选择。接着，清

---

① 《义和团档案史料》下册，中华书局 1959 年版，第 914~915 页。

廷宣布成立由庆亲王奕劻、大学士李鸿章等人组成的"督办政务处",负责统筹"新政"事宜。从慈禧太后下诏变法开始,清廷陆续推行了一系列"新政"措施,如兴办学堂、废除科举、编练新军、改革官制、奖励实业、起草宪法、设立资政院及咨议局等等。不论新政倡导者、策划者、执行者怀着怎样的政治目的,其改革的力度、广度、深度及影响,一点也不逊于同光新政和戊戌新政。

新政期间,历任四川大吏遵旨在川卖力推行改革,而且各有建树。

新政之初,川督奎俊仿照湖北省选派留学生的办法,于光绪二十七年(1901)选派了四川第一批官费生22人赴日本留学。奎俊在《奏派学生赴日肄业片》中说:"现在时事日艰,自以人才培养为急,且川省风气未开,尤当借此消其拘墟之见,以通中外之情。"① 此举受到清廷肯定,并向全国推广。清廷发出上谕说:"造就人材实系当今急务,前据江南、湖北、四川等省选派学生出洋肄业,著各省督抚一律仿照办理。"② 自此以后,四川赴日留学的官费生和自费生日渐增多。次年五月,奎俊仿照京师大学堂成例,奏请将尊经书院、锦江书院、中西学堂合并,成立四川通省大学堂。

光绪二十八年(1902)七月,奎俊因治川不力被解职。新任川督岑春煊继续在川推行新政。十月,岑春煊设立川省学务处,以"督办全川学堂事宜"。岑春煊根据清廷统一规定,改四川通省大学堂为四川省城高等学堂。岑春煊还在四川编练新军,试办警察,开办四川武备学堂和警务学堂。二十九年(1903)三月,岑春煊调署两广总督时,把他在川练成的四营新军也带到广东去了。

继岑春煊之后,锡良担任四川总督。锡良(1851~1917),字清弼,蒙古镶蓝旗人。同治十三年(1874)中进士,历任知县、知府、按察使、布政使及山西巡抚、河北巡抚、热河都统等职。光绪二十九年(1903)三月调署四川总督。至光绪三十三

图7-4 岑春煊像

---

① 参见胡沙:《四川学生官费留日考订》,《四川文史资料选辑》第6辑,第208页。
② 《光绪朝东华录》,第4720页。

年（1907）正月，锡良督川4年，厉行新政，在经济、军事、文化、教育诸方面建树尤多，主要有：（1）首倡自办川汉铁路，"以辟利源而保主权"；（2）建立健全办学机构，严格奖惩制度，延聘外国教习，派遣留洋学生，重视师资培养，创办四川通省师范学堂，数年间四川办学成绩在全国名列前茅；（3）继续开办警察，编练新军，创办各类军事学堂，练成新军10营；（4）设立劝工总局、矿务调查局、农政总局等机构，振兴四川工商实业；（5）创办《四川官报》，作为四川推行新政的喉舌；（6）支持川滇边务大臣赵尔丰在川边藏区进行改革开发，等等。

图7-5　川督锡良创办的《四川官报》

继锡良之后，先后实际担任川省要职的有赵尔丰、赵尔巽、王人文等人。赵尔丰，1906年8月任川滇边务大臣，1907年2月以后曾一度护理四川总督，1911年4月任四川总督。赵尔巽，1908年3月至1911年1月任四川总督。王人文，1908年任四川布政使，1911年1月以布政使护理四川总督，8月卸任。他们在任期间，按照清廷统一部署，继续推行新政，并且有所发展。赵尔丰护理川督时，于光绪三十三年（1907）秋设立成都自治局，筹备成都自治事宜。同年底在省城设立宪政研究所，开始筹划四川宪政。光绪三十四年（1908），赵尔巽在川设立咨议局筹办处，并由王人文充任筹办处总理，宣统元年（1909）成立四川咨议局。宣统二年（1910）成立四川高等审判厅、成都府地方审判厅及成都县、华阳县初级审判厅，标志着四川司法审判与行政机关开始分离，四川近代司法体制开始形成。同年，成立四川高等检察厅，从此四川开始建立检察机构。在此期间，川滇边务大臣赵尔丰在锡良和乃兄赵尔巽的支持下，在川边藏区大刀阔斧进行改土归流，推行屯垦、练兵、设官、兴学、通商、开矿"经边六策"，颇有成效。

新政在四川的推行，除历任四川大吏十分卖力外，还出现了一些积极推行新政的干将，其中以周善培最为突出。周善培（1875～1958），号孝怀，原籍浙江，生于四川，少时受业于四川名士赵熙。戊戌变法时期，热心改革，还曾两次东渡日本考察教育、警政、实业。岑春煊督川时，任周善培为警务学堂教习。周从各地挑选数十人入学，训练出四川首批警官，是为川省警政之始。锡良、赵尔巽督川期间，周善培先后担任警察局总办、巡警道、劝业道、署理提法使等职。他在省城设立巡警局所，组织消防队，登记户口，改造监狱，禁食鸦片，设立乞丐工厂等，使成都警政为之一新。他主持通省劝业道，积极扶持民族资本，发展工商实业，开设劝业场，改善劝业会，倡导成立川江轮船公司等，并多次举办各种赛会、博览会、展销会，还组织四川产品赴省外、国外参展。由于周善培的努力，川省工商实业进入了快速发展时期，受到时人及后人称赞。《启明年鉴》说，省设劝业道后，"一般工商业家纷纷并起，其依股份公司组织者同时亦有数十家之多"①。《成都通览》也说："周总办孝怀时代，商界遂大开生面矣。"②

三、预备立宪与四川咨议局的建立

清末新政，从光绪二十六年十二月（1901年1月）清廷颁布变法上谕开始，到1911年辛亥革命爆发、清朝统治结束为止，前后历时10年之久。其间，从光绪三十一年（1905）起清廷开始推行"预备立宪"，可以看做是新政改革的继续和发展。

19世纪末，中国开始了民主、法制、宪政的启蒙。戊戌变法时期，先进的中国知识分子提出了"定宪法，开议会，申民权，张民主"的政治改革主张。康有为在其设计的"新政"规划中，提出了仿照日本明治维新实行宪政的初步方案。在清朝顽固势力看来，实行"宪政"就是否定君权，简直是大逆不道，这也是慈禧太后对戊戌新政动了杀机的重要原因之一。庚子事变后，慈禧为时势所迫，下诏变法。尽管此时民间立宪救国的呼声兴起，但官方推行的若干新政举措中，还没有涉及"宪政"问题。随着改革的深入，特别是1904年的日俄战争，小日本打败大沙俄，被世人看成是立宪政体战胜了专制政体，于是朝野间要求立宪的呼声越来越高。由于袁世凯、张之洞等封疆大吏和不少驻外使节也奏请立宪，慈禧太后不得不俯顺舆情，于光绪三十一年（1905）派出以载泽

---

① 转引自隗瀛涛主编：《四川近代史稿》，四川人民出版社1990年版，第223页。
② 傅崇矩：《成都通览》上册，巴蜀书社1987年版，第70页。

第七章 清末四川新政

为首的五大臣出洋考察宪政。五大臣分路到日本和欧美等国走了一圈，对日本和西方的民主制度推崇备至，认同了立宪救国的政治主张。载泽回国后在上慈禧太后的密折中说，实行君主立宪有三大好处：一是"皇位永固"，即满洲贵族的君权神圣不受侵犯；二是"外患渐轻"，即可以缓和与列强之间的矛盾；三是"内乱可弭"，即消除革命党人和人民群众的反抗斗争。这三大好处似乎让慈禧太后动了心。光绪三十二年七月十三日（1906年9月1日），清廷发出了"预备仿行宪政"的谕旨。谕旨宣布："时处今日，惟有……仿行宪政，大权统于朝廷，庶政公诸舆论，以立国家万年有道之基。"但又说"目前规制未备，民智未开"，因此不能"操切从事"，只能先作"预备"。所谓"预备"，也就是把"新政"的各项内容，统统纳入预备立宪的范畴，说什么要从官制入手，将各项法律详慎厘定，"使绅民明悉国政，以预备立宪基础"。待数年后规模粗具，查看情形，"再行宣布天下"①。很明显，这是清廷开出的一纸难得兑现的政治支票。

不过，清廷既然宣布要搞"预备立宪"，总得做一些"预备"工作。光绪三十三年（1907）八月，清廷宣布在中央设立"资政院以立议院基础"。九月，命各省督抚在省会速设咨议局，并命预筹各府州县议事会。三十四年（1908）六月，清廷公布了《各省咨议局章程》和《咨议局议员选举章程》。八月，批准颁布《钦定宪法大纲》等文书，规定9年后正式召开国会，实行宪政。十月，光绪帝和慈禧太后相继死去，3岁的溥仪即位当了皇帝，由其生父醇亲王载沣任摄政王，总揽大权。载沣为了巩固自己的权力，便继续举起立宪的旗帜。宣统元年（1909）二月，清廷下诏重申"预备立宪"的宗旨，并命令各省在宣统元年内成立咨议局。

遵照清廷关于在各省筹设咨议局的谕旨，四川总督赵尔巽于光绪三十四年十一月（1908年12月）成立了咨议局筹办处。筹办处设总理1人，由布政使王人文充任；协理4人，由官绅分任。此后，四川各级官员和立宪派绅商们紧锣密鼓地进行省咨议局的筹建工作。正所谓"筹办以来，官率于上，绅应于下，经营规划，不遗余力"②。

---

① 故宫博物院明清档案部编：《清末筹备立宪档案史料》上册，第44页。
② 《四川辛亥革命史料》上册，四川人民出版社1981年版，第2页。

第七章　清末四川新政

根据清廷颁布的《各省咨议局章程》（以下简称《章程》）①总纲第一条规定，咨议局"为各省采取舆论之地，以指陈通省利病，筹计地方治安为宗旨"。这就是说，咨议局的性质仅仅是各省的舆论机构，较之近代意义上的资产阶级地方议会还有一定距离。

《章程》对选举权的规定是，凡属本省籍贯之男子，年满25岁以上，具有下列资格之一者，有选举咨议局议员之权：(1) 曾在本省地方办理学务及其他公益事务满3年以上著有成绩者；(2) 曾在本国或外国中学堂及与中学同等或中学以上之学堂毕业得有文凭者；(3) 有举、贡、生

图7-6　赵尔巽像

员以上之出身者；(4) 曾任实缺职官文七品武五品以上未被参革者；(5) 在本省地方有5000元以上之营业资本或不动产者。另外，非本省籍贯之男子，年满25岁，寄居本省满10年以上，在寄居地有10000元以上之营业资本或不动产者，亦有选举权。针对选举权中关于"资产"的规定，在选民造册时，一些乡曲富户往往隐瞒不登记，"一是怕把财产实数注入册后，将来有摊派之事；二是怕姓名入册，都要举出来办事"。四川咨议局筹办处只好在全省"城乡市镇"遍为张贴《晓谕选举权利告示》②，讲明权利与义务，以解除疑虑。

《章程》第六条规定，有下列情事之一者，不得有选举权和被选举权：(1) 品行悖谬，营私武断者；(2) 曾处监禁以上之刑者；(3) 营业不正者；(4) 失财产上之信用，被人控实，尚未清结者；(5) 吸食鸦片者；(6) 有心疾者；(7) 身家不清白者；(8) 不识文义者。第七条规定，下列人等停止其选举权及被选举权：(1) 本省官吏或幕友；(2) 常备军人，及征调期间之续备后备军人；(3) 巡警官吏；(4) 僧道及其他宗教师；(5) 各学堂肄业生。之所以停止这些人的选举权和被选举权，是因为本省官吏幕友，负有行政责任，与咨议局"本属对立，若与以选举议决之权，恐生旷职及干涉勾通等弊"；在职军人

---

① 《各省咨议局章程》，见故宫博物院明清档案部编：《清末筹备立宪档案史料》上册。
② 《四川保路运动档案选编》，四川人民出版社1981年版，第105页。

"以不预政事为通例",巡警亦然;僧道及宗教师本来就"不预世务";在校学生应精勤学业,"不宜与闻政事"。

按照这些规定,全省广大劳动群众和妇女都没有参加选举的资格。有选举权和被选举权的则是那些士绅、工商业者,不在职的官吏、军人,有中学毕业文凭和有举贡生员功名的知识分子等。当时,四川人口总数为 48129596 人,造册选民为 191530 人,仅占总人口的 0.39%。就是说,每万人中只有 39 人有选举权,低于全国的平均数。当时全国有 4 亿人,有选民 1970000 人,占总人口的 0.42%[①]。

《章程》对各省咨议局议员名额作了限定。四川为 105 名,居全国第 3 位(顺直 140 名,浙江 114 名)。经过登记造册,四川选举人共计 191530 名,即 1824 名选举人中选出议员一名。选举分初选和复选两个步骤进行。各厅、州、县成立选举事务所,具体按此比例分配到各复选区。其余额 11 名加派到所余零数较多的选区。按照议员分配名额,在地方官员的监督下,通过初选和复选,全川共选出正式议员 107 名(包括旗人专额 2 名)、候补议员 54 名(包括旗人专额 1 名),总计 161 名。他们的籍贯分别属于 102 个州、厅、县,就是说全川大多数州、厅、县都有代表。从议员的地区分布来看,人口较多、经济文化相对发达地区的选民及所选议员名额就多些,人口较少、发展较差地区的选民及所选议员名额就少些。如成都府和重庆府,分别为 14 名和 16 名,其次是嘉定府、夔州府各 8 名,潼川府 7 名,保宁府、顺庆府、资州各 6 名,叙州府 5 名,绵州、绥定府各 4 名,其他府、州、厅 1 至 3 名不等[②]。

由于本省军政人员被停止了选举权和被选举权,因此当选的议员和候补议员都属绅商,且绝大多数是有一定功名的知识分子,其中有进士 3 名,举人 45 名,贡生、廪生数十名;此外,有各种职衔者 22 人。他们中的大部分人已不同于旧的封建士绅。有许多人从事工商实业,热心教育和地方公益事业,逐步向资产阶级转化,在地方上有相当的影响和声望。有的则是受过新式教育的知识分子,或毕业于国内新式学堂,或从日本留学归来。据统计,四川议员中,有 10 人曾经留学日本。这些人参政议政欲望很高,能力也强。

---

① 隗瀛涛主编:《四川近代史稿》,第 440 页。
② 《四川保路运动档案选编》,第 109~110 页。

第七章 清末四川新政

从政治派别和政治倾向看，议员和候补议员中，大部分是立宪派或倾向立宪救国的士绅；也有少数革命党人，如刘声元、程莹度、江潘、龙鸣剑（候补）等就是同盟会员。这种状况，与外省咨议局大体相同，表明立宪救国思潮在四川乃至全国社会中居于主导地位。中国新兴的资产阶级，大都希图通过立宪获得合法的政治地位和政治权利，为发展民族工商业创造更为宽松的环境和更多的有利条件。在议员选举中，不免有营私舞弊、弄虚作假现象（仁寿县调查员徐国桢就曾揭露议员选举有舞弊作伪之嫌）；所选议员中，也可能有利欲熏心的阴险之辈。但总体而言，他们中的大多数都是热心桑梓的爱国者，这在后来咨议局的活动以及四川保路风潮和辛亥革命中得到了证明。

宣统元年九月初一（1909年10月14日），四川咨议局第一次会议如期在省城召开。川督赵尔巽、成都将军马亮、布政使王人文、提学使、按察使、巡警道、劝业道、盐茶道以及成都府、成都县、华阳县等地官员莅会。议员除特别有事者外，实到104人。上午9时会议举行开局典礼。10时，选举蒲殿俊为议长，萧湘、罗纶为副议长。蒲、萧、罗三人都有传统功名，有很高的学历，蒲、萧二人还在日本接受过正规的西方政治法律教育；他们社会地位较高，与清朝官吏及绅商各界联系密切；他们热心公益事务，崇尚

图7-7 蒲殿俊像

新学，主张立宪救国，其不俗的表现在川人中享有较高声望。因此，他们当选为咨议局正副议长是在情理之中的。

选举完毕后，由川督赵尔巽作"开局训词"。他对咨议局议员提出了"融畛域、明权限、图公益、谋远大、务实际、循次序"6条"期望"。这些"期望"，听起来冠冕堂皇，其实质是在给咨议局立规矩，要议员们"谨守绳墨"，不得越雷池一步。

按照《各省咨议局章程》第二十一条之规定，咨议局的权限是很有限的。由于建言之权在民，执行之权在官，咨议局"议决"的事件，无论"可行"还是"不可行"，均须呈督抚同意；如果督抚不同意，只要说明原委事由，就可令咨议局复议。督抚还有权中止或解散咨议局的会议。可见，地方督抚的权力远

在咨议局之上。

咨议局选定议长后，即着手建立各种组织机构，拟订办事细则。从九月十五日（10月28日）起，咨议局正式开议，即对提交会议的议案和咨询事件分件进行讨论议决或申复，这是会议的重要阶段，除去休息日，议了近30天。会议总共开了46天，于十月十六日闭幕。闭会后，由全体议员投票选出了资政院议员和省咨议局常驻议员。

咨议局讨论议案时，与四川地方当局在许多重大问题上存在较大分歧，官绅之间的矛盾和斗争贯穿会议始终。例如，对督部堂提交的3件议案，咨议局经过审查讨论，否决了其中的"巡警经费"和"征收小学学费"两件；对另一件"保护森林"案，咨议局提出修正案后才议决可行。这种情况，在过去是不可想象的。而咨议局议员提交的18件议案（有的议案作了合并），如"筹办银行""整理川汉铁路公司""设立地方财政局""剔除征收丁粮各弊""剔除经征税契、肉厘、酒捐积弊""剔除厘金积弊""改革盐务"等，经过讨论或修改，则全部议决通过。这些议案，并非不痛不痒的小事情，而是涉及财政、税收、金融、实业、司法、民族、文教以及机构改革等方方面面。有的提案揭露了社会积弊和官场腐败，并提出了治理方案；有的提案关系民生疾苦和大多数群众的切身利益。应当说，提案的质量是比较高的。咨议局在讨论每件议案时，议长、副议长亲自参加，有关官员到会。议员直陈己见，多数议案经过二读、三读，仔细讨论，写出"决议案"或"修正后决议案"，并付诸表决，表现了议员们的负责精神和较强的参政议政能力。

在会议期间，围绕咨议局的"权限"问题，咨议局与四川总督赵尔巽的斗争十分激烈。赵尔巽总是以"逾越"权限为由，对咨议局进行压制，说什么"本督部堂为一省行政最高之官，咨议局非联邦地方议会之所。官定解释甚明，慎毋故为逾越"①。面对赵尔巽的淫威，咨议局并未退缩，甚至"时时冒停会之险"②，依法据理反驳，坚持合法斗争。这场斗争的实质是新兴的资产阶级反对封建专制主义的斗争。尽管斗争的效果十分有限，但却扩大了近代民主政治在四川的影响，而且在一定程度上限制了清朝地方官吏的独断和专横，并为群众

---

① 《四川辛亥革命史料》上册，第147页。
② 《四川辛亥革命史料》上册，第150页。

争得了一些实际利益。

四川咨议局的建立，是四川两千多年以来封建专制统治向近代民主政治转型中第一次出现的新事物，是四川社会生活中的一件大事。咨议局虽然还不是省级立法机构，但却称得上是近代地方议会的雏形，对后来的四川政治产生了重要影响。清朝统治者原本希图通过预备立宪和成立咨议局、资政院来拉拢立宪派，以缓和社会矛盾。然而咨议局一经建立，资产阶级立宪派既已掌握了咨议局的领导权，他们就不会心甘情愿地听任地方督抚摆布，而是充分利用咨议局这个合法阵地，突破清廷设置的种种框框，为加快实现君主立宪而奔走鼓呼，并把四川的立宪运动推向了新高潮。

四、四川城镇乡地方自治的推行

地方自治之名，译自日本，沿于欧美。地方自治是资本主义国家的一种地方管理制度，即由地方居民选举地方自治机关管理地方事务。清末预备立宪既然要学习西方和日本，推行地方自治也就成为题中之义。

清廷宣布"预备立宪"后，即在奉、直两省试办地方自治，后来逐渐推开。光绪三十三年（1907）秋，护理川督赵尔丰奉命在川设立成都自治局，开始试办地方自治。成都自治局直辖于成都府，内设法制、调查、文牍、庶务四科。三十四年十二月（1909年1月），清廷颁布《城镇乡地方自治章程》，著民政部及各省督抚，督饬所属地方官，迅即筹办。据此，川督赵尔巽将成都自治局扩充为四川地方自治局，由布政使、提学使、按察使为总办，巡警、劝业、盐茶三道为会办，并将成都自治局开办的自治研究所扩充为通省自治研究所，遴选熟习法政的人员充当讲员、所长。自治研究所负责讲习自治知识，培训自治人才。赵尔巽令各州县保送2人赴省学习"自治"，8个月毕业。研习科目计有：（1）奏定宪法纲要；（2）法学通论；（3）现行法制大意；（4）咨议局章程及选举章程；（5）城乡地方自治章程等。以后，又通令各州县设立自治研究所，选绅授课，还添设旁听席，以广招纳。计各府厅州县先后成立自治研究所127所，肄业者不下数千人[①]。四川总督还对各府厅州县筹办地方自治进度提出时间要求，不得迟误。一时间，"地方自治"成为时髦术语。

---

① 《四川文史资料集萃》第1卷，四川人民出版社1996年版，第120页。

第七章　清末四川新政

《城镇乡地方自治章程》(以下简称《章程》)第一条规定:"地方自治以专办地方公益事宜,辅佐官治为主。按照定章,由地方公选合格绅民,受地方官监督办理。"[①]

《章程》规定,城镇乡自治的范围包括:(1)本城镇乡之学务:如中小学堂、蒙养院、教育会、劝学所、宣讲所、图书馆、阅报社等;(2)本城镇乡之卫生:如清洁道路、蠲除污秽、施医药局、医院医学堂、公园、戒烟会等;(3)本城镇乡之道路工程:如改正道路、修缮道路、建筑桥梁、疏通沟渠等;(4)本城镇乡之农工商务:如改良种植牧畜及渔业、工艺厂、工业学堂、劝工厂、改良工艺、开设市场、筹办水利、整理田地等;(5)本城镇乡之善举:如救贫事业、育婴、施衣、放粥、义仓积谷、贫民工艺、救生会、救火会、救荒、义棺义冢、保存古迹等;(6)本城镇乡之公共营业,如自来水等;(7)因办理上列各款筹集款项等事;(8)其他因本地习惯向归绅董办理,素无弊端之各事。上面(1)至(6)款所列事项,"有专属于国家行政者,不在自治范围之内"。

《章程》对城镇乡区域的界定是:凡府厅州县治城厢地方为城,其余市镇村庄屯集等各地方,人口满五万以上者为镇,人口不满五万者为乡。规定:凡城、镇各设议事会、董事会。凡乡各设议事会、乡董。城镇乡地方各设自治公所,为议事会会议及董事会、乡董办事之地。

城镇乡议事会:城镇乡议事会议员,由本城镇乡选民互选产生。议员任期2年,每年改选半数。议事会设议长1人,副议长1人,由议员用无名单记法互选,任期2年,可连选连任。议员及议长、副议长均为名誉职,不支薪水(议长、副议长得给必需之办公经费)。议事会各设文牍、庶务等员,其员额薪水,以规约定之。城镇乡议事会的职责权限是:议决本城镇乡自治范围内应行兴革整理事宜,议决自治规约,议决自治经费的预算、决算、筹集方法及处理方法,议决自治职员办事过失之惩戒、惩戒细则,等等。议事会议决事件,呈报该管地方官查核后,移交城镇董事会或乡董,按章执行。

城镇董事会:城镇董事会设总董1名,董事1~3名,名誉董事4~12名,由城镇议事会选举产生。总董、董事任期2年,可连选连任。董事要呈请该管地方官核准任用。总董呈由该管地方官,申请督抚遴选任用。总董、董事均支

---

① 故宫博物院明清档案部编:《清末筹备立宪档案史料》下册,第728页。

第七章 清末四川新政

领薪水,其数目以规约定之。名誉董事不支薪水。董事会职员不得同时兼任议事会议员。董事会得设文牍、庶务等员,其员额薪水,以规约定之。董事会的职责权限(应办事件)如下:(1)议事会议员选举,及其议事之准备;(2)议事会议决各事之执行;(3)以律例章程,或地方官示谕,委任办理各事之执行;(4)执行方法之议决。总董总理董事会一切事件;董事及办事员辅佐总董,分任董事会事件;名誉董事参议董事会应行议决事件。

乡董:各乡设乡董1名,乡佐1名,以本乡选民,由该乡议事会选举,呈请该管地方官核准任用。其任期及职责权限等,与城镇董事会大体相同。

《章程》对城镇乡居民的权利、义务和选民资格作了规定。居民中有中国国籍、年满25岁的男子、居住本城镇乡接续至3年以上、年纳正税或本地方公益捐二元以上者为选民。选民有选举自治职员和被选举为自治职员的权利。与选举咨议局的选举资格相比,条件大大放宽,但广大妇女和无力交纳捐税的贫苦百姓及大量文盲,仍然被剥夺了选民资格。《章程》规定,有下列情事之一者,不得为选民:(1)品行悖谬,营私武断,确有实据者;(2)曾处监禁以上之刑者;(3)营业不正者,其范围以规约定之;(4)失财产上之信用,被人控实尚未清结者;(5)吸食鸦片者;(6)有心疾者;(7)不识文义者。《章程》还规定,下列人等,不得选举自治职员和被选举为自治职员:(1)现任本地方官吏者;(2)现充军人者;(3)现充本地方巡警者;(4)现为僧道及其他宗教师者。现在学堂肄业者,不得被选举为自治职员。根据上述条款选举建立的城镇乡议事会、城镇董事会及乡董,其实权大都掌握在与地方官府联系较为密切的当地士绅手中,大批地方士绅由此参与地方事务,他们在政治上大多倾向于立宪派。这些地方自治机构在后来的保路运动中发挥了重要作用。

民政部在指导地方自治时,要求各省按繁盛城镇、中等城镇和偏僻地区分类、分批筹办,并进行考核。宣统二年八月(1910年9月),川督赵尔巽在奏折中称:"川省繁盛城镇,业于上年分别指定筹备自治。本年夏间,成都、华阳两县首将城议会、董事会合并设立,并照章将成都驻防加入办理。其江北厅、简州、彭县等三十余厅州县城会,暨繁盛各镇会,均一律依限告成,而原属中等之巴州等八州县及属于偏僻之盐亭一县,岳池等属之石垭各镇,简州等属之石桥各乡,均已提前办竣。综计成立者,城会四十九处,镇会十四处,乡会十七处,复一面指定中等城六十余处并各镇会督饬赶办,期于年内次第组织。"①到宣统三年二月(1911年3月),全省已成立城会100处,镇会143处,乡会67处。有的偏僻城乡,虽未到筹备之期,也先行赶办,如盐亭、雷波等属之城会,简州、绵州、成都、新宁、梁山、资阳、绵竹、仪陇、宜宾、仁寿、荣县、大竹等州县之乡会67处,皆先后成立。另外,按民政部要求,在省会地方首县筹设议事、参事等会,四川除成都、华阳两首县遵照筹设外,并饬江北厅、泸州、巴县三属同时办理②。

地方自治的经费来源,主要有三:一是本地方公款公产,二是本地方公益捐,三是按照自治规约所科之罚金。公益捐又分附捐和特捐两种:就官府征收之捐税,附加若干,作为公益捐者,为附捐;于官府所征捐税之外,另定种类名目征收者,为特捐。附捐、特捐及罚款,成为一些地方官吏和"刁生劣监"借"自治"之名扰民坑民的重要手段。

地方自治是清末宪政的重要组成部分。同四川咨议局成立一样,各府厅州县城镇乡推行地方自治,是四川由封建专制统治向近代民主政治转型过程中出现的新事物,是四川社会生活中的一件大事。尽管地方自治尚属草创,极不完善,但却开启了四川地方自治的先河,为民国时期的地方自治打下了基础。

第二节 清末新政在四川的展现及其影响

一、编练新军,开办警察

清末新政,涉及政治、经济、文化、军事各个领域,但在清廷决策者的眼中,编练新军,一直是新政的首要任务。这不仅是为了抵御外侮,更是为了镇压国内人民的反抗,维护清朝统治政权。

所谓"新军",是相对于清王朝原有的八旗兵、绿营兵和练勇等旧有武装而言的。清末这些旧式军队,落后腐朽,丧失了战斗力。而新军则是仿照近代西

---

① 故宫博物院明清档案部编:《清末筹备立宪档案史料》下册,第793页。
② 故宫博物院明清档案部编:《清末筹备立宪档案史料》下册,第806页。

第七章 清末四川新政

方（主要是日本）营制编成、训练洋操、使用洋枪洋炮的武装力量。"洋务"时期编练的湘军、淮军，虽然装备了新式武器，仍然属于旧式军队。清朝编练新军始于甲午战争之后，新政时期大规模推行。

清廷在光绪二十六年十二月（1901年1月）的变法上谕中就提出了"武备"问题。次年七月，清廷宣布废止武科科举考试，命各省筹建武备学堂。又"著各省督抚，将原有各营，尽行裁汰，精选若干营，分为常备、续备、巡警等军，一律操习新式枪炮，认真训练，以成劲旅"①。二十九年（1903）十月，设立练兵处，任命庆亲王奕劻为总理大臣，袁世凯为会办，铁良为襄办。又命各省设立督练公所，作为地方编练新军的领导机构。三十年（1904）八月，命各省普遍编练新军，颁定统一的营制饷章，军分常备、续备、后备三等，并确定全国编练常备军36镇。三十一年（1905）五月，将常备军改称陆军，并统一全国新军番号。三十二年（1906）九月，将兵部改为陆军部。三十三年（1907）七月，陆军部奏准《全国陆军36镇按省分配限年编成办法》，命各省按限期编练新军。

遵照清廷部署，光绪二十七年（1901）七月，新任四川总督岑春煊即开始在川编募新军，配发新式枪弹，学习外洋操法，并筹办四川武备学堂。是为四川新军之嚆矢。次年三月，岑春煊调署两广总督时，竟奏准把他在川练成的四营新军带到广东去了。继任川督锡良，深感练兵之重要。他在上清廷的奏折中说："奴才到任后，体察情形，内则伏莽未清，远则卫藏多故，幅员辽

图7—8 晚清风俗画：使用新式武器的清军

---

① 《光绪朝东华录》，第4718~4719页。

阔，兵力单薄，若不速行补募常备军数营，缓急殊无凭恃。"[1] 他在四川成立督练公所，自兼督办。于是，编练新军在川全面展开。

四川新军的兵源，一是从原有的绿营中挑选，二是重新招募，但都有较为严格的条件。在此之前，只要愿意，不问其经历、家庭出身、职业或年龄，都可当兵。而新军则要求年龄为 20～25 岁，身体健康，在本省居住和有家的人，才有资格当兵。有鸦片烟瘾和屡次触犯刑律的人不准入伍。开初从原有绿营中挑选精锐 1072 名，组成中、前、左、右 4 营，又陆续招募训练，至光绪三十一年（1905），川省练成常备军 6 营，工程兵 1 营，合计官兵 2583 名。同年冬，锡良又呈奏清廷，拟编练步队 6 营，过山炮队 2 营，工程 1 营，马队 1 营，军乐队 1 营。因尚不足一镇（相当于师），故编为第一、第二两协（相当于旅）。所需军装、器具及过山炮等派员赴外洋订购，军马则从甘肃采购。光绪三十二年（1906）六月，清廷练兵处将四川常备兵统编为 33 混成协，下辖 65、66 两标（相当于团），由陈宧任混成协统领（陈宧离川后由钟颖充任）。继锡良之后，护理川督赵尔丰和川督赵尔巽亦在川加紧编练新军。到宣统二年（1910），川省常备军已编足步队 2 协，炮兵 3 营，马兵、工兵、辎重各 4 队，共计兵丁 8194 名，由清廷编列为陆军第 17 镇，由朱庆澜任统制，驻防省城附近。当初，陆军部分配四川编练常备军三镇，由川省自练两镇，另由度支部和陆军部筹拨一镇。由于度支部、陆军部的练兵经费未能到位（已拨归广西使用），加之辛亥革命爆发，所以清末四川常备军只练成了一镇，即陆军第 17 镇。镇的编制如下：一镇（师）辖步兵二协，另辖马队、炮队各一标，工程、辎重各一营；一协（旅）辖二标；一标（团）辖三营；一营（营）辖四队；一队（连）辖三排；一排（排）辖三棚；一棚（班）有正兵 4 名，副兵 8 名。各级军官的名称是：镇称统制，协称协统，标称标统或统带，营称管带（副营称帮带或督队官），队称队官或哨官，排称排长，棚有正副目。

编练新军的人才及新军官佐来源：一是从省外、国外引进，二是开办各类军事学堂培养，三是选派出国留学深造。锡良督川时，请求时任北洋大臣的袁世凯派员入川帮助训练新军。袁世凯举荐他的亲信、威虎营管带陈宧入川。锡良委陈宧为四川常备军教练官兼帮办，后升第二协统领，兼任四川武备学堂会

---

[1] 《锡良遗稿·奏稿》，第 345 页。

办。四川武备学堂聘请西园、宫琦等4个日本人任教官。光绪三十年（1904），由四川派往日本留学的首批官费生中的胡景伊、周道刚、徐孝刚等6人从日本士官学校毕业回川，受到锡良重用。任胡景伊为四川武备学堂提调，周、徐等5人担任教官。四川武备学堂主要培养新军中的中下级军官，还从武备学堂选派学生如周骏、尹昌衡、刘存厚、彭家珍、王陵基等分批赴日本深造。据统计，光绪三十一年（1905）在日本留学学习军事警政的川籍学生（包括自费生）就有91人。这些人学成回国后，不少人在清朝政府或民国政府担任军政要职，喻培伦、彭家珍等则是辛亥革命的著名烈士。

四川开办的军事学堂，还有光绪三十年（1904）开办的官弁学堂，三十二年（1906）开办的陆军小学堂，三十四年（1908）开办的陆军速成学堂，宣统二年（1910）开办的陆军讲武堂等。为了培训新军军士等基层骨干，在成都成立了四川陆军弁目队，从各地招收中学毕业或具有同等学力的青年入队学习。该队先后招收四期弁目，共1100多人。为配合建军需要，还在成都开办了军医学堂、测绘学堂等。

四川陆军小学堂招收文化程度相当于初中一年级、年龄为14~17岁的青少年入学，学制3年，每期招收100人，共办5期。学生毕业后分送南京、西安等地陆军中学堂和保定陆军军官学堂深造。这批学生毕业后在川军中形成一个派别，统称"保定系"，主要人物有刘文辉、邓锡侯、田颂尧等。四川陆军速成学堂的毕业生在川军中则形成另一派别，称为"速成系"，主要人物有刘湘、杨森、王缵绪、唐式遵等。四川军界中的"保定系""速成系"和其他派系，是民国时期四川军阀混战的祸根之一。

四川在编练新军的同时，对原来的绿营兵进行了裁汰和整顿。据光绪二十五年（1899）统计，川省有绿营兵82营、33000多人。锡良督川后，绿营兵屡经裁汰，尚有37营。鉴于川省"会匪出没""伏莽实繁"，锡良奏准将37营整编为30营，作为续备军，分中、前、左、右、后、副6军，每军5营，补充新式枪炮，实行新法操练，布防于四川腹地和川边要隘。光绪三十二年（1906），续备军奉旨改名为巡防队。驻防成都的旗兵，归成都将军节制。宣统元年（1909），各省旗兵按清廷统一军制改编为巡防队。成都旗兵有3营，每营301人，共903名。

图 7—9 1911年初冬的成都警察（路得·那爱德摄）

同样出于镇压人民反抗斗争、维护社会治安的目的，清末新政把开办警察作为"当今急务"。光绪二十八年（1902），川督岑春煊即遵旨在成都试办警察。岑春煊委候补道李觐光为警务学堂总办，周善培为教习，为四川训练了第一批从事警政工作的员弁，是为川省警政之始。光绪二十九年（1903）三月，省城试办警察总局，由李觐光任总办（稍后为沈秉堃），诸凡章程、部署等皆出自周善培之手。总局管辖范围仅限于省城内及城外街道。

锡良督川后，对开办警察极为重视，认为办好警察可以"内靖闾阎，外弥灾患，上辅庶政，下范群伦，诚内治之本原，民事之总汇也"①。锡良委周善培为警察局总办。光绪三十一年（1905），清廷设立巡警部统管全国警政，警察总局遂改名通省警察总局，负责全省警政，兼管省城警务，仍以周善培为总办。光绪三十四年（1908），遵旨改设四川通省巡警道，掌管全省警政，改通省警察总局为警务公所，专管省城警务。同年在成都设立高等巡警学堂，培养警官，发展警政。据统计，迄至光绪三十三年（1907），全省144个厅州县中，有108个厅州县相继开办了警察，共配巡警5060人。到宣统二年（1910），全省140

---

① 《锡良遗稿·奏稿》，第566页。

个厅州县开办了警察,其余彭水、秀山两县,理番、懋功两厅,亦有了基础。经巡警道派员分路调查,"其堪称完备者共计 111 厅州县"。成都、华阳等县还提前开办了乡镇巡警。川江水道巡警筹办,已具规模。省城、重庆两处正"添练司法巡警,养成侦缉人材,为审判开庭之预备"①。

周善培在担任警察局总办期间,"成都警察程度足称完善"。当时,在成都设立有巡警教练所,招选 1000 人,编为巡警两营,"以储警材"。在成都东、南、西、北、中及外东六路各设正局 1 所,下设若干分局,全城最多时有 52 个局所,巡警达 1200 余名。警察总局首次在成都开展户口登记,实行户籍管理。为预防火灾,成立消防队,有 1000 余人,采用新式水龙、爬梯等器具,"时常演习"。各街共修建 1100 余个太平石缸,全部装满水,数日一换,"防患、卫生,无不周至"②。又于城内外东南西北各处修建钟楼,高 4 丈余,有事撞响警钟,各路可闻声救护。总局还在成都建立乞丐工厂,收容街市乞丐,令其学做粗浅手工和服官私劳役,所得报酬按名分储,3 个月期满出厂时发给,以作谋生之资。警察局还对娼妓实行监督管理,按新法对监狱进行改造。另在成都建立习艺所,可容 600 人,分内外两厂,内厂收罪犯,外厂收游民,令其劳动改造。

警察是近代国家机器的重要组成部分。清朝按西方国家模式组建警察,相对于封建专制制度而言,算是一种进步。但由于清朝政权已经腐朽,开办警察只能是形式上的变化,不可能给腐朽的清朝政权带来回天之力,反而成了新的社会祸害。当时的《四川》杂志就评论说:"自有警察而百孔千疮,其病乃不可救药,欲借以制暴而警察即强暴之媒,欲赖以维治安而警察即治安之蠹。"③

二、兴学育才,废除科举

开办新式学堂,并非始于清末新政。鸦片战争后,魏源等有识之士就曾尖锐抨击清朝教育制度的弊病,并提出了改革科举制度的主张。同光新政时期,洋务派开始兴办新式学堂。戊戌新政期间,光绪曾下令,"将各省、府、厅、

---

① 故宫博物院明清档案部编:《清末筹备立宪档案史料》下册,第 795 页。
② 傅崇矩:《成都通览》上册,第 58 页。
③ 《四川》第 1 号,时评。

州、县现有之大小书院，一律改为兼习中学西学之学校"。清末新政再次把办学堂、废科举作为重要内容，其实质是进行教育体制改革。

光绪二十七年（1901），张之洞、刘坤一根据清廷变法诏谕，在《筹议变通政治人才为先折》中说："现行科举章程，本是沿袭前明旧制。承平之世，其人才尚足以佐治安民，今国蹙患深，才乏文敝，若非改弦易辙，何以拯此艰危！"① 由此提出变法必先"兴学育才"、废除科举，并将之提到了振兴国家的高度。七月，清廷宣布从次年起，废除八股文，并停止武科考试。八月，颁布谕旨："著各省所有书院，于省城均改设大学堂，各府及直隶州均改设中学堂，各州县均改设小学堂，并多设蒙养学堂。"② 光绪二十八年（1902）七月，颁布《钦定学堂章程》，将学堂分为7级，即蒙学堂、小学堂、高等小学堂、中学堂、高等学堂、大学堂、大学院，并规定授予高等小学堂以上毕业生以附生、贡生、举人、进士等出身。这个章程是近代中国的第一个学制，因当年岁在壬寅，史称"壬寅学制"，但执行一年多即废。光绪二十九年（1903）十一月，岁在癸卯，张百熙、张之洞等奏准颁布《奏定学堂章程》，制定了普通教育、师范教育、实业教育从初等到高等的教育体系、学习科目、管理通则、考试办法等等，史称"癸卯学制"。这是中国历史上第一个类型比较齐全、体制比较完备、真正具有现代意义的学制。这个学制后经若干修改补充，一直施行到清末民初。四川当时开办的各级学堂，自然也照此执行。在新式学堂不断创办、学制日渐完善的同时，要求废除旧式科举制度的呼声日益高涨。光绪三十一年八月四日（1905年9月2日），清廷下令停止一切科举考试，在中国历史上延续一千多年的科举制度从此终结。

建立新式教育行政机构，是清末教育改革的题中之意。光绪二十八年（1902）十月，川督岑春煊设立通省学务处，直接委派张鸣岐为督办，以"督办全川学堂事宜"。

光绪三十年（1904）后，四川各厅、州、县相继设立劝学所，作为当地"学务之总汇"。劝学所设总董1人，由县视学兼任。各厅、州、县又将所辖境内划分为若干学区（约三四千户以上为一区），每区设劝学员1人。劝学员负责

---

① 《张文襄公奏稿》卷32。
② 《光绪朝东华录》，第4917页。

学区内劝学工作，挨户劝导已届入学年龄之子弟入学，使学务日见推广。光绪三十一年（1905）十一月，清朝中央设立学部后，四川按清廷指令，撤销学政，改设提学使司，统辖全省学务。提学使归四川总督节制。在提学使之下，还设有省视学6人，负责巡视各府厅州县学务。学务当局创办了《四川学报》和《四川教育官报》，用以指导全省学务，提高教育质量。此外，四川于光绪三十三年（1907）设立教育官练习所，选聘国内和日本通晓教育的专家讲授教育原理和教育行政，对学务人员进行培训。同年，设立四川教育总会，负责"扶持利导"全省教育事宜。通过数年改革，在清朝学部之下，形成了从省级提学使司到府厅州县劝学所的一整套新式教育行政机构，从而极大地推进了四川的兴学热潮。

遵照清廷"兴学育才"的部署，川督奎俊于光绪二十八年（1902）将尊经书院、锦江书院、四川中西学堂合并，成立四川通省大学堂。同年十一月，继任川督岑春煊根据清廷统一规定，改四川通省大学堂为四川省城高等学堂，委丁忧在籍的翰林院编修胡峻为第一任总理（校长）。省城高等学堂设在成都文庙西街尽头的石牛寺街，光绪三十年（1904）春正式开学，陆续开设了师范科、普通科（预科）、正科（本科，又分文、理、医三类）、体育科等。省城高等学堂面向全省招生，主要培养高级人才和中等学堂师资。学堂教师除留学回国人员和有举人、贡生以上功名的人员外，还先后延聘20余名外国教习，讲授日语、英语、数学、物理、化学、文学、法学、经济学等。四川省城高等学堂是四川历史上第一所文理兼设的综合性高等学府，代表了清末四川的学术文化水平，先后培养了朱德、郭沫若、张培爵、蒙文通、李劼人、周太玄等杰出人才。

推广普通教育，是清末兴学的一大特点。锡良督川后，于光绪二十九年（1903）底饬令各府、厅、州、县赶办学堂，并将办学情况作为考核官吏的重要内容，厉行奖惩。光绪三十一年（1905），因办学成绩突出获得记功奖励的有简州、什邡等15个州县的知州、知县，因"办事延宕""事多敷衍""一堂未办""禀报未实"而被给予记过处分的有郫县、绵州等11个州县的知州、知县。三十二年（1906），锡良奏请嘉奖办学"不愧表率"的邛州知州方旭，而将"学务毫无整理"的剑州知州免职。严厉的奖惩措施，使地方官吏不敢懈怠，转而锐意兴学。特别是清廷宣布废除科举考试之后，打消了守旧势力企图走科举老路的幻想，于是四川出现了办学高潮。一般大县都兴办了几十、上百所学堂，边远小县亦有几所、十几所不等。据统计，光绪二十九年（1903）全川开办新式学堂 28 所，其中，师范 1 所，中学 4 所，高等小学 13 所，两等（即初、高小合校）5 所，初等小学 5 所，共有在校学生 1550 名。到光绪三十三年（1907），各类学堂增至 7775 所，仅次于地处京畿的直隶省（8300 多所），居全国第二位；而学生数则达到 242782 名，高居全国之首，是位居全国第二的广东省学生数（74000 多名）的三倍多。到宣统二年（1910），全省学堂达到 11387 所，学生总数有 411738 名，可见发展之迅速。此外，从宣统元年（1909）起，四川对私塾进行改造，在此基础上广设"简易识字学塾"。至宣统三年（1911），全川有识字学塾 6300 余所，有学生 245000 人。在川边藏区，也掀起了兴学热潮，从光绪三十三年（1907）到宣统三年（1911），川边藏区创办各类学堂 180 余所，学生达 4000 余名。有关川边藏区的兴学情况，本书在第十五章中有详细介绍。

为了配合"新政"措施的推行，四川还大力发展职业教育，开办各种职业学堂，主要门类有军事学堂、警察学堂、法政学堂、财政学堂、工业学堂、农业学堂、实业学堂、铁道学堂、体育学堂、游学预备学堂，等等。这些学堂的建立，为清末推行新政培养了大批人才。为了适应专业教育需要，从光绪三十二年（1906）起，成都相继建立了五大专门学堂：（1）四川法政学堂。创办于光绪三十二年，初分官班和绅班，主要培养新政官员。（2）四川藏文学堂。创办于光绪三十二年，旨在培养办理康藏边务的通事（翻译）人才。次年改名为四川省城官立方言学堂，重点转向培养外语（主要是英语）人才。（3）四川通省农政学堂。创办于三十二年，开初以培养农政官员为主，后来也培养农业科技人才，后改名为四川高等农业学校。（4）四川工业学堂。三十四年（1908）创办，后改名四川高等工业学堂，以培养工业专门人才为宗旨。（5）四川存古学堂。宣统二年（1910）创办，旨在保存国学，并培养中等以上教师。学堂分经学、史学、词章学三科。首任监督（校长）谢无量。这五大专门学堂在民国时期成为国立四川大学的组成部分。

在此期间，外国教会也在四川开办了许多学校。经过数年筹备，宣统二年（1910）二月，由美以美会、英美会、公谊会、浸礼会四个英美基督教会联合创办的华西协合大学在成都锦江南岸正式开学，是为今日四川大学医学院的前身。

清末四川新式学堂大兴，对四川社会政治、军事、经济、文化产生了极为

重大而深远的影响。但清朝统治者办学的指导思想，仍然是"中学为体，西学为用"。光绪三十二年（1906）二月，学部奏准的教育宗旨为"忠君、尊孔、尚公、尚武、尚实"，规定"无论大小学堂，宜以经学为必读之科目"①。然而，令清朝统治者始料不及的是，新式学堂在全国普遍兴起，自然科学知识和西方社会学说的广泛传播，使莘莘学子眼见大开，终于冲破清朝统治者"中体西用"的桎梏，成就了一大批推进中国近代化并埋葬清王朝的资产阶级知识分子。

三、振兴商务，奖励实业

中日甲午战后，清王朝为了摆脱内忧外患造成的困境，增加财政收入以克服经济危机，不得不重新调整产业政策。一是改变历代封建王朝奉行的"重农抑商"政策，转向振兴工商，发展实业。二是改变以官办或官商合办形式垄断近代企业的洋务政策，实行向民间资本开放，提倡并奖励私人投资兴办近代企业。

在清末新政中，清廷建立了振兴工商实业的行政机构。光绪二十九年（1903），清廷下令设立商部，用以指导全国工商事务。又令各省设立商务局。商务局总办由各省督抚选派，由商部批准、任命并吸收为商务议员。三十二年（1906），清朝中央各部改组时，将工部并入商部，改为农工商部。原属于商部管辖的轮船、铁路、邮政事务划归新设的邮传部管辖。同年，清廷令各省设立劝业道，随后又命各省陆续设立路矿、农务、工艺各公司以及设立商标局等管理机构。这些机构的相继设立，对各省工商实业的发展起了一定作用。

商部建立后，逐步制订颁行了一系列经济法规，正式确认了私人投资兴办近代企业的合法性，同时也为政府依法管理和保护工商业者提供了依据。商部建立后制定的商律主要包括《商人通例》《公司律》《公司注册试办章程》《商标注册暂拟章程》《破产律》等，有关矿冶、铁路方面的法规有：《矿务暂行章程》《大清国矿务正章》《重订铁路简明章程》等。为鼓励工商业的发展，商部及农工商部颁行的临时性经济法规有《奖励公司章程》《改定奖励华商公司章程》等。这些法律法规在四川得到相应执行，从而推动了四川工商实业的发展。

为了振兴四川工商实业，川督岑春煊于光绪二十九年（1903）初在省城设

---

① 故宫博物院明清档案部编：《清末筹备立宪档案史料》下册，第979页。

立劝工总局，作为全省推行实业的总机构。锡良督川后，十分重视发展工商实业，奏准设立川汉铁路公司，自办川汉铁路，又委令从日本考察工商归来的沈秉堃督办四川商矿总局及劝工总局。劝工总局先行试办各项工艺制造工厂，作为全省示范，待有成效再逐渐推广。为了办好这些工厂，锡良令劝工总局延聘日本技工入川担任教习，还选派学徒20名赴日本各实业学堂学习技艺。劝工总局还积极鼓励新技术的创造发明和新产品的开发，规定"士民如有能仿制洋货和习成别省工艺及自出心裁造成新颖器物者"，可留劝工局"酌予薪资，派充教习，愿自造者许其专利，以便行销"①。

光绪三十一年（1905），根据清廷指令，四川设立矿务调查局。其任务是调查四川矿产种类、开采价值、矿源数量、储量多寡、当前开办方式、运道难易、扩充办法等等。目的是防止外国人掠夺矿产，有利于川人"占先开办"。三十四年（1908）十一月，川督赵尔巽奏准设立四川矿务总公司，主要负责川省未开矿藏的开采和管理。总公司将全省矿产划分为五路，每路派总理、协理各一人，专办招股采矿事宜。公司总资本银400万两，先招华股银300万两，不收外股，以杜权利外溢。

光绪三十三年（1907），四川设立通省劝业道，任周善培为总办，负责统筹全省农工商矿各业。劝业道饬令各属开办劝工局、蚕桑学校、工艺传习所，以传授家具、皮革、陶瓷、土布、毛巾、卷烟、化妆品、漆器、丝织品、刺绣等工艺。又开办通省劝业员养成所，令各府厅州县选送合格士绅赴省学习。第1期学员188人，结业后回各属充当劝业员。还开办通省商业讲习所，为各属培养工商业经营管理人才。另外，劝业道署内又设立通省度量衡局，谋求度量衡整齐划一。劝业道积极支持民族工商业的发展，实行优惠、奖励政策，帮助他们解决各种实际困难。如潼川（三台）锦和丝厂、三台裨农丝厂在资金缺乏面临倒闭危机时，劝业道给予贷款，使其重获生机。宣统元年（1909），成都银根紧缺，由劝业道和布政使拨钱20万元维持市面。重庆鹿蒿玻璃厂创办之初，蒙受重大损失，经劝业道总办周善培介绍向川汉铁路公司借款2万元，才得以生存。周善培还亲笔为其代拟呈稿，请清廷援江苏耀徐制片公司陈例，免税两年以示奖励，得以批准，结果"产品畅销空前"。

---

① 《四川官报》1904年第5册，《新闻》。

第七章 清末四川新政

为了发展川江航运，周善培亲往川江调查，测勘水道，认为川江行轮有利无害，力主自办川江轮船公司，以杜外人觊觎。经过劝业道和川省绅商的共同努力，川江轮船公司于光绪三十四年（1908）正式成立。宣统元年（1909）八月，公司向英国定购的轮船"蜀通"号正式开航，往返于重庆、宜昌之间，每月两次。这是四川第一家民族资本开办的轮船公司，也是本国商轮首航川江。

为了扩大商品流通，推动工商各业发展，四川当局曾多次组织开办商品展览会和劝工会。光绪三十二年（1906）初，当局将成都一年一度的青羊宫花会加以扩充，举办了省城第一次商业劝工会。据统计，劝工会期间售出货品达3437种，销售额计银28.7万余两，钱16万余钏。这次商业劝工会的举办，标志着四川商业向近代化展销迈进了一步。此后省城及不少州县又多次举办商业劝工会，参展商家及参展商品逐年增加。在宣统元年（1909）春省城举办的第三次商业劝工会上，送展的工业品、农产品多达数千种。经过评比，对获奖产品分别授予了头等赤金牡丹奖、二等镀金荷花奖、三等银质海棠奖、四等铜质梅花奖奖牌。光绪三十四年（1908），四川劝业道会同川东道在重庆菜园坝举办首次工商业展览会，又称商业赛会，川东各县均派人携带产品参加，一时"游人云集，盛况空前"。此外，四川还选送产品赴省外、国外参展。宣统二年（1910），南洋劝业会在南京隆重召开，成都、重庆、泸州、绵竹、顺庆等地均选送产品参展，其中四川制革厂的产品获得头等优奖。宣统三年（1911），劝业道将鹿蒿玻璃厂制品送巴拿马赛会，获得一等奖。

新式金融机构的产生是近代化经济发展的需要。光绪三十年（1904），商部颁行《试办银行章程》。次年，川督锡良奏请在川开办"四川官银行"。总行先设重庆，成都设分行。宣统二年（1910）总行迁成都，并相继在上海、汉口、北京、天津、宜昌、沙市及省内一些地方设分行或办事处。光绪三十三年（1907），重庆、成都成立大清银行分行。同年八月，成都开办信立钱业有限公司，总股本20万两。这是四川最早由民间集资创办的首家商业银行。然而，当时的银行（无论官办还是商办）还未能同资本主义工商业熔为一炉，同步发展，主要原因是银行尚未得到工商人士的信任，加之贷款利率高达12%～14%，因此企业主极少依靠银行贷款以求发展。在此情况下，当一些重要企业资金出现困难时，官府则采取借贷"官款"的方式予以支持。官款大都是长期借贷，年利一般在6%～7%左右，只相当于银行平均贷款利率的一半。例如，宣统二年

(1910),因开展警务和商务需要,四川当局决定在省城开办电话,但由于电话效益未显,招集商股困难,后经川督赵尔巽批准,先由巡警、劝业两道共同筹设省城电话公司,由公司息借官款银35000两试办,待一年以后,设法将官款按年抽还。

在振兴工商实业的同时,四川地方当局也比较重视农业的发展。川督锡良在省城设立专管农业的农政总局,负责倡导农田、蚕桑、树艺、畜牧诸业。其后,四川普遍建立了农业试验场,提倡改良品种。劝业道引进国外优良品种,"分类说明,发给试种"。还设立省蚕务总局,分设推广、养蚕、栽桑、茧丝四个部门,并在各养蚕发达县设蚕务分局,"不数年间,成效大著"。在川边藏区,大量招民"屯垦",给予种种优惠,促进了藏区经济的发展。

这里要特别提及的是,成都劝业场(今商业场所在地)的建立,对成都近代商业中心的形成所起的重要作用。由劝业道总办周善培倡导,成都总商会集股兴建的成都劝业场,于宣统元年(1909)三月正式开业。新修的劝业场系仿埃及古建筑建造,颇为精致美观。铺房为一楼一底,楼是通楼,俗称"走马转阁楼"。劝业场全长近百丈,分前场和后场,

图7—10 成都劝业场正面图

场口辟有舆马场地,专供顾客和游人停泊车、轿。开业之初入驻商家即有150多家,可谓家家有特色、户户有专长,几乎把省城的工商精华全都荟萃于此。场内最引人注目的本地产品有:鹿蒿玻璃厂的五彩描金玻璃器皿、大小水银玻镜,因利利织布厂的各色新式机织提花花布,长发美的通景摹本、时花摹本,马正泰、马天裕的水丝浣花巴缎、百子图被面,裕国春的宫粉香胰,松竹轩的刺绣绢扇,荣身久的新衣皮袍,鼎升荣的官帽,熙熙隆的靴鞋,醉墨山房的刻

第七章 清末四川新政

磁,三都重的书画,谦益祥的玉器等等。除本省产品外,场内南北商家云集,有京广货铺、苏广货铺、绸缎铺、大绸局、古玩玉器铺、福烟铺、书铺等。商品陈列,五光十色。有巴黎香水、泰西纱缎、法兰西绢绸、外国自行车、台湾番席、西洋裁绒、八音钟表、金丝眼镜、广东糖食、福建丝烟、纸烟洋酒、留音机等。饮食服务也有特色,楼外楼的中西大菜,名目有200多种,其薄皮包子,尤脍炙人口,颇受欢迎。一家春、聚堂园,既是"南堂",又兼小吃。悦来浴室,清洁卫生。茶楼设备,尤其考究。场内宜春楼、第一楼、怀园等几家茶馆,都具有茶香、水好、楼高、座雅的特殊风格。在劝业场场口,张贴着许多鲜艳的宣传广告,如英美烟草公司的巨型招贴画、巴黎香水的广告画等等。入口处还有专人散发戒烟丸、补脑汁、补血汁、疗痔药水的传单、说明书、保证书,遍赠来宾,大肆宣传。劝业场管理方面的一大特点,是一改过去买卖货物喊价还价、因人而异的做法,规定凡入场商家,不论店铺大小,不论是本地产品或是外来洋广杂货,一律定价出售,各店必须将所有商品悬出价目牌,使顾客一目了然,可以参考比较,照牌付钱,不受欺骗。劝业场事务所还组织专人严格检查执行情况,违犯者坚决处罚。这一做法,为成都工商业树立了明码实价、老少不欺的优良作风。此后东大街、走马街、暑袜街等地的商家也照样悬牌标价,说明其影响之大。劝业场的配套设施还有电灯、自来水、戏园、旅馆等。此前,成都没有电灯,照明全靠油灯、蜡烛。周善培和成都总商会协董樊孔周等决定,先从劝业场开办电灯,既可为省城示范,又可以吸引顾客,繁荣市场。于是集股金2万两,从上海购回40千瓦电机一部,在劝业场建厂发电,供全场照明。为了扩大影响,在劝业场前后场口分别高悬一个圆形大电球,每天黄昏时分,前后场口便挤满人群,观看电球来电。等灯光骤明,群众一齐欢呼,笑声雷动,热闹非常。这一新鲜事物,不仅轰动全城,而且很快传遍川西各县,外县和四乡农民有跑几十里路,专门来看电灯的。这大概称得上是近代成都最早的光彩工程。

由于进入劝业场的商家经过严格挑选,行业齐全,品种繁多,花色新颖,明码实价,吃喝穿用,一应俱全,既有零售,又有批发,所以对于外埠商旅和本地顾客都有很大的吸引力。开业的第一年全场各业交易总额达到白银33万余两。次年,经川省督宪转咨农工商部批准,劝业场正式更名为商业场。更名当年，全场各业交易总额达到白银46万余两，比上年增加35%[1]。成都劝业场（商业场），是全川第一个以商业为主、兼有文化娱乐服务功能的综合性商场，是近代成都最早、最繁华的商业中心，比春熙路商业中心早17年。成都劝业场的兴建，体现了清末成都城市经济功能的明显增强。

四、剔除陋习，移风易俗

清末新政，有兴有革，涉及方方面面。移风易俗，革除陋习，虽不属于新政的主要目标，各地执行情况差异也很大，但就四川而言，对改善社会风气，促进近代文明，无疑起过一定作用。

清朝末年，朝野上下，强烈要求清除"科举""缠脚""鸦片"三大害。新政把废科举、兴学堂、奖游学作为重要内容，其作用和意义已远非"革除陋习"所能评价，而是对中国近代化产生了极为深远的影响。

光绪二十八年（1902），清廷谕令全国妇女"放脚"，今后禁止缠足。早在康熙初年，就曾禁缠小脚，但因遭到传统势力反对，未几而罢。后来，连旗人也跟着缠脚。嘉庆九年（1804），镶黄旗选了19个秀女入宫，竟没有一个不是小脚，嘉庆皇帝非常生气。甲午战后，随着维新思潮在四川的传播，一些维新人士主张妇女放足，并成立了不缠足团体。光绪二十二年（1896），"蜀人茂才周君、孝廉梅君，相继设会、著论"，反对缠足。同年，荣县士绅"设立大足会"，这是目前所见四川最早的不缠足团体[2]。新政期间清廷下达放脚令后，川督岑春煊、锡良先后刊行白话图册，遍谕民间，要求妇女"一律全放不缠"，脱离苦海，永免残疾。

光绪二十九年（1903），四品卿衔、举人梅际郁等在重庆发起成立"天脚会"。梅际郁认为："强国莫先于强种，欲种之强，必使传种之女子形完神定……我国缠脚之风，久成锢害，始于五季之末世，以为女界之玷。"同年三月，成都妇女在文殊院成立放脚会，坐轿到会的太太约百余人，她们都是会前做了一双放脚鞋，把已放小脚纳入鞋中塞紧再前来赴会的。光绪三十年（1904），成都各界成立天脚会，邀请英人立德之妻阿倚波德·立德等到玉龙街龚氏蓬园讲

---

[1] 参见陈祖湘、姜梦弼：《成都劝业场的变迁》，《成都文史资料选辑》第3辑。
[2] 参见杨兴梅：《从劝导到禁罚：清季四川反缠足努力述略》，《历史研究》2000年第6期。

第七章 清末四川新政

图7-11 阿倚波德与参加天脚会的妇女合影

演,号召妇女放脚。在四川各地,较早成立天脚会的有岳池、大足、威远、涪州等州县。吴玉章回忆说:"1903年我到日本以后,我的女儿又届缠脚的年龄了,我妻写信来说要给她缠脚,我立刻写信回去严厉地反对,于是我女儿那双刚刚缠上的小脚,居然得到了解放,她便成了我家乡第一个不缠脚的女人。这一行动在开始虽然也曾遭到亲友们的非笑,但因我坚决不动摇,随后也就有些人跟着来学了。这说明要移风易俗,既要具备先决的客观条件,也要有人敢于出来带头,勇敢地向传统势力斗争,二者缺一不可,否则都是不可能成功的。"① 据《四川官报》报道,在吴玉章的家乡荣县,宣统元年(1909)五月,荣县县令举行放脚劝导会,由女校教员、学生演讲放脚之利及缠足之害,又委有资望的士绅充当放脚劝导,并印刷六七千张放足方法告示,限期必须放脚。县属城隍庙戏会上,严禁缠足妇女入场观戏,梨园优旦禁止踩跷,雕塑绘画女像禁用尖脚。对到期限未放足者罚钱200文,以后按月增加。四川总督赵尔巽认为荣县禁止缠足有方,通饬各厅州县依照荣县办法,切实调查,严行处罚,以期实行全省放足。在宣统元年(1909)九月召开的四川咨议局第一次会议上,

---

① 吴玉章:《吴玉章回忆录》,中国青年出版社1978年版,第9~10页。

咨议局对川省当局提出的"劝戒缠足办法"进行了讨论,提出了"先从官绅入手,以为倡导""多设天足放足等会,以期实行"等办法,并为四川当局所采纳。应当说,清末谕令放脚,顺应了历史发展潮流,在四川也取得了一定成效,特别是在城镇官绅女眷及女学生中,放脚者不少。但因四川风气迟开,积习太深,以致广大妇女依旧"小脚一双,眼泪汪汪"。这项任务,直到五四新文化运动才最后完成。

光绪三十二年(1906),清廷谕令禁烟禁毒,颁布《禁烟章程十条》,限定"十年以内,将洋土药之害,一律革除净尽"。同时宣布,不能戒的只要说明原因,就和五六十岁以上的病者一样,从宽免罪。据此,四川当局立即在川开展了禁烟活动。当时,川江沿岸大量种植罂粟,四川烟土产量居全国之冠,除本省销售外,还大量运往省外国外销售。据估计,全省吸食鸦片者,占成人总数的17%,约315万人,仅省城就有烟馆500家。光绪三十三年(1907)三月,锡良奏准设立戒烟总局,委周善培、沈秉堃为总办,厉行禁烟,"勒限减瘾",并在省城和各州县城内设立戒烟病院。经过数年禁烟,全省罂粟种植面积大为减少。禁种罂粟后,四川每年减少鸦片收益3000余万两白银。为了填补这一巨大"亏折",川省实施了由官商联合改良工农业和发展新兴产业的计划,由官方提供贷款,兴办农工商企业。在禁种罂粟的大片土地上,建立农产品试验基地,种植豌豆、花生、小麦等,或改种甘蔗,发展制糖工业。在烟土的禁销方面,川督规定了最后期限,在销区建立"存土公司",为剩余烟土提供出口方便,货主在限期内可自由运出。任何人不通过"存土公司"保存烟土都是违法行为,所存烟土将作为毒品没收。宣统三年(1911)二月,《大公报》发表题为《中国实行禁烟之铁证》专稿,赞扬四川禁烟成效显著。文章说:"吾调查夔州全郡,始知烟苗一律断绝。然其效力之大,至于此极者,实非以猛厉之手段行之,不克结此效果也。闻其强迫禁烟之时,有农人因种烟而锒铛入狱者……"[①]当时的报纸报道和文献记载难免没有水分,但清末四川禁烟取得成效应属无疑。

除了废科举、禁缠脚、禁烟毒清除"三大害"之外,新政的其他措施,如开办警察、改革官制、整顿吏治、兴学育才等也涉及移风易俗、转变社会风气方面的内容。就拿开办警察来说,川督锡良认为,"警察以卫民防患为指归,尤

---

① 《20世纪四川全纪录》,四川人民出版社2004年版,第101页。

以易俗移风为效果"①，因此警察开办之后，在加强清王朝对人民群众专制统治的同时，也做了一些维护治安、剔除陋习、移风易俗、增进文明的事情。现择要列举如下：

（1）改良戏曲，净化舞台。新政时期，成都开展川剧改良活动，成立"戏曲改良公会"，提倡演出健康新戏，禁演淫秽、凶杀剧目；组织黄吉安、赵熙等文化名人编写改良川剧剧本，出版推广；对演员进行考核，对演出进行质量评估，并实行奖惩。成都原无剧院，光绪三十二年（1906），吴弼臣在会府北街仿苏杭剧场修建"可园"，川剧开始进入剧场。三十四年（1908），戏曲改良公会集资在华兴街新建"悦来茶园"，接纳川剧各班轮流演出，还举行过两次赈灾义演，邀请成都八大班名角串演，盛况空前。"悦来茶园"的开办，是川戏由堂会、庙会向近代舞台演出发展的重要开端②。

（2）查禁淫秽书刊。光绪三十二年（1906），通省警察总局发出禁令，对淫秽书刊、戏曲进行查禁。禁令称："一切书坊、书摊不得出卖淫书。已经刻版者，限于10日，将书版并印成之书呈局销毁，违者查封拿办。戏本有伤风俗者，应行禁止；在演唱时变异为淫荡言词的，由警察官兵随时禁止；禁止在街市游唱淫词小调，违者告诫，查禁后又再唱的，罚钱5角至1元；不服者拘送掌责。"③

（3）严禁官场赌博。据光绪三十三年（1907）七月《四川官报》报道，最近川省"麻雀"（麻将）赌风盛行，而打"麻雀"之人以官场人士最多，上下相习成风。护理川督赵尔丰严令禁绝。赵尔丰认为，要根除赌博，应从官场着手，官应为民表率。官有官事，百端待理，哪有闲暇行赌博之事。如今官场不以赌为戒，反以赌为乐，愧为民上之人。于是下令，严禁官场赌风，警察随时稽查，群众大胆纠举，若官场中有人犯"麻雀"赌博者，指名纠举严办，以此禁民之赌④。在此之前，警察局总办周善培还曾亲率警察前往藩署捉赌。

（4）转变卫生习惯。据《成都通览》载，成都"街市居民昧于卫生之道，藏垢纳污，习于不洁久矣"。自开办警察之后，"民间方知卫生有益，今试举警

---

① 《锡良遗稿·奏稿》，第566页。
② 《四川省志·大事纪述》，四川科学技术出版社1999年版，第201页。
③ 《20世纪四川全纪录》，第59页。
④ 《20世纪四川全纪录》，第66页。

察之善政如下：街道无渣滓，街道无死鼠死猫，杀房（屠宰场）尽移城外，戮人（处决犯人）移于莲花池，街边尿缸一律填平，各街茅房（厕所）改良尽善，病猪肉不准入城，旅馆添窗通空气，认真大修理阴沟，井边不准淘米洗衣，染房臭水不准乱倾，街上不准喂猪"①。除公共卫生外，当局对居家及个人卫生也提出了要求，如：石灰刷墙，杀微生物，不可用纸糊；阴沟及天井常用水洗，勿使秽塞，以防生疫；坛瓮秽水宜常倾去，勿使生沙虫，变蚊生疫；口涎不可乱吐，宜吐于痰盒，而痰盒之水宜一日一易（能注石灰于水内更妙），等等。

（5）改良娼妓管理。成都娼家主要集中于东门柿子园和北门武担山，流娼则与民杂处，良莠难分。光绪三十二年（1906），巡警道周善培实行改良娼妓管理办法，将柿子园更名为新化街，将武担山略加修整，规定所有娼妓集中在上述两处，并召集娼妓开会宣布：愿做娼者，集居此地，不许外迁；不愿做娼者，可到大田坎纱厂做工。又仿照日本"游学区新吉园"处理妓女办法，规定宿费标准，定其户为监视户，并在娼家门首钉"监视户"木牌。警察局规定：各学堂学生、各营兵丁、年轻子弟不准进入监视户，"该户如敢私留，查出一并治罪。如有地棍痞徒，借词滋扰，亦准该户密报本局拿办"。妓女若愿从良，特设"济良所"。据《成都通览》载，"现今从良者亦多"，均得其所②。

（6）筹建模范监狱。光绪三十一年（1905），清廷宣布废除凌迟、枭首、戮尸三种酷刑，仍以斩首为极刑，还废除了"刺字"等刑法。接着颁布了"恤刑狱"若干条，主要是"禁止刑讯、拖累，变通笞杖"等。在四川，警察总局曾通饬所属监狱仿照新法进行改造，革除各种体罚肉刑。宣统二年（1910），在成都北门筹建模范监狱，分为内监（押已决犯）、外监（押未决犯）、女监、病监4部分，可容500余人，后称为"四大监"。

在剔除陋习的同时，还建立了一些基础文化设施，开展了一些前所未有的文化活动。例如：

（1）开展体育运动。随着新式学堂的开办，各学堂开设了体育课，添置了各种体育器械。光绪二十九年（1903），重庆广益中学建成四川第一个足球场。至光绪三十一年（1905），成都华西坝各大中学相继建成5个正规足球场，并经

---

① 傅崇矩：《成都通览》上册，第562~563页。
② 傅崇矩：《成都通览》上册，第193~194页。

第七章 清末四川新政

常举办足球比赛。同年十月,"省城各学堂运动大会"在成都北较场四川武备学堂举行,省城40所学堂的3281名运动员参加了35个项目的比赛。这是四川省第一次运动大会。

(2) 修建少城公园。辛亥革命前夕,成都将军玉崑从旗营培修营房款内拨银5000两,将满城祠堂街关帝庙后的数百亩水田菜圃改建为公园,新修亭榭,种植花木,出售门票供人参观。宣统三年(1911)公园建成开放,吸引了大批汉人进入少城游览。"少城公园"即今之"人民公园",是成都最早修建的具有近代意义的城市公园设施。

(3) 创办报刊阅览室。光绪二十七年(1901),简阳人傅崇矩在成都创办《启蒙通俗报》,宣传办教育、兴实业、强国家、启民智。在四川学政吴蔚若的支持下,傅崇矩在其领导的图书局内创办"阅报公社"。阅览室中陈列全国各地报刊共61种,其中还有日本报纸2种,便民浏览。四川总督岑春煊刊出告示,予以保护。此后成都社会阅报之风,逐渐普及。宣统三年(1911),清廷诏令京师及各省省会先设图书馆一所,于是四川省图书馆开始筹办,并于民国元年(1912)在少城公园内正式开馆。

五、新政对四川近代化的促进

清末新政是由清朝统治者推行的一种渐进式的社会改革。这一改革应当如何评价?对四川产生了怎样的影响?一直存在着不同看法。

有人在评论四川新政人物周善培时说:"周是一个极善于投机取巧的官僚政客,他由清朝政府派到日本去学警察,回国以后,便替清朝政府在四川大办其所谓'新政'。这些'新政',并不是兴利除弊,而是兴害作弊;四川人用'娼、场、厂、唱、察'(娼是'官娼',场是'劝业场',厂是'制革厂',唱是'戏园',察是'警察')五个字就给他概括了。"不可否认,清末新政曾给四川造成了若干新的危害,但也不能用"兴害作弊"简单概括,实际上新政还是做了不少"兴利除弊"的事情。对"娼、场、厂、唱、察"更不能一概骂倒,该肯定的应当实事求是地加以肯定。

在"左"的思想笼罩史学界的年代,崇尚阶级斗争和暴力革命,把统治阶级实行的渐进改革一概斥之为政治骗局或反对革命,特别是像慈禧太后等臭名昭著的人物推行的改革更是被认为反动透顶。当时讲近代史大都不提清末新政,

似乎这场改革根本就没有发生过,即使提到也很简略,其结论多是"一场政治骗局","以彻底破产而告终"。

清末新政是20世纪之初中国历史上实实在在发生过的历史事件,时间长达10年之久,我们既不能因清王朝被推翻而否定新政的存在,也不能因新政推行者声名狼藉而笼统斥之为"政治骗局"。评价重大历史事件,不能只看主要推行者的身份及其主观意图,还应当全方位地考察事件的进程、措施、作用、效果及其影响等等。在特定的历史条件下,伟人怀着"良好愿望"领导的"运动",有可能给国家民族造成巨大灾难;为谋求"集团私利"的人实施的改革,也有可能促进社会的发展。主观动机与客观效果不一致的事例在历史上并不罕见。

清末新政是当时历史发展的产物,是一场与主持者主观意愿相背离的改革。令清朝统治者始料不及的是,新政未能巩固清王朝的统治,反而加速了清朝政权的灭亡。新政的许多措施,客观上促进了中国由传统封建社会向近代社会转化。

辛亥革命推翻了清王朝,但新政的许多措施有的已经物化,有的则已深入人心,并不因为清朝政权被推翻而随之消失。清末编练新军、开办警察,废除科举、兴办学堂,振兴商务、奖励实业,剔除陋习、移风易俗,推行预备宪政,成立咨议局等等,这些仿效日本和西方资本主义制度进行的改革,有的涉及根本体制,有的是中国历史上从未出现过的新事物,对当时及后来民国时期的政治、军事、经济、文化等各个方面产生了深远的影响。

例如,清末四川废科举、兴学堂、奖游学,既有清廷倡导,也有地方官员督行,不少绅商捐款助学,立宪派、革命党人都积极热心,老百姓也拥护,牵涉到全川数十万家庭和个人。学堂中讲授先进的自然科学知识,介绍西方资产阶级社会学说,不仅启迪了民智,培养了大量新型人才,而且是四川教育史、科技发展史上一个重要转折点,为民国时期四川教育、科技事业的发展奠定了基础。新政中四川各州县成立的劝学所,大都成为民国时期各州县教育局的前身。

又如振兴工商实业,清末颁布并施行了一系列经济法规,开创了中国经济法制建设的先河,同时采取优惠、奖励、扶持等措施,推动了资本主义工商业的发展。过去有的研究者认为清王朝振兴实业只是为了讨好外国侵略者,不承认其还有抵制列强经济侵略、发展民族经济的一面。事实上,川汉铁路总公司、

第七章 清末四川新政

四川矿务总公司、川江轮船公司等新政中创办的大型企业,一开始就宣布"保主权""辟利源""不收洋股,以杜利权外溢"等主张,具有明显的反对列强经济侵略的目的。新政期间大量新式企业的开办,推动四川经济向近代化前进了一大步;同时,随着近代民族资本主义经济的兴起,四川初步形成了一个新兴的、进步的阶级——资产阶级,从而使四川有了进行资产阶级民主革命的阶级基础和领导力量。

清王朝花了很大力气编练新军,目的是要镇压人民的反抗斗争,维护清朝统治。然而,不少新军军官,特别是留日出身的军官接受了民主革命思想影响,他们在推进中国军事近代化的同时,积极投入反清革命洪流,成了清王朝的掘墓人。清代四川的新军、巡防军后来都改编成了民国政府的军队。

清王朝宣布"预备立宪",虽说是为形势所迫,不得已而进行的改革,但也顺应了时代潮流。立宪改革与四川咨议局的成立,使立宪派的立宪活动合法化,议员们以代表民意自居,第一次堂而皇之地参政议政,提出各种议案、质询,甚至与地方督抚相抗衡,从而给清末政治生活带来了新鲜内容,使咨议局实际上具有了一些近代资产阶级地方议会的色彩。在预备立宪期间,四川第一次在相当多的官绅乃至民众中普及了民主宪政思想。光绪三十三年(1907)十一月,护理川督赵尔丰在督辕开设宪政研究所,凡司、道、府以及候补道、府官员,均定期参加讲习。同时饬令法政学堂在堂内附设讲习宪政速成班,凡在省城当差的大小官员以及佐杂吏目,都必须报名讲习,分班入学①。在筹办四川咨议局的过程中,咨议局筹办处特拟晓喻选举权利的白话《告示》,排印多张,"发交各区团保人等遍为张贴城乡市镇,俾众周知。并散给地方首人,谕令遍给乡曲富户,及饬各劝学员就近演说"②。通过预备立宪与民主宪政思想教育,启迪了民智,推动了四川政治近代化的进程。

清朝末年,"文明"一词已在社会上广泛流行。新政中,依法建立了不少新式社会团体和民间组织。这些近代社团组织,不同于旧式封建行帮和袍哥组织,因而被称为"文明社会"。傅崇矩在《成都通览》中列举的成都"文明社会"有成都商会、成属商事公断处、四川教育总会、成都铁路股东分会、四川农会、

---

① 参见《四川省志·大事纪述》,第194页。
② 《四川保路运动档案选编》,第105页。

川省工业协会、国学会、华阳铁路股东分会、戒烟会、戏曲改良公会、学堂运动会（无定所）、咨议局议案研究会、商业劝工会（劝业会），"以见成都之渐进"①。这些文明社会特有的社团组织，涵盖政治、经济、教育、文化各个方面，表明成都乃至四川已开始向近代文明社会"渐近"。

六、新政导致四川社会矛盾激化

清末新政是在清朝统治腐败不堪、财政枯竭、内外交困的情况下启动的，再好的改革举措也会因主持者的昏聩和执行者的贪婪而变成坑民扰民的败政。因此，新政在促进四川近代化的同时，也给四川人民带来了新的灾难，从而激化了社会矛盾，加速了反清高潮的到来。

（一）新政筹款，横征暴敛

清末新政举措，需要巨额经费开支，然而清廷财政本来就已枯竭，加之《马关条约》《辛丑和约》签订后"旷古罕闻"的"大赔款"，使清朝中央财政面临崩溃境地。为了解决财政危机，筹集新政经费，清王朝一面大举外债，一面在国内大肆搜括，并将赔款分摊到各省，限期缴纳。光绪二十七年（1901）八月，清廷允许地方官府自筹税收，"各该督抚均有理财之责，自可因地制宜，量力交通，并准就地设法，另行筹措"②。于是，不仅地方督抚可以任意开征，府厅州县也可自立名目抽收捐税。

四川本为富庶之区，但在清廷搜括下，财政愈来愈拮据。仅"庚子赔款"一项，四川每年就摊派解银 220 万两，仅次于江苏省。每年还要承担偿还俄法贷款、英德贷款 100 余万两。此外，尚有没完没了的临时摊派。如光绪三十年（1904），清廷向四川摊派白银 30 万两，充北洋练饷，又解白银 6 万两，充黄浦江工程经费，再拨云南铜本、铁路经费 5 万两③。三十一年（1905），"川省供拨京外协饷等款，岁约七百万，而本省新政备举，防军罗布，用款又踵事而增，以致库藏空虚，常向票商息贷以济窘乏"④。为了上缴京饷、协饷和筹集新政经费，四川当局不顾川省承受能力，对百姓横征暴敛。除了新增税种、提高税率

---

① 傅崇矩：《成都通览》上册，第 72 页。
② 《光绪朝东华录》，第 4726 页。
③ 参见《四川省志·大事纪述》，第 168 页。
④ 《锡良遗稿·奏稿》，第 499 页。

第七章 清末四川新政

等传统手法外,还引进公债、彩票等近代集资敛财办法,正所谓"向无者新设,有者加重,加至四倍、五倍至十倍不止"①。

编练新军是新政最大的支出。据估算,每镇新军建军费用需白银100多万两,常年经费200多万两。四川编练新军最初是以计岸官运盐课余利和烟酒厘金作为经费,后来又奏请将川盐每斤加价2文,以供"练兵制械之需"。光绪三十二年(1906)二月,川督锡良奏请在成都、重庆开办彩票,"将盈余拨充练兵制械之用",未准。是年冬,锡良以扩军经费无着,各项筹款"仍属缓不济急",再次奏请开办

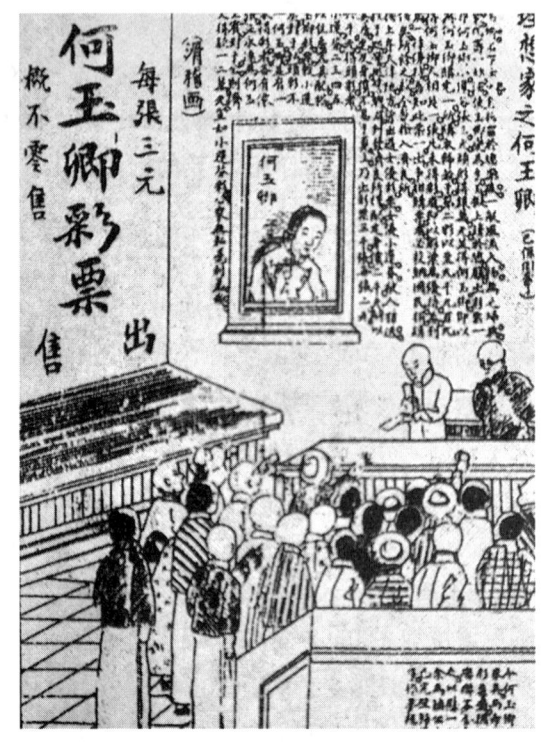

图7-12 晚清风俗画——购彩票

彩票。清廷查照湖北、江南等省成案,准其暂行试办。"所获赢余,尽敷制械购机之用。"光绪三十三年四月(1907年5月),四川正式发行官办彩票,由劝工局经营,每张售银5角,票额、彩数均照彩票公司规则,其中无彩、空彩票据亦酬以值银2角的商品②。四川大吏用搜括来的钱财,从日本、德国先后购置步枪、毛瑟枪和制造枪、弹、火药等的机器设备,共耗银60万两有奇。

川省开办警察的经费,最初在团练经费项下开支。由于川督锡良允许如经费不足,可以"就地另筹款,以期经久",因而各地借办警察之名,巧立名目,大肆搜括,如征收花捐、戏捐、柴捐、斗捐、船捐、茶桌捐、旅店捐、烟灯捐

---

① 民国《荣县志》卷15。
② 《四川省志·大事纪述》,第183页,另据傅崇矩《成都通览》:"四川彩票发起于光绪三十一年(1905年)之冬,川人争相购买,以贫而得大彩立刻成富翁者,无期不有。原名彩票公司,去年改为票捐局……今已开至五十期矣。"又载:"光绪三十一年冬,彩票初兴,众商缩手。"傅氏曾亲自参与彩票认销,所言应当可信。由此看来,四川最早发行彩票当在光绪三十一年(1905年)冬。

等等。为了筹措办学经费,川督曾令将货厘、票厘各局盈余和钱粮契税羡余作为学款,因其不足所需,就加捐征税。江油县办农业学堂,加征船捐,货船每载抽钱1000文。宣统二年(1910),苍溪县请准每正银一两附加警、学两费2800文,平均三份,以一份补助学费,以二份抽办警察①。光绪三十二年(1906),一位川籍留日学生撰文揭露道:"四川虽以殷富闻,自咸同以来,地丁而外,津捐各款,名目繁多。近年来,兴学、练兵、办警察、筹赔款,竭泽而渔,势已不支。而外洋货物充塞内地,工徒失业,农商亦因此受亏。生计艰难,迥异昔日,疮痍满道,乞丐成群。节衣缩食,卖儿鬻女,而不足以图生活供丁赋者,比比然也。"②

(二)吏治腐败,鱼肉百姓

改革官制,整顿吏治,是清末新政的重要内容。尽管清王朝相继采取了"裁冗衙"(精简机构)、"裁吏役"(精减人员)、"停捐纳"(停止卖官鬻爵)、"裁陋规"(废除官场陋习)等改革措施,但由于清朝政权已经腐朽,对日益腐败的吏治终究束手无策。一些贪官污吏利用手中权力,假借新政之名,贪赃枉法,徇私舞弊,滋事扰民,为非作歹。

据《德宗景皇帝实录》载:"川省官吏,肆行贪赎,摊派赔款,劝办捐输,任意舞弊。"③川督锡良也承认:"川省不肖州县,往往藉罚款济公之名,为侵渔自肥之地。"④灌县张兆麟"经理警署收支并教练所庶务,辄于收入之费以多报少,支出之数以少报多,经该县饬委会绅清算,复敢藏匿底簿,诬控警长,且有霸收捐款情事。此等刁狡之徒,最为地方之害。况该邑各绅局,假公营私,已成习惯"⑤。资阳县令好赌,上任后"即设法得数千金,由小路运至中江",偿还赌债。该县令素不留心词讼,"忽一日悬七案。坐皇堂,首案原被告上,未即询案情,即大肆喝叱",谓:"汝县中人皆谓予终日打麻雀,不问案,且看我今日即问七案!"⑥其实当日一案未结。达县县令"借案勒罚,赊累巨万,其因

---

① 民国《苍溪县志》卷5,食货志。
② 戴执礼:《四川保路运动史料》,科学出版社1959年版,第44页。
③ 《德宗景皇帝实录》卷505。
④ 《锡良遗稿·奏稿》,第491页。
⑤ 鲁子健:《清代四川财政史料》上册,第556页。
⑥ 《蜀报》宣统二年十一月第8期。

此毙命者无岁无之"。该县令做生日,"大索乡民礼物不下数千,县民怨咨,公拟一联云:大老爷做生,银也收,钱也收,红黑一把抓,何分南北;小百姓该死,麦未熟,谷未熟,青黄两不接,送啥东西"①。西昌县令章庆,借禁烟为名至德昌,闻县人有烟,即令差勇按户搜查,"有烟之户,罚款十倍,而无烟之家,亦被骚扰不堪,要皆阳借新政名目,其实金钱主义"②。四川警察"试办数年,成效未收而弊端百出……甚而有假警察之名以取财虐民,滥用警察之权以作威作福者"③。四川巡警道周肇祥"自到任以来,寻隙苛罚,滥使权力。以修理街道为名,偶有触犯,辄罚石板数十百块不等。轻骑四出,夜无故入人家,声称拿赌,茫无所得,而人家已受其蹂躏者不一而足。是以省垣商民,岌岌不安"④。

清末新政是一场与主持者主观意愿相背离的改革。新政不仅没有达到清朝统治者自我拯救的预期目的,反而动摇了清朝封建统治的基础,加速了清朝政权的覆灭。

首先,新政使封建主义与资本主义之间的矛盾冲突日益激化。以慈禧太后为首的清朝统治者推行新政,是要维护以封建主义为基础的满族贵族的专制统治。然而,以日本和西方国家为楷模进行的改革,大多有利于资本主义经济的发展和资产阶级民主思想的传播。于是,封建主义与资本主义之间的矛盾和冲突不可避免。一方面,清朝统治者死死抱住封建专制制度不放;另一方面,在新政中逐渐发展壮大的中国资产阶级及知识分子,则强烈要求改变封建专制统治,实行有利于资本主义发展的政治制度。不仅激进的资产阶级革命派一直坚持反清斗争,连最初拥护君主立宪的资产阶级立宪派也因清朝统治者顽固推行封建专制主义和卖国政策而与之分道扬镳。保路风潮的兴起和辛亥革命的爆发,正是这种矛盾冲突激化的必然结果。

其次,新政加剧了清朝统治者与人民群众之间的矛盾。新政在给民众带来一些好处的同时,也因新政筹款,巧取豪夺,造成农商交困,工徒失业,民不聊生。广大群众处于水深火热之中,对清王朝的黑暗统治和卖国行径切齿痛恨,

---

① 《蜀报》宣统三年六月第 12 期。
② 《民立报》,1911 年 8 月 8 日。
③ 《四川官报》甲辰正月下旬第 1 册。
④ 《四川辛亥革命史料》上册,第 154 页。

最终汇聚为反清洪流。

第三，新政加大了清朝最高统治者与地方实力派官僚之间的矛盾。清末新政的施行，与袁世凯、刘坤一、张之洞等汉族地方督抚的竭力主张和推动分不开。这些汉族地方实力派官僚，企图通过新政扩大自身的权势，而清廷则希望借助新政削弱地方权力，强化中央集权。清廷借故削夺袁世凯的军权、派亲信贵族铁良到江南查核库款、宣布成立"皇族内阁"等措施，引起了地方实力派官僚的强烈不满。这种矛盾斗争到辛亥革命前夕更加尖锐激烈，从而增大了汉族地方实力派官僚集团对清廷的离心力，对加速清朝政权的垮台起了不可忽视的作用。

第八章 民族民主运动的勃兴

第一节 新兴资产阶级登上历史舞台

一、四川资产阶级的产生及其特点

鸦片战争以后，外国资本主义侵入中国，对中国社会经济起了很大的分解作用。一方面，破坏了中国自给自足的自然经济基础，破坏了城市的手工业和农村的家庭手工业；另一方面，则促进了中国资本主义经济的发展。从19世纪70年代起，一部分商人、地主、官僚和买办开始投资新式工业，从中诞生了中国的资产阶级。毛泽东说："中国民族资本主义发生和发展的过程，就是中国资产阶级和无产阶级发生和发展的过程。如果一部分商人、地主和官僚是中国资产阶级的前身，那末，一部分的农民和手工业工人就是中国无产阶级的前身了。"① 中国资产阶级和无产阶级的产生，表明了晚清中国社会阶级关系发生了新变化。

四川资本主义生产关系的产生晚于沿海和长江中下游地区二三十年。从光绪十七年（1891）川商卢干臣等在重庆创办森昌正火柴厂开始，四川一部分商

---

① 《毛泽东选集》第2卷，人民出版社1952年8月第2版，第621页。

人、地主和官僚相继投资近代新式企业。19世纪末特别是20世纪初，随着资本主义经济的产生和初步发展，四川逐渐形成了一个拥有数十个近代企业、数百个手工工场且与其他阶级有着明显不同的政治经济利益集团——新兴的资产阶级。他们靠剥削工人的剩余劳动创造的剩余价值，获取资本主义利润。他们共同的政治要求，是希望建立一种适合资本主义发展的政治制度。四川资产阶级是当时四川先进生产力的代表。它的产生，是四川社会的一大进步。

四川资产阶级大体由四部分人组成：（1）工商业资本家和金融资本家；（2）清末新政中投资川汉铁路公司及其他近代企业的部分官僚和士绅；（3）手工业资本家；（4）从事农业经营的富农和佃富农。

在四川资产阶级队伍中，工商业资本家和金融资本家是主体。他们大多数是由富商或士绅转化而来，人数虽然不多，但因投资兴办新式企业和从事近代商业、金融活动，代表着四川社会进步的方向。他们的经济实力较强，投资领域较广，与官僚、地主联系密切，有的还充当外国人的买办，因而社会地位较高，如成都的舒巨祥、樊孔周，重庆的赵资生、李耀庭等，便是清末四川工商界的头面人物。在这类资本家中，有的因接受资本主义新思想的影响，深知兴办实业对振兴国家的重要性，因而投资工商实业。如江津人何鹿蒿留学日本学习玻璃制造，回国后集资创办重庆鹿蒿玻璃厂，成为工业资本家，其后又参与创建成都劝业场；留日学生陈崇功回川后，集资在重庆创办富川造纸厂；革命志士卞鼎（小吾）在重庆创办东华火柴公司；著名学者张森楷为振兴四川蚕桑，在合川招股创办四川蚕桑公社，其后又仿照日本丝厂方式，开办经纬丝厂等。

在清末振兴工商实业的新政热潮中，一部分官僚、地主因投资川汉铁路及其他近代企业，开始向资产阶级转化。正是由于他们的转化，壮大了四川资产阶级队伍，加速了四川资产阶级的形成。郭沫若在《少年时代·反正前后》一书中写道："在当年……还有一件最普遍最彻底的资本主义化的表现，便是川汉铁路公司的建立。以武汉为中心的京汉、粤汉、川汉的三大铁路干线的建筑，可以说是中国自受资本主义化以来的新兴阶级的一个理想……四川就在癸卯甲辰之交要起来经营川汉铁路了。完全采取的是有限公司的制度，但是股本的收集却带有政治势力的强制性质……由各州县的知事按着地租的多少摊派到各地方的乡绅。在这儿可以说是地主阶级的资本主义化，四川的大小地主都成为了铁路公司的股东了。"[1] 在当时，四川绝大多数地主虽说交纳铁路"租股"成了铁路公司的股东，但多数人的行为是被迫的，没有也不可能转化为资产阶级。但其中确有一些地主、官僚怀着实业救国的愿望而积极投资川汉铁路和近代企业，从而实现了向资产阶级的转化。他们中的代表人物大都受过较高水平的传统教育或新式教育，多数人拥有清王朝授予的各种功名头衔或担任过一定的官职，因而具有较高的社会地位和政治素质。当时，一些官员进入企业，或者亦官亦商，使经商成了仕途之外另一个被人钦羡的选择。这些人与官场联系密切，其社会活动能量和在民众中的影响力，远远超过由富商转化而来的工商业资本家。如川汉铁路公司股东会董事萧湘，光绪癸卯（1903）进士，曾任法部员外郎，留学日本后回川当选为四川咨议局副议长。又如成都启明电灯公司的主要创办人陈养天，曾任主事、《四川官报》总编辑、四川巡按使署秘书等职。

由于四川自给自足的自然经济基础遭到破坏，在两极分化过程中，一部分手工业者在竞争中积累了财富，办起了手工工场，成了手工业资本家。这些工场手工业资本家主要从事盐业、纺织、酿酒、制茶、制糖、榨油、蜡烛、造纸、五金等行业。他们的人数虽然比工商业资本家多，但由于资金薄弱，生产规模较小，生产工具落后，管理方法陈旧，且带有许多行帮封建性，因此其经济地位和社会地位一般不高，在四川资产阶级队伍中只能陪居末位。这一时期四川众多的手工业生产者，是一支庞大的小资产者队伍，他们可以被看做四川资产阶级的社会基础[2]。

清末，四川农村富农经济有较多发展。有的人"力农致富"，置田数百亩，仍督率佣工从事农业生产。有的则兼营商业或手工业致富，成为农村中的富农。这些人中，只有极个别人致富后投资近代工业，成为工业资本家。如三台县人陈开沚（宛溪），原为乡村塾师，后"佃富家之业，种商饲蚕"，致富后在三台县万安场"创办神农丝厂，开四川铁机制丝之先河"[3]。就整体而言，清末四川农村中的富农、佃富农在资金、生产规模、生产工具、管理方法等方面，与手工业资本家很近似，且人数不太多，在农村中虽有一定社会地位，但远远不及

---

① 郭沫若：《少年时代》，人民文学出版社1979年版，第214～215页。
② 参见隗瀛涛主编：《四川近代史稿》，四川人民出版社1990年版，第259页。
③ 参见任一民主编：《四川近现代人名录》，四川辞书出版社1992年版，第178页。

地主豪绅势力强大。

中国资产阶级是在中国沦为半殖民地半封建社会的历史条件下产生的,因而不可避免地带有半殖民地半封建社会经济的烙印。四川资产阶级是中国资产阶级的一个组成部分。它除了具有中国资产阶级的共同特点外,在当时的时代背景下,还有着自身的特点:

第一,四川资本主义经济发展程度较低,资产阶级的经济实力薄弱,思想保守。由于四川僻处西南内陆,交通不便,信息闭塞,清末四川近代工业主要是轻工业和小型采矿业,基本上没有机器制造业,而且基础脆弱,设备落后,规模较小,资金短缺,技术含量低,在一些企业中还保留着许多封建行帮残余。与庞大的封建势力和列强在川势力相比,四川资产阶级无法与之抗衡,只能在夹缝中艰难地生存和发展。四川资产阶级与封建势力有着千丝万缕的联系,对发展资本主义思想保守,不少人即使发了大财,也不愿把多数资金用于扩大再生产,或者投资于其他近代工业。如自贡、富荣盐场有的盐商,每年获利几十万乃至上百万两,但这些巨额资金却多数被用来购买田地庄园,有的用来"捐官"或巴结地方官吏,有的竟大肆挥霍浪费,动辄耗银数万两,用于婚丧嫁娶、修祠垒坟等。这不仅影响了四川资本主义的发展速度,而且决定了四川资产阶级在反封建斗争中的不彻底性。

第二,四川资本主义近代工业是在列强对川进行商品倾销和资本输出的背景下,在"保主权""辟利源""抵制洋货,挽回利权"等实业救国的口号声中产生和发展起来的,因此四川资产阶级从一产生开始就具有强烈的救亡意识和反对列强侵略的要求。但是,四川的近代企业在资金、技术、设备等方面又不得不依附于列强在川势力。由此,决定了四川资产阶级在反帝斗争中既具坚忍性又具软弱性。

第三,四川资产阶级的形成比沿海和长江中下游地区晚二十多年,其时,中国新兴的资产阶级已经参与策划、推动和领导了光绪二十四年(1898)的戊戌变法,为中国的近代化作出了不可磨灭的贡献。四川资产阶级一经形成,即抓住清廷推行新政的机会,借助中国资产阶级整体上的政治影响,在四川取得了民族民主运动的领导地位。如资产阶级立宪派取得了川汉铁路公司股东会和四川咨议局的领导权;资产阶级革命派在四川传播孙中山的革命思想,并领导了多次反清武装起义。

二、四川近代知识分子阶层的形成

早在四川资产阶级形成之前，受西方思想文化影响并主张变法图强的四川爱国士子就已出现并活跃于中国政治舞台。光绪元年（1875），具有洋务思想的四川学政张之洞和丁忧回川的工部侍郎薛焕等在成都创办尊经书院，成为当时四川的最高学府。尊经书院创办以来，不仅转变了四川鄙陋的士林风气，而且培养了大批人才，为四川近代知识分子阶层的产生准备了一定条件。光绪二十一年（1895），在维新派领袖康有为、梁启超发起的"公车上书"中，列名的四川举人就有张联芳等71人。在百日维新中，四川在京官绅士子组织"蜀学会""保川会"，踊跃参与维新变法，杨锐、刘光第为此献出了生命。在四川，宋育仁奉命主持川省矿务商务，积极发展民族工商实业。他与杨道南、潘清荫等在重庆创办《渝报》旬刊，在成都与吴之英、廖平等创办《蜀学报》，编印《蜀学丛书》，翻印西方资产阶级启蒙学者著作，还团结爱国官绅和维新志士成立"蜀学会"，以推动蜀学振兴。此时，成都、重庆、遂宁、荣县、广安等地办起了新式学堂。一时间，四川呈现出"立新学""开新风"乃至"蜀学朋兴"的势头，从而促进了一部分封建士大夫向近代知识分子转化，为四川近代知识分子阶层的产生创造了条件。然而，直到19世纪末，四川只涌现出了为数不多的近代知识分子精英，从总体上说，近代知识分子阶层尚未形成。

20世纪初，四川民族资本主义经济的初步发展和四川资产阶级的产生，为四川近代知识分子阶层的形成提供了物质基础和阶级基础。也就在这时，依附于四川资产阶级的近代知识分子阶层应运而生。新政期间，四川新式学堂大量开办和四川留日学生运动的兴起，不仅使许多有着进士、举人、秀才等功名的封建士子完成了向近代知识分子的转化，而且在青年中培养了一代思想活跃、勇于接受新思想、新文化的高中级新型人才。四川新式学堂的教师以及各类学堂培养出来的大批新型人才，壮大了四川近代知识分子队伍，并从整体上提高了四川知识分子的素质，从而最终形成了四川近代知识分子阶层。

四川近代知识分子阶层，产生于民族危机日益加重的年代。他们不同程度地受到西方资产阶级思想影响，具有近代科学文化知识，有着极大的社会活动能量，最能代表资产阶级、小资产阶级和广大民众反帝反封建的愿望和发展民族资本主义经济的要求。其中有些人，如邓孝可、彭兰村、陈崇功、何鹿蒿等，本身就投资工商实业,是民族资本家。四川近代知识分子广泛分布于教育、科技、新闻、出版、农工商等各种行业,为发展四川经济、教育、科技、军事、文化事业,推动四川近代化作出了贡献。有的人成为职业社会活动家和革命家,作为资产阶级的代言人而活跃于政治舞台,在四川乃至中国民族民主运动中发挥了先锋、桥梁和骨干作用。

在四川近代知识分子阶层形成的过程中,中国资产阶级及其知识分子正在剧烈分化。一部分人主张革命救国,即通过暴力革命,推翻清朝政权,建立资产阶级民主共和国,故称为革命派;另一部分人则主张立宪救国,即在维持清朝统治不变的前提下进行渐进式的和平改革,建立君主立宪制国家,从而走向资本主义,故称为立宪派。这两种主张两条道路,在当时世界上都有成功先例,前者有法国、美国等国,后者有英国、日本等国。二者相比,革命派反封建更彻底,思想境界更高。中国资产阶级两大政治派别的代表人物在海外和沿海一些省区曾展开激烈论争,相互指责攻击,以致达到水火不相容的地步。在四川,刚刚登上政治舞台的资产阶级及其知识分子因各自的出身、教育背景以及生活经历的不同而同样不可避免地分裂为革命派和立宪派。在两大派中,都涌现出了不少杰出人才或骨干成员,如革命派中有邹容、喻培伦、彭家珍、谢奉琦、黄复生、熊克武、吴玉章、张培爵、龙鸣剑、杨庶堪、尹昌衡等,立宪派中有蒲殿俊、萧湘、罗纶、胡骏、邵从恩、颜楷、邓孝可、江树、冉崇根等。与海外和沿海一些省区不同的是,革命派和立宪派在四川并未发生激烈论争,也不互相攻击。他们为实现各自的政治主张而奔走呼号,勤奋工作,有时还能坐下来商讨共同关心的问题。如有的同盟会员当选为咨议局议员,就和立宪派一起开展合法斗争。在保路风潮中,立宪派和革命派有分有合,各有侧重,采取不同方式为"破约保路"和结束清朝专制政权在四川的统治作出了贡献。从总的情况看,四川立宪派知识分子社会地位较高,力量较强,影响较大。他们最初对清朝统治者抱有很大希望,但后来由希望变失望,最终与之分道扬镳。革命派知识分子则更能代表时代潮流。他们前赴后继,不怕牺牲,由弱转强,最后发展成为推翻清王朝的中坚力量。

三、四川商会的建立

19世纪末20世纪初,随着中国资本主义经济的发展,在一些商业繁华的

第八章 民族民主运动的勃兴

大都市，如上海、北京、天津等地，新兴的工商业者为发展商务，维护商人的合法权益，强烈要求组织跨行业的商业社团，于是便有了商业公所、商务公所或商务公会等商会组织。光绪二十八年（1902）正式成立的上海商业会议公所，当是中国最早的一个商会。其后，京、津等地也建立起类似的商会。

光绪二十九年（1903），商部成立不久，便上奏清廷，指出"今日当务之急非设立商会不为功"。接着，商部颁布了《商会简明章程》26条，具体说明了商务总会、分会的设立，对商会的职责、权利、义务及经费等作了详细规定，使各地设立商会有法可依。

《商会简明章程》规定："凡属商务繁富之区，不论系会垣，系城埠，宜设立商务总会；而于商务稍次之地设立分会，而仍就省隶属于商务总会。如直隶之天津、山东之烟台、江苏之上海、湖北之汉口、四川之重庆、广东之广州、福建之厦门均作为应设总会之处。"①

根据商部关于在重庆设立商务总会的指令，重庆总商会于光绪三十年九月（1904年10月）正式成立。总商会董事由匹头帮5人、药材帮2人、8个外省客籍商帮首事8人组成，设总理、协理各1人。总理由号称"西南首富"的重庆最大票号"天顺祥"老板、分省补用知县李耀庭担任，协理由陕西商人杨怡担任。重庆总商会出版机关报《重庆商务公报》（后改名《商会公报》），宣传振兴实业，抵制洋货，通达各地商情。

成都作为四川省会和长江上游的商业中心，按商部规定也应当建立商务总会。光绪三十一年八月（1905年9月），成都商界召开总商会成立大会，制订总商会章程17条。按章程规定，由各商帮推举会董，再由会董公推总理、协理。但由于"风气初开，商情涣散，各处设立商会全赖官为提倡"②，故先由商务总局札委盐商、成都举人、候选知府舒巨祥为总理，山西商人、宝龙银号老板、补用知府齐世杰为协理，一年期满再按定章另行推举。宣统二年（1910），成都总商会创办机关报《成都商报》。

光绪三十二年（1906），商部颁布《订定商会附则》6条，对设立商务分会及有关问题作了补充说明。于是，继重庆、成都商务总会成立之后，一些府及

---

① 《东方杂志》第1年第1期，商务。
② 《四川官报》乙巳第27册，公牍。

州、县如顺庆、宜宾、泸县、保宁、潼川、江油、犍为、西充、盐亭、南部、打箭炉等地纷纷建立商会或专业商会。民国《泸县志》载："泸县商会始于清光绪末，由盐、糖、白花、银钱、斗载、药材、南货、山货、白纸、粗纸、当商、酒商、锅铁、竹木、炭商、叶烟、绸缎、苏货、油麻、金叶等二十二帮组成之。会址设大北街禹王宫。宣统二年建会所于大河街水神祠内，定名为泸县商务分会事务所。各帮设帮董一人，事务所设会董二十一人，由会董互推总理会董一人，主持会务，以两年为任期，呈州转呈农商部注册。"① 各地商会的组成情况与泸县商会大致相同。清末，四川商会发展迅速，仅1909年和1910年的两年中，就新建商会81个。到1911年，四川商会达到98个，占全国商会总数793个的12.3%，名列各省之冠②。宣统二年（1910），通省劝业道又规定，凡"商务繁盛"之村、镇、乡，都应设立商务分所，由是各级商会网络组织逐渐遍布全省主要商业城镇。

清朝官府不仅力促各地建立商会，而且在《商律》《破产律》等政策法规中赋予商会重要职责，主要有：(1)"以为众商之脉络，联络官商信息"；(2)配合地方官处理商务诉讼案件；(3)核实新创办的公司并报部注册；(4)考察发明创造，申请专利；(5)处理破产、倒骗案件；(6)稽查物价，管理市场；(7)进行文契、债券的公证，发行标准账簿等等③。在成都总商会制订的17条章程中，将上述商会的职责功能具体化，包括惩倒骗、保行商、昭诚信、兴制造、备书报、卫商业、除讼累、惩败类、奖有人、广联络、结团体、列商品等。新建的商会较之过去按行业组建的传统商帮来说是一大进步。它是新兴的资产阶级维护本阶级利益的商业组织，是工商业者从事政治、经济活动的重要场所和阵地。商会的建立，极大地提高了商人的社会地位，对清末工商政策法规的施行和促进全省工商实业的发展起了重要作用。

随着四川工商业的发展和商会活动范围的扩大，建立全省性的商会组织便提上了日程。宣统三年二月（1911年3月），由成都商务总会发起，联合重庆商务总会和全省各属商务分会、分所，推举代表集会于成都，成立了四川通省

---

① 《泸县志·法制志》，民国27年铅印本。
② 参见隗瀛涛主编：《四川近代史稿》，第419页。
③ 参见王晓秋、尚小明主编：《戊戌维新与清末新政》，北京大学出版社1998年版，第270页。

第八章 民族民主运动的勃兴

商会联合会。联合会以"涤除公共弊害,扩张公共利益,敦促会务之进行为宗旨",要求全省绅商"高瞻远瞩,审世界之趋势,拓社会之心理,将使全蜀商团人人皆有弧矢四方、经营八表之志,则民力日殖,国富日增,即凡农之所生,工之所成,亦将与商业相演而递进"①。联合会号召全省绅商奋起"商战",力挽利权,以固国基。通省商会联合会的成立,表明四川资产阶级已作为一支重要力量活跃于四川历史舞台。但是,中国和四川商会的创立及发展,"官"气较浓,这是由中国历史、文化、政治根源所决定的。商会并未成为工商业者真正的自治组织。

四、四川绅商收回江北厅矿权斗争

甲午战后,列强在中国划分势力范围,强迫清王朝订立各种不平等条款,夺取中国路权矿权。20世纪初,中国民族资本主义初步发展,资产阶级在政治舞台上日趋活跃,民族民主运动蓬勃兴起。在此背景下,全国各地开展了反对列强侵夺中国路权矿权的爱国运动,即收回利权运动。仅就收回矿权来说,从光绪三十二年到宣统二年(1906~1910)的五年中,山西、安徽、山东、河南、四川、奉天、陕西、云南等地相继爆发了收回矿权斗争。通过这些斗争,收回了不少矿权,展示了中国人民不屈不挠的反帝爱国精神,同时也促进了中国民族资本主义的发展。

天府之国的四川,是列强垂涎已久的投资场所。从19世纪末起,法、美、英、日等国竞相掠夺四川矿产资源,由于遭到四川人民强烈反对,致使多数矿地未能正式开采,或开采不久即停办。光绪二十四年(1898),英人立德发现重庆对岸江北厅境内矿藏丰富,便"阴串内奸,代为出面,蓦买私挖,嗣后多方要求,必欲中国认明英商在厅境内办矿权利"②。二十九年(1903),立德采用非法手段买到龙王洞"五窑六厂"矿地,要求"独办"江北煤矿。四川当局不敢应允,只同意中英合办。三十年(1904),立德成立"华英合办煤铁矿务有限公司"(简称华英公司),与四川矿务总局签订《华英合办四川江北厅煤铁矿务合同》16条,年底由外务部修改后获清廷批准,从而攫取了开采江北厅煤铁矿

---

① 参见隗瀛涛主编:《四川近代史稿》,第425页。
② 《东方杂志》第7年第10号,第87页。

第八章 民族民主运动的勃兴

50年的特权，并获准修建一条至嘉陵江边的运煤铁路。然而英商并不满足。三十三年（1907），英商要求开采石牛沟新矿，并擅自将运煤铁路由原定的10华里延长到40余里。在勘测铁路线时，又广插标杆，侵占良田，滥伐竹木，践踏民间庐墓，从而激起公愤。

在全国收回利权运动的鼓舞下，四川绅商开展了收回江北厅矿权斗争。"全川士绅、海外留学生，拍电争执"，要求废约收权，自行开采。光绪三十三年（1907），江北、巴县绅商杨朝杰、赵城壁等决定集资自办江合公司，利用原合办合同中规定的"如有华商开办，华英公司不得再请开采"的条款与英商抗争。在江北厅、川东道官员和重庆总商会的支持下，川人集资自办的江合矿务公司于三十四年（1908）正式成立，由杨朝杰任总理，赵资生、文化成任协理。江合公司先将龙王洞矿地尽行标占开凿，又买下石牛沟矿地，以阻止英商扩张矿界。英商百般恫吓无效，被迫坐下来同江合公司谈判。在谈判桌上，英商代表蛮横刁狡，乘机勒索，要求赔偿银40万两；江合公司摆事实，讲道理，依法力争，使得对方张口结舌。在回购作价上，江合公司经过仔细测算，只给银12.6万两。谈判迁延一年多，后经英国公使朱尔典出面斡旋，双方于宣统元年（1909）签订《江北厅矿收回合同》8条。英商被迫同意将华英公司所有开矿权利及公司全部设施出售给江合公司，共作价银22万两。

四川绅商经过反复斗争，终于收回了被列强夺去的江北厅矿权。这场收回利权的爱国斗争，得到全川人民和地方官员的支持，反映了四川资产阶级发展民族经济的强烈要求，也使四川资产阶级在实践中积累了同外商打交道的经验。这场斗争的胜利，对四川人民自办川汉铁路，开展保路斗争起了鼓舞作用。

第二节 青年学子的新求索

一、新政中的游学热潮

中国与日本一水之隔，在历史上有着源远流长的联系。19世纪中叶，两国的政治经济发展状况和所处的国际环境有许多相似之处，都受西方列强侵凌，一样贫穷落后。然而，日本从1868年明治维新以来，逐步走上了资本主义道路，并迅速发展成为经济、军事强国。日本向西方学习及其改革的成功事例，成为清朝统治集团中的维新派和爱国知识界实现强国梦的榜样。正如毛泽东分析当时情况时所说："日本人向西方学习有成效，中国人也想向日本人学。"①光绪二十四年（1898）的戊戌变法和清末新政就是以日本为楷模进行的。正是在这样的社会背景下，清末出现了中国历史上第一次出国留学热潮，因留学日本的学生占绝大多数，也称为留日学生运动。这次留学热潮，对20世纪初中国的民族民主运动和中国的近代化产生了深远影响。

中国向日本派遣留学生始于甲午战争之后。光绪二十二年（1896），第一批13名留学生到达日本（完成学业者仅7人）。20世纪初，为培养新政人才，清朝统治者把废科举、兴学堂、奖游学作为新政的重要措施。所谓"奖游学"，就是鼓励出国留学。二十七年（1901）八月，清廷谕令各省考选知识青年官费留学日本，并允许自费留学。二十八年（1902），清廷派出赴日本游学生总监督，负责统一管理官派和自费留日学生。其后，清廷颁布了奖励游学章程，对学成归来的留学生将分别赏给进士、举人出身，学问全备者，从优给以翰林出身。原有出身者，给以相当官职。由于清廷大力提倡，并以功名、官职相鼓励，从而推动了留学热潮的兴起，以至出现了"父遣其子，兄勉其弟，航东负笈，络绎不绝"②的动人场面。而日本方面，对中国留学生的入学和食宿也提供了一定的方便。

四川派遣官费留日学生，始于光绪二十七年（1901）。当时，川督奎俊采纳日本陆军大尉井户川辰建议，挑选"聪颖端谨"、年纪在20岁左右的青年22人留学日本。每名学生由川省每年供给学费和零用银200两，学习时间限为3年。这批留学生中的周道刚、徐孝刚、胡景伊等6人，进入日本士官学校学习军事，毕业回川后对编练四川新军起了重要作用。二十八年（1902），四川学政吴郁生奏请清廷，由四川各属就地筹款，每年选派举贡生员10名出洋游学。二十九年（1903），川督锡良选派各州县优秀生20人留日学习师范专科。三十年（1904），锡良饬令各州县选派优秀生200名赴日本学习师范、文理、博物等科，其中160名专攻师范速成科，以培养兴办教育急需的人才。此后，留日学生日渐增

---

① 《毛泽东选集》第4卷，第1457页。
② 《劝同乡父老遣子弟航洋游学书》，《游学译编》第6期。

多,各种官费生、自费生通过不同渠道东渡日本,从而形成了留学日本的热潮。当时,四川百余州县,每县都派有留日学生。成都、重庆等地出现了官办和私立的留日预备学堂,如东文学堂、东游预备学堂等,为准备出国留学的学生补习日文和基础课程。先期赴日的川籍学生还写了一篇《劝游学书》,动员家乡人出国留学。据统计,光绪三十年(1904)底,四川留日学生为380人。三十一年(1905)达到800余人,其中"自费游学者,不下四五百人"。是年,中国留日学生突破一万人。三十二年(1906),四川派遣留学生达到800人。此后留学人数有所减少。三十三年(1907),四川留日学生为373名,名列湖北、湖南、江苏、直隶、浙江之后,居全国第六位①。在此期间,四川还向美、英、法、德和比利时等国派遣了少量留学生。

关于川籍留日学生人数,说法不一。《四川教育官报》1907年载:"吾蜀留学东瀛者,来去合计已千人以上。"吴玉章则回忆说:"从1904年起,四川留日学生顿时大增,最多的时候达二三千人。"② 数字差距之大,可能是由于统计口径不同造成的。即如全国留日学生人数,有人统计1906年最多,为8000人;有人则估计为6000人到2万人③。这说明在当时护照、签证、学校或课程注册等数据不可靠的情况下,是难以计算出准确数字的。吴玉章赴日时间较早(1903),旅日时间较长(直到1911),是留日学生中的活跃人物,当过留日学生总会干事,后来成为职业革命家。他接触面较广,了解情况较多,他对留日学生人数的估计,应当是有根据的。

在四川留日学生中,不少人是深感国势衰微,民族危亡,为寻找救国救民真理而出国留学的。当时,25岁的吴玉章(永珊)已经结婚6年,有了两个孩子,妻贤子幼,实在不忍分离。但是,为了挽救祖国的危亡,为了争取自己的前途,他没有因儿女私情动摇上进的决心。光绪二十九年(1903)正月,他们一行九人,好像唐僧取经一样,告别家乡,挂帆远行。船过三峡,他以"东游述志"为题,赋诗以抒怀抱:"不辞艰险出夔门,救国图强一片心。莫谓东方皆落后,亚洲崛起有黄人。"④ 这首诗,表达了当时多数青年学生赴日留学时的心

---

① 参见《四川省志·大事纪述》,第170、180、186、195页。
② 吴玉章:《辛亥革命》,人民出版社1961年版,第60页。
③ 参见《剑桥中国晚清史》下卷,中国社会科学出版社1985年版,第396页。
④ 吴玉章:《辛亥革命》,人民出版社1961年版,第53页。

情。当然,他们那时对救国真理的理解还比较模糊,总觉得中国应该学习日本,走明治维新那样的道路。也有一些人因清廷废除科举制度,为了谋求自身出路或为了赶时髦而出国留学。

川籍留日学生中,自费生多于官费生。官费生是官方为培养新政人才而选派的。官费生挑选比较严格,有的具有进士、举人等功名,有的经过考试选拔,要求"聪颖端谨"。所谓"端谨",就是具有清朝统治者要求的"品德"。光绪二十七年(1901),邹容从重庆到成都参加官费"留学考试",成绩合格,已被录取。但有人告他的状,说他思想偏激,离经叛道。因此官方以"聪颖而不端谨"为由,取消了他留学日本的资格。这对邹容来说,无疑是个很大的打击。但他并不气馁,为了寻找救国救民真理,决心自费留学。这也是促成邹容迅速走上革命道路的原因之一。自费留学限制较少,办好相关手续,凑足必要的路费、学费即可成行。一般来说,自费生没有科举功名,本人及其家庭在国内的社会地位大都不及官费生高。他们大都比较年轻,思想活跃,无所忌讳,除学习文化科学知识外,很容易接受民主革命思想。这也是留日学生中革命派的骨干大多出自自费生,立宪派的骨干较多出自官费生的原因。当然也有例外,如官费生董修武,留学前是秀才,后来成为著名的革命党人。又如吴玉章,原是自费生,后来"循例"补为官费生。

官费生到日本后,按预定计划大多学习军事、政法、警察、师范等专业,管理较严,且有规定年限。自费生可根据个人兴趣爱好,自由选择学校和专业。开初,四川留学生多数就读于日本中等程度的专业学校或速成学校,也有补习小学基础课的。据统计,能最终完成学业的人不到四川留日学生总数的一半。有的人因事提前回国,有的人中途停学投身革命。到1906年以后,进入日本高等学校的四川学生逐渐增多,有的还进入了名牌大学。据《成都通览》统计,1909年成都府属12州县的留日学生有158人,已毕业或因事回国的有89人,共计247人。除18人进入的学校不明外,进入早稻田大学、明治大学等6所大学的47人,进入各类专科学校的有182人[①]。从整体上说,四川留学生学习的专业比较广泛,除军事、政法、警察、师范等专业外,还有学习工科、农科、商业、蚕业、物理、数学、铁道、船舶、造纸、印刷、染织、水学、音乐、美

---

① 参见傅崇矩:《成都通览》上册,巴蜀书社1987年版,第140~151页。

术、体育、外国语等专业的。

中国历史上第一次留学生运动，为四川培养了一批具有资产阶级民主思想和近代科学知识的高中级新型人才。他们的回归，不仅壮大了四川近代知识分子队伍，加速了四川近代化的进程，而且推动了四川民族民主运动的高涨。

二、留日学生的爱国、革命活动

四川留日学生大都怀着拳拳赤子之心而浮槎东渡，无论主张实力救国、教育救国，还是主张军事救国，都希冀学成一技之长而报效桑梓。然而，日益加深的民族危机使不少忧国忧民的学子很难静下心来攻读书本，不断高涨的民族民主运动把他们推到了风口浪尖。

在留日学生运动兴起之前，中国民主革命先驱孙中山先生就曾到日本进行革命活动，并建立了兴中会横滨分会；戊戌变法失败后，康有为、梁启超等维新人物逃往日本避难，并在日本宣传立宪思想。留学生们未出川时，由于消息闭塞，大都是康、梁维新思想的信徒；如今走出夔门、国门，眼见大开，才知道外面的世界很精彩，除了康、梁那一套维新思想外，还有孙中山、章太炎宣传的革命思想。于是，留学生们面临着政治选择。有的人如邹容、黄复生、熊克武、吴玉章、喻培伦、谢奉琦、龙鸣剑等，接受孙中山的革命思想，成为资产阶级革命派；有的人如蒲殿俊、萧湘、邓孝可、黄芝等，坚持追随康、梁，后来成为四川资产阶级立宪派的代表人物。在当时，这些人无论是立志革命还是倾向立宪，都以各自的方式积极投入日益高涨的民族民主运动。他们虽然身在海外，却始终心系祖国，心系巴蜀。

光绪二十九年（1903），国内爆发反对沙俄侵占我国东三省的拒俄运动。留日学生在东京锦辉馆召开了有500多人参加的拒俄大会，不少川籍留学生参加了这次反帝爱国运动。1904年元旦，日本成城学校悬挂的万国旗中，竟然没有中国国旗，中国学生非常愤慨，在班长吴玉章的领导下开展抗议斗争，学校当局被迫道歉并纠正错误[①]。三十一年（1905），国内爆发反对美国排斥、虐待华工，要求废止中美华工条约的爱国运动。在东京的留学生群起响应，其中以四川人最为积极。同年11月，日本政府为压制留日学生的革命活动，由文部省发

---

① 参见吴玉章：《辛亥革命》，第64页。

第八章 民族民主运动的勃兴

布《取缔清韩留日学生规则》，从而引发了中国留学生反对"取缔规则"的斗争。不少川籍学生参加罢课，有的愤而离日回国。这场斗争迫使日本政府作出了某些让步。

为了抵制列强掠夺四川路权，加速川汉铁路股款筹集，川籍留日学生蒲殿俊等于1904年底联络300多人在东京召开同乡会。会上，"半属寒酸"的留学生们即席认股4万余两，并承担代为募劝30余万两。他们还联名上书川督锡良，建议"因粮摊认"铁路股金，并为锡良采纳。光绪三十二年（1906），蒲殿俊、胡骏、萧湘等数百名在日川籍学生组织"川汉铁路改进会"，出版《川汉铁路改进会报告书》，为争取川汉铁路"商办"而鼓与呼。三十四年（1908），川籍学生在日本组织工商学生协会，主要任务是发表四川工商业改进意见，介绍国内外精良机器，报告工商情况，帮助采购机器等。这说明四川留日学生时刻关心着家乡的建设和发展。

不少川籍留日学生接受孙中山、章太炎的革命思想，积极投入了反清革命斗争。光绪二十八年（1902），章太炎等在日本发起召开"支那亡国二百四十二周年纪念会"，以纪念明朝灭亡为名进行反清活动，早期赴日的部分川籍学生参加这次纪念会的有关活动。二十九年（1903）春节，东京中国留学生会馆举行新年团拜会，到会留学生1000多人，川籍学生邹容等登台演说，"大倡排满主义"①。三十年（1904）前后，受孙中山先生革命思想影响，川籍学生黄复生、吴鼎昌等在日本秘密组织革命团体，开展反清活动。

光绪三十一年七月（1905年8月），孙中山在日本东京组织资产阶级革命政党——中国同盟会，开创了中国资产阶级民主革命的新阶段。四川留日学生为同盟会的创立作出了重要贡献，董修武、熊克武、但懋辛、吴玉章、黄复生、吴鼎昌等被选为同盟会总部评议员，李肇甫被选为执行部书记，淡春旸、丁厚扶、张治祥、黄复生、董修武、李肇甫、吴玉章等先后被委任为四川主盟人。据《革命文献》载，1905～1906年同盟会会员共有960人，而四川籍同盟会会员有127人，占总数的13%，仅次于广东和湖南。三十一年十月（1905年11月），同盟会机关报——《民报》（月刊）出版。川籍同盟会会员丁厚扶、黄复生、董修武、吴玉章等为《民报》的建立和出版发行做了大量工作。三十二年

---

① 章太炎：《狱中答新闻报》，汤志钧编：《章太炎政论选集》上册，第233页。

(1906)三月,《民报》出版临时增刊《天讨》,刊载了《四川革命书》和《四川讨满洲檄文》,号召四川人民起而反清。同年,川籍同盟会员雷铁崖、邓絜等在东京创办《鹃声》杂志,鼓吹排满革命。三十三年(1907),吴玉章以《鹃声》为基础,筹办《四川》杂志,宣传反帝反清思想,敲响西南半壁警钟。

光绪三十三年(1907),川籍同盟会员张百祥、吴玉章等在东京发起成立"共进会",张百祥被举为第一任会长。共进会是同盟会的外围组织,在团结南方各省会党进行反清革命的斗争中发挥了重要作用。

图8-1 《民报》出版的临时增刊《天讨》

川籍留日学生的爱国革命活动,为四川培养、锻炼了一批高素质的爱国精英和革命骨干,对四川民族民主运动产生了深远影响。倾向立宪的留日学生回川后,取得了四川咨议局和川汉铁路公司股东会的领导权,正式形成资产阶级立宪派,并领导了四川的立宪运动;资产阶级革命党人陆续回川宣传群众,发展组织,进行前赴后继的武装斗争。他们积极投入保路斗争,为推翻清王朝在四川的统治作出了各自的贡献。

第三节 立宪派的形成及其活动

一、四川立宪派的形成

20世纪初,中国民族民主运动蓬勃兴起。以孙中山为首的资产阶级革命派,高举反清革命旗帜,前赴后继地开展以"驱除鞑虏""创立民国"为宗旨的武装起义。与此同时,主张立宪救国的政治思潮也在全国涌动,并形成中国政治舞台上一个重要的政治派别,即资产阶级立宪派。立宪派是19世纪末资产阶级维新派在新形势下的演变和发展。立宪派领导的立宪运动,是20世纪初中国民族民主运动的重要组成部分。

早在戊戌变法前后,维新志士就开始在中国宣传宪政,但仅限于学说介绍,影响不大。清末推行新政,一些有识之士翻译西方政治书籍,介绍欧美和日本宪政,并于光绪二十九年(1903)提出了在中国实行君主立宪制的要求。1904年爆发的日俄战争,小日本打败了大沙俄,世人认为这是立宪政体战胜了专制政体,于是要求立宪救国的呼声越来越高。正是在这样的背景下,立宪派逐渐形成,立宪思潮也演变成为要求实行君主立宪的政治运动。

光绪三十二年(1906)七月,清廷宣布"预备立宪"后,资产阶级发动的"立宪运动"便同清王朝导演的"预备立宪"交织在一起。二者既有联系又有区别,不能混为一谈。清王朝企图借"预备立宪"之名,行消弭革命、削弱地方督抚权力、维护封建统治之实。为了应付立宪派,清王朝作了一些"放权"让步,如设立咨议局、资政院等。立宪派的目的是要进行政治体制改革,即改封建专制政体为君主立宪政体,建立有利于资本主义发展的政治制度和经济秩序。立宪派认为清朝统治者"放权"太少,步子太慢,于是发起请愿,要求速开国会,成立责任内阁。二者矛盾日益加剧,最终分道扬镳。

立宪派的构成比较复杂,有人认为可以分为两个部分:一部分是所谓国内的立宪派,以张謇等人为代表;另一部分是当时逃亡在国外的所谓国外的立宪派,以康有为、梁启超为代表[①]。戊戌变法失败后,康有为、梁启超等维新人物流亡海外。他们成立"保皇会",以保救光绪、反对慈禧为宗旨。清廷宣布预备立宪后,康有为改"保皇会"为"国民宪政会"(后定名为"帝国宪政会"),以与清廷的预备立宪相呼应,并准备回国从事政党活动。梁启超等在日本东京成立"政闻社",创办《政论》,大肆鼓吹君主立宪。他们反对同盟会的革命主张,同革命派展开大论战,但却处于劣势。清廷由于戊戌变法的原因,对他们存有戒心,不承认"帝国宪政会",并查禁了"政闻社"。与国外的立宪派有所不同,以张謇等人为代表的国内立宪派,同革命派没有直接进行大论战。他们一直在国内进行合法的公开活动。国内的立宪运动主要是由他们组织领导的,而且搞得有声有色。

---

① 参见乔志强:《辛亥革命前的10年》,山西人民出版社1987年版,第290~291页。

立宪派的社会阶级基础是爱国绅商。以四川立宪派来说，主要代表从地主、官僚、商人转化而来的民族资产阶级，也包括部分在新政刺激下正在或有意向资产阶级转化的地主、官僚和商人。这些人一方面与封建势力和清朝政权关系密切，另一方面又不满于列强的侵略和清朝的专制统治，因而有反帝反封建的要求；与此同时，他们对资产阶级革命派的主张心存恐惧，怕"暴力革命"造成内乱，引起列强干涉，打烂坛坛罐罐，损害他们的既得利益。因此，他们不赞成"暴力革命"，而是主张立宪救国，建立君主立宪制国家，从而走向资本主义，以实现强国梦。

四川地处内陆，交通不便，消息闭塞，资本主义发展较晚，新学说、新思想传播缓慢，无论是革命思想还是立宪思想都首先或主要通过留日学生传入四川。四川立宪派的代表人物如蒲殿俊、萧湘等都是留日学生。他们原本信奉维新思想，官派到日本攻读政法，益信立宪能够救中国。光绪三十二年（1906），他们约集数百名川籍留日学生组织"川汉铁路改进会"，蒲殿俊被选为正干事（会长）。他们出版《川汉铁路改进会报告书》，并上书清廷要求川汉铁路改归"商办"。蒲殿俊等在日本的组织活动，可以说是四川立宪派的雏形。

清廷宣布"预备立宪"后，曾令国内外的立宪派雀跃了一阵子。当康、梁等在海外组织立宪团体时，国内立宪派也纷纷建立立宪社团。张謇、郑孝胥等在上海成立预备立宪公会，汤化龙等在湖北成立宪政筹备会，谭延闿等在湖南成立宪政公会，丘逢甲等在广东成立自治会，等等。四川立宪派形成较晚，行动较迟。当光绪三十四年（1908）六、七月，国内立宪派掀起第一次国会请愿高潮时，四川除邓孝可等少数人在省外参加"政闻社"的活动外，没有什么大动作，既未与国外、省外立宪派发生直接联系，也未建立自己单独的立宪社团。在四川咨议局成立以前和成立之初，四川立宪派主要在省内活动。

四川立宪派与革命派虽说存在很大分歧，但二者之间的关系仍然较为融洽，双方不仅没有发生激烈论战，而且在许多情况下能够合作共事，往往是你中有我，我中有你。例如，胡峻在日本参加同盟会，回川后曾任四川咨议局筹办处协理；四川咨议局议员中，有刘声元、程莹度、江潘、龙鸣剑（候补）等同盟会员；革命党人朱山，先在重庆《广益丛报》任记者，宣传民主革命思想，继在四川咨议局机关报《蜀报》任总编辑，并被推举为四川立宪请愿起草员。我们不能简单地把这种现象理解成同盟会的斗争策略，而是应该看到这正好说明二者之间在认识上有若干共同之处。正因为如此,立宪派和革命派能够一起参加保路斗争,并在推翻清朝四川政权的斗争中发挥各自的作用。

四川立宪派的代表人物大多拥有清王朝授予的各种功名头衔或担任过一定的官职,如:咨议局议长蒲殿俊,进士,官费留学日本学政法,曾任法部主事兼宪政编查馆行走;副议长萧湘,进士,授法部员外郎,留学日本学政法;副议长罗纶,举人,曾任省城绅班政法学堂斋务长兼游学预备学堂监督;邵从恩,进士,留学日本学政法,曾任绅班政法学堂监督,在籍即用知县;颜楷,进士,留学日本学政法,官至翰林院编修加侍讲衔。这些人不仅社会地位较高,而且精通法律,在四川民众中颇有号召力。郭沫若在《少年时代》一书中谈到蒲殿俊时,说他在四川人心目中"差不多就像列宁之于革命的苏俄一样",而且在"四川省外也比较有名"①。这说明四川立宪派能够组织发动四川立宪运动并在后来的保路斗争中担当起领导者的角色并不是偶然的。

二、四川立宪派的立宪活动

宣统元年九月(1909年10月),四川咨议局建立,资产阶级立宪派掌握了咨议局的领导权。他们充分利用咨议局这个合法阵地,与清朝地方当局的专制行为进行抗争,同时,积极参加国会请愿活动,把立宪运动推向新的高潮。

为了制造立宪舆论,四川立宪派于宣统二年七月(1910年8月)创办咨议局机关报《蜀报》,由蒲殿俊任社长,朱山任总编辑,吴虞任主笔(6期后由邓孝可任主笔)。《蜀报》作为立宪派的喉舌,刊载了大量反映立宪派思想观点和政治主张的文章,在发民声、兴教育、启民智和鼓吹实业等方面作出了贡献。

宣统二年九月(1910年10月),四川咨议局召开第二届年会,立宪派利用这次年会大做宪政文章。据《蜀报》报道,会议议决案有30余件。重要议案中,"积极方面"的议决案有"请代奏速开国会案""提前赶办厅州县自治案"等8件。这些议案"关系宪政、法律、实业、教育、租税、自治、民食,至重至巨"。"消极方面"的议决案有"整顿丁粮征收办法案"等7件。最引人关注的是议决纠举地方官吏违法案约十余起,主要有"纠举巡警道违法扰民案""纠举崇庆州牧张溥酷刑虐民案"等。在议决纠举巡警道周肇祥违法案时,议员们

---

① 郭沫若:《少年时代》,第192页。

当场质问督辕审查科科员。当天,"旁听八百余人。议员根据法理,不屈不挠,旁听席眉飞色舞,至日暮犹不去"①。可见,四川人民的民主意识已经大大增强。这次年会首次议决由四川总督提交的全省岁出岁入预算案。因只有地方岁出表册而无岁入表册,咨议局当场提出质问,并以"明年决算无从审查"为由不予通过。四川咨议局第二届年会表明,四川立宪派参政议政的水平有所提高,在群众中的影响日益扩大。

四川立宪派加入全国性的立宪运动时间较晚。各省咨议局成立后,张謇以江苏咨议局议长身份,发起成立咨议局联合会,得到16省咨议局的响应。宣统二年一月(1910年2月),16省咨议局代表聚集北京,举行第一次国会请愿,四川咨议局都没有派人参加。直到宣统二年五月(1910年6月)举行第二次国会请愿时,四川才正式参加。这次请愿除各省咨议局外,还动员了商会、教育会、华侨及旗籍代表参加,号称代表30万人。四川咨议局代表蒲殿俊、邓孝可,四川宪政会代表刘道行,四川教育总会代表林思进等进京参加了请愿。清廷以"财政困难,灾情遍地"为借口,拒绝了速开国会的请愿要求。八月(9月),江苏咨议局议长张謇在京发起召开各省咨议局联席会议。四川咨议局议长蒲殿俊担任会议副主席,四川立宪派骨干邓孝可担任书记。会议决定借资政院开会之机,再次发动请愿。

宣统二年九月(1910年10月),中央资政院开会成立。四川民选资政院议员李文熙、高凌霄、张政、刘伟、刘策勋、万慎等6人出席会议,表达了四川立宪派的要求。资政院开会期间,立宪派发动第三次请愿,要求宣统三年(1911)召开国会。经过立宪派大力活动和串联,由云贵总督李经羲出面,征得18个督抚同意,两次电请清廷,主张内阁与国会同时设立;资政院也接受国会请愿代表要求,上奏请求速开国会。与此相呼应,四川立宪派在成都发起成立"四川国会请愿同志会",到会3000余人,会后列队到总督衙门请愿。清廷眼见立宪派的请愿一浪高过一浪,各地革命党人的武装起义此伏彼起,地方督抚又各怀异心,无奈允诺缩短预备立宪时期,将9年改为5年,即于宣统五年召开国会,并于宣统三年(1911)先成立内阁。对此,立宪派内部意见发生分歧。江浙等地立宪派认为请愿已取得一定效果,应结束请愿。蒲殿俊、谭延闿、汤

---

① 《蜀报》第6期,庚戌年(1910)十月朔日出版。

化龙等四川、湖南、湖北及东三省的立宪派仍坚持第二年（1911）召开国会，并准备组织第四次请愿。天津人温世霖以"全国学界同志会"名义通电各省，提出同时罢学，要求速开国会。这一通电得到四川学界的响应。据郭沫若回忆："风潮的发源地是四川最高学府的高等学堂。一通油印公函要求各校举出代表来教育总会开会"。各校代表有300人左右，决议是："（1）要求在明年便开设国会；（2）要求四川总督代奏；（3）一律罢课，不达目的誓不复课。"[①] 由于清王朝令各省督抚采取开导、弹压等手段对付学生，并严禁学生干预国政，这次请愿没有取得成效。

宣统三年四月十日（1911年5月8日），清廷颁布内阁官制，任命庆亲王奕劻为总理大臣。在公布的13个内阁大臣中，满族贵族8人，汉族官僚4人，蒙古贵族1人。而8名满族贵族中有5个是皇族，故时人称之为"皇族内阁"。如此内阁一公布，立时全国哗然，立宪派大失所望，认为皇族内阁不合君主立宪公例，失臣民立之希望，强烈要求清廷收回成命，另组内阁。但清王朝一意孤行。次日，清廷宣布铁路干线国有政策，保路风潮随之兴起。四川立宪派在组织领导四川保路运动的同时，曾派人到北京参加各省咨议局联合会，组织立宪政党"宪友会"，仍以宪政为宗旨，继续向清廷抗争。

清朝"皇族内阁"的设立，使不少曾经热衷立宪救国的立宪派人和立宪派的支持者看清了清廷预备立宪的虚伪本性。他们对清廷的态度由希望逐渐变为失望，并最终与清王朝决裂，投入了推翻清朝政权的革命斗争。

怎样评价立宪派及其领导的立宪运动，历来分歧很大。有人把立宪派说成是"反动的政治势力"，把立宪运动说成是"反动的改良主义政治运动"，称立宪派转向革命是"投机革命"。这显然不符合历史实际，是极不公正的。

19世纪末20世纪初，中国新兴资产阶级处于上升时期。立宪派是在民族危机日益深重的背景下形成的。立宪派反对列强侵略，反对封建专制，主张立宪救国，明明是一支重要的爱国力量，怎能把爱国力量说成是"反动的政治势力"呢？立宪派领导的立宪运动，要求实行宪政，发展资本主义，推进近代化，总体上符合中国历史发展的要求。他们主张通过渐进式的和平改革，建立君主立宪制国家，从而走向资本主义，在当时的历史条件下，应当是一种合理的尝

---

① 郭沫若：《少年时代》，第227页。

试和探索。在立宪派看来，日本、英国等不少国家实行君主立宪制取得成功，中国学习日本、英国等国，建立君主立宪政体，也能实现强国梦。其实，资产阶级革命派也认为，君主立宪制优于君主专制，与民主立宪并不对立，而是相等或属于同一层次的。一般来说，革命派并不反对君主立宪，他们反对的只是由满族君主实行立宪。他们把满洲称为"塞外东胡"（外国），把满族人主中原称为中国"亡国"。这种观点不仅在同盟会的革命纲领中有明确表述，在革命派的领袖、理论家、活动家的言论中，也有类似说法。例如朱执信就曾说："故今日中国而欲立宪也，必汉族之驱併满洲而后能为之。"[①] 革命派把满洲称为外国，把满族称为外国人的观点，违背了满洲是中国神圣领土不可分割的一部分、满族是中华民族大家庭中的一个成员的历史事实。我们指出革命派的这一错误，并不是要否定革命派的历史功绩，而是为了说明不能给要求满族君主实行立宪的立宪运动无端扣上"反动的改良主义政治运动"的帽子。

又有人说，资产阶级革命派出现以前，主张维新改良是进步的；革命派出现以后，再主张维新改良就是反动的了。这种说法也站不住脚。须知，革命派也有一个从小到大、由弱变强的发展过程。四川早期的革命党人如吴玉章等，原先也是康、梁的追随者，他们是在1903年留学日本后，接受了革命思想才转变为革命派。事实上，在清末立宪运动中，由立宪派转化为革命派的人不在少数，笼统地将立宪派参加推翻清王朝的斗争称为"投机革命"是不符合历史实际的。革命不分先后。早期参加革命的人中有投机分子，后来投奔革命的立宪派人士也不乏真正的革命家。

综上所述，对立宪派及其领导的立宪运动应当重新评价。不能把无产阶级及其政党中国共产党领导新民主主义革命斗争中对中国资产阶级的分析，机械地套用于清末新兴的资产阶级，认为革命派代表资产阶级中下层，因而是革命的；立宪派代表资产阶级上层，因而是反动的。在20世纪初，中国共产党成立以前，整个中国资产阶级处于上升时期，是新的生产力的代表。无论是革命派还是立宪派，都有反帝反封建的要求，都要求走资本主义道路。由于他们各自的出身、教育背景以及生活经历的不同而分裂为两大政治派别，他们对帝国主义和封建主义的认识存在差异，斗争方式有所不同。一般来说，革命派的思想

---

① 蛰伸（朱执信）：《论满洲虽欲立宪而不能》，《民报》第1期。

境界较高，反封建较激进较彻底；立宪派与封建政权联系较密切，反封建较保守较温和，但绝不能因此把立宪派划入帝国主义、封建主义的反动营垒。应当肯定，立宪派是一支重要的爱国力量，立宪派领导的立宪运动是20世纪初中国资产阶级民族民主运动的重要组成部分。

第四节　资产阶级革命派的崛起

一、邹容与《革命军》

20世纪初，中华民族的危机日益深重，民族民主运动蓬勃兴起。当资产阶级立宪派举起"立宪救国"旗帜开展立宪运动的时候，中国政治舞台上出现了另一个政治派别，这就是以孙中山为代表的资产阶级革命派。革命派主张武力推翻清朝政权，建立民主共和国。革命派的成员，大都比较年轻，进过新式学堂或曾出国留学，思想活跃，勇于斗争，更能代表时代潮流。

早在戊戌变法之前，民主革命先行者孙中山等已开始由维新思想向革命思想转化。光绪二十年十月（1894年11月）以后，孙中山在檀香山、香港等地成立"华兴会"，开始进行武装反清活动。当时，孙中山的革命理论尚不成熟，其反清革命活动更不为国人理解。孙中山也承认，最初几年"举国舆论莫不目予辈为乱臣贼子，大逆不道，咒诅谩骂之声，不绝于耳"①。后来，清朝顽固势力扼杀了戊戌新政，使一些曾经相信通过维新改革就能实现强国梦的人打消了幻想，转而同情和支持革命。特别是经过义和团运动和八国联军之役，国势危急，民族矛盾和阶级矛盾激化，反帝反封建斗争日益高涨。在这样的背景下，资产阶级革命派在血与火的反清斗争中不断壮大，在与立宪派的政治大论战中迅速崛起。

在资产阶级革命派的形成壮大和革命运动的发展过程中，川籍青年邹容及其所著《革命军》一书起了极其重要的作用。

邹容（1885～1905），谱名绍陶，又名桂文，别号威丹、蔚丹。四川巴县

---

①　《建国方略·心理建设》第8章，《孙中山文集》，第199页。

第八章 民族民主运动的勃兴

(今重庆市)人。其父邹子璠,是拥有巨资的富商。邹容幼年受康、梁维新思想影响,喜读史书和名家传记,关心国家大事,鄙弃八股功名。戊戌变法失败后,他常"指天画地,非尧舜,薄周孔,无所避"①,因此被重庆经学书院视为"狂人"而将他开除。

光绪二十七年(1901)夏,邹容到成都参加官费留日学生考试,被录取,临行前,当局认为他平时思想激进,"聪颖而不端谨"②,取消了他官费留学的资格。后来,邹容冲破重重阻力,于次年春夏之交,自费东渡日本,进入东京同文书院学习。当时,日本东京是中国资产阶级革命志士在海外开展活动的重要基地。不少中国留日学生受孙中山民主革命思想影响,走上了革命道路。邹容留日期间,刻苦钻研西方政治学说,积极参加爱国学生运动。为了唤醒国人,他开始了《革命军》一书的写作。1903年春,邹容等人因反对清政府迫害学生,愤而将留日学监姚文甫的发辫剪断,悬挂在留日学生会馆示众。清政府以"犯上作乱"的罪名要求日本外务省逮捕邹容。邹容被迫离开日本,回到当时国内爱国运动的中心——上海。

邹容回国后,寄居上海爱国学社,结识了章炳麟(太炎)、章士钊等革命志士,参加了拒俄爱国运动,并发起组织中国学生同盟会。此时,邹容满怀革命激情,奋笔疾书,迅速完成了《革命军》的写作,并在自序末尾署上"革命军中马

图8-2 革命军中马前卒——邹容

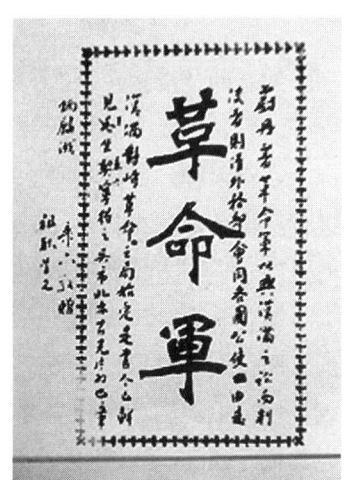

图8-3 邹容著《革命军》及章太炎题字

---

① 章太炎:《赠大将军邹君墓表》,中国近代史资料丛刊《辛亥革命》(一),第365页。
② 朱必谦:《对〈四川学生官费留日考订〉之商榷》。

第八章 民族民主运动的勃兴

前卒邹容记"。他将书稿送请章炳麟审阅修改。章一口气读完全书，不禁拍案叫好，立即提笔写了一篇序言，称赞《革命军》是"义师先声"，是震撼社会的"雷霆之声"。随后由柳亚子等筹集经费，于当年5月在上海出版发行。

《革命军》约二万字，共分为七章：一、绪论；二、革命之原因；三、革命之教育；四、革命必须剖清人种；五、革命必先去奴隶之劣根性；六、革命独立之大义；七、结论。全书围绕"反清革命"这个主题，以火热的激情，犀利的笔调，通俗浅近的文字，吐露了勇猛奋发的革命思想。邹容认为，要"扫除数千年种种之专制政体，脱数千年种种之奴隶性质"，必须用革命手段推翻清王朝的统治，求得中国在世界上的独立地位。他写道：

> 我中国今日欲脱满洲人之羁缚，不可不革命；我中国欲独立，不可不革命；我中国欲与世界列强并雄，不可不革命；我中国欲长存于二十世纪新世界上，不可不革命；我中国欲为地球上名国、地球上主人翁，不可不革命。

邹容的"反清革命"，具有明确的反帝性质。邹容认为："我同胞处今之世，立今之日，内受满洲之压制，外受列国之驱逼，内患外侮，两相刺激，十年灭国，百年灭种，其信然乎。然达人有言曰：欲御外侮，先清内患。"就是说，先进行反清革命，再扫荡"外来之恶魔"即帝国主义。因为，清政府是帝国主义的走狗，中国人民要革帝国主义的命，必须先推翻清朝政权，打倒封建专制。

邹容认为，革命是"天演之公例""世界之公理"，献身革命是每个中国人的天职。邹容吸取西方资产阶级民主革命的思想，反对君权神授，鼓吹天赋人权。他模拟美国革命独立之义，响亮地提出了建立"中华共和国"的主张，并在其拟定的25条政纲中，为资产阶级共和国勾画了蓝图。邹容认为，中华共和国应是完全自由独立的国家，不容许外国人沾染中国的丝毫权利。国家政权的组织形式，采取议会制度，由选举产生的议员中投票公选一人为大总统。全国男女一律平等，没有上下贵贱的区别。人人享有生命、言论、思想、出版等自由权利，也有纳税、服兵役等义务。在《革命军》的结尾，邹容充满信心地欢呼："皇汉人种革命独立万岁！""中华共和国万岁！""中华共和国四万万同胞的自由万岁！"

《革命军》出版之时，以章士钊为主笔的《苏报》发表书评书介，赞誉《革命军》是"今日国民教育之一教科书"，"若能以此书普及四万万人之脑海，中国当兴也勃焉"。

邹容宣布革命之旨于天下，击中了帝国主义和清王朝的要害。光绪二十九年闰五月（1903年6月），清朝统治者勾结帝国主义租界当局，逮捕了章炳麟等人。闰五月七日（7月1日），邹容自动到上海租界巡捕房投案，随后《苏报》亦被查封。这就是当时轰动全国的"苏报案"。后来，法庭判处监禁章炳麟3年，监禁邹容2年，罚做苦工。邹容在狱中受尽种种虐待和折磨，于1905年4月3日含恨辞世，年仅20岁。

邹容是中国民主革命时期伟大的爱国者、杰出的思想家和宣传鼓动家。《革命军》是中国第一部系统地、旗帜鲜明地鼓吹资产阶级民主革命、宣传资产阶级共和国思想的不朽杰作。毋庸讳言，《革命军》也存在缺陷。例如，邹容的"反满革命"，夹杂着"皇汉"大民族主义偏见，没有把满族统治者和广大满族人民区别开来，甚至提出要"诛绝五百万有奇披毛戴角之满洲种"，带有狭隘的种族复仇情绪；又如《革命军》既要动员群众起来革命，却没有提出革命主力军——农民所关心的土地问题，等等。这些缺陷，不独在年轻的邹容的思想中以及《革命军》中存在，当时其他资产阶级革命家的思想及其著作中也同样存在，这是中国资产阶级的阶级性和时代的局限性造成的。尽管如此，邹容的《革命军》奏响了时代的主旋律，反映了广大人民的愿望，因而在中国近代政治思想史上占有极其光辉的一页。《革命军》一经问世，便风行海内外，有如嘹亮的革命号角，响彻神州大地。"虽顽懦之夫，目睹其事，耳闻其语，则罔不面赤耳热，心跳肺张，作拔剑砍地奋身入海之状。"① 据不完全统计，辛亥革命前，《革命军》翻印20多次，发行110多万册，是清末革命书籍销售量的第一位。

二、民主革命思想在四川的传播

20世纪初，四川不少忧国忧民的爱国士子实现了由维新思想向革命思想的转化。四川最早的资产阶级革命派成员，大多是留日学生，如邹容、黄复生、童宪章、谢奉琦、雷铁崖、但懋辛、邓絜、熊克武、董修武、张治祥、丁厚扶、

---

① 《读〈革命军〉》，《苏报》1903年6月9日。

吴玉章、杨维等。他们在日本接受了孙中山的民主革命思想，并通过各种渠道把革命火种传到家乡。

光绪三十一年七月（1905年8月），中国同盟会在日本东京成立，标志着资产阶级革命派正式形成，并成为中国资产阶级民主革命高涨的新起点。此后，不少川籍同盟会员回到家乡，与四川革命志士相结合，宣传群众，发展组织，将革命运动推向新的高潮。

传播革命思想，大造反清舆论，是开创四川民主革命新局面的首要工作。在此之前，四川思想界盛行康、梁的维新思想以及由此演变而来的立宪思想。维新思想和立宪思想可以公开传播，而革命思想则被当权者视为异端邪说。在四川宣传革命思想，要冒坐牢和被杀头的危险。然而，四川革命志士以大无畏的革命精神，开展了艰苦卓绝的传播工作。

（一）传入革命书刊，撒播革命火种

四川革命志士通过各种渠道，把革命书刊如邹容的《革命军》、陈天华的《猛回头》《警世钟》、章太炎的《訄书》以及同盟会的机关报《民报》等秘密传入四川，广为散发，唤起民众。邹容的《革命军》出版后，童宪章、朱蕴章、陈崇功等在重庆正蒙公塾中"阴相传览，昌言无忌"，于是闾巷哗传，"正蒙公塾诸生皆革命党"①。光绪二十九年（1903）夏，革命志士卞鼒（小吾）三次到狱中探视邹容，并密商革命方略。次年春，卞鼒变卖家产，从上海购买《革命军》《警世钟》《苏报案纪事》等书数百册返川，密结同志，广为散发。巴县同盟会员张树三，在县城开设旅馆天泰店，"店中有公书社，多致清所毁禁书及海外杂报，以供客览"，常来的客人有朱之洪、吴骏英、董鸿词、杨庶堪、江潘、梅际郁等，"皆当时以文雅知名，所谓党人者也"②。大竹县同盟会员肖德明、陈凤石等组织"大竹书报社"，备有《民报》等革命书刊，"供人浏览"。光绪三十二年（1906），同盟会员杨庶堪、向楚应聘到川南永宁中学堂任教，在学生中介绍《革命军》《民报》和《天讨》等书刊，使不少青年学生走上了革命道路。辛亥革命前夕，黔江革命志士组织反清团体铁血英雄会，翻印《革命军》等书万余册，散发邻近州县，彭水、酉阳、黔江等地受革命思想影响而入会者达万余人。

---

① 《四川保路风云录》，第64～65页。
② 《蜀中先烈备征录》卷1《张树三传》。

(二)结合四川实际,创办革命报刊

四川革命志士不仅通过《民报》出版临时增刊《天讨》,刊载《四川革命书》和《四川讨满洲檄文》,痛数清廷"治蜀苛政",号召川人奋起反满革命,而且自办革命报刊,大造反清舆论。当时,由川籍革命志士在国内外创办的报刊主要有4种:(1)《广益丛报》,1903年由朱蕴章、杨庶堪等在重庆创办,每

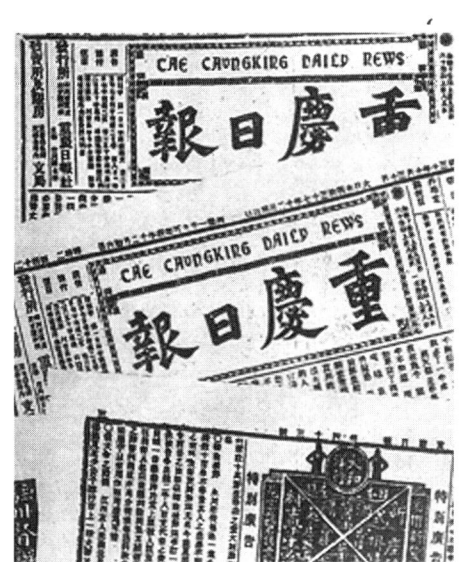

图 8-4 民主革命志士卞鼒及其创办的《重庆日报》

旬出版一册;(2)《重庆日报》,1904年由卞鼒在重庆创办;(3)《鹃声》杂志,1906年由川籍留日学生雷铁崖、邓絜、董修武、李肇甫等在日本东京创办;(4)《四川》杂志,《鹃声》被迫停刊后,由川籍留日学生吴玉章等于1908年1月在日本东京创办。由于《广益丛报》和《重庆日报》在重庆创办,且创办时间较早,在封建专制淫威下,更须讲究斗争策略,不能像留日学生在海外办的《鹃声》《四川》那样倡言革命无所顾忌,但其革命倾向仍然十分明显。这些报刊,结合四川实际,面向四川读者,均以宣传民主思想、鼓吹反清革命、反对封建旧文化为己任,为唤起民众、推动四川革命斗争发挥了巨大作用。

(三)利用各种机会,进行口头宣传

许多四川革命志士不辞辛劳,奔走各地,深入学校、军营、城镇、乡村,利用各种机会、场合和社会关系,宣传革命思想,发展革命组织。绵州人李实,在上海经商时加入同盟会,光绪三十二年(1906)"弃商返里,益锐志于革命之

业，乃遍游龙安、绵竹、保宁、顺庆间，日以排满革命之说相传播，逢人辄娓娓道之。悉散其财，以为革命之用"①。广安人刘启斌，在初级师范读书时，接触《民报》，"读未尽，即愤慨填胸，倚天拔地，毅然以推翻满清、光复汉族为己任。每值课余，集合同学倡言不讳。有以利害相悚者，弗顾也"。他加入同盟会后，"历年奔驰，为国宣劳，然饥寒交迫，亦恬然不以为苦"②。酉阳人邹杰，曾任"开县及成都体育、模范诸校教授，竭力鼓吹革命，蜀之英年学子多网罗于同盟会者，君之力也"③。南江人陈膺祺，由弁目队毕业后加入同盟会，当其任重庆巡防助教时，"常以革命鼓吹军士"④。彭山人张治祥，留学日本归来，"倡言革命于成都市中"⑤。郫县人韩霈霖，加入同盟会后，"常以革命游说乡里"⑥。著名会党首领佘英，"获读《革命军》《警世钟》诸书，民族大义因之而生。时以其书播讲于市，听者动容。州牧示禁，复驰乡宣传，不稍畏避"⑦。

民主革命思想在四川的传播，使四川民众经历了一次比维新思想在四川传播更为深刻的思想解放运动。它开阔了四川民众的眼界，振奋了为民主、自由、人权、独立而战的民族精神，不仅使许多人对清王朝专制、腐朽、卖国的本质加深了认识，从而加入了反清行列，而且使不少原来相信、拥护维新、立宪的人转而同情、支持并参加了革命。无须讳言，革命派传播民主革命思想的深度和广度是明显不够的，尤其忽略了对广大农民的宣传发动工作。在传播的内容方面，强调了排满革命，却没有把主要矛头集中指向帝国主义和封建主义两个最大的敌人。这是由于资产阶级的阶级性和时代的局限性造成的。尽管如此，民主革命思想在四川的传播，为四川资产阶级革命派的形成和同盟会四川支部的建立打下了思想基础。而革命派的形成和革命组织的建立，又大大推动了革命思想更加广泛而深入传播，从而促进了四川革命运动的发展。

---

① 《蜀中先烈备征录》卷1《李实传》。
② 《蜀中先烈备征录》卷4《烈士刘启斌传》。
③ 《烈士邹杰墓表》，《巴县志·金石下》卷20。
④ 《蜀中先烈备征录》卷2《陈膺祺事略》。
⑤ 《张治祥传》，《重修彭山县志》列传2。
⑥ 《蜀中先烈备征录》卷2《韩霈霖事略》。
⑦ 《佘英传》，《四川辛亥革命史料》下册，四川人民出版社1982年版，第281页。

三、同盟会组织在四川的建立与发展

光绪三十一年七月二十日（1905年8月20日），中国历史上第一个资产阶级全国性的政党——中国同盟会在日本东京成立。同盟会以"驱除鞑虏，恢复中华，创立民国，平均地权"为宗旨，表明中国民主革命进入了一个新时代。

同盟会建立后，先后派遣了几批川籍同盟会员回川，建立组织，开展工作。

光绪三十一年底，同盟会总部派童宪章、陈崇功、杨霖等到重庆，负责筹组重庆支部。在此之前，重庆革命志士杨庶堪、梅际郁、朱之洪等已在重庆秘密成立革命小团体，如公强会、游想会、羽强社等，为同盟会重庆支部的建立打下了基础。此时，"公强会推（杨）庶堪与（朱）之洪首应盟约，于是乃设同盟会重庆支部"①。此后，公强会会员先后加入同盟会，重庆一度成为领导四川革命的中心。三十二年（1906）春，同盟会总部派广西人邓家彦到成都发展组织，因邓

图8-5 同盟会重庆支部负责人杨庶堪

不熟悉四川情况，旋即辞职。同年，总部派黄复生、熊克武等先后从日本返川工作，由黄复生任四川分会会长。他们到成都后，联络秦炳、张培爵、卢师谛等人，建立了同盟会成都分会。同年，孙中山委任川南会党首领、同盟会员佘英为西南大都督，命其回川发动武装起义。佘英回川后，与熊克武、谢奉琦等在泸州建立了同盟会的秘密机关。随后，谢持在富顺，李宅安在西昌，张从简在大竹，师至馨等在开江相继建立了同盟会组织。数年间，四川不少州县都建立了同盟会的分支机构。成渝两地则是四川革命党人活动的中枢。

同盟会在四川发展组织的对象，主要是学界、军界、会党和工商界。

（一）掌握学界，建立革命基地

清末的新式学堂，是近代知识阶层的荟萃之地，聚集了大批血气方刚、易于接受革命思想的师生。作为资产阶级政党的同盟会，不懂得广大农民是革命

---

① 向楚：《杨庶堪传》，《国史馆馆刊》第1卷第1号，民国37年9月。

的主力军，而是把希望寄托于知识分子，因此学界自然成为同盟会发展组织的首选对象。加之四川最早的一批同盟会员都是留日学生，与学界的关系本来就十分密切，他们奉命回川后，不少人进入学界，有的还担任了学堂监督（校长）、监学等要职。他们利用学界的合法身份，把学校变成开展革命活动的基地。"成都之叙府中学、第二小学，重庆之府中学堂，尤为各道党人交通会聚之所"①。成都"学界中人士"经黄复生、谢奉琦二人联系，陆续加入同盟会的"不下数百人"②。成都"入党学生周流不绝，铁道、师范、法政各校与陆军小学都有，尤以中学为多"。至光绪三十三年（1907），"省中各学堂学生加入同盟会者，以千数计"③。在重庆，同盟会重庆支部即设在重庆府中学之内。革命党人"推杨庶堪为首，决定先从学校方面着手，以教育界人士和学生为对象，积极开展革命宣传和发展组织的工作"④。到辛亥革命前一二年，"重庆各学校大都在党人掌握之中"⑤。其他州县的同盟会员也在学界开展了富有成效的工作，如：广安的石笋河小学是"川北革命党人会聚的一个重要据点"⑥；同盟会员伍安全到郫县高等小学堂任教，"在学堂传播革命种子"，"堂内师生加入革命者颇众"⑦；在川南叙永地区，由于杨庶堪、向楚、朱之洪、朱必谦等同盟会员到永宁中学任教，做了大量宣传、组织工作，"永宁中学也就成为当地的革命司令部了"⑧。

（二）运动新军，准备武装起义

四川爱国志士中，有不少人抱着军事救国思想留学日本学习军事，或者报考国内军校加入新军。四川新军中的中下级军官和各类军校学生，大都具有较强的民族主义意识，易于接受民主革命思想。同盟会成立后，在日本学习军事的同盟会员相继回川进入军界，有的人在新军或军校中担任了重要职务。广安人秦炳，赴成都考入陆军弁目队，"所在潜结奇才力士，待时而动"，加入同盟

---

① 《辛亥四川革命纪事》，《四川辛亥革命史料》上册，第448页。
② 黄遂生：《同盟会在四川的活动》，《辛亥革命回忆录》（3）。
③ 杨兆蓉：《辛亥革命四川回忆录》，《近代史资料》1958年第2期。
④ 向楚等：《蜀军政府成立前后》，《重庆蜀军政府资料选编》。
⑤ 周开庆：《民国四川人物传记·记朱树痴先生》。
⑥ 南充师范学院历史系中国近代史教研组《蜀北军政府成立始末调查记》。
⑦ 《四川辛亥革命资料拾遗》，《四川文史资料选辑》第27辑。
⑧ 李铁夫：《由同盟会在叙永的活动到叙永的独立》，《四川文史资料选辑》第2辑。

会后,"为革命巨擘"①。同盟会成都分会成立时,专门成立了同盟会军队分会,由武备学堂毕业生、时任陆军 33 混成协督队官龙昭伯担任军分会会长,推选龙光、黄成璋、王子均负责联系武备学堂的学生,秦炳、饶国梁、任安全、易中、程德藩、但坚、朱蠹等负责联系弁目队的学员。同时,发动一批青年学生参加新军。"一时,武备学堂毕业生以及速成学堂的下级军官,大半都参加了同盟会。"②

(三)联络会党,吸引民众反清

会党,是资产阶级革命派对一切以反清复明为宗旨的民间秘密团体的总称。天地会、哥老会等通称"会",自兴中会与天地会等首领联络后,始称"会党"。清末四川会党势力很大,散布地区也广,主要有哥老(袍哥)、孝友(义)会、仁义会、西会、平会等。会党成分比较复杂,但基本成员是贫苦农民,还有小手工业者、无业游民、兵勇以及部分反清士绅。由于会党与同盟会在"反清"目标上具有一致性,因而同盟会十分重视会党工作,把联络会党作为吸收下层社会民众参加革命的重要手段。同盟会成立后,即派黄金鳌回川联络会党。光绪三十二年(1906),川南哥老会首领佘英应同盟会员杨兆蓉等之邀赴日,加入同盟会,被孙中山委为西南大都督,付以联络川、滇、黔边区会党重任。三十三年(1907),四川同盟会推佘英、曾省斋、黎清瀛、余切等负责联络全川哥老会工作。重庆、泸州、叙府一带会党人士纷纷加入同盟会,使会党成为"同盟会可以直接运用指挥的一股力量"③。川西"袍界巨子"高杏邨、张捷先、张达三入盟后,"分担各走一方,运动各属有志健儿,奔走呼号,不遗余力","数月之间,收入同盟会者七百余人"④。

(四)伸入商界,扩大反清势力

发展资本主义工商业,是资产阶级民主革命的要求。工商界人士本身就有反帝反封建的愿望,然而清末四川的商会、铁路股东会等组织,大都掌握在立宪派手中,工商界人士大多倾向立宪救国,对革命党人不理解,往往避而远之。

---

① 张岷僧:《秦炳传》,《四川辛亥革命史料》下册,第 462 页。
② 黄遂生:《同盟会在四川的活动》,《辛亥革命回忆录》(3)。
③ 熊克武:《辛亥前我参加的四川几次武装起义》,《四川文史资料集萃》第 1 卷,第 96 页。
④ 《公孙靖中郎自述历史》(手稿本),转引自隗瀛涛等:《四川近代史》,四川省社会科学院出版社 1985 年版,第 441 页。

尽管如此，革命党人仍然重视在工商界广泛宣传，发展组织。"同盟会在綦江的革命活动，主要在知识界、工商界"，经过做工作，大绸缎商谭慰苍、大盐商刘献陶、刘蓉光、阮少卿等人加入了同盟会①。泸州商人席成元，"积资累巨万"，经革命党人杨兆蓉介绍加入同盟会。佘英等筹备江安起义时，"君输款独多"②。川南军政府成立，席成元曾担任财政部长。巫山县商人宋春廷、宋文光兄弟，听了熊克武讲解"兴汉排满的革命道理"后，加入同盟会，"春廷从此成为巫山、宜昌、沙市一带的革命中坚分子"，并介绍其他商人参加革命③。除此之外，有的同盟会员还直接在川创办工商实业，既可以此为掩护开展革命活动，扩大在工商界的影响，又可为革命筹集经费。如同盟会员石青阳从日本返回重庆，"倾家产筹设蜀眉丝厂，就南岸为机关，密谋革命"④。税钟麟、邹国宾到犍为牛华溪筹集股本制造水机，"藉以厚积资财，网罗俊豪。凡荣、威、嘉、叙、隆、泸等州县党人，多为其所介绍"⑤。

四川同盟会组织的发展十分迅速，人员众多，来源广泛，遍布全川各地，已经成为四川社会中潜能巨大的政治势力。但是，尽管同盟会在四川形成了重庆、成都和泸州三个活动中心，全川性的领导核心却一直没有形成。又因同盟会策划的多次武装起义均遭失败，骨干力量损失严重，以致辛亥保路风潮兴起之初，四川同盟会因缺乏集中统一的领导而处于各自为政的状态。

四、革命党人在四川的武装起义

资产阶级革命派与立宪派最大的区别，就是革命派主张武装推翻清廷，建立民国。孙中山从组织兴中会起，就致力于武装起义。光绪二十一年（1895）九月，孙中山首次密谋广州起义，虽事泄失败，但从此拉开了革命党人武装起义的序幕。在孙中山看来，"只要星星之火就能在政治上造成燎原之势"。同盟会成立以后，更是把武装起义作为头等大事，接二连三地在全国各地点燃武装起义的烽火。

---

① 政协綦江县委员会编：《辛亥革命在綦江》，《四川文史资料选辑》第2辑，第96页。
② 《巴县志·金石下》卷20《烈士席成元墓表》。
③ 宋子然等：《巫山县的革命活动》，《辛亥革命回忆录》（3）。
④ 《巴县志·人物中之下》卷10下《石青阳传》。
⑤ 《蜀中先烈备征录》卷1《税钟麟事略》。

孙中山对四川的武装起义十分重视。他曾对四川革命党人说："吾国革命用兵，当在长江流域，四川其上游也，宜急图之。"① 根据孙中山的指示，同盟会总部派遣佘英、熊克武等回川，组织学生，联合会党，运动新军，发动武装起义。至保路风潮爆发前，四川革命党人发动的起义就有10多起。其中，规模和影响较大的有以下几起：

（一）彭县大同军起义

在同盟会四川组织建立之前，爱国志士余切、杨钧、汪泽、萧光前等因受孙中山革命思想影响，于光绪三十一年（1905）冬，带领会党群众在彭县石堰洞后山组成大同军，提出"驱除鞑虏，创立民国"的口号，歃血为盟，宣布起义。义军"与彭县团练堂勇暨什邡、新繁、崇庆各团练战于牧马河，团勇败"②。彭县知县采用分化瓦解办法，诱使萧光前等率部退出，余切、汪泽被迫放弃起义，隐匿成都。彭县大同军起义，虽然不是同盟会领导的，但已不属于旧式农民起义范围。起义军提出了资产阶级革命口号，是具有资产阶级革命性质的武装起义。

（二）江油起义

绵州人李实，在上海经商时，于光绪三十一年加入同盟会。次年弃商返里，锐志革命，常奔走于川北各地，联络民间秘密宗教首领何如道等，密谋于三十二年（1906）秋八月，"发动革命于江油"。事泄，战不利，李实转据南部小燕山，来归者约千余人。川督锡良派兵镇压，李实拒战数日阵亡，何如道等人被执，死于狱中。江油起义虽与同盟会四川组织没有直接联系，但却是同盟会员在川领导的第一次武装起义。

（三）江安、泸州起义

光绪三十三年（1907）初夏，四川同盟会负责人熊克武、黄复生等邀党人廖绪初、黄金鳌等30余人开会于成都草堂寺，决定首先在川南重镇泸州发动起义，成都、叙府等地响应。起义负责人为川南会党首领、同盟会员佘英。原定当年端午节在泸州发难，因准备不及而延期举行。佘英利用会党首领身份，联络巡防军哨官刘安邦和川滇黔边会党首领刘天成等，约定先由刘安邦率巡防军

---

① 周开庆：《四川与辛亥革命》上册，（台北）四川文献研究社1964年版，第23页。
② 向楚：《四川党人革命大事记》，《四川辛亥革命史料》上册，第431页。

在江安起义，然后顺江而下，攻打泸州。但在准备过程中，黄复生、熊克武、黄方、杨维等在永宁（叙永）黄方家中制造炸药时，不慎引起爆炸，几至焚庐，引起官府注意。特别是各路会党3000余人，装成小商小贩，云集泸州，将城内外客栈住满，更加引起清吏警觉。泸州知州杨兆龙下令逮捕佘英。佘英等恐日久生变，遂决定提前发动。十月朔日夜，江安起义爆发。当党人在城内放火发难时，官府早有防备，派兵扑灭火势，关闭城门，不让巡防军入城"救火"，并在城内搜捕党人。佘英等鉴于局势变化，决定放弃起义。江、泸起义是四川同盟会有组织有计划发动的第一次起义，但却未放一枪而遭失败。

（四）丁未成都起义

同盟会在策划江安、泸州起义的同时，也密谋成都起义与之呼应。成都起义由张培爵、谢持、余切、黄方等人负责，预定光绪三十三年（1907）十月九日慈禧太后生日这天，乘清吏齐集会府祝寿时，聚而歼之。革命党人及各路会党约4000人分批潜入成都，部分新军和学生也作好了起义准备。然而，起义前夕，由于叛徒告密，清吏改变了祝寿地点，并调动军队，全城戒严。起义领导人与各路义军联系中断，城内点燃起义火讯，但很快被扑灭，致使"各路整装待命的同志，看不见举火讯号，听不到炸弹响声，得不到行动的命令。多候至天亮，始知事败，乃各自分散"①。其后，官兵全城搜查，党人张治祥、黄方、黎庆余、江永成、杨维、王树槐6人被捕下狱。后经多方营救，官府判王树槐监禁10年，其他5人终身禁锢，史称"丁未成都六君子之狱"。

（五）叙府、隆昌起义

光绪三十三年（1907）冬，同盟会员佘英、曾省斋、谢奉琦等开会于隆昌，认

图8-6 谢奉琦像

---

① 熊克武：《辛亥前我参加的四川几次武装起义》，《四川文史资料集萃》第1卷，第102页。

为成都起义虽失败，但叙府（今四川宜宾）为响应起义已有所准备，遂决定叙府、隆昌同时再举。谢奉琦、曾省斋联络叙府堂勇管带刘绍峰、县幕詹树堂定于十二月十一日（1908年1月14日）发动堂勇起事。由于团首惧祸自首，官兵捕杀刘、詹二人，叙府起义流产，隆昌起义也因此中止。起义领导人谢奉琦被叛徒出卖，壮烈牺牲。

（六）广安起义

宣统元年（1909）初，佘英、熊克武等与川东北革命党人和部分会党首领在大竹女子学堂开会，认为广安革命党人实力较强，与广安、大竹等地孝义会、哥老会联系密切，决定发动广安起义，然后攻打顺庆。二月十日（3月1日）晚，佘英、熊克武、廖宗纶等"率众发难"，与保安营队发生巷战，一度攻进衙署和巡防营。天色将明，佘英、熊克武等自度胜利无望而率部撤退。党人何宗绪、王亚东、王小臣等19人被捕。

（七）嘉定起义

广安起义失败后，革命党人决定转图嘉定（今四川乐山）。宣统元年十二月十三日（1910年1月23日），秦炳、程德藩等率百余人伪装募兵官军，突至嘉定童家场团练局，夺取团丁枪械，宣布起义。接着，佘英、税钟麟等袭击白马埂、杨家场、板桥溪等处团练局，夺获大量枪弹，劫炮船8只。起义军"遍张文告，晓谕居民，公然以汉军政府著称"，并拟"乘夜潜攻嘉定郡城"①。但因消息走漏，加之佘英突然发病，未能及时进军，使清军能够从容布防，凭河固守。义军战斗失利，退往屏山，在宋家村与尾追而来的嘉定清军和马边、屏山清军激战一日。义军伤亡甚重，趁夜突围四散。嘉定之役，义军死难200余人，是历次起义牺牲最大的一次。宣统二年（1910）二月，佘英率部分同志赴川滇边境以图再举，因叛徒出卖被捕，解往叙府被害。

（八）彭水、黔江起义

宣统二年十一月（1910年12月），同盟会在川鄂湘黔边境发动了彭水、黔江起义。此前，同盟会员温朝宗、王克明、谭茂林等在黔江县八面山小南海组织"铁血英雄会"，印制邹容《革命军》万余册，分发当地群众，发展会员万余人。十一月，温朝宗、王克明、黄玉山等在彭水县凤凰山率200余人剪辫起义。

---

① 彦实：《邹国宾税临三合传》，《蜀中先烈备征录》卷1。

随即率众下山,聚众千余人,分兵三路攻打黔江县城。十二月七日(1911年1月7日),义军攻占黔江县城,声威大震。清廷急令川鄂湘黔四省军队会剿。义军战斗失利,温朝宗、王克明相继遇难,起义失败。彭水、黔江起义是四川同盟会在保路斗争前发动的最后一次起义,也是唯一攻占县城的一次起义。

革命党人在川发动的历次起义都失败了。失败的原因是多方面的,但根本原因则一样,那就是革命时机不成熟,没有坚实的群众基础。革命党人举行武装起义主要依靠会党力量,既没有做长期艰苦的群众发动工作,也缺乏深入细致的准备工作。举行武装起义,要具备主客观条件。只有当群众革命高潮达于顶点的时候,才可因势转入武装起义。任何脱离群众革命斗争的武装起义都是军事投机,任何缺乏周密准备的军事斗争都是冒险行动,而一切军事投机和冒险行动,必然招致失败。

革命党人在四川的武装起义虽然失败了,但革命党人不畏强暴、视死如归的英雄气概却长留人间。谢奉琦被捕后,清吏用铁索穿透他的项下骨,锁系游街。谢奉琦泰然处之,沿途演说,使不少群众感动而流下眼泪。佘英在就义前毅然赋绝命诗曰:"牡丹初放却先残,未捣黄龙死不甘。我本为民兼为国,拼将热血洒红毡。"① 革命党人用鲜血和生命沉重地打击了清王朝的反动统治,揭穿了清王朝残暴虚弱的本质,扩大了民主革命的影响,启发了群众的觉悟,壮大了自己的队伍,吸取了经验教训,从而为辛亥革命在四川的发动作了思想上和组织上的准备。

五、川籍志士在省外的革命活动

20世纪初,资产阶级革命派中的川籍党人有的受同盟会总部派遣或因斗争需要而奔赴外省工作,有的在外省求学、供职而参加革命,有的则是因为在川发动武装起义失败而离川以图再举。尽管他们到外省的情况有所不同,分工也不一样,但都以"恢复中华"为己任,为传播革命火种、开展武装起义、实现民主共和而英勇奋斗。

光绪三十三年(1907),川籍同盟会员王仰思、秦彝鼎等应云南干崖土司刀安仁(同盟会员)的约请,从日本前往干崖(今云南德宏傣族景颇族自治州)

---

① 佘良弼:《佘英烈士就义时遗诗》,《四川文史资料选辑》第1辑。

发动革命。此后,王、秦二人一直在干崖从事革命工作,以至于死。"他们为中国民主革命和民族团结的伟大事业贡献了自己光荣的一生。"①简州人刘克强,在陕西第二军校中,"亟欲实行革命宗旨,交游多志士,与钱鼎尤属莫逆。西安起义,克强及鼎之功最著"②。内江人余切(后改名公孙长子)参加成都起义失败后,西走甘肃,在兰州从事革命活动,继走太原,参加山西民军起义,任敢死队参谋长。资州人杨禹昌,字敏言,光绪三十四年(1908)考入保定陆军师范学堂,毕业后到北京清河陆军第一中学任教,常给学生"灌输革命宗旨"。为了"洞察西北大势",他"漫游蒙古、张家口间,秘密运动"③。宣统元年(1909),川籍党人彭家珍、薛良、刘成等参加东北独立运动,"事泄未成"④。巴县人淡春谷,留学日本加入同盟会,回国后,在上海"与革命诸要人规建中国公学,充干事,生徒数百人,阴识其英异者,引之入党甚众,盖隐握海上革命关轴"。广州起义后,淡春谷与"宋教仁、谭人凤谋窥湖北,先派人潜往干运新军。武昌首义,天下响应,春谷实决策发难之一人也"⑤。叙永人赵铁桥,鉴于川中多次起义失败,乃入北京,与汪精卫、吴敬恒、张人杰、李石曾诸人创办《国光新闻》,并在天津创办《民意报》,鼓吹革命。赵铁桥"主办《民意报》凡四年,铮铮有声,与上海《民国日报》相呼应,皆以推倒满清政权为职志"⑥。著名革命宣传家雷铁崖,曾在日本东京创办和编辑《鹃声》《四川》杂志,光绪三十四年(1908)回国,受聘于上海中国新公学,"以革命思想灌输青年"。次年冬,应孙中山之约赴马来亚槟榔屿,主持《光华日报》笔政,仅一年时间,撰文百余篇,与立宪派开展论战,在华侨中宣传革命,积极募款,支援国内革命。

川籍同盟会员积极参加孙中山和同盟会总部直接领导和组织的武装起义。光绪三十三年(1907)十月,四川党人卢仲琳参加孙中山、黄兴领导的镇南关(今广西友谊关)民军起义。三十四年(1908)三月,四川党人喻培棣、李遐

---

① 吴玉章:《辛亥革命》,第88页。
② 杨志宇:《刘克强传》,《革命人物志》,第11页。
③ 《杨敏言烈士事略》,《蜀中先烈备征录》卷2。
④ 向楚:《四川党人革命大事记》,《四川辛亥革命史料》上册,第432页。
⑤ 《巴县志·淡春谷传》,《四川辛亥革命史料》下册,第500页。
⑥ 《叙永县志·革命先烈附传》卷3,民国24年铅印本。

第八章 民族民主运动的勃兴

图8-7 喻培伦像

图8-8 秦炳像

璋、薛良、何其义等参加孙中山、黄兴领导的云南河口民军起义。在辛亥三月（1911年4月）的广州起义中，四川党人更是功不可没。在起义筹备期间，同盟会东京四川部长、大竹人张懋隆"实赞其中枢，结士集费，身备诸险危"①。以"炸弹大王"著称的内江人喻培伦，到广州设立了专门制造炸弹的机关。广安党人秦炳、张百祥、蔡体平，大足党人饶国梁，井研党人熊克武，荣县党人吴玉章、但懋辛等，应召先后赴香港、广州作起义准备。这次起义组织的秘密机关达30余处，四川党人以吴玉章的名义组织了一处机关，名曰吴老翁公馆（吴公馆）。三月二十九日（4月27日），广州起义爆发。是日下午5时半，黄兴率"选锋队"（敢死队）百余人进攻督署衙门，喻培伦、熊克武、但懋辛、秦炳、饶国梁等18志士攻打督署后门。喻培伦一马当先，抛掷炸弹，所向披靡。在与清军的激战中，喻培伦身中数弹，被捕牺牲。饶国梁被官兵包围数重，仍殊死苦

图8-9 饶国梁像

---

① 杨庶堪：《张懋隆传》，《四川辛亥革命史料》下册，第412页。

战，弹毙多人后，因臂受重伤，被执遇难。秦炳在战斗中毫无惧色，愈战愈勇，不幸中弹牺牲。事后，喻培伦、饶国梁、秦炳三烈士的遗体和其他烈士一起葬于广州黄花岗，是为著名的"黄花岗七十二烈士"。

图 8-10 彭家珍像

革命党人大多崇尚中国古代任侠仗义的刺客行为，加之受无政府主义思想影响，因而在发动武装起义的同时，组织对清朝官员的暗杀，一时成为风气。同盟会成立后，特地组织了一个专司暗杀的部门，川籍同盟会员吴玉章、黄复生、喻培伦、黎仲实等参与其事。宣统元年（1909）夏，他们策划在汉口车站暗杀端方未果，随后商定在北京暗杀当时的清朝摄政王载沣。喻培伦、黄复生在北京琉璃厂开了一家守真照相馆作掩护，选定载沣每日上朝必经之地银锭桥作为暗杀地点。宣统二年（1910）二月的一个夜晚，喻培伦、黄复生和汪精卫等将特制的一颗大炸弹埋在桥下，因被人发觉告官而失败。武昌起义后，为了促进南北议和，逼迫清帝退位，京津同盟会决定诛锄袁世凯、良弼、载泽三大敌酋。1912年1月16日，四川资州籍党人杨禹昌与贵州籍党人张先培、黄芝萌挟炸弹袭击袁世凯，未中，杨、张、黄被捕牺牲。同月27日，京津同盟会员、四川金堂人彭家珍只身携带炸弹，炸毙清宗社党头子良弼，自己壮烈牺牲。彭家珍"奸除大憝"，使清朝皇族胆战心惊。2月12日，清帝被迫宣布退位。

四川革命志士为推翻封建专制统治、建立民国而奔走呼号，流血牺牲，在中国革命史上留下光辉的一页。

第九章 保路运动与四川辛亥革命

第一节 川汉铁路的筹办

一、保利权，自办川汉铁路

铁路是资本主义近代工业发展的产物。这一先进的交通运输工具，1825年始创于英国。十多年后，也就是鸦片战争前夕，有关铁路的信息和知识开始传入中国。光绪二年（1876），英商怡和洋行在上海擅筑的吴淞铁路（窄轨），是中国土地上第一条通车营业的铁路。这条铁路未经中国批准，翌年由清政府赎回拆除。七年（1881），由洋务派主持筑成的唐胥铁路（唐山至胥各庄），是我国第一条标准轨距铁路，从此揭开了中国自建铁路的序幕。

第二次鸦片战争后，列强企图把它们的经济势力由沿海港口伸入中国内地，天府之国的四川也是它们垂涎的重点。它们在阴谋侵夺川江航行权的同时，也妄图把铁路筑进四川。同治三年（1864），英国人麦克唐纳·斯蒂文生爵士来华游说，并拟定了一个在中国修筑铁路的庞大计划。这个计划包括建筑一条"以扬子江流域的华中商业中心汉口为出发点，筑路通到上海，西行经四川、云南等省直达印度"① 的铁路干线。这是西方列强企图在四川修筑铁路的最早最直接的记载，可见列强侵夺四川铁路主权的野心由来已久。

甲午战后，列强竞相在中国争夺"势力范围"，掠夺中国铁路主权。在列强眼里，四川这个物产丰富、人口稠密的大省，正是它们倾销商品、输出资本的广阔场所。当时，列强急于从两个方向打开进入四川的铁路通道：其一，是从南面的缅甸、越南经中国云南省进入四川。英、法两国在分别取得滇缅铁路和滇越铁路的建筑权后，妄图把铁路延伸到四川的成都、重庆，然后与长江流域的铁路相连接。其二，是从中国东南沿海进入华中地区，再从汉口将铁路筑进四川。这就是列强"每以川江运道不便为言"，迫不及待妄图强筑的川汉铁路。英国侵略者还企图建立一条从埃及开罗经印度到达四川再到上海的铁路大动脉。列强对四川铁路的鹰瞵鹗视，曾激起四川人民的强烈反对。当英国殖民者强行到川滇黔境内踏勘铁路路线时，就曾遭到四川人民的阻止和武装袭击。

中国人民并不笼统反对兴修铁路，只是反对列强在修路面纱遮掩下的侵略行径。鸦片战争后，一些先进的中国人早就主张学习西方的铁路文明。洪仁玕、薛福成、康有为等还先后提出了在全国修筑铁路的方案和建议。然而，清政府从维护其封建统治出发，曾竭力阻止在中国修建铁路。清政府中的顽固派把铁路看成是"破坏风水""祖宗所未创"的怪物，拒绝修筑铁路的任何主张。洋务派则把铁路当做"自强求富"的重要措施，并针对顽固派的论点进行反驳，力主借用洋款筑路。经过这场争论后，清廷于光绪二十四年（1898）宣布修筑铁路为"自强要策"，应统筹全局，"次第推行"。庚子之役后，清廷宣布要改弦更张，实行"新政"。在广大人民要求自保利权、自建铁路呼声的压力下，清廷决定向民间资本开放路权。正是在这样的情势下，新任四川总督锡良提

图9—1 锡良像

---

① 宓汝成：《中国近代铁路史资料》第1册，中华书局1963年版，第6页。

第九章 保路运动与四川辛亥革命

出了自办川汉铁路的倡议。

光绪二十九年（1903）三月，锡良调署四川总督。闰五月十四日（7月8日），锡良在赴川接任途中，即上奏清廷，请求自办川汉铁路。他在奏折中说："川省西通卫藏，南接滇黔，高踞长江上游，倘路权属之他人，藩篱尽撤，且将建瓴而下，沿江数省，顿失险要。是川汉铁路关系川省犹小，关系全局实大，为今之计，非速筹自办不可。"①

锡良之所以把修建川汉铁路当做他入主川政的第一要务，首先是因为他能从国家民族的大局出发，深知自办川汉铁路对遏制列强势力伸入四川具有重要意义；其次，他从变法自强、推行"新政"着眼，把官办川汉铁路作为维护清朝统治、开发天府奥区的重要手段。"自办"和"官办"，是锡良筹建川路公司的两大准则。"自办"是指铁路由中国自主修筑，旨在抵制侵略，保卫国家利权，因而符合广大人民反帝爱国的愿望，得到了四川各界人民的支持；"官办"是指铁路公司大权由官府操纵，绅民只有出钱出力的义务，不得干预公司大政。锡良的奏议得到了清廷的赞许和批准。

图 9-2 川汉铁路总公司外景

---

① 《锡良遗稿·奏稿》第 1 册，第 339 页。

第九章　保路运动与四川辛亥革命

光绪二十九年十月（1903年11月），商部奏准颁行《铁路简明章程》24条。锡良根据《铁路简明章程》规定，经过一番筹备，于二十九年十二月（1904年1月）在成都岳府街正式成立了官办的川汉铁路总公司。这是全国最先成立的省级铁路公司。此后，各省效行，先后有十多个省成立了铁路公司，可见影响之大。应当说，川汉铁路的筹建，一开始就具有反帝爱国性质，是全川乃至全国人民自保利权斗争的成果。

二、杜外资，筹集筑路股款

川汉铁路的筹建，遏制了列强掠夺四川路权的野心。英、法、德、美等国银行团眼见夺路阴谋难于得逞，便改变策略，纷纷向清政府照会交涉，开始了对川汉铁路贷款权和经营权的争夺，先是企图一国独揽，继而谋求两国合伙投资，最后则要求"一律同沾利益"①。面对列强关于贷款权的强求，清朝中央政府的态度异常暧昧：一方面，以"四川总督现正设立公司，招集华股"，"决定不借洋款"相搪塞；另一方面，又以将来若华股筹集不足，或拟息借洋款，则届时当"向英、美两国公司商借"②，由此留下一条后路。与此相反，川督锡良明确宣布："自办者，即不招外股不借外债之谓也……如非中国人之股，公司概不承认。"③ 四川当局和川汉铁路总公司的态度，表达了四川人民自办铁路的意志和决心。

川汉铁路既以自办为主义，决定严杜外资，专集华股。据估算，川汉铁路预定路线自夔口起，经宜昌、夔州、重庆、永川、内江、资阳以达成都，全长约2000公里，需用银5000万两以上。由于工巨费大，锡良深感"铁路兴筑固难，筹费尤难"，"骤欲集数百万股之多，此诚难之又难者也"④，以致川路公司成立10个月后，还处于"有公司而无资本"的状态。此时，川籍留日学生怀着爱祖国爱家乡的热情，在日本东京召开四川同乡会，共商集股办法。他们不仅带头认股筹股，而且联名上书川督锡良，建议"因粮摊认"铁路股金，并为锡良采纳。锡良与在京官绅往复熟商后，于光绪三十年（1904）正月奏定《川汉

---

①　宓汝成：《中国近代铁路史资料》第3册，第1065～1072页。
②　宓汝成：《中国近代铁路史资料》第3册，第1068页。
③　《锡良遗稿·奏稿》第1册，第455页。
④　《锡良遗稿·奏稿》第1册，第455页。

铁路总公司集股章程》55条，规定公司集股之法，约有四端：一、认购之股，即以己资入股者；二、抽租之股，即按租计谷抽收者；三、官本之股，即由国家库款拨作股份者；四、公利之股，即系本公司现时筹款开及别项利源收取余利作为股本者。此后，又增加了在鸦片商中征收"土药股"和在盐茶商中征收"盐茶股"等。在各种股本中，抽租之股（简称"租股"），即脱胎于"因粮摊认"，是川路股款的主要来源。

租股的抽收办法是："凡业田之家，无论祖遗、自买、当受、大写、自耕、招佃，收租在十石以上者，均按该年实收之数百分抽三。"①所抽租谷，均照市价折银，随时填给

图9-3　川汉铁路总公司集股章程

股票。定例每50两为一整股（大股），5两为零股（小股），纳满5两给零股票一张，满50两换取整股票一张，按周年4厘（后改为6厘）行息，路成后可分红利。章程还规定："各业户应抽租谷，若敢违抗不完，即由经理之绅董团保，禀请州县官提案追究，以为吝惜私财，阻挠公益者戒。"②此后，四川各州县相继成立了由绅董团保把持的"租股局"，专门负责催收租股。很明显，这种抽租之股具有两个特征：一是带有普遍性。全川各

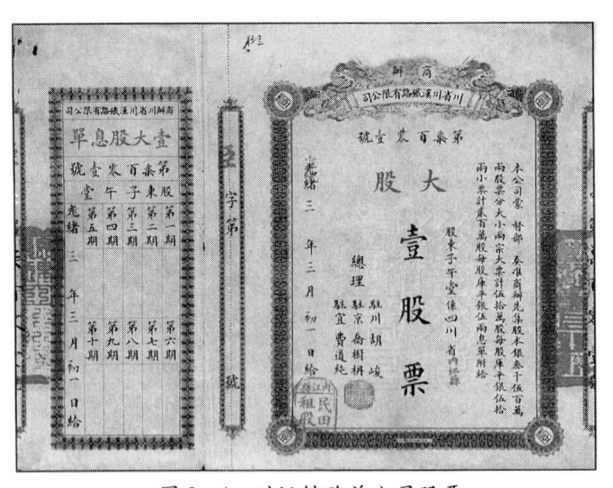

图9-4　川汉铁路总公司股票

---

① 戴执礼：《四川保路运动史料》，科学出版社1959年版，第35页。
② 戴执礼：《四川保路运动史料》，第37页。

州县从光绪三十一年（1905）起，分年摊派，随粮抽收，直至保路风潮兴起。二是带有政治强制性。它是铁路公司凭借官府命令，依靠地方绅董势力强行摊派征收的，因此被当时人们称为"铁路捐"，或称为"上二道粮"。

据宣统三年（1911）川路公司公布的《总纂实收数目简明表》载，从公司开办起至宣统二年（1910）底止，6年之内共集股款11983005两，其中，租股竟达9288128两，占总股款的77.5%以上，相当于同期四川省地丁银总额的2.3倍①，有的州县甚至比正粮高出几倍至10倍以上。尽管锡良一再声称，"收租十石以下者，免其抽收，概于贫民并无苦累"②，但实际上受苦受累者仍是平民百姓。例如，各州县在抽租之时，往往随意降低起征点，有的地方甚至将起征点降至条粮二钱三钱或一分二分。按当时市价，10石谷约折银25两。将起征点由25两降至二钱三钱甚至一分二分，则不仅城乡大中小地主须交租股，连广大自耕农、半自耕农乃至佃农亦不能幸免。加上官吏豪绅借机敲诈勒索，中饱私囊，以致租股成了四川的一大祸害。"其尤害者，各州县嫌抽谷之烦琐，每加入正粮同征，谓之铁路捐，而其实与加赋无异。凡纳粮者，均勒令先上铁路捐，而后准其纳粮。若小民无力上捐，只能纳粮，各州县敢以所纳之正粮，硬派为铁路捐，而严科以抗粮之罪，鞭笞箠楚，监禁锁押。藉抗粮之题目，办愚柔之百姓，复何爱惜，惨无天日，无县无之，以此卖妻鬻子，倾家破产者不知凡几。"③

严杜外资，专集华股，是民族自主自立的表现，但强抽租股，却加重了四川人民本已不堪忍受的负担，使潜在的社会矛盾更加激化。当时，铁路和租股成了四川最敏感的问题。首先，租股是川汉铁路公司的经济命脉。全川人民，无论贫富，都与川汉铁路发生了经济上的联系。谁要胆敢强占这条铁路，势必冒全川人民之大不韪。第二，川汉铁路公司依靠官府和封建势力强收租股，对封建主义有较强的依赖性。但租股支撑起来的铁路公司，却是四川兴办的规模最大的近代资本主义企业，因而又是封建主义的对立物。一旦公司的生存受到威胁，就会释放出巨大的反叛力量。后来四川保路风潮之所以势不可当，原因就在于此。

---

① 参见隗瀛涛等：《四川近代史》，第444～445页。
② 鲁子健：《清代四川财政史料》上册，第548页。
③ 戴执礼：《四川保路运动史料》，第37页。

三、争商办，反对官府控制

四川人民对自办川汉铁路寄予很大希望，锡良也因此博得了川人好评。但是，锡良官设铁路公司，却把一切大权攥在自己手里。公司的督办、会办，全由锡良奏委官吏充任；公司的财务，则隶属于藩司管理。这样的官僚机构，必然"弊窦滋多，不为民信"。本来，川路公司是按照清政府颁布的《商律》，依照西方资本主义股份公司的形式建立的。川汉铁路的股款，无论是强制性的抽租之股，还是自愿认购之股，都不同于封建赋税，而是具有资本主义性质的投资股本。但锡良为了操纵公司大权，既要强迫四川绅民出钱当股东，又不准股东过问公司的大事。这样的公司，纯以官府之命行事，根本不可能有大的作为。因此，四川绅民在集股修路抵制列强侵略的同时，还开展了反对封建官府控制的斗争。

光绪三十年（1904）十月，四川留日学生上书锡良，要求"厘定股东权利义务以著大公"，并将川汉铁路由官办改为官商合办。次年四月，长寿县举人张罗澄等公呈都察院代奏，主张川路"宜正名为民办"。京官王荃善等亦指责官办公司毫无成效，"不如民款民办，为势较顺"[①]。锡良迫于四川绅民和京官的压力，于三十一年（1905）六月奏请将川汉铁路由官办改为"官绅合办"。所谓官绅合办，就是在督办之下，设立官、绅总办各一人，也就是增委一名绅总办作为合办的代表。当时，锡良奏派沈秉堃为官总办，乔树枏为绅总办。清廷以乔树枏"现充学务要差，毋庸派往"，锡良乃奏请改派胡峻为绅总办，乔树枏为驻京总办。公司的实权仍然操纵在锡良和他委任的督办、官总办手中，实与官办无异。

锡良换汤不换药的手法很快就被川人识破。在全国蓬勃开展的收回利权运动的鼓舞下，四川绅民争取铁路商办的斗争更加激烈。光绪三十二年（1906），四川留日学生蒲殿俊等300多人在东京成立川汉铁路改进会，并上书锡良，要求川路公司实行商办。蒲殿俊、邓孝可、邓镕、萧湘、吴虞、邵从恩等在其联名发表的《改良川汉铁路公司议》中指出："今川汉铁路以租股之大宗，租出于民而不出一官，则路不属于官而属于民，虽欲谓之官办，不可得也。"官本之股

---

① 宓汝成：《中国近代铁路史资料》第3册，第1072页。

第九章　保路运动与四川辛亥革命

仅"由藩库拨归公司之宝川局鼓铸存本银28万两","此款之外,更未拨入分厘,其数又极细微,虽欲谓之官商合办,亦不可得也"。他们提出,川汉铁路应遵照商部《公司律》,因义定名,"正名商办"和"正名为股份有限公司"①。此时,社会上出现了署名为"四川人公启"的《建设川汉铁道商办公司劝告书》,猛烈抨击锡良把持的"川汉铁路公司之最大目的,固欲绞尽七千万人之膏血,而填少数豺狼牛马之欲壑",号召川人同心协力,不买股票,不纳租捐,"破坏野蛮官立之旧公司,建设文明商办之新公司"②。锡良眼见四川人民争取川路商办的烈火越烧越旺,不得不于三十三年正月(1907年3月)奏请将川汉铁路改为商办,定名为"商办川汉铁路有限公司"③,撤销官总办职位,续订公司章程59条。不久,锡良调离四川,当他的云贵总督去了。

川汉铁路改归商办后,公司的性质名义上"由官营事业转而为私营事业"。然而,商办公司照样无法摆脱官府的控制,对封建势力的依赖性仍然很强。不仅公司的总理、副理仍由川督奏派,重大事件仍须秉承总督办理,而且租股也需要继续依靠官府的力量抽收,坑害百姓的状况并无多大改变。不过,川路商办后也多少带来了一些生机。三十四年(1908)十月继任川督赵尔巽奏委我国著名铁路专家詹天佑为川汉铁路总工程师。次年春,又任命颜德庆为副总工程师。他们先后到达湖北宜昌,着手勘定路线,设立工程总局,并于宣统元年(1909)十月举行了隆重的开工典礼。"自夷陵达秭归三百里间,同时兴作,徒夫万千,是为川路开工建筑之始。"④

宣统元年九月(1909年10月),四川省咨议局在省城建立。咨议局讨论了"整理川汉铁路公司"案,对川汉铁路公司和即将召开的第一次股东大会提出了7条"整理大纲",内容包括组织董事局、选举查账人、修改公司章程等等。同年十月,川汉铁路公司第一届股东会在成都召开,正式成立了董事局。肖湘、江树、刘昌庭、汪世荣等13人当选为董事,刘紫骥任主席董事兼铁道学堂监督,郭书成等3人为查账人。川路公司的领导权逐渐转到了四川立宪派和要求发展资本主义经济的四川绅商手中。宣统二年(1910)十月,第二届股东大会

---

① 宓汝成:《中国近代铁路史资料》第3册,第1074～1077页。
② 宓汝成:《中国近代铁路史资料》第3册,第1080～1081页。
③ 宓汝成:《中国近代铁路史资料》第3册,第1082页。
④ 宓汝成:《中国近代铁路史资料》第3册,第1057页。

· 287 ·

第九章 保路运动与四川辛亥革命

图9-5　宣统元年十月二十八日（1909年12月10日），川汉铁路在宜昌举行开工典礼

在成都召开，改选彭兰村、都永和、张从文、冉从根等13人为董事，彭兰村、都永和为正副主席董事。这说明，川路商办后，公司的自身建设有所加强，但由于公司内部各种势力纷争不息，官办旧习难于革除，账目混乱不清，还发生了上海办事处保款委员施典章挪用倒款等严重事件，工程进度也极缓慢，到清政府宣布铁路干线国有时，只修成运料铁路30余里。

尽管如此，争取铁路商办斗争的作用和意义仍不可抹杀。首先，这场斗争是在爱国爱川的口号下进行的，是四川人民捍卫路权斗争的一个重要阶段。对后来四川的保路风潮来说，算得上是一次颇为成功的演习。第二，这场斗争造就了一批特定人才，把热衷立宪和正在向资产阶级转化的地主绅商中的头面人物推上了省咨议局和铁路公司董事会的领导地位。政治上和经济上的既得利益和强烈的爱国之心，使他们后来成了保路斗争的领导人。第三，这场斗争，开阔了四川人民的眼界，起到了启迪民智的作用。川路商办后，成了四川民族资本主义经济中最具代表性的大型企业，表明四川社会向近代化又前进了一步。

第九章　保路运动与四川辛亥革命

第二节　保路风潮席卷全川

一、清王朝悍然夺路卖路

川汉铁路由官办到商办，是四川人民历时数年保主权反控制斗争的成果。在此期间，全国有十多个省份在收回利权斗争中成立了商办铁路公司，并着手集股、勘线和筑路。商办铁路的兴起，推动了中国民族资本主义经济和发展，增强了争取民族独立和社会进步的物质力量。对此，帝国主义不肯善罢甘休，清政府也开始后悔允准各省铁路商办，于是，中外势力便勾结起来，向商办铁路举起了屠刀。

列强对中国铁路商办一直怀恨在心，不断以借款筑路为名向清政府施加压力。光绪三十三年（1907），英国公使朱尔典指责商办铁路是"中国政府纵容百姓，专与外国人为难"①。川汉铁路宜万段开工时，列强大肆叫嚣"川路不借外债，不雇外国技师，现在居然开工，中国前途叵测，环球列强均当注意"。又批评清政府说："国家将建筑并设立铁路之权归于各省自办，真政府之一大错误。"②

清政府为了摆脱财政危机，急于获得列强的贷款支持。因此，不惜饮鸩止渴，企图将早已允准商办的铁路收回官办，然后出卖路权以换取列强奴役性的贷款。光绪三十四年（1908）六月，清政府任命张之洞为督办粤汉铁路大臣，不久又命其兼办鄂境川汉铁路，实际上就是为借外债、夺商路作准备。宣统元年四月（1909年6月），张之洞派员与英、法、德三国银行团签订湖广铁路借款草合同，借款总数达550万英镑。美国得悉此事，唯恐机会丧失，急忙与英、法、德三国交涉，终于挤进借款行列，三国银行团遂变成为四国银行团。1910年5月，美、英、法、德四国银行代表在法国巴黎达成协定，合伙对粤汉、川汉铁路借款600万英镑，各摊四分之一。协定中关于川汉铁路的借款，不只限

---

①　宓汝成：《中国近代铁路史资料》第2册，第848页。
②　戴执礼：《四川保路运动史料》，第99~100页。

第九章　保路运动与四川辛亥革命

于鄂境路段，而且包括宜昌或襄阳至成都约 1600 公里的延长线，还议定川汉铁路由四国分派总工程师，分段主持修筑。此后，四国银行团即通过本国驻华公使，接二连三照会清政府，催逼速订正式借款合同。

清政府明白，要借外债就得出卖路权作抵押，否则列强不会应允借款。因此，先夺商路为官路，假"国有"之名以行"卖路"之实，就成为清政府的既定政策。张之洞死后，清政府于宣统二年底（1911 年初）任命盛宣怀为邮传部尚书，负责统管铁路、轮船、电报、邮信四政。盛宣怀接过张之洞的衣钵，继续从事借款卖路勾当。当盛宣怀与英、美、德、法四国公使就借款合同细节磋商议妥只等签字之时，就唆使给事中石长信上书清廷，大肆攻击商办铁路，请求"明定干路为国有"①。盛宣怀亦以邮传部名义上奏，认为石长信"原奏各节，皆属详尽。而其要尤在干路收归国有，迅速筹办，枝路则仍可由商民量力办理，此为要领"②。于是，臭名昭著的铁路干线国有政策便作为皇族内阁的"第一政策"而出笼了。

宣统三年四月十一日（1911 年 5 月 9 日），也就是皇族内阁成立的第二天，清廷发布上谕，打着关心国家路政的幌子，宣布"干路均归国有，定为政策。所有宣统三年以前，各省分设公司集股商办之干路，延误已久，应即由国家收回，赶紧兴筑"。上谕最后威胁说："如有不顾大局，故意扰乱路政，煽惑抵抗，即照违制论。"③ 这道既堂而皇之又杀气腾腾的上谕，暴露了清政府夺路卖路的可耻行径。

就在干路"国有"上谕宣布的同一天，邮传部在其密陈的奏片中说："英、德、法、美四国驻使，以张之洞系国家代表，草约已画，即为成议，催定正约者，前后文咨不下十余次。……若不将前案（指商办铁路）先行取消，则借款合同，似难签字。"④ 可见，干路收归国有的实质是先夺路，再卖路，为借款合同签字扫清道路。四月十二日（5 月 10 日），邮传部、度支部致电四川护理总督王人文和湘、鄂、粤三省督抚，要他们查明各省商办铁路公司账目，"迅速电复"。这实际是为强行接收商路作摸底准备。四月二十日（5 月 18 日），清政府

---

① 宓汝成：《中国近代铁路史资料》第 3 册，第 1233 页。
② 宓汝成：《中国近代铁路史资料》第 3 册，第 1235～1236 页。
③ 宓汝成：《中国近代铁路史资料》第 3 册，第 1236 页。
④ 宓汝成：《中国近代铁路史资料》第 3 册，第 1221～1222 页。

任命端方为督办粤汉、川汉铁路大臣,要他作为接收大员,强行收路。四月二十二日(5月20日),盛宣怀奉命与英、法、德、美四国银行团在北京正式签订《湖北湖南两省境内粤汉铁路、湖北境内川汉铁路借款合同》。合同第2款规定,借款建造的铁路干线中,包括"由宜昌起,至四川夔州府止,估计约1200华里"①的铁路。四月二十四日(5月22日),清政府下令"所有川、湘两省租股,一律停止"。租股是川、湘两省商办铁路命脉,谕停租股,就是采取釜底抽薪手法,置川、湘两省商办铁路公司于死地。

清王朝打着"宪政"旗号成立"皇族内阁",本已引起国人公愤。"皇族内阁"一登场,就迫不及待推行卖国卖路的干路国有政策,无异厝火积薪。由于清王朝首先劫夺干路的对象是粤汉、川汉两大干线,因此,争路风潮率先在湘、鄂、粤、川四省兴起。四月十六日(5月14日),长沙各界群众万余人集会,表示与盛宣怀不共戴天,一致主张铁路"完全商办",强烈要求清政府"收回成命"。湖北咨议局召开有数千人参加的大会,与会者慷慨陈词,"大呼救国"。五月十日(6月6日),广东粤汉铁路公司举行股东大会,到会股东千余人,决定"万众一心,保持商办之局",并致电湘、鄂、川三省,希望给予支持。四川的争路风潮,较之湘、鄂、粤三省则更为勇猛壮烈。

二、同志会奋起破约保路

干路国有"上谕"传到成都时,身居省咨议局和川路公司要职的绅商,虽然深感惶惧,但情绪尚不过激,并未极端反对。他们试图通过温和方式,写文章,发通电,开会演说,请求清政府"俯顺民情",收回成命,维持商办原案。他们认为,商办铁路是经先帝光绪允准,取消商办是清政府"牺牲信用";有的指责干路国有政策未经资政院议决,川路收归国有未交四川咨议局通过,因而不符合法律程序;有的提出干路可归国有,但四川人民筹集的筑路股款,政府应当照数现款拨还;有的则痛陈取消商办铁路、息借外债是"务国有之虚名,坐引狼入室之实祸"②,"倘因此激民暴动,后患不堪设想"③,等等。在省外的

---

① 宓汝成:《中国近代铁路史资料》第3册,第1224页。
② 宓汝成:《中国近代铁路史资料》第3册,第1268页。
③ 《川路公司为铁路国有详请督部电奏文稿》,《川路收回国有往来要电》,第18~21页。

第九章 保路运动与四川辛亥革命

川籍人士亦函电交驰,反对干路国有。"旅京川人,集议再三,坚持反对国有,及收回股本之说。留东学界,则斥言盛宣怀蔽上罔下,为虎作伥,力主路存与存,路亡与亡之议"①。五月一日(5月28日),川汉铁路公司在省股东,约集各驻省团体在铁路公司召开会议,商讨对策。会上,"人心惨痛,议论纷歧。大致皆以川汉铁路纯依国家法律而成立,既无收回国有之理由,恐致酿成外有之惨祸"②。他们恳请护理川督王人文代奏,要求清政府收回成命,暂缓接收川汉铁路,用现金如数退还川路股款。然而,清政府竟一意孤行,不仅下令停收川、湘两省租股,而且传旨严行申饬王人文"率行代奏,殊属不合",还反诬四川绅商"强词夺理,情伪显然"③。更有甚者,邮传部大臣盛宣怀和督办粤汉、川汉铁路大臣端方于五月五日(6月1日)联衔发给王人文一个"歌电",声称对川路公司已用之款和现存之款,一律换发国家铁路股票,概不退还现款。如川人定要筹还现款,朝廷必借外债,并以川省财政收入作抵押。这说明清政府不仅要夺路,而且要夺款。五月十三日(6月9日),邮传部又下令各地电报局,禁止收发争路电报。清政府的独断专横和步步进逼,无异火上浇油。四川绅商从湘、鄂、粤三省争路的事迹中受到鼓舞,决心借助群众力量与清政府抗争,保路风潮遂愈演愈烈。

五月十七日(6月13日),盛宣怀与四国银行团签订的借款合同寄达成都,清政府卖国卖路的嘴脸在川人面前暴露无遗。于是,舆论更加激愤,连原来只争款不争路的绅商也怒不可遏。曾经赞成干路国有的立宪派骨干邓孝可亦在报上撰文痛骂:"卖国邮传部!卖国奴盛宣怀!"五月二十日(6月16日),川路公司在省股东、咨议局常驻议员以及各团体召开会议,决定组织保路同志会,拼死进行破约保路斗争。为了加强领导,统一指挥,还决定设立一个不公开的参事会,作为保路同志会的决策核心。参事会由省咨议局议长蒲殿俊任会长,副议长罗纶任副会长,咨议局常驻议员皆为参事。

五月二十一日(6月17日),保路同志会在成都岳府街铁路公司召开成立

---

① 宓汝成:《中国近代铁路史资料》第3册,第1269页。
② 宓汝成:《中国近代铁路史资料》第3册,第1270页。
③ 《宣统政纪》卷54。

大会，到会"约有千余人"①，除在省股东、咨议局议员和各团体代表外，更多的是闻讯自动赶来的爱国学生和市民。大会由颜楷主持，罗纶、邓孝可、刘声元等登台演说。当讲到借款合同与国家存亡的关系时，到会群众悲愤交集，哭声动地，无人不骂盛宣怀，无人不骂邮传部。会上，正式成立了"四川保路同志会"。同志会设总务、文牍、讲演、交涉四部，由江三乘任总务部长，邓孝可任文牍部长，程莹度任讲演部长，罗纶任交涉部长。会后，保路同志会组织全体会众到督署请愿。80岁高龄的翰林院编修伍肇龄坚持不坐轿子，由两人扶着走在队伍前面。"大家从铁路公司走出，沿途步行，这就是一个很大的示威。街上的市民都簇拥着跟来……"②请愿队伍涌进督署，要求护理川督王人文"速即电奏，请政府收回成命"。王人文当即表示同意。他说："我立刻代你们电奏，并代你们力争。一争不行，就再争。哪怕争到丢了官，能把我的责任尽到了，丢官也是快乐的。"③王人文说话算数，随即据情代奏，并严词参劾盛宣怀犯有欺君误国之罪。身为清朝封疆大吏的王人文，居然同情保路斗争，默认保路同志会为合法组织，说明他有难能可贵的胆识，同时也表明清政府的所作所为何等不得人心。当然，王人文代奏的结果，照例是奉旨严加申斥，最后竟受到革职处分。

保路同志会的成立，标志着四川保路斗争进入了有领导有组织的新阶段。立宪派绅商跨出了自身狭小的圈子，开始与广大群众的反帝爱国斗争相结合，并担起了领导者和组织者的重任，从而把全川保路斗争推向了新高潮。

保路同志会发表《保路同志会宣言书》，宣传保路宗旨，号召全川群众奋起"破约保路"，并致函各府厅州县，望各地"同志速行组织分会，以资联络而图进行"④。川路公司拨银4万两，创办《西顾报》《白话报》《启智画报》等通俗报刊，还定期编印《四川保路同志会报告》。这些文告和宣传品，是立宪派鼓吹破约保路的喉舌，起到了宣传群众鼓舞群众的作用。

---

① 到会人数，说法不一。有的说"约在5000人上下"（李劼人），有的说"到会者4000余人"（《保路同志会报告》第5号），有的说"约有2000余人"（王人文）。本书从周善培说。
② 郭沫若：《反正前后》，《郭沫若全集》（文学编）第11卷，人民文学出版社1992年版，第238页。
③ 周善培：《辛亥四川争路亲历记》，重庆人民出版社1957年版，第11页。
④ 戴执礼：《四川保路运动史料》，第192页。

第九章 保路运动与四川辛亥革命

图9-6 《四川保路同志会报告》第9号载《保路同志会宣言书》

保路同志会登高一呼，爱国群众奋起响应。不数日，"省中签名已逾十万"①。半月之内，成都开会不止十次，每次不止数千人，到会群众"激烈悲壮，热血喷涌"。各行各业各界各阶层齐发爱国热忱，倏忽间，女子保路同志会、学界保路同志会、商界保路同志会、童子保路同志会、清真回民保路同志会以及各街道保路同志会如雨后春笋，相继成立。为了壮大保路声势，保路同志会委派讲演员分赴各府厅州县，宣传保路宗旨，组织保路协会。六月初三日（6月28日），重庆保路同志协会成立，"无论股东非股东均可入会，以协助省会为目的"②。紧接着，江津、温江、中江、德阳、新津、大足、遂宁、洪雅、雅安、渠县、峨眉、纳溪、三台、资州、富顺、隆昌、马边、南充、宜宾、内江、万县、西昌等府厅州县纷纷召开保路同志会成立大会。到七月十五日（9月7日）"成都血案"发生前，全川有76个州县成立了保路同志协会或分会③。这些协会或分会，差不多都是由股东分会或租股局倡导成立的，具有广泛的群众基础，其领导者大都是地方上颇有声望的士绅，如股东会会长、租股局首事、

---

① 《辛亥革命前后·盛宣怀档案资料选辑之一》，上海人民出版社1979年版，第105页。
② 《四川辛亥革命史料》上册，四川人民出版社1981年版，第247页。
③ 隗瀛涛主编：《四川近代史稿》，第614～615页。

城议事会议长、农会会长、钱店老板、学界名人、哥老会"龙头"等等。他们在政治上经济上与立宪派一致,思想感情一脉相通,因而大多听命于省保路同志会的领导,与总会采取一致行动。真可谓"攘臂一呼,全蜀响应","足见众志成城,不负同志之实"①。

"破约保路"是保路同志会的宗旨。《保路同志会宣言书》说:"借用外债,吾人不争,借债而不交资政院议决,则吾人誓死必争。收路国有,吾人不争,收路而动此送路合同之借款,不待咨议局、股东会议决,则吾人誓死必争。保路者,保中国之路〔不〕为外人所有,非保四川商路不为国家所有。破约者,破六百万镑认息送路之约,并破不交院议违反法律之约。"② 很明显,这个宗旨,一是反专制争民主,二是反侵略保主权。"果欲救国,必先保路","破约即可保路","保路即为保国",斗争矛头不独指向践踏法律、滥借外债、丧权辱国的专制政府,同时也指向恣意侵夺中国路权国权的帝国主义列强。保路同志会以"破约保路"为宗旨,也就举起了爱国主义的旗帜,从而把全川各府厅州县男女老少不分职业、民族和宗教信仰的爱国群众一齐唤起,形成了从城市到乡村有领导有组织的保路大军,并以前所未有的姿态驰骋于中国历史舞台。

三、立宪派领导文明争路

风起云涌的保路斗争,把全川各阶级各阶层的人们卷了进来,形成了广泛的联合阵线。这个联合阵线的组织形式是保路同志会,其领导者和组织者则是资产阶级立宪派。

"破约保路"既是保路同志会的宗旨,也是立宪派指导保路斗争的方针。这个方针是立宪派政治、经济纲领在保路斗争中的具体化。它规定了斗争的途径和目标,不是革命造反,而是通过合法斗争手段,以此感格天听,达到惩办卖国奸贼、废除借款合同、维持铁路商办原案的目的。

立宪派绅商从孤军争路到组织联合阵线共同争路,尽管言词愈来愈激烈,声势愈来愈浩大,但斗争手段依然停留在上书请愿、吁请代奏的水平之上。保路同志会在其"告白"中,巧妙地把矛头集中指向邮传部大臣盛宣怀,说什么

---

① 《四川保路同志会报告》第10号,附件。
② 《四川保路同志会报告》第9号。

第九章 保路运动与四川辛亥革命

"这回借款修路，是政府错听了盛宣怀的话。送掉了湘、鄂、川省的铁路，罪在盛宣怀一人，与我皇上无干，与四川及他省官吏无干，与洋人无干。我热心爱国的国民，要学立宪文明国人的法子监督政府，死力要求他破约保路，不要有野蛮抗官府、打教堂的无理的暴动，把热心用错了"①！他们还规定保路同志会的活动，"不得以激诡之说耸人暴动"，"不可以此罢市、罢课"②，"惟本会所最重者，一在防暴动，二在有秩序，三在使四民知此事之利害关系"③，等等。这就是所谓的"文明争路"。

然而，立宪派的"文明争路"，非但不能感格天听，反而一再受挫。同志会派遣进京叩阍请愿的代表刘声元，被清政府武装押解回籍；派往湘、鄂、粤三省联络的代表，也因受到当地警道的防范干涉而不能有所作为。清政府不仅撤销了同情保路斗争并为四川绅商代奏请命的护理川督王人文的职务，而且一再催促素有"屠户"之称的赵尔丰兼程赶往成都接任四川总督，并要他对首倡争路者"严拿惩办，以消患于未萌"④。在处理路款问题上，清政府对"鄂、湘商股，照数发还"，而四川则全部换发国家保利股票。盛宣怀、端方等人还收买川路公司宜昌分公司总理李稷勋盗款献路，将公司现存路款全部换成国家铁路股票，以此分化瓦解保路斗争。

清政府的倒行逆施，激起了四川人民的极大愤慨。闰六月十一日（8月5日），筹备已久的川路公司股东特别大会在成都开幕。到会代表600余人，投票选举颜楷、张澜为股东大会正副会长。会议期间，通过了三条争路办法：一、质问邮传部；二、吁恳代奏；三、提回存款。这些办法依然是文明争路的调子。随后，股东大会讨论了盛宣怀收买李稷勋盗款献路问题，一致决定罢免李稷勋的职务。闰六月二十五日（8月19日），清王朝悍然钦派李稷勋总理川路路工，并饬川督查清川款，实力奉行。这道谕旨在七月一日（8月24日）上午召开的股东特别大会上宣读后，满场热焰欲烧，进而迸发出罢市罢课以示抗议的呼喊。下午，保路同志会召开大会，要求罢市罢课的呼声更高。主持会议的罗纶、邓孝可等尚在犹豫之际，街上的店铺就陆续关了。此时，街上出现传

---

① 戴执礼：《四川保路运动史料》，第191页。
② 《四川辛亥革命史料》上册，第179页。
③ 《四川辛亥革命史料》上册，第200页。
④ 《宣统政纪》卷57。

单,号召"自明日起,全川一律罢市罢课,一切厘税杂捐概行不纳"①。

成都罢市罢课的消息迅速传往各地,新都、温江、灌县、郫县、双流等地闻风响应,潼川府、嘉定、叙州府、资州、重庆府相继罢市。在省各校学生罢课后,纷纷离校返回原籍,鼓动各地开展罢市罢课斗争。于是,"千里内外,府县乡镇,一律闭户,风潮所播,势及全川"②。如此迅猛的罢市罢课浪潮,把立宪派推上老虎背。他们既要借助"双罢"声威向清政府施加压力,又担心群众在"双罢"中行为越轨而与官府闹翻。为此,立宪派通过保路同志会四处散发"公启",要群众勿在街头聚群,勿暴动,勿打教堂,不得侮辱官府,油盐柴米一切饮食照常发卖。立宪派和股东会的头头还参加四川官吏发起组织的"官绅联合会",每日上午与司道各员在藩署开会,磋商应对办法。

为了坚持文明争路,立宪派还创新了一种高明的斗争方式,那就是供奉光绪皇帝"圣位牌"和设立"皇位台"。这种"圣位牌"是用长条黄纸刊印,中间是"德宗景皇帝之神位"几个大字,两旁是一副联:一边是"庶政公诸舆论",一边是"铁路准归商办"。这两句话是从光绪皇帝的上谕中摘录出来的,表达了立宪派参与政权的要求和发展实业的需要,正好是政治斗争与经济斗争相结合。保路同志会把印好的"圣位牌"分发各街各户张贴门首,每日早晚焚香叩拜。同时,成都各街道和各地同志会还在街心闹市或场口搭起过街台子——"皇位台",台上供着光绪牌位,每日每夜大香大烛三跪九叩,还树起"文官下轿,武官下马"的牌子,一切就和皇帝死了办"皇会"一样。立宪派运用这种方法,使罢市罢课合法化,既表明自己并非"犯上作乱",又可防止群众行为越轨;既剥夺了官方任何反对的借口,又免除了广大群众害怕"造反"获罪的疑虑,从而起到了广泛动员群众和保护群众的作用。

席卷全川的罢市罢课风潮,使清廷极度恐慌,一再命令川督赵尔丰"切实弹压,毋任嚣张"。赵尔丰虽以凶悍著称,但也不敢轻举妄动。他派遣官吏上街劝导商民开市,但毫无效果,只好调集军队,沿街巡逻,以防变故。七月五日(8月28日),赵尔丰与成都将军玉崑以及各司道联衔上奏,要求朝廷"俯鉴民

---

① 三余书社主人编:《四川血》。
② 戴执礼:《四川保路运动史料》,第312页。

第九章 保路运动与四川辛亥革命

隐,曲顾大局,准予督归商办,将借款收路一事俟资政院开会时提交议决"①。奏折上去后,赵尔丰等受到清廷的严厉申斥。皇族内阁还横蛮地重申,铁路国有政策决不改变,也决不交资政院讨论。消息传出,群情大哗。立宪派已经被逼到了无可退缩之地,不得不破釜沉舟,以更加猛烈的行动向清政府进击。

七月九日(9月1日),股东会作出了不纳正粮、不纳捐输、不买卖田地房产、不担任外债分厘等决定,并通告全省全国②。这个决定,对清政府是一个致命的威胁,对保路斗争则是极大的鼓舞。彭县、中江、灌县、新津、新繁等地相继发生捣毁经征局、巡警局、厘金局的暴力事件,预示着全川武装起义的火山即将爆发。

图9-7 赵尔丰像

保路风潮之所以一浪高过一浪,与立宪派的组织领导是分不开的。然而,对立宪派文明争路的功过,学术界有不同看法。有人认为,"文明争路"是立宪派反对革命、束缚群众手脚的框框。此说失之偏颇。

首先,立宪派和革命派,是四川资产阶级民族民主运动中最活跃的两支力量。说立宪派反对革命,其实只是反对用暴力手段推翻帝制,这同帝国主义和清政府为了奴役压迫中国人民、维护封建专制而反对革命是有区别的,不能混为一谈。

其次,保路风潮不是革命派领导的,而是立宪派领导的。作为全川千百万群众参加的爱国联合阵线的领导者和组织者,不仅应当考虑各阶级各阶层的共同利益和要求,而且要照顾大多数人的认识水平和觉悟程度。因此,根据形势需要提出目标、口号,规定统一的步骤、方法,无疑是十分必要的。否则,联合阵线无法维持,自己的阵脚就先乱了。在保路斗争中,立宪派规定一些条条框框,也具有统一行动和统一指挥的功效。如果各行其是,以激进为正确,未必就能代表群众意志,受到群众拥护。就以供奉光绪牌位来说,郭沫若在《反

---

① 周善培:《辛亥四川争路亲历记》,第26页。
② 戴执礼:《四川保路运动史料》,第294~295页。

第九章　保路运动与四川辛亥革命

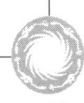

正前后》一书中就曾有过一段精彩的评论："在封建社会的教条之下束缚久了的人，最怕的是'犯上作乱，不忠不义'的罪名。假使你硬直莽撞地要教他起来造反，要教他起来革命，那怕你就要杀他的头，剿他的家，他也不敢担负这个罪名。在当时从正面来运动革命的人，很难得到群众的响应，反而由群众误会为'乱党'或'会匪'，其原因也就在这儿。好了，现在大家都供的是光绪皇，大家的行动是对于皇帝的忠义。这无论怎样都不能说是造反。有了这样一个保障，不期然而然地大家竟造起反来了。"① 这说明立宪派的文明争路，客观上起到了动员群众革命造反的作用，从思想上和组织上为同志军武装起义准备了条件。

第三，立宪派主张合法斗争，但也并非一成不变，也会随着形势的发展变化而不断改变斗争策略，逐步由温和走向激烈。压迫愈深，反抗愈烈。立宪派本身有着反帝反封建的要求。帝国主义的重重压迫，清政府的步步进逼，既会造成官逼民反，也会造成官逼绅反。在封建专制制度下，罢市罢课、抗粮抗捐已经越出了合法、文明的范围，立宪派之所以继续高喊"文明争路"，除了表明其固有的立场之外，并非没有策略上的考虑。文明争路虽然存在某些消极影响，但积极作用毕竟是主要的。文明争路是保路运动由合法斗争走向武装起义的必不可少的过渡阶段。立宪派领导的文明争路为四川辛亥革命的成功做了铺路石。

第三节　同志军武装起义

一、同盟会藉名保路导以革命

推翻清朝专制政权，建立民主共和国，是以同盟会为代表的资产阶级革命派最基本的任务。同盟会在四川建立组织之后，策划了多次彪炳史册的武装起义。这些起义，一方面沉重地打击了清王朝在四川的统治，扩大了民主革命的影响，从而为辛亥革命在四川的发动作了思想上和组织上的准备；另一方面，

---

① 郭沫若：《反正前后》，《郭沫若全集》（文学编）第 11 卷，人民文学出版社 1992 年版，第 241 页。

第九章 保路运动与四川辛亥革命

武装起义迭遭失败，使革命力量受到巨大损失，不少革命精英如谢奉琦、佘英等英勇就义，熊克武、黄复生等被迫离川，杨维、黄方等身陷囹圄，以致保路风潮兴起之初，四川同盟会还处于无人主持的涣散状态。尽管散处各地的同盟会员参加了保路斗争，但却各自为政，缺乏统一的领导和指挥。

四川革命派与立宪派的关系比较微妙，不像孙中山与梁启超那样论争激烈，势如水火。他们在思想上、政治上虽然存在分歧，但不影响相互合作。四川立宪派在政治上取得了合法地位，又有蒲殿俊、罗纶那样有身份有号召力的头面人物。他们与川汉铁路结下了不解之缘，一开始就站在争路的前列，因而取得了保路斗争的领导权。革命派则处于秘密状态，长期把主要精力用于武装起义，对川汉铁路的关心不如立宪派那样强烈和直接，又缺乏坚强的领导核心，因而只能以立宪派同盟者的身份参加保路斗争。

保路风潮兴起，四川革命形势出现了新的契机。一些同盟会员如龙鸣剑、王天杰、杨庶堪、朱之洪等，清醒地认识到，清王朝铁路国有政策的出笼，必然激化各种社会矛盾，给革命党人带来"最好时机"。于时，"集合同志，开会于成都，决议藉名保路，提挈人民，组织民军，共同革命"[1]。这就是同盟会"外以保路之名，内行革命之实"[2] "激扬民气，导以革命"[3] 的斗争策略。

这个斗争策略，符合当时客观实际，表明四川革命党人更加成熟。首先，他们吸取了同盟会在省内外历次武装起义失败的教训，不再冒险组织军事暴动，而是积极参加保路斗争，尤其重视在斗争中提挈人民、积蓄力量，为武装革命打下坚实的基础。其次，他们把合法斗争与秘密工作结合起来，利用各种讲台，揭露清政府夺路卖路的罪行，"使人人知清廷之不可恃，非革命不可"[4]。与此同时，派遣党人分赴各地，联络会党，组织民军，相机起义。第三，在保路联合阵线内部，与立宪派又联合又斗争。一方面"故意领导民众拥戴蒲、罗诸人"破约保路；另一方面又坚持"以保路为推倒满清工具"，与立宪派"明同暗斗"，逐步取代立宪派的领导权。第四，派遣卢师谛赴同盟会总部报告四川组织情形，探查各省革命消息，请示行动方略，避免盲目行动和孤军奋战。

---

[1] 《四川辛亥革命史料》上册，第380页。
[2] 《四川文史资料集萃》第1卷，第186页。
[3] 《四川辛亥革命史料》上册，第449页。
[4] 《四川文史资料集萃》第1卷，第186页。

第九章　保路运动与四川辛亥革命

由于四川同盟会制定并采取了正确的斗争策略，遂使分散各地的党人得以相互联络，迅速改变了涣散状态，形成了一股生机勃勃的力量，有力地推动着保路斗争向前发展。保路同志会的成立、股东特别大会的召开、罢市罢课抗粮抗捐斗争的开展，虽说都是在立宪派的领导下实现的，其实都与革命党人的暗中酝酿鼓动分不开。保路同志会成立时，有的同盟会员利用合法身份，在同志会中担任重要职务，如咨议局议员、同盟会员程莹度、刘声元，分别担任省保路同志会讲演部部长和赴京请愿代表。有的州县，如绵竹、达县、仁寿、广汉、雅州、酉阳等的保路同志会，领导权实际掌握在同盟会员手中。对于立宪派的文明争路，革命党人并未另树旗帜，而是以激进的姿态积极参与，并在参与中利用矛盾，激扬民气。例如，立宪派倡导设立"皇位台"以示文明争路，革命党人也表示赞同并着意为我所用。吴玉章曾评论说："立宪党人取其温和而无犯上之嫌，而革命党人则利用它来广泛地吸引群众参加革命斗争。立宪党人用光绪帝的'上谕'来为自己服务，而革命党人又用立宪党人的方法来为革命服务，这段历史的发展是多么的有趣啊！"①

策动会党，组织民军，是四川同盟会最富成效的工作。哥老会遍布四川城乡，有着广泛的群众基础，是一支重要的反清力量。在四川立宪派和革命派中，不少人同时兼有哥老会的双重身份，各自都掌握了一部分会党力量。保路风潮兴起，大批哥老会众涌入同志会中，不少哥老会首领成了当地保路协会的头头。从某种意义上讲，谁赢得了哥老会的支持拥护，谁就掌握了运动的领导权。因此，无论立宪派还是革命派，都把争取哥老会的工作放在重要地位。随着斗争的深入发展，立宪派"破约保路"的宗旨不能满足哥老会"兴汉排满"的要求，而同盟会排满革命的旗帜对哥老会有着更大的吸引力。这就为四川同盟会争取会党、组织保路同志军，并进而取代立宪派的领导地位提供了客观的可能性。同盟会派遣党人分道四出，"部署徒众，阴为之备"②，实际上就是做哥老会的工作，为武装起义作准备。

辛亥年六月（1911年7月）中旬，在革命党人的推动下，新津哥老会首领侯宝斋以筹办六十大寿为名，邀请四方同志九成团体一百余人聚会新津，密谋

---

① 吴玉章：《辛亥革命》，第120~121页。
② 《四川辛亥革命史料》上册，第449页。

第九章 保路运动与四川辛亥革命

举义。会上,同盟会员、华阳哥老会首领秦载赓"主张甚烈",当即决定"各回本属预备,相机应召,一致进行"①。新津会议后,龙鸣剑、秦载赓等人又秘密聚会于资州罗泉井,商讨了探查敌情、交换情报、枪弹、粮饷和军纪等问题,并决定同志会起义后一律改称同志军。

新津会议表明革命党人争取会党的工作卓有成效,是四川同盟会把保路风潮由合法斗争转变为武装革命的重要步骤。同志军厉兵秣马,枕戈待旦,全川武装大起义已处于一触即发之势了。

二、"成都血案"与同志军揭竿而起

保路风潮愈演愈烈,各种社会矛盾空前尖锐。面对"通省骚动"的局面,川督赵尔丰既焦灼不安,又举棋不定。七月七日(8月30日),赵尔丰再次受到清廷"倘或办理不善,以致别滋事端,定惟该督是问"的申饬。特别是清廷决定派端方带兵入川"查办川路事宜"的消息传来,赵尔丰既感到自己的顶戴花翎难保,更担心局势更加糜烂。赵尔丰作为世受清廷恩宠的封疆大吏,替清王朝效力卖命是他的本性。一旦清王朝的江山难保,他本人的地位又受到威胁时,他就会不顾一切地站到保路运动的对立面,凶相毕露地向四川人民举起屠刀。

七月十三日(9月5日),川路公司照例举行股东大会,有人在会场门口散发题为《川人自保商榷书》(下简称《商榷书》)的传单。《商榷书》以巧妙而隐晦的言词,一方面揭露清政府"日以卖国为事",号召川人"一心一力,人图自保";另一方面,又要求川人"竭尽赤诚,协助政府","厝皇基于万世之安"。接着,《商榷书》提出了保护官长、维持治安、一律开市开课开工、经收租税与制造枪炮、编练国民军、设立炮兵工厂、修筑铁路、发展实业及教育等现在自保条件和将来自保条件。《商榷书》还说:"凡自保条件中,既经川人多数议决认可,如有卖国官绅从中阻挠,即应以义侠赴之,誓不两立于天地。"② 乍看起来,《商榷书》的观点,似乎很像立宪派的主张,但经考证,其实是由同盟会员朱国琛等撰写散发。《商榷书》中虽然没有倡言"暴动""革命"等激烈言词,

---

① 《四川辛亥革命史料》下册,第365页。
② 《四川辛亥革命史料》上册,第353页。

但实际上是以"商榷"地方自治为名,鼓吹四川独立。

《商榷书》的出现,为急于寻找机会镇压保路运动的赵尔丰等人提供了口实。赵尔丰一口咬定,《商榷书》是保路同志会的宣传品,所提自保条件"隐含独立","俨然共和政府之势"。于是,把"背叛朝廷""图谋不轨"等罪名扣在立宪派头上,并加紧调兵遣将,要对保路群众下毒手。七月十五日(9月7日)上午,赵尔丰诡称北京来电有好消息,将保路同志会、咨议局和股东会的首脑蒲殿俊、罗纶、邓孝可、颜楷、张澜、江三乘、叶秉诚、王铭新、彭芬等人骗到督署看电报。这些立宪派头头,对赵尔丰毫无戒心。当他们先后走进督署时,迎接他们的却是"手缚绳,刃指脑","步枪、手枪、砍刀环绕目前,有不枪决即刀辟之势"①。只是由于统治阶级内部存在矛盾,成都将军玉崑等人不愿为赵尔丰杀人分担责任,才使蒲、罗等人幸免一死。

赵尔丰逮捕蒲、罗等人的消息迅速传开,成都全城"人心大愤,鬼哭神号"。各街坊传告各铺家坐户,不论老幼男女,各出一人,有的头顶光绪神位纸条,有的手举一炷香,潮水般地涌进督署请愿。有的还跪地叩头哭泣,要求释放蒲、罗等人。面对手无寸铁的请愿群众,赵尔丰早就发出了"拥挤上院,格杀勿论"的指令。他一面指使警务公所提调路广钟在督院附近联陞巷放火烧房子,意在制造诬陷群众暴动的口实;一面命令营务处总办田征葵指挥卫队向群众开枪射击。顿时枪声四起,秩序大乱,"督署院坝,陈尸累累",光绪牌位丢

图9-8 "成都血案"中被枪杀的成都民众

---

① 《四川辛亥革命史料》上册,第338页。

第九章　保路运动与四川辛亥革命

得满地都是。赵尔丰又派遣巡防军分站各街口，开枪乱射街正及学生小儿，还纵放马队，分巡各街，恣意冲杀践踏。据彭芬《辛亥逊清政变发源记》载，当日枪毙群众32人（督院内死26人，各街死6人），受伤者不计其数。第二天，大雨如注，屠杀仍在继续。城外居民得悉城内凶耗，人人头裹白布示哀，徒手冒雨奔赴城下，"问其来意，谓如罗、蒲已死，即来吊香，未死即同来求情"。赵尔丰又下令官兵开枪，击毙群众数十人。对督署内外被枪杀的群众，赵尔丰竟下令三日内不准收尸，"众尸被大水冲后腹胀如鼓"，"犹紧抱先皇牌位在手不放"，"其幼尸仅十二岁"，真是惨不忍睹。正如《成都绅民代表冤单》所说："七月十五日（9月7日）省城大惨观，盖吾蜀未有之奇祸也。"①

成都血案发生后，赵尔丰发布戒严令，紧闭城门，满街张贴告示，"谓保路同志会借口保路，图谋不轨，已将各首要按名拿获，胁从一律不问云云"②。同时，各街加兵防守，兵逼商人开市，拆毁街上皇位台，封锁交通邮电，继续逮捕同志会骨干和学生领袖，砸抄了铁路公司和铁道学堂，查封了所有宣传保路斗争的报刊。一时间，白色恐怖笼罩成都。

就在成都血案发生的当天夜里，同盟会员龙鸣剑为了及时揭露清王朝的罪行，号召人民武装起义，冒雨缒城而出，奔赴城南农事试验场，与同盟会员朱国琛、曹笃等连夜裁制木板数百片，上书"赵尔丰先捕蒲、罗，后剿四川，各地同志速起自保自救"等字，然后将木板涂上桐油，外包油纸，投入锦江河中。这就是后来人们津津乐道的"水电报"。"水电报"乘泛涨的秋水，将成都发难的信息传向锦江下游的许多州县。各地同志军闻讯，纷纷揭竿而起，浩浩荡荡猛扑成都，打响了围攻省城的战役。以七月十五日（9月7日）成都血案为转折点，四川保路运动由保路同志会的合法斗争演变成了同志军的武装大起义。

三、同志军的反清武装斗争

"水电报"传警，成都附近的同志军闻风响应。七月十六日（9月8日）晨，同盟会员、华阳团总秦载赓立率同志军千余人，冒雨进抵东门，与守城清军接火交战，同时派人四处号召，"四方应召者万余人"。同日，新津哥老会首

---

① 《辛亥革命前后·盛宣怀档案资料选集之一》，第138页。
② 《四川公民朱叔痴等为保路风潮致新任川督岑春煊书》，《四川辛亥革命史料》上册，第377页。

· 304 ·

领侯宝斋"发檄倡议",率同志军直奔成都南郊,与清军战于红牌楼,十余日内拥众"号称十万以上";温江各路民军也冒雨进至草堂寺、武侯祠等地,与清军发生战斗;同盟会员、哥老会首领张捷先、张达三等组织的西路同志军,分五路直扑成都,以学生军500人担任前锋,在犀浦附近与清军遭遇,冲杀数小时,大队长蒋淳风壮烈牺牲,清军也因伤亡惨重而畏缩不前;在成都北面,则有侯橘园领导的广汉同志军和侯国治领导的绵竹同志军,他们不断攻打成都北门,使赵尔丰为之胆落。仅在几天之内,成都附近州县的同志军"皆呼号而起","每县数起,每起数千或至数万",从四面八方将成都围住。这些起义队伍,总数不下20多万,统称"保路同志军"或"民军"。他们砍断电杆,截阻交通,扼守要道,与清军战斗不下数十百次,并在武侯祠、红牌楼、犀浦和温江三渡水等战斗中重创清军。

同志军猛攻成都,令赵尔丰等惶惶不可终日。赵尔丰惊呼,"各处匪徒日益麇集","陷我于坐困之地"①。他一面向清政府通电求援,一面派兵分头弹压。然而,赵尔丰所能派出的兵力有限,而且军心不稳。七月十六日,新军统制朱庆澜召集凤凰山新军训话说:"以保路同志军为正当者,立左;否则立右……右竟无一人焉。"② 新军多是四川人,早有同盟会员活动其中,不愿卖力攻打同志军。巡防军也开始发生分化。七月二十日(9月12日),巡防军第八营录事周鸿勋鼓动士兵在邛州反戈起义,随即带队前往新津、双流抵抗官军。

同志军起义的消息传到北京,清廷惊恐万状,"主剿主抚不一其说"。后经阁议,决定急调湘、滇、鄂、粤、黔、陕六省援军赴川镇压,又催促端方迅速起程西上"查办",接着又加派开缺两广总督岑春煊入川"会同赵尔丰办理剿抚事宜"。端方带领鄂军两队闯进夔门,声言要对坚持战斗的同志军"照匪徒一律重办"③;岑春煊则从上海发出一通娓娓动听的电文,口口声声"吾蜀父老子弟"④,妄图收买人心;赵尔丰则困守孤城,负隅顽抗。三名总督级大员,各施

---
① 《赵季和电稿》卷4。
② 尚秉和:《辛壬春秋》。
③ 戴执礼:《四川保路运动史料汇纂》下册,(台北)《中央研究院近代史研究所史料丛刊》(23),1994年版,第1519页。
④ 戴执礼:《四川保路运动史料汇纂》下册,(台北)《中央研究院近代史研究所史料丛刊》(23),1994年版,第1565页。

伎俩，却又相互猜忌，矛盾重重。面对同志军起义狂飙，清政府再也没有回天之力了。

同志军围城十余日，有力地打击了反动统治者的嚣张气焰。鉴于省城一时难于攻下，同志军决定改变战略，除留下部分兵力继续围城外，其余同志军则分兵攻略各府州县，将反清烈火引向全川。

秦载赓与龙鸣剑、王天杰率领的荣县同志军会师后，成立了东路民军总部，由秦载赓、王天杰分任东路民军正、副统领，龙鸣剑任参谋长。东路民军在中兴场、中和场、秦皇寺等地与清军大小20余战，然后分兵收复州县。旬月之间，秦载赓率部攻下仁寿、资阳、简阳、井研、内江、宜宾、犍为、威远、富顺、自贡等十余州县，"所过秋毫无犯，不愧义师"①。

八月（9月）上旬，侯宝斋率领南路民军分批撤离成都，与周鸿勋部会合，攻占新津县城。侯宝斋被推举为川南民军统领，周鸿勋为副统领。新津乃川南门户，也是川康交通咽喉。赵尔丰急忙派遣新军十七镇统制朱庆澜和提督田振邦亲率陆军精锐猛攻新津县城。在长达10多天的新津保卫战中，同志军英勇奋战，重创清军，后因弹尽粮绝，被迫转移。在此前后，同盟会员、雅安哥老会首领罗子舟率部与荥经、清溪等县同志军协同作战，在天险大相岭上阻击由打箭炉和越西、建昌等地回援成都的清军，使赵尔丰日夜盼望解救成都之围的援军"均不得度大关一步"。接着，罗子舟又组织雅安、天全、芦山等县同志军围攻雅安城，与守军激战十余日。新津保卫战、大相岭阻击战和雅安围城战，抗击和牵制了清军精锐，为四川各地同志军大发展赢得了时间。

在武昌起义前后，全川同志军蜂起。同盟会员李绍伊率领"孝义会"数千人占领大竹县城，以"同志军川东北都督"名义发布檄文，宣布驱除鞑虏，救人民于水火之中，并与曾省斋部配合，转战川东北，势如破竹。此时，川东门户的巫山、奉节，川黔边境的酉阳、黔江，川滇边境的筠连、屏山，川北山区的巴中、阆中，无不燃起武装反清的烈火。凉山地区的彝、汉群众，川西北高原的藏、羌同胞，也同仇敌忾，投入了起义军的行列。

同志军武装起义，把保路斗争推向了顶峰。赵尔丰制造成都血案，直接导致了武装起义的爆发。蒲、罗等人被捕后，使立宪派从上到下的领导体系陷于

---

① 阙名：《秦烈士载赓事略》，《蜀中先烈备忘录》卷2。

瘫痪，从而为革命党人取代立宪派的领导地位提供了机会。然而，在同志军起义的前期，无论是有计划组织的同志军，还是各地自发集结的民团武装，都以"争路保民""营救蒲罗""声讨赵逆"相号召。尽管革命党人掌握了几支主要同志军的领导权，但大都是在"保路"名义下依托会党力量组织起来的，多数起义军战士还缺乏反清革命的觉悟。革命党人也还需要继续借助立宪派的影响来争取群众，壮大自己。因此，同盟会仍然执行"外以保路之名，内行革命之实"的策略，尚未公开揭出革命旗帜。这一时期，虽然采取了武装斗争的形式，但从总体上来说，仍然属于保路范围。9月25日的荣县独立，特别是10月10日的武昌起义，才使四川保路斗争逐步实现了向反清革命转化。周鸿勋部于新津保卫战后率部到达名山，毅然剪去发辫加入同盟会，并宣布改换旗帜，"用大黄旗，上书'中华国民军'，旁书'驱除鞑虏，恢复中原，创立民国，平均地权'十六字，并于士兵肩章上写'中华国民军'"①，时间是八月二十七日（10月18日）。曹叔实在《四川保路同志会与四川保路同志军之真象》一文中说，荣县独立后，井研、仁寿、威远相继反正，"我军共以三万余人，占领四县。而各军皆树旗四面，文曰：'驱除鞑虏，恢复中原，创立民国，平均地权'，将保路之面具揭去，而树同盟革命之旗帜。"② 从时间上看，也是在武昌起义之后。可见，同志军武装起义向反清革命转化，既有自身运动发展之轨迹，又与全国革命大潮相互促进。同志军浴血奋战，激发了武昌起义的爆发；而武昌革命的成功，又反过来推动了四川的斗争。正是在这样的情势下，同志军的斗争目标，才由前期的"争路保民""营救蒲罗"，转变成了推翻清王朝的革命独立。

保路同志军遍布全川，人数众多，成分复杂，但以农民和其他劳动群众为主体。他们作战勇敢，不怕牺牲，但武器装备落后，缺乏训练和统一指挥，因而战斗力不强。同时，同志军也存在组织涣散、互不统率、鱼龙混杂等缺陷。哥老会各自为政，盲目破坏的旧习难于克服，一些地主劣绅控制的团练武装也卷进了同志军中，加上革命党人的软弱和妥协，不仅未能把各路同志军组成目标一致、号令统一的革命整体，而且无力制止投机分子的背叛和暗藏敌人的捣乱。当革命高潮到来的时候，各种社会势力和政治派别的代表也就乘势登台表

---

① 《四川辛亥革命史料》上册，第478页。
② 《四川辛亥革命史料》上册，第382页。

第九章 保路运动与四川辛亥革命

演。这些因素,增加了四川辛亥革命的复杂性和艰巨性。这也是为什么四川发难最早而收功落后于他省之后的重要原因之一。

第四节 革命独立推翻清朝四川政权

一、荣县首义掀起全川独立浪潮

1911年10月10日武昌起义的枪声,作为辛亥革命的首功而载入史册。其实,在武昌起义之前,四川同志军已经与清王朝真刀真枪地拼杀一个多月了。同志军起义之所以未被公认为辛亥革命爆发的标志,而只被赋予点燃武昌起义导火线的功绩,原因大概在于同志军起义仍然蒙上了一层保路色彩,尚未公开揭出同盟会的革命旗帜。

四川保路斗争转化为反清革命有一个过程,转化的标志发端于同盟会领导的荣县独立。荣县地处川南,素有"诗书之乡"之称,有着优良的革命传统。早在光绪三十二年(1906),荣县就已成为同盟会开展革命活动的据点之一。据统计,至辛亥革命前,先后在日本和本县内外参加同盟会的荣县籍党人就有吴玉章、谢奉琦、丁厚扶、但懋辛、龙鸣剑、王天杰、朱国琛等40多人。保路风潮兴起,同盟会员龙鸣剑、王天杰等运用正确的斗争策略,奔走于成都、重庆等地,为推动全川保路斗争和策划武装起义做了大量工作。王天杰在荣县策动县人罢市罢课,停纳租赋,接收经征局,拘留县局委员。宣统三年七月四日(1911年8月27日),王天杰以民团总团长名义,号召民团千余人,在荣县五宝镇"托名保路,宣告起义"①。"成都血案"发生后,龙鸣剑日夜兼程赶回荣县,与王天杰等立即组织并率领同志军进军成都。走出荣县城门时,龙鸣剑异常激愤,拔剑起誓道:"不杀赵尔丰,决不再入此门。"

当龙鸣剑、王天杰率部出发之时,正好同盟会派回四川工作的吴玉章回到荣县。龙鸣剑对吴玉章说:"你回来就好了。同志会由蒲、罗等立宪党人领导,作不出什么好事。我们必须组织同志军,领导人民起来斗争,才有出路。我马

---

① 《四川辛亥革命史料》上册,第434页。

第九章　保路运动与四川辛亥革命

上要到前线去，一切大计望你细心筹划吧！"① 此后，吴玉章便承担起了后方的全部责任。

荣县同志军在仁寿境内与秦载赓部会师后，成立了东路民军总部。其后，龙鸣剑、王天杰分兵进攻嘉定，转战叙府。龙鸣剑因积劳成疾，更兼作战失利，病情恶化，后来含恨死在宜宾乡下。王天杰经过转战，率领东路民军一部回师荣县。这时，荣县知县仓皇逃走。吴玉章审时度势，提出"立即宣布独立，自理县政"。八月四日（9月25日）②，吴玉章、王天杰等在城内召集各界开会，由吴玉章发表演说，宣布荣县独立，并提议由同盟会员蒲洵（广安县人）出来主持县政。于是，由同盟会创建并领导的资产阶级革命政权便在一片欢呼声中诞生了。新政权暂行约法，分为四部，蒲洵兼理民政，刘彦模理军政，王勋甫理财政，赵叔尧理邮政。从此，荣县成了成都东南民军反清武装斗争的中心。东路民军以荣县为根据地，与清王朝展开了殊死决战。

荣县独立时，"为了统一战线没有打出革命的口号和旗帜"③，但首树"独立"大旗，宣布自理县政，公开与清王朝决裂，既体现了同盟会的革命宗旨，又符合当时的斗争环境和群众觉悟，表明以吴玉章为代表的革命党人具有卓越的革命胆识和高超的斗争艺术。荣县独立比武昌起义早半个月，而且革命政权一直坚持到辛亥革命胜利以后，在全国绝无仅有，无愧为"首义实先天下"④。

荣县独立，首开同志军武装保路向反清革命转化的先例，在全川产生了巨大影响，成为各地同志军效法的榜样。武昌起义后全国蓬勃发展的革命形势，极大地鼓舞了浴血奋战中的四川人民。此后，同志军的武装斗争汇入了辛亥革命的洪流，推翻清政权、建立军政府的大潮激荡巴山蜀水，各府州县纷纷宣布独立。

在四川独立浪潮中，除十月二日（11月22日）建立的重庆蜀军政府和十月七日（11月27日）建立的成都大汉四川军政府外，较有影响和代表性的有：

八月下旬，同盟会员邓絜率邓树北、马集成、舒兴复等在屏山组织革命军，

---

① 吴玉章：《辛亥革命》，第121页。
② 关于荣县独立的时间，有多种说法。吴玉章回忆是9月25日（八月初四），此说与《中华民国建国史》第一篇记载吻合。本书采此说。
③ 阙名：《秦烈士载赓事略》，《蜀中先烈备忘录》卷2。
④ 《吴玉章文集》下册，重庆出版社1987年版，第914页。

第九章 保路运动与四川辛亥革命

攻占屏山县城,宣布独立,以邓树北为总司令。后来反动势力勾结滇军反扑,邓树北遇难。

九月十一日(11月1日),参加荣县独立的同盟会员胡御阶率部攻占威远,宣布威远独立。井研、仁寿相继反正。秦载赓发现井研独立有假,轻骑前往调查,不幸被复辟势力击杀于井研北门。胡御阶亦被威远奸绅杀害。

九月二十八日(11月18日),同盟会员廖树勋等在长寿"纠合乡团"起义,"宣布共和","组织军政府"①。九月三十日(11月20日),涪陵独立,成立革命政府,同盟会员高亚衡被举为地方司令官。丰都、忠州、彭水相继反正。

十月一日(11月21日),同盟会员曾省斋等率部攻占广安州城,成立"大汉蜀北军政府",由曾省斋任都督,张观风任副都督。军政府下设军政、参谋、财政、总务、文牍五部,由同盟会员和立宪派人分任部长。蜀北军政府是革命党和立宪派建立的联合政权。随后,蓬溪、射洪、营山诸县,传檄而定。

十月五日(11月25日),在同盟会员的策动下,万县巡防军管带刘汉卿在万县反正,被推为下川东蜀军副都督,夔府、巫山、云阳相继反正。

十月六日(11月26日),同盟会员杨兆蓉、邓西林等运动清军起义,永宁道台刘朝望被迫反正,宣布泸州独立,成立川南军政府,由刘朝望任都督,县绅温翰桢(筱泉)副之。重庆蜀军政府认为泸州是假独立,欲派兵进攻。十月中旬,川南25州县代表开会于泸州,决定改组川南军政府,并接受重庆蜀军政府领导。

十月八日(11月28日),吴玉章、吴庶咸等领导内江独立,成立内江军政府。

十月十日(11月30日),东乡(今四川宣汉)哥老会首领、省咨议局议员冉崇根以团练为主体发动起义,成立东乡军政分府,冉崇根任参督兼民军司令。

十一月(12月)初,咨议局议员池汝骞、共进会员池列五等策动綦江同志军起义。起义军包围县衙,强迫知县交出县印,然后迎请同盟会员杨锦云主持县政,成立綦江县军政府②。

十一月十一日(12月30日),同志军在自贡艰苦奋战,赶走清军,实现独

---

① 《四川辛亥革命史料》下册,第206页。
② 《长寿县志》卷6,党务。

立。是日，自贡地方临时议事会成立，盐场绅商掌握了实权。此后，反动绅商与滇军合谋，杀害了东南民军首领周鸿勋。

1912年1月1日（农历十一月十三日），中华民国宣告成立。1月10日（农历十一月二十二日），四川军政府派兵会同同志军罗子舟部攻占雅安，活捉清政府护理川滇边务大巨傅华封，雅安光复。1月23日（农历十二月五日），一直对抗革命的叙府知府陈周礼被迫与革命党人达成妥协，宣布宜宾反正，成立川南军政府。陈周礼窃据了都督之职。不久，滇军入据宜宾。

四川的独立情形，虽与其他省区有不少共同之处，但又独具特点：首先，各地独立之前，大都经过同志军武装起义的洗礼，因此声势迅猛，基本上是武装夺取政权；其次，先由中小城镇分别发动，推动中心城市独立，再由省城统一全川；第三，独立后的政权形式与政权性质更加复杂多样，革命与反革命、统一与割据、新与旧的较量特别尖锐激烈。在四川独立浪潮中，同盟会员起了主导作用，立宪派和哥老会也功不可没。但由于四川革命党人没有统一的组织和具有崇高威望的领导人，加之它的幼稚、软弱和妥协，既缺乏掌握政权的思想准备和组织准备，又不懂得怎样保护革命成果，以致本来可以到手的政权未能到手，已经到手的政权却又丢失，有的政权甚至落到了投机革命的土豪劣绅、团练头子或清朝旧官僚的手中。不少革命群众和革命功臣在胜利来临之际惨遭屠杀，给后人留下了深刻的历史教训。①

二、重庆独立与蜀军政府建立

重庆是四川革命党人活动的重要基地和指挥中心。保路风潮兴起，重庆革命党人头脑比较清醒，行动十分稳慎。朱之洪当选为川路公司重庆股东代表，到成都开会，临行前杨庶堪对他说："争路仅为枝叶，蒲、罗诸人不足以言革命大业，此行宜和成都同志商讨决定发动策划。"② 朱之洪到成都后，一面在股东会上公开抗争，一面秘密与龙鸣剑、曹笃等以及新军中的革命党人商议，决定藉名保路，"导以革命"，并派遣党人分道四出，联络会党，准备起义。同志军起义爆发后，清政府急令端方带领湖北新军2000多人入川"查办"。端方到达

---

① 参见政协綦江县委员会编：《辛亥革命在綦江》。
② 向楚、朱必谦等：《蜀军政府成立前后》，《四川文史资料选辑》第1辑，第26页。

夔府时，朱之洪作为保路协会代表到夔府请愿，向端方提出三项要求：一、请伸川人冤抑；二、请罢入川军队；三、请释蒲、罗等人。端方认为，"川人正称乱，率兵乃奉朝命"，不能中止，只答应"奏请释放蒲、罗诸人"①。朱之洪摸清了端方决心镇压同志军的底牌后，立即返回重庆，与杨庶堪、张培爵等商量对策，决定加快起义步伐。

八月下旬（10月中旬），端方带领鄂军前队路经重庆。鄂军中的革命党人打算在重庆谋刺端方。杨庶堪等认为条件尚不成熟，担心引起大乱，力劝乃止。此后，重庆机关部决定先在邻近州县发动起义，然后再图重庆。不久，重庆周围的长寿、涪陵、南川、江津、合江等州县相继起义独立，"皆以重庆机关部为革命枢纽"。武昌起义的消息传来，重庆革命党人备受鼓舞。恰在此时，夏之时率领的新军起义部队抵达重庆近郊。于是，里应外合，促成了重庆独立。

同盟会员夏之时，合江县人，毕业于日本东斌学校步兵科，回国后在新军第17镇任排长。同志军起义后，夏之时奉命率兵一队戍防成都龙泉驿，"乃以种族主义谕士兵，人人知感发"②。九月十五日（11月5日）夜，夏之时召集军士230余人，在龙泉驿之土地庙誓师起义。众推夏之时为革命军总指挥，旋即麾师东下，沿途增兵500余人，经乐至、安岳、潼南直趋重庆。重庆革命党人闻夏军到来，精神大振，即派朱之洪与夏之时洽商举义事宜。夏之时随即引兵进驻浮图关。

十月二日（11月22日），重庆各界在朝天观召开大会。杨庶堪、张培爵率领起义队伍，高呼"国民万岁"口号前往朝天观，鄂军党人田智亮等亦武装到会。朝天观外聚集群众多达两三千人。是时，川东道台朱有基已逃跑。重庆知府钮传善、巴县知县段荣嘉被迫令到会，当场跪地剪辫，缴印投降。大会由杨庶堪任主席，宣示革命主义和蜀军政府组织大纲，顿时全场欢声雷动。会后，义师整队游行。当天，设蜀军政府于原巡警总署，公推张培爵为都督，夏之时为副都督，并通电全国，宣布独立。重庆市民遍挂白布小旗，上书"汉"字，热烈庆祝重庆光复。

蜀军政府诞生于反清革命的高潮之中，是辛亥革命在四川建立的最具代表

---

① 《四川辛亥革命史料》上册，第453页。
② 《四川辛亥革命史料》上册，第457页。

图9—9 重庆蜀军政府与副都督夏之时部官兵合影

性资产阶级革命政权:首先,蜀军政府是按照同盟会的"革命方略",仿效西方资产阶级政府的模式建立的。都督府是最高机关,下设总司令处、参谋部、总务处、秘书院、审计院、监察院、军政部、行政部、财政部、军需部、司法部、外交部、交通部、礼贤馆、大汉银行、警视厅、厘金局等机构,并设立"公民大会",由所属各地公选代表组成,政权机构比较完备。第二,蜀军政府的正副都督和各职能部门首长,除总司令兼参谋部长林绍泉和财政部长李湛阳外,都是同盟会员。杨庶堪、朱之洪被推举为军政府的高等顾问,凡遇大事,先征询二人意见,然后施行。可见,军政府的实权掌握在资产阶级革命派手中。第三,蜀军政府成立伊始,在政治、经济、军事和文化教育等方面推行了一系列革命措施,如发表对内对外宣言,颁布军政府政纲,建立大汉银行,整编军队,创办报刊,改革教育等等。蜀军政府标榜自由、平等、博爱精神,以驱除鞑虏、恢复中华、建立民国、平均地权"四纲"和军法之治、约法之治、宪法之治"三序"为治国之本,体现了鲜明的资产阶级政权性质。毋庸讳言,蜀军政府承认列强强迫清政府订立的不平等条约"继续有效",对反动势力和清朝官吏也采取姑息迁就态度,从而埋下了导致革命流产的隐患,这是中国资产阶级软弱性和妥协性的通病,不独重庆如此。第四,蜀军政府明确宣布,"以谋中华民国之统一与廓清全蜀为主旨"①。这表明蜀军政府既是中华民国的组成部分，决心为推进全国的革命统一而斗争；同时，又担起了"廓清全蜀"、领导全川革命独立的重任，实际上是具有全省意义的革命政权。因此，蜀军政府在全国全川影响很大，享誉很高。"凡川东南57州县，皆闻风反正。"② 川南军政府都督刘朝望、万县下东副都督刘汉卿等，皆自动撤销都督名号，听命于蜀军政府领导。湖北、湖南、江西、江苏、云南、贵州等省都督亦先后致电祝贺，"正式承认蜀军政府为四川政治中枢，蜀军都督为四川人民代表"③。

重庆独立之际，端方正率领鄂军驻扎资州。其时，清政府已撤了赵尔丰的总督职务，任命端方继任四川总督。端方屯兵资州，虽然陷入穷途末路之境，但对四川革命独立仍是严重威胁。因此，剪除端方便成为四川党人和鄂军党人的当务之急。于是，蜀军都督张培爵立即派兵300人，拨炸弹80枚和现款5000元，支持鄂军田智亮等党人赴资州捕杀端方。十月七日（11月27日），鄂军在资州起义，砍下了端方及其弟弟端锦的脑袋，并通电响应武昌起义，宣布全军反正。鄂军起义后，推举党人蔡镇藩为统领，随即拔队东下。过内江，协助内江独立；抵重庆，受到蜀军政府热忱欢迎。其后，鄂军顺江而下返回武汉。

就在鄂军资州起义的同一天，赵尔丰在成都被迫交出政权，宣布四川独立。蜀军政府鉴于成都独立后，赵尔丰仍然拥兵盘踞于旧督署中，清朝皇帝还没有被打倒，因此，在平定内部叛乱、巩固革命政权的同时，积极筹划西征讨赵和北伐灭清。这表明四川革命党人和蜀军政府决心为廓清全蜀和夺取全国革命的胜利而继续奋斗。

三、成都光复与大汉四川军政府改组

成都血案发生后，四川政局急剧变化，斗争更加激烈复杂。同志军揭竿而起，围攻成都；赵尔丰困坐孤城，负隅顽抗；清政府派遣两名大员入川剿抚查办。岑春煊走到汉口，感到形势不妙，托病请求辞职。清廷不允，于八月十三日（10月14日）补授岑为四川总督，但老谋深算的岑春煊终究不敢入川，最

---

① 《蜀军政府政纲》，《重庆蜀军政府资料选辑》。
② 《四川辛亥革命史料》上册，第457页。
③ 张培爵：《蜀军政府始末》。

第九章　保路运动与四川辛亥革命

后跑到上海躲起来了。端方带兵闯进四川，犹如置身火海。为了讨好川人，拉拢立宪派，端方变剿为抚，上书弹劾赵尔丰"构成冤狱"，主张释放蒲、罗等人。清政府企图借助立宪派的力量，以达到消弭革命和瓦解同志军的目的，便批准端方所奏，下令释放蒲、罗等人，并申斥赵尔丰"既不能裁制于前，复不能弭乱于后，实属咎无可辞"，"著交内阁议处"①，还将田征葵、周善培等清吏革职。清政府不惜抛出几个替罪羊以平民愤，但却加深了端、赵矛盾，促使赵尔丰等产生离心倾向。九月十六日（11月6日），清廷任命端方"于岑春煊未到任前，暂行署理四川总督"②。赵尔丰痛恨端方所为，一面上书弹劾端方"诡谲反覆，希图见好于川人"③，一面调集巡防军30营进驻省城自卫，既抵制端方，又抗拒革命。

九月二十二日（11月14日），被囚禁70天的蒲、罗等人由赵尔丰"礼送出署"，并聘请为督署高等顾问。蒲、罗被释后，痛感四川局势糜烂，急于出来收拾局面，重新掌握运动领导权。他们发表《哀告全川伯叔兄弟》文，说什么"保路同志会之目的，实已贯彻无阻"，劝告同志军"息事归农"，力返和平④。然而，全川形势远非两月以前可比，保路斗争已发展为反清革命，立宪派的"哀告"，已经没有多大效用了。

此时，武昌起义爆发，各省次第宣告独立。严峻的现实使立宪派终于明白，革命洪流势不可挡，清政府的垮台已成定局。立宪派审时度势，由鼓吹立宪转而附和革命，加紧策动省城独立。他们一面对赵尔丰施加压力，大造"尔丰一日不去，川难一日不止"的舆论；一面暗中与赵尔丰进行妥协交易，规劝赵尔丰和平交出政权。此时的赵尔丰，已经陷入四面楚歌之境。革命党人运动新军，"日夜策划独立倒赵"⑤；川人赵熙上奏清廷，请求将赵尔丰"即行正法"⑥，以

---

① 戴执礼：《四川保路运动史料汇纂》下册，（台北）《中央研究院近代史研究所史料丛刊》（23），1994年版，第1546页。
② 《宣统政纪》卷63。
③ 戴执礼：《四川保路运动史料汇纂》下册，（台北）《中央研究院近代史研究所史料丛刊》（23），1994年版，第1613页。
④ 戴执礼：《四川保路运动史料汇纂》下册，（台北）《中央研究院近代史研究所史料丛刊》（23），1994年版，第1636页。
⑤ 《四川辛亥革命史料》上册，第505页。
⑥ 戴执礼：《四川保路运动史料汇纂》下册，（台北）《中央研究院近代史研究所史料丛刊》（23），1994年版，第1682页。

· 315 ·

图9—10 大汉四川军政府成立，成都市民聚集皇城致公堂前观看成都独立仪式（路德·那爱德摄）

平川民冤愤；清廷为了自保，把全部责任都推到赵尔丰等人头上，竟下令将赵尔丰等押解进京审讯。正当赵尔丰走投无路之时，经过川绅邵从恩、陈崇基与兵备道总办吴钟镕等斡旋磋商，赵尔丰眼见清廷大势已去，为了逃避革命打击，保全身家性命，被迫同意交出政权。十月二日（11月22日），官绅双方签订《四川独立条约》30条。条约规定，赵尔丰将四川行政权暂交咨议局议长蒲殿俊管理，军权则交陆军第17镇统制朱庆澜掌握。赵尔丰交权后，仍负责带兵办理川边事务，而且暂缓赴边，以便"援助指导"①。十月七日（11月27日），赵尔丰发表文告，宣布四川自治。同日，大汉四川军政府成立，由蒲殿

图9—11 就任大汉四川军政府都督后的蒲殿俊

---

① 参见戴执礼：《四川保路运动史料》，第503～506页。

第九章　保路运动与四川辛亥革命

俊任都督，朱庆澜任副都督，并在成都皇城举行了独立仪式。军政府在其《独立宣告书》中说："大汉四川独立军政府之宗旨，基于世界之公理，人道之主义，组织共和宪法，以巩固我大汉联邦之帝国而与世往极，所当与吾川七千万人子子孙孙共守之。"①

对于立宪派策动的成都独立，应当一分为二地看待：一方面，立宪派顺应革命潮流，迅速转向革命，应当给予充分肯定。当时，同盟会在成都的力量比较薄弱，虽然多次策动"倒赵"，但一时尚难夺取政权。于是，策动独立的重任，自然落在了立宪派的肩上。由于立宪派的策动，使成都早日脱离清朝统治，也减少了流血牺牲。成都是四川省会，成都独立也就标志着清王朝在四川统治的结束，对加速整个清王朝的崩溃也起了一定作用。另一方面，成都独立是以和平方式实现的政权更替，是立宪派与封建旧势力妥协的产物。这正暴露了资产阶级立宪派更为严重的软弱性、妥协性和对封建势力的盲目信赖，由此埋下了后来发生"成都兵变"的祸根。

成都独立后建立的大汉四川军政府，在人员构成上立宪派占了多数，除蒲殿俊外，罗纶、邓孝可、颜楷、叶秉诚等立宪派领袖和商会会长舒巨祥、廖治等人在军政府中担任了重要职务。从保路风潮兴起以来，立宪派的头头振臂呐喊，站在斗争前列，并为此身陷囹圄，甘冒杀身之祸，最后附和革命，与清王朝决裂。平心而论，他们在新政权占据主要地位也是顺理成章的。然而，由于立宪派固有的弱点，以他们为主建立的新政权却是矛盾重重，危机四伏。赵尔丰虽把军权移交给他的亲信副都督朱庆澜，但朱庆澜也指挥不动四川的新军和巡防军；陆军部长尹昌衡虽是同盟会员，但他是以陆军小学总办身份进入军政府的，并未起到代表革命党人参政的作用；盐务部长杨嘉绅，原是清朝四川盐运使，对军政府本来就怀有二心。因此，大汉四川军政府实际上是在革命旗帜下以立宪派为主拼凑起来的过渡政权。这样的政权，不可能有多大建树，也无多大威信可言，因而受到重庆蜀军政府的抵制。成都革命党人和广大群众也极为不满，"人人有反对之心"。当时，成都社会秩序混乱不堪，新旧势力尖锐对立。哥老会遍立"公口"，各行其是；清朝旧军队未及改编，哄闹索饷，图谋叛

---

①　戴执礼：《四川保路运动史料汇纂》下册，（台北）《中央研究院近代史研究所史料丛刊》（23），1994年版，第1877页。

第九章 保路运动与四川辛亥革命

乱；军政府内部争权夺利，互不合作。蒲殿俊本是一介书生，登上都督宝座后，由于缺乏政治经验和任事魄力，面对危机四伏的局面，竟然束手无策。

十月十八日（12月8日），蒲殿俊、朱庆澜在成都东较场集合巡防军、新军训话。是时，士兵起哄索饷，举枪射击，顿时枪声四起，全场哗变。蒲、朱等慌忙越墙逃走。乱兵涌出较场，携枪结伙，四处抢劫，谓之"打启发"。乱兵洗劫了银行、藩库、盐库、商店、当铺和居民住宅，有的抢劫后又纵火焚烧，以致大火三日不绝，市民沿街哭叫，公私财物损失无算。

成都兵变是清朝复辟势力对独立政权的猖狂反扑。赵尔丰唆使党羽从中煽风点火，推波助澜，还公然以"总督部堂"名义发布告示，招抚乱兵，企图卷土重来。成都兵变使省城人民蒙受了空前浩劫，也让立宪派吞下了以妥协求共和的苦果。蒲殿俊做了十天的都督梦，便在兵变的枪声中灰溜溜地下台了。

兵变发生时，同盟会员、陆军部长尹昌衡从东较场脱险出城，单骑奔赴凤凰山军营，召集革命党人率部入城弹压乱兵；立宪派人、安抚局长罗纶则坐镇军政府内，号召同志军首领吴庆熙、孙泽沛、侯国治等率队入城维持秩序。由于革命党人和同志军采取了果断措施，这场严重的暴乱事件很快就被平息下去了。

十月十九日（12月9日），支持平叛的军官、士绅和同盟会员在军政府召开会议，商量戡乱大计，决定改组大汉四川军政府，推尹昌衡任都督，罗纶任副都督。新都督上任后，立即着手改建机构和组织新班子。新机构在都督府下，设立总政务处、军事巡警总部和参谋、军务、民政、财政、学务、司法、实业、盐政、外交等部。新班子成员中，除少数支持平叛的立宪派人

图9-12 成都兵变后，大汉四川军政府改组，尹昌衡（左）任都督，罗纶（右）任副都督

第九章 保路运动与四川辛亥革命

和知名士绅如罗纶、邓孝可、廖治等继续留任外，充实了不少革命党人。同盟会员、四川支部长董修武担任总政务处总理，统管秘书、法制、铨叙、统计、印刷、庶务六局，还兼任财政部长，拥有较大实权；同盟会员杨维担任军事巡警总部总监，负责治安，在平乱安民方面起了重要作用；参谋部长、民政部长、外交部长都是同盟会员。改组后的大汉四川军政府，建立起了以同盟会员为主体，并有立宪派、士绅和军界实力派参加的联合政权。这个联合政权，是以资产阶级革命派为代表的进步力量在反对封建复辟势力的斗争中取得的胜利成果，大体上反映了从保路风潮发展到反清革命中各派政治势力的地位和作用，基本上适应当时革命斗争的环境和需要，从而把四川的革命向前推进了一步。

军政府改组后，实施了一系列鼎革措施，严厉打击破坏分子，安定军心民心。由于赵尔丰仍拥兵盘踞于督署之中，复辟之心不死，引起人们强烈愤慨。军政府侦悉，赵尔丰暗召边兵入省，妄图夺权上台。因此，如何处置赵尔丰，便成为安定全川局势、树立军政府威信的当务之急。十一月三日（12月22日），尹昌衡派兵包围旧督署，将赵尔丰抓获，押至皇城明远楼侧，历数其罪，然后枭首游街示众，一时大快人心。接着，军政府采取妥善措施，和平解决了"满城"旗兵旗民问题。

成都独立比重庆独立晚五天。成都独立的消息传到重庆时，蜀军政府认为成都独立是一场政治骗局，立即发表文章，对立宪派与赵尔丰签订的《四川独立条约》逐条加以批驳，指责成都独立是"赵尔丰独立"，"乃官绅一气之独立"①。同时，决定组织西征军讨伐成都，诛杀赵尔丰。西征军正在进军途中，成都兵变发生，大汉四川军政府改组。尹昌衡擒斩赵尔丰后，蜀军政府认为大患已除，与成都政权不复存在根本分歧，遂决定停止西征。此后，两个军政府的合并便提上了日程。经过成渝双方电函相商，专使往来，各提条件，共同努力，于1912年1月27日拟就"合并草约"11条。2月2日，双方批准生效。其主要内容是：成都为政治中枢，都督府设成都；重庆为重镇，设镇抚府；原成渝两处正都督，分任全省正副都督，但须由合并后的各处部院职员票选决定正副；原成渝两处副都督，分任重庆镇抚府总长、枢密院长或军事参议院长。2

---

① 戴执礼：《四川保路运动史料汇纂》下册，（台北）《中央研究院近代史研究所史料丛刊》（23），1994年版，第1869~1874页。

月中旬，蜀军政府都督张培爵离渝西上，途中，致电南京临时政府大总统孙中山，主动推举尹昌衡为正都督，自己愿为副都督。3月11日，尹昌衡、张培爵在成都正式就任中华民国四川都督府正副都督，罗纶任军事参议院长，夏之时任重庆镇抚府总长。同日，致电孙中山大总统，报告成渝军政府从兹合并，全川统一。

四、"引起中华革命先"的功绩

伟大的民主革命先行者孙中山先生领导的辛亥革命，是中国历史上第一次具有确切意义的资产阶级民主革命。这场革命从酝酿到推翻清朝政权，前后经历了十来年的时间。在这艰辛漫长的岁月里，四川志士仁人为争取民族独立、国家富强，前赴后继，在省内省外、日本南洋，处处留下了他们奋斗献身的踪影。"蜀人奔走革命，自献自靖，尝恐为天下后，前后起义死难者不知凡几。"①四川人民在辛亥革命中作出了世人瞩目的贡献。

就全国而言，辛亥革命是以1911年10月10日的武昌起义为标志，然后各省响应，差不多都是传檄而定的。唯有四川发动于武昌起义之前，从5月兴起的保路风潮，到9月揭竿的同志军起义，接着是"首义实先天下"的荣县独立，直至推翻清王朝在四川的统治，运动发展一浪高过一浪，前后紧密连接不可分割，其意志之强固，动员之广泛，声势之浩大，斗争之悲壮激烈，在全国绝无仅有。四川的风雷，一开始就具有鲜明的反帝反封建性质。斗争的历程，经历了由资产阶级立宪派领导的反帝爱国运动到资产阶级革命派领导的反清革命独立的转化。爱国主义的旗帜，使全川各民族各阶级各阶层的人民结成了广泛的保路联合阵线；民主主义的旗帜，又使保路联合阵线发展演变成为反清革命的联合阵线。由爱国走向革命，是近代中国爱国主义发展的必然趋势。这一特点，在四川表现得尤为明显突出。

四川的燎原烈火，加速了全国革命高潮的到来。一方面，四川人民的英勇斗争，打乱了中外反动派的阵脚。当时，英、法、德、日、美等国政府，急电各自在长江上的军舰升火西上，英国还打算派印度兵经西藏入川干涉；四川邻近各省的清朝大吏，赶忙调拨军警，企图阻止"川乱"蔓延；清政府更是惊惶

---

① 周开庆：《四川与辛亥革命》，（台北）四川文献研究社1964年版，第341页。

第九章　保路运动与四川辛亥革命

失措，不得不同时起用三位总督级大员，并调派六省军队入川剿抚。正如宋教仁所说："川人能群策群力，慭不畏死，以抵抗专制之恶政府，捣彼辈之中坚，使之震撼，不知所措，则不可掩之事实也。"① 由于清廷派遣端方率领鄂军入川，造成武汉兵力空虚，从而为武昌起义的发动和成功在客观上造成了一个绝好的机会。另一方面，四川人民的英勇斗争，推动了全国革命形势的发展，使革命党人一扫黄花岗起义失败后的气馁情绪，意气风发地加紧武昌起义的准备。宋教仁领导的同盟会中部总会，受四川风潮的鼓舞，拟定了在8、9月间"乘时大举"的计划；黄兴、朱执信鉴于"蜀以全体争路，风云甚急，要求在美洲的孙中山先生'急筹大款'，以谋响应"；湖北、湖南、云南、陕西等省的革命党人信心倍增，日夜图谋起义；湖北党人居正、杨玉如赴上海中部同盟会"共商进行办法"，并拟请黄兴回湖北主持军务。可见，四川的保路风潮和同志军起义，使全国革命处于一触即发之势。正是在这样的背景下，武昌革命士兵一夜之间的胜利壮举，才敲响了清王朝的丧钟。正如孙中山先生所说："若没有四川保路同志会的起义，武昌革命或许还要迟一年半载的。"② 蒋介石也说，辛亥革命"虽然起义于武汉，实则发动于四川，四川保路的风潮，实为辛亥革命的导火线"③。朱德在《辛亥革命杂咏》组诗中写道："群众争修铁路潮，志同道合会全川。排山倒海人民力，引起中华革命先。"④ 四川不愧为辛亥革命的发祥之地，四川人民创建的"引起中华革命先"的功绩，彪炳史册。至今矗立在成都人民公园内的"辛亥秋保路死事纪念碑"，已被列为全国重点文物保护单位和成都市爱国主义教育基地。

　　1912年2月22日，由在南京的川籍革命党人发起，召开了一次四川革命烈士追悼大会。孙中山先生亲临追悼大会，并在祭文中说："惟蜀有材，奇瑰磊落；自邹迄彭，一仆百作；宣力民国，厥功允多。"⑤ 孙中山先生对四川从邹容到彭家珍等"奇瑰磊落"的人才，以及他们为民主共和而"一仆百作"的奋斗精神和历史功绩给予了高度评价。会后，根据四川党人的请求，孙中山签署了

---

①　《四川辛亥革命史料》上册，第397页。
②　冯玉祥：《我所认识的蒋介石》，黑龙江人民出版社1980年版，第182页。
③　周开庆：《四川与辛亥革命》，第2页。
④　《人民日报》1961年10月10日。
⑤　《临时政府公报》第22号（1912年2月25日）。

《大总统令陆军部抚恤邹、谢、喻、彭四烈士文》，决定照陆军大将军阵亡例赐恤邹容、喻培伦、彭家珍三烈士。这就是后来人们广为传颂讴歌的"辛亥革命四川三大将军"的来历①。同一命令还决定照陆军左将军阵亡例赐恤谢奉琦烈士。对邹、谢、喻、彭四烈士，均准崇祀忠烈祠，"以慰忠魂而垂不朽"②。邹、谢、喻、彭是四川人民的光荣和骄傲。他们热爱祖国、追求真理、勇于献身的革命精神和崇高品质，是全中国人民宝贵的精神财富。

四川保路运动是辛亥革命的重要组成部分。辛亥革命推翻了清朝政权，结束了统治中国两千多年的君主专制制度，使民主共和思想深入人心。经过辛亥革命的洗礼，四川社会向近代代迈进了一大步。辛亥革命虽然推翻了清朝政府，但却没有完成反帝反封建的历史任务，中国人民仍需在黑暗中继续苦斗。

---

① 后来不少回忆录、传记、墓表和史著在记述此事时，多说孙中山先生"追认"邹容、喻培伦、彭家珍为大将军。查孙大总统命令原文和当时南京临时政府的所有文告，并无"追认"字样或"追认"意思，而是批准照陆军大将军阵亡例赐恤（一次恤金1500元，遗族每年抚恤金800元）。这是一种最为优厚的抚恤规格和标准，但毕竟与"追认"为大将军有别。因此，严格地说，称邹、喻、彭为大将军不确切的。

② 《临时政府公报》第51号（1912年3月29日）。

第十章　清代四川少数民族

第一节　清代四川少数民族概况

一、清代四川民族的构成与分布

四川是一个多民族的省份。在清代，乃至后来的民国时期，官方只知道四川居住着汉、满、蒙、回、番（藏）、倮（彝）、苗、羌等几个民族。若问四川究竟有多少民族？有哪些少数民族？各少数民族的具体状况如何？那就谁也说不清楚。不仅四川如此，全国亦然。因为，当时很少民族调查，也不可能进行民族识别。直到中华人民共和国成立后，经过深入的民族调研和认真的民族识别，这才弄清楚全国共有 56 个民族。四川除汉族外，还世居着 14 个少数民族。这 14 个少数民族即彝族、藏族、羌族、土家族、回族、苗族、蒙古族、满族、白族、纳西族、傈僳族、傣族、布依族和壮族①。

四川这个多民族的省份，是在长期的民族大迁徙、大融合中逐渐形成的。四川的汉族是在与生息在巴蜀大地上的其他少数民族不断融合中成长、壮大的。四川各少数民族也有着源远流长的悠久历史。据考证，彝、藏、羌、土家、白、

---

① 参见李绍明口述、王林录音整理：《四川的民族识别》，《当代史资料》2004 年第 2 期。

第十章 清代四川少数民族

傈僳、纳西等少数民族,很早就已居住在巴蜀大地上。苗族于两晋南北朝时期开始迁入巴蜀地区。蒙古族和回族从元代开始迁入四川。傣族最初是明代从云南迁来四川的。最晚进入四川的民族是满族、布依族和壮族。满族最早是清初驻防成都的八旗兵及其家属。布依族和壮族大多是清代乾嘉年间,贵州南笼(今黔西南布依族苗族州)各民族大起义前后,从贵州经云南迁入四川南部边缘山区定居下来的。这就是说,当今四川民族构成的格局,最终形成于清代。

四川各少数民族,主要分布在四川的西部、西北部、西南部高原山地和南部、东南部的边缘山区。在清代,川西、川西北、川西南高原山地聚居着藏、彝、羌、蒙古、纳西、布依、傈僳、白、壮、傣等民族。四川东南部及南部山区则为土家族、苗族的聚居区。满族主要居住在成都。回族人口分布高度分散,几乎遍及省内各县,但多以城镇为主。清代四川少数民族人口聚居区域占全省土地面积的60%以上。其中,藏、彝、土家、苗、羌等族人口相对较多,分布地区也较广。

四川是中国地震多发省区之一。由于少数民族大多居住在四川西部、西北部、西南部地震带上,因而地震给四川人民尤其给少数民族造成了巨大灾害。清代四川地震频发,差不多30年就发生一次大地震。据统计,清代四川发生7级以上地震有9次,而9次大地震的震中都在少数民族聚居区。如乾隆五十一年五月初六日(1786年6月1日),康定(打箭炉)、泸定间发生7.75级大地震,震中烈度超过10度。斯时天摇地动,山崩石裂。明正土司除土司官寨、大小头人锅庄外,倒塌番民碉房177座,压毙番民男妇大小193口,倒塌的喇嘛寺,压毙喇嘛21名。沈边、冷边、咱哩三土司地方,倒闭番民碉房平房671间,压毙男妇大小181口。地震造成大渡河壅塞,9日后溃决,浪高数十丈,奔腾而下,势如山倒,坡蘢平衍田庐荟萃之区,多遭湮没。大渡河、岷江下游漂溺者以万家计。

图10-1 屏山县安全乡红石岩地震摩崖石刻,记录了乾隆五十一年五月初六日康定、泸定间发生的7.75级大地震

又如道光三十年八月初七日（1850年9月12日），西昌、普格发生7.5级大地震，震中烈度10度。仅西昌一地，遍城屋宇倒塌，木石填塞，不辨街巷。城内城外及各乡场受灾27880余家，灾民135380人，倒塌瓦草房26106间，压毙20652人①。除此之外，川东南土家族聚居的黔江（今属重庆市），于咸丰六年五月壬子（1856年6月10日）发生6.25级地震，山崩堵塞溪流，形成堰塞湖，现名"小南海"，是一处保存完整的地震古遗址，2001年被国家地震局批准为"国家地震遗址保护区"。

在清代有关文献中，对四川边远地区少数民族的记载十分粗略，对当地少数民族的称呼也多种多样，较多的称呼是蛮、番、苗、夷、倮（猓），或者连称为番倮、番苗、夷倮、苗倮、倮猡，等等。蛮、夷是对少数民族的泛称；夷有时专指彝族，有时也指外国或外国人，如"师夷长技以制夷"的"夷"，就是指外国或外国人；番，一般指藏族、羌族；苗，一般指苗族；倮，一般指彝族；番、苗、倮有时也泛指边远地区的少数民族。连称中的倮猡，一般指彝族，而番倮、苗倮、番苗等，则不能简单理解为仅仅是藏族和彝族、苗族和彝族、藏族和苗族的合称，有时还包括与之杂居在一处的其他少数民族，或者泛指边远地区的少数民族。例如，雍正年间，建昌冕山（今属四川冕宁）是西番（藏族）、倮（彝族）和汉族的杂居区，当地的头人金格、关寿、阿租等聚众与官兵冲突，清廷派兵进剿，金格等人逃进凉山，继续抵抗。在《清实录》中，对当地的民族成分及金格等人的族属记载就多种多样。雍正四年（1726）十二月，四川巡抚法敏疏言："建昌所属苗倮，种类不一，冕山贼蛮金格、关寿、阿租等，狂悖不法……"②在这里，金格等人被称为"苗倮"。而事隔不到一个月，即雍正五年正月，川陕总督岳钟琪在奏报中则称："普雄，即梁山（今凉山

---

① 清代四川9次7级以上地震是：(1) 康熙五十二年七月庚申（1713.9.4），茂县叠溪7级地震，震中烈度9度；(2) 雍正三年六月二十三日（1725.8.1），康定7级地震，震中烈度9度；(3) 乾隆五十一年五月初六日（1786.6.1），康定、泸定间7.75级地震，震中烈度超过10度；(4) 嘉庆二十一年十月二十日（1816.12.8），炉霍7.5级地震，震中烈度10度；(5) 道光三十年八月初七日（1850.9.12），西昌、普格间7.5级地震，震中烈度10度；(6) 同治九年三月十一日（1870.4.11），巴塘7.25级地震，震中烈度10度；(7) 光绪十九年七月十八日（1893.8.29），道孚、乾宁7.25级地震，震中烈度9度；(8) 光绪二十二年（1896），石渠洛须7级地震，震中烈度9度；(9) 光绪三十年七月二十日（1904.8.30），道孚7级地震，震中烈度9度。参见《四川地震资料汇编》第1卷，四川人民出版社1980年版；江在雄：《四川历史上的地震灾害》、《1786年大渡河地震水患及救灾》，《文史杂志》2008年第4期。

② 《世宗宪皇帝实录》卷51。

第十章 清代四川少数民族

……其中番族甚多，而贼番金格等，负隅抗拒……"又说："彼处番苗数十余族，相率乞降……臣请仰仗天威，乘此胜兵，将其余番族，一一招抚，庶可一劳永逸。"① 在这里，金格等人被称为"番族"，而当地居住的少数民族则称为"番族""番苗"。同年十月，岳钟琪又在题报中称："剿抚建昌冕山贼番事竣，苗疆底定。普雄凉山地方辽阔，请暂留兵丁弹压……"② 在这里，岳钟琪把冕山普雄凉山地区称为"苗疆"，如果把"苗"理解为苗族，那凉山地区也就成了主要是苗族居住的地方，这显然与事实不符。在清代，苗疆、番疆、夷疆、番境、夷境等地域概念，有时指以苗、番、夷为主体的民族聚居区，有时也泛指少数民族地区。可见，当时对四川边远地区少数民族的称谓及其分布地区的记载既笼统又混乱，且多含歧视、侮辱意思。我们在阅读清代少数民族史料时，一定要仔细考证区分，不可粗枝大叶。

二、清代四川各少数民族状况

（一）彝族

清代四川彝族主要分布在大小凉山及附近地区，包括今凉山彝族自治州所属各市县及乐山市的马边县、峨边县，攀枝花市的米易县、盐边县，雅安市的汉源县、石棉县，泸州市的古蔺县、叙永县，宜宾市的屏山县等地。清代分别属于宁远府及嘉定府、叙州府、雅州府。从清中叶开始，居住在凉山喜德一带的部分彝民，为了另觅生路而向西、北方向发展，迁到了今甘孜州的九龙等县。

凉山彝族自称"诺苏"。清代官方、民间文书中，多称他们为"夷""倮""倮倮""生夷""熟夷"等，称谓既不统一，且含歧视侮辱之意。直到新中国成立后，根据广大彝族人民的意愿，参照历史上的称谓，才以鼎彝之"彝"作为统一的族名③。清代四川彝族人口增长较快，雍正年间约十数万人，到清末则有50万人左右。

清初承袭明制，在凉山彝族地区继续保留土司制度和卫所制度。雍正年间

---

① 《世宗宪皇帝实录》卷52。
② 《世宗宪皇帝实录》卷56。
③ 有人说，"在清代并无'彝族'之名"。此说不准确。《圣祖仁皇帝实录》卷6载，康熙元年"四月丁巳，四川总督李国英疏报：伪石泉王朱奉鎡，煽惑土彝，纠集逆党，突犯叙州、马湖二府"。这里的"土彝"，就是彝族。这说明清代就已出现了彝族的称谓。

曾对部分土司实行改流。据嘉庆年间统计，凉山彝族大大小小的土司共有166名。其中以邛部宣抚司、沙马宣抚司、阿都长官司、雷波千万贯长官司最大，号称"凉山四大土司"。雍正六年（1728），清朝在凉山地区设立宁远府，改卫所为州、县，先后设立西昌、冕宁、盐源、昭觉四县和会理州、盐边厅、越西厅。在凉山东部设立屏山县和雷波、马边、峨边三厅。各土司、土官分由州、县管辖。

图10-2 雍正时期四川彝族土司"阿都副长官司之印"

清代凉山彝族地区，继续保持着奴隶占有制的生产关系。清初，吴三桂率军攻打贵州水西和雍正年间云贵总督鄂尔泰在乌蒙推行改土归流，致使云南、贵州大批彝民渡过金沙江迁入凉山，更加壮大了凉山彝族奴隶主的力量。从清初到清末，凉山彝族奴隶主始终没有停止对毗连地区各族居民的劫掠。到宣统元年（1909），四川总督赵尔巽仍在奏折中说："凉山猓夷窟穴于川滇两省之中，四处为患，近年日益披猖，滇省受患尚不甚深，而川省沿边州县营汛地方，多在夷巢环拱之中，汉夷杂处，夷强汉弱，抢掠男妇，辗转售买，一入凉山老巢，遂若沉沦异域，鞭笞桎梏，惨虐不可言状。"① 抢人抢物，买卖奴隶，是凉山彝族奴隶占有制的有力佐证。

凉山彝族社会成员之间的相互关系，是通过森严的等级制度表现出来的。社会成员以血缘为基础，严格划分为兹伙（兹莫）、诺伙、节伙三个等级。兹伙（土司）、诺伙（黑彝）是统治阶级，节伙是被统治阶级。

兹伙，在彝语中有"掌权者"之意。各兹伙有一定的统治区域，在此区域内，土地、荒山、森林、河流都属兹伙所有。兹伙是最高统治等级。彝族土司即属于兹伙等级。诺伙，汉语称为"黑彝"，是仅次于兹伙的贵族等级，除少数人经济不富裕外，都是奴隶主。诺伙对兹伙有贡赋和提供劳役的义务。

节伙，在彝语中有"被占有者"之意，是凉山彝族奴隶社会中被统治的等级。按其血缘、人身权利和经济状况，节伙等级又分为曲诺、安加、呷西三部分：曲诺，又叫"曲伙"，是被统治等级中的最高等级，人数也最多，汉语称为

---

① 《宣统政纪》卷23。

第十章 清代四川少数民族

"白彝"。他们有一定的人身自由，有相对独立的经济生活，一般占有一定数量的生产资料，有的还占有安加和呷西。但他们毕竟属于被统治等级，其人身权利、财产权利要受到主子的限制；安加，是彝语"安图安加"的简称，意为"主子宅旁的奴隶"。汉语称为"安家娃子"。所有安加，分别为兹伙、诺伙和少数曲诺占有。安加是有家的生产奴隶。他们很少人身自由，主子有权将他们出卖和虐杀。呷西，是彝语"呷西呷洛"的简称，意为"锅庄旁边的手脚"。汉语称为"锅庄娃子"。呷西是彝族奴隶社会中受苦最深的奴隶。他们不仅可以被兹伙、诺伙占有，其中的汉根呷西①，还可以由被统治等级中的曲诺和安加占有。呷西一般都是单身，毫无人身自由，可以被主子任意奴役、抵押、买卖、甚至杀害。呷西到了一定年龄，主子往往指定一名异性呷西与之配婚，配婚后与主子分居分食而成为安加。

在凉山彝族奴隶社会中，统治等级与被统治等级之间，有不可逾越的界线。兹伙、诺伙占有大量奴隶和生产资料。为了保持自身的等级特权和血统的纯洁，他们绝对不与被统治等级通婚。兹伙与诺伙一般也不通婚。但在个别情况下，如兹伙等级内无适当的配婚对象，或因兹伙势力衰落诺伙势力强盛时，也有通婚的。兹伙、诺伙的等级地位，世代承袭，互不升降。兹伙再衰落也不下降为诺伙，诺伙再强盛也不上升为兹伙。但在被统治等级——节伙的曲诺、安加、呷西之间，依据经济状况的变化，其地位则是可以升降和转化的。

无偿劳役是凉山彝族奴隶主奴役剥削奴隶的主要方式。呷西终年在主子的监督下从事家内劳动和田间劳动。曲诺、阿加每年也要为主子服一定时间的无偿劳役。地租是奴隶主的又一种剥削方式。兹伙、诺伙是大土地拥有者，除将大部分土地由呷西耕种外，还出租部分土地给曲诺、安加。少数拥有较多土地的曲诺，也出租一部分土地，收取实物地租。清代凉山彝族地区生产力低下，19世纪初年以前，彝族以畜牧业为主，农业为辅。19世纪以来，由于大量汉人进入凉山边缘地区甚至腹心地区垦荒，使凉山彝族农业的比重逐渐上升。彝民的农作物主要有玉米、荞麦、大麦、萝卜、苎麻等，也种少量水稻。宣统元年（1910年），凉山地区开始种植鸦片，并迅速泛滥，造成后来凉山彝区经济畸形发展。凉山彝族农业耕作粗放，产量很低。彝民生活极苦，一般只有半年口粮。

---

① 指通过买卖或战争掳掠来的汉人奴隶。

每遇天灾歉收，奴隶主就唆使彝民外出抢劫。嘉庆十九年（1814年）四川总督常明等奏称："凉山生番因夷地歉收，分股四出，于银厂沟、那里沟、东宁乡一带，焚掠滋扰。"①

在凉山彝族奴隶社会中，普遍存在着家支组织。所有诺伙（包括兹伙）都有家支，习惯上称为"黑彝家支"。曲诺及部分安加也有家支，但分别隶属于黑彝家支，习惯上称为"白彝家支"。在各家支之间，甚至同一家支内各支之间，往往因为一些生活小事或者婚姻纠葛而发生冤家械斗。这种冤家械斗，形式上带有浓厚的原始血族复仇的色彩，但其根本原因，则是奴隶主之间为了争夺奴隶、土地、牲畜等物资财富。

从明代中期以来，封建王朝在彝区推行改土归流，兹伙（土司）势力开始削弱，诺伙不断侵吞土司土地，并通过家支组织联合成强大的反对势力，与兹伙抗争。通过几次重大较量，诺伙势力日益强盛。到了清代同治年间（1870年前后），凉山彝族主要中心地区美姑、昭觉、喜德、越西、普雄等地，基本上已由诺伙统治取代了兹莫（土司）的统治。"诺伙统治的彝族人口占当时凉山彝族的一半以上，兹莫仅统治着约4000平方公里的土地和10万人口"②。在诺伙即黑彝统治的地区，一般来说比土司的统治更为残酷黑暗。他们甚至不接受清朝地方政权的管辖，所以清朝时有个外国人到凉山考察后，写文章称这些地方的彝族为"独立倮倮"。

应当指出，在建昌、雷波等少数凉山边缘地区，随着雍正以来清王朝改土归流政策的推行以及汉人进入彝区垦荒与彝汉杂居区的逐步扩大，使一些边缘地区陆续或者基本完成了由奴隶制向封建制的转化，但就整体而言，清代凉山彝族地区仍旧处于奴隶社会阶段。

（二）藏族

清代四川藏族居住范围较广，主要分布在川西、川西北高原及川西南地区，包括今甘孜藏族自治州和阿坝藏族羌族自治州所属各县以及凉山彝族自治州的木里藏族自治县、盐源县、冕宁县、越西县、甘洛县，绵阳市的平武等县。清代称藏族为"番""夷"或"西番"。今阿坝州大小金川流域的马尔康、黑水、

---

① 《仁宗睿皇帝实录》卷289。
② 《四川省志·民族志》，四川民族出版社2000年版，第96~97页。

第十章 清代四川少数民族

理县、金川、小金、汶川、茂县等地居住的藏族也称为"嘉绒"。

清朝为了巩固西南边疆，维护国家统一，曾多次派兵，或抵抗廓尔喀（尼泊尔）侵略，或平息叛乱，制止内讧。雍正年间，清朝在西藏设立驻藏办事大臣和帮办大臣，以监督办理西藏事务。由于西藏行政区划的确立，藏族这个民族名称也在清代逐渐确定下来。

清代把四川特别是川边地区作为"治藏之依托"。四川总督除治理辖区内的藏族事务外，还要协助驻藏大臣筹办军械，轮派驻藏军队，节制由内地经康、卫、藏直到边境的驿站交通。清代开辟了川藏大道两条：南路由打箭炉（今康定）经里塘、巴塘、芒康至察木多（今西藏昌都），经拉里（今西藏嘉黎）达拉萨，沿途设立粮台和塘汛，供驻藏官兵及粮饷运输往来，是为川藏官道；北路由打箭炉经甘孜、德格至察木多（今西藏昌都），与至拉萨的官道会合，为茶商驮队往来的汉藏贸易商道。川边地区因而成为藏汉民族贸易的桥梁和沟通藏区各部的交通枢纽。清代是汉族移居川边的又一高峰期。据统计，自乾隆十五年（1750）至道光三十年（1850）的100年间，迁入甘孜藏区的汉人就有16000人。清末川边招民屯垦，又有大批汉人迁入。

清初承袭明制，在四川藏族地区继续推行土司制度，并对各地方势力着意招抚。顺治九年（1652），大渡河流域一些明朝授予的藏族土司率先归诚清朝，但因整个康区仍然在蒙古硕特固始汗统治之下，清廷没有对归诚的土司给以另封。直到康熙五年（1666），明正宣慰司归诚，清廷才颁给"四川长河西鱼通宁远军民宣慰使司印"（驻牧今康定），俗称明正土司。到嘉庆时止，清廷在今甘孜州境内共授大小土司122员，授大小土职127员[①]。其中明正土司、德格宣慰司、里塘宣抚司、巴塘宣抚司号称当地"四大土司"。在今阿坝州境内，除保留归诚的明朝土司外，对新归附的部落首领也大加安抚，又册封了一批新土司。仅嘉绒藏区就分封了18个土司，故后人有"嘉绒十八土"之说。清代今阿坝州境内较有名的土司有：梭磨宣慰司、杂谷宣慰司、瓦寺宣慰司以及大小金川土司等。此外，在今凉山州木里藏族自治县境，置有木里安抚司；在今绵阳市平武藏区，置有阳地隘口土长官司、土通判、龙溪堡土知事三员土司。

清代四川藏族地区，是多事、敏感之区。仅乾隆年间就因土司生事、叛乱，

---

① 《四川省志·民族志》，第219页。

清廷先后3次"进剿"嘉绒藏区，并对杂谷土司、大小金川土司进行改土归流，设立"土屯"或"汉屯"制度。清末，英、俄两国加紧对西藏的侵略和争夺，清廷决定"经营川边"，以"固川保藏"。于是，川滇边务大臣赵尔丰奉命在川边藏区推行改土归流，并进行了一系列卓有成效的改革和开发。

图10-3 小金县达维土司官寨（尔尼斯特·亨利·威尔逊摄）

清代实行土司制度的藏族地区，基本上处于封建农奴制阶段。土司、头人和寺庙上层喇嘛是农奴主。农奴分为"差巴"和"科巴"两种。土司属下的农奴称"差巴"，头人或寺庙属下的农奴称"科巴"。农奴主的剥削以无偿劳役为主，还有贡赋和高利贷等。劳役包括为农奴主种地、砍柴、修房、酿酒和制造用具，以及自带马匹、粮食为农奴主支应往来交通的"乌拉"差役。贡赋包括地粮和酥油、羊、鸡、蛋、茶、猪油、木炭、木料等。藏区生产水平低下，农作物主要有青稞、玉米、小麦、燕麦等。在牧区，农奴主对牧民的剥削方式，主要有劳役、贡赋、实物畜租和高利贷等。改土归流后的藏族地区，社会经济状况发生了若干变化。土司、头人的势力明显削弱，封建领主经济逐步向封建地主经济转化。

四川藏族普遍信仰藏传佛教，即喇嘛教。藏区寺院林立，僧徒众多。大寺喇嘛多达四五千人。清代四川喇嘛教主要有五大教派，即宁玛派（俗称红教）、萨迦派（俗称花教）、噶举派（俗称白教）、格鲁派（俗称黄教）和本波教（俗称黑教）①。清初，格鲁派在清廷的大力扶持下，成为西藏执政的教派。达赖喇嘛就是格鲁派的两大领袖之一，也是西藏政教合一体制名义上的政权主持者。

---

① 本波教，亦作本教、苯波教，原是藏族地区的原始宗教，因受佛教影响，吸收了许多佛教教义，遂成为喇嘛教的一个支派。

清代从康熙到咸丰年间，先后在四川甘孜藏区寻找了四位达赖"转世灵童"，迎至拉萨坐床亲政。他们是：七世达赖噶桑嘉措，里塘人；九世达赖隆朵嘉措，邓柯人；十世达赖楚臣嘉措，里塘人；十一世达赖凯珠嘉措，乾宁人。在金川之役中，本教师"呼风唤雨"，参与抗击清军。乾隆平定金川后，诏谕四川各土司废除本教，改兴黄教，于是格鲁派势力日益壮大，进而成为藏传佛教在四川藏区影响最大的一个教派。

由于藏传佛教的兴盛和木刻印刷术及纸张等传入藏区，促进了藏文佛经及其他文学艺术作品的流传。始创于雍正七年（1729）的德格印经院，与拉萨布达拉宫印经院、日喀则那塘印经院并称为三大藏文印经院。

图 10－4　七世达赖喇嘛——噶桑嘉措（唐卡，清人绘，藏故宫博物院）

清代康区藏族的婚姻形式以"一夫一妻制"为主，同时并存"一夫多妻制"和"一妻多夫制"。居住在章谷屯（今丹巴县）境内大金川下游的巴底、巴旺和小金川上游的上、下宅垄等地的嘉绒人，还保

图 10－5　大金川在丹巴境内与小金川汇合后称大渡河。图为大渡河上的索桥

存着少女"彰身"和男女"野合"的习俗。清末英国植物学家威尔逊1908年6月考察这一地区时,就记录下了这方面的"奇风易俗"。这些地方的嘉绒妇女是家庭财富的主要创造者。她们在田间耕作,照管畜群,把农产品运到市场出售,砍伐树木,提取饮水,而家内的烹饪、做衣缝补和一般的家务活,则委给男子打理。嘉绒妇女性格开朗,欢乐喜唱,享受自由,不被虐待,这与她们"艰苦劳作"、创造财富密不可分。有学者认为,嘉绒少女"彰身"和男女"野合"的习俗,以及嘉绒妇女享有的自由地位,是"母权制"社会留下的残余①。

(三) 羌族

羌族是我国最古老的民族之一。清代四川羌族主要分布在今阿坝藏族羌族自治州所属的茂县、汶川县、理县、黑水县、松潘县,绵阳市的北川县和甘孜藏族自治州的丹巴县等地。

清初承袭明制,对明代土司继续加以委任,在今茂县、汶川等地,前后设置了20多个土司。较有名的土司有长宁安抚司、静州长官司、岳希长官司、水草坪巡检司等。在藏族、羌族杂居区,有的大土司是由藏族担任的,如杂谷(今理县)安抚司、瓦寺(今汶川)宣慰司等。羌族地区的改土归流从明代后期就已开始。清代康熙年间在一些地方设置抚夷官,以削弱土司势力。乾隆十七年(1752),对杂谷土司改土归流,在其南部辖地设立5个土屯,归理番厅管辖;将北部18寨改设2里,成为编户。道光六年(1826),大姓寨、小姓寨等5个土百户请求改土归

图10—6 乾隆年间董邦达等绘《四川全图》彩绘本中的《汶川县城图》(局部)(原图现藏四川大学图书馆)

---

① 参见刘达永:《清末四川章谷屯境内的"母权制残余"问题》,《巴蜀文化研究通讯》2009年第2期。

第十章 清代四川少数民族

流,清廷均如所请,在其地设置亲民、安民、康民、齐民4里。至道光年间,除管理藏族、羌族的汶川瓦寺土司外,羌族地区的改土归流已大体完成。

改土归流后,羌族地区的政权结构发生了变化。从清中叶开始,清王朝在羌区推行"里甲制"。里是基本行政单位,其名称因地而异,"城中曰坊,近城曰厢,在乡曰里"。在里之下设甲,作为里的辅助单位。里有里正,甲有甲长,里则直接隶属于清朝州县政权管辖。州县官吏在编制里甲时,推行民族"同化"政策,有意将一部分靠近汉族居住的羌民划入"汉民里",即所谓"纳粮编里即成汉民",强行改变了他们的民族成分。清末,又将一些地方的里甲制改为"团甲制",即县以下设若干团,团设团总或团首,再下是甲,一甲为10户。

改土归流后,羌族地区的社会经济结构逐渐由封建领主经济向封建地主经济转化。封建剥削的形式,主要是实物地租。除此之外,还存在苛重的劳役剥削和高利贷剥削。道光年间,九子寨一带的土地已能自由买卖。不过,就总体而言,清代羌族地区封建地主经济的发展并不充分,有的地方还存在着领主制甚至奴隶制的残余。

农业是清代羌族地区的主要经济部门,农作物主要有青稞、大麦、小麦、燕麦等。嘉庆年间,引进了玉米;光绪年间,引进了洋芋(土豆)。这两种高产作物,很快成为羌族地区的主要粮食作物。经济作物主要有黄烟、麻、花椒、药材等。茂州和新保关(汶川威州镇)用黄烟做原料加工而成的黄烟丝(即水烟丝),被称为"茂烟",远销成都、万县、顺庆、自流井等地。清末羌族地区的商业出现了繁荣景象,仅茂州一地就有商贩百余

图10—7 岷江边的汶川县城威州镇(路得·那爱德摄)

户，以小商小贩为主，也有少数坐商。坐商中，有的则是四川内地和陕西、甘肃、河南、江西、山西、广东等省商人在此设立的分号。他们运出的商品有花椒、药材、皮毛、黄烟和土硝、土碱等农副土特产品，运入的则主要是铁质农具和油、盐、糖、酒、布、米及日用杂货。省外商人为了维护自身的利益，在茂州等地建立了同乡会馆，如陕西馆、江西馆、广东馆、山西新馆等。

清代羌族的风俗习惯，与前代相差不大。乾隆时期谢遂所绘《职贡图》中，有羌族图像及说明计3幅，卷3所载之《威茂协岳希长宁等族》《石泉县青片白草等族》和《松潘镇黑水坪族氏》，详载了这些地方羌族的社会风俗，现分别摘引如下①：

（1）威茂协岳希长宁等族。"……番民居土（石）室，戴羊皮帽，布褐长衣，以耕为主，亦有贸易者。女女盘发，缨帽，耳缀大铜环，长衣革履，颇勤耕织，婚礼用豕肪（按：为腊肉之异名）为馈，佐以银布，俗习狡悍。又有水草坪、竹木坎诸土司，亦略相同。"

（2）石泉县（今绵阳市北川羌族自治县）青片白草等族。"……番民服制，与齐民同，帷常著麻衣，插雉羽为草笠。番妇薙顶发留四周，结辫为髻，裹绣衣，短衣长裙，以绣缘之。习纺织，亦有跣足耕作者。"

（3）松潘镇黑水坪族氏。"……其居多山岗，累土（石）为屋，番民戴缨笠，著布衣，番妇挽髻，裹花布，缀大耳环，著细摺长衣，革履，勤耕作，习纺织。"

随着羌、汉两族的融合，道光六年（1826），茂州所辖大姓、小姓、松坪等土百户声称"久沫天朝声教，言语衣服悉与汉民相同，亦多读书识字之人，是以一心向化，愿作盛世之民"②，要求成为编户。改土归流后，进入羌族地区的汉族手工业者和商人增多。羌、汉人民友好相处，"其地羌汉并处，其土羌汉并耕，然各安其业，耦居无嫌"③，共同为开发羌区作出了贡献。

（四）土家族

清代四川土家族主要居住在当时川东南与湖南、湖北、贵州三省交界地区，

---

① 转引自李绍明：《清谢遂〈职贡图〉中的羌族图像》，《四川文物》1992年第4期。
② 道光《茂州志》卷2《里甲》。
③ 嘉庆《汶志纪略》卷3《风土》。

第十章 清代四川少数民族

即今属重庆市的石柱土家族自治县、秀山土家族苗族自治县、酉阳土家族苗族自治县、彭水苗族土家族自治县和黔江区。明清时期，这里的土家族被称为"土蛮"或"土夷"。

清初，土家族土司有酉阳、石柱两个宣慰司。在酉阳宣慰司之下有邑梅、平茶、石耶、地坝4个长官司以及绞娄、寨娄、马蹄3个土千户。康熙七年（1668），清廷"将平茶、邑梅二司改隶重庆，以消蛮司土广民众之势"①。雍正四年（1726），清廷在土家族地区设置黔江厅，属重庆府。雍正十二年（1734），在黔江置黔彭军民厅。同年，对酉阳土司实行改土归流，在其地设酉阳县，后升直隶州。乾隆元年（1736），对邑梅、平茶、石耶、地坝四土司改土归流，并析酉阳县南境增置秀山县，废黔彭军民厅仍为黔江、彭水二县。乾隆二十六年（1761），石柱土司改土归流，在其地设石柱直隶厅。

清代四川土家族改土归流有两大特点：一是和平改流，二是比较彻底。土家族大小土司被废除后，全部为流官取代，再也没有出现反复。这与土家族地处内地，受汉文化影响较深有很大关系。然而，清王朝在改土归流后规定，"纳粮编里即为汉人"，把很大一部分土家族划为汉族，而且在民族歧视的社会压力下，这些被划为汉族的人往往不敢公开声称自己是土家族。尽管如此，这些人仍程度不同地保持着土家族的某些基本特征或民族心理特征（民族自我意识），自称为"土家人"②。

改土归流后，土家族的社会经济结构发生了重大变化。"土司之官山，任民垦种"，地方官府"发给执照，永为世民"，促使一些地方实现了由封建领主经济向封建地主经济的转化。清王朝实行增人增地"永不加赋"的政策，吸引了大批湖广人到此落业开垦，并带来了先进的生产技术和新的作物品种。在清代，棉花、玉米、红薯、土豆等高产作物逐渐传入土家族地区，在平坝地区已普遍种植水稻。土家族地区的商品经济也有较大发展，其农副产品黄连、桐油等久负盛名。光绪年间，湖北、江西等省商人仅在秀山一县就设有"八大商号"，专营"秀油（桐油）"生意；石柱的黄连，年产量已达1000担。

土家族是一个爱好学习、重视教育的民族。改土归流后，清王朝在各州县

---

① 《圣祖仁皇帝实录》卷26。
② 参见《四川省志·民族志》，第331页。

兴办学校，开科取士，土家族中涌现了不少举人进士。乾隆元年（1736），酉阳州创建龙池书院，以后又建成龙潭书院。酉阳龙潭镇是四川土家族地区发展经学最早的地方。改土归流后，土家族在原有文化的基础上吸收了大量汉族及其他少数民族文化而形成了独具特色的民族文化。例如，有名的"秀山土家花灯"，就是在土家族原有"摆手舞"的基础上，吸收汉、苗民族的文艺精华而形成的。

（五）回族

回族大批进入四川，始于元、明两代。清代四川回族散居于众多州县城乡，主要居住地有川北的阆中、盐亭、青川，川西北的松潘、阿坝，川西南的西昌、会理，川西的成都，川东的重庆等地。"大分散，小集中"是四川回族分布的一大特点。

清代是回民入川的高峰时期。明末张献忠带领农民起义军入川作战，其中有回族将士上万人。大西军抗清失败后，有相当多的回民定居四川，在川北、川西和川南地区繁衍生息。在"湖广填四川"的移民浪潮中，又有大批回民入川，安置于南溪李家镇、犍为罗城铺、仁寿青杠垭、内江观音滩和隆昌的殷家坝等地，以马、苏、张、蔡为大姓。后来什邡、荣县、开县、绵阳、三台等县以及成都的皇城坝，也辗转迁入了祖籍湖广的回民。同治十二年（1873），陕南回民起义失败后，清廷将部分义军解送新都弥牟镇、郫县崇宁管制屯田，这部分屯田回民约有1000多户。清代有不少陕、甘回族商人进入成都，从事皮货、药料、饮食等行业的经营。据统计，清末成都有回民3000多户，约2万人①。

回族笃信伊斯兰教。清真寺是穆斯林举行宗教活动、传授宗教知识的场所。在回族聚居的城镇、街道、村庄，一般都建有清真寺。四川著名的清真寺，大都始建或重建于清代。如成都鼓楼南街清真寺（始建于明代，重建于乾隆七年）、成都皇城清真寺（始建于康熙五年，1917年毁于战乱，1918年重建）、阆中清真寺（建于康熙二十九年）、西昌清真寺（始建于明代，重建于同治十三年）。此外，建于康熙三十年（1691）的阆中巴巴寺，是伊斯兰教的戛底林耶门宦第一个在我国传教的华哲·阿布都·董拉希的墓园，主要建筑包括久照亭、照壁、砖洞门、牌坊等。院内结构别具特色，砖雕艺术精美别致，堪称一绝。

---

① 参见《四川省志·民族志》，第369～370页。

第十章 清代四川少数民族

图 10-8 阆中巴巴寺

（六）苗族

清代四川苗族主要居住在当时的川东南、川南和川西南地区，即今重庆市所属的彭水、黔江、秀山、酉阳等区县和今四川所属的筠连、珙县、兴文、叙永、古蔺等县以及凉山州的木里等县。四川苗族分布的特点，是与汉族、土家族、彝族或壮族交错杂居，同时又相对保持小块区域的聚居。在清朝前期的移民浪潮中，有不少湘西苗民和贵州苗民入川开垦，四川苗族的人口有所增加，同时也促进了四川苗族经济的发展。

由于四川苗族迁徙频繁，内部支系繁多，互不相率，加之苗民多居深山，生产水平低下，因此在政治上往往受制于所在地区势力较强的民族。清初，川东南的苗族受酉阳冉氏土司的管辖，川南的苗族受当地彝族土司的管辖，木里的苗族受当地藏族土司的管辖。直到川南全部改土归流后，川南的苗族才逐渐成为当地人数最多的少数民族。

清朝在川东南地区实行改土归流后，废除了"蛮不出境，汉不入峒"的禁令，苗族与汉族、土家族的交往增多，苗族地区的社会形态也开始由封建领主经济向封建地主经济转化。嘉庆年间，酉阳、秀山、黔江、彭水四县的一些苗族豪绅被清廷任命为土守备、土千总,负责管理地方事务,但永不世袭①。这些苗绅后来成了封建地主。改土归流后,一部分苗民获得了土地,由农奴变成了农民。清代后期,川东南苗族地区农村经济和城镇经济都有一定的发展,但总的来说,生产水平仍然十分低下。绝大多数苗民被迫避居山区,耕种着贫瘠的土地,过着极其封闭而贫困的生活。川南苗族的状况也大体如此。正如《叙永县志》卷4所载:"叙永旧为苗人故居,凡土著皆苗人,今已窜居山谷间。"居住在木里县及凉山地区的苗族,则遭受着当地土司或农奴主、奴隶主更加残酷的压迫和剥削。

（七）满族

满族是清代的统治民族。顺治三年(1646),肃亲王豪格率领包括满族旗兵在内的清军从陕西攻入四川,是为大批满族进入四川之始。但是,在清初频繁的征剿战事中,满蒙旗兵进进出出,并没有在四川驻防下来。康熙五十七年(1718),因西藏发生骚乱,清廷调湖北荆州驻防旗兵3000人入川。这批旗兵曾进驻巴塘、里塘、打箭炉等地,藏乱平息后返回成都。康熙六十年(1721),清廷决定从这批旗兵中选留1600名永驻成都。成都这才有了驻防旗营,这些旗营中的满族官兵,便是四川最早的满族居民。驻防旗营无论官兵俱可携带家眷,所以这些官兵(其中约三分之一为蒙古族)的家眷也先后迁住成都。其后,旗营的兵数有所增加。到乾隆初年,驻防旗兵及家眷约有5000人(其中蒙古族约1600人)。另外,有不少满族文武官员陆续调入四川各地担任要职,这些官员及其随员、家眷,有的定居下来,成为四川满族的组成部分。

清代成都旗兵驻"满城"之中。"满城"又称"少城",建于康熙五十七年(1718),位于成都城内之西侧,南起君平街、小南街,东自半边桥至东城根街,北至八宝街、小北街,西至同仁路,方圆约10里,四周筑有高1丈4尺的城墙,有4道城门与大城相通。"满城"内有40多条街巷,供满、蒙旗兵居住。汉人不得进入"满城"游览,旗人也少到大城活动。

满、蒙旗兵的经济来源是旗饷。旗兵代代靠旗饷生活。旗饷分为银、米两种。从康熙到道光前期,旗兵待遇比较优厚,生活也比较稳定。到了同治、光绪年间,由于满族人口增多,但兵额不见增加,饷银往往不能按时发放,官员

---

① 郎维伟:《四川苗族社会与文化》,四川民族出版社1997年版,第55~56页。

第十章 清代四川少数民族

图10—9 成都满城内的日常生活（摄于1908年8月22日）

又从中克扣，致使有的旗兵家庭生活日渐贫困。有的满民背着满族官僚做起了小生意，如卖红苕、卖泡菜、卖针线等。光绪三十三年（1907），在"裁停旗饷"消息的刺激下，成都将军衙门发生满民骚动事件，驻防旗兵"借端煽惑，纠众哄堂塞署"。此事虽然很快平息下去，但它却表明，统治中国的满族贵族已处于众叛亲离的境地，连本族民众也无法驾驭。

清末推行新政，满汉之间的交往日渐频繁，满族与汉族之间已开始通婚。总的来说，清初入驻成都"满城"的满族，经过几代人一百多年的生息繁衍，除了薙发、紧衣等方面还保留着关外老祖宗的风俗习惯外，其余的风俗习惯（包括语言）已基本和汉族没有什么差别了。

在四川辛亥革命中，和平解决"满城"问题，堪称处理民族问题的典范。由于辛亥革命是在"排满"的口号下进行的，当四川军政府宣布独立后，住在"满城"内的旗人异常惊恐，"以为灭亡之祸，已迫眉睫"。当时"满城"内居住的旗人约一万四五千人，有旗兵三营，尚未解除武装。他们紧闭城门，还把库存的刀矛取出来发给青壮旗丁。"许多人把家禽家畜都杀来吃了，只待风势一变，老幼妇女便先行自杀，精壮的就扑向汉城，情愿斗死。"① 与此同时，四川军政府也在"满城"四周布置重兵，其中也有人主张武力解决。战事大有一触即发之势。这时，四川军政府内的一些领导人和许多开明的满、汉士绅如徐炯、赵惠明等分析了当时形势，提出了谋求和解的方案。成都将军玉崐也主张和平解决。军政府招抚局长罗纶（后任副都督）还亲入"满城"面见玉崐，并保证玉崐本人和家属的安全。为了表明和解诚意，罗纶把自己的家属送进"满城"朋友处住下，以此消除旗人疑虑。经过双方互派代表协商，终于达成了和平解决的优待条件。主要内容有：旗兵缴枪后，军政府一次发给每名旗兵3个月的饷银，继后陆续再发3个月；所有住房一律发给管业证，许其自由买卖；另外再拨20万元修建工厂（同仁工厂），容纳穷苦旗民学艺，解决他们的生计问题。随后将军玉崐、统领河清、旗绅赵惠明等在西较场召集旗兵讲话，告之缴枪的重要性及优待条件，解除了旗兵的顾虑。于是旗兵纷纷放下武器，从而避免了一次惨重的流血事件。成都不费一枪一弹和平解决"满城"问题，在四川民族关系史上具有重要意义。这不仅是因为四川军政府执行了正确的民族政策，也是满族（包括蒙古族）与汉族人民共同努力的结果。

（八）蒙古族

清代四川蒙古族的分布呈大杂居、小聚居的特点。清以前迁入四川的蒙古人，主要聚居地有两处：一是聚居在今凉山州的盐源县和木里县。他们自称为"纳日"或"蒙族"。清代四川纳日人处于土司制度统治之下，社会经济形态属封建领主制经济。纳日人主要从事农业生产，生活十分困苦。居住在泸沽湖畔的纳日人，还残存着原始社会时期对偶婚特点的"阿注"婚姻状态。二是居住在今属重庆市的彭水县。这部分蒙古人是元明以来在战争中流落的蒙古族官兵的后裔，主要从事农业生产。废除土司制度后，彭水蒙古族逐渐完成了由封建领主经济向封建地主经济的转化。彭水蒙古族每年农历三月十七日要过苏鲁定节。族内男女老小都要参加祠堂的祭祀活动，据说这一天是成吉思汗西征的日子。

清代又有大批蒙古族人随旗营迁入成都。到乾隆初年，驻防满蒙旗兵及家眷约有5000人，蒙古族的人数约占三分之一，当在1600人左右。蒙古族人住

---

① 刘显之：《辛亥革命和平解决"满城"的回忆》，《四川文史资料选辑》第10辑。

在"满城"之中。到了清代末年，他们的习俗与汉族已无多大差别。

（九）白族

白族是云南洱海地区的古老民族。四川白族多数是元、明以后从云南迁来的，也有一部分是唐代"白蛮"的后裔。清代四川白族主要分布在今攀枝花市的盐边县和今凉山州的德昌、会理、木里等县。和云南白族一样，四川白族自称"白子"，意为白人。

清代又有一些白族从云南迁入四川。如盐边县白石岩村一户姓李的白族人家，在当地立有三通墓碑：第一通立于道光十二年（1832），第二通立于咸丰七年（1858），第三通立于民国十二年（1923）。这三通墓志记载，李家始祖，自乾隆四十七年（1782）从云南大姚邦碧村"带领家口"迁来盐边，"得佃毕属白石岩荒山地面开垦"①，从此定居下来。

四川白族本来有自己的民族语言，因与当地汉族、彝族杂居，人数又不多，后辈就不会讲本民族的语言了。白族多讲汉语，有的还会彝语。

清代白族人民要受当地土司苛重的盘剥。盐边白石岩李家，最初是毕苴芦土目的佃户，后来诸葛绍武篡夺了毕苴芦土目葛世藩的职位，李家便"上升"为门户。门户相当于土司的"儿女"，不仅要向土司交租，而且要替土司打仗。诸葛土司嫁女，要在白族中选陪嫁丫头。被选中的女儿，无条件终身为奴。

清代四川白族主要从事农业生产。其生产水平与邻近汉族差不多。

盐边白族信奉释迦佛、李老君，供奉佛道二门。每年农历六月二十四日，白族人民要过盛大的"火把节"。白族禁止同姓同宗通婚，允许与汉族通婚，也有招赘的习惯，谓之"上门"。

（十）纳西族

清代四川纳西族主要分布在今凉山州的木里县、盐源县和甘孜州的巴塘县。他们与当地的"纳日"人、藏族及其他民族相杂居，只有少数乡村如木里的俄亚乡、盐源的沿海乡、巴塘的白松乡居民较为集中。有人说，纳西族是四川古老的民族，又称为"末些""么些""摩梭"等等。清代四川纳西族，大多是明朝末年从云南丽江地区迁入的"么些"族的后裔。

---

① 《四川省苗族傈僳族傣族白族满族社会历史调查》，四川省社会科学院出版社1986年版，第220~221页。

清康熙年间，对盐源地区的一些"么些"土司仍授土职，如瓜别安抚司、古柏树土千户等。盐源境内的木里安抚司是西番人（当属藏族），管有"夷民三千余户"，其中就有纳西族。清代盐源、木里纳西族以农业经济为主，家畜饲养为辅。社会经济结构处于封建领主制，同时存在着奴隶制乃至原始社会的残余。

清代纳西族实行民族内婚制，同其他民族通婚的极少。婚姻形式是一夫一妻制与一妻多夫制、一夫多妻制并存。木里俄亚纳西族存在着"摩梭"人走婚制的"阿注"婚姻。成年男女在婚前婚后都可以结交异性，互称"阿注"，意即朋友。通常是男子夜间到女子家里访宿，次日拂晓返回自己的母家，与母家成员一起生产和生活。偶居中所生子女，属于女方，由女方负责教养，男方无抚养教育的责任。这种阿注婚姻，结合自愿，解除自由，但同一母系血统的后裔禁止结交阿注。

纳西族主要信仰东巴教。每村都有一名或数名东巴（巫师），各村东巴没有隶属关系。东巴一般是世袭相承，不脱离生产劳动，受人延请于敬神、祭祖、命名、卜卦、婚姻、丧葬时，去诵经、做法事。他们通晓经书，因而受到人们尊重。

（十一）傈僳族

傈僳族是川滇两省的古老民族。明清两代，傈僳族在大迁徙中，有的在明代由四川迁到云南，有的又于道光、咸丰、同治、光绪年间陆续由云南迁到四川定居下来。清代四川傈僳族主要居住在今凉山州的德昌、会东、会理等县和今攀枝花市的盐边、米易、仁和等区县。德昌、盐边、米易等县有傈僳族相对集中的聚居区。清代的威龙州长官司（今德昌大山乡，或说今米易回龙湾），就是傈僳族土司。盐边傈僳族多数隶属于中所土千户管辖，少数隶属于毕苴芦土目管辖。

清代傈僳族除务农外，多以狩猎采集为生。清《盐源县志》载：傈僳"居深山中，怠于种植，逐兽捕鱼。男妇皆猱捷，物多生啖，有茹毛饮血之风"。民国《宁属调查报告》称：傈僳"散居盐边、会理（今米易）等地，尚保存其独立语言风俗。除务农牧外，尤工射，以打猎、采药为主要副业。能制药箭毒弩，无论人兽，触之即死"。

清代傈僳族禁止与外族通婚，盛行姑舅表优先婚配的传统习俗。

第十章 清代四川少数民族

(十二) 傣族

清代四川傣族主要分布在今攀枝花市的仁和区、盐边县和今凉山州的会理县。据史籍记载，四川傣族来自云南。一部分是明代从云南征调入川作战之后"改兵为民，婚娶耕种"留下来的，另一部分则是清代从云南景东等地陆续逃荒而来的。清代称四川傣族为"摆夷"。

清代四川傣族主要从事农业生产。他们有的受本族土司管辖，如盐边马喇副长官司、米易土千户等就是摆夷人。有的则受彝族土司管辖，如会理普隆土百户，就是彝族土司。清代改土归流后，傣族聚居区逐步由封建领主经济向封建地主经济转化。

傣族习惯临水而居。清代盐边傣族尚住竹楼、草顶，上住人下关畜。清代四川傣族大都实行同族内婚，重姑舅表婚，但姨表不婚，流行招郎上门的习俗。与云南傣族不同，四川傣族不过泼水节，只是在男婚女嫁时保留着送亲与迎亲客人相互泼水祝福的习俗。

(十三) 布依族

布依族是四川多民族大家庭中清代迁入的新成员，主要居住在今凉山州的会东、宁南、木里等县，大多沿金沙江、雅砻江傍山而居，一般与汉族、彝族、纳西族等民族杂居，也有相对聚居的寨子。布依族自称"布衣"，人称"仲边""仲教""仲家"或"青仲"等。据大量口碑资料和布依族家谱记载，四川布依族是清代嘉庆年间贵州南笼各民族起义前后，因社会动荡从贵州经云南巧家辗转迁入四川定居下来的。

清代四川布依族主要从事农业生产。会东的布依族租种汉族的土地或种植自己开荒的土地。宁南的布依族则受彝族土司、黑彝的政治压迫和经济剥削。

清代四川布依族不与其他民族通婚。族内流行单向姑舅表婚，即姐妹的儿子可以娶兄弟的女儿，但姑家之女不可嫁舅家之子。四川布依族还保留着"不落夫家"的习俗，即结婚的当天，新娘不与丈夫同居，两三天后返回娘家居住，只是在农忙季节或夫家有事时才到丈夫家住一段时间，直到要生第一个孩子时，妻子才到丈夫家落户。

布依族珍视铜鼓。清时居住在会东、宁南的布依族保存着传世铜鼓有10面之多。

布依族除过春节外，最隆重的传统节日是"六月六"。农历六月初六这一天，无论贫富都要杀鸡喝酒，祭祀社神祖先，祈求农业丰收。

（十四）壮族

壮族属古代百越民族，有"布壮""布土""布越""布曼"等不同自称，历史文献中有"布壮""仲家""侬""土"等称呼。新中国建立后统称"僮族"，1965年改称壮族。壮族是四川多民族大家庭中清代迁入的新成员。据地方史志及民间资料记载，四川壮族是嘉庆年间贵州壮族、布依族南笼起义失败后，流离失所，经云南迁到四川宁南、会东、木里等县定居下来的①。另外，同治二年（1863），太平天国翼王石达开亲率三四万太平军由米粮坝渡金沙江入川，经会理、冕宁北上，最后兵败大渡河，一些壮族官兵也流散于当地民间。

清代四川壮族多与汉族、彝族、藏族等民族交错杂居。他们受汉族地主、藏族农奴主或彝族土司的压迫剥削，生活十分困苦。

清代四川壮族同广西、贵州壮族一样，一直珍藏着祖先留下的铜鼓。

清代四川壮族的婚姻，由父母包办，盛行"不落夫家"的习俗。即青年男女结婚后，新娘便返回娘家居住，遇重大节日和农忙时节才到丈夫家短暂居住，直到怀孕之后才长住婆家。"不落夫家"的时间为三年到五年不等。

第二节 清代对四川少数民族的治理

一、清代治理四川少数民族的政策与措施

在中华民族大家庭中，满族是少数民族，然而在清代，满族又是统治民族。以满族贵族为核心建立的清朝政权，不可避免地带有民族歧视、民族压迫的色彩，特别是清军入关之初，曾一度实行民族屠杀政策，如强制推行"剃发令"，血腥屠杀江阴、嘉定人民等。顺治年间清军入川，对四川抗清力量和少数民族也曾大张挞伐。顺治九年（1652），平西王吴三桂、定西将军固山额真墨尔根、侍卫李国翰在奏折中说：蜀地"幅员广大，易乱难治。自张逆（指张献忠）蹂躏，诸伪相继，十数年番猓（指四川少数民族）跳梁，随心所欲，孑遗涂炭。

---

① 《四川省志·民族志》，第517~518页。

第十章 清代四川少数民族

仰荷皇上轸念残疆,大张挞伐,虽巨寇三路奔溃,东南渐入版图……"① 为镇压少数民族人民的反抗,平息少数民族上层的叛乱、骚扰,保持社会稳定,维护商旅安全,清朝在四川少数民族地区或重要关隘之处,一直派有重兵把守,而且用兵不断。

随着清朝全国政权的建立,清朝统治集团认识到,要治理偌大一个多民族的国家,不仅要取得汉族的拥护和支持,而且要取得全国各少数民族的拥护和支持。因此,清代诸帝不仅以"满汉一家,并无歧视"为口头禅,而且一再宣称对各少数民族"一视同仁"。在处理四川民族事务时,清廷不再单纯崇尚军事进剿,而是集历代封建王朝民族政策之长,采取了若干旨在缓和民族冲突、保持社会稳定、促进少数民族经济发展和与内地进行文化交流的政策措施。这些措施主要有:

(一) 区别对待,相机改制

清朝对四川等省少数民族的治理,既保持历史的连续性而实行区别对待,又根据形势的变化进行相应的调整改革。与治理蒙古的"盟旗制",治理回疆的"伯克制",治理西藏的"噶厦(地方政府)体制"有所不同,清代治理川、滇、黔、桂诸省少数民族最根本的举措有二:一是承袭明制,继续实行"土司制度";二是根据情况变化,在一些地方进行"改土归流"。这两大举措在四川收到了明显实效,本书将在后面详细论述。

(二) 怀柔安抚,稳定为上

封建王朝的民族政策,总是以武力做后盾,怀柔抚绥,恩威并重,清朝也不例外。清朝统治者认识到,四川是一个多民族的大省,是"治藏之依托"。四川民族地区的稳定,关系到西南边疆特别是西藏的稳定,因此,顺康雍乾诸帝一再告诫川省官吏,对少数民族要精心安抚,不得贪功启衅,借端滋扰。康熙在给四川巡抚年羹尧的指示中说:"四川苗民杂处,性情不一,务须殚心料理,抚绥得宜,使之相安。"② 雍正在谕旨中说:"各省土司朕皆一视同仁,岂不欲其遂生乐业,共享升平之福,是以屡降谕旨,令该督、抚训饬官弁,加意抚绥,

---

① 《世祖章皇帝实录》卷66。
② 《圣祖仁皇帝实录》卷239。

· 346 ·

无得借端滋扰。"① 乾隆则告诫四川总督黄廷桂说："安抚番苗，使之乐业响化，此汝等封疆大臣之专责也。"② 为了稳定政局，促进民族和睦，清代对少数民族上层更是着意笼络。清初对投诚归附的土司、头人，一一委以原职，或给予升赏。对配合改土归流的土司，则给予较为优厚的待遇，并授予相应官衔。如黄螂（今属雷波县）土司国保，主动恳请改流，雍正特降旨"著给与守备职衔，并赏银五千两"③。在建昌改土归流的地方，"并择番苗之老成殷实者，立为乡约、保长"④。通过这些措施，把少数民族上层纳入清朝政权之中，并利用他们去治理当地百姓。金川之役后，乾隆谕令四川各土司仿照回部伯克之例，轮班进京朝见皇帝，以示优宠，并成为定制。这不仅加强了他们与中央政权的联系，而且使他们眼界大开，"得见天朝礼法"，情愿倾心归附。当然，对少数反叛朝廷、破坏民族团结、危害社会安定的土司、头人，清廷则毫不手软地进行征剿镇压，如乾隆征剿瞻对和平定大小金川土司叛乱等。

（三）因俗而治，加强教化

清朝统治者认为，西南等省少数民族地区，苗蛮穴处，性情强悍，经济落后，言语不通，"治之之道，不得不与中土异"。这就是说，处理四川等省少数民族事务，应与汉族有所不同，不能照搬汉族地区模式，而是要尊重各少数民族的社会习俗和宗教信仰，根据各民族的具体情况，因俗而治。乾隆曾令沿边各督抚，将所辖各少数民族的服饰、状貌绘图送军机处，"以昭王会之盛"⑤。为保存各民族的文化典籍，四川还遵旨采集番书共 11 册，注明音义，缮写进呈，"以备稽考"⑥。

清代在四川少数民族地区开办学校，用儒家思想教育土司、头人子弟，并让他们参加科举考试。雍正五年（1727），工部等衙门议复从川陕总督岳钟琪遵旨查复四川永宁协副将张瑛条奏："东川府土人习读蛮书，不谙文艺，设立义学，俟教化有成，照湖广考取苗瑶童生例，另编字号，酌量进取，以示鼓

---

① 《世宗宪皇帝实录》卷 89。
② 《高宗纯皇帝实录》卷 7。
③ 《世宗宪皇帝实录》卷 81。
④ 《世宗宪皇帝实录》卷 66。
⑤ 《皇清职贡图》卷首，转引自魏治臻编：《彝族史料集》，四川民族出版社 1989 年版，第 256 页。
⑥ 《高宗纯皇帝实录》卷 401。

第十章 清代四川少数民族

舞。"① 雍正八年（1730），礼部议复从四川巡抚宪德疏言："新建建昌府，蛮夷杂处，于汉境内，择大树堡，照义学例，建设学舍，选取本省文行兼优之士，延为熟师，令熟番子弟来学，俟学业有成，俾往教生番子弟。"② 清末，赵尔丰等在川边"兴学"，更是卓见成效。

（四）减免赋税，发展经济

四川少数民族居住的地方，大多山高谷深，地瘠民贫，生产方式原始，经济异常落后。因此，清朝统治者常通过减免赋税等办法，以示对少数民族关怀，同时也采取了一些发展当地经济的措施。例如，乾隆十年（1745），谕："川省民番杂处，赋粮不一，有征收米豆杂粮者，有认纳贝母青稞折征米石者，其各厅营土司，又有番民认纳夷赋银两，及按例完纳本折贡马等项，俱与应征地丁无异。朕思该省丙寅年（1746）地丁钱粮，业已全数蠲免，而各民番土司所输，因非条粮，不能普沾惠泽。著加恩特将丙寅年份宁远、叙州二府所属州县卫所、建昌镇标各营，应征米豆，龙安府、茂州、松潘镇营所属番寨折征米石，雷波、黄螂苗民认纳本色杂粮，建昌镇标会川、会盐、南坪、打箭炉各厅营、新抚各土司番民认纳夷赋银两，各土司完纳贡马等项，一例蠲免。以示朕优恤边方之意。"③ 乾隆八年（1743），西昌、冕宁等处发生洪灾，被水民夷受到赈恤，并缓征当年额赋，还"寓赈于工"，组织百姓修筑被洪水冲垮的城垣、河道、桥梁，开垦被冲毁的田土和荒地。到乾隆二十年（1755），仅西昌县就"开垦荒地四顷八十九亩有奇"④。

乾隆五十一年五月初六日（1786年6月1日），打箭炉地方发生7.75级大地震。其时山崩石裂，城垣倒塌，泸水壅堵9日后溃决，酿成巨患。乾隆收到灾情奏报后，立即批示，著四川总督详查抚恤。四川总督保宁急赴灾区，亲自视察20余天，督同地方官员和驻军，分别核查番、汉户籍，清理伤亡和受灾人口，调查兵、商、民、番各类房屋倒塌、破坏状况，勘察大水冲毁田庐等各种损失，并开展救灾赈恤工作。赈恤标准：凡地震倒塌或大水冲毁瓦房1间赈恤银1两，草房1间赈恤银5钱；番地无草房，有土石筑盖的平房以草房标准计

---

① 《世宗宪皇帝实录》卷81。
② 《世宗宪皇帝实录》卷90。
③ 嘉庆《四川通志》卷73《蠲赈》。
④ 《高宗纯皇帝实录》卷250。

算。凡被地震压毙或被大水淹毙冲没人口，大人一口赈恤银2两，小人一口给恤银1两。受灾贫民每人救助1个月口粮，大人每日折银1分，小人每日折银6厘。汉番赈恤，一视同仁。与此同时，当局还酌借籽种，劝谕灾民生产自救，补种秋粮。沈边土司灾民，翻犁补种，以冀秋后有获。四川总督沿途察看各土司境内三麦黄熟，杂粮畅茂，夏秋均有收获。通过这些措施，稳定了民心，改善了民族关系[①]。清代还在川边广设驿站，发展交通民贸。金川之役后，在嘉绒地区实行土屯制度，引进先进农具，推广牛耕技术，促进了当地农业的发展。

（五）慎选守令，任人唯贤

雍正曾要求各督抚提镇，时时留心访察所属官吏，若"稍觉其人不宜苗疆之任"，就"即时调换"。若有苛索于土民地方者，著该上司立即参劾，重治其罪。乾隆十年（1745）在慎选苗疆守令的谕旨中说："守令为亲民之官，最关紧要，而边疆之地，民夷杂处，抚绥化导，职任尤重，更不得不慎选其人，以膺牧民之寄……夫苗夷虽极顽悍，然亦具有人心，非不可至诚感动者，果得廉静朴质之有司，视同赤子，勤加抚恤，使之各长其妻孥，安其田里，俯仰优游，一无扰累，谅无有不可以革面革心者。嗣前遇有苗疆要缺，应令该督抚慎选贤员，以居其任。三年之后，察其汉夷相安，群众爱戴者，保题升擢，以示优奖。其有恃才贪功者，虽有才干，不得轻任，以滋事端。"[②] 不消说，乾隆及其后来的皇帝都不可能真正做到任人唯贤，不过乾隆能把汉夷是否相安、群众是否爱戴作为考核民族地区官员的首要条件，实属难能可贵。

（六）以夷制夷，多管齐下

以夷制夷是封建王朝治理少数民族的惯用手段，清代也不例外。从根本上讲，土司制度就是以夷制夷的一种政治制度。在民族杂居的地方，清代还利用所谓"强势"民族去控制"弱势"民族，如利用川东南土家族土司控制当地苗族，利用川南彝族土司控制当地苗族等。在川西北以藏族为主体，杂居着汉、羌、回等民族的嘉绒地区，清朝更是多管齐下，将以夷制夷演绎得淋漓尽致。其手法大致有五：一是利用矛盾，实行均衡控制。如利用当地两大土司——杂谷土司和金川土司之间的矛盾，"令其彼此钤制"。用当时署四川巡抚方显的话

---

① 参见江在雄：《1786年大渡河地震水患及救灾》，《文史杂志》2008年第4期。
② 《高宗纯皇帝实录》卷82。

来说，就是"留金川以树杂谷之敌，抚杂谷以固金川之境"。二是多封众建，分而治之。对不能继承土司职位的土司兄弟，清代常通过立功加封的办法，授予他们各种土司职衔，以此削弱原土司的势力。在废除川西北人口最多的杂谷土司之后，清廷将其一分为九，新设4个土司和5个土屯，既让各土司互相掣肘，又便于清廷分割治理。三是以利相诱，"以番攻番"。为了进攻大金川土司，清廷纠结众多土司土目出兵参战，并许以重利。乾隆在谕旨中说："果能自出其力，惩创金川，则所得地方人众，不妨量赏伊等，以示鼓励。以番攻番之策，亦属可行。"① 四是打击本教，大兴黄教。在川西北藏区，本教与黄教（藏传佛教"格鲁派"的俗称）两大宗教势力的斗争由来已久。嘉绒地区大都信奉本教。在金川之役中，本教师"呼风唤雨"，参与抗击清军，为清廷深恶痛绝。因此金川之役后，清廷将本教作为"邪教"打击，下令摧毁本教寺庙，处斩为首喇嘛。在废除本教后，清廷便在当地大兴受其直接控制的黄教，用以取代本教。通过"灭本兴佛"，从宗教信仰上加强了对川西北藏区的控制。五是组织番兵，南征北讨。杂谷事件和大小金川之役后，清朝在嘉绒地区建立土屯制度，组建了一支寓兵于民的屯练土兵，亦称番兵。清朝利用这支番兵以"制夷"，不仅在本省参与对其他少数民族的作战，而且还出省参加镇压甘肃回民起义、贵州苗民起义等战事，充当了清王朝的刽子手。值得一提的是，这支军队也曾远赴西藏抗击廓尔喀的入侵，维护了祖国领土的完整。在第一次鸦片战争中，他们曾奉调浙东抗英前线，在反抗帝国主义侵略的斗争中作出了贡献。

综上所述，清代治理少数民族的政策措施是比较成功的。国家清史编纂委员会主任戴逸教授在分析清代民族关系时说："到了乾隆以后，中国基本上形成了民族大家庭，民族的凝聚力大大增强，地区的联系也大大加强。满族作为一个统治民族，他懂得要和汉族相处，所以他努力学习汉文化。另外，满族作为一个少数民族，他又理解少数民族的要求，理解少数民族的心理，知道怎么尊重他们的风俗习惯，所以在统一中国以后，他是按照各个地区、各民族的特点，分别设立行政机构，这在中国历史上是没有的……可以说中国历史到了清代，游牧民族和农耕民族之间长期的战争情况大大缓和，中国的民族团结和睦关系

---

① 《高宗纯皇帝实录》卷82。

达到了史无前例的程度。"①

当然，由于历史的局限性，清代的民族政策谈不上一以贯之的连续性，特别是清代后期，列强入侵，国势日衰，政权腐朽，兵匪横行，科派加重，民不聊生，致使少数民族地区的阶级矛盾和民族矛盾更加激化。

二、清代四川的土司制度与改土归流

土司制度是中国封建王朝治理西南地区少数民族的一种重要的政治制度，发端于元代，盛行于明代。清初，中央王朝忙于全国政权的建立和巩固，一时无力加强对西南少数民族的统治，因而承袭明制，在川、滇、黔、桂等省继续推行土司制度。土司制度的实质是"以土官治土民"，即中央王朝通过各土司对当地少数民族实行间接统治，同时各土司必须承认其为中央王朝统治下的一部分，并承担一定的政治、经济、军事等义务。

清初，为了安抚招徕少数民族土司头人，清政府一再向各地土司承诺，只要归顺清朝，土司可照当，职位可世袭，立功可受奖。在清朝的军事威慑和宽容政策的感召之下，四川土司先后投诚归附，呈缴明朝敕印，而清廷则一一委以原职，或给予升赏。对新归附的部落首领，清廷也大加笼络，或授予土司职位，或给予各种奖励。如对松潘黄胜关外十二部落和上、中、下阿坝就新授了20多个土司。

与明代相比，清代不仅土司封得更多，而且土司制度更加完备。

清代土司仍分文职和武职两大类。文职隶吏部，武职隶兵部。各有品级，但无官俸。

文职土司以土知府职衔最高（从四品），以下主要有土同知（正五品）、土知州（从五品）、土州同（从六品）、土知县（正七品）、土县丞（正八品）、土主簿（正九品）以及未入流的土典吏等。

武职土司较文职繁多，主要有宣慰使（从三品）、宣抚使（从四品）、安抚使（从五品）、招讨使（从五品）、长官司长官（正六品）等。清代新设土弁五种：土游击（从三品）、土都司（正四品）、土守备（正五品）、土千总（正六

---

① 戴逸：《认识清代历史的三个视角——在上海首届"世界中国学论坛"上的讲话》，"中华文史网"，2004年11月21日。

品)、土把总(正七品),以及无品级的土外委、土舍、土目等小土司。隶于兵部者,还有指挥使系列土司,职衔分七等,指挥使(正三品)、指挥同知(从三品)、指挥佥事(正四品)、土千户(正五品)、副土千户(从五品)、土百户(正六品)及百长(未入流)。指挥使司各官源于明代在少数民族地区设置的卫所,当时"参用土人"为官,故只有少量民族土酋成为卫所土司。清初,卫所官吏归附,仍授原官世袭,从此指挥使司成为土司职衔。不过,清代指挥使土司的高级职衔,多置于西北甘肃等省,四川大量受封的是土千户、土百户等,故四川武职土司中以宣慰使职衔为最高。

土司实行世袭制。为了避免袭职时发生纠纷,清代对土司的袭职顺序作了严格规定:"准以嫡子嫡孙承袭,无嫡子嫡孙,则以庶子庶孙承袭;无子孙则以弟或族人承袭。其土官之妻或婿,有为土民信服者,亦准承袭。"① 无论袭职者是谁,均须上报朝廷批准,严禁地方官员借机勒索,营私舞弊。作为土司袭职的依据,元代颁给金、银、铜牌,明代为铜印,清代除印外,还颁给号纸。"号纸书土官之职,并载世系及袭职年月。土官袭职者,先缴其原领号纸,改给新号纸。"② 为了防止混冒,清代对号纸的颁发、填注、呈报、换给、因革职或故绝而注销等,均有规定。

土司的政权机构为土司衙门,或称土司官寨。衙门内有监狱、刑具、武装以及总管、师爷等各类司员。有的大土司,一个衙门管理不便,还设有小衙门或分衙门。有的土司之下,设有村寨,委派头人或寨首管理,世袭其职。

清初继续推行土司制度,对分化抗清势力,迅速稳定四川政局,起到了一定的积极作用。但是,随着社会生产力的发展和清朝政权的巩固,这种世袭的、封闭割据式的土司制度,严重地阻碍了社会的发展,与高度集权的中央王朝之间的矛盾愈来愈激化。有的土司依仗其世袭特权,对土民进行残酷的压迫和剥削,激起广大土民的不满和反抗;有的土司,割据一方,拥兵自重,横行不法;在土司之间,有的相互仇杀、攻掠,扩充势力,造成社会动荡;有的土司拒不缴纳赋税,甚至对抗中央,发动武装叛乱。在这种形势下,实行改土归流,势在必行。

---

① 《大清会典·吏部》卷 12。
② 《大清会典·吏部》卷 12。

所谓改土归流，就是在少数民族地区废除世袭土司，改派有一定任期的流官，实行和汉族地区相同的管理制度，如设立府州县、编查户口、丈量土地、征收赋税等。这是少数民族地区一次顺乎历史潮流的重大政治体制改革和经济体制改革。改土归流起于明代，清康熙时期已在少数地区推行。大规模的改土归流则始于雍正时期。雍正四年（1726），云南巡抚管总督事务的鄂尔泰极力主张改土归流，认为"欲百年无事，非改土归流不可"。这一主张，得到了雍正的嘉奖和支持。清廷特任命鄂尔泰为云南、贵州、广西三省总督，并加兵部尚书衔，负责在西南地区推行改土归流，大规模的改土归流在西南各省相继展开。

综观清代四川的改土归流，不是一阵风、一刀切，而是根据不同情况，逐步实施：

改流时间，有先有后。早的始于雍正初年，晚的延至清末。其间三次规模较大：一是雍正时期。雍正四年（1726），鄂尔泰首先奏准将当时属于四川的东川、乌蒙、镇雄三个土知府就近划归云南，实行改土归流，由此拉开了改土归流的大幕。雍正六年（1728），川陕总督岳钟琪奏请对建昌河东宣慰司邻近内地的部分和河西宣慰司、宁番安抚司进行改土归流，同时改流的还有阿都宣抚司、阿史安抚司及纽结、歪溪等土千百户共56处。改流后在西昌设立宁远府及西昌、冕宁、盐源三县。雍正七年（1729），天全土司改土归流，设立天全州。雍正十二年（1734），酉阳宣慰司改土归流，设立酉阳直隶州，其所辖之平茶、石耶、地坝、邑梅四长官司也相继改流。二是乾隆时期。乾隆十八年（1753），杂谷土司（今理县杂谷脑）改土归流，实行土屯，设立杂谷厅。乾隆二十六年（1761），石柱宣慰司（今属重庆石柱）改土归流，设立石柱厅。乾隆四十一年（1776），大小金川改土归流，实行土屯，设立阿尔古直隶厅和美诺直隶厅。其后嘉庆、道光时期继续改土归流，但规模较小。三是清代末年。川滇边务大臣赵尔丰等在巴塘、里塘、德尔格式（今德格）等处及其所属之地大力推行改土归流。史载赵尔丰"巡行川滇边凡六年，所至改土归流，设道二，府四，州、县三十五，各治四十余部落"①。

改流方式，有剿有抚。鄂尔泰设计的"改流之法"是："计擒为上，兵剿次

---

① 丁士源：《梅楞章京日记》，《近代稗海》第1期，第437页。

第十章 清代四川少数民族

之；令其自首为上，勒献次之。"① 雍正在谕旨中则称为"剿抚并施"。据此，四川改土归流采取了武力解决、和平招抚等多种手段。对东川、乌蒙、镇雄三个土知府的改土归流，可谓武力解决的典型。由于改土归流触及世袭土司的根本利益，因而遭到这些土司的强烈反对，甚至发动叛乱，阻挠改流。雍正五年（1727），鄂尔泰会同川陕总督岳钟琪派兵生俘抗拒改流的乌蒙土知府禄万钟，并迫使与其同盟作乱的镇雄土知府陇庆侯缴印投降。次年平定东川，俘获东川土知府禄世豪。三土府改流后，又平息了其余党的叛乱，巩固了改土归流的成果。此外，川西北杂谷、大小金川等土司的改流均属武力解决方式。和平方式以酉阳土家族土司的改流为代表：史载，雍正十二年（1734），酉阳宣慰使冉元龄老病，以庶子冉广煊冒嫡长子（长子但非嫡出），请袭土司。其嫡子冉广杰不服，赴省告状。因冉氏"父子济恶，暴虐贪淫"，清王朝便乘机将其一并裁革，实行改土归流。当地土民，久被土司残虐，积怨已深，"今闻改归，如出汤火，其踊跃欢呼，具见中心悦服"②。光绪《秀山县志》也说："雍正中，西南土夷先后改流，酉阳不烦一兵而服……"③

四川在推行改土归流的同时，仍继续在一些地方保留着土司制度。用雍正的话来说，改土归流，并不是为了"开疆拓宇，增益版图"。只要各土司"循分奉法，抚绥其民，即与州、县循良相同，朕甚嘉悦，何必改土为流"④。这就是说，是否改流，何时改流，既要看是否有利于清王朝对当地少数民族的统治，也要看各土司是否听从清王朝的领导。因此，清代在改土归流中，比较注意区别对待，相机行事。例如，雍正六年（1728）对建昌土司的改流，因河东宣慰司地方很广，半近凉山，半近内地，当时只对邻近内地的部分进行改流，而对邻近凉山的地方，考虑到条件尚不成熟，故保留土司制度，仍授原土司安承爵之女安凤英为长官司，以便"约束凉山一带"。道光十三年（1833）平定清溪夷民骚乱后，成都将军那彦宝请求将清溪县全境改流，"毋庸再设土司"。道光对此十分谨慎，认为"边夷设立土司，原为约束夷民，各安住牧"，"惟改归地方管辖，必须妥策万全，方可久安长治"，并指示四川总督鄂山、提督杨芳将此事

---

① 《清史稿》卷288《鄂尔泰传》。
② 《世宗宪皇帝实录》卷218。
③ 光绪《秀山县志》卷1。
④ 《世宗宪皇帝实录》卷74。

归入善后章程"一并妥筹办理,务须布置得宜,杜绝夷患,以绥边圉"①。可见,清代的改土归流,并不单纯求快、求多、求"归流化"。

清代四川的改土归流,有的地区比较彻底,如川东南酉阳、石柱、秀山等地土家族大小土司,全部为流官取代,土司制度从此成为历史;有的地方则有反复;有的土司改流后,在民国时期又复辟了;有的地方,如安宁河流域及大小凉山部分地方的改流,则是把一些土司、土官分别改隶当地驻军,实行军事控制;还有的地方,也存在着换汤不换药的情况,改流后形式变了,但政权仍然掌握在当地头人、首领或寺庙主手中。在改流过程中,尤其是在平定土司叛乱的战争中,清兵的烧杀抢劫,也给少数民族带来了灾难。尽管如此,改土归流毕竟是一场顺乎历史潮流的政治体制和经济体制改革。通过改土归流,消除了土司的割据状态,稳定了原土司地区的社会秩序,解除了土司对当地土民的残酷压迫和剥削,也减少了一些剥削,调整了生产关系,有利于四川多民族地区的经济发展和文化交流。清末在川边的改土归流和开发,更是起到了抗英、拒俄、固藏的积极作用。

三、乾隆征剿瞻对与清末收瞻改流

(一)乾隆征剿瞻对

随着清朝专制统治的巩固和加强,清廷不能容忍少数民族土司头人借端生事、反叛朝廷的事件继续发生。为此,清王朝曾多次进行大规模的平叛战争。其中,征剿瞻对是乾隆在位期间第一次大规模的军事行动。

瞻对,有上瞻、中瞻、下瞻之分,亦称三瞻,在今四川甘孜州新龙县一带,是藏族聚居之地。瞻对地处雅砻江上游,纵横数百里,地最险,人最强。因其在川藏南北两条大道之间,战略地位十分重要,是清代有名的"多事之地"。瞻对土司常鼓动土民劫掠行旅,称作"夹坝"。雍正八年(1730),清朝因瞻对"纠党抢劫",发兵12000名进剿,川藏交通因此一度好转。但至乾隆年间,瞻对又剽劫如故,而且拒不交纳贡赋。乾隆九年(1744),驻藏官兵在换防返川途中,所携行李竟被下瞻对土司班滚所放"夹坝"劫掠一空。连驻藏大臣赴藏上任,也需拨兵护送。为此,乾隆应四川巡抚纪山、川陕总督庆复的请求,决定

---

① 《宣宗咸皇帝实录》卷236。

第十章　清代四川少数民族

派兵进剿。

乾隆十年（1745）七月，清廷调兵14000名，由四川提督李质粹统率，兵分三路向瞻对发起进攻。起初，战事比较顺利。但因指挥作战的庆复、李质粹等布置失宜，各路将领互不协作，以致贻误了战机。而下瞻对土司班滚则乘机联合上瞻对土舍四郎，凭借险要地势和墙垣碉卡，进行顽强抵抗。李质粹为了掩饰自己的失误，竟然谎报军情，夸大战绩。至次年二月，"出师逾七月"，"军饷用至百万"，战事仍无多大进展。乾隆闻报，极为震怒，立即采取果断措施，增兵增饷，并派内大臣班第为钦差大臣至军加强领导。在官兵的猛烈进攻下，下瞻对土司班滚等自焚所踞泥日官寨后潜逃他乡。四月下旬，官兵攻克泥日官寨，并向清廷谎报班滚已被大火烧死。于是，这场历时10月的征剿瞻对之战宣告结束。

为了加强对瞻对的控制，乾隆批准了川陕总督庆复提出的善后建议，主要内容有：将原属瞻对的一些险要土地，分拨给临近土司；对在征剿中立功的土目分别授予长官司、千百户等职衔；在附近土司中选一夷众素服者统辖该地，规定其向清王朝交纳贡赋；朝廷每年派员巡查，考核土司；拆毁碉卡；严禁"夹坝"，等等。这些措施使瞻对地区在此后半个多世纪中保持了安定的局面，对促进当地社会发展和维护川藏交通安全均起了一定的作用。

川陕总督庆复因平定瞻对有功，加封太子太保，其他人也从优议叙。然而，乾隆对下瞻对土司班滚是否确实被烧死，心存疑问。于是，指示继任川陕总督张广泗密查班滚实情。及至乾隆十三年（1748）二月，张广泗查明班滚下落，并奏称庆复、李质粹等当时明知班滚未死，也不加紧搜捕，致令班滚逃脱。乾隆对庆复等人的欺骗行为非常气愤，遂谕令庆复自尽，并将李质粹、宋宗璋、袁世弼等责任人斩首。其后班滚虽回到了瞻对，但慑于官军的威力，屡次求降，最终获得乾隆允可。班滚表示"当即约束番众，禁做夹坝；遇有差使，倍加报效"①。

（二）清末收瞻改流

嘉庆二十年（1815），中瞻对土司洛布七力，因连岁率众侵扰附近各部落，并打伤官兵，经四川总督常明派兵剿灭。中瞻对土司之地析为四段，分别划给

―――――――――――
① 《高宗纯皇帝实录》卷358。

上、下瞻对及其他出力有功的头人。自道光二十八年（1848）起，中瞻对番酋工布郎吉（或说系洛布七力之子）率众侵扰各土司，危害川藏交通，围攻里塘，窥视藏界①。道光二十九年（1849），川督琦善曾率兵进讨。这位鸦片战争中著名的投降派，在进剿中劳师縻饷，迄无成功。直到同治二年（1863），川督骆秉章与西藏达赖喇嘛共同派兵会剿，历时两年，才将瞻对剿平。西藏地方军先行占领瞻对，并以劳师耗银30万两为借口，要求补偿。川督骆秉章以四川府库支绌，奏请将瞻对赏给达赖作为香火地。于是，同治四年十二月（1866年1月），同治谕令，将"所有瞻对上、中、下三处地方"，"赏给达赖喇嘛"，由达赖派堪布管理。此后，瞻对成为西藏在四川的一块飞地，瞻对的归属也就成了四川和西藏两个地方政权争论不休的问题。

由于驻瞻藏官苛敛暴虐，抚驭无方，瞻民不堪其苦，以致光绪十五年（1889）发生民变，民众驱逐藏官，要求内属四川。民变平息后，瞻对仍归西藏管辖，西藏添兵驻防，常侵扰附近土司，越界滋事，而藏官之虐"更甚于前"。光绪二十一年（1895），鹿传霖调任四川总督。鉴于当时英、俄两国加紧侵藏活动，而四川与西藏唇齿相依，鹿传霖认为："瞻对今日之得失，实关川省之安危。"为了固川保藏，鹿传霖上奏清廷，主张瞻对收归四川管辖，并在康区实行改土归流。光绪二十二年（1896），朱窝土司在驻瞻藏官的支持下攻打章谷土司。当鹿传霖派员前往调解时，藏军竟先至章谷，并声称章谷、朱窝两土司应属西藏管辖，川督不得过问。在此情况下，鹿传霖奏请清廷批准，派川军平定瞻对。经过五个多月的激战，川军打败藏军，收回了瞻对，随即在瞻对、朱窝、章谷及德格等地进行改土归流。然而，这次收瞻改流遭到了西藏达赖喇嘛、驻藏大臣文海和成都将军恭寿的激烈反对，清廷为了笼络达赖，遂将鹿传霖开缺，并在上谕中决定："所有三瞻地方，仍着赏给达赖喇嘛收管，毋庸改土归流。"②至此，第一次收瞻改流宣告失败。

光绪二十九年（1903），英国发动第二次侵藏战争。清廷痛感藏事日危，有意将三瞻收回内属，遂令四川总督锡良、驻藏大臣有泰和驻藏帮办大臣凤全

---

① 参见《近代康藏重大事件史料选编》第一编下册，西藏古籍出版社2001年版，第964~967页。新编《四川省志·大事纪述》第13、14页，将"工布郎吉之乱"定性为"牧民、农奴武装暴动"，不妥。

② 《近代康藏重大事件史料选编》第一编下册，西藏古籍出版社2001年版，第1007页。

第十章 清代四川少数民族

"体察情形,妥筹具奏"。锡良与凤全力主四川收回瞻对。凤全到川边后,宣布收回三瞻,广开屯垦,改土归流,但却遭到驻藏大臣有泰等人的反对。光绪三十一年(1905)三月,发生巴塘事件,凤全被杀,第二次收瞻改流流产。

光绪三十二年(1906),赵尔丰担任川滇边务大臣,在川边大力推行改土归流,并筹划收回瞻对。由于驻藏大臣联豫等人反对收瞻,清廷态度暧昧,直到宣统三年(1911),川边大部分地区已改流,赵尔丰才率军进入瞻对,驱逐藏官,改瞻对为怀柔县①,设官治理。至此,川藏争议40多年的瞻对归属问题,终以重归四川管辖而画上句号。

四、平定大小金川土司叛乱

大小金川是大渡河上游的两个支流,位于四川西北部,因产金而得名。那里万山丛蠹,中绕汹溪,历来是嘉绒藏族集居的地方。嘉绒,又称甲绒、嘉戎,是藏族的一支,明代属杂谷安抚司。顺治七年(1650),清廷授小金川头人卜尔吉细为土司。康熙五年(1666),授嘉勒巴"演化禅师"印。雍正元年(1723),清廷以嘉勒巴庶孙土舍莎罗奔率兵随将军岳钟琪进藏平叛有功,授为安抚司,居大金川,而旧土司泽旺则居小金川。

清乾隆时期,金川土司自恃强大,制造事端,侵夺邻境,发动叛乱。乾隆两次用兵大小金川,史称"大小金川之役",亦称"大小金川事件"。在两次战役之间,四川总督还派兵平定了杂谷土司。

(一) 第一次金川之役

清廷授予莎罗奔大金川安抚司后,莎罗奔势力日渐强大。为了谋夺小金川,莎罗奔以女儿阿扣嫁给小金川土司泽旺为妻。泽旺为人懦弱,大权为阿扣和泽旺之弟良尔吉控制。乾隆十一年(1746),莎罗奔与阿扣、良尔吉合谋,劫持泽旺并夺其印信。后经四川总督申斥下令,才将泽旺放回。第二年,莎罗奔发动叛乱,派兵攻打邻近的革布什扎(今属丹巴县)、明正(今属康定县)两土司。四川巡抚纪山派兵弹压,反被莎罗奔打败。于是,乾隆决定任命"征苗有功"的云贵总督张广泗为川陕总督,率军平叛。

---

① 中华民国成立后,1916年将怀柔县改名为瞻化县;新中国成立后,1952年将此地改名为新龙县。

乾隆十二年（1747），张广泗调集三万大军，兵分两路，进攻金川，以期半年扫平叛乱。但因金川山高沟深，易守难攻，叛军依险设卡，据石碉顽抗，以致清军出征半年，多次失利。乾隆又派大学士讷亲为经略前往督师，并起用已被革职的宿将岳钟琪以提督衔随行。讷亲不谙军事，狂妄自大，一至军前，就限令三日之内攻克叛军据点刮耳崖，"将士有谏者斩"①。结果，清军损失惨重。继而讷亲提出修筑碉堡，实行以碉逼碉战术，又被乾隆否定，从此讷亲束手无策，不敢发一号令。张广泗更加轻视讷亲，对之阳奉阴违。由于经略、总督不和，军心涣散。张广泗听不进岳钟琪等将领的正确意见，一味重用小金川叛逆良尔吉。而良尔吉正是莎罗奔派遣的间谍，每次都把清军的作战计划暗中通报给莎罗奔，致使清军多次受到重大损失。乾隆震怒，遂将张广泗、讷亲处斩，另行任命大学士傅恒为经略，增派军队，前往金川平叛。

图 10-10 傅恒像

傅恒是乾隆妻子之弟，为人精明果断，深得乾隆信任。傅恒到达军中，立即整肃军纪，诛杀良尔吉等奸人消除了隐患。乾隆十四年（1749）初，傅恒调集精兵35000人，采用岳钟琪的作战方略，分兵两路猛攻大金川，不断攻下各处碉卡。此时，乾隆已经感到战争造成"物力虚耗"，无意继续打下去，便指示傅恒班师回朝。而莎罗奔眼见官兵人多势众，攻势猛烈，难于坚守，便派人呈献求降甘结六款到岳钟琪营中乞降。岳钟琪亲率十三骑前往莎罗奔营中受降。莎罗奔"顶佛经立誓"，"悉听约束"。二月五日，傅恒接受莎罗奔的跪见，并斥责其叛乱之罪。莎罗奔表示愿归还侵占其他土司的土地，并照例"供徭役"。傅恒宣读乾隆诏旨，赦免了莎罗奔死罪，仍为土司。至此，这场被乾隆自诩为"十全武功"首功的第一次金川之役历时两年而收兵。

---

① 《啸亭杂录》卷1。

（二）平定杂谷土司

第一次金川之役后，大小金川仍由土司统治。川西北土司之间，继续相互争斗，战乱不止。杂谷（今理县杂谷脑）土司苍旺，自恃征剿金川有功，人多势众，扩张势力，抗不奉法。乾隆十七年（1752），四川总督策楞、提督岳钟琪乘杂谷土司与梭磨土司、卓克基土司构衅之机，举兵擒斩苍旺，灭掉杂谷土司，将其一分为九，设立四个土司和五个土屯，以分而治之。

（三）第二次金川之役

乾隆中期，大小金川土司再次发动武装叛乱。原来，在第一次金川之役中，大金川实力并未受到重创，元气很快恢复。莎罗奔因年老，由其侄子郎卡继任大金川土司，仍经常侵掠邻境。乾隆三十一年（1766），乾隆命四川总督阿尔泰征调邻近"九土司"环攻郎卡，实行"以番攻番"。由于缺乏统一指挥，各土司心存观望，郎卡又利用土司之间的矛盾，通过联姻等手段拉拢分化，与小金川土司勾结在一起。正如《乾隆再定金川土司记》中所说："两金川狼狈为奸，诸小土司皆不敢抗。"① 不久，郎卡死，其子索诺木掌权。乾隆三十六年（1771），大小金川共同起兵叛乱。大金川索诺木诱杀革布什扎土司，侵占其地。小金川僧桑格（泽旺之子）进攻鄂克什及明正两土司。阿尔泰率兵进剿失利，便"按兵打箭炉，半载不进"。乾隆将阿尔泰赐死，命大学士温福赴四川督师，以尚书桂林代阿尔泰为四川总督，再度率兵进剿小金川。僧桑格在索诺木的支持下，又败桂林所率清军。桂林被劾，清廷以阿桂为参赞大臣接替桂林。阿桂至军后，率军连夺关隘，直捣小金川心脏美诺，僧桑格被迫逃往大金川与索诺木会合。清军攻占小金川后，勒

图10-11　阿桂像

---

① 魏源：《圣武记》。

令索诺木交出僧桑格，索诺木置之不理。为了彻底消除祸乱根源，乾隆遂任命温福为定边将军，阿桂、丰升额为副将军进剿大金川。

温福"为人刚愎，不广咨方略"，见大金川地势险恶，碉卡林立，易守难攻，又重蹈过去张广泗、讷亲的覆辙，采用以碉逼碉的战法，命士兵修筑碉卡数以千计，将清军二万余人分散于碉堡之中。每隔数日，又强令将士攻打叛军碉堡，结果自身损失惨重，小金川也得而复失。乾隆三十八年（1773）夏，温福屯兵大金川之东的木果木，日与提督董天弼等饮酒作乐。索诺木派兵切断清军汲道，占领清军炮局，扑攻木果木大营。温福仓促应战，中枪身亡，董天弼等战死。清军大乱，纷纷溃逃，互相践踏，争过铁索桥时，"人相拥挤，索崩。桥断，落水死者以千计"①。乾隆闻报，"急调健锐、火器营二千，吉林索伦兵二千"增援，任命阿桂为定西将军，丰升额、明亮为副将军，并严令剿灭叛乱。

阿桂智勇兼备，知人善任，上任后重新部署兵力，与明亮分军进攻小金川，尽复其地，又乘胜进攻大金川。索诺木毒死僧格桑，向清军求降，阿桂不允，继续进攻。乾隆四十年（1775）八月，清军攻克大金川据点勒乌围，索诺木逃往刮耳崖。乾隆四十一年（1776）初，清军包围刮耳崖，"断水道以困之，大炮昼夜霆击"，索诺木走投无路，与其祖父莎罗奔及家族部众2000人出降。至此，这场历时五年的第二次金川之役终告结束。

清朝出兵平定大小金川土司叛乱，将士死亡上万人，"用帑银至七千万"，代价异常巨大。当地嘉绒藏民也因战乱惨遭屠戮，致使许多村寨空无一人，土地荒芜。只有少数地方的藏民，因未参加反叛，才得以幸存。今日丹巴县境内的巴底、巴旺、丹东、格什咱等地的藏民，就是幸存下来的嘉绒藏民的后裔②。尽管如此，在当时情况下，平定叛乱对维护我国多民族国家的统一，保持社会安定，促进民族地区的经济发展和与内地的文化交流，都是必要的。为了防止土司继续叛乱，清朝在川西北地区废除土司制度，实行改土归流，在大金川设阿尔古厅，在小金川设美诺厅，隶四川省。其后阿尔古厅并入美诺厅，美诺厅改为懋功厅。在懋功厅下，设立汉屯和土屯，实行"汉番分治"。此后一直到清末，这一地区再也没有发生过重大战事。

---

① 《啸亭杂录》卷7。
② 参见格勒：《甘孜藏族自治州史话》，四川民族出版社1984年版，第138页。

图10—12 平定金川战图（清代铜版画）

五、清末"巴塘事件"与川边改土归流

川边藏区，系指位于四川西部，南接云南、北连青海、西与西藏接壤的广大藏族聚居区，相当于今四川甘孜州和西藏昌都地区管辖的范围。清代开通川藏大道后，川边藏区成为连接西藏地方与内地的桥梁和纽带，被清廷视为"治藏之依托"。可是，到了清朝末年，川边藏区的形势却异常严峻。

19世纪末20世纪初，英国日益加紧对我国西藏的侵略，于光绪十四年（1888）和光绪二十九年（1903），先后发动两次侵藏战争。与此同时，沙皇俄国也企图插足西藏，千方百计拉拢西藏地方当局"反清、仇英、亲俄"[1]。英、俄两国对西藏的侵略和争夺，使西藏上层统治集团中本来就存在的分裂倾向愈加严重。西藏地方当局利用"瞻对赏藏"，乘清廷无力顾及川边之机，大肆扩张势力，不断在川边制造动乱。

清朝的一些有识之士，已经认识到西藏和川边局势的严重性，并提出了应对策略。光绪二十三年（1897），四川总督鹿传霖鉴于英国对西藏的侵略，提出了"收回瞻对，经营川边"以"固川保藏"的治藏方针。光绪二十九年

---

[1] 《四川文史资料选辑》第10辑，第11页。

（1903），英军侵藏。清廷发出谕旨："有人奏'川、藏危急，请简员督办川边，因垦为屯，因商开矿'等语。著锡良查看情形，妥筹具奏。"① 四川总督锡良遵旨奏请在巴塘招民开垦；又奏请将原属雅州府的打箭炉升为直隶厅，改隶建昌道，以便管理关外土司。光绪三十年（1904），建昌道赵尔丰上书锡良，提出"平康三策"，其核心内容是改土归流，西康建省，卫川护藏御英。他在第三策中说："改造康地，广兴教化，开发实力，内固蜀省，外挏西藏，迨势达拉萨，藏卫尽入掌握，然后移川督于巴塘，而于四川、拉萨各设巡抚，仿东三省之例，设置西三省总督，藉以杜英人之觊觎，兼制达赖之外附。""锡良嘉其议，据以入奏，廷旨报可。"②

为了处理川藏问题，清廷于光绪三十年（1904）任命四川候补道凤全为驻藏帮办大臣。凤全率卫队 50 余人出关，抵达巴塘。他深以当地喇嘛势力强盛为虑，"欲限制之"。于是，奏请三事："一、收回三瞻，以固藩篱；二、暂禁喇嘛剃度二十年，大寺留五百人，中寺三百人，小寺百人，余勒还俗，俾滋长养；三、广开屯垦，改土归流。"③ 凤全的三项举措，据当时川边的时局，势在必行。但凤全却操之过急，特别是他初到川边，既未站稳脚跟，更不了解民情习俗，便干预藏民宗教活动，力图打击和抑制土司、喇嘛势力，并收回瞻对，从而使自己陷于孤立境地。西藏上层统治集团和川边土司、喇嘛对凤全极为不满，暗中策划倒凤之策。他们一面投书四川督署，告凤全的状；一面利用藏民对清朝统治者和外国传教士的不满情绪，进行煽动，制造事端。

光绪三十一年二月（1905 年 3 月），有藏民焚烧垦场。其后，数千藏民、土兵及喇嘛手持武器，围攻凤全驻地，驱逐凤全及其卫队，击杀巴塘都司吴以忠；并焚毁法国教堂三处，杀死法国司铎牧守仁和苏烈。凤全先遁入土司寨中，一筹莫展。土司罗进宝等以安全为由，力促凤全回炉兴兵重来镇压。当凤全出走行至距巴塘 20 里的鹦哥嘴时，早就埋伏在那里的藏民、土兵突然发起攻击，凤全及其随行官兵 50 余人一并殒命。是为"巴塘事件"，亦称"凤全事件"。

---

① 《德宗景皇帝实录》卷 519。
② 参见中国社会科学院近代史研究所编：《青年学术论坛》（2002 年），社会科学文献出版社 2004 年版，第 16～17 页。
③ 查骞：《凤都统全被戕始末》，《近代康藏重大事件史料选编》第一编上册，西藏古籍出版社 2001 年版，第 211 页。

第十章 清代四川少数民族

巴塘事件，震动清廷。四川总督锡良、成都将军绰哈布奏派提督马维骐、建昌道员赵尔丰率兵剿办。是年五月，马、赵先后驰抵里塘。六月，清军攻占巴塘。七月，马维骐班师回川，赵尔丰被任命为炉边（即川边）善后督办。赵尔丰认为，巴塘土司是杀害凤全的主谋，其所辖七村沟一带藏民和丁宁寺喇嘛直接参与其事。于是首先剿平七村沟，杀戮数百人，随后率军进剿丁宁寺、桑披寺等处喇嘛。至光绪三十二年（1906）底，赵尔丰乘势攻占乡城、稻坝、贡噶岭等处。至此，由巴塘事件引起的军事行动告一段落。

为了统筹川边经营事宜，清廷决定设置川滇边务大臣（相当于省级督抚）。光绪三十二年（1906）七月，任命赵尔丰为川滇边务大臣。光绪三十三年（1907）正月，川督锡良调离四川后，由川滇边务大臣赵尔丰代理四川总督。光绪三十四年（1908），任命赵尔丰为驻藏大臣兼边务大臣（次年起专任边务大臣），并调其兄赵尔巽为四川总督，把川、边、藏连为一体，用力经营川边。

赵尔丰大权在握，遵照清廷旨意，在川边大力推行改土归流，以加强中央对川边的控制，并为进一步的改革扫清障碍。平定巴塘后，赵尔丰首先废除了巴塘、里塘两地土司。光绪三十四年（1908）七月，赵尔丰与四川总督赵尔巽奏请改巴塘为巴安府，改三坝为三坝厅，改盐井为盐井县，改乡城为定乡县，均隶巴安府；改打箭炉为康定府，改里塘为理化厅，改中渡为河口县，均隶康定府；设康安道，统辖新设各府、厅、县。光绪三十四年（1908）八月，德格土司的两个儿子因争袭土司职位，发生争战。赵尔丰率军平定德格动乱后，奏请设立登科府、德化州、白玉州、石渠县、同普县，并设边北道，统辖新设府、州、县。宣统元年（1909）冬，援藏川军2000人在察木多受阻，赵尔丰奉命率边兵驰援，护送川军入藏。次年，赵尔丰奏请以工布江达为川、藏分界线，为

图10—13　赵尔丰驻节巴安（今巴塘）的衙门旧址
（孙明经摄）

筹建西康省奠定了基础。宣统三年（1911）三月，清廷调赵尔丰署理四川总督，以四川布政使王人文为川滇边务大臣。在王人文到任之前，由傅嵩炑代理川滇边务大臣。赵尔丰仍逗留川边，会同傅嵩炑继续办理改流事宜。赵、傅由巴塘转至甘孜，收缴各土司印信，驱逐瞻对藏官，奏请改瞻对为怀柔县，改甘孜为甘孜县，改炉霍屯为炉霍县。其后又奏请将明正土司改流，将道坞改为道孚县，九龙改为九龙县，章谷屯及巴底、巴旺、革什咱诸土司改为丹巴县，以泸定桥巡检辖区改为泸定县，统辖于康定府。赵尔丰返川赴任后，傅嵩炑仍继续在川边推行改土归流。从光绪三十一年（1905）至宣统三年（1911），川边大规模的改土归流基本结束。

在赵尔丰经略川边的数年间，西康建省之议不绝。直到宣统三年（1911）三月，赵尔丰认为川边建省时机成熟，而且刻不容缓，但此时赵尔丰已奉调署理四川总督。傅嵩炑代理川滇边务大臣后，继续推行赵尔丰的经边方略，并于宣统三年闰六月（1911年8月）奏请于川边建立西康省，但因四川保路风潮兴起，建省之议遂罢。

六、清末川边藏区的改革与开发

清廷在任命赵尔丰为川滇边务大臣之时，就对川边的改革和开发发出了指令："四川、云南两省毗连西藏，边务至为紧要。若于该两省边疆开办屯垦，广兴地利，选练新兵，足以固川滇之门户，即足以保西藏之藩篱，实为今日必不可缓之举。四川建昌道赵尔丰著开缺赏给侍郎衔，派充督办川滇边务大臣，居中擘画，将一切开垦防练事宜切实筹办。"① 遵照清廷旨意，赵尔丰提出了屯垦、练兵、设官、兴学、通商、开矿等"经边六策"，大刀阔斧地进行了一系列的改革和开发。现概述如下：

（一）屯垦

川西高原天气寒冷，人口稀少，但巴塘一带"野旷土沃不亚内地"，适宜垦殖。赵尔丰在川边改土归流时，将土司占有的土地收归国有，由官府收取租赋。对大片荒芜而肥沃的土地，则招募四川农民赴边屯垦，组织驻军和当地农民开荒。光绪三十二年（1906），赵尔丰拨银6万两作为垦费。三十四年（1908）又

---

① 《德宗景皇帝实录》卷562。

拨银200万两作为川边屯垦、练兵、兴学等项费用。为鼓励屯垦，还专门颁布了垦务章程12条。对内地赴边的农民，由原籍地方官取具妥保，按日垫给口粮。还在打箭炉设立招待所，于各处开垦地面设监垦所。垦民到屯后，由监垦所给予建造房屋之资及农具、种子、耕牛，并仍按旬发给口粮，以收获新粮之月为度。综计由原籍及招待所、监垦所前后垫发口粮什物，共银若干，由垦户分年缴还，"缴清之日，即发给印照，作为该垦户业产"。而本地农民自备种子、口粮、农具开垦者，则从第四年起照章纳税，并永远承种，由官府发给地照为凭。由于采取了许多优惠政策，内地赴边的垦民日益增多，当地农民也积极自行开垦，于是大量荒地被开垦出来。至宣统二年（1910），乡城垦出水旱地1200余亩，有垦民70余户。巴塘开垦1000余亩，有垦民500余人。

为了发展川边农业，赵尔丰采取了兴修水利、推广新式农具和良种等措施，还聘请日本农技师池田、小岛2人赴边指导垦务。光绪三十四年（1908），巴塘修成堰渠500余丈。次年试制水车，引水种稻，试种茶树和棉花，还从内地购置了铁耙、铁铧、铁锄等农具。在登科、石渠、稻城等地，设立农事试验场或农牧研究会，试种了水稻、小麦、黄豆、绿豆等杂粮，引进了青菜、白菜、莲花白、红白萝卜、四季豆、冬瓜、南瓜、核桃、梨子等蔬菜瓜果数十种。这些农作物大多试种成功，并加以推广。

通过招民屯垦，充实了川边人口，加强了汉藏交流，促进了经济发展，不仅使藏区人民生活有所改善，也增加了官府的财政收入。据不完全统计，宣统元年（1909），在巴塘、三坝、乡城、盐井、里塘、河口、稻城7处，仅田赋银一项就收入51992两，支出员司夫役薪费计银17014两，实存库银34978两。

（二）设官

所谓设官，就是裁撤土司，改设流官，加强政权建设。川边改土归流后，设置了各级地方政权。府设知府，厅设同知或通判，州设知州，县设知县或县丞。有的地方则设推事官或委员。各厅、州、县分隶于各府。各府又分隶于康安道和边北道。边务大臣除直辖康安道和边北道外，还设有收支局和学务局。所设各官，按月给予"公费"，"使公费之外，别无可取之财，以期吏治肃清，蛮民敬畏"。鉴于川边亟须人才，但地方苦寒，饮食起居，迥异内地，调员出关任职，大多借故推诿，或者勉强应命，赵尔丰提出："与其迫之强就办事，终鲜实心，不如导之乐从，有才皆思效用。"于是上奏清廷，对奏调出关人员，"厚给薪资，优定奖励"，并拟定了薪资奖励章程①。在设官的同时，对当地寺院、头人等贵族势力加以限制，实行政教分离。寺院领主可以收租，但不得干预差粮词讼，不准强迫藏民充当喇嘛，大寺喇嘛不得超300人，寺院还必须与普通百姓一样，向官府缴纳粮税。通过这些措施，清王朝进一步加强了对川边地区的控制。

（三）练兵

编练新军是清末"新政"的重要内容之一。赵尔丰认为，"非整军无以御侮"。他到川边后，即在巴塘练兵，计划川边设巡防5营，滇边设巡防3营。他提出，先练步兵队2营，再练炮兵队1营，马队1营。"数年之后，新军渐次练成，地方日臻安集，原设巡防各营，便可次第裁撤，腾出饷需，增练步队及工程、辎重各队，以符混成协之制"②。光绪三十四年（1908），川督赵尔巽与赵尔丰会奏请将四川应练军队三镇，以一镇拨归边藏，并请陆军部分期筹拨练兵饷项。但清廷已将该款移归广西使用，因而指令四川总督赶紧自筹经费练兵两镇，"即以川中可用之队，匀作边藏布置之师"。由于四川财政日绌，无力筹集庞大的练兵经费，因而赵尔丰的练兵计划也就难于落到实处。赵尔丰编练的军队称为"边军"，装备并不优越，但战斗力甚强，尤其适合于高原作战，故宣统元年（1909）四川新军奉命入藏时，还得依靠边军"护送"。

图10—14 赵尔丰经营川边时留下的大炮（孙明经摄）

（四）开矿

川边矿产富饶，尤以金矿为多。当地藏民但知随地开挖，不能辨识矿苗，淘沙之法，开挖之器，笨拙不灵，是以费工多而获利少，而土司、喇嘛又大肆盘剥，坐收其利。光绪二十九年

---

① 《近代康藏重大事件史料选编》第二编上册，西藏古籍出版社2001年版，第139页。
② 《近代康藏重大事件史料选编》第二编上册，第16页。

(1903),四川布政使司就提出在川边开矿。凤全初到川边,便在打箭炉北170里处兴办泰宁金矿。赵尔丰对开矿十分重视,曾延聘留学美国学习矿务的毕业生到川边"周历察看,择其矿苗最旺者,由官设厂"开采。除官办金矿外,还引进商家到川边开矿。截至宣统三年(1911),官办金矿有3家,商办金矿有30余家,还有银矿、铜矿若干家。与此同时,还兴办了其他实业。如稻城多竹,便在稻城试办纸厂;在巴塘、顺化、定乡等地开办制革厂,从内地购买机器、药品,从四川招雇工师,前往教授制造之法。"所出皮货,几与内地相颉颃。"① 宣统三年(1911),巴塘制革厂选送产品参加南洋劝业会展览,其参赛的"各种皮革,得奖超等文凭,又军用靴鞋、图囊得奖银牌一面"。

(五)通商

川边出产丰饶,而日用所需,皆需购自内地,必赖商贾畅行,方能互通有无,使民称便。赵尔丰认为,要发展川边商贸,首先要"建设旅馆,平治道路",也就是说要先解决吃住难和行路难的问题。光绪三十三年(1907),在巴塘至打箭炉沿途修建了旅馆24所。光绪三十四年(1908),修建了德格至巴塘大路、河口钢丝吊桥,并"试行牛车,以利运转"。为了军事需要,在打箭炉至察木多之间架设电线,在河口、里塘、巴塘、乍丫、察木多等处设立电报局,

图10—15 赵尔丰下令在打箭炉、里塘、巴塘分段修建沿途客栈,作为客商往来寄宿之所。图为打箭炉客栈过往客商与店主合影

---

① 格桑群觉:《赵尔丰对川边的统治及措施》,《四川文史资料选辑》第2辑。

在川边南北两条大路遍设台站。赵尔丰还对川边藏区的运输"乌拉"制度进行整顿和改革,由原无偿差役改为按站程付给一定脚价,既减轻了百姓负担,也部分缓解了运输困难问题。鉴于川边度量衡"不惟名目与内地不同,即大小轻重长短亦异",赵尔丰便在川边统一度量衡,按内地标准制发官斗、官秤在各地推广,不仅可防止官吏收纳租粮时作弊,而且有利于商品公平交易。

当时川边没有殷实绅商,大宗交易均为官办。"俟有成效,再任商家出资承领。"① 川边的打箭炉,是汉藏商旅聚集、内外物资交流的"总汇"。交易的主要商品是茶叶。赵尔丰把抵制英国在西藏倾销印度茶叶,作为经边的重要措施之一。针对清末输藏川茶质量不高、假货充斥的状况,赵尔丰主张整饬茶务,"先从禁伪入手",严厉打击假冒伪劣产品。例如茶商王大顺曾运制假茶 300 多包,被罚款 200 两,假茶全部销毁②。为了增强川茶的竞争能力,赵尔丰积极支持雅安、荥经、天全、名山、邛崃五县茶商于宣统二年(1910)在雅安成立了"商办边茶股份有限公司",对抵制印茶、巩固川茶在藏区的地位起了一定作用。随着商业的发展,清廷于光绪三十四年(1908)拨银 20 万两,仿印度卢比大小,在成都铸造 3 钱 2 分的银元,即一般所称的"藏元"。藏元的发行与流通,促进了藏区商品经济的发展,在一定程度上抵制了印度卢比在川边的流通。

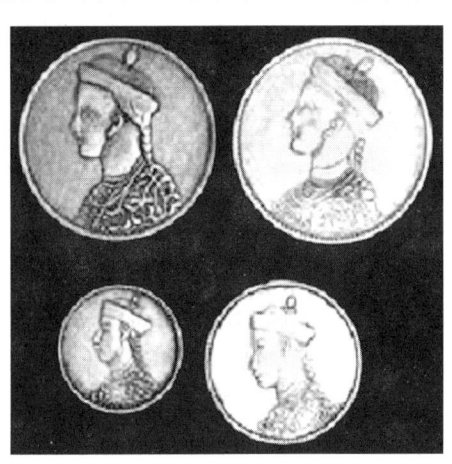

图 10-16 光绪三十四年(1908)成都铸造的"藏元"。其正面为光绪皇帝侧面头像,背面有"四川省造"4 字,人称"四川卢比""川铸卢比",民间也称"赵尔丰钱"。这是我国最早有人物图像的银元

(六) 兴学

赵尔丰认为,"非改制兴学无以为教为政"。他把兴学当做实施"固边"方

---

① 吴丰培编:《赵尔丰川边奏牍》,四川人民出版社 1984 年版,第 53 页。
② 《赵尔丰边务档案资料》卷 5。

略和"收买边地人心第一要务"[1]来抓。光绪三十三年（1907），赵尔丰奏请在巴塘设立"关外学务局"，任命在职户部主事吴嘉谟为总办，聘请蜀中名士张卜冲等前往办学。学务局成立后，派员遍历巴塘、里塘、乡城、盐井、中渡、贡噶岭等地劝办学堂。同时采取了下列措施：一是设立普及汉语、汉文的学堂。凡汉、藏人民子弟，7岁以上者，均令入蒙学堂学习，以后择优升入小学堂。二是对入学学生实行优待、奖励。为了鼓励藏族儿童入学，除免交一切学费外，还由公家供给课本、笔墨、纸张、制服、鞋帽，统一服装，"以壮观瞻"。对于十分贫困的学生，学堂还供给伙食。对送子弟入学的家庭，免支应运输乌拉。三是培训师资。四是自编乡土教材。五是培养学生的生产技能。由于采取了上述有力措施，川边新式学校从无到有，短短4年中创办各种学堂180余所，学生达4000余名。

为发展川边文化教育，边务当局在巴塘设立刷印官局，印制教材及其他书籍，还筹集各类图书37000余函，在巴塘设立图书馆。此外，赵尔丰先后在巴塘、里塘、河口、盐井、乡城、稻城、德格、邓柯等地设立医药局，从内地购买药品，聘请医生分赴各地巡回医疗，遍种牛痘，还劝导藏民讲究卫生，各户修建厕所，以减少疾病传染，使川边医疗卫生条件有了一定程度的改善。

清末川边的改革和开发，收到了较为显著的成效。首先是加强了清朝对川边地区的控制，起到了抗英、拒俄、固藏的积极作用；其次是废除了封建农奴制度，促进了川边藏区由封建领主经济向封建地主经济的转变；再次是打破了川边藏区落后闭塞的状态，推动了藏区经济和文教事业的初步发展，促进了汉藏人民之间的经济交往和文化交流，增强了民族团结。应当指出，赵尔丰经边六年，也有不少失误之处，如：采用"武力征服"，在平叛中杀戮无辜百姓；不尊重藏族风俗习惯，强制推行"民族同化"政策，强迫藏民剃发梳辫，改天葬为土葬，改用汉姓，强学汉文、汉语等等。尽管如此，赵尔丰经营川边的主流是好的，所取得的成效应当实事求是地予以肯定。

---

[1] 《赵尔丰奏牍全集》卷1。

第三节 四川少数民族的反压迫反侵略斗争

一、四川少数民族的反土司反官府斗争

尽管清王朝采取了若干旨在缓和民族冲突、减轻少数民族人民负担的措施，但却不能从根本上解决实际存在的民族矛盾和阶级矛盾。广大少数民族人民不仅要受清王朝满汉统治者的压迫剥削，而且要受本民族统治者及地主、农奴主或奴隶主更加残酷的压迫剥削。因此，清代少数民族地区人民的反抗斗争延绵不断，此起彼伏。

雍正在给四川、陕西、云南、贵州等省督抚提镇的谕旨中曾说："朕闻各处土司，鲜知法纪，军于所属土民，多端科派，较之有司征收正供，不啻倍蓰，甚至取其马牛，夺其子女，生杀任情，土民受其鱼肉，敢怒而不敢言。"① 在此情况下，各地土民反对土司的事件时有发生。

乾隆元年（1736），川西北三齐地区（今茂县曲谷乡和三龙乡）一带三十六寨的羌民，因不满瓦寺土司的勒索压榨，堆石为盟，群起反抗，并派代表到省城控告，坚持斗争达数年之久，终于迫使清王朝取消了瓦寺土司对这些地方的统治，将这些地方直接隶属于茂州地方政权管理。三齐地区的"脱土归州"，是对土司制度的一个沉重打击。光绪二年（1876），川西北索磨土司驻黑水芦花大头人苍旺郎季，因残酷奴役和榨取所属藏、羌各族群众，被愤怒的百姓杀死。土司公然庇护头人，威逼群众交出所谓肇事凶手，群众不服，烧毁了土司官寨。后经成都派兵镇压，地方豪绅和藏区寺院出面"调停"，才将这次群众的反抗斗争平息下去②。光绪十二年（1886），丹巴县巴底乡邛山村32户藏民，起事反对女土司的压迫剥削。他们在娃子（奴隶）德呷木强绒的率领下，活捉荒淫残暴的女土司白利娜姆，杀死其兄也布。他们还串联附近沈洛等14个村寨的农奴1000多人，烧毁土司派粮、派款、派差的账簿，打开土司粮仓、衣柜，把粮食

---

① 《世宗宪皇帝实录》卷20。
② 参见冉光荣、李绍明、周锡银：《羌族史》，四川民族出版社1984年版，第286页。

第十章 清代四川少数民族

和衣物分给贫苦百姓①。光绪二十四年（1898），茂州岳希土司坤世泰、坤东山统治下的黑虎地区170余户羌民，不堪土司奴役压迫而奋起反抗。他们派出12名代表前往成都，向四川总督控告岳希土司的黑暗统治，一致要求"改土归流"。这场斗争坚持4年之久，清朝统治者终于将两名土司"摘去顶戴"，废除了这一残存土司②。

有清一代，四川地区各族人民的反清斗争更是风起云涌。

鸦片战争前夕，川西南清溪县（今四川汉源）所属松坪土千户马林及所辖熟夷马明新等，因不满改土归流，便煽动当地彝民与汉人争夺耕地，进而起事反清。清军前往弹压，夷民蜂拥而至，打死清军守备杨宗彪、把总屈怀贵等。据道光十三年（1833）《清实录》载，"此次夷匪起意滋事，延及越西、清溪、峨边三厅县境"，聚众"约有三四千余"③。四川总督鄂山及继任提督杨芳亲率汉土屯官兵8000多名前往剿办，数月之后，鄂山、杨芳上奏清廷："剿办夷务全竣。"鄂山提出了包括酌拨兵弁、安设屯练、添筑峒堡、划清界址、断明产业、酌改官制、添设夷官、定地交易等善后章程10条。为了缓和汉人与夷人因土地而引起的矛盾，章程在"划定界址"中规定："清溪以阿吾为界，峨边以木城冈为界，越西以马日扛为界，不许汉民搀入，亦不许夷人私行招种。界内零星汉户，一律查明迁出。"在"断明产业"中规定："查明汉买夷业，确有契据，验定四至，照旧管理，如系典当及以债抵押，夷人力不能赎者，亦照数酌断地土，另立卖契，以杜葛藤。至佃种纳租仍听其便，傥有抗欠不交，即照数折算，退租逐出。"④然而，这些措施并不能从根本上解决问题。直到鸦片战争爆发，川西南少数民族地区的反抗事件仍是"频年不靖"。

咸丰九年（1859），松潘藏羌各部因不堪松潘军政的苛虐盘剥，遍传木刻，准备武装起义。松潘地区，土地贫瘠，每年只能种一季青稞，亩产只有几十斤。居住在这里的藏羌群众，生活十分困苦。但驻军头目却巧立名目进行搜括，尤以"尖斗"剥削最遭民众痛恨。据《蜀海丛谈》载："必于斗面聚稞如山，至斗不能容始作为一斗，名曰'尖斗'。番民深以为苦。然供给兵者，仍时平斗，其

---

① 参见《甘孜藏族自治州概况》，四川民族出版社1986年版，第110页。
② 参见《四川省志·民族志》，第281页。
③ 《宣宗咸皇帝实录》卷232。
④ 《宣宗咸皇帝实录》卷246。

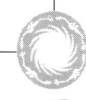

盈余即归游击等官之中饱。咸丰己未（1859），中营游击某，不惟照尖斗量收，并稞之撒落于地者，亦不准番民拾回另量，群番愤极，遂啸聚要胁豁免尖斗。"① 广大藏羌民众聚集松潘城外，要求松潘镇总兵文升废除"尖斗"。文升蛮不讲理，竟悍然动武。咸丰十年（1860）四月，藏羌各部在额能作（小姓沟大耳边寨藏妇）、析乃他（南坪塔藏盘信寨寨长）、欧利哇（南坪羊峒五十八寨头人）等的带领下，揭竿起事，相继攻破漳腊、南坪、小河、平番等营汛。因这年为农历庚申年，故又称"庚申事变"。战事爆发后，清廷将文升革职，任命联昌为总兵。十一月，起义军攻破松潘城，杀松潘厅同知张中寅等，总兵联昌逃走。同治元年（1862），四川总督骆秉章调集清军，分三路围剿义军。同治三年（1864）七月，清军进入松潘城，次年剿平各寨，历时六年之久的松潘起义终被镇压。

光绪三十一年（1905），茂州官府与当地绅商勾结，在州城建立"官盐店"，强令实行食盐专卖，禁止私商经销。"官盐店"的盐价既高，盐质又差，且常常脱销，致使群众怨声载道，终于爆发了有上千各族群众参加的"打盐店事件"。官府慑于群众的威力，被迫关闭官盐店，重新开放盐市。

在苗族、土家族聚居的川东南地区，由于大量"客户"进入，汉族地主大肆进行土地兼并，激化了民族矛盾和阶级矛盾。乾隆六十年（1795），湘、黔、川三省交界地区爆发了苗民起义。起义军进入四川酉阳、秀山一带活动，不少苗族、土家族群众参加了起义队伍。这次起义历时一年多，最终在湘、黔、川三省清军的联合围剿下失败。在川楚白莲教起义中，湖北白莲教首领覃家耀于嘉庆元年（1786）率众向川东南进发，兵临黔江，土家族人民群起响应。咸丰九年（1895），在酉阳、秀山与贵州松桃县接壤的猫猫山，爆发了有土家族、苗族和汉族群众参加的反清斗争。

同治年间，会理回民响应云南回族杜文秀举行的反清起义，配合云南回民马荣先部义军攻陷了会理县城。

在推翻清王朝统治的辛亥革命中，四川少数民族作出了巨大的贡献。

早在光绪三十四年（1908），彭水土家族青年、同盟会员温朝钟等人创建了"铁血英雄会"，明确提出"义联英俊，协和万邦，推翻清廷，打倒列强，复兴

---

① 周询：《蜀海丛谈》，巴蜀书社1986年版，第251页。

第十章 清代四川少数民族

汉族，实行共和"的政纲。宣统二年十一月（1910年12月），温朝钟在彭水县风池山集结志士200多人，剪掉发辫，誓师起义，不久攻占黔江县城。这次起义后被川、鄂两省清军镇压，温朝钟等壮烈就义。宣统三年九月（1911年10月），酉阳土家族青年白锦祯、彭安国等人，在保路同志会的动员下，召集民众举行武装起义。起义军公推白锦祯为统领，彭藻、彭灿为副统领。白锦祯在进军秀山途中英勇战死。彭藻、彭灿率军直逼酉阳县城，在土家族、苗族和汉族民众的配合下，酉阳知州被迫投降。起义军进入酉阳县城，宣告酉阳共和。同年十月，彭水苗族青年徐良伟、龚国栋等，号召各族起事，迫使县令交出大印，结束了清王朝在彭水的统治。

四川保路风潮兴起之时，原籍西昌的同盟会员王国宾（字西平）、刘以仁（字次平）和朱用平三人（乡人称之为"三平先生"）即奉命回乡宣传革命，号召群众保路反清。他们的活动得到西昌黄联坡民团团总张耀堂的赞助和支持。宣统三年九月（1911年10月），张耀堂以民团克字营为基本力量，联合安宁河两岸的彝、汉、回、藏各族群众举行武装起义。起义军提出"推翻满清，废除新政，杀贪官，灭洋人"的口号，队伍迅速壮大到5000余人，连一些彝族土司（如普格土司都龙光等）也加入了起义军的行列。张耀堂率领起义队伍，攻占西昌县署，处决县令章庆，一时大快人心。在西昌起义的影响和鼓舞下，德昌县的彝、汉民众攻入县城，处决县佐贾瑞德。会理县的彝、汉、西番群众也举旗响应，宣布反清，攻城逐令。

成都回民积极参加保路斗争，成立了"省垣清真保路同志协会"，在"成都血案"中献身的回民就有10余人。重庆回民温友松、伍香岩、伍观耕等策动重庆驻军中的回族率先起义，响应共和，参与创建蜀军政府。

在藏族、羌族居住区，同盟会员彭家珍、张捷先及哥老会首领姚宝珊等曾到松茂一带进行反清宣传，联络了一批反清志士，其中有汶川瓦寺土司索代兴、索代赓等。在同志军大起义时，索代赓率藏族、羌族土屯兵300余人到灌县，与张捷先统领的川西同志军会合，转战于灌县、郫县、温江、崇宁（今郫县唐昌镇）等地。他们作战英勇，屡次重创清军，其中有200余人献出了生命。索代兴则率领藏、羌、回、汉等族民众组成的起义军，攻占汶川、威州，烧毁县署，阻击回援成都的松潘巡防军，促成了松、茂等县的独立。与此同时，川边道孚、乡城、巴塘、理塘等地的藏族群众也相继举义，打乱了赵尔丰镇压同志军的部署，加速了清朝四川政权的覆灭。

二、四川少数民族的反侵略反洋教斗争

中英鸦片战争后，西方列强凭借攫取的特权，将其势力伸入四川，并不断向四川边远少数民族地区渗透。据史料记载，道光二十七年（1847），即有法籍传教士罗启桢（后更名罗勒拿）、肖法日等，乔装商贩，经由打箭炉到巴塘等地活动。道光二十八年（1848），法籍神甫杜某被任命为拉萨教区主教，取道四川入藏，行至昌都受阻，后退至清溪（今四川汉源），在化林坪建立教会主教区据点。咸丰七年（1857），法国传教士古尔德乔扮商人，在康定购地，建造教堂、医院、学校，并把主教区由化林坪迁至打箭炉。此后，西方教会在泸定、打箭炉、道孚、炉霍、巴塘等地相继修建教堂15座。在岷江上游的羌族居住区，法国传教士莫神父和罗马教廷的余神父于光绪二十四年至二十五年（1898~1899）到达茂州。他们置田产，建教堂，诱劝民众入教。在川西南彝族地区，法国巴黎外方传教士于咸丰十年（1860）把天主教传入会理。宣统二年（1910），天主教在西昌设立了宁远主教区。在此前后，美、英等国的基督教会也接踵而至，将其触角伸入凉山地区。同治元年（1862），法国天主教在酉阳土家族、汉族杂居区修建教堂，并将其势力扩展到秀山、黔江、彭水等地。

继传教士之后，一些西方的专家、学者、政客及军人，以游历、探险、考察等名义，进入四川少数民族地区活动。同治七年（1868），法国人安邺从云南渡金沙江到会理、红布所、雅砻江与白水江交汇的彝族地区"探险"。光绪三年（1877），英国驻渝官贝德禄从成都起程赴越西、峨边、雅州、会理、打箭炉至滇省游历，后入川经泸沽、宁远再至云南巧家，沿途绘制地图，搜集政治、经济、文化资料。光绪十六年（1890），法国亲王奥尔良和博瓦洛伙同天主教宁远区主教光约翰，以视察教务为名，深入凉山腹地，对凉山的山川、地势、气象、作物种类、森林面积、矿产资源及彝族家支分布、实力地位等作了详细调查，有的还拍成照片或制成标本运回法国。光绪二十四年（1898），法国人凡尔赛从宜宾出发，沿金沙江而上，搜集金沙江沿岸少数民族及凉山彝族的有关资料。宣统二年（1910），法国殖民军一等军医吕真达受法国公共教育和殖民地部委派，与努瓦雷中尉、德里西埃中尉一道，赴云贵川三省考察。他们对彝族的族源、社会形态、经济状况、语言文字、生活习俗等进行了深入调查，将大量文

献资料、标本盗运回国，仅地图就搜集、绘制了800多张。吕真达毫不掩饰他们的侵略野心。他说："我得出的结论是：我们美丽的印度支那殖民地和中国西部建立联系的前景是极其美好的。"①

在藏族、羌族居住区，光绪初年，代号为"A·K"的英印特工克里斯纳到打箭炉、巴塘等地，搜集有关民族、语言、历史、地理、商业等方面的情报。光绪三十二年（1906），英人费格生潜入茂州"考察"，测绘了精密的藏羌地区地图。宣统三年（1911），英国上校军官贝尔到达巴塘，未经许可，窜至云南迪庆、西藏昌都等地，拍照地形，测绘地图，历时达四月之久。

西方传教士中，不乏传播上帝"福音"和西方文化的虔诚教士。他们为促进中西文化交流做了不少工作。但是，也有一些不法传教士，勾结地方官绅，强夺民财，刺探情报，盗窃文物，干尽坏事。有的教士和教堂采用欺骗、讹诈等手段，霸占土地，对少数民族人民进行封建剥削和人身压迫。有的传教士还制造谣言，挑拨民族关系，胡说什么羌族群众信仰的天神就是基督教的耶稣，甚至胡诌"羌族原本不住在中国，是从以色列迁来的"②，妄图以此否定羌族人民自古以来就是伟大祖国多民族大家庭中的一员，为列强的侵略活动寻找借口。

对于列强势力在四川少数民族地区的侵略行径，当时的一些有识之士就有所认识。清末打箭炉同知李之珂就说："外人觊觎边荒，藉口传教，譬诸水银泻地，无孔不入。现在打箭炉、巴塘、里塘、炉霍等处以及各土司地方，法英教民日增一日……外人笼络蛮族，多方诱哄，必至尾大不掉。强据我边界，扰乱我藩篱，虎视眈眈，要挟无厌，如蝗虫入境，不食尽不止。"③

四川少数民族人民具有反侵略的光荣传统。清代四川少数民族将士，曾多次奉命出征，为抵御外来侵略、捍卫国家主权作出了重要贡献。乾隆五十六年（1791），廓尔喀部（尼泊尔）屡犯我国西藏，侵占聂拉木、济咙、定口等地，大掠扎什伦布寺，继向拉萨挺进，全藏震动。清廷命四川总督鄂辉率官兵、屯土兵、达木蒙古兵7000余人进藏征讨。出征将士中有四川瓦寺、松岗、大小金川等地土兵2000人。在这场反侵略战争中，金川屯土兵吃苦耐劳，勇悍善战，

---

① 《凉山彝族自治州概况》，四川民族出版社1993年版，第94～96页。
② 转引自冉光荣、李绍明、周锡银：《羌族史》，第277页。
③ 四川档案馆藏：《打箭炉同知李之珂禀川滇边务大臣赵尔丰条陈》。

被誉为"雪豹"。土守备因此取得世袭权,后又准郎尔吉、阿忠保、葛尔布、木塔尔为游击,赠"巴图鲁(勇士)"称号①。

第一次鸦片战争爆发后,四川部分藏、羌、彝族官兵,奉命驰赴抗英前线。他们英勇善战,不怕牺牲,受到当地人民的赞颂,有的地方还建祠祭祀,悼念为国捐躯的川军将士。

鸦片战争以后,由于首先渗入四川少数民族地区的多为西方传教士,因此少数民族的反侵略斗争,多以反洋教斗争的形式展开。

同治四年(1865)和同治七年(1868),酉阳民众因不堪教会欺凌,先后发生两次"教案"。广大土家族、苗族群众与汉族群众团结战斗,捣毁教堂,打杀教士。同治十二年(1873),法国天主教在黔江估买房地,修建教堂,并强劝民众入教。黔江土家族、汉族民众纷起打毁教堂,杀死司铎及教士2人,是为"黔江教案"。四川官吏秉承清廷"保教抑民"的投降政策,处斩了土家族打教领袖冉崇之、何彩等人,扑灭了酉阳、黔江人民的打教怒火。

光绪二十三年(1897),越西教民仗恃洋教势力,打伤中所坝团首左敬堂之弟左飞凤。是年五月,在左敬堂等人的鼓动下,中所坝彝汉群众三四千人冲入教堂,将教堂捣毁。县令拘捕了左敬堂等人。半月后,彝族群众听说洋人要会同县令审判打教首领,便相互联络,集队入城,要求县令释放左敬堂等人,否则就打开监狱救人。清吏和传教士见民愤难平,害怕酿出更大事件,只好释放被押诸人。

在茂汶羌族地区,广大羌民常常聚众抗议传教士的为非歹行径。据《汶川县志》载:"教徒武断乡曲,官吏偏袒,往往激成教案,祸及国家,吾县亦屡见之。"②

在川边藏区,仅巴塘一地就曾发生"打教"事件多起。同治四年(1865),法籍丁司铎骑马涉水过河时,因河水猛涨溺水而死,法国人硬诬"为丁零寺喇嘛杀害"。巴塘民众怒不可遏,起而焚毁教堂,驱逐法国传教士,收回被占产业。光绪三年(1877),英人吉为哩、贝德禄等人依仗《中英烟台条约》有关条款,欲取道四川去西藏。当他们行至巴塘时,藏民"哗然聚兵拦阻",表现了

---

① 《四川省志·民族志》,第217页。
② 民国《汶川县志》卷5《风土》。

"待至男尽女绝,情愿复仇力阻"的决心。光绪十八年(1892),由波塔宁率领的沙俄第二次"地理考察队"抵达巴塘活动,激起藏民怀疑和不满。藏民聚集于考察队驻地周围,呐喊声、枪声响成一片,石头像雨点般朝俄人砸去,终于迫使俄国人仓皇逃遁。光绪三十一年(1905)爆发的"巴塘事件",有着复杂的社会历史原因。藏民、土兵及喇嘛在攻击驻藏帮办大臣凤全及其卫队的同时,焚毁法国教堂3处,杀死法国传教士2人。这一事件的背后,有西藏上层和当地土司、头人的策划和怂恿,具有极大的盲目性和笼统的排外性,教训至为深刻。

第十一章 清代四川财政

第一节 赋役制度

一、地丁制度

清初，废除了明朝末年繁重的赋役，减轻了人民的负担，但同时又按照明朝旧制，对各省征收赋税。当时，四川财政收入主要是田赋和丁银。

所谓田赋，就是清政府按土地所有者占有土地的数量或产量向其征收的土地税，又叫地税、田亩税。所谓丁银，就是丁役每年向清政府缴纳的人丁税，又称丁税。清政府规定，从16岁到60岁的男人才能称丁，并承担人丁税，而且丁增赋随。清初田赋征收与丁役是完全分开的，即所谓"地自地，丁自丁"[①]。这种征收办法，四川从顺治朝一直征收到雍正朝。随着清朝政权的巩固，生产发展，人口增加，地丁税分开征收的办法暴露出种种弊端，为此，从康熙时起，清朝开始对赋税制度实行重大改革。这种改革被称为"丁随地起"，简称"地丁"。其改革措施主要有二：

一是"滋生人丁永不加赋"。康熙五十一年（1712）二月上谕说："朕览各

---

① 光绪《灵寿县志》卷5。

省督、抚奏，编审人丁数目并未将加增之数尽行开报。今海宇承平已久，户口日繁。若按现在人丁加征钱粮，实有不可。人丁虽增，地亩并未加广，应令直省督、抚将见今钱粮册内有名丁数，勿增勿减，永为定额。自后所生人丁，不必征收钱粮。编审时止将增出实数察明另造册题报……朕因欲知人丁之实数，不再加征钱粮也。"① 寻议定："嗣后编审人丁，永不加赋。据康熙五十年丁册定为常额。其新增者，谓之盛世滋生人丁，永不加赋。"② 这样，康熙五十年（1711）全国人丁数2462万余名、丁银数335万两被固定下来了。这一举措不仅缓和了清朝统治者与民丁之间的矛盾，使其不再逃亡避税，安心从事生产，更重要的是为"摊丁入地"改革奠定了基础。

二是"摊丁入地"，又称"丁从地起"③ 或"丁随地起"，简称"地丁"。清朝实行的地丁制度，就是将康熙五十年全国固定的2462万余丁应缴纳的335万余两丁银，平均摊入全国各省州县田赋银中，按每田赋银一两均摊丁银若干计算一起输纳征解。如"雍正二年（1724）定直隶地丁银赋摊征例，每地赋银一两，摊入丁银二钱七厘"④。"嗣后，各省计人派丁者次第改随地亩矣！"⑤

四川是最先实行地丁制度的两个省之一。《清朝通志》卷83说："早在雍正二年（1724）以前，丁随地起之例，广东、四川已先行之。"

为什么四川成了清朝地丁制度的先行之地呢？一是因为四川清初人少地多，如按人丁征税，微乎其微。外省征收丁银，迫使许多人丁逃亡四川，躲避难以承纳的负担。而四川荒地很多，正是农民大显身手的地方。"丁随地起"的一个重要原则是必须要开垦了土地，种出了粮食，才谈得上征税。这十分有利于调动农民的积极性。事实上，四川早在康熙初就开始实行按粮编丁的办法。"四川丁银向系以粮载丁征收。"⑥ 全省除威州等11州县仍是田赋、丁银分征外，其他大部分州县都实行按粮编丁。有的州县，如邛州，居然把人丁尾数也用升、斗单位计算。康熙三年（1664），邛州丈量土地后所增人丁为"一百四十七丁九斗

---

① 《圣祖仁皇帝实录》卷249。
② 《清朝通典》卷9。
③ 《圣祖仁皇帝实录》卷267。
④ 《清朝通典》卷7。
⑤ 《清朝通志》卷83。
⑥ 《清朝文献通考》卷19。

五勺四抄"①。这可以说是摊丁入地制度的雏形。二是由于清政府实行鼓励外省人入川开垦的政策，一般开垦土地都是五年、六年起科，甚至有十年起科的，纳税与外省比较甚轻。如康熙五十一年（1712），四川巡抚年羹尧言川省荒地广辟，而见征钱粮甫及原额十分之一，宜立劝惩之法："五年内有增及原额之四五分者即升，不及一分者降调，无增者参革。"②但年羹尧的这一建议立即遭到御史段曦的驳斥，认为四川正在经济复苏之期，如照年羹尧之说，陡增见粮之三倍、四倍，造成"贤能之员必愕参革，不肖有司希图升进，必至抑勒首报，滋弊无穷。只宜严饬有司实心劝首"。段曦的意见得到康熙的支持。当时四川这种宽容的政治气氛和经济环境，十分有利于地丁制度的实行。

地丁制度在四川的实行，对四川经济的发展起到了重要作用。

第一，统一了全川的地丁税制，平均了赋税负担，大大激发了农民的生产积极性。地丁制度的基本特点是："因田起丁。田多则丁多，田少则丁少。"③即使是缙绅豪富，也得照例缴纳。

第二，有利于四川人口的迅速增加。清初，四川最缺乏的是劳动力。地丁制度的实行，既鼓励了外省人大量入川开垦，也促使了四川人口的繁殖。滋生人丁永不加赋，解除了人丁增加赋银更重的顾虑，而劳动力的大量增加，对于四川土地的开垦，确实起到了重要作用。

第三，避免了不少额外科派，保障了社会的安定。

第四，增加了四川的财政收入。自实行地丁制度后，作为国家正税主要来源的地丁银，随着土地的大量开垦和经济的发展，不断增加。从下表可以看出四川清代历朝地丁银征收的增加情况。

表11－1　四川耕地面积与地丁银征收统计表

年代	耕地面积（亩）	地丁银（两）	全国田赋银数（两）	四川所占百分比
顺治初年		5700	21260000	0.0268%
康熙六十一年	20544285	302612	29476375	1.03%

---

①　嘉庆《邛州直隶州志》卷14。
②　《清朝通志》卷83。
③　康熙《嘉兴府志》卷9。

续表

年代	耕地面积（亩）	地丁银（两）	全国田赋银数（两）	四川所占百分比
雍正六年	45902788	657297	29499916	2.2%
乾隆三十一年	46007126	660801	29910000	2.2%
嘉庆元年后	46348646	666578		
道光元年		768537		
咸丰元年	46381939			
同治十二年	46383462			
光绪十三年	46417417			
光绪二十三年至清末	47062495	769233		

说明：1. 此表统计数转引自《圣祖仁皇帝实录》和鲁子健：《清代四川财政史料》上册，四川省社会科学院出版社1984年版。

2. 全国田赋数引自《大清历朝实录》有关各卷。

清代四川田地正赋，主要征收银、钱，也征米、麦、豆本色。如：康熙十年（1671）征米豆9114石，道光二十年（1840）征米豆13466石，光绪三十二年（1906）至清末征米豆13455石①。

二、盐茶税

（一）盐税

四川是产盐大省，盐税是清代四川财政收入的大宗。清代四川盐税，分井课、锅课、灶课、引税、票课、羡余等形式征收。

榷于井者，称井课。四川井课始于顺治十七年（1660）。四川巡按张所志奏请确定："凡井成报部，三年乃榷。就其卤源之盈眺，卤之厚薄而定为则：曰上、曰中、曰下，又曰上中、曰中下、曰下下凡六等。榷数无等，不惟上与中，与下异，即上与上中，与中下，与下亦各不一。"② 雍正九年（1731），四川巡抚宪德通檄各州县，按"厘正表"榷课。现将厘正表附后：

---

① 参见鲁子健：《清代四川财政史料》上册，四川省社会科学院出版社1984年版，第753～754页。

② 丁宝桢：《四川盐法志》卷20。

表 11-2 厘正表

盐井所在地	原榷课州县	课井眼数	课银（两）	管辖改归州县
犍为县	嘉定州	34	74000	犍为县
荣　县	嘉定州	1	2000	荣　县
嘉定州	犍为县	45	118000	嘉定州
遂宁县	蓬溪县	53	8684	遂宁县
安岳县	乐至县	2	0.327	安岳县
大宁县	奉节县	2	202000	大宁县
大足县	荣昌县	9	2700	大足县
威远县	荣　县	1	4000	威远县

按照规定，新井报部三年才起课，而旧井时有淘补，盐未出，课照原额征收如故，以致出现隐匿新井不报的弊端，影响井课的征收。雍正十二年（1734），四川总督黄廷桂、四川巡抚宪德奏请清厘，经户部议行规定，淘补旧井必须随时报闻，照常纳课，新井见卤即课，改变了原先三年才课的规定。四川实行井课的有阆中、南充、遂宁、内江、井研等 25 个厅、州、县。

锅课：榷于锅者，称锅课。锅有煎锅、温水锅之分。煎锅榷课与井课相同，也分六等，但课无定额。各地盐锅征课多有差别。如富顺县上锅榷五两，中锅榷四两，下锅榷二两；彭水县上锅榷六两二分八厘四毫，中锅榷二两六钱一分八毫一丝，下锅榷二两四钱四分三毫六丝。四川实行锅课的厅县有 10 个，即富顺、大宁、云阳 3 个厅以及开县、乐山、犍为、荣县、威远、彭水、城口 7 个县。

灶课：即按灶户征课。清以前，盐灶多官置。募灶丁煮盐办课，以致井灶不分，纳课在商者少，而在灶户多。清初实行井锅分课后，灶不属官了，也就没有课可纳。康熙六年（1667），四川才奏准建昌卫置灶煎盐，遇闰加课银二十七两二钱。

清代四川盐业的井、锅、灶关系，有以下三种类型：一是井灶兼具，井产卤，自备灶煎；二是有井无灶，将卤卖给灶户煎售；三是有灶无井，置锅买卤煎盐发售。对这些不同类型的井、锅、灶户，清政府采取三者不兼榷的政策，即榷其一，免其二。

第十一章 清代四川财政

引税："榷于引者加引税。"① 按其运道之分，盐引有水引、陆引。水引每张配盐50包，每包重200斤，共重1万斤；陆引每张配盐4包，每包重200斤，共重800斤。其征税标准量：水引每张课银三两四钱五分，陆引每张课银二钱七分二厘四毫。如乐至县配水引10张，征引税银34.5两；井研县配陆引179张，征引税银48.759两②。

羡余："凡井课、引税皆有羡。有井者，井、引兼征。其数视盐丰、啬。"③

四川盐业课税征收羡余，始自雍正九年（1731）。雍正八年（1730）四川巡抚宪德上奏："查川省盐茶课税，正额之外，倍有赢余……历任地方各官，因循旧习，率多额外加征。"④ 宪德认为，与其让官吏取盈无节，不如就其取盈之数约之而定为则，随课税一并缴纳。户部议"以为正、羡并纳，州、县又将苛敛，是羡外有羡也"⑤，否定了他的奏请。雍正九年（1731），宪德再次奏请，认为如果不定则，终不能杜绝官吏任意征收羡余的弊端。户部再议，同意试行一两年，俟有效再定。之后遂成为定例。

此外，四川盐税中还有纸朱、脚力、截角、归丁、票厘等税费。

咸丰三年（1853），太平天国攻占南京后，长江下游水运中断，淮盐无法上运，清廷批准"川盐济楚"。入楚盐斤，一律实行商运商销。川盐济楚，不仅极大地刺激了四川盐业生产，而且增加了四川的盐税收入。咸同时期，四川盐榷高达二百数十万两，与田赋并为四川财政收入之大宗。

光绪二年（1876），丁宝桢督川。针对川盐运销中的积弊，丁宝桢奏请清廷批准，改革川盐运销制度，实行官运商销。其办法是："于泸州居中置官运总局，于井灶所分置厂局，于各岸分置岸局。厂局就井灶食盐，授之岸局，岸局受枭之商人。凡黔边额引，皆令盐道移交总局。并清查以前各年积引，以次带销，配运出纳，皆管其权于总局。对总局置裕平仓以平价；置大盈仓，以受各局之转输。于厂局外设押运委员以转运，于岸局外设分卡以查验，其引课、税

---

① 丁宝桢：《四川盐法志》卷首。
② 丁宝桢：《四川盐法志》卷21。
③ 丁宝桢：《四川盐法志》卷20。
④ 丁宝桢：《四川盐法志》卷20。
⑤ 丁宝桢：《四川盐法志》卷20。

厘皆销纳于成本中。"① 官运制度虽然遭到不少人的反对，但成效十分显著。光绪二十八年（1902），四川总督岑春煊在丁宝桢改革的基础上，又将一直是商运商销的成都、华阳、汶川、理番、广安、达县、大竹、垫江、眉州、彭山、大邑、蒲江、雅安、营山、峨眉、夹江等 38 州县计岸水陆引 32922 张，照滇黔官运办法改为官运。官方垄断川盐运销范围进一步扩大后，税课利润猛增，岁入正杂各款高达银 630 余万两，比清中叶高 5 倍左右，超过田赋，跃居清末四川财政收入首位②。

（二）茶税

清代四川茶税分四种：

1. "领引纳税"

按照清政府的规定，四川对茶商采取"领引纳税"、新增新纳的办法。从雍正八年（1730）征税情况看，每斤茶叶纳税银四丝九忽零。照这个标准，该年四川省行茶原额新增共边、腹、土引 85344 张，共纳银 424 两。四川巡抚宪德认为这个标准太轻，奏请颁《川茶征税例》，"定以每斤一厘二毫五丝，令各商人于茶价银内扣存，即随引税赴地方官照数完解"③。

四川各州县凡新增茶引，必须按引张纳税。如什邡县雍正八年（1730）至九年（1731），请增腹引 150 张。每引一张于本县配茶 100 斤、随带附茶 14 斤，运至不产茶州县报卖，仍回什邡缴引。"每张征税银二钱五分，榷课单一钱二分五厘，征羡余银九分八厘，征截角银一钱二分，共征银八十八两九钱五分。"④

2. 论园论树以定税额

清初，茶税皆"论园论树以定税额"。在实行过程中，弊端甚大，既影响茶农的积极性，也使茶税征收很不公平。雍正七年（1729），谕令更改。谕旨说："又闻川茶，皆论园论树以定税额。夫茶树有大小不同，园地有广狭不一，若概以园树之数为额，未为允当。应将茶税照斤两收纳，方得其平。"⑤

---

① 丁宝桢：《四川盐法志》卷 13。
② 《四川省志·大事纪述》上册，四川科学技术出版社 1999 年版，第 151 页。
③ 嘉庆《四川通志》卷 69。
④ 民国《重修什邡县志》卷 5。
⑤ 《世宗宪皇帝实录》卷 78。

3. 行茶边引应征羡余

所谓羡余，实际上就是征收茶叶附加税，只不过全数上缴而已。边引征收羡余的标准是：每引一张征银 0.124 两。如乾隆时期雅安、荥经、名山三县行打箭炉引 53004 张，共征羡余银达 6572.496 两。全省通计共征羡余银 15486.246 两。

4. 征收边引截角银

清政府规定，四川边引内雅安、荥经、名山三县行打箭炉引，每引张征截角银 0.142 两。此三县共征银 7526.568 两。通计全省征截角银 19022.582 两。

为保证茶叶税收不致偷漏，清政府除督促有关部门注意核查外，还在一些要道关口设立专职书役进行巡查。如乾隆五十三年（1788），茶商请由懋功厅增给腹引 1000 张，于灌县采配茶斤，运至各屯销售。"应征课银三百七十余两，以乾隆五十二年为始，照例征收，并于二道桥、远园二处各设出巡二名，分卡盘查。"①

到乾隆时期，由于四川茶叶生产迅速增加，额引之外每有余积，而茶商殷实大户较少，难以增加引张，清政府为使余茶不致遭受损失，能够得到适当调剂，时以借支公费进行收购、销售，既使余茶有归，还可赚得利润。如乾隆二十七年（1762），邛州、雅安、灌县、汶川等处茶园余茶难销，四川总督开泰即奏请从除保川局旧炉外，添炉钱余息修城款中借支银 2 万两，交盐茶道查明按价收购，填给印照，会同松茂、建昌兵备道督率行销。所获余利，与鼓铸余息，均作为城垣修理费开支②。

因川西地区少数民族需茶量很大，清政府还常将壅滞余茶运打箭炉、松潘两地变卖，其收入以"为夷务赏项之费、土兵口食费"③。

三、杂税

中国封建社会"以农立国"，国家财政收入主要靠田赋，因此，田赋被称为正赋、正供，田赋以外的各种课税，都被称为杂税、杂赋。清代除地丁税外，

---

① 《高宗纯皇帝实录》卷 1301。
② 《高宗纯皇帝实录》卷 657。
③ 《高宗纯皇帝实录》卷 719。

诸如盐税、茶税、矿税、牙课、渔课、当税、契税、落地牛马猪羊等税以及耗羡、余平等附加税，均称为杂税。清代后期又增加了厘金、津贴等新的苛捐杂税。

牙行是清代经过政府批准建立的一种商行组织。领取官府凭证即"牙贴"的牙商，除本人每年应缴纳牙税和贴税外，还可代官府监督集场商民纳税。

四川商牙杂税，以成都、重庆两府所辖州、县为例，有以下几种：（1）当课银。如成都县一年可收100两左右。（2）碾榨磨课银。如成都县一年收47.76两。（3）鱼课银。如金堂县收鱼课银0.35两，巴县收鱼课银2.3两。（4）黄蜡折价银、草料粮银、秋草银、杂货税银等。牙行所收上述税银，以当课银为最多。如华阳县一年收当课银100两，而碾榨磨银仅为19.92两。据《清朝通典》统计，四川年收商牙杂税银191,295两。

"牙帖"，相当于营业执照，由四川藩司衙门统一颁发，均有定额。雍正十一年（1733）谕令，不许州县官吏滥放牙帖，"以杜增添之弊"①。因为这一时期出现增添牙帖给一些本不藉牙行的杂货小贩的情况，市井奸牙乘机把持市场，抽分利息，苦累商民。为了清除牙行苛索之弊，雍正谕令内阁，要求四川等省藩司将牙帖"著为定额，报部存案。不许有司任意增添。嗣后止将额内退帖顶补之外，查明换给。再如新开集场应设牙行者，酌定名数给发，亦报部存案"②。

四川抽征的杂税名目尚多。如船粮税，从雍正朝开始，经川陕总督岳钟琪奏请开征四川船料税，主要征收米粮，征米不征料。到乾隆八年（1743），考虑到不少船只下水载米，上水却是放空，揽载客货不易，故谕令废除。

四、耗羡、余平

（一）耗羡

耗羡，又名火耗、羡余、盈余，实为正赋之外的一切附加税、手续费、杂费的总称。"盖由本色变而折银，其取之于民也，多寡不一，其解之于部也，成色有定。此销熔之际，不无折耗，而州县催征之时，不得不稍取盈余以补其折

---

① 《清朝通典》卷8。
② 《世宗宪皇帝实录》卷136。

耗之数，亦犹粮米之有耗也。"① 火耗之名，早在明朝就有了。清代顺治、康熙时期，不少地方官亦袭明例，"多征收钱粮，加添火耗"②。

清代正式准征火耗，起于雍正二年（1724）。该年"山西巡抚诺岷请以通省耗羡提解存公，将阖省公事之费及上司下属养廉之需咸取于此，上不误公，下不累民，无偏多偏少之弊，无苛索横征之扰，实通权达变之善策"③。雍正看到奏议后说："州县火耗原非应有，因地方公费、各官养廉不得不取给于此，且州县征收火耗分送上司，以致有所藉口，肆其贪婪。上司瞻徇容隐，此从来积弊也。与其州县存火耗以养上司，何如上司拨火耗以养州县乎？……火耗已足养廉。"④

雍正五年（1727），四川开始全面征收耗羡，共银"不过三四万两"⑤。后按照地丁粮银每两加火耗银一钱五分，年额征银达10万零，遇闰加增银3490余两，随正粮银解司，拨供文武各官养廉，将军、总督、都统衙门役食心红，暨满城仓夫工食等费用。按年由司列册，课请奏销，"久为岁入经常之款矣"⑥。

随着火耗的征收，四川又在每两一钱五分的基础上增加到二钱五分，较他省独重。直到乾隆时期，才减去一钱，保存一五之数。但耗羡由田赋银而盐税、茶税至税契，可说无孔不入，凡收税，均加耗羡。

耗羡本为正税之附加，而地方官所不满足于此，更"于耗羡之外，又事节求"⑦。

（二）余平

余平又称"平余"，即耗羡之外，按每银百两提解六钱的银数，意平色之余，称"平余银""平头银"。日本学者佐伯富博士对"平余"有过一个较为恰当的解释："平就是称，余就是赢余的意思。"平余银就是"收放银两之际，由操作秤所得的余银"，即"库平与市平之差额所产生的赢余"⑧。

余平，是乾隆初年四川的一大"发明"。乾隆三年（1738），四川巡抚硕色奏请

---

① 《清朝文献通考》卷3。
② 《清朝文献通考》卷2。
③ 《世宗宪皇帝圣训》卷6。
④ 王庆云：《石渠余记》卷3。
⑤ 丁宝桢：《四川盐法志》卷10。
⑥ 佚名：《四川财政考》，《地丁考》，民国3年四川官印刷局印，第2页。
⑦ 《世宗宪皇帝实录》卷43。
⑧ 佐伯富：《清代雍正朝的养廉银研究》，郑梁生译，（台北）商务印书馆1975年版。

加收"平余"。乾隆批准使之合法化，形成了又一附加税制度，并推广到其他省区。

此后，余平征收的比率不断提高，加增到每 1000 两征收 25 两，后觉太高，又减为 12.5 两。平余收入银两留于藩署，以充地方公费、官吏养廉及杂事开支之费。

五、捐输

捐输，亦称"捐纳"，也是清代财政收入之一。捐纳人捐出一定数量的银两或粟后，即可得到官位或褒奖。顺治时期捐纳初兴，推行面窄，收入不多。

康熙十三年（1674）开始实行文官捐纳。到十六年（1677），捐纳之制大规模推行。一个重要原因是平定三藩之乱，政府迫切需要筹措军饷，于是康熙批准广泛推行捐纳，仅知县就连续捐给了 500 多人，三年之内收捐银 200 余万两。

十分明显，清政府推行捐纳制度的目的是为了开辟财源，增加财政收入。乾隆直言不讳地说："费用繁多，不得不资藉捐纳，以补国用之不足。"①

清代实行的捐纳，分常例捐和大捐两种：

所谓常例捐，是指每年都可实行的捐纳项目，是指捐监、捐官、捐封典等。康熙年间，对捐监、捐文官、捐武官等均有明确的银两数字规定：监生，捐银 108 两；郎中，捐银 7680 两；道员，捐银 13120 两；知府，捐银 10640 两；知州，捐银 4820 两；知县，捐银 3700 两；参将，捐银 7640 两；游击，捐银 5910 两；守备，捐银 2160 两。

捐纳制度实行初期，全由户部控制，但清朝中央与地方官员因捐纳利益矛盾逐渐尖锐。到乾隆初，各省要求停止户部收捐，将捐纳钱粮分别归省收贮，作为省的财政收入。乾隆不得不谕令暂停部捐。乾隆十三年（1748），平定金川的军费开支庞大，经略大学士傅恒建议在四川就近举行大捐②。乾隆三十七年（1772），平定两金川战事又起，四川总督文绶奏请在川开捐。

四川的捐监事例，经乾隆四年（1739）四川巡抚硕色奏准实行，"改归本省收纳"③。成都、重庆等七府，绵、眉等七州，应照户部章程办理。保宁等府，或照本地谷价酌定。至于松潘、茂州、雷波、越西等地，因属四川边区，积储

---

① 《乾隆元年条例》，转引自许大龄：《清代捐纳制度》。
② 《高宗纯皇帝实录》卷 330。
③ 《高宗纯皇帝实录》卷 90。

十分重要，而这些地区又土瘠民贫，输捐人少，可以不分府、州、县界限，准其赴松潘等处报捐。乾隆三十八年（1773）七月，户部议准，四川士民要求报捐贡监，准其于本省上纳本色。"其四川邻近之云南、贵州、湖广、陕西等省，亦准其一体暂于川省报捐。"①

所谓大捐，也叫"暂行例"，是遇重大战争及灾荒等需要军饷和赈济银两而举行的捐纳。大捐的收入主要来自商捐、绅捐，其数字很大。如乾隆三十八年（1773）因四川平定两金川战争需要，一年仅六笔商捐即达550万两之多。其捐纳情况如下：两淮纲商江广达、程谦德等，"今值进剿金川，情愿公捐银四百万两，少佐军需"②；长芦商众"情愿捐银六十万两"③；山东商众，"情愿捐银三十万两，稍供军营赏赉"④；两广盐商吴青岳等，"敬请捐银二十万两，代解军营，以抒蚁悃"⑤；广西商众李念德等，"现在川省办理军务……请照东省之例，捐银二十万两"⑥；洋商潘振承等，"亦请照两省埠商捐银二十万两"⑦。绅捐的数字也很大。如乾隆三十八年（1773），山西太原等府、州属绅士孟瀛等，"兹闻金川梗化，谊切同仇，情愿各抒忱悃，共出运本银一百一十万两。公议郭继传等三十人各带伙商三四人赴川办运"⑧。

上述捐银经乾隆同意，四川藩库都是收了的。如乾隆三十九年（1774）四川总督文绶奏："此项银两，俱经解交川省藩库收贮。"⑨

清代通过捐纳获得了不少收入。如为了镇压白莲教起义，嘉庆三年（1798），以"川楚善后筹备事例"名义开捐，收入达3000多万两。清代捐纳收入，大体为每年国库收入的十分之一左右。如嘉庆十八年（1813），清政府国库总收入为4400万两，而常例捐则为400万两。

捐纳，实际上就是清政府卖官鬻爵。清代四川捐纳制度的实行，一方面虽

---

① 《高宗纯皇帝实录》卷938。
② 《高宗纯皇帝实录》卷941。
③ 《高宗纯皇帝实录》卷944。
④ 《高宗纯皇帝实录》卷944。
⑤ 《高宗纯皇帝实录》卷948。
⑥ 《高宗纯皇帝实录》卷949。
⑦ 《高宗纯皇帝实录》卷949。
⑧ 《高宗纯皇帝实录》卷944。
⑨ 《高宗纯皇帝实录》卷956。

然开辟了财源，但同时也为贪污、贿赂打开了大门。有钱人不仅可以用金钱买到监生等功名，而且可以买到如道员、知府那样的官位，并且可以步步高升。如乾隆十二年（1747）任川陕总督的张广泗，四十八年（1783）任四川总督的李世杰等，都是捐官出身。

捐纳制度也是清代吏治败坏的具体反映。乾隆也不得不承认："纳资投官，本非善政。"① 所以当两金川战事结束后，两淮盐商还想以捐纳叩恩而请圣训时，乾隆批斥伊龄阿："所奏大谬……今大功告成，部库尚存六千余万。朕方以日渐盈积，寄所以裕民藏富之道，岂可复令商人为此无名之捐助耶？"② 清代后期，财政支出激增，加上战争、灾荒不时发生，于是广开捐纳。到清代末年，四川等省通过捐纳获得官职的候补人员已经无法安插。光绪二十七年（1901），清政府不得不下令停止实官捐纳，但实际并未停止。

清代还鼓励官民捐纳钱粮作为修建城池、文庙及其他公共建筑的费用。乾隆二十六年（1761），四川总督开泰奏准："地方官及绅士、商民，有捐赀修城者，请与捐谷贮仓，一体酌奖。"③ 其具体奖励规定如下：现任地方官捐修50～150两者，递记功三次，听督抚自行办理；200两以上者，准记录一次；300两以上者，记录二次。士民捐修10～50两以上，递赏花红匾额奖励；捐至300～400两者，奏给八品顶戴。清政府通过这样的捐纳途径，筹集了不少资金。

此外，清末为筹措庚子赔款，在四川等省所征收的田赋附加税，也称为"捐输"。

第二节　榷关与海关

一、榷关

清初，定各省关税。顺治十年（1653），令各关列示定则，设柜收税，不得勒扣火耗，需索陋规，并禁关役包揽报单。康熙五年（1666），命各关税均交地

---

① 《高宗纯皇帝实录》卷126。
② 《高宗纯皇帝实录》卷1018。
③ 《高宗纯皇帝实录》卷651。

第十一章 清代四川财政

方官管理。

清代四川，为了保证出入省区货物税收的征解稽查，在商贾出入主要地区设立常关，统一管理。川省常关共七处，即夔州府关（夔关）、打箭炉关、成都府关（成都四门关榷）、雅州府关、宁远府关（建昌关）、叙永县关、广元县关。若加上阆中之猪税，共有八关。这当中，最大的是夔关和打箭炉关。

夔关：康熙六年（1667），四川巡抚张德地请设夔关总税，裁止宁番、越西、会川、盐井、梅岭、安宁、大坝等处商税。主要原因是，夔关收税可大倍于数处，每岁可收千两之数。随着生产发展，商贾渐集，税额可相应增多，上可裕国，下可便民。而会、盐、宁、越等处，皆崇山峻岭，舟楫不通，肩挑背负，货物有限，具税之名，无税之实，不如裁去。乾隆时期，将重庆渝关之木税，划归夔关征报。为了加强对夔关税收的管理，雍正六年（1728），户部议复四川巡抚宪德疏言，"夔州关税……派差监督一员征课，按年遴员更换"[1]，从雍正七年（1729）起，不再委夔州知府监收。乾隆十五年（1750），四川总督策楞题委川东道积行接征夔关税务。十八年（1753），又委夔州府知府管理。

打箭炉关：康熙四十年（1701），打箭炉定炉后，设立关税。四十一年（1702），清政府派遣官员会同喇嘛驻炉监督贸易。雍正时定制每物价银一两征税三分。雍正六年（1728），定打箭炉关税，每年 2 万两。乾隆四十一年（1776）改为一应货物均分地道按数科则，照部颁现行条例征收。因打箭炉系川藏咽喉，位置重要，乾隆四十五年（1780）以前，统一由部院派遣司员前往管理，一年报满更换。但实践证明，派往之员，人地生疏，如果经理不善，往往易出税收缺少之弊。如要该员赔补，弄得折产变房，确有困难。乾隆四十六年（1781），四川总督文绶奏准，打箭炉关改归打箭炉同知就近征收奏销。

据嘉庆《四川通志》载，嘉庆八年（1803）四川常关税收数量如下：

1. 成都府四门征收杂税、红花税及内江县税口归并该府汇报

  正额银   695.892 两

  盈余银   10849.692 两

  合计银   11545.584 两

---

[1] 《世宗宪皇帝实录》卷 71。

2. 渝关征收木税

  正额银   5000 两

  盈余银   121.131 两

  合计银   5121.131 两

3. 夔关并涪口征收杂税

  正额银   73740.492 两

  盈余银   95038.841 两

  米税银   14773.147 两

  合计银   183552.47 两

4. 建昌关征收杂税、盐税

  正额银   227.7456 两

  盈余银   3651.318 两

  合计银   3879.0636 两

5. 打箭炉厅征收茶杂等税及官房地租

  合计银   21868.64 两

6. 阆中县征收猪肉税

  正额银   108.768 两

  盈余银   8.606 两

  合计银   117.374 两

7. 广元县征收杂税

  正额银   1481.768 两

  盈余银   253.326 两

  合计银   1735.074 两

8. 雅安县征收杂税

  正额银   286.476 两

  盈余银   3896.84 两

  合计银   4183.316 两

总共常关税入：

  正额银   81541.1266 两

  盈余银   113819.703 两

米税银	14773.147 两
官房地租等银	21868.64 两
总共税银	232002.63606 两

二、重庆海关

鸦片战争以后，清政府与外国侵略者签订了一系列不平等条约，中国海关权利相继丧失。咸丰十年（1860）成立的中国海关总署，居然任命英国人赫德为总税务司主管官。自此，中国海关的主要权利落入帝国主义分子手中。

光绪十六年（1890），中英两国政府在北京签订《烟台条约续增专条》。条约规定，重庆即作为通商口岸，与其他通商口岸无异。重庆开埠通商，就必须建立海关，于是当局开始了筹建重庆海关的工作。因四川既无建立海关的经验，又无懂这方面知识的官员，后经总理衙门批准，重庆海关仿照宜昌海关章程办理。

掌握中国海关大权的总税务司赫德为了控制重庆海关，任命原宜昌海关税务司英国人霍伯森（又译好博逊）为重庆海关税务司，又以奥地利人罗士恒为三等帮办后班。四川总督刘秉璋以川东道张华奎兼任海关监督（海关主管官）。光绪十七年正月二十一日（1891 年 3 月 1 日），重庆海关正式开关，其地址在朝天门附近的糖帮公所。海关的主要任务是征收关税，而海关税务司一职为英国人把持，海关监督张华奎实际上被架空，形同虚设。

重庆海关关署设置有总务、秘书、会计、统计、监督、验查等六课，其后又设置了巡江司、理船厅等。各课课长都由税务司任命的外国人担任。

重庆海关"上起南岸黄桷渡土地庙和北岸城墙西端，下至南岸窍角沱铁厂和北岸的安溪石桥，全长三英里。另有嘉陵江从江口上溯一英里地区为关区范围"①。光绪三十年（1904），重庆海关税务司花荪又租用重庆打枪坝建造税务司公所。

重庆海关税务司向由外国人充任（民国 16 年始派华人担任），税务司的权力很大，主要有：代表总税务司管理重庆海关的行政工作；经办重庆海关的税政征理；负责重庆海关的缉私；负责社会经济资料的统计报告。

---

① 《四川省志·海关志》，四川科学技术出版社 1998 年版，第 30 页。

担任税务司的洋人利用代客报关、代客雇船、代客找货，收取代办费，实际上控制了整个川江的运输业。

税务司征收货税，皆以有利于外船外货为准。外船外货只需按五厘纳税即可在内地通行无阻，广为销售，其厘金、落地税等皆可免征。外人所购内地货物，亦按此标准纳税，即可运输出口。

税务司所缉走私，实际上就是走私者查走私。因为在重庆海关走私的多是外国船货，如英船走私鸦片等。税务司课员一旦发现，则睁一只眼，闭一只眼，予以放行。

担任重庆海关税务司的洋人以重庆海关为基地，大肆搜集四川、贵州、云南以及西藏等西南地区邮政、运输、货物、地价、工资等社会经济情报，并上报到总税务司。

洋人担任税务司，是要中国以关税作抵押、以海关作担保，从而获取中国的赔款。重庆海关税务司利用其征税的特权公开支拨白银12万两作为赔款，为重庆海关全年税收31.28万两的38％。其余60％税银又被英德两国瓜分。

帝国主义分子更以所掌握重庆海关的特权，利用"挂旗船"（即在川江航行的中国船只挂外国旗可以受到重庆海关保护）等手段严密控制川江航权，并以此打击川江民营运输业和清政府官办的川江运输业。

第三节　四川财政状况

一、财政管理

清朝前期，建立了一套从中央到地方的财政管理体系，把全国财权牢牢控制在中央政府手中，即所谓"财权操自户部，各省不得滥请丝毫"①。地方督抚虽然权力很大，但却不能插手地方财政。各省主管财权的布政使（藩司）也直接听命于户部。

四川布政使掌管全省财政收支报销大权。"其应支一切钱粮，自有藩司总理

---

① 《清末筹备立宪档案史料》下册，中华书局1979年版，第1054页。

其事。"①

藩司设藩库，也叫司库，为全省钱银保管存贮之所。四川藩库最早设于康熙六年（1667），库址在城西布政使署内。

藩库的具体任务是：（1）保管贮存四川全省上缴之各类赋税银钱；（2）支付四川官员的薪俸和养廉银等；（3）支付其他如修建、奖赏等各类杂支银钱；（4）负责全省军费的开支报销；（5）调出调入四川与外省的协济银钱；（6）办理大员当时急需借支银钱。

四川因平定两金川之乱，军费开支庞大，四川藩司难以兼管，奉旨设立经费局，在四川督、抚、藩司领导下总管全部军费收支。经费局与户部临时设立的军需报销局一样，是因应作战需要而设立的一个临时性的经费管理机构，一俟战事结束，军费报销完结，即行撤销。四川乾隆朝所设经费局于乾隆四十六年（1781）奉旨裁撤。

鸦片战争以后，中央财源匮乏，各省督抚为了筹集军饷，经过清政府批准，增收各地捐税，并相继设立了一些独立于原有财政体系之外的财政管理机构。如咸丰十一年（1861），川督骆秉章与藩司及盐茶道等，厘定通省捐厘章程，在省城设立捐输厘金总局，后改为厘金总局，于大江要隘之夔、渝、叙、泸等处，设卡抽收货厘。光绪三年（1877），川督丁宝桢设立三费局。三费包括本地命案、缉捕、招解相验所费开支。此项开支由三费局抽收肉厘（每宰猪一只取钱100文），专供三费之需。光绪三十四年（1908），四川各府、州、厅、县奉命成立"经征局"，负责征收从前由知县征收的房地契税、执照税、屠宰捐、酒捐、油捐等。为了支应这些新局的经费，各局收数的十分之一作为保留款项，其余十分之九缴交藩库。此外，经过清廷批准，四川总督还设立了官钱局、官银局等地方金融机构，发行钱票，鼓铸铜元银元，获取高额利润。

由于地方督抚插手地方财权，使各省主管财政的官员由直接听命于户部逐渐转变为听命于督抚，于是清朝中央集权的财政管理体制在清末开始瓦解。

---

① 《高宗纯皇帝实录》卷1146。

二、金融

(一) 钱法

清朝初年，战乱不休，各地生产遭到严重破坏，铸造新钱难以满足需要，所以采取制钱与明朝旧钱同时流通的政策。顺治三年（1646），制钱使用范围逐渐扩大，旧钱日贱。户部奏准"唯崇祯钱暂许行使"外，其余旧钱，悉令送部，以每斤八分的价钱收购，以资鼓铸。为了统一制钱形式，顺治谕令，所铸钱文"俱随年号字样铸造"①。这一规定一直沿用。

清代四川鼓铸开始于康熙七年（1668）。该年谕令四川成立鼓铸局，鼓铸钱文。其后曾停止鼓铸。雍正三年（1725），谕令四川鼓铸钱文，听其流通各省，不必禁止出境。乾隆时期，四川新旧铸炉最高达到40座之多。

四川铸钱式样，按康熙七年（1668）规定，铸"川"字钱。康熙六十一年（1722），又规定四川铸钱字为"宝川"，"俱将宝字为首"②。铸钱重量方面，康熙初每枚为一钱四分。康熙二十三年（1684），因销毁弊多，仍改重一钱。后因私铸竞起，又复增重为一钱四分。雍正十一年（1733），为使"销毁者无利，而私铸者亦难"③，谕令照顺治初铸钱一钱二分标准鼓铸。四川所铸小制钱又名红钱、黑钱、古钱，"质轻价重"④。宝川钱的质量，一直不够稳定。

钱文鼓铸，是四川一项重要的财政收入。如乾隆四十六年（1781），旧炉30座鼓铸钱文除开支炉匠工料、官役用费、公费等项钱外，尚有124744串144文，作为搭支文武官员养廉、兵饷和院司道书吏饭食之用。此外，宝川局增设新炉铸钱，每年可得余息银6万余两，也是一笔不小的收入⑤。

清代私铸钱文，最先始于四川和湖广。乾隆曾严肃指出："私铸小钱，起自四川、湖广一带。"⑥ 四川私铸特别严重。到乾隆五十六年（1791）止，三年之中，各省收买小钱，其数目有数万斤至数十万斤不等者，"独川省有1100余万

---

① 《世祖章皇帝实录》卷 26。
② 《世宗宪皇帝实录》卷 2。
③ 《世宗宪皇帝实录》卷 127。
④ 《高宗纯皇帝实录》卷 235。
⑤ 《高宗纯皇帝实录》卷 1162。
⑥ 《高宗纯皇帝实录》卷 1464。

第十一章 清代四川财政

斤"① 之多,为全国之冠。

私铸首起四川,又何以如此严重?考其原因,主要有四:(1)主持官吏偷工减料。四川主持鼓铸的官吏,在官局铸钱中,有意将钱"偷减改小","所发价值及熔化折耗,较之京城及外省定例均属浮多"②。"额外多铸小钱,希图赢余肥橐,以致流行各省,日积日复,而云南、四川为尤甚。"③ (2)钱、铜价值倒挂。按照经济常规,钱价应高于铜价,钱币才能获得高于铜价的流通信任。但是,由于官局偷工减料,所铸钱币质量低劣。而在铜价贵时,民间又大量私铸滥造小钱获利,以致小钱充斥,造成钱值不如铜价的弊病。于是民间又大量毁坏小制钱作废铜变卖。官局因铜少不敷,采买废铜,毁钱者则从中获利。(3)用暗售沉铜私铸。清代云南、四川冶炼的铜、铅大量通过长江水路运往北京,以供应京局鼓铸。运送途中时有船只遇难沉没。四川因之出现了一种以专门潜水打捞沉溺铜斤铅块谋生的"水摸"。这些"水摸"秘密潜水,将沉铜铅块打捞起来后,卖给私铸之人作为原料。(4)铜厂透漏,奸商贩卖。如乾隆五十九年(1794),重庆拿获曾石保、刘荣厚等两百余人,他们私铸钱币达一年之久,所用铜斤铅块就"系该处官厂奸商透漏,或系水摸人等捞获盗卖"④。

私铸之人手法甚为巧妙。初在陆上私铸,虽可在深涧、高山之秘密地方进行,然仍易被发现查拿。结果进一步发展到水铸,即于水面舟次在长江水面宽阔僻静之处抛锚停泊,乘便私铸。倘遇官船巡缉,亦可将私铸物件抛入水内,难于捉获。

由于官局不正,私铸更为猖獗。小钱充斥,川省尤甚:"钱价亦为过贱,商民多有不便……而商人往来运贩,捆载携带,既多累重,且交纳帑课,例用银两,以钱易银,更形折耗,以致成本多亏。"⑤ 不仅四川商民深受其害,私铸小钱流至江、浙,使这些省份亦受害不浅。

由于私铸小钱"薄小破烂,甚至行之此站者,彼站即不能使用,必须另将

---

① 《高宗纯皇帝实录》卷1446。
② 《高宗纯皇帝实录》卷1446。
③ 《高宗纯皇帝实录》卷1459。
④ 《高宗纯皇帝实录》卷1460。
⑤ 《高宗纯皇帝实录》卷1454。

第十一章　清代四川财政

银两易换，方可行使。而私铸小钱，种类难以悉数。此即大弊，深为商民之累"①。

为了杜绝私铸之弊，清政府在四川采取了一系列治理措施。主要有：（1）严禁私铸。乾隆曾谕令："严禁私铸，以绝弊源。并令四川、云、贵邻近各省，一体严行查办。""倘再颟顸不办，使小钱仍复流通，则惟该督、抚是问。"②（2）官府收买另铸。为了不致使小钱被投机分子收买毁卖，四川总督孙士毅奏请由官府出资大量收买私铸小钱，销毁后，由四川官局另铸制钱。清政府还鼓励握有大量小钱的人向官府上缴，按斤两酌行给以银两，使之不致赔累。（3）小钱限期与大钱兼用。清政府在查禁私铸小钱的过程中，不得不面对一个现实问题，就是"大钱不敷用度"③。广大商民、官府需要大量钱币流通，官铸大钱又满足不了需要，势必造成商贸交易严重不便，引起不满。康熙在处理这个问题时，十分慎重。他说："总之，钱法必期便民。若不计便民，而但期法之必行，严加禁止，亦有何益？凡事必酌量权变，不失其宜，方有济耳。"④因此，户部又题准，从康熙五十三年（1714）起，把限定大小钱同时兼用三年已满的期限，再展限三年，使小钱逐渐淘汰，又不影响社会上货币流通交易。康熙在给大学士的谕旨中说："朕理事年久，洞悉钱法。钱价随时不同。铜价贵，即毁小钱作铜卖；铜价贱，即盗铸小钱；用小钱，则私铸之人有利；用大钱，则私铸之人无利。然小钱又不可禁，今大小钱兼用，于民甚便。钱法流行，莫如我朝。南至云南、贵州，北至蒙古，皆用制钱，从古所未有也。"

到清末光绪朝，因铜原料赶不上需要，四川铸钱已明显萎缩。其铸钱量，已由乾隆朝的22卯（每卯计制钱12万串）下降到光绪朝的二三卯。到光绪三十年（1904），负责四川铸钱的宝川局不得不奉命撤销。

图11-1　四川造银元"光绪元宝"（现藏于西南财经大学货币证券博物馆）

---

① 《高宗纯皇帝实录》卷1451。
② 《高宗纯皇帝实录》卷1351。
③ 《圣祖仁皇帝实录》卷258。
④ 《圣祖仁皇帝实录》卷258。

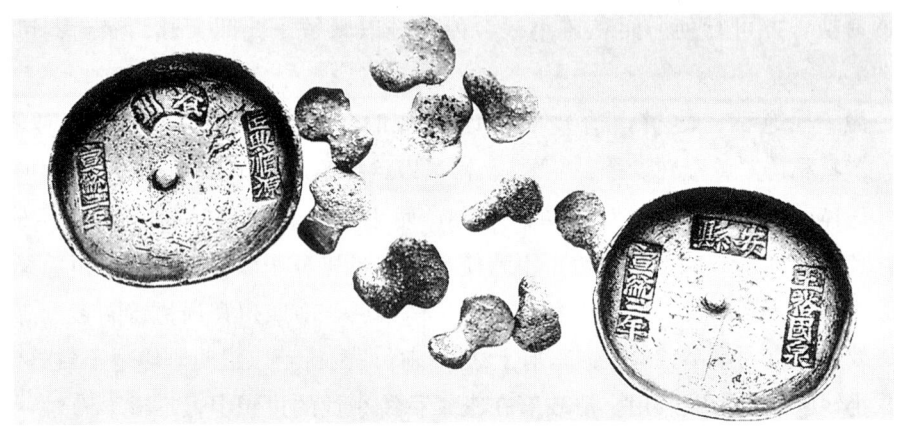

图 11-2 晚清时期四川流通的银锭及碎银（现藏于西南财经大学货币证券博物馆）

为了满足对银元和铜元的需要，清朝度支部又于光绪三十一年（1905）在四川设立银铜元总局，负责铸造银元、铜元。宣统二年（1910）又将该局改名为成都造币分厂。

（二）票号、钱庄、银行

随着商品经济的发展，金融货币支付的频繁，票号亦应运而生。票号，又称汇票庄、票庄、汇兑庄，是清代后期的一种金融信用机构[①]。票号分合资、独资两种形式，资本一般在 20 万~50 万两之间。票号经营的主要业务是汇兑。其具体方法是：接受汇款人委托，签发所要求的汇票，汇款人持票到所汇地方票号兑取现银。票号除承汇私人银两外，还办理清政府汇解之京饷、军饷和协饷。票号还存放清朝官员的私人银两和政府官款。

票号利润丰厚，信用可靠，发展较快。到清末，已遍及全国各省区。成都、重庆等地均有票号。重庆总商会总理（会长）李耀庭，就是号称"西南首富"的重庆最大票号"顺天祥"的老板。票号的产生和发展，解决了大量银两携带运输不安全、不方便、费用大等问题，促进了清代商品经济的发展。

清代后期，钱庄、银行在四川相继出现。光绪二十一年（1895），四川总督鹿传霖奏请在成都设立"官钱铺，出发票钱，以裕度支而利市廛"[②]。

钱铺就是钱庄，是一种经营存、放银钱的金融信用组织。早在明代末期，

[①] 票号的起源时间，说法不一，或说明末清初，或说清代乾嘉时期。
[②] 《德宗景皇帝实录》卷 366。

钱庄即已产生,主要经营存款银钱业务。到了清代,钱庄主要集中在上海、南京、北京、天津等大城市,四川的重庆、成都均设有钱庄。钱庄一般系独资经营,也有合资者。除存、放款外,还可汇划出视同现金的票据。钱庄不像票号有大量的分支机构,故其经营地区范围较小,一般只限于一个大城市及其近郊地区。由于钱庄的建立,原存放在票号的大量官银和官员私银以及商业私银被钱庄吸收,票号业务受到严重打击,经营走向衰败,有的破产歇业,有的与钱庄合并,改为钱庄。

由于钱庄的经营地域狭窄,加之受私营性质条件限制,难以满足越来越多的存款、放款、汇兑和储蓄业务的要求,特别是大宗国家公款存放于私人钱庄本就属不当,应由政府发行银币的权力亦不能轻易交给私人钱庄,故而依照外国早已经营的银行惯例,开设中国的官办银行被提到清政府的工作日程上来。

光绪三十一年(1905),清廷批准成立户部银行。同年五月,川督锡良奏请在川设立官银行。朱批允准后,锡良命重庆商务局总办周克昌筹办。银行取开通川省利源之意,定牌名为"浚川源银行",颁发官防一颗,定名"四川官银行",是年九月开业。开业股本50万两,其中30万两由藩库筹拨,20万两由商股募集。总行先设重庆,成都设分行。宣统二年(1910),总行迁成都,相继在上海、汉口、北京、天津、宜昌、沙市、万县、涪陵、自流井、五通桥、保宁等地设立分行或办事处。

光绪三十四年正月(1908年2月),度支部(原户部)奏准所拟定的"银行则例四种"[①],即:《大清银行则例》24条、《普通银行则例》15条、《殖业银行则例》34条、《储蓄银行则例》13条。根据《大清银行则例》,度支部又于光绪三十四年(1908)将原户部银行改名为大清银行。其资本增至白银1000万两。大清银行还具有发行纸币和代理国库的特权,并在北京设立总行。大清银行为扩大业务,在全国一些重要城市设立分行。光绪三十四年三月(1908年4月),大清银行在重庆千厮门正街建立重庆分行。同年七月(8月),大清银行在成都建立分号。宣统二年二月(1910年3月),又在四川设立自流井、五通桥分号。

---

① 《德宗景皇帝实录》卷586。

第十一章 清代四川财政

（三）昭信股票

昭信股票是我国历史上最早发行的近代形式的公债。光绪二十四年正月（1898年2月），因中日《马关条约》规定的第四期赔款即将到期，当时清政府户部帑库空虚，清廷本已入不敷出，正愁这么大一笔赔款不知从何而出，右中允黄思永上奏，请造"自强股票"，筹措款项。于是户部奏准发行公债一万万两，年息五厘，分二十年还清。券面分一百两、五百两、一千两。这就是所谓的"昭信股票"。

为了推动昭信股票的发行认购，户部建立了昭信局，并在各省建立昭信分局。户部要求王公大臣和各省在职的将军、总督、巡抚以下官员都要领票认购缴银，还要求各省官员积极劝购。户部将认购数额分摊到各省，四川摊认民股银68.2万余两，官股银35万余两。省昭信分局又将任务分摊到各州县，每县或十余万两，或数万两不等。于是各州县便仿照历年捐输办法，实行"按粮摊派"。昭信股票的强迫发行，严重影响了社会秩序，激起人民群众的强烈不满。同年七月（9月），清廷不得不停止发行该股票。

三、财政收支

清代前期，以乾隆朝为例，户部银库爆满，储银多达8000余万两。收支相抵，尚可余银180余万两。鸦片战争以后，白银大量外流，财政赤字不断上升。道光三十年（1850），户部库储银仅为800万两。到同治三年（1864），户部库存居然仅有6万两了。

顺治、康熙、雍正各朝，在财政开支和皇帝生活上是比较注意节制的。当时国家经济正处于恢复阶段，除了保证战争等重大开支外，皇帝的生活与明朝帝王相比，开支可算得上有度。康熙曾说："朕躬行节俭，宫中用度甚为省约。计明朝一日之用，足供朕一月之需。"① 乾隆时期，清朝经济发展到高峰，国库充盈。乾隆本人随意花费，中央和各级地方官员更奢侈糜耗，节俭之风已不时新了。嘉道时期，腐败加剧，清初的节俭之风败坏无遗。

清初，四川田赋较轻，税收不多，所征各类税银虽曾启运部分到户部，但数量有限。如康熙七年（1658），"四川起运银四十九万三百六十四两一钱八分

---

① 《圣祖仁皇帝实录》卷244。

有奇"①，居当时起运银的 19 个省区的第 14 位，仅高于广西、甘肃、云南、贵州、盛京。乾隆时期，四川财政收支大体相抵，保持在银 180 余万两左右。但总的来说，清代前期四川财政需要外省协济，处于"入不敷出"的状况。鸦片战争以后，四川财政收入大幅度增加，但支出亦随之大增，特别是清政府将四川由受协省改为协济省，更加大了四川的财政支出，以致"入不敷出"的状况很难改变。正如光绪十六年（1890）四川总督丁宝桢所说："查川省度支，向本入不敷出，从前须待邻省协济。军兴以后，不惟协饷不至，而由川省协济各省以及各路军营者愈出愈多，所赖以周转者惟在津贴、捐输、厘金三项，综计每年一切收款共约四百余万，每年支发则需五百余万，实属入不敷出。"②

表 11-3　清代前后期四川财政岁入岁出主要款目比较③

单位：（藩库平银）两

收支款目 \ 年代	乾隆中	宣统
收入总计	1800000+	17300000+
地丁、火耗、津贴、新旧捐输	790000+	4300000
盐款	800000+	6300000
契税	78000+	3100000+
厘金		700000+
肉厘		1100000+
酒、烟税厘		1000000
糖、油税捐		600000+
关税、杂征等等	10000+	100000+
支出总计	1800000+	17000000+
本省文武各官正俸、养廉	130000+	130000+
京饷	480000	480000

---

① 《清朝通典》卷 7《食货 7》。
② 《皇朝道咸同光奏议》卷 26 上，转引自鲁子健：《清代四川财政史料》上册，四川省社会科学院出版社 1984 年版，第 508 页。
③ 本表转引自鲁子健：《清代四川财政史料》下册，四川省社会科学院出版社 1988 年版，第 106~107 页。

第十一章 清代四川财政

续表

收支款目 \ 年代	乾隆中	宣统
东北固本兵饷		120000
甲午战争赔款		600000+
庚子赔款		2200000
甘肃、新疆协饷		2000000
贵州协饷		500000
代贵州拨解庚子赔款		200000
云南协饷		300000+
本省制营、满营兵饷	1200000	1000000
防剿经费		1400000
新军第十七镇饷银		1500000+
各州县公费		1100000
将军、总督以至各府公费		400000+
成渝两地警费		400000
弥补摊捐款项		700000+
全省各局所经费		2500000
学校经费		600000~700000
其他京、协、洋各款汇费及各项费用		700000~800000

从上表可以看出，清末宣统朝四川财政总收入比乾隆年间增加近十倍。宣统年间每岁收入可达银 1730 余万两，支出保持在 1700 万两之谱，如每岁收款及额，每年藩库可余存银 30 万两。与西部各省相比较，四川财政状况相对要好一些。

清末四川财政收入增加的主要原因：一是由于四川商品经济发展，社会财富大量增加，财税收入也相应增加，如清末四川盐业发达，盐税收入已跃居四川财政收入的首位；二是清政府加强了对四川财富的搜刮，新增了津贴、捐输及厘金等若干苛捐杂税。

宣统年间四川财政支出项目中，数量最大的两项：一是分摊赔款。四川分摊甲午战争赔款、庚子赔款和代贵州发解庚子赔款共达银 300 万两，这是列强入侵在经济上给四川造成的严重影响和巨大财政负担。二是协饷。四川拨给甘肃、新疆、贵州和云南诸省的协饷共达银 280 万两之多。此外，军费开支也是四川财政支出的大宗。表中所列军费开支总数高达 402 万两。清政府推行新政，练新军，办警察，投入大量防剿经费，说明当时社会矛盾非常尖锐，清朝政权已处于风雨飘摇之中。

四、清末财政改革

清代后期，各项赔款、军政开支大量增加。地方吏治腐败，各省地方官任意加征，克扣税款，造成清朝国库空虚，难以维持其正常开支。清末推行新政，各地官民要求整顿改革财政之声，十分强烈。如御史萧丙火在奏疏中历数官员贪污成风，"厘金总局有督办以享其成，复有会办帮办以分其润，巧立名目，厚支薪水……当事莫不肥己"①。他建议谕令各省督抚分别查明办理。严峻的财政危机，迫使清政府不得不进行财政方面的整顿和改革。

光绪三十四年（1908），度支部颁发了《清理财政章程》，决定在各省建立清理财政局，以清理省财政。四川于宣统元年五月（1909 年 6 月）成立了四川清理财政局，并相应成立大清银行重庆分行，以代理四川省金库。

光绪三十四年（1908）谕令新设立的经征总局颁行了《税契章程》，要求所有税契统归各级经征局委员征收，各级地方官必须保证其征收，不准随意干预。

四川总督赵尔巽奏准在四川实行税款统归经征局尽征尽解，对地方官发放公费津贴的办法。他把四川各官缺定为最繁要、繁要、繁缺、中缺、简缺五等，边缺与繁缺同等，分等给予公费银津贴。其津贴标准如下：（1）最繁要者，每缺每年公费银 1.2 万两，另给缉捕交涉等经费 8000 两，全省共计 6 缺，总需银 12 万两。（2）繁要者，每缺每年公费银 1 万两，共计 14 缺，总需银 14 万两。（3）繁缺、边缺者，每缺每年公费银 7000 两，共计 43 缺，需银 30.1 万两。（4）中缺者，每缺每年公费银 5000 两，共计 45 缺，需银 22.5 万两。（5）简缺者，每缺每年公费银 4000 两，共计 35 缺，需银 14 万两。以上五等共需银 92.6 万两，于光绪三十四年（1908）十月一日经征分局接办税契之日起，由四川省

---

① 《大清宣统政纪》卷 34。

第十一章 清代四川财政

藩库按季支给。实行以上制度后,四川各属原有之摊捐各款,不令再摊[①]。

随着契税制度的整顿改革,四川又先后对茶务、矿政、木政、常关等也进行了整顿改革,从而使四川财政从混乱中初步摆脱出来,亦在一定程度上制止了各级官吏贪污腐败、中饱私囊的行为,使四川财政开始有了预算、决算的可能。据赵尔巽核计,全省公共拨补摊捐及报部税契银收至150余万两,就可收支相抵。

光绪末期,度支部对全国财政的清理,为试办全国及各省年度决算预算奠定了基础。如试办1911年预算,"岁入银2376万两,岁出银3036万两,同1908年比较,分别增加365万两和1671万两"[②]。四川清理财政局对四川财政收入的主要来源盐税收入作过岁入预算,年应收库平银672.160万两[③]。

清代财政原无国家税与地方税的区别,中央与地方共一财源。但到后来,地方督抚插手地方财政,中央与地方的矛盾日渐尖锐。在清末清理财政过程中,为调整中央与地方的关系,首次提出了划分国家税和地方税的问题。当时,对国税和地税的划分原则,分歧很大。四川总督赵尔巽认为,"惟须先将国家、地方两大部分划定,再就地方一部各按本省情况细为划分较为确当"[④]。直至清朝灭亡,国家税和地方税仍未划分清楚。

清末推行预备立宪,宣统元年(1909),四川咨议局成立。在咨议局第一届会议上,咨议局议员配合清理财政,在其提出的18项议案中,有10项就是以财政、税收为中心的议题,如"筹办银行""附加税与正税划清界限分别征收""设立地方财政局""整顿公有各项仓谷""剔除征收丁粮各弊""剔除经征税契、肉厘、酒捐、油捐积弊""剔除厘金积弊""改革盐务"等等。宣统二年(1910),四川咨议局第二届年会召开。咨议局不仅提出了"整顿全省仓谷""整顿全省丁粮征收办法""整顿盐卡"等议案,而且首次议决由四川总督提交的全省岁出岁入预算案。因四川总督只提出了地方岁出表册而无岁入表册,咨议局

[①] 参阅《东华续录》光绪卷220,第17~19页,转引自鲁子健:《清代四川财政史料》下册,四川省社会科学院出版社1988年版,第440~442页。
[②] 《四川省志·财政志》,四川人民出版社1996年版,第2页。
[③] 参见鲁子健:《清代四川财政史料》下册,四川省社会科学院出版社1988年版,第278页。
[④] 《四川赵制台来电》,《各省督抚对于地方税应分三级来往电》。

当场提出质问,并以"明年决算无从审查"① 为由不予通过。咨议局对四川财政税收的重视和关心,表明四川财政已由官府独揽逐渐转变为向民意机关开放。

清末清理财政和实施财政改革,不可能挽救清王朝覆灭的命运,但在历史上仍然留下了一定影响。一是通过财政清理,查出了清朝财政体系的若干弊端,提出了改良办法,利于增加中央和地方的财政收入;二是通过财政清理和财政改革,使中国沿袭已久的封建财政体制开始向近代财政体制转化,编制预算决算,划分国税、地税,统一全国财政,是我国财政管理走向近代化的开端,对民国初年的财政工作产生了重大影响。

---

① 《蜀报》第5期,纪事。

第十二章 清代四川的人口与耕地

第一节 人 口

一、清代四川的人口数据

清代四川的人口数据，缺乏长期系统可靠的记载，加以统计方法各异，向上呈报时又依当时的政策好恶而随意隐匿或浮夸，整体上显得杂乱而充斥矛盾。官方编纂的《清代文献通考》和严中平等编辑的《中国近代经济史统计资料选辑》（所载人口数据系出自故宫户部清册数字）是较为连贯的两种资料，其大略见于下列二表：

表 12-1　清初至 1840 年官方的四川人口（丁）统计①

年　代	人口（丁数）	相距年数	净增率	年平均增长率	备　注
顺治十八年（1661）	16096 丁	/	/	/	
康熙二十四年（1685）	18509 丁	24	15%	5.8‰	以上实际上是丁税额。
雍正二年（1724）	409311 丁（2046555 人）	39	2111%	82.6‰	按丁数相比，括号内是按一丁五口比例折合人数。
乾隆十四年（1749）	2506780 人	25	25%	8.2‰	同上年折合人数相比。
乾隆十八年（1753）	1368496 人	4	-83%	-16.3‰	本年可能是统计不全。
乾隆二十二年（1757）	2682893 人	8	7%	8.5‰	同 1749 年相比。
乾隆二十七年（1762）	2802999 人	5	4.5%	8.8‰	
乾隆三十二年（1767）	2958271 人	5	5.5%	10.8‰	
乾隆三十六年（1771）	3068199 人	4	3.7%	9.2‰	
乾隆四十一年（1776）	7789791 人	5	154%	205‰	
乾隆四十五年（1780）	7947762 人	4	2%	5‰	本年非正常猛增，原因参看本书下文。
乾隆四十八年（1783）	8142487 人	3	2.5%	8.1‰	
乾隆五十六年（1791）	9489000 人	8	16%	19.3‰	
嘉庆二十四年（1819）	25665000 人	28	170%	36.2‰	
道光十年（1830）	32172000 人	11	25.4%	20.8‰	
道光二十年（1840）	38338000 人	19	19.2%	17.7‰	

资料来源：至 1783 年，据《清朝文献通考》卷 19。自 1791 年起，据严中平等编《中国近代经济史统计资料选辑》。

---

① 本表转引自李世平：《四川人口史》，四川大学出版社 1987 年版，第 160～161 页。

第十二章 清代四川的人口与耕地

表 12-2 1840~1912 年四川人口统计①

年　代	人口数（千人）	年　代	人口数（千人）
1840（道光二十年）	38338	1871	56403
1841	38951	1872	57393
1842	39397	1873	58344
1843	39843	1874	59396
1844	40618	1875（光绪元年）	60448
1845	41228	1876	61500
1846	41837	1877	62451
1847	42454	1878	63503
1848	43065	1879	64560
1849	44575	1880	65611
1850	44164	1881	66662
1851（咸丰元年）	44752	1882	67713
1852	45341	1883	68969
1853	45930	1884	70021
1854	46523	1885	71074
1855	47115	1886	72126
1856	47708	1887	73179
1857	48301	1888	74231
1858	48894	1889	75283
1859	49487	1890	76336
1860	50080	1891	76336
1861	50673	1892	77338
1862（同治元年）	51266	1893	78441
1863	51859	1894	79793
1864	52452	1895	80546
1865	53045	1896	82811
1866	44729	1897	83780
1867	45222	1898	84749
1868	45915	1911（宣统三年）	52840
1869	46509	1912（民国元年）	48130
1870	55454		

资料来源：1840~1898 年人口据严中平等编《中国近代经济史统计资料选辑》所载故宫户部清册数据。1911 年人口据《清史稿·地理志》。1912 年人口据 1933 年《申报年鉴》转载国民政府统计处及立法院《统计月报》。

---

① 本表转引自李世平：《四川人口史》，第 180~183 页。

第十二章　清代四川的人口与耕地

以上两种资料，呈现出种种矛盾：表 12-1 中顺治十八年、康熙二十四年、乾隆十八年等年份人口数字与表中其他数字相比，明显就有问题；表 12-2 中 1860 年前后至 1898 年的人口数竟然比 1911 年（宣统三年）和民国初年的人口还多，甚至多达几千万，也非常令人怀疑。这些绝非人口"自然增长"的结果，也不能简单地归结为"张献忠屠蜀""湖广填四川"等重大事件的影响，或是"盛世滋丁，永不加赋""摊丁入亩"等政策导向的驱使，而应该是非常复杂的综合因素交叉影响的体现。以上两表所列清代四川人口数据，除乾隆四十一年（1776）和宣统三年（1911）两组较为真实可靠外，其余数据都不能看做当年四川的真实人口。因此，探求清代四川人口的真实面貌将是一个长期而复杂的过程，而嘉庆《四川通志》所载嘉庆十七年（1812）四川人口统计详尽而全面的资料，又为揭开这一谜底开启了另一扇窗户，提供了又一把钥匙。兹以嘉庆十七年为界，分为两个时段论述①。

二、清代前期四川人口数据的定量分析

清代初期，四川人口大量流亡，有人统计县志资料，发现户口残存比率相当之低，这在历朝历代，是鲜有可比的。

表 12-3　清初四川部分州县户口存损比率列举②

州县	户口存损比率列举	资料来源
广元	苟全性命者十之一	民国《广元县志稿》
西充	土著民人，十去六七	光绪《西充县志》
双流	人民存者十之一	民国《双流县志》
郫县	占籍者几十之九	民国《郫县志》
崇庆	兵燹之后，半属流寓	光绪《崇庆县志》
长寿	土著与流民各居其半	民国《长寿县志》
巴州	土著仅十之二	民国《巴中县志》

---

① 详见李世平：《四川人口史》相关部分。另，嘉庆《四川通志》成书于嘉庆二十年，其间相距仅三年，或可以嘉庆二十年为界。

② 本表转引自李世平：《四川人口史》，第 149 页。

· 411 ·

第十二章　清代四川的人口与耕地

续表

州县	户口存损比率列举	资料来源
东乡	遗民数万不存一 遗民得返故居者，千不一二	民国《宣汉县志》
达州	（存者）百中之三四	民国《达县志》
涪州	自楚迁来者十之六七	民国《涪州志》

顺治十八年（1661），四川载税人丁仅为16096名，折算载籍人口也不过8万多人①。到康熙二十四年（1685），亦所增无几，仅18509丁，折算后也不过9万多人②。一些州县则更为可怜，由于人少，几乎无法设官置署。兹撷取部分资料，录为下表，略示一二：

表12-4　清初四川部分州县载税人丁统计表③

州县	年代	数字	资料来源
温江	顺治十六年（1659）	32户31丁23口	嘉庆《温江县志》卷6
简州	清初	土著14户	民国《简阳县志》卷19
江油	顺治初	24丁（两人朋一丁）	道光《江油县志》卷1
彰明	清初	18户	乾隆《彰明志略》卷9
泸州	清初	300余户	民国《泸县志》卷3
屏山	康熙二十四年（1685）	142户，284丁口	乾隆《屏山县志》卷2
资州	康熙六年（1667）	74户，520口	嘉庆《资州志》卷8
井研	顺治十八年（1661）	17户，38丁	嘉庆《井研县志》卷3
苍溪	康熙三十年（1691）前	685户（85户）	乾隆《苍溪县志》卷1 又民国《苍溪县志》卷9
西充	顺治十三年（1656）	475丁	康熙《西充县志》卷3
乐至	康熙三十三年（1694）	27户	光绪《乐至县乡土志·户口》
江津	康熙六年（1667）	114户990丁口	乾隆《江津县志》卷4
忠州	康熙二十四年（1685）	522丁	道光《忠州志》卷4
垫江	康熙二十六年（1687）	18户	光绪《垫江县志》卷3

---

①《清朝文献通考》卷19。丁口比例按1∶5折算。
②《清朝文献通考》卷19。
③ 本表转引自柯建中等：《四川古代史稿》，第446页。

续表

州县	年代	数字	资料来源
梁山	康熙三十年（1691）	295 户	嘉庆《梁山县志》卷 5

清初四川农村部分地区实行过两丁朋一丁的办法①，有的地方甚至有四户共一丁，乃至九户共一丁的情况②。如果将上表各州县户数乘以 5，丁数乘以 50（一般情况应乘以 20），上述州县的遗存人口仍然很少，说明清初四川人口的状况相当严峻，已经威胁到地方政权的维系。

清政府在清初不得不裁并掉四川的一些州县，以缓解民力负担。明代四川共设州县 126 个，清初定为 102 个。康熙元年（1662）至九年（1670）间，又陆续省并了将近 20 个，较之明代，共精简近 40 个州县，裁并了将近三分之一③。如安岳县清初"户不盈十，丁不满百，难以设官"，先并入遂宁，继并入蓬溪，再并入乐至。康熙十九年（1680），安岳、乐至两县共置知县一员，"人稀政简，无可经理"，知县"往来无定所，皆以道林寺为衙舍。除春秋二祭外，无事则假馆遂宁"。康熙三十年（1691）方营建衙署，次年城中始有铺肆。据载，此时安、乐两县元气"犹不过十复其五"。直到雍正五年（1727），安岳县才得以复置④。据载，成都府在清康熙初年共有四个县被裁并⑤，重庆府也有四县在清康熙初年被省并⑥。而那些未被省并之州县，情境也十分荒凉。如清初福建人胡之鸿任职什邡县伊始，对其情况描述为："余于甲子（康熙二十三年，1684 年——引者注）由闽富沙县移斯邑。入其境，草木就荒，人就其庐，风雨不蔽，虽诛茅截竹暂憩半忱。"当时的县署"尽成瓦砾，惟存断碣残碑于荒烟蔓草而已"⑦。名山县"明季兵凶，县治俱废。往令兹邑者，惟于断垣荒草中诛茅

---

① 雍正《江油县志》卷上。
② 据嘉庆《四川通志》卷 64《食货志·户口》，清初至康熙末年，陆续查出各府、州、县人丁、户数，全省合计户 579309、丁 144154，平均每 4 户才 1 丁；而夔州府属州县，有户 69178、丁 7644，平均 9 户才 1 丁。但需注意，这里的"丁"均带小数，实则代表丁银、丁税，不是通常意义的丁男数。
③ 参见郭松义：《清初四川外来移民和经济发展》，《中国经济史研究》1988 年第 4 期。
④ 据雍正《乐至县志》卷 1、乾隆《安岳县志》卷 8、道光《安岳县志》卷 15 等综述。
⑤ 嘉庆《四川通志》卷 2《舆地志·沿革》。
⑥ 嘉庆《四川通志》卷 2《舆地志·沿革》。
⑦ 嘉庆《四川通志》卷 26《舆地志·公署》。

结屋,以竹篱数片槛护官衙,草椽数枝遮盖厅事而已"①。那真是一幅举治维艰的图景。

顺治、康熙年间,清政府大力推行"招抚流亡""移民填川"的政策,但初期实际收效甚为有限。一方面,当时全国普遍荒芜,清政府实际控制的领域和人口有限,各省同样面临垦荒复业的局面,兴川移民的举措,无异于与邻省争夺残黎。另一方面,平吴战争的进行,打断了"移民填川"的进程,随着拉锯战线的绵延,新一轮的流亡又开始出现。同时,从制度上讲,也有空子可钻。顺治三年(1646)诏令天下编审人丁,"以原报册籍(即明代黄册——引者注)为定,惟年老、残疾、逃亡、故绝者悉行豁免"②。"逃亡"者既已"豁免",何必再返原籍,重套税索?这一条政策在战乱的情况下,反倒是在"鼓励"四川民众新的逃亡。但是,若从另一种角度而言,它也同时"鼓励"着外省民众"逃"入四川。中央王朝的政策在地方上的实施程度,总是在比较利益平衡的情况下发挥效力的。随着平吴战争的结束,四川大量荒地闲置,在清政府异乎寻常的激励措施的影响下,康熙秉承顺治"鼓励逃亡"的政策开始向有利于四川方面发展。

康熙二十四年(1685)之后,大移民的浪潮兴起。然而仅凭列举史料,很难说清移民入川的全貌。大移民究竟移入了多少人,需要适当加以估计。

清初人口资料是残缺的、混乱的,目前所见几种,虽都有根据,但可信度并不高。下表反映了这种情况。

表12-5 清初四川人口统计表

年 代	户 数	人 口	丁 额	资料来源
顺治十八年(1661)		(50万)	16096	《清朝文献通考》卷19
康熙九年(1670)	25660	(60万~80万)		康熙《四川总志》卷30
康熙十年(1671)	18000			《清实录》康熙朝
康熙二十四年(1685)		(60万)	18509	《清朝文献通考》卷19

由于《清实录》与《四川总志》的记录互相矛盾,且差距较大,《文献通

---

① 嘉庆《四川通志》卷26《舆地志·公署》。
② 嘉庆《四川通志》卷64《食货·户口》。

考》的编者不取该两年的四川户数①。但《文献通考》所记丁额虽逐年递加，所采有据，却并不直接反映清初四川的人口数量。因此，李世平先生经过一番清查、考订，推算估计清初（顺治十八年）四川地区应有约 50 万人②。这个观点为多数学者接受③。柯建中先生根据康熙《四川总志》所记，从另一个角度推算估计康熙九年（1670）四川应有 76980 丁户④，这一观点也为一些人采用⑤。根据这一见解，明末清初，四川每户约 8～10 口，则全川人数应在 60 万～80 万之间⑥，二者推算的结果大致吻合。这样，大略可以认为，康熙初年，招抚流亡，有二三十万（每年约 2 万～3 万）流民重新回到版籍之上。经过"三藩之乱"，户口聚而复散。但据丁额比例，康熙二十四年（1685）四川人口估计应有 60 万（见表 12－5 中人口数字栏）。

下面按清代划分的五道⑦列表统计，大体上可反映康雍年间户数丁额的变化情况。

表 12－6　康雍时期四川五道户数丁额比较表

地区	明代原额丁赋（省略小数）	康熙六十一年（1722）户数	康熙六十一年丁额	乾隆元年（1736）新旧户数	乾隆元年丁额	乾隆元年流寓户数
松茂道	145364	129109	40469	106610	106610	13026
川东道	170398	181032	22236	159399	159399	8089
川北道	190081	150543	35746	132357	132357	9854

---

① 我们以为，康熙《四川总志》取材于地方文档，户数较为可信；《清实录》所记康熙十年户数似应为丁额较为合理。
② 参见李世平：《四川人口史》，第 149～155 页。
③ 这一结论经常被引用，例如王笛：《跨出封闭的世界——长江上游区域社会研究（1644－1911）》，第 69 页。
④ 柯建中等：《四川古代史稿》第 445 页。
⑤ 例如郭声波：《四川历史农业地理》，四川人民出版社 1993 年版，第 102 页。
⑥ 参阅李世平：《四川人口史》第 141～142 页，所引《明史·地理志》资料折算明代四川户口比例为 6.8～12；柯建中等：《四川古代史稿》第 446 页，所引清代四川方志资料，康熙六年资州户口比例为 7，江津户口比例为 8.7，兹取平均数。
⑦ 清代四川五道的划分如下：松茂道辖成都、龙安二府，松潘厅、茂州、绵州及属县；川东道辖重庆、夔州二府，达州、忠州、酉阳州及属县；川北道辖保宁、顺庆、潼川三府；永宁道辖叙州府、建武厅、泸州、资州及属县，雷波卫、黄螂所、九姓司；建昌道辖雅州、嘉定、宁远三府，眉州、邛州及属县。

续表

地区	明代原额丁赋（省略小数）	康熙六十一年(1722)户数	康熙六十一年丁额	乾隆元年(1736)新旧户数	乾隆元年丁额	乾隆元年流寓户数
永宁道	99694	64460	20420	89305	89305	5813
建昌道	73800	54165	25283	124529	124529	5178
全　省	679337	579309	144154	612200	612200	41960

资料来源：嘉庆《四川通志》卷 64《食贷·户口》，丁额均省略小数。

从上表可以发现，康熙六十一年（1722）四川总户数已达 579309 户。如按 1∶5 的户口比例测算，当时人口已达 289.65 万，基本上恢复到明代的人口水平[1]。这其中，有多少是外来移民，有多少是四川土著，可以进一步测算出来。我们已经估计康熙二十四年（1685）经"三藩之乱"后四川人口约为 60 万，折 12 万户，我们将这些人口全部算作土著，前此移入的均省略不计。按人口自然增长规律，如无天灾人祸，人口 30 年增长一倍[2]。至康熙六十一年（1722）共 37 年，若以 30 年户口增长一倍计算，那么，这时土著人口约为 27 万户、135 万口；移民及其后裔达 31 万户、155 万口，平均每年移入约 8000 多户。新、旧民的比例大约是 53.4∶46.6，不少州县方志称移民、土著各半，大体上反映了康熙年间的情况。

这个移民速度还可以从表中所反映的雍正年间的情况得到佐证。乾隆元年（1736），四川人口统计出现了新旧民户与流寓民户分别登录的情况。所谓"流寓户"，就是移民，因未到起科年限，暂不归于正册之列。一般而言，六年起科，流寓人口是前五年累计插占垦耕的新移民[3]。乾隆元年统计的 41960 户流寓，反映了雍正年间后期的移民情况，大约每年 8000 多户，其比率与我们前文推算的康熙年间流民入川的情形相近，因而大体可信。

---

① 明万历六年（1578）四川有户 262694、口 3102073，这是明代四川最高人口水平。见《明史·地理志》。

② 明代徐光启在总结前人经验的基础上提出："生人之率，大抵三十年而加一倍。自非有大兵革，则不得减。"（《农政全书·田制》）清人洪亮吉根据清代情况也认为人口 30 年加番。

③ 康熙时垦荒一般六年起科，雍正八年始定四川垦荒田六年起科，垦荒地十年起科。这项措施的目的是在鼓励开发山区旱地。但一般垦荒者皆以垦田为主，或田、地兼有，一旦荒田垦熟起科，流寓户即将列入正册，因而别册所列"流寓"只可能是前五年的移民，而不可能是前九年累计的移民。

据此，可以得出结论，从康熙二十四年（1685）到乾隆元年（1736）的 51 年间，大约有 40 万户新移民移入四川定居；新移民的家庭人数若以每户平均 2.5 人计，则移民人口约 100 万，平均每年移入约 2 万人。

再看丁额情况。明代户少丁多，大约每户 2.6 丁。康熙年间，正好相反，丁税奇轻，平均每 4 户才承担 1 丁。雍正年间清厘丁税，严格每户 1 丁，在人口恢复到明代水平的同时，丁额也接近明代总额，这表明"湖广填四川"的政策调控行为已经达到预期目标。此外，丁额相近，大体也可视为人口相近，以明万历六年（1578）四川 310 万人除以乾隆元年（1736）统计的 654160 户，每户约 4.7 人，则家庭结构也大体稳定，恢复到正常水平。

值得重视的是统计资料所展示的五道户籍变动情况。乾隆元年（1736）较康熙六十一年（1722），经历 14 年，松茂道、川东道、川北道三道户籍不但不见增加，反而各减少约 2 万户，减少比例分别为 17.4％、11.9％和 12％。这一时期，三道也各有民户流进，但总的情况仍是出多进少，反映该三道在雍正时期（或许从康熙后期起），已由"宽乡"变为"窄乡"，一个二次流徙的局面正在形成。

同一时期，永宁道户籍增加 2.5 万户，建昌道增加 7 万户，增长比例分别为 38.5％和 129.9％。尤其是建昌道，14 年间户数增加 1.3 倍，显示了强劲增长的势头，反映这一时期川南、川西南已成为移民垦殖的重点区域。

就整个雍正时期的户数变动看，由于丈地起科、摊丁入亩等政策的实施，移民入川的浪潮得到有效的遏制。上表反映，康熙六十一年（1722）四川总户数已达 57.9 万户，而乾隆元年（1736）的总户数只有 65.4 万户，14 年间，所增户数不过 7.5 万户，即便全部算为移民，每年也不过 5000 多户，较康熙年间的大规模流入，降低了 40％左右。

到乾隆四十一年（1776），四川人口跃上一个台阶，从乾隆元年的约 327 万人（654160 户）上升到约 778.9 万人[①]。40 年间，人口净增约 1.4 倍，扣除其自然增长因素[②]，移民及其后裔合计增长约 120 万人。待到嘉庆二十年（1815），

---

① 乾隆元年人口数按 1∶5 折算，户数资料见嘉庆《四川通志》卷 64《户口》；乾隆四十一年人口数见《清朝文献通考》卷 19《户口》。

② 考虑到这一时期"大小金川之役"对人口增长的消极影响，人口自然增长以 40 年翻倍计算。

四川人口增长到 5122250 户、20937383 人①。现仍按五道列表比较如下：

表 12—7　乾嘉时期四川五道户籍人丁比较表

地区	乾隆元年（1736）户数	嘉庆二十年（1815）户数	嘉庆二十年人口	嘉庆二十年平均每户人口	80 年间户数增长（倍）
松茂道	119636	1530537	5839104	3.8	12.79
川东道	167488	1333042	4663190	3.5	7.96
川北道	142211	767285	3692575	4.8	5.4
永宁道	95118	731924	2781225	3.8	7.7
建昌道	129707	759462	3961289	5.2	5.9
全　省	654160	5122250	20937383	4.1	7.81

资料来源：嘉庆《四川通志》卷 64、卷 65。

从表中可以看出，乾嘉时期四川人口继续大幅度增长。据推算，80 年间，户数增长 7.8 倍，人口增长 6.4 倍，而每户人口却从 4.7 人（或 5 人）减少到 4.1 人②，意味着分家自立者众，随着社会移民的递增，家庭规模日趋缩小。我们仍按前式计算，人口每 30 年翻倍，自然增长率为 23‰，则每年自然净增约 3.3%。乾隆元年（1736）以 327 万人计（5 人/户），80 年间增长到 1526 万③。这一期间，移民及其后裔高达 568 万之众，平均每年增加约 7 万多人。如果分段计算，则更为惊人：前 40 年，移民（不包括入川后新生的后裔）增加约 60 万，每年大约增加 1.5 万人，相当于康熙时代移民人数的 60%；而后 40 年，移民猛增约 220 万，每年大约增加 5.5 万人，相当于康熙时代移民人数的 220%。这个数字，已属相当高的比例，大大超过了康雍时期移民入川每年八九千户（约 2 万～3 万人）的水平④。综上可知，乾嘉时期，尤其乾隆四十一年（1776）

---

① 见嘉庆《四川通志》卷 65《户口》，不包括番户，以便与前对照。有学者认为这一数字为嘉庆十七年统计，恐误，因卷中含嘉庆十九年户籍资料。另，梁方仲《中国历代户口·田地·田赋统计》第 262 页，载嘉庆十七年四川人口数为 21435678 人，册以《嘉庆会典》卷 11，可资比较。

② 4.7 人/户系按乾隆元年丁额折算明代丁额比例所得人口计算，与 5 人/户相差不多，故也作旁证，推算方法误差不大。

③ 80 年间分两段计算：前 40 年以每 40 年人口翻倍计算，后 40 年以每 30 年人口翻倍计算。

④ 康雍时期平均每年移民入川人数应低于 3 万人，因移民家庭一般不足 5 口，多数仅 2～3 口，上表统计也反映出这种趋势。

到嘉庆二十年（1815）之间的40年，是四川人口由适度走向过剩的重要转折时期。五道之中，松茂道人口增长最多，户增达12.8倍，人增约10倍，其余各道虽不及川西突出，但也呈猛增之势。

三、清代后期四川人口数据的定性分析

嘉庆十七年（1812）之后，四川人口发展趋于平稳。

但表12—2记载1840～1898年逐年的四川人口呈现极有规律的快速增长态势，且增长数字大大超过四川实际人口数，因而其总数是可疑的。

例如，清代户部清册记载的1898年四川总人口为8400多万人，这个数字不但大大高于《清史稿·地理志》记载的1911年四川人口5200多万人和国民政府统计的1912年的4800多万人，也大大高于50多年以后的1953年新中国第一次全国人口普查的四川人口数（当时四川、西康两省合计才有65685063人）。四川省的人口总量直到20世纪70年代才开始超过8000万人，怎样会在1898年就超过了8000万人呢？这只能断定是当时官方极度地虚报浮夸，纯属臆造的数字。

除了官方逐年浮夸数字愈加愈大，暴露出极为荒唐的破绽外，这些数字所反映的人口增长率也是极不合理的。试以比较可信的《四川通志》记载的嘉庆十七年（1812）四川总人口的数字20755770人为基数，同1898年的官方数字相比较，相距86年，年平均增长率为16.5‰，是很高的增长率；即使以嘉庆二十四年（1819）官方统计的25665000人为基数来作同样比较，相距79年，年平均增长率为15.2‰，也是很高的增长率。清初以来，各种影响四川人口猛烈增长的因素，如"湖广填四川"等移民事件的影响，以及"盛世滋丁，永不加赋""摊丁入亩"等政策导向，到嘉庆年间已经告一段落，开始转入缓慢增长的阶段，不可能再有15‰以上的并且是长期持续的高增长率①。

官方统计的四川人口统计数字，从嘉庆后期便开始了以浮夸为特征的臆造。下表即为明显的一例：

---

① 李世平：《四川人口史》，第183～184页。

第十二章 清代四川的人口与耕地

表 12-8 嘉庆后期四川各府州厅户口增长比例表①

府直隶厅州	嘉庆十七年（1812）		嘉庆二十五年（1820）		B较之A增加比例（%）
	户数（万）	A. 丁口数（万）	户数（万）	B. 丁口数（万）	
成都府	116.6	383	170.7	551.9	44.1
重庆府	69.0	234	95.8	303.3	29.6
保宁府	21.0	79	28.8	97.8	23.8
顺庆府	24.2	153	31.3	206.5	35.0
叙州府	38.9	139	51.7	175.1	26.0
夔州府	18.5	66	26.0	86.9	31.7
龙安府	9.1	58	13.0	83.8	44.5
宁远府	14.5	83	20.6	127.8	54.0
雅州府	11.6	61	15.5	86.2	41.3
嘉定府	30.2	149	43.9	207.6	39.3
潼州府	31.0	135	40.9	181.2	34.2
绥定府	18.4	75	28.7	116.3	55.0
眉　州	10.6	55	15.1	76.7	39.5
邛　州	8.8	46	11.2	61.8	34.3
泸　州	14.7	44	14.8	45.1	2.5
资　州	14.1	69	18.7	96.6	40.0
绵　州	15.6	78	21.0	111.8	43.3
茂　州	3.9	26	5.9	40.1	54.2
忠　州	13.1	41	17.3	52.2	27.3
酉阳州	11.7	36	15.9	48.1	33.6
直隶厅	15.8	57	19.7	75.7	32.8

注：直隶厅包括叙永厅、松潘厅、石柱厅、杂谷厅、太平厅、懋功厅。
资料来源：嘉庆十七年统计见嘉庆《四川通志》卷65，《食货志四·户口二》；嘉庆二十五年统计见梁方仲：《中国历代户口、田地、田赋统计》乙表77，这个资料来源于《嘉庆重修一统志》。

短短八年间，全川除泸州一府户数仅增加2.5%以外，其余都在20%以上，最高达55%，这显然是浮夸的结果。

---

① 本表转引自王笛：《跨出封闭的世界——长江上游区域社会研究（1644—1911）》，第73页。

人口统计上虚报浮夸的风气，自嘉庆后期形成之后，自户部、四川省布政司，直到各州县厅的经办书吏，概不例外。四川许多县志的撰写人在清理嘉庆年间以来本县的户口统计数字时，已经指出了这种虚构浮夸的风气。光绪《大足县志》的作者说："每届增修赋役全书，俱据有司循例报册，人丁户口，并非实数。"光绪《越巂厅志》按语说："光绪三十一年户口数，盖即户书每岁承办之数也，询其册上姓名，早已等诸子虚乌有。欲举旧册而更张之，户书力持不可，以为一经更易，恐被驳也。"民国《北川县志》说："按乾隆六十年至道光十四年，相距不过四十余年，户口竟增加三倍有余，揆之北川地域生产之力，与实际相差过远矣！"

浮夸虚构的作风是为了迎合皇帝的虚荣，"欲知人丁之实数"以夸盛世，"不在加征钱粮"。所以，浮夸既可邀宠，又无多纳钱粮之虞。于是自上至下，形成了虚报臆造的风气。民国《蓬溪县志》作者的评论便指出了这个问题："前清编审，厥有二误：并丁于粮，无著之民，允免催科，一误也；盛世滋生，永不加赋，二误也。以推恩仁政，致开有司遵例编载，敷衍塞责。故各地载籍，多不核实。烟户门牌，多臆造也。"民国《重修南川县志》的作者也指出："清雍正以前，以按丁征赋，人图匿避而不得实。雍正以后滋生人丁，永不加赋，旋摊丁银入地亩，于是户口虚实，无关政要。岁时校比，保团以册申于官，州县吏以账达于部者，皆循例估计而愈不得实。"

从四川户口统计的历年数字看，在实行"永不加赋"之后，雍正、乾隆年间由于地方官吏的思想保守，申报户口数字往往偏低，嘉庆以后才普遍趋向浮夸，这也是一些县志的作者已经发现的。例如民国《巴县志》说："清乾隆二十三年编审人丁15638，滋生户口898，丁数亦不及二万也。虽经张献忠之乱，民靡有遗，然历康熙以至乾隆三朝之休养生息，为数当不止此。府志载嘉庆元年以后，报部户口则为75743户，男女218079丁口，户与口分晰各计其数，均较乾隆县志为多；且丁口孳生之数，超过十倍以上，谓非'并丁于地'之验欤！"

正确估计嘉庆十七年（1812）以后的四川户口状况，应以表12-2列出的1912年的数字为基础，因为这个数字是比较可信的。以1912年四川人口总数48129506人同嘉庆十七年（1812）的20755770人相比较，相距整整100年，年平均增长率为8.4‰。这个增长率符合嘉庆以后四川人口只能比以前的增长率大大降低的历史实际，因而是比较合理的。

第十二章　清代四川的人口与耕地

第二节　清代四川人口的原籍构成与地缘分布

一、清代四川人口的原籍构成

大移民的浪潮使得湖广籍移民的足迹遍布四川各地，带来了全川人口结构的大变化，经济的恢复、城镇的兴起进一步调节着人口的区域分布。值得注意的是，阆中、南充、合川、渠县、金堂等城市以及成都、重庆、涪州、万县等枢纽地，当年或者是南来北往的交汇点，或者是移民栖息、辐射的中心区，由此大体决定了入川移民的分布情形。

清代四川人口构成的根本变化，表现为各地土著少、客民多。宣统元年（1909）出版的《成都通览》说："现今之成都人，原籍皆外省也。"据该书统计，成都居民原籍外省的比率是：湖广25%，河南、山东5%，陕西10%，云南、贵州10%，江西15%，安徽5%，江苏、浙江10%，广东、广西10%，福建、山西、甘肃5%，其他省籍5%，而以湖广为首，占四分之一。其他各县，也大多如此。如大邑县，"率多秦、楚、豫章之人，或以屯耕而卜居"①。新繁县，清初先有湖广人移入，继有江西、福建、广东、陕西等省人迁进，"始至之日，田无业主，听民自占垦荒，或一族一村"②。汉州，仅从福建曲靖等县迁住的张姓族人就多至数百户③。富顺县，自清以后，"异省流移来兹，随地占籍者，孳息养恬，有加无已"④。金堂县，"人民多自他省迁来"，来自十余个省份，其中湖广占37%，广东占28%，福建占15%，其余各省约共占20%⑤。康熙四十八年（1709），蓬溪县安插"新民曹石友等三百五十余户"⑥。苍溪县在战乱后"土著几空"，康熙三十年（1691）也仅85户，清初招徕流亡"仅十之

---

① 同治《大邑县志》卷7《风土》，第2页。
② 光绪《新繁乡土志》卷5，第1页。
③ 嘉庆《汉州志》卷37《艺文·溪南张氏祠序》。
④ 民国《富顺县志》卷5《食货·户口》，第1页。
⑤ 民国《金堂县续志》卷3《食货志·户口》，第2页。
⑥ 道光《蓬溪县志》卷8《户口》。

四五，余则楚、陕、粤、闽等籍插土为业居多"，到雍正七年（1729）时，已达2693户①。乐至县，康熙三十三年（1694）仅27户，之后由于"迁徙侨流，占数其中，生齿日繁"，据雍正八年（1730）统计增至2483户②。眉州也是"异省迁居，频频招集"，由康熙二年（1663）的5940丁口增至嘉庆四年（1799）的108988丁口③。泸州在明末是"人口耗散"，清初编户仅三里，计有300户，但后经"土著居民渐次复业，外来客户渐就招徕"，乾隆二十三年（1758）统计达9400户、40617丁口④。简阳县先后有11个省的人士入籍，县志选载了当地222个氏族，外籍就有213个，占96%；其中湖广籍达133个，占外籍的62.4%⑤。广安州客籍总人口中，湖北黄陂、麻城籍占4/15，湖南永、零籍占1/3，江西籍占2/15，闽、浙籍占1/15，齐、鲁、晋、汴籍占1/15，粤籍占1/15，川籍（由双流、新津等地迁入）占1/15⑥。

由上可知，移民在四川人口构成中占了举足轻重的地位。

经历"湖广填四川"的移民运动之后，四川家庭人口的构成，呈现出趋于小型化的特征，下表反映了这一趋势：

表 12-9　清代四川地缘人口统计表⑦

经济区域	府直隶州名	户数（万）	人口数（万）	平均每户（人）
经济中心区（A）	成都府	116.6	383	3.3
	重庆府	60.0	234	3.4
次经济中心区（B）	嘉定府	30.2	149	4.9
	眉　州	10.6	55	5.2
	资　州	14.1	69	4.9
	绵　州	15.6	78	5.0
近边缘区（C）	叙州府	38.9	139	3.6
	夔　府	18.5	66	3.6
	泸　州	14.7	44	3.0
	忠　州	13.1	41	3.1

---

① 民国《苍溪县志》卷9《食货志上·户口》。
② 光绪《乐至县乡土志》《户口》，第23页。
③ 民国《眉山县志》卷3《食货志·户口》。
④ 民国《泸县志》卷3,《食货志·户口》第1～2页。
⑤ 民国《简阳县志》卷17～18,《氏族表》第1～2页。
⑥ 彭雨新：《四川清初招徕人口和轻赋政策》，《中国社会经济史研究》1984年第2期。
⑦ 本表转引自王笛：《跨出封闭的世界——长江上游区域社会研究（1644-1911）》，第81页。

续表

经济区域	府直隶州名	户数（万）	人口数（万）	平均每户（人）
远边缘区（D）	雅州府	11.4	60	5.3
	龙安府	9.1	58	6.4
	宁远府	14.5	83	5.7
	茂　州	3.9	26	6.7
	四川全省	510.0	2,071	4.1

资料来源：根据嘉庆《四川通志》卷65《食货·户口》所列资料计算。

由表中可以看出，凡经济中心区或移民重点区（往往二者兼具），家庭人口往往偏小，三口之家比比皆是，这也印证了我们前文所述，原始移民家庭（不包括后裔）为2~3人的结论。

二、清代四川人口的地缘分布

清代四川移民人口的地区分布，与城市经济中心紧密联系，凡经济中心区或移民重点区，人口比例在全川所占比重均较高。以下二表①反映了这一特征：

表12-10　清代四川地缘人口比重表

地区类别	地　　区	人口占全省百分比（%）		
		康熙六十一年（1722）	嘉庆十七年（1812）	宣统二年（1910）
经济中心区	成都府（川西）	20.7	18.5	9.4
	重庆府（川东）	19.3	11.3	15.8
次经济中心区	嘉定府（川南）	1.9	7.2	4.6
	眉　州（川南）	3.5	2.7	1.6
近边缘区	顺庆府（川北）	10.2	7.4	7.2
	叙州府（川南）	8.6	6.7	6.9
	夔　府（川东）	11.9	3.2	4.8
	保宁府（川北）	6.4	3.8	6.8
远边缘区	雅州府（川西）	1.6	2.9	2.0
	龙安府（川北）	1.6	2.8	1.3
	宁远府（川南）	0.5	4.0	1.9

资料来源：根据嘉庆《四川通志》卷64，《食货·户口》所载康熙六十一年和嘉庆十七年户口数、施居父编《四川人口数字研究之新资料》所载宣统二年户口数计算。

---

① 此二表转引自王笛：《跨出封闭的世界——长江上游区域社会研究（1644—1911）》，第63页。

表 12-11　清代四川地缘人口密度表

地　区	面积（万平方公里）	嘉庆十七年（1812）		宣统二年（1910）		1910年与1812年人口密度之比
		人口（万）	密度（人/平方公里）	人口（万）	密度（人/平方公里）	
成都府（中心区）	1.1	383	347	412	373	1.07
重庆府（中心区）	3.0	234	77	693	229	2.97
眉州（次中心区）	0.26	55	212	69	265	1.25
保宁府（边缘区）	3.2	79	25	300	94	3.80
全　省	28.7	2071	72	4414	154	2.14

注：全省面积未包括民国时期划归西康省的雅州府和宁远府。
资料来源：土地面积见郑励俭编著：《四川新地志》，第3～10页。

从清代四川人口分布和人口密度的变化看，第一，清前期移民人口主要聚集在川东地区，如重庆府在康熙末占全川人口的19.3％，夔州府占全川人口的11.9％。以后移民人口逐渐由川东向川西、川南和川北疏散，到嘉庆中期，重庆府和夔州府的人口占全省的比例分别降到11.3％和3.2％。第二，清中期以后，随着四川经济中心的逐渐东移，人口重心也往东移动，如清末重庆府人口在川省的比例再次上升到15.7％，而成都府却由18.5％下降到9.4％。人口密度的变化同样反映了人口重心东移的过程，1812～1910年成都府人口密度仅增加7％，而重庆府却高达197％。第三，近边缘区在清中期以后人口比例和人口密度的增加，是由于中心和次中心的人口密度较大（如成都府高达每平方公里347人，眉州每平方公里212人），促使人们向条件一般但开发余地较大的地区流动，以获得更好的生存条件。如1812～1910年间，保宁府人口密度增加了280％。这种人口分布和密度的调整和变化，反映了清代四川人口发展的轨迹，同时也反映了清代四川经济发展的历史规律。

有学者根据108个县的县志资料，统计出全川1400个移民会馆的分布情况，并按其百分比概述全川移民的分布情况，参见下表：

第十二章 清代四川的人口与耕地

表 12—12 清代四川移民会馆分布统计表

会馆名称 所在地区	湖广	广东	江西	福建	陕西	贵州	其他	合计
成都 平原区	47 25.82	24 13.19	49 26.92	18 9.90	25 13.78	7 3.84	12 6.59	182 100%
川东 沿江区	81 51.92	9 5.77	34 21.80	13 8.33	12 7.69	2 1.28	5 3.20	156 100%
川中 丘陵区	126 38.89	59 18.20	78 24.07	28 8.64	21 6.48	11 3.40	1 0.31	324 100%
川西北 山区	14 24.14	6 10.34	13 22.41	3 5.17	18 31.03	2 3.45	2 3.45	58 100%
川北 山区	57 26.89	39 18.40	29 13.68	11 5.10	70 33.20	4 1.89	2 0.94	212 100%
川南 山区	129 34.50	81 21.65	93 24.87	39 10.42	18 4.81	12 3.20	2 0.54	374 100%
川西南 山区	23 24.47	24 25.53	24 25.53	4 4.62	5 5.32	11 11.70	3 3.19	94 100%
总计	477 34.07	242 17.29	320 22.86	116 8.29	169 12.07	49 3.50	27 1.93	1400 100%

资料来源：蓝勇：《清代四川土著和移民分布的地理特征研究》，《中国历史地理论丛》1995 年第 2 辑。本表根据蓝勇文中所列资料稍加合并而成。每一子栏中，上为会馆数量，下为所占比例。表中"其他"一项，包括安徽、江苏、浙江、云南、河南、河北、山东、山西、广西等省各会馆。

该表反映湖广（湖南、湖北）移民在全川移民中的比例为 34.07%。其在川东地区的分布最为集中，达 51.92%，占移民人数的一半以上；其在川中丘陵区和川南区的比例也较高，约占 1/3 以上，其在成都平原、川西北、川西南和川北的比例稍低，但也占 1/4 左右。这种情况反映了湖广移民自东向西逐渐推移的移民进程。结合清代历史情况，我们将上述资料稍加调整改制，还原为

五道会馆分布统计表如下①:

表 12-13　清代四川五道移民会馆分布统计表

所在地区	会馆名称	湖广	广东	江西	福建	陕西	贵州	合计
松茂道		89	76	91	29	24	22	333
		26.7	22.8	27.3	8.3	7.8	6.6	100%
川东道		176	54	82	30	63	4	409
		43	13.2	20	7.3	15.4	0.99	100%
川北道		40	14	26	19	11	6	106
		37.7	13.2	24.5	8.5	10.4	5.7	100%
永宁道		84	40	56	23	13	6	222
		37.8	18	25.2	10.4	5.9	2.7	100%
建昌道		84	76	91	29	26	22	333
		26.7	22.0	27.3	8.7	7.8	6.6	100%

表中显示,湖广地区的移民在川东地区的移民中将近占一半,在川北、川南区的移民人数中均占 1/3 以上,而在川西北和川西南地区的移民中占 1/4 强。江西、福建两省的移民在全省各区分布较为平衡;广东移民则更多地分布在川西北和川西南一带,其次为川南;陕西移民主要分布在川东与川北,其次为川西北与川西南。这样的分布状况,是由地理环境、交通路线以及移民运动的先后发生等条件所决定的。

---

① 蓝文表中将雅安、荥经、洪雅、夹江、芦山等县计入川西北地区,而将名山计入成都平原,显然是不妥的,有碍统计数字之精确。此外川中丘陵地区与川北地区县治的划分也较含混,因而不及五道区域的划分更符合历史实际。表中省略了"其他"省区的会馆分布情况,突出了 6 个主要省区移民的分布情况。

第三节　耕地数量与"人土矛盾"

一、清代四川的耕地数量

明代四川鱼鳞图册刊载的耕地数字是4630万亩，清初田土荒芜，数字缺载。直至雍正年间清丈土地，才有了较为翔实的记录。清代前期，四川地区经过大量垦殖，农地数量大为增长。据雍正《四川通志》载，雍正七年（1729）清查全川土地后，新旧田地合计达45902784亩。此后农地虽有增加，但增加得较慢，远远赶不上人口增长的速度。雍正七年（1729）至光绪十三年（1887）的158年间，四川人口增长25倍，而田亩总数仅增加52万亩，增加了1%。这是不可思议的。据今人研究，清嘉庆末四川耕地总数已达95万公顷①。又据调查，同治十二年（1873），四川实际耕地已达到1.06亿亩，光绪十九年（1893）增至1.08亿亩。今据雍正七年（1729）清丈完毕的四川耕地资料记载，按五道及全省耕地情况与明代比较如下表：

表12-14　雍正七年（1729）四川五道耕地与明代耕地比较表

地区	明代耕地数（万顷）	雍正七年耕地数（万顷）	增长百分比（%）
松茂道	8.9187	11.027	23.64
川东道	11.55	16.4911	42.78
川北道	6.2051	9.0988	46.63
永宁道	8.22	8.0012	-2.66
建昌道	5.8992	4.6742	-20.77
隐匿估计	5.5070	3.7057	
全省合计	46.3	52.998	14.47

资料来源：据万历九年《四川总志》及雍正《四川通志》卷5《田赋》统计编制，统一折算为今顷加以比较。统计与折算的具体情况请参阅郭声波：《四川历史农业地理》，第94～100页、第107～108页。今据郭声波的折算数据还原为五道资料，改制列表比较。

---

① 郭声波：《四川历史农业地理》，第119页。

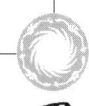

从上表中可以看出雍正七年（1729）丈量全川耕地的情形，全省较明代新增 14.47%。其中川东、川北地区增幅在 40% 以上；川西地区（松茂道）增长 23.64%；而川南（永宁道）与川西南（建昌道）地区则未达明代耕地数，分别减少 2.66% 和 20.77%，说明这一时期复垦程度的不平衡性①。

清代四川人口与耕地，大致在雍正时期恢复到明代水平。

明末四川人口约 340 万，耕地约 4630 万亩，人均耕地约 13.6 亩②。雍正末年，四川人口恢复到 327 万人，耕地扩大到 5300 万亩，人均耕地达 16.2 亩。农村社会生活，较明代更为宽松。这一情形，一直延续到乾隆时期。

二、清代四川的"人土矛盾"

清代嘉庆年间，四川移民再起高潮，人口暴增而土地开垦有限，人口与耕地呈正比例递增的平衡状态终于被打破。与此同时，康熙时期的"盛世滋丁，永不加赋"政策和雍正时期的"摊丁入亩"政策的滞后效应综合体现，致使新的"人土矛盾"格外突出。

康熙五十一年（1712），鉴于各省督抚奏报编审人丁数目时多有隐匿，未能将增加之数尽行开报，不便朝廷掌握各省实际人数；同时，鉴于四川、云南、贵州、广西省在清初和"三藩之乱"中地方残坏，田亩抛荒，人民损失惨重，不堪见闻；而自平定以来，人口渐增，开垦无遗，康熙认为，"人丁虽增，地亩

---

① 另据《清史稿》卷 294 列传 81《宪德传》称："（雍正）七年十一月，通省勘丈毕。旧册载上、中、下田地都计二十三万余顷，丈得四十四万余顷，增出殆及半。"差异太大，似不可能。又据《清朝文献通考》卷 3《田赋考 3，田赋之制，考 4877 条》称，"（雍正）八年，清厘四川所属田赋"，"松茂道属原册载上、中、下田地万八千一百十有八顷……今丈得十有四万九千八百四十七顷八十九亩"；"川东道属原册载上、中、下田地九万九千八百四十顷有奇，今丈得十有九万八千七百三十一顷七亩"；"永宁道属原册载上、中、下田地万八千七百四十顷有奇，今丈得三万八千七十六顷三亩"；"建昌道属原册载上、中、下田地二万二千一百五十四顷有奇，今丈得四万三千三百十有七顷十有六亩"。按此，则川西地区（松茂道）新增田地达 727.07%，川西南地区（建昌道）新增达 95.53%，川东地区新增达 99.05%，川南地区（永宁道）新增达 103.18%，四道平均增长 170.67%，更无此可能。关键之处在于明代旧册所载田地数过低。因清初明经战乱兵火，许多州县田赋旧册荡然无存无考，按此统计的明代田地数并不能真正反映明代实际耕地数量。

② 参见本章《康雍时期四川五道户数丁额比较表》《雍正七年（1729）四川五道耕地与明代耕地比较表》中征引明代丁额与耕地资料，依谢忠梁先生之见，每丁折五口。此外，《明史·食货志》载明万历六年（1578）四川人口为 310 万人，与之基本吻合。而郭声波先生在《四川历史农业地理》一书中估算明万历六年四川人口约 469 万人，隐匿人口近百万，隐匿率高达 24.2%，似不可能。

并未加广","若按见在人丁加征钱粮,实有不可"。于是,著令各省督抚,"将见今钱粮册内有名丁数,勿增勿减,永为定额。其自后所生人丁,不必征收钱粮,编审时止将增出实数察明,另造清册题报"①。次年又明确训谕:"但据五十年丁册定为常额,续生人丁永不加赋。"② 这就是有名的"圣世滋丁,永不加赋"政策。

然而,在这一政策的实际执行过程中发现,"额丁子孙多寡不同。或数十百丁承纳一丁;其故绝者,或一丁承一二十丁,或无其户,势难完纳"③。于是康熙五十三年(1714),御史董之燧奏请统计丁粮,按亩均派,遭廷议阻止。但舍此别无良法,在户籍变动特大、丁粮矛盾尤其突出的四川、广东等省遂先行效法之,"田载丁而输纳,丁随田而卖买,公私称便",赋役均平。"其派丁多者,必其田多者也;其派丁少者,亦必有田者也";有户无田的贫民,可以无此忧虑。如此执行的结果,是"保甲无减匿,里户不逃亡,贫穷无敲扑,一举而数善备焉"④。由是在雍正初,直隶踵而行之,次及各省,遂为定例。这就是"摊丁入亩"政策。

"永不加赋""摊丁入亩"两项政策与四川农村社会经济关系密切,影响巨大。首先,实施这两项政策后,四川大量的移民和新增人口没有隐匿户口的必要,大大解放了四川农村的社会生产力,使得农业生产的产量与效率有所提升。反映在此后的编审统计中,四川人口数字激增,尤其是在乾隆、嘉庆年间,大大超过自然增长率。虽然这一时期有着大量的移民人口涌入,但虚报浮夸也开始滋生。其次,这两项政策的本意并不在增加赋税,激化社会矛盾,也不在检括土地,查处隐瞒,而在于简化征收手续。但积久弊生,往往事与愿违,在嘉庆年间,政策执行又走向另一面,"所不便者,独家止数丁而田连阡陌者耳"⑤。大土地所有者的隐匿由兹而盛。另外,由于"丁随地起",新垦熟的荒地在报垦升科时,除应纳田赋外,也要均摊部分丁银,这也造成四川地区大规模垦荒运动中出现隐匿田亩的情况,从而逃避新增田赋丁银(地丁银)。这一状况在乾

---

① 《圣祖仁皇帝实录》卷249。
② 吴振棫:《养吉斋余录》卷1。
③ 吴振棫:《养吉斋余录》卷1。
④ 王庆云:《熙朝纪政》卷3《记丁随地起》。
⑤ 王庆云:《熙朝纪政》卷3《记丁随地起》。

隆、嘉庆年间显得十分突出，人口的增长超过了土地的增长；在此后的年代里，则走向极致。两者交相作用的结果，反映在统计数字中，就是人口增长与土地增长的严重错位，变相夸大了人土矛盾。下图形象地反映了这种状况：

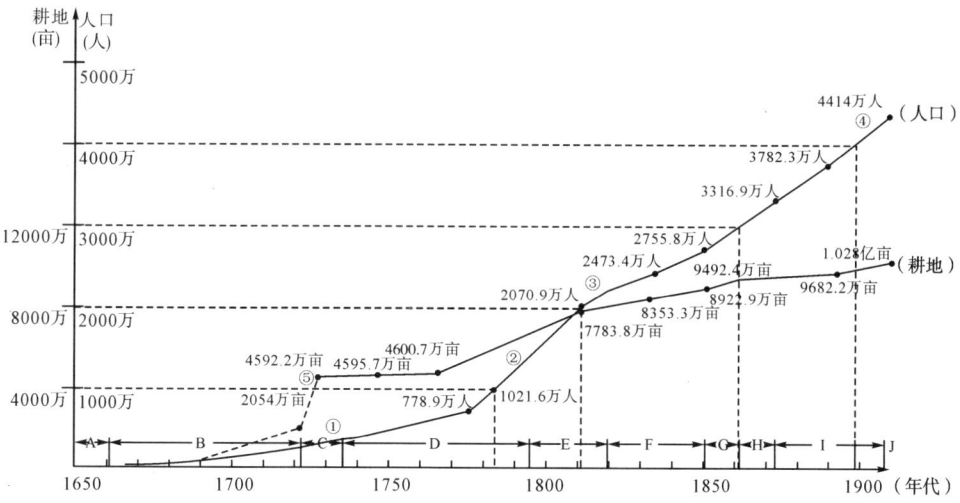

图 12-1　清代四川人口耕地增长示意图

注：（一）A=顺治时期，B=康熙时期，C=雍正时期，D=乾隆时期，E=嘉庆时期，F=道光时期，G=咸丰时期，H=同治时期，I=光绪时期，J=宣统时期。

（二）①顺、康、雍人口缓慢上升时期；②乾隆时期人口上升加快；③嘉庆时期人口剧增；④近代人口的持续上升；⑤雍正七年以前的耕地数不确，用虚线表示。

转引自王笛：《跨出封闭的世界——长江上游区域社会研究（1644—1911）》第 89 页图 2～4。其资料来源及修订与本书不尽相同，但大体反映出类似趋势。

根据现有资料分析，嘉庆二十年（1815），四川编审人户 512 万余户，丁口约 2094 万人[①]，同一时期四川的耕地数应为 9500 万亩[②]，人均耕地约 4.5 亩，大约为明代的 1/3，因而嘉庆以后，四川农村的生活，较明代更为艰辛。兹将上述情形分道统一列表，以资比较：

---

① 嘉庆《四川通志》卷 65《食货·户口》。
② 郭声波：《四川历史农业地理》，《清嘉庆末四川耕地数》，第 118 页。

第十二章 清代四川的人口与耕地

表 12-15 清代四川五道人口、耕地比较表

地区	明万历			清雍正末			清嘉庆末		
	户（丁）口	耕地（万顷）	人均耕地（亩）	户（丁）口	耕地（万顷）	人均耕地（亩）	户（丁）口	耕地（万顷）	人均耕地（亩）
松茂道	145364 726820	8.9187	12.27	119636 598180	11.027	18.43	1530537 5839104	13.0251	2.23
川东道	170398 851990	11.55	13.56	167488 837440	16.4911	19.69	1333042 4663190	20.39	4.37
川北道	190081 950405	6.2051	6.53	142211 711055	9.0988	12.8	767285 3692575	9.2955	2.52
永宁道	99694 498470	8.22	16.49	95118 475590	8.0012	16.82	731924 2781225	9.3327	3.36
建昌道	73800 369000	5.8992	15.99	129707 648535	4.6742	7.21	759462 3961289	5.4885	1.39
隐漏		5.5070			3.7057			37.4689	
全省	679337 3396685	46.3	13.63	654160 3270800	52.998	16.2	5122250 20937383	95	4.54

资料来源：万历《四川总志》、雍正《四川通志》、嘉庆《四川通志》及郭声波：《四川历史农业地理》，耕地数经修正、折算为今亩、今顷。耕地隐漏数据郭声波估算，见郭书第 94～99 页、第 107～108 页、第 113～119 页。明万历年间全省丁额 679337，今以 1 丁折 5 口，各道分别计算；清雍正末户、口取乾隆元年统计，当年全省共计 654160 户，每户折 5 口，各道也分别计算；清嘉庆末户口耕地数取嘉庆二十年册载数。

从表中可以清楚地看出，所谓"人土矛盾"最为突出的地区，并非一般所说的移民最多、"人口陡增"的川西平原和川东地区，而是移民垦荒有成（迁入垦荒之民不少）但土地隐匿相当严重，而又不便稽查的建昌道地区，其人均耕地令人难以置信地竟低至 1.39 亩，大大低于同期全省平均水平，显然是夸大了的"人土矛盾"！当然，这种人土矛盾被夸大的情况在其他四道也不同程度地存在着，只是不及建昌道那么典型而已。这一点，是正确理解清代四川社会状况的关键。

嘉庆以后，四川人口继续大幅增长，但册籍记载的耕地面积却少得可怜，

根本无法令人相信①。虽"田土尽辟",实际情况当然是增长十分有限,但总不至于一点变化都没有,这必然是"赋役固定"的结果。因此,估计清末四川耕地面积应在1亿亩上下②,人均耕地越来越少,下降到2亩左右。

三、清代后期四川的山岭垦辟

乾嘉之后,大规模的外来移民招垦运动已经停止,然而四川人口迅速的自然增长,也迫使四川农民不断地向盆地闲隙地、丘陵和山地的中上部发展。如在盆中安岳县,"山头荦确,开垦殆遍,几于野无旷土矣","虽极陡险之区,皆为□锄所及"③。万县则是"凡深林幽莽,峻岭层崖,但有微土者,悉皆树艺"④。到清朝末年,川省几乎已无荒地可开。正如光绪时四川总督丁宝桢所说:"川省人民繁庶,贫困居多,现在民间田土,凡山巅水涯田塍土埂,无不栽种麦菽……实无荒地可垦。"⑤

清代四川农地利用分为水田和旱地两类,总的来说是旱地多水田少,这种布局一直持续至今。当时多数地区的生产格局是"田种禾稻,山种杂粮,相资为用"。

在难以形成自流灌溉的山地、丘陵地区,移民修筑蓄水塘堰为灌溉农田的主要水利设施。这种塘堰在农业生产中发挥了巨大作用。如资阳"县属山田全藉塘堰以资灌溉"⑥。在珙县,"山巅水湄亦遍垦种,兼为相度地形,增修塘堰,岁所收几倍于昔"⑦。四川地方官吏对此也比较重视,屡次下令督促山民修凿。乾隆十八年(1753),四川总督黄廷桂就明令"全省勘修塘堰,引灌山田"⑧。雍正十三年(1735),井研知县黄光灿令民掘塘千余区。永川县自乾隆至光绪,

---

① 册籍记载,嘉庆至宣统年间的四川耕地面积仅有4600万~4700万亩。详见鲁子健:《清代四川财政史料》上册,四川省社会科学院出版社1984年版,第755~757页,附表5-2。
② 详见郭声波:《四川历史农业地理》,四川人民出版社1993年版,第136页后,图8。王笛:《跨出封闭的世界——长江上游区域社会研究(1644—1911)》,中华书局1993年版,第101~102页,表2-27。
③ 道光《安岳县志》卷2。
④ 同治《增修万县志》卷9。
⑤ 《皇朝道咸同光奏议》卷5。
⑥ 咸丰《资阳县志》卷4。
⑦ 光绪《珙县志》卷4。
⑧ 嘉庆《四川通志》卷115。

共凿塘二千八百有奇。道光年间，蓬州知州洪运开督民修筑堰塘 449 座。从现存的四川地方史志可以看出，清代时，这类塘堰在四川的丘陵和部分山区已逐渐普及。

在当政者的倡导下，各州县地方官也积极卖力。如乾隆初年，雷波卫守备胡漪"令民开垦田畴，教以播种。龙洞泉水先向西沟直下，鸠工于后山疏凿水道，由城中流出，灌田千百亩。至今民享其利"①。又如张南瑛，"乾隆十二年任金堂，修书院以培士类。尤究心水利，堰有壅塞皆为疏瀹。初，大河湾有地十里许，平衍无灌溉，居民仅种菽麦。南瑛相度其宜，遂绕冠紫山南凿渠接绣川河，名普利堰，开良田数千亩，上乡余水尽汇于此，源长流远，至今无水旱之患"②。

与兴修水利同时，四川出现了"改土为田"的活动。如叙州府"厅南大坝田数千亩，初犹土也，雍正时始开为田"③。乾嘉时期，"改土为田"形成高潮。乾隆年间，蒲江在四川总督阿尔泰的倡导下，改旱地为水田十万余亩；华阳、仁寿、彭山等处，亦改垦数百顷。绵州生员邱风至潼川，修惠泽堰，改旱地为水田约一万六千余亩。大邑县令宋载劝民开沟导引，旱地改为水田者不下三千余亩。石泉县令姜炳璋以"民业山，惟种荞麦充粮，因教以注水作堰法，民遵行之，始知有水田利"④。嘉庆初，夔州知府周景福于白阳坝开挖淤涝，引水灌溉，得良田万余亩。

在改土为田方兴未艾之际，四川地区又创造出冬水田法。据嘉庆《四川通志》载，湖北孝感人阚昌言任德阳县令时，因"民间于秋冬后不知蓄水，至来年春作，田涸土坼，堰水不敷浸灌，往往弃而不治。昌言始令民于收获后，以秋水之余满浸稻田，及栽插时，挹彼注兹，无不需足。迄今皆守其法"⑤。这是清代四川有关冬水田的最早记载。很快冬水田法又推广至绵竹、罗江、眉州等地。到清朝后期，冬水田几乎遍布于整个四川盆地及其周围山地，就连成都平原上的新津、华阳等地也均采用其法。

---

① 嘉庆《四川通志》卷 116，《职官志》18《政绩》8。
② 嘉庆《四川通志》卷 116，《职官志》18《政绩》8。
③ 光绪《叙州府志》卷 6。
④ 嘉庆《四川通志》卷 106。
⑤ 嘉庆《四川通志》卷 116。

图 12-2 川江两岸的水田（路德·那爱德摄）

与冬水田相媲美的是清代四川的梯田。早在两宋时期，四川地区便出现了梯田，经过劳动人民的不懈努力，已有相当的规模。在元明两朝，随着农业的萎缩，梯田也销声匿迹了。直到清代乾隆年间，四川盆地再次出现了大量梯田，并很快扩展到盆周山区。乾隆年间，时人就屏山梯田赋《梯田行》一诗："马湖境内独皆山，可耕之土曾无几。居民无计治饔飧，依坡就坎分疆里。山陡立兮可奈何，数尺一区颠及址……独立高冈弥远望，龙鳞凤羽竞参差。"[1] 梯田多以改造丘陵、山区坡地而成，当时又称之为"塝田"。梯田改种杂粮为禾稻，提高了土地效用，增加了粮食产量，无疑是农业生产的一大进步。清代四川再次出现梯田并扩展到全川，究其原因大概有三点：一是人口的增长，迫切要求生产更多的粮食，而改山坡为梯田，能提高土地效用，增产粮食；二是四川气候高温多雨，水源较为充足，具有梯田赖以存在的自然条件；三是东南移民带来了较先进的梯田农业经验，为四川梯田的发展提供了技术保证。

---

[1] 乾隆《屏山县志》。

第十三章 清代四川经济的恢复与发展

第一节 农 业

一、高产农作物的引进与粮食产量的增加①

清代四川农业中的一个重大变化是玉米（包谷、玉麦、芋粟）、番薯（红薯、红苕）等耐旱高产作物的普遍种植。它不仅解决了历代未能解决的粮食增产低于人口增殖的问题，而且推动了农业商业化和农产品市场化的发展。康熙以后，四川人口高速增长，粮食大量运销大江南北，都与此息息相关。三百余年来，这些耐旱高产农作物一直是四川粮食生产的重要组成部分。

（一）玉米的引进与普遍种植

雍正、乾隆时期，四川一度成为中国最大的粮仓之一，米谷外运连年不断，数额甚巨，"向由湖广一带贩运而下，东南各省均赖其利"②。清代四川粮食大量运销东南各省的原因很多，除自然条件和政策因素外，耐旱高产农作物的引进和普遍种植，对粮食的增产和本省米谷消费的减少产生了最为重要的作用。

---

① 本节参阅王笛：《跨出封闭的世界——长江上游区域社会研究（1644—1911）》，第139~147页。
② 嘉庆《四川通志》卷首，乾隆上谕。

四川引种玉米大约是在明末清初。其见于记载的最早年代是康熙二十五年（1686），早于台湾、贵州、安徽等省区。四川引种玉米缘自云南。据郭松义先生考察，云南通称玉米为"玉麦"，与川西许多府州称呼相同。稍后，因为湖广、福建、广东等省流民移居这些地区，"包谷"的叫法才逐渐普遍起来。但是，在相当长的时间里，川西一带玉米种植进度缓慢，直到雍正、乾隆时期，才得以普遍种植[①]。

清代四川种植玉米最多的地方是川北通江、南江、巴州、广元等地以及川东忠州、云阳、开县、大宁、彭水、奉节等山区。达县、渠县"山农多种粱、麦、包谷"；广元县"山农以包谷、杂粮为重"；通江县"民食所资，包谷、杂粮"；嘉道时期，巴山老林垦殖玉米颇多。道光二年（1822），严如熤谈到老林情形时说，数十年前，山内秋收以粟谷为大宗，"近日遍山漫谷皆包谷"。在四川丘陵地带，多属半山半田，近水平原以种水稻为主，山坡旱地则多种包谷。峨眉县贫富人家每日主食不同，富家"日三餐稻米、小米不等，下户或以荞面、

图13-1 罗江县农村，水塘旁为玉米地。德国建筑师恩斯特·柏石曼于光绪三十二年至宣统元年（1906～1909）考察四川时拍摄

---

① 郭松义：《玉米、番薯在中国传播中的一些问题》，《清史论丛》第7期。

杂粮为之，山居则玉蜀黍为主"。中江县"城乡皆食稻，山居贫民亦多食芋粟"①。

据王笛教授统计：迄道光二十六年（1846），四川玉米种植见于记载的厅、州、县已达 61 个。宣统二年（1910），全川 142 个州县都有种植玉米的记载。其中，种植面积 10 万亩以上的州县有 17 个；种植面积最大的灌县，达到 40.5 万亩；总产量最高的简州和涪州，达到 31.5 万石；亩产量最高的涪州，达到每亩 2.1 石。

（二）番薯的引进与普遍种植

番薯的传入和普遍种植与玉米的引进和普遍种植具有同等意义。雍正十一年（1733），四川引种番薯的史实见于记载②，仅次于云南、广东、福建、浙江、江苏、台湾等地。据学者考察，四川的番薯很可能是从云南传入的，乾隆时期逐渐推广到全省。乾隆三十五年（1770），黔江知县翁若梅得到《金薯传习录》，当即向百姓宣讲此书，"告以种植之法与种植之利"③。此后，各地纷纷刊印《甘薯录》，"广劝栽种甘薯，以为救荒之备"④。

番薯栽种极便，不择土质，耐旱高产，适应性强，一经推广，就在沱江、涪江、嘉陵江、渠江流域的山地、丘陵地带繁育种植，成为山区农村主要的农作物之一。乾嘉时期，番薯已广泛栽种于绵州、三台、射洪、安岳、乐至、蓬溪、遂宁、盐亭、西充、南充等州县。道光以后，番薯更是长江上游普遍种植的农作物。时人对番薯等高产作物的经济价值评述说："包谷、洋芋、红薯三种，古书不载，乾嘉以来渐有此物，然犹有高低土宜之分。今则栽种遍野，农民之食全恃此矣。"⑤

据清末有关调查，在全川 142 个厅、州、县中，有 127 个厅、州、县种植番薯，占 89.4%。其中种植面积在 5 万亩以上的有 29 个，达到 10 万亩以上的有 18 个。种植番薯最多的地区要数泸州，达到 149.5 万亩；万县次之，为 31.9 万亩；遂宁、南部再次之，为 25 万亩。番薯总产量也数泸州最高，为 299 万

---

① 道光《中江县志》卷 1《地理志·风俗》。
② 雍正《四川通志》卷 38。
③ 光绪《黔江县志》卷 3。
④ 同治《酉阳直隶州总志》。
⑤ 光绪《奉节县志》卷 15。

担;其次是云阳,为229.3万担;再次是南部、江津、犍为,分别为156.6万担、114.9万担和111.3万担。据宣统二年(1910)统计,全省共栽种番薯605万亩,总产量3950.6万担,平均亩产1.46担,折合粮食197.6市斤。清末全省粮食总产量为188.9亿市斤,番薯产量约占6.3%①。

(三)高产农作物的经济、社会价值

玉米、番薯的传入和在丘陵、山区的普遍种植,对四川农业生产和社会经济产生了极大影响。二者不仅都是高产作物,而且都是耐旱作物,在全省旱地大量种植后,大幅度提高了四川农业生产的效益,特别是耕作条件恶劣的丘陵和山区的经济效益。严如熤称,种植包谷"种一收千,其利甚大"②。陆曜称,番薯"亩可得数千斤,胜种五谷几倍"③。四川土质不良、易受干旱影响的丘陵、山区面积大,种植五谷,产量很低,一遇旱灾,有时颗粒无收。玉米、甘薯引种后,实际上为这部分旱地带来了稳产、高产的前景,使粮食总产量得到前所未有的提高,历代四川人口增殖高于粮食产量增加的严重社会问题也得到解决。清代前期开始,四川人口快速增殖,与这些耐旱高产农作物的稳产、高产息息相关。

四川玉米、番薯种植范围的扩大,也大幅度提高了对外省商品粮的供应能力。清代前期,四川通过长江航道向南北各省运销稻米,不仅数量巨大、价格低廉,而且持续时间很长,无疑也有玉米、番薯高产、稳产的原因。玉米、番薯的高产、稳产,为广大贫困人口提供了更为低廉的食物,大大减少了本省稻米的消费量,也为农村家禽、家畜提供了优质饲料。家禽、家畜生长繁殖更快,为城乡生猪和肉、禽、蛋市场繁荣兴旺创造了物质条件。肉食品市场的繁荣,一方面相应减少粮食的消费量,另一方面则会对四川人的健康和人口增殖产生积极作用。

二、农田水利工程日益完善

从清初开始,清廷就十分重视农田水利工程,主要做法包括:实行开发与岁修相结合的办法,以促进全省水利建设;健全水利管理机构,增拨岁修经费,

---

① 本节参阅王笛:《跨出封闭的世界——长江上游区域社会研究(1644—1911)》,第145~146页。
② 《三省边防备览》卷10《山货》。
③ 《甘薯录》。

第十三章 清代四川经济的恢复与发展

图13-2 岷江都江堰段（恩斯特·柏石曼摄）

并将其列入吏治考核条例；奖叙对地方水利建设有功的官吏和绅民，制定保护水利、兴利除害的律令。

都江堰水利工程在明末战乱中破坏严重，战后恢复农业生产，必须修复和新建水利工程。都江堰灌区包括灌县、郫县、崇宁、温江、新繁、新都、成都、华阳、双流等主要受益县。顺治十八年（1661），四川巡抚佟凤彩奏准整修都江堰，要求受益各属照粮派夫，每岁淘凿。到雍正八年（1730），都江堰已能灌溉上述9县76.05万亩田地，大大超过了历史上最高水平。乾隆二十九年（1764），四川总督阿尔泰归纳历代治堰经验，采取深淘堰底、另开支河、上游蓄水等三项治水办法，取得了较大成效。道光七年（1827），成都水利同知强望泰在治水实践中总结出"深淘滩，低作堰"的六字真言。

经地方官多次组织岁修扩建，清代成都平原堰功卓著。嘉庆二十一年（1816），华阳县统计为62处[①]；同治十二年（1873），成都县统计达120处[②]。清代都江堰灌区，比前代更为完善。自灌口经温江入境，西为金马江，有4堰，

---

① 嘉庆《华阳县志》卷1《水利》。
② 同治《成都县志》卷1《堤堰》。

其中大朗堰溉田68000亩；东为杨柳江，有16堰，其中杨武堰溉田73000亩；东北为新开江，有27堰，均有"堰长鸠工，沟长科费"①。新都火烧堰，长五里，自青白江引水灌溉新都、新繁、彭县、广汉、金堂等五县农田②。大邑知县"指度形势，劝民开沟导引……凡旱地可改为水田者不下三千余亩"③。

彭山的通济堰，是仅次于都江堰的一大水利工程，也是唐宋时期很有名的大堰。雍正年间批准修复，乾隆十九年（1754）新津、彭山两知县继续完成扩建、新建工程。一年后，堰工告成，除恢复原堰规模并加以扩建外，又新建彭山境内28渠，彭山县添灌田25935亩，其中旱田改水田的19326亩，旱地改水田的2748亩。经两知县沿渠查勘，"不特两邑旧有水利堰沟，水势加裕；所有彭邑新开二十八渠，俱已通畅，流灌已抵眉州，颇见成效"④。其他地区的地方官，也很重视农田水利工程。康熙四年（1665），夹江知县刘际亨发起兴修五圣堰水利工程。新堰极大地方便了四乡农户引水灌田⑤。石泉县知县姜炳璋知道山区民生艰难，"民业山，惟种荞麦充粮，因教以注水作堰法，民遵行之。比成，开田数千亩，民因号为姜公堰"⑥。汉州的柳梢堰、金堂的赵家堰、绵竹的大烧堰都成为造福一方的名堰。

清代成都平原农田水利事业的振兴，促进了稻作农业区的恢复和发展，粮食作物稳产高产，经济作物种类繁多，农业的商品化趋势十分明显。

三、科技知识的推广与生产技术的提高

清代四川农业生产恢复和发展的一个重要原因，是地方官和学者都十分重视科技知识的普及，科技在农业中的应用率比较高，因此产生的经济效益也相当高。无论是地方官劝农，还是学者考察农事，都注重总结历代农业生产和农村生活经验，并著书立说，加以推广，形成一时的风气。

清代四川注重农事、编写农业科普读物以劝农的地方官吏，主要有张文梵、

---

① 嘉庆《双流县志》卷1。
② 民国《新都县志》第1编。
③ 乾隆《大邑志》卷1。
④ 徐尧、张凤翥：《通济堰竣工会禀》，《四川历代水利名著汇释》，四川科学技术出版社1989年版，第348~349页。
⑤ 嘉庆《夹江县志》卷4。
⑥ 嘉庆《四川通志》卷106。

阙昌言、沈潜等人。

张文梵，浙江萧山县人，历任四川的知县、知州、成都府水利同知等职。他编写的《农书》，全文约2300字，将农事活动划分为选种、育种、播种、犁耕、疏肥、锄耘、粪壤、水利、牧牛等9部分。该文紧密结合川西平原农事实践，对农业生产的基本环节、良种的选育、粪肥的使用、土壤的耕作原理、农田灌溉方法做了分析。特别是对冬水田的耕作管理、耕牛的喂养使用的分析，鞭辟入里，既有科学性，又有实用性，在四川农村较有影响。

乾隆时期德阳知县阙昌言撰写的《农事说》，是关于如何提高农业经济效益的读物。阙昌言，字尧俞，湖北孝感人，雍正八年（1730）进士，乾隆五年（1740）任德阳知县。他注重民生，关心民瘼，经常巡视坰亩，劝课农桑。《农事说》分别就"天时""地利""人力"进行深入分析，提出了自己的独特见解。一曰"因天之时"。他认为，凡事皆当因时，而农事尤甚。播种、插秧都要注意掌握好时机。二曰"尽地之力"。他将改良土壤放在重要的地位，强调施肥可以提高地力，使田肥苗茂。三曰"尽人之力"。他认为，人力在农业生产中潜力无穷，尽人事以补天工，是大有作为的。只要发挥了人的作用，就可以化高坡为平地，化贫瘠为肥沃，化干旱为丰水，从而获得丰收。

乾隆年间，罗江知县沈潜的《蚕桑说》，全文约2600字，是介绍农村种桑养蚕技艺的科普读物。沈潜，字亦昭，浙江秀水人，监生。乾隆三年（1738）任大足知县，七年（1742）调任罗江知县，十年（1745）卒于任。沈潜曾主修乾隆《罗江县志》15卷（乾隆十年刻印），所著《蚕桑说》附载于志书①。《蚕桑说》分为植桑、养蚕、桑蚕筐架制作、蚕房修建、作茧、抽丝等6部分。沈潜认为，桑树一身都是宝，很有经济价值，应当大力种桑。他对选茧、出蛾、蚕窝、蚕架、蚕房、作茧抽丝等生产环节的关键技术和微妙细节记述精到。如蚕儿所食之叶，必须干净、新鲜，用新白布刷抹干净，细细剪碎，用尖竹筷挑匀饲喂。做好蚕窝，是喂好蚕的重要环节。要先以谷草做窝，高宽各二尺许，或以箩筐、木桶，下用微火盆一个，以竹木棍隔断，上盖衣物或布单，使蚕安全度过二、三眠或大眠。蚕房要十分讲究，一是房屋要干燥，二是光线要明亮，三是不可透风。如系晴朗天气，可以开窗；如遇风雨，要立即关闭。这样蚕抽

---

① 乾隆《荥经县志》也予附载。

的丝才能既多又光润。沈潜《蚕桑说》既有理论意义，又有实际价值。它不仅对当时四川蚕桑事业的恢复和发展产生了重要作用，而且在今天仍未失去参考价值。

清代四川堪称农业科技学术著作的"农书"，是什邡学者张宗法撰写的《三农纪》。张宗法，字师古，别号未了翁，什邡县人。他学识渊博，博闻强记，熟读历代农书，同时进行实地考察，将书本知识与自己的实践经验相结合，于乾隆二十五年（1760）撰成《三农纪》。全书 24 卷，约 33 万字，征引典籍 307 种，是一部内容丰富、体例完整、注重农学理论与实践经验的总结、具有很高科学价值和实用价值的农事活动宝典。关于《三农纪》，本书在第 16 章第 4 节《科学技术》中将作详细介绍。

第二节 盐 业

一、恢复井盐生产的措施[①]

清政权入主北京后，吸取前明覆亡的教训，在镇压农民起义军和扫荡明势力的同时，在经济方面亦着手实行一些缓和措施。在盐政方面，顺治元年（1644），即谕"各运司……明末递年加增有新饷、练饷及杂项加派等银，著尽行蠲免，仍免本年额课三分之一"[②]，即象征性地免去四川商民盐课[③]。顺治八年（1651），又诏令各地盐官，"止许征解额课，不许分外勒索余银"[④]。这样一来，明季加在盐业生产者和运销商贩身上的重重额外负担，总算在形式上除去了。

在这些缓和措施中，较有实际意义的是顺治十七年（1660）清廷批准四川巡抚张所志关于新井征课和贩运 40 斤以下盐斤免税的一项政策。张奏略云：

---

① 本节参阅张学君、冉光荣：《明清四川井盐史稿》，四川人民出版社 1984 年版，第 53~122 页。
② 《清通志》卷 91《食货十一》。
③ 《清朝通典》卷 12《食货十二》。
④ 《四川盐法志》卷首《顺治八年上谕》。

第十三章 清代四川经济的恢复与发展

"蜀省之盐皆产于井，必相山寻穴，凿石求泉，而井始成；开凿艰难，每一井常费中人数家之产。应照开荒事例，三年起课，以广招徕……贫民易食盐斤，应令四十斤以下者准免课税，四十斤以上者仍令纳课。"① 这项政策起到了鼓励四川商民节衣缩食、开办井灶、恢复和发展生产的积极作用。而对 40 斤以下盐斤免收课税，则调动了资金短缺、运负困难的广大商贩的积极性。通过鼓励他们努力贩运，既满足了当时人民最低限度的需要，又进一步刺激了生产的增长。

康熙中期以后，清王朝在四川开始推行一整套完整的盐务管理和税收体制。这一体制一方面保证了封建统治者的既得利益；另一方面由于在吏治方面的相对严明，以及禁止"额外加派"、增收"羡余"、勒索"陋规"② 等律令开初多少起到一定的作用，因而在客观上有利于生产的恢复与发展。

清初四川井盐生产技术基本恢复到明代后期水平，但尚未实现新的突破，钻凿和治井技术并未臻于完善，因而"易致坍塌、水湮"，并常常发生"渗漏"，"停煎修补，动经岁月。又或开井初成，出产无多；汲煎既久，盐水不足"。井灶户常为"赔累"所苦，极大地抑制了他们的生产热情。雍正十二年（1734），川陕总督黄廷桂、四川巡抚宪德提出对盐井实行"据实清查"的办法，核实井灶户的盐井数："凡有废坏无用、坍塌渗漏、修补不能复旧之井，开明引盐数目……照重粮例分别开除。倘从前井口或有多报之处，亦令一并查实取结，照例开除。嗣后有枯涸损坏盐井，仍令陆续详报，咨部开除。"③

"据实清查"，井灶户可免"干赔"，这是他们乐于接受的有利于生产的好办法。事实证明，清代前期对井灶户一般能采取比较和缓的、刺激生产的政策。如在乾隆朝规定的"新开盐井，按下井榷课"的办法，效果就极为良好。从《四川盐法志》卷 20《征榷》统计的井锅榷额看，各场均以下井、锅课为主，有些场区甚至不榷上井、锅课。这些措施，对于四川井盐业的全面繁荣，起到了不可忽视的促进作用。这类政策中，影响较为深远的是四川盐茶道林儁推行的"听民穿井，永不加课"④ 的政策。这一政策提出的背景是：由于乾隆以前四川盐业生产技术还不够完善，因而经不起自然灾害的打击。如乾隆四十六、

---

① 《清通考》卷 28《征榷三》。
② 参看《四川盐法志》卷首《圣谕》。
③ 《清盐法志》卷 259《四川十六·征榷门·课税》。
④ 严如熤：《三省边防备览》卷 10。

四十七年(1781、1782)连续两年大水,摧毁了当时在生产方面居第一位的射蓬盐场,井灶"冲汰过半,所存者沙砾……比年以来,井水枯涸,悬筒辍煎者所在皆是。盐不敷引,而商与灶皆被困矣"①。因此,不时出现盐引积滞、盐课亏欠和商灶破产的情况。乾隆四十九年(1784),亏欠达20余万两。清政府责令四川盐务当局"限期完纳"。林儁并不采取一般俗吏"严刑追比"的办法,而是实行"听民穿井,永不加课"的刺激性政策。林儁实行这一政策的用意在于,开新井以帮旧课。因为井课、锅课都是以雍正以来的权额为准,称为"原额"。旧井"原额"既已亏损,而让井灶户开凿新井,以补旧欠,就是积极的、治本的方法。果然,这一政策收到了预期的成效,"甫及九年而积欠悉完"。总之,康、雍、乾三朝对四川井盐业实行了较为稳定的缓和政策,使盐业生产得到了迅速恢复和全面发展。

二、井盐生产技术改良

(一)钻井技术的新突破

在明代后期盐政改革和清代前期盐业政策相对缓和的时期,四川盐业生产得到了恢复和发展,生产工艺也因之日益进步。清代钻井技术的重大成就主要表现在钻井过程的程序化和钻具的多样化。根据清代《四川盐法志》等著作的有关记载,钻井过程主要划分为六道程序:

一是开井口。开井口的首要问题是确定井位。井位的测定,系由具有丰富盐矿地质经验的"山匠"进行。"山匠相其地脉出盐者凿之",有的山匠经验十分丰富,甚至可以根据草、土之气味判断是否有水火。待山匠将井位择定后,便鸠工除地,"坎径地三尺,

图13-3 清代井盐生产图说——初开井口

---

① 《四川盐法志》卷2《井厂二·井盐图说》。

围九尺"。井口深度，以"见坚石为度"，浅或丈许，深或数丈，最深者达十余丈。

二是下石圈。井口开成后，以井穴为中心，"鸠工立石圈"。石圈"方二三尺，中穿圆径八九寸或尺一二寸"。石圈由井腔石底一个一个叠砌，使用油灰黏合，直到"累与地平"。石圈下毕后，在圈外石穴间，"用土石坚筑之"。

三是凿大口。这一工序，是钻凿石圈以下，直至"红岩"一段井腔。首先需要安装井口机械装置——"花滚子"和"碓架"，踩碓用人力。"新井则以二人在碓上，以一人在井口转锉；深井则以三人或四人在碓上，仍以一人在井口转锉。"

图 13-4　清代井盐生产图说——下石圈

图 13-5　清代井盐生产图说——凿大口

新井井浅力小，所用劳力少；深井井深力厚，劳力耗费多。在井口转锉之人，必须与凿井过程相始终，否则井腔不圆，斜度增大，成为废井。大口一般凿至"红岩"或"白沙岩"，也可不以此为限，"总以阳水尽处为度"。大口深度，从八九丈至二三十丈不等。

四是下木竹。木竹或曰"木柱"，是筒井所用井腔导管。早期卓筒井全用竹筒，到明代后期，开始出现木制导管，清代四川大部井厂已采用木质木竹。作木竹的木材，要求致密、坚硬、耐磨，一般井浅用松木，井深用柏料。木竹的制法，视井径大小，选择圆直的木料，"剖分为二，挖空如竹，合而束之"。"木竹外束以布，继缠以麻，以桐子油春灰融傅之，使无渗漏。"下木竹时，先竖天车，然后再设花滚、碓架、地滚子、车盘。将木竹直立井口，借助天车、花滚缓放入井，留三尺许于井外，牢系勿坠；再用竖木二段，夹系出露井口的木竹，又将竖木缚天车两足，使其固定；然后将第二段木竹榫头嵌合于井口木竹榫头上，"牝牡筍傅"；最后用油灰、麻布缠裹，干燥后方可下井。

图13-6 清代井盐生产图说——下木竹（柱）

五是凿小口。目的在于钻凿木竹筒井以下，直至深井卤层这段岩层。这段井身占全井深度的90%左右，实际上是盐井的主体部分。由于所遇岩石更为坚硬，钻凿时也更为困难。稍深之井，耗费的时间相当长，有的四五年，

图13-7 清代井盐生产图说——凿小口

有的井竟达数十年之久。小眼不设木竹，是盐井的裸井部分，它的井颈，就是盐井的实际口径。这类井口径很小，"一小盂覆之有余"。清代富荣地区一般"老井眼径二寸四五，大者三寸二三。唯富顺邱垱之井，多半黄水，小眼则四五寸为度"。

六是扇泥。扇泥工序，就是将钻凿过程中不断产生的岩石碎屑清除出去。这一工序贯穿凿井过程的始终。清代扇泥技术更为成熟，"凡所凿泥沙，积一二

• 447 •

日下竹筒吸出之"。由于清代井径增加，扇泥筒一般也比较长大，其构造与汲卤筒差不多。

为适应盐井加深后不同井径和不同岩层的客观需要，钻具开始向多样化和专门化方向发展。明代已有见于记载的"大铁钎""小铁钎"，分别用于凿大口和抽小眼。清代钻具多

图13-8 清代井盐生产图说——扇泥

达五种，有鱼尾锉、银锭锉、财神锉、单马蹄锉和双马蹄锉。"石臼以下用大锉曰'鱼尾锉'，长丈二尺，重二百斤；木柱以下用小锉曰'银锭锉'，锉长九尺，重百斤。凡凿及百丈以下者，锉力愈重，不敢用大锉，惧竹篾断也。"

(二) 治井、打捞技术的重大成就

钻凿工艺和器具的改革，为盐井、气井向深部岩层发展准备了充分的条件。但是，深井的开凿是极为艰难的工作，它不仅需要细密的钻凿程序和锋利多样的钻具，还需要有效处理与盐井、气井的深化相伴而来的各种井下事故，否则任何深井的开凿都难以如愿以偿。从这个意义上看，清代在打捞、治井技术上取得的重大突破，是钻井史上极不寻常的开创性成就。

清代常用于治井的器具多达数十种。现按其用途，将主要器具归纳如下：

补腔类：泥孩儿、发口壳子、尚欠、欠杆子、假壳、灰筒、旋棒、花筒等。

淘、刮井类：财神锉、文财神、武财神、二水镊子、滚龙镊子、笋壳瓦口、拐脚瓦口、笼铲瓦口、酒提瓦口、纽尔多瓦口、发口瓦口、以皮草、松毯子、四楞子、三楞子、六楞子、八楞子、虎舌、霸王鞭、无龟背、草鞋板、萝卜头、蛇皮、三不像、磬钟、开口磬钟、发口磬钟、棒棒银锭、童子银锭、车银锭、莲花瓣、兜里钉、钻字头、蜡烛头、杀刀、盐杆铲铲、开口马蹄等。

刁换木竹类：考口接筒、欠篾、棺材头、羊蹄子、锯子、位镰、木笼、正

心、泥娃娃、挂子等等①。

这些是形制较为稳定的器具，若将变化中的器具统计在内，就远不止此了。

井盐生产者从实践中总结出新井易患之病有："走岩""流沙""冒白"。这些井病，有的可治，有的难治。"走岩者，以油灰补之。流沙、冒白，俟沙尽水干，否则不能治矣。"② 如系单纯走岩造成的井腔崩塌，则采取补腔的办法。首先应查清井腔走岩位置。走岩处往往造成地下水渗漏，这是了解走岩位置的一个依据。测定走岩位置用"泥孩儿"，即一种木制长杆，长三四尺，一端敷泥，外束麻，略小于井径，用竹篾吊下以测渗漏。"泥孩儿"在何深度润湿，即知该处走岩崩腔。补腔必须造成腔穴外大里小，以便填充。为此，第一步需要拓腔。拓腔器具为"发口壳子"，其构造是在铁棒上反捆弹力良好的竹片4~6块，使其"反张若雨伞然"。而后将发端收拢活套，放入井中，至井底以后，触活套而竹片张，提"发口壳子"上至走岩处，竹片发入穴内，"数下撞，即可令下口渐宽"。拓上口即改发端向上，不用活套，顺势下井，至穴发端自入，多次上撞，"可令腔穴上口渐宽"。拓腔以后，"打草把"，即用草把塞住走岩下面的井腔，以免填充物坠落井底。而后用七八尺长、下破为二的竹筒盛油灰至穴处堆积。积至数筒后，用一木棒旋灰，灰受压力不能通过草把下井，即被挤入岩穴内，然后用"提须"将油灰撞实，不实又下灰补之。补毕后，须待油灰干透，俗称"养腔"。一般补后30~40天即可"开腔"，用马蹄锉将实草残灰破碎，打通井腔，整个补腔工作遂告完成③。

旧井易患之病有：井腔淤塞、井身歪斜、木竹漏烂等。这些井病，均有良好的治疗方法。

在打捞技术方面，清代取得的成就也极为显著。在深井作业中，落物的事故日益增多。井中落物主要是常用工具和材料，如锉、筒、索、篾等。打捞落物是件十分复杂的工作，聪明而富有创造性的清代井盐生产者，在实践中发明了一整套变化莫测的打捞工艺和数量繁多、功用神妙的打捞工具。"其器冶之机巧不能名状，有时神明变通，并不能拘成法也。"④ 常用于打捞的主要工具有：

---

① 《四川盐政史》卷2第4章第6节。
② 《四川盐法志》卷2《井厂二·井盐图说》。
③ 《四川盐法志》卷2《井厂二·井盐图说》。
④ 李榕：《十三峰书屋文稿》卷1。

第十三章 清代四川经济的恢复与发展

提须子、吊脚体恤、平头体恤、提须刀、杆杆体恤、系子体恤、柳穿鱼、穿鱼刀、单刀、双刀、独脚棒、杆杆独脚棒、独脚棒刀、独棒须、偏尖、木龙、扫镰、怀胎扫镰、偏尖扫镰、系子、四股须、五股须、三股须、有镫五股须、抱爪、吞筒子、开口吞筒子、夹签子、夹签、有镫夹签、飞鹅刀、盖板刀、闭口催子、蛇皮列子①。

打捞落物时，应当依据落物的性质、形状、坠落位置，采用不同的器具和方法。如落筒时，一般用"提须子"。这是一种"上刻如圭，下三楞，末作三叉"的器物，用它打捞落筒，把握较大。落篾索时，先用"提须刀"在井下斩断篾索，然后用"平头提须"或"单瓦口"等，将"篾渣""麻筋"勾取出井，然后再取他物。落锉时，必须先探明锉在井中位置，然后用"扫镰""乌龟背""虎舌"等加以探拨，再行拾取。打捞落锉一般用"偏尖""木龙""拐脚瓦口"等②。如落物不止一件，又不同类，打捞方法则又相应变化。落筒带绳者，用"单刀""双刀"割断，再用他器取出。筒锉并落时，"则两瓦口并下"以取之。如落铁器过多，不能捞取时，则用萝卜头捣碎，再行捞取③。在落物的同时，如又出现井腔走岩、淤塞等情形，在捞物的同时，还必须进行补腔和疏浚的工作。

为适应各种不同的需要，不少工具具有双重功能。打捞与补腔同时进行时，则将"独脚棒"加以改造，在其上部"束篾"，前部"露刃"，既能拓腔、补腔，又能打捞"井遗篾索"④。

总之，适应深井大规模开凿后，井下事故发生更为频繁、也更为复杂的具体情况，清代的治井和打捞技术应运而生，成为整个深井钻凿工艺中最富特色和独创性的一个组成部分。这套技术不仅对发生的大部分井下事故有妥善而周密的处理方法，而且每一种方法亦可根据变化多端的具体情况灵活变通，不拘成法。这是它之所以富有旺盛生命力的主要原因。

（三）采卤、输卤技术和生产设施的改进

明清时期，随着深井的大量涌现，产量丰富的盐卤资源的相继开拓，采卤、输卤技术以及生产设施等，都得到相应的发展。

---

① 《四川盐政史》卷2第4章第6节。
② 《四川盐政史》卷2第4章第6节。
③ 《四川盐法志》卷3《井厂三·器具图说》。
④ 《四川盐法志》卷3《井厂三·器具图说》。

清代采卤天车、地车、汲卤筒和牵引力的进步十分显著。天车高度比前代大大增加，"高者十一二丈"，稍次也是七八丈或五六丈，而且构造结实、灵巧。地车又称"大车"，车围很大，"轮阔四丈八或五丈二"。清代井上所用汲卤筒，各场因井深浅而不同。富荣盐场深井汲卤筒"巨

图13—9　自流井盐场牛车汲卤

者，可盛水一石五六分"。这比宋代小井"一筒致水数斗"的容量来，超过一倍有奇。汲卤重量倍增，牵引力亦势必相应增大，已非人力所能承担，必须使用牯牛，一般深井用二至五牛不等。由于负荷沉重，牛力也难以持久，"率三汲一易牛"[①]。

牛推井大量涌现之外，还有不少的高压浓卤井相继问世，该井自动喷水，每井日产多达千余担。为了将大量的卤水运往灶房煎烧，或转卖他人，需发展相应的输卤技术与设施，这就促成了"枧"的发展。清代卤枧均以楠竹连接而成，种类齐全，主要有以下几种：

放水枧：输送卤水地带，颇多山丘，卤枧由高到低铺设，卤水顺势而下，称为"放水枧"。地形高低相差明显时，这种卤枧铺设容易。若遇地势相差不明显时，则使用一种测量水平高度的仪器——"测平水"（又称"开河"），加以测量。

冒水枧：此山之卤，输往彼山，中有洼地相隔，则发明冒水枧。其枧从高到低，再从低到高，沿地形铺设枧管，形成"U"式曲管。盐业生产者从实践中懂得，若要这种曲枧冒水，必须是放水处高于受水处，"低者即少停蓄，高者顺流而下，即可将低者激而上行，亦水性然也"[②]。这实际上是运用了现代物理

[①] 《四川盐法志》卷2《井厂二·井盐图说》。
[②] 《四川盐法志》卷2《井厂二·井盐图说》。

学上"连通器"的原理。冒水的奥妙，在于放水处的高度与冒水处高度的液柱之差形成的压力。

河底渡槽：卤枧经过河道时，如架桥有困难，则设置河底渡槽加以解决。这种渡槽的结构，是先在河底掘沟，沟里置枧，枧上覆盖人工打造的石槽，石槽上压以废旧盐锅，以免洪水泛滥季节被冲毁损坏。渡槽过水的原理，与冒水枧相同。

马车提卤：若遇卤枧来路过低，去路过高，则使用马车提卤方法。首先在卤水需提升处修造马车房，"以大木四根，四方矗立，中以小木横逗至顶建楼，覆之以车盘斗子，用马车推之，水即运上"①。这一装置，与现代水泵原理、机械传动装置极为相近，不同的只是前者用畜力，后者用蒸汽机、内燃机或电动机作动力。

输卤中，凡卤枧转弯抹角、高注下泄、伏水行空、交接处均须大量使用"枧窝"。枧窝"用大木桶一或石缸，大二三尺……以竹枧逗之，即可曲过。水多者，一窝三枧"②。这种装置，类似现代输气、输水系统中的枢纽装置。

总之，经明清两代的大力改进，采卤和输卤设施，不仅技术高超，结构合理，而且就地取材，极为实用，在实际运用中的效果达到了令人难以置信的高度。

三、井盐生产全面发展

（一）井灶产额大幅度上升

四川井盐业到雍正前后已进入发展期。据有关资料统计：康熙二十五年（1686），全川产盐区域达到26州县，共有盐井1182眼③，产销盐斤7188票④。雍正九年（1731），四川巡抚宪德鉴于四川盐井征榷混乱，"有此界井眼在彼处榷课、配引、征税者，若不各清各界，恐经征收纳，弊窦丛生，而商民无所遵守"⑤。报部批准后，对全川盐井作了一次清理，得到较为准确的数据：全川

---

① 《四川盐法志》卷2《井厂二·井盐图说》。
② 《四川盐法志》卷2《井厂二·井盐图说》。
③ 《古今图书集成》卷692。
④ 《四川盐法志》卷17《引票二·历年增引》。
⑤ 《清盐法志》卷259《四川十六·征榷门·课税》。

"共产盐四十州县，凡井六千一百一十六眼，每岁共产盐九千二百二十七万七千八百四十斤"①。乾隆时期，出现井灶数猛增的局面。

乾隆二十三年（1758），全川产盐共计 38 厅、州、县，盐井 8336 眼②，年销水引 18424 张、陆引 71373 张③，折合盐 162903420 斤。生活在乾嘉时期，并对四川井盐作过认真考察的严如熤指出："四川之货殖最巨者为盐。川北之南部、西充、射洪、乐至、蓬溪，川南之犍为、富顺、荣县、资州、井研，川东之忠州、云阳、开县、大宁、彭水，川西之简州，下川南之盐源，州县著名产盐者二十余处。而地出咸水可以熬盐，闾阎私井不外卖者，不在此数。"④

（二）五大产区的形成和三大中心的崛起

清初全川井盐产地，按照生产和运销惯例，自然形成五个生产区："川北射洪、蓬溪，旧名华池厂；南部、阆中，旧名福兴厂；川南嘉定、犍为，旧名永通厂；富顺、荣县，旧名富义厂；川东云阳，旧名云安厂。此五厂产盐最多，川属产盐之二十一州县，皆附此五厂之内。"⑤

五大厂区中，又以生产丰旺的射蓬、犍乐、富荣三厂最为有名，但三厂因各自条件不同，进入兴旺期的时间参差不一。"方兴之初，潼川之射洪、蓬溪最旺，犍乐、富荣次之，其余各井又次之。不数十年，射蓬即衰歇，反以犍富为上。"⑥

川北射洪、蓬溪地下浅层盐卤储藏丰富，易于开采，一般使用简陋的竹制筒井，至多在几十丈深处就能取得盐卤。因而清初恢复生产时，尽管面临极为困难的物质技术条件，这一带的盐业生产仍然首先得到发展。康熙二十五年（1686），射洪县有井 306 眼，蓬溪县有井 141 眼。到雍正九年（1731），射洪县盐井即达 2319 眼，蓬溪县盐井亦达 1251 眼，分别比康熙时增加 7.5 倍和 9 倍，成为全川盐井最多之县。其销区在全川盐场中居于首位，且最早运销黔边岸。但进入乾隆时期后，射洪、蓬溪地区盐井的发展显著放慢，乾隆二十三年

① 《清盐法志》卷 244 《四川一·场产门·井厂》。
② 《四川盐法志》卷 5 《井厂五·沿革下》。
③ 《四川盐法志》卷 17 《引票二·历年增引》。
④ 严如熤：《三省边防备览》卷 10。
⑤ 《蜀故》卷 3 《盐政》。
⑥ 王守基：《盐法议略》。

(1758),射洪县有井 2612 眼,蓬溪县有井 1257 眼,相比雍正时增长不大,且其运销的贵州边岸,递年不敷配运。造成这一状况的原因何在?原来射蓬地区浅层卤水虽多,但含盐量甚低,成盐率不高。"煎盐用草而工费",以致成本高昂,品类单调,"其产花多而巴少",不合黔边岸需要①。这些因素使射蓬厂区在进一步发展中受到限制,落伍于条件较其优越的犍乐、富荣盐场则是必然的了。

继起执牛耳的是犍乐盐厂。犍乐盐厂在明末战乱中破坏较大,清初开始稳步恢复。康熙二十五年(1686),犍为县有井 280 眼,嘉定州有井 107 眼。雍正九年(1731),犍为县有井 672 眼,乐山县有井 614 眼。乾隆二十三年(1758),犍为县有井 738 眼,乐山县有井 370 眼。从上述三个时期的统计数字看,犍乐地区盐井的发展情况是耐人寻味的。这里有两个疑问:第一,与射蓬地区相比,总的看来,犍乐地区盐厂井眼基本数不高,除康、雍之际有一显著增长外,一般进步不大。第二,雍正到乾隆间,乐山县的井眼数非但无上升,反而下降一半。造成这些现象的原因主要在于,川南犍乐等地区开采盐矿所面临的地质条件不同于川北射蓬地区,盐井通常需凿至一两百丈以上,才有希望取得稳定而咸量较重的盐卤。乾嘉时期,每开一井,或两三年,或四五年,工费甚巨,钻凿技术和治井方法都有较高的要求。如果井位选择不当,还可能"凿之十余年而不及泉者"②。在清初那样的物质技术条件下,开凿这样的盐井,应是极为困难的。即使在生产已有一定基础的雍乾时期,也不可能以射蓬地区盐厂那样高的比率上升。而原来残存的部分竹筒小井,又只能开采浅层淡薄卤水,获利不大,只能维持简单再生产。因此,这一时期井灶数量增长率不高,甚至于下降都是可以理解的③。

而到乾隆后期,犍为地区的盐业生产却发生了引人注目的变化。迄至乾隆五十一年(1786),该地区共增新井 1122 眼,共设煎锅 1617 口④,在产量方面跃居射蓬盐厂之上,并逐步取代射蓬盐在黔边岸和大宁、云阳盐在楚计岸的销

---

① 王守基:《盐法议略》。
② 严如煜:《三省边防备览》卷 10。
③ 乐山县盐井数虽然下降,但锅口数确从雍正九年(1731)的 626 口上升到 674 口。这说明,由于深井的逐步开凿,浅井被大量淘汰,生产仍在缓慢上升。
④ 嘉庆《犍为县志》卷 4《食货》。

售地位。犍乐盐厂的发展进入了极盛阶段。

富荣盐厂在清初虽与射蓬、犍乐盐厂齐名，但在产量和运销范围两方面，均不如上述二厂。康熙二十五年（1686），富顺县有井90眼，荣县有井6眼，产盐不多，主要销售本地。雍正九年（1731），富顺县有井281眼，荣县有井17眼。乾隆二十三年（1758），富顺县有井397眼，荣县有盐井16眼、火井11眼。看来，富顺县在卤井方面发展较快，荣县在火井方面有新的突破；但与射蓬、犍乐地区相比，只能屈居第三位。

富荣盐厂进入鼎盛期的时间大约在咸丰、同治时期。据统计，富荣盐厂在极盛时拥有盐井、火井3000~5000眼，煎锅2万余口，年产食盐20万~30万吨，产额占全川一半以上。其运销范围，除四川40余州县外，还畅行边岸、楚岸的百余个州县①，一跃而为全川盐业生产中心，荣获"盐都"的美称。

犍富地区进入极盛期的主要原因可以归纳为三个方面：

从生产力方面看，乾隆以前，犍富地区主要应用竹制小井开采浅层稀薄盐卤，产量不高，成盐率低。乾嘉时期，盐业生产技术提高，形成了凿井、打捞、治井等成套技术，设计出构造精巧、功用神奇的工具群。井深一般达到一两百丈，取得侏罗系地层黄卤。富荣地区不少井已接近三叠系层位，深"三四百丈"，"井水微黑，有臭气"。"每水一斤，煮盐自一两四五钱，至二两一二钱不等。"② 这就大大提高了盐井的生产力。

由于技术革新带来了劳动过程的细密分工和生产率的大幅度提高，促进了盐业领域内生产关系的重大变革。盐业资本的形成，雇佣劳动的增长，标志着以犍富盐厂为代表的四川井盐业进入了工场手工业的发展阶段。这为盐业生产的大发展，创造了必要的社会经济条件。

从运销方面看，清初，射蓬等厂就开始拓展销区，除本省外，销售范围扩大到黔、滇边岸。乾隆时期，犍富等厂急起直追，除取代衰退下去的射蓬等厂在黔、滇、楚岸的销区外，还蚕食这些省区中属于淮盐、滇盐等的销区，为本厂取得广阔的市场。咸丰三年（1853），太平天国建都南京，阻碍了淮盐的传统

---

① 依据《中国近代手工业史资料》第2卷《重庆盐火井总论》《川盐纪要·丛录》《四川文史资料选辑》第4辑《四川自流井盐税的掠夺战》统计。

② 严如熤：《三省边防备览》卷10。

运道，于是淮盐在两湖的销岸几乎全部归于川盐，使川盐在楚岸获得了空前广大的市场。富荣盐销楚后获得巨额利润，"盐井获利数倍，富顺为最"①。利润的激增直接刺激了盐业生产，"川盐销楚后，广开井灶，其色白，其质干，川贩因之居奇"②，进一步激起钻凿盐井的热情。十年之间，盐井、火井竟达100余眼之多③。这就说明，市场需求对生产是一种极大的推动力。

除上述三区之外，南部、阆中、云阳等厂在清代前期亦有相当发展。

（三）各地私井的急剧增殖

与政府榷课井灶大幅度发展的同时，特别值得注意的是，乾隆间四川盐茶道林儁推行"听民穿井，永不加课"政策后，迅速扭转了四川盐课严重亏损的状况，收到了提前完成积欠的良好效果。此后，四川井灶大增，其存在形式演化为两种：一是所谓"原额"，即雍、乾间上册榷课的井灶，如王守基所说："今日之井课犹按原额征解，其实盐井之多寡，与册载大不相符矣。"④ 另一种即灶户以帮井的名义，私自开办的新井。这类盐井由于免征新课，并不报官注册，又称"私井"。那么，清代乾隆以来，私井与原额相比，究竟占多大比重呢？

嘉庆间，对四川盐业生产情况作过深入调查的严如熤指出："川中产盐之区，额设井灶固多，私井亦数倍于官。"⑤ 咸丰间，犍为知县杨炳堃奉命清查本县井灶，"综核册内现开井眼，现煎锅口，较旧卷已增十分之五"⑥。若县内私井数量过大，可能对地方官的考成产生不利影响，因而杨炳堃的估计应是大大缩小了的。从清末较为可靠的调查可以看出，私井大约是榷课井的10倍："该省各盐厂内有案可稽者，井八千八百二十一，灶六十六座半，锅五千三百一十一口。现时查出者，井十万八百一十四眼，灶七千九百四十三座，锅二万五千九百一十三口。其遗漏未经查出者，尚不在内。是私井、灶较原额已不啻十倍。"⑦ 这一统计与嘉庆间的估计在比例上十分吻合，应是比较符合事实的。

---

① 《四川盐法志》卷11《转运六·济楚上》。
② 《四川盐法志》卷11《转运六·济楚上》。
③ 《四川盐法志》卷12《转运七·济楚下》。
④ 王守基：《盐法议略》。
⑤ 严如熤：《三省边防备览》卷10。
⑥ 周庆云：《盐法通志》卷90《缉私·保甲》。
⑦ 《清盐法志》卷253《四川十·运销门·票盐》。

清代私井的急剧增长极大地推动了井盐生产的发展、盐产量的猛增和销区的扩大。与此同时，由于私井所产食盐的大规模销售，冲击了清政府在产、运、销方面的固有秩序，削弱了清政府对盐业发展的桎梏，为盐业生产资本主义萌芽的出现创造了极为重要的条件。

四、"引岸"运销制度的形成

（一）"引岸"制度缘起及实施范围

自雍正九年（1731）开始，清政府在川盐领域建立了一套完整的运销制度。这一制度在实施过程中虽有不少变化和弊端，特别是由于它基本上对盐业的发展起着桎梏作用，最后终因盐业的发展而土崩瓦解，但它作为维系川盐运销达百余年之久的基本建制，确也起过不可忽视的历史作用，故而值得予以细致的剖析。

雍正初年，由于川盐产量的逐年提高，每年额行水引 11166 张、陆引 61029 张，折合食盐 91840520 斤①。随着销区的扩大，销量的增加，在运销方面带来了新的问题。销区有畅滞之别，有远近之分，有难易不同。商家虽多，往往趋利避害，造成运销上的混乱。一些山川险阻之区，商人不敢承领引张，"以致私贩充塞，官引壅滞"，"至僻远地方……或因途路远难，向未行引，或因人民散处，不易招商，往往盐价高昂，民间淡食"②。

雍正七年（1729），川陕总督黄廷桂、四川巡抚宪德提出建立川盐运销制度的主张，并经清政府批准实施。其大要是："查川省产盐之厅、州、县、卫共三十五处，不产盐之厅、州、县、卫共八十三处，每岁计行销水陆二引共三万八千三百一十一张，征收课税，尽考成于产盐之各州县，其余唯资盐利，并无考成……自应钦遵上谕，通行合省，不论有无产盐州县，约计户口之多寡，均匀颁发，令其各自招商转运。在商人于本地府官缴销……惟是旧日产盐州县，原各载有报卖口岸，应饬各产盐州县，将报卖之口岸，某处原销水引若干，某处原销陆引若干，逐一报出，各自分认。或其中户口蕃育，所销盐斤不敷食用者，应令查明盐斤实数，再增引目，如数承领，以敷民食。至僻远地方……即将引

---

① 《四川盐法志》卷 17《引票二·历年增引》。
② 《四川盐法志》卷 7《转运二·本省计岸》。

目交地方官设法行销。"① 概括起来，这一运销制度的基本内容是：

（1）统计全省食口（包括产区），确定销额，然后按运道将各厅、州、县、卫销额与对应产区挂钩，形成运销网；

（2）销盐厅、州、县、卫，各自招商发引，到指定盐场购运盐斤，回本地销售，并缴销盐引；

（3）对于户口增殖、引额不敷的地区，随时查明，增加引目；

（4）边远险塞地区，招商不易，即由地方官设法办运行销。

四川实行这一制度的地区，除上述 35 个产盐州县和 83 个不产盐的厅、州、县、卫外，尚有新设的彭县等 10 州县和改土归流的永宁、天全，以及建昌所属德昌所、迷易所、盐中左所，加上改设的清溪，共计 134 厅、州、县、卫，基本上包罗了整个四川地区。

雍正九年（1731），在确定本省计岸的同时，又将贵州、云南两省以及湖北、湖南食川盐的州县纳入这一计划②。

按照新的运销制度建立起来的川盐销区，以产地为始点，销地为终点，由运商将其连成一线，无数的运销线构成川盐运销网。川盐数十个产地，除射蓬、犍乐、富荣等三大盐场和临近湖北的大宁、云阳等盐场运销出省外，余皆以本省州县为市场。从销区看，销于本省者为"计岸"（取"计口授盐"之义），销于贵州、云南者为"边岸"，销于湖北、湖南者为"楚岸"。从运盐方式看，可归纳为两种：一为经由长江水系、以木船运输者，称"水引"；一为经由陆路，以马驮、车载，甚至人力挑负者，称"陆引"。水引每引 50 包，陆引每引 4 包。各岸均有担负运销的商人，称"引商"。引商之下又有盐店、票号、各色商贩，担负销区盐斤的零售。

（二）计岸

康熙二十六年（1687）开始，清政府在四川增行盐引 15125 引，这是计岸行引之始。迄止雍正初年，四川每年额行水引 11166 引、陆引 61292 引，折合盐斤 91840520 斤。雍正九年（1731），新的运销制度实施后，四川计岸拥有销区 134 厅、州、县、卫，每年额行水引 12305 引、陆引 89811 引，折合食盐

---

① 《四川盐法志》卷 7《转运二·本省计岸》。
② 《四川盐法志》卷 7《转运二·本省计岸》。

112066810斤。后来官方统计数虽有不同程度的增减,但大抵以此为准,称为"原额"。直至光绪初,"原额"一直成为征计课羡的基本依据。乾嘉以后,由于票盐的冲击,计岸引张出现严重滞积。清政府通过改配、代销等方式,将积引大量运销食口激增、需盐孔急的贵州边岸①。这就说明,引商控制的主要市场,发生了从计岸向边岸转移的变化。

(三) 边岸

贵州、云南与四川南部毗邻,明初即已行销"马中盐"②。这一销区在清代称"边岸"。贵州本不产盐,其食盐主要仰给于外来供应。云南虽产井盐,但产量不高,亦需外来盐补给。川盐恢复云、贵两省运销源于清初,当时盐业生产开始复苏,即有零星盐斤运销其地。乾隆初,"四川额销黔引凡五千八百九十六道",后仍显供不应求,又陆续增添部分引张。乾隆三年(1738)以前,四川额行滇边陆引9597张,销售昭通、镇雄等地。乾隆三年,云南沿川边州县东川、宣威、南宁、沾益、平益等州县改食川盐。滇、黔两省虽与四川为邻,但由于地方险峻、交通闭塞,运输便成为一个极为棘手的问题。"四川盐行本省多陆引,行滇黔及楚多水引,水引盐艘率自井厂出小河,隤大江,溯邻水,以达于岸。滇、黔、楚配盐以犍、富、荣为最。"盐运分内江、外江。外江起嘉定,讫夔州。内江起荣县,讫泸州。富顺运往云南边盐,"自厂顺流运于宜宾,换截引纸。水小之时,督商运至盐井渡;若时届大水,仍听由筠、高、长宁等县换截引纸运至川滇口岸,令滇省人民、商贩接运发卖"③。四川运往贵州边盐则主要通过四大口岸,"由涪州、彭水运销下游曰涪岸,綦江运销下游曰綦岸,合江、仁怀运销上游曰仁岸,永宁运销上游及云南曰永岸"④。

滇、黔边岸虽在雍正九年(1731)即已纳入川盐运销计划,但迄于乾隆初,引商并不直接运销到二省食川盐的州县,而是自井厂买运至川边口岸后,"均系黔地小民到彼零星接买,马载人挑,分途运售"⑤。滇岸因有滇盐分庭抗礼,川盐销路不甚畅旺,"唯贵州一省,尽食川盐。人齿日繁,引不敷食,所有各处滞

---

① 《四川盐法志》卷18《引票三·积引》。
② 《四川盐法志》卷17《引票二·历年增引》。
③ 《四川盐法志》卷9《转运四·云南边岸》。
④ 《四川盐法志》卷10《转运五·贵州边岸》。
⑤ 《四川盐法志》卷18《引票三·积引》。

引，专赖黔商代销"①。乾隆以后，引商逐渐越过川黔省界，浸灌贵州大部分州县，他们大规模入黔后，不再满足于充当运商的地位，积极营谋自运自销，"节节开设子店，每店动需一二万金，沿途以盐盘盐，到店则散发小贩，赴乡零售，按关收账"②。富荣地区大场商"李四友堂"与陕商田、刘二姓在贵州仁怀所设盐号"协兴隆"，就拥有子号70余家，分布在从仁怀到贵州间的各州、县③。

在黔岸站稳脚跟后，引商又乘势推进，深入滇湘等省。乾隆十七年（1752）所立自流井《西秦会馆关帝庙碑记》云："乃南北风同雨旸，会合三秦客友，运榷黔滇，连樯万艘，出没于穹濆窳桑之内。"④ "陕人资本厚，精心计，乃由黔浸灌，而湘而粤而滇。"⑤ 迄至咸丰初年，四川运销滇、黔边岸的盐引一直保持增长的趋势。川督骆秉章在同治二年（1863）的奏折中写道："查川省产盐之区，以犍、富两厂为最，潼、荣次之。所产盐斤，向供滇、黔并计岸额引采配，余盐运行归丁州县济食。四厂之中，犍、富井多水旺，商灶素称殷实。犍厂每年额行黔水引四千六百一张，滇陆引二万五千一百五十四张。富厂每年额行黔水引三千九百八十六张、陆引五十六张。"⑥

但咸丰四年（1854）以后，受太平天国起义的影响，贵州，云南等地相继爆发农民起义，使滇、黔边岸的运销活动受到阻碍，数年中积滞引张达到5万余张，共欠税羡银36万余两。边岸的这一变故使川盐在这一时期丢失了一个巨大的市场，但这方面的损失却在与此同时发生的"川盐济楚"中得到了足够的弥补。

（四）楚岸

位于长江流域的今湖北、湖南两省食川盐地区，在历史上称为"楚岸"。川盐行销楚岸在清初肇端，咸同时期达于极盛，以后在与淮盐的竞争中渐趋衰疲。

清初，川盐已有零星销楚。乾隆元年（1736），确定由四川改隶湖北的建始县额销云阳水引93张。乾隆三年（1738），议准湖北改土归流的鹤峰、长乐、恩施、宣恩、来凤、咸丰、利川等7州县照建始县例，同食川盐，共销水引34

---

① 《四川官运盐案类编》，转引自《盐法通志》卷60《转运六·运制》。
② 黄植青：《自流井李四友堂由发轫到衰亡》，见《四川文史资料选辑》第4、5辑。
③ 此碑现藏自贡市盐业历史博物馆。
④ 唐炯：《成山老人自撰年谱》卷5。
⑤ 《四川盐法志》卷18《引票三·积引》。
⑥ 《四川盐法志》卷18《引票三·积引》。

张、陆引1196张，分别由云安、大宁和彭水厂配运。规定自乾隆三年起，7州县"各募殷实商人，在于就近各盐场领引掣盐运销，课额即赴川省完纳，府、州、县销引督催考成，俱归川省考核奏报"①。后因各州县所招商人系川商，"隔省领引缴课，商人多有未便"，又被指责"借引行私，有碍淮纲"，乾隆五十四年（1789），改由楚省招募淮商运销川盐。但淮商不愿行川引，"以致课引久悬"，最后仍然"咨川招商办理"。在这一过程中，由于"引不随盐，官私无据"，川私乘机侵灌，淮盐销岸大受影响。"不特宜昌一府销不足额，下游纲引悉受其害。"清政府为维护淮盐销岸，于乾隆二十九年（1764）下令，"每年拨淮盐十万包屯宜昌，减价听民买食，以敌川私"②，又在场岸运道上加强盘验，"咨准湖北建始、鹤峰、长乐、恩施、宣恩、利川六州县引盐，仿照黔边引根、引纸例，于领引时发给印票，随盐运赴食盐地方投验"③。

但川私浸灌楚省，在产销方面却有更深刻的原因。就生产方面看，运销湖北8州县的大宁、云阳、彭水等盐场生产方法落后，产盐数量较少而盐质又粗恶，与淮盐竞争，自无优胜可言，额销引张也常常积滞。但犍为场就不同。乾隆间，犍盐产量递年增长，急需寻找新的市场，加之其在质量方面亦远胜淮盐，一经销楚，就获得了巨大的成功。"询绅耆乡民，皆称犍盐味咸，凡食（大）宁盐十文，犍盐只须六七文。"④ 就销岸看，四川本省计岸，由于"票引之争"，范围日益缩小。为了打开销路，引商不得不向外拓展市场。楚岸居四川之东，有长江水道顺流而下，直达宜昌、荆州；淮盐逆水而上，运输不易，当然难以同川盐竞争。为了保持淮盐在湖广的传统市场，湖广总督林则徐等曾力图制止"色高味美"的犍盐向荆州地区浸灌⑤，但很难奏效，川盐仍通过各种渠道侵入楚岸市场。湖广当局对此束手无策，"无日不以川私为言"⑥。

咸丰三年（1853），太平军占领南京，长江水运线成为战场，淮盐无法上运，给川盐销楚提供了一个大发展的机会。清政府在权衡川盐与潞盐济楚的利

---

① 《四川盐法志》卷8《转运三·湖北计岸》。
② 《四川盐法志》卷8《转运三·湖北计岸》。
③ 《清盐法志·商运·计岸》。
④ 《四川盐法志》卷8《转运三·湖北计岸》。
⑤ 《四川盐法志》卷8《转运三·湖北计岸》。
⑥ 《四川盐法志》卷11《转运六·济楚上》。

第十三章 清代四川经济的恢复与发展

弊之后，只得允许而且组织川盐济楚，以解湖广"淡食之苦"。为了救急，川盐济楚实行商运商销，如户部奏议所言："凡川、粤盐斤入楚，无论商民，均许自行贩鬻，不必由官借运。惟择楚省堵私隘口，专驻道、府大员，设关抽税。或将本色抽收，或令折色输纳，均十取一二，以为定制。一税之后，给照放行。"①

此后，川、粤等省销两湖的食盐主要依靠商运商销、官府设卡收税的办法。而在济楚盐中，"实以川盐为大宗"。四川济楚盐的确数，因"未定有额数，亦未给有引票，惟视楚省盐价之涨落，以卜来盐之衰旺"，故无法精确算出。但根据当时官方估计，"以旺月计算，每月约合川省水引九百余张。若以衰旺之月折中为八百引"，每水引一张"按照道光三十年定章，计捆巴盐八千斤、花盐一万斤"。以花巴各半折9000斤计，月销川盐当为720万斤左右，年销额应为8640万斤左右。这一数字尚不包括难以计数的川私盐在内。其销售区域遍及原淮引口岸九府一州②。

川盐在楚岸的极大成功，强有力地刺激了四川盐业生产。"川盐行楚已阅十余年，近来广开井灶，添集丁夫，产盐之所，较之向年增多数倍。"③仅咸丰三年（1853）以后的短期内，富荣盐场就增开新井一百余眼④。

但是，楚岸对于淮盐也是极为重要的。"雍乾间，两淮盐赋甲天下，而取于湖北者常半。"自咸丰三年（1853）淮盐失去楚岸后，每年"三百余万元正供尽归子虚"⑤。这一损失，对于东南岁入和清政府财政而言都是巨大的、难以弥补的。因此，一当长江水道通畅，淮盐必然力图恢复旧岸。于是淮盐与川盐间，在楚岸的归属问题上，不可避免地展开了一场没完没了的斗争。

同治三年（1864），两江总督曾国藩提出"重征川盐厘税，而薄征淮盐"的主张，以抵垮川盐的市场，达到恢复淮盐市场的目的。这一主张实行五年，川盐畅销如故，而淮盐仍滞。同治八年（1869），曾国藩又提出禁止私盐以削弱川盐的建议。这一建议经清政府批准，并制定出川盐行楚章程和封禁川盐井灶措施。但这一办法却是壅川阻流的主观臆想，根本无法实施。不久，湖广总督李

---

① 《四川盐法志》卷11《转运六·济楚上》。
② 原淮引销地九府一州，为武昌、汉阳、黄州、德安、安陆、襄阳、郧阳、荆州、宜昌、荆门。
③ 《四川盐法志》卷11《转运六·济楚上》。
④ 《四川盐法志》卷12《转运七·济楚下》。
⑤ 王守基：《盐法议略》。

第十三章　清代四川经济的恢复与发展

鸿章奏陈"川盐不可遽禁"六端，从楚地食盐，川盐运销习惯，财赋收入和产、运、销各环节中以盐为生的大量劳动者的实际状况出发，提出川淮分成配销办法，"暂定为川盐八成，淮盐二成"①。四川总督吴棠也列举理由，陈述禁止川盐销楚的利害，其中特别谈到封禁井灶的弊病："川省取盐于井，井眼之深浅，自数十丈至二三百丈不等，椎凿甚属费力，须十余年或数十年始能见卤，凿井之费盈千累万。井户类多罄产借债，以待取给。一旦饬令封禁，恐难甘服。且未禁之先，何处井灶应封，何处应留，官既不能意为区别；既禁之后，或封、或不封，又不能逐日监视。若令吏胥查催，势必讹索仰勒……况附厂人夫丁役以数十万计，一经失业，难保不流而为匪。"②

户部批准淮盐与川盐二八分成配销后，淮盐仍无法取得畅行之效。同治十一年（1872），曾国藩又重上前议，要求限制川盐入楚和封禁盐井。同年又奏请"撤去沙市配销局，就湖北九府一州分武昌、汉阳、黄州、德安四府专销淮引，以安陆、襄阳、郧阳、荆州、宜昌、荆门五府一州借销川引。淮销之地，不许销川；川销之地，仍兼销淮。淮销大畅，仍全收还。湖南则岳州、常德专行淮，澧州以近荆州故，仍暂行川"③。此外又制订五项章程，扶淮抑川。这以后，川盐销区渐缩，淮盐销区渐盈。但荆襄等处畅岸，却始终为川盐保有，淮盐无能侵越。而封禁盐井之议，也因众怒难犯，未便实施。

第三节　其他手工业

一、纺织业

（一）棉纺织业

随着四川棉种植业的发展，四川的棉纺织业也逐渐得到了恢复发展。由于穿衣问题涉及千家万户，而生产出的棉花就地加工成布匹，既可降低成本，也

---

① 《四川盐法志》卷11《转运六·济楚上》。
② 《四川盐法志》卷11《转运六·济楚上》。
③ 《四川盐法志》卷11《转运六·济楚上》。

· 463 ·

可增加农民的收入，且可解决棉花生产缺人纺纱织布的矛盾，所以清代四川的地方官一直较重视各自地区的纺纱织布问题。如乾隆三十年（1765），四川总督阿尔泰鉴于当时四川人不谙纺织，造成棉花生产过剩问题，"饬各属劝谕乡民，依法芟锄，广招织工，教习土人，并令妇女学织"①。

为了解决本地纺纱、织布所需棉花供应问题，资州也曾组织过棉花试种，后因发现土质不宜棉花生长，产量较低，才停止推广。该州所需棉花主要从两方面获得供应：一是从简阳、仁寿运销，谓之"土花"；二是从湖北进口，谓之"广花"。该州棉花贸易甚为发达，市内多设花行布店，以满足百姓的需要。

由于政府的提倡和外省纺织技术的传入，到乾隆中后期，四川农村纺纱织布之风逐渐兴盛。成都府属的汉州，有"喂猪纺棉，坐地赚钱"的谚语。新津县"男女多纺织，故布最多。有贩到千里外者。其名则有大布、小布、台镇等号"②。大邑县由于纺织业迅速发展，棉花供应不足，还从外地购进以作调剂。成都县纺织的布匹种类甚多，"有白花布、云布、紫花布、棉布"③。重庆府属的江津、合州、璧山等州县纺织业也较发达。道光《补辑石柱厅新志·物产志》载，石柱直隶厅人民用自己生产的棉花"织为布，色不甚白，而坚牢耐久，谓之'家机布'"。嘉庆《威远县志》载，该县"地多棉花，则民勤纺织"。而犍为县"男事农桑，女勤蚕织"④。屏山县"邑尽山地，多产棉花。妇女半以纺织为业"⑤。富顺县所产棉花织成的布匹，有一半外销其他州县，而本境销行十分之五⑥。光绪《叙州府志》载，叙州府所属的一些州县，"家率织布，灯光机声，间巷不绝，故广（疑为"江"字之误）安布最著名，盖古賨布之遗"。乾隆后期，潼川府属的三台、射洪等县农村，妇女从事纺织，织布者已比较普遍。他们的成品除供家人缝制衣被等用外，多向市场出售。由于蓬溪盛产棉花，棉纺业亦发展起来。这里"其人勤纺织，布精好"⑦。中江县"妇女又能纺织，故织者恒多。宽长者曰'大布'，曰'连机'；小曰'台正'。其佳者皆曰'卓'，劣

---

① 《高宗纯皇帝实录》卷747。
② 道光《新津县志》卷29。
③ 同治《重修成都县志》卷3。
④ 民国《犍为县志·居民志》。
⑤ 乾隆《屏山县志》卷1。
⑥ 陈远昌：《富顺县乡土志》清抄本。
⑦ 光绪《蓬溪县续志》卷15。

者曰'行'。远商贩至滇、黔,为大装货"①。

清代四川纺织业的发展,不仅繁荣了经济,增加了税收,而且在增加城乡人民收入、改善人民生活方面发挥了重要作用。光绪《仪陇县志·舆地志》载:"仪陇县有的农家,虽嗷嗷十口,田不过半亩,而晨夜纺织,子妇合作,衣食悉待给焉。出贾他乡,利虽倍,弗养也,以是安之,鲜有轻去其乡者。"仪陇人因为纺纱、织布可以就地增加收入,连生意也不愿出去做了,可见,四川纺织业的发展,对安定社会也起了重要作用。

清代四川在植棉和纺织技术上已有不少改进。湖广人大量入川,带来了 16 寸小型轧花机。这种机器的优点是轻便易使,工效高,所以受到四川棉农广泛欢迎。简阳棉产区农民称这种轧花机为"湖北绞子"。

(二) 丝绸业

康熙中期,四川丝绸业面临着恢复发展的有利形势:一是随着清朝统治阶级生活的日益奢侈,他们对丝绸面料的需求大量增加。为了满足这种需要,他们除在南京设江宁织造府,源源不断向清朝王室供应苏州、杭州所产丝绸外,又从成都调运大量丝绸进京。二是随着清朝官员职务、品级的划一正规,制作官员服饰对丝绸的需要量大增,这又大大刺激了四川丝绸业的发展。三是随大西军前往云南的四川丝织工匠,又陆续返回故里,再次从事丝绸生产。"蜀织工甲天下。"② 这些四川织工在云南时就曾把自己的技艺传授给那里的人民,并在后来生产出了闻名海内的通海缎,"今通海缎,其遗制也"③。据说,当时随大西军去云南的四川织工多达五百户。四是江苏、浙江一带丝绸织工相继入川传艺。康熙时,成都知府殷道成从江苏、浙江一带招来一批丝织工匠,分布成都、重庆等地,设坊授徒。再后,又"有浙江人某,自璧山至成都,复传其法"④。这些江浙丝织工匠的先后入川,为四川丝绸生产的发展创造了条件。五是清朝统治者用绸缎作赏赐品的大量需要,也刺激了四川丝织业的发展。如在平定大小金川战争中,乾隆皇帝曾多次以缎匹赏赐表现好的土司。

随着四川与云南、贵州、西藏、青海、陕西、甘肃、湖广以及江浙之间交

---

① 道光《中江县新志》卷1。
② 嘉庆《华阳县志》卷44。
③ 嘉庆《华阳县志》卷44。
④ 《四川经济史参考资料》(工业卷),第34页。

通的恢复发展，四川的丝绸销路又进一步扩大，织工的生产积极性进一步提高，四川丝绸交易市场亦逐渐繁荣起来，并形成了成都、乐山、顺庆、綦江、重庆等重要丝绸贸易中心。道光时期，每年二、三月间，綦江丝市，山陕之客云集，马驮舟载，本银约百余万之多，攘往熙来，极为热闹。新津县"邑人喜蚕桑，故三月丝市，以新津为最"①。

（三）蜀锦业

锦，是丝织品中最华美名贵的品种。具有悠久历史传统的蜀锦，由于明末清初四川战乱的破坏，"锦坊尽毁，花样无存。今惟天孙锦一种，传为遗制云"②。到了康熙初，蜀锦生产才逐渐恢复，至乾隆、嘉庆朝，蜀锦产量大增，交易甚为繁荣。

在清代四川生产的丝织品中，有蜀锦、天孙锦、万字锦、云龙锦、贡缎、摹本缎、巴缎、倭缎、宫绸、宁绸、春绸、茗机绸、线绉、平绉、湖绉、绢、浣花绢、板绢、花绫、纱、罗、罗底、张锦、云布锦、织𫄨、哈达、毡线、顾绣、帽纬等数十个品种③。蜀锦之所以享誉海内外，是由蜀锦自身的特点所决定的：首先，蜀锦织造特别精致，其质地之厚重、坚韧，立超群芳。其次，蜀锦的色彩华贵艳丽，使人爱不释手。第三，蜀锦图案内容丰富，且具有鲜明的地方特色、民族风格和生活气习，给购买者提供了广泛的选择余地。蜀锦图案中，既有龙凤相戏，又有花鸟虫鱼，栩栩如生。蜀锦既是一件工艺品，又是可以任其裁作的上等锦料。第四，蜀锦染色经久不衰。蜀锦染色十分考究，可以长期保持鲜艳的色彩光泽。考其原因，既得力于蚕丝原料质地上乘，又得力于四川的染料优良，染制工艺考究，还由于锦江水质好，经其洗濯，而质更佳。

（四）毛纺织业

随着四川社会的安定和生产的恢复发展，四川的毛纺织业也在康熙后期开始得到恢复。四川毛纺织业的主要原料是羊毛，藏族人民也有用牦牛毛纺织者。四川毛织品的种类主要有：毛毯，主要产区在松潘、绵州、茂州等所属州县。毛毡，主要产区在成都县、宁远府等地区，以宁远府海掌保所出产者最有名。

---

① 道光《新津县志》卷29。
② 嘉庆《华阳县志》卷42。
③ 同治《重修成都县志》卷3。

毛毡是通过对原料毛进行挤、压等加工形成的片状毛质材料。四川人民将其再加工成鞋、帽、衣服等御寒用品。雷波一带少数民族"造牛羊毛为毡衣,人披袭塞寒"①。这种毡衣无袖无襟,长不及膝,名曰"蛇落"。毛氆氇,主要出产于川西和川西北藏族地区,是藏族人民用以做衣服和坐垫等物件的毛织品材料。大金川一带藏民,"服饰多氆氇"②。

此外,嘉庆末,四川还出现了以麻绳为经、以棕丝为纬的棕编织品,如棕编凉鞋,穿着"轻便舒适",还可"将棕丝黑白相配,编成各种花纹图案,或编制各种花、鸟、鱼、虫附于鞋上"③。新繁棕编还很快传入郫县古城和三道堰、圆觉乡,品种亦增加到书包、桃形扇以及小篮等,并在古城乡马街形成了一个棕编市场。

二、矿业

(一)煤矿

乾隆中期以前,成都省会大量需用的煤均由嘉定府属煤区运销。但"脚重价昂",十分不便。随着成都地区经济发展,人口增多,需煤量增大,四川总督阿尔泰饬令在成都附近州县查寻煤线,酌量在无关禁碍之处招人开井。到乾隆二十八年(1763),崇庆、灌县经过试采,"采煤甚旺"。

清代川东煤区分布较广。如江北厅煤厂,建于乾隆四十一年(1776)前后。秀山县之厚薄湾煤质较好,适宜冶炼需要。乾隆四十二年(1777),四川总督文绶根据贵州巡抚裴宗锡咨称,因松桃厅属大丰铅厂原用炼铅煤质不好,影响铅块产量质量,决定用四川秀山厚薄湾煤移炉煎炼④。忠州方斗山煤矿,从明朝中叶创办至清,规模逐渐扩大,出现了专事挖掘和运输的明显分工。有的农民专门以从事挖煤或运煤维持生计。在忠州,广泛流传着一首民谣:"忠州、石宝寨,下河背煤炭。"方斗山煤区还有一个传统的习惯,就是举办"百岁酒"。当地开煤的厂家、煤工、农民每隔一百年举办酒宴以庆开掘,以示纪念。开县平头岩煤区,早在明末已为当地农民发现。到了清代,平头岩方圆几十里的农民

---

① 嘉庆《雷波厅志》卷32。
② 道光《绥靖屯志》卷7。
③ 朱少荣:《新繁棕丝编织工艺简史》,《四川地方志》1988年第3期。
④ 《高宗纯皇帝实录》卷1033。

除采煤自用外，还运到经济较发达的万县出售，因而刺激了平头岩煤厂的发展。

川南煤区的屏山龙桥煤矿，也是从明朝发展至清的老矿，到清代中期颇为繁荣。荣县煤矿是清代四川较大的一个矿区。清朝中期，自贡、三江、马踏井等地制盐业迅速发展，需要煤炭，纷纷前往荣县购煤炼盐，大大刺激了该地采煤业的发展。荣县煤井已增加到十多口，专业采煤工人达到200多人，年产量已由清初的300吨左右增加到2000多吨。乾隆时期，犍为县的煤矿业也发展起来。

（二）冶铁业

川西铁矿区以江油矿冶区较大。江油县的木通溪、合洞等处铁矿，"试采颇旺"，于乾隆三十年（1765）经四川总督阿尔泰奏请户部"准商开采"①。川东北巴山老林，是四川铁矿的重要产区。铁矿厂规模较大，"一炉所用人夫须百数十人，如有六七炉，而匠作佣工不下千人"。"计匠佣工，每十数人可给一炉"，所以大型炼铁厂，常有二三千人之多，即使是"小厂分三四炉，亦必有千人、数百人"②。邻水县碑牌口、陈家林、蓝家沟铁矿，经四川总督黄廷桂派员察勘，"铁矿旺盛"，奏请户部议准于乾隆二十年（1755）正式开采。四川一碗水铁矿，是清代四川规模最大的矿区之一，最先由群众自发前往"偷开"兴起。到乾隆五十二年（1787），聚集该地开矿的工人已达万余名。当时四川当局害怕人多闹事，一直采取驱逐办法。但是效果却适得其反，"随逐随聚"，弄得当时的四川提督毫无办法。乾隆在给九卿等的谕旨中说："此等偷开矿厂之徒，皆系无室可居、无田可耕的乏产贫民。每日所得锱铢以为养生之计。若将此等乏产贫民尽行禁止，则伊等何以为生？果如滇省矿厂所出颇多，亦可资助兵饷。"③他要求四川地方文武官员认真解决这一问题，既要使开矿人民获有微利，养赡生命，又要不致聚众生事。

威远铁矿主要在大山岭铁炉沟，有高炉6座，每炉用夫9名，共雇夫54名。平均"每人每日挖矿十斤，煎生铁三斤，六座共挖炉砂九万七千二百斤，煎生铁二万九千一百六十斤"④。屏山铁矿储藏较丰富，仅乾隆二十九年

---

① 《高宗纯皇帝实录》卷728。
② 严如熤：《三省边防备览》卷9。
③ 《高宗纯皇帝实录》卷492。
④ 《清代钞档》："乾隆十七年八月十八日，总督四川等处地方军务兼理粮饷管巡抚事臣策楞谨题。"

(1764）报请户部议准开采冶炼的就有李村、石堰、凤村、利店、茨黎、荣丁等6处矿厂①。宜宾铁矿于乾隆三十一年（1766）五月正式开采，春、冬二季，可煎获生铁9920斤，并照例抽取税铁变价拨充兵饷。

（三）铜铅矿

清代四川铜铅采掘、冶炼业发展较快，并成为仅次于云南的第二产铜大区。据四川总督黄廷桂说，到乾隆十九年（1754），"川省产铜旺盛，积存甚多"②。当时仅四川宝川局即已存铜140余万斤，建昌所属迤北沙沟、紫古别等厂未运铜尚有80余万斤。建昌与乐山等属铜厂产量，"每年不下百十余万。各厂铅亦旺盛"③。直到乾隆四十九年（1784），西昌县金马厂、冕宁县金牛厂、会理县金狮厂等，一直"产铜旺盛"④。会理州的黎溪铜厂，"每年可得白铜二十余万斤"⑤。特别是昭觉县的乌抛铜厂，"有名挖苦尔孔者，乃黑彝阿陆马家地，产自然铜。在土中挖出，色红赤，不待煎炼，宝光外腾，用以铸器最为精美。因其块然成质，俗名为生板铜"⑥。乾隆末年，由于社会动乱，矿苗枯竭，四川铜产量已有所下降。到嘉庆后期，由于一些铜矿子厂的新建开采，四川铜产量又有大幅度回升，再次出现"产铜丰旺"的景象。四川铜产的种类，有黄铜、白铜、红铜。一般铜厂均产黄铜，黎溪铜厂则产大宗白铜，建昌铜厂又以产红铜为主。盐源县的甲子夸厂、豹子沟厂铜矿中又夹银矿。四川所产铅分黑铅、白铅。一般铅厂均属白铅，也有一矿黑、白铅均有者，如长宁铅厂、云阳铅厂等。但也有专产黑铅者，如平武天台山黑铅矿储量丰富。

（四）金银矿

瓦寺土司地区，素产银矿。为了招揽内地人民前往开采，方便与成都的交通，避免清政府营兵稽查，他们自己在桃关外内地与土司交界河之间建了一座索桥。内地人民因此桥之便利可通，大量前往开采，其利与土司均分。到乾隆十四年（1749），采银民工聚至300余人，引起清政府注意，担心挖矿民工越集

---

① 《高宗纯皇帝实录》卷711。
② 《高宗纯皇帝实录》卷761。
③ 《高宗纯皇帝实录》卷455。
④ 《高宗纯皇帝实录》卷1203。
⑤ 《高宗纯皇帝实录》卷511。
⑥ 光绪《雷波厅志》卷31。

越多，发生事端。但若出面概行查拿，并参处土司，不特人多不能尽罚，且平定大金川战争刚告停息，正值安抚土司地区之时，如让其疑惧不安，反而又惹出事来。于是，"严饬土司自行查拿炉头，枷示于番、汉交界处，俟一二年后再释。余人押逐回籍，以示惩儆"①。

三、酿酒业

（一）清代禁酒政策与四川酿酒业②

由于清初满族王室视酒为有害之物，康熙、雍正、乾隆三朝一直严谕禁酒，对烤酒、贩酒者绳之以法。这一禁令虽然实施效果不佳，乾隆中逐渐松弛，但并未明令开禁。直到咸丰初年，为了收取酒厘，某些地区才取消烧锅之禁。

然而，四川酿酒业却是在清廷严厉的禁酒政令下得到发展兴盛的，正如熟悉清代掌故的周询所说："惟当时以烤酒过多，有妨民食，故各地方县佐、汛弁常下乡稽察烧锅、糟房，不免小有规费，然非纳诸公也。"③

可见，清廷的禁酒政策，在四川已经被淡化。四川地方官员"化禁为征"，将禁酒政策转变为收取烧锅"规费"，纳入地方官管理范畴，作为川酒维持正常经营的合法条件。四川酿酒业因之获得了十分宽松的生产和运销环境。

（二）四川酿酒业的发展

清代四川酿酒业获得迅猛发展有两个重要条件：一是四川农业进入稳产、高产时期，耐旱高产作物普遍种植，余粮增多，粮价持续走低，迫切需要为余粮寻求加工转化途径，使粮价保持在一个合理的限度；二是在粮食、井盐、茶叶、木材、中药材、山货等四川大宗商品通过长江上游水系与长江中下游建立水上运销商路的背景下，四川各地烧房利用了商品经济兴盛和水陆路运销条件的改善，将大量风味浓郁的特色酒类推向市场，形成沿岷江、沱江、涪江、嘉陵江水系和贯通长江干道的川酒生产和运销网络。

四川原本有悠久的产酒历史，到清代更是家家酿酒，处处酒乡。周询记载："酒则各邑各乡，几于家家皆能烤酒，直是一种最普遍之农民副业。且自烤自

---

① 《高宗纯皇帝实录》卷337。
② 本目参阅张学君：《清代四川酒业的几个问题》，《社会科学研究》2000年第3期。
③ 周询：《蜀海丛谈》，巴蜀书社1986年版，第25页。

饮，以为冠、婚、丧、祭及度岁等事，宴客之用者。"① 周询此说，反映了酒在四川民俗中受到重视的程度。若就四川人对酒的消费量而言，的确如此；若就烤酒而言，却并非家家能烤且自烤自饮。倘若如此，川酒就没有商品市场可言。家家能做的酒多是米酒，俗称"醪糟"，或民族地区的咂酒。烧锅、糟房生产的酒必须经过蒸烤醇化过程，具有一定酒精浓度，才有资格作为烧酒或者白干上市。四川作为这种酒的生产基地和消费市场，据前人以税收实数折算，全省酿酒年产量大约 2 亿斤以上。

长江上游水上贸易的兴盛，商业城镇的涌现，为四川酿酒业的发展提供了无可估量的市场空间。乾嘉时期，长江上游场镇市场已经达到 3000 余个，有上千万的酒类消费者。彭县酒类消费量大，人们认为，"妨食者烧酒"②。资州"奢风日盛，有宴会一日费资尽中人之产者，酒食征逐，大概与服用品同"③。因为有日益增长的市场需求，清代四川除了川西北高原，四川盆地大部分州县和县以下场镇均有烧锅作坊或酒店、酒铺等产销经营点，即所谓"川省田膏土沃，民物殷富，出酒素多，糟房到处皆是。私家烤酒者尤众"④。

这些川酒作坊和销售点遍布长江上游场镇。地处涪江水陆要冲的绵州丰谷镇，清代已是著名酒乡，有烧房 10 家，每年生产大曲、烧酒，运销三台、射洪、遂宁等沿江各县⑤。中江县也以产酒著称，"县属城乡烧锅三百余座"，按清代陋规册计，每户缴纳陋规钱 1700 文、入钱 500 余串⑥。渠县地处水陆要冲，酿酒业兴盛，光绪三十二年（1906）实有酢户 680 余家。

四川酿酒业大部分是中小作坊，其生产规模小，具有自产自销、前店后厂的经营特点。但各地大作坊也不少，这类作坊的产品往往以外销为主，其生产规模值得注意。以富顺县为例：光绪二十九年（1903），每斤酒征税 4 文，宣统元年（1909）实收银 19446 两余，约为钱 2333.6 万文（每两折钱 1200 文）。若依每斤 4 文税额算，合计产酒 583.34 万斤。若以稍后 491 家烧房平均，每家年

---

① 周询：《蜀海丛谈》，第 25 页。
② 光绪《彭县志》卷 3《风俗志》。
③ 周询：《蜀海丛谈》，第 23 页。
④ 周询：《蜀海丛谈》，第 23 页。
⑤ 杜受祐、张学君：《近现代四川场镇经济志》第 2 集，四川省社会科学院出版社 1986 年版，第 155 页。
⑥ 民国《中江县志》卷 12《赋税》，第 10～11 页。

均产酒 5 吨。自产自销的小烧房可能远远低于此数；大烧房则可能倍增，再倍增。

（三）名优川酒脱颖而出

以绵竹大曲、全兴大曲、杂粮酒（五粮液）、郎酒、泸州老窖、仿绍酒等名牌美酒的出现为标志，四川酿酒业进入了兴盛期。在考察川酒历史的过程中，我们注意到，川酒中的名酒差不多都出现在清代前期或中期，而且几乎所有名酒的创始人都是外省移民。因此，可以这样说，四川酿酒业的迅猛发展和名优川酒的脱颖而出，都是清代社会经济繁荣、兴盛时期的产物，也都直接受益于清代移民所带来的酿酒技艺。

1. 五粮液

原名杂粮酒，创制时间远肇明代。明代宜宾"温德丰"糟坊的创办者陈某在酿酒实践中经过长期摸索，对酿酒原料配方的经验进行总结，形成了"荞子成半黍半成，大米糯米各两成，川南红粮用四成"的秘方。制成佳酿后，酒味醇厚，受到饮者喜爱。传至清代，陈氏配方更趋完善，销势走俏。除温德丰外，宜宾著名糟坊还有德盛福（北门外）、长发升（东门）、张万和（马家巷）[①]。

2. 绵竹大曲

这是四川最早的名酒，创制于清康熙年间。创始人朱煜来自陕西三元县。他在原籍是一个酿酒工匠。康熙年间入川后，发现绵竹县山清水秀，适合酿酒。于是，他开设了朱天益酢坊，仿陕西略阳大曲酿造方法造酒，生产出醇香可口的绵竹大曲，畅销成都和周边各县。随后，陕西移民杨、白、赵三姓也迁来绵竹，从事酿酒业。至今，绵竹人尚能确认为绵竹酒业作出贡献的清代陕西移民故居：朱家巷、杨家巷、白家巷和赵家巷。

3. 全兴大曲

创制于清代乾隆时期。相传是一位山西商人带来山西汾酒的酿造技艺，并将其引入"全兴老号"的酿制过程，酿制出浓香扑鼻、回味无穷的全兴大曲酒。在成都宴饮业中，该酒位列上品，售价高于一般酒[②]。

---

① 孔令仁、李德征主编：《中国老字号》第 3 册，工业卷（中），中国高等教育出版社 1998 年版，第 354~356 页。

② 参见傅崇矩：《成都通览》下册，第 249 页。

4. 泸州大曲

创制于清初，同绵竹大曲一样，吸收了陕西西凤酒酿制技术。据说，曾经驻守陕西略阳的泸州武举舒某，解甲回乡时，带回当地一名酿酒工匠和酒坊母糟窖泥，在泸州营头沟建窖，用当地龙泉井水烤酒，酿造出醇香浓烈的泸州大曲，畅销省内外。乾隆年间，温永顺、天成生两家烧房大概也是陕西商人开设。

图13-10　泸州爱仁堂300余年老窖曲酒瓶

5. 郎酒

创制于清代前期。雍正年间，贵州成为川盐的销区。合江到仁怀的赤水河成为川盐的贸易热线，沿岸古蔺二郎滩、仁怀茅台成为贩运盐、酒、布匹、川绸、百货、山货、木材的集散地。二郎滩市镇人口达到三四千，盐号、盐店近30家，每日背负"过山盐"的背夫不下2000人，来往商贾不断①。这自然增加了饮食消费，特别是对酒的消费需求。郎酒和茅台同属赤水河系名酒，茅台开创在先。与茅台一水相通的二郎滩有20余家大小糟坊，20世纪初，这些糟坊接受茅台酒酿造方法，创造出"回沙工艺"，生产出与茅台酒味道相似的郎酒。

四川酒类生产能力的增加和各大名酒的出现不是偶然的。它既是长江上游商品经济发展的产物，也是清代四川客籍人士在四川辛勤创业的硕果。

四、制茶业

清初，四川茶园荒芜，商户几于绝迹。鉴于川省破坏严重，清政府采取"与民休息"的政策，没有急于全面推行茶业引岸制度。

康熙二十年（1681）以后，清廷开始在川推行茶引制度。在康熙二十六年（1687）以前，已发行3万余张引票，此后到雍正八年（1730），川茶共有边、腹、土引85344张。是年川茶在税收上进行改革，各州县亦多于此时颁发茶引，确立全川引岸制度。据川省不少地方志记载，雍正八年（1730）以前，茶商并

---

① 《郎酒史话》，巴蜀书社1987年版，第16～21页。

无固定引额，较早推行茶引的有巴县等地。《巴县志·茶课》说，该县于"康熙四十年又增土引5600道"，可见最初行引制的时间还要早一些。巴县系川东茶业重要销售市场，亦是川省最早推行引制的地区。雍正八年以后，盐茶道逐渐推行部颁茶引制，确立各州县的专业茶商、经营数目、购销范围，形成了川茶的销售网点和流向。茶业市场遍及全川。据《四川通志·茶法》记载，在嘉庆以前，川省颁发茶引的州县共75个，其中产茶州县仅有41个。到清代末年，据《成都通览》记载，全川共有60余厅州县为产茶区，产茶面积有了大幅度的增长。

清初川茶产量的起点是很低的，到雍正、乾隆时期产量激增，嘉庆《四川通志·茶法》对川省推行茶引州县有一较全面的统计，总计全川共颁行引票146713张。其中边引101317张、土引31120张、腹引14276张。这一数字是清代川茶引额文献记载的最高额。实际上，嘉庆以后，有一些地区新辟购销引岸。据川省地方志不完全统计，如巴县、忠县、蓬溪、乐至等12县先后增加腹引共7180张，遂宁、梓潼2县增加边引共18张，什邡、南川等26县先后发行茶业照票共5115张。因此，嘉庆以后，川茶引额加上照票等即共有159026张。按照清制，每张引票加附茶14斤，则每引茶叶为114斤，总计为18128964斤。若以7万担为产区人民消费及走私茶叶数，则全川茶叶总产量当在25万担左右。明代川茶引额最高为5万张，若加上产区消费及走私数量，约计全川产量不过10万担，则清代增产率已达1倍以上。

川省茶商均兼营采购、烘制、运销，雇有一批店员和不定期的制茶工匠。一般说来，他们的资本较为雄厚。茶帮有陕帮和川帮之分，亦有其他省籍的商人，其中以陕帮资本雄厚，管理有方，信誉最好。引岸制把茶商纳入一定的经营范围，他们既有共同的利益，在业务上亦有激烈竞争。在政府要求茶商互相监督、执行茶法的情况下，各地出现了行会性的组织。行会公推"商总"，负责向政府领取引票、催收课税以及协调行会内部事宜。川茶主要产销地区，如成都、重庆、雅安、灌县、打箭炉、松潘等地，茶商均有数十家之多，茶商在商界占有重要的位置。在主要产茶地区，茶农亦出现行会性的组织，出现"茶甲""堡首"之类的代表人物以保护本地区茶农的利益。如什邡县产茶区，每年由园户推选"茶甲"1人,"每岁轮派茶甲大河、中河、小河各一名,帮商承办"①,以保障茶农的基本利益。邛州十八堡茶农也有类似的组织。

川茶主要销售于少数民族地区,在引岸制上形成与其他产茶省区不同的独特的引岸制。明代已有边引、腹引之分,清代更增加"土引"名目。所谓"土引",只行于天全州,在明代亦属于销售打箭炉的边引范围。清代鉴于天全历来是土司管辖的地区,地方贫瘠,居民主要以茶叶为生,为减低其茶叶税荷,将其税率规定在边引和腹引之间,取名为"土引",以示对天全茶叶的优惠。《天全州志》说:"(清初)州人始置请题准颁行,配运行销。抚宪查议,天全土瘠民贫,茶产薄弱,若照(边引)四钱七分二厘定税,未免过重;照二钱五分一厘之腹引,又觉太轻。额在不边不腹之间,定成三钱六分一厘。"这便是川省"土引"名目的由来。

清代,随着川茶业的发展,茶帮、茶栈、茶贩日渐活跃,茶业遍及川省绝大部分州县,深入大小村镇,形成了密如蛛网的商业点。在部颁茶引之外,商人竞争谋利,出现了各色"照票""飞票"等名目,茶票泛滥流行,又有"承办""派办""黑办""增办"等手段。在边茶主要城镇,茶业成为当地最活跃的行业。

五、制糖业

制糖业的作坊一般称为糖房。利用甘蔗榨糖是有季节性的,所以糖房的经营方式也不拘一格。一是代蔗农加工。糖房内部分为槁房与熬房,前者榨蔗,后者熬糖。蔗农请糖房代槁,槁租即蔗农交付的加工费。二是糖房以高利贷为手段向蔗农预购原料。富顺人陈崇哲《蔗糖》诗:"种得万挺千挺蔗,贷得十千八千钱。"原诗自注:"种蔗者皆以春初贷钱霜户。"② 三是糖房自种原料,自行加工。道光十八年(1838),巴县人张义和租佃地主简某山土,"栽种甘蔗,开糖房生理,厂内雇工十余人"③。估计第一类糖房不承担销售任务,后两类则属于自产自销的性质,但在作坊内部,资本与雇佣关系还是比较清楚的。

---

① 《什邡县志·茶法》。
② 光绪《叙州府志》卷21。
③ 四川档案馆、四川大学历史系合编:《清代乾嘉道巴县档案选编》,第337页。

在制糖业方面，由于种蔗面积的扩大、产蔗量的提高，促进了制糖业的发展，生产工艺提高，产品增多。"按糖之类有六，曰糖清，曰红糖，曰白糖，曰结糖，曰冰糖，曰漏水糖。"生产要经过三道工序，"曰糖户，曰漏房，曰冰橘房"。并分化出三个独立的手工业部门，分别由种蔗之家、霜户和冰橘房承担①。新津县光绪初才种蔗，清末时已有制糖户十余家，"每糖房出糖五六万斤七八万斤不等"②，年产糖当在70万~80万斤以上。在盛产蔗糖地区产量更为可观。简州制糖户数有359家，年产糖1019.5万斤；资州制糖户数达1059家，年产糖2332.8万斤；内江制糖户数788家，年产糖4053万斤。据统计，宣统二年（1910），川省制糖户数共8937家，产糖138742188斤③，合138.7万担。有的糖商或制糖户因而致富，糖业资本猛增。

六、造纸业

清代四川造纸业较为发达，夹江、绵竹和巴山老林是四川的主要造纸区。

清代的"夹宣"④，适宜书画、印刷，行销省内外，康熙二十年（1683）被定为贡纸。夹江除生产大量本色"夹宣"、对方纸、毛边纸以外，还制造出各种有色纸，如虎皮宣、蜡笺、洒金纸、洒银纸、发笺等。夹江造纸业在清代得到迅速发展的主要原因有五点：一是竹多。夹江县盛产慈竹、水竹、白夹竹、斑竹，这些是造纸所需的上等原料。"夹宣"所用纸浆为百分之百的竹浆，所以质量优良。二是水好。由西北自洪雅县入境的青衣江，斜贯县境中部，为造纸提供了充足的洗料、淘料、漂白等所需的水源。三是交通方便。夹江位于成都至嘉定大道之间，又有青衣江船运之利。所造纸张，可以北运成都，东下嘉定，十分方便。大量纸张可以通过水路运往省内外。四是市场较近。夹江北依成都，清代成都为四川书籍刻印中心，需要大量纸张供应，且生活用纸需求量也很大。五是具有造纸的传统技术和风气。夹江境内不仅有规模较大的造纸工场，还有星罗棋布的小型造纸作坊。由于所用嫩竹原料价廉易得，水源充足，又是手工制作，故许多农民都熟悉从砍竹到包装的整个造纸工艺过程，一家或数家即可

---

① 光绪《叙州府志》卷21。
② 宣统《新津县乡土志》《物产·商务》。
③ 《四川第四次劝业统计表》宣统二年第23表。
④ 指夹江所生产的宣纸代用品，在此之前，人们多用安徽宣城所产的宣纸。

组织生产。

清代绵竹造纸业亦十分发达。咸丰《绵竹县志》说："竹纸之利，仰给者数万家犹不足，则印为书籍，制为桃符，画为五彩茶郁垒，点缀年景。"绵竹造纸业的发展得力于充足的造纸原料竹。绵竹产的竹量大质好，品种繁多，竹纤维柔长，如慈竹、斑竹、笼竹、绵竹、白笳竹、荆竹、油竹、苦竹等，造出的纸张质量很好。绵竹传统造纸法共有18道工艺，如砍、捶、斩、捆、泡、浆、煮、磨、洗、炸、发、踩、滤、造、揭、晒、设色等。绵竹纸不仅供应本省所需，还销往云南、贵州、陕西、甘肃、湖广等省。加上绵竹年画印刷对纸张大量需要的刺激，许多画商既经营年画买卖，又从事纸业生意，进而保证了绵竹造纸业的销售市场畅达，使之能有源源不断的资金以供其扩大再生产。充足的水源如穿越县境的绵阳河、马尾河、射水河等，为造纸创造了优越的自然环境，所以绵竹造纸业在清代发展较快。

巴山老林是四川重要的造纸基地。如太平、通江、巴州等地的纸厂，所雇造纸工匠，"川人过半，楚人次之，土著甚少"①。这些地区出产大量竹材木料，为造纸业提供了丰富而便宜的原料，设立纸厂比较容易。"取以作纸，工本无多，获利颇易，故处处皆有纸厂。"②纸厂规模大小不一，"大者匠作佣工必得数十人，小者亦得四五十人"③。

七、印刷业

明末清初四川大动乱，图书文物几乎荡然无存。随着四川经济文化教育的恢复发展，具有悠久传统的四川刻书业迅速复苏，并进而发展起来。乾嘉时期，四川书坊如雨后春笋般出现，外省刻书技术和经验随着湖广、陕西、江西、广东等省人的大量入川开垦、做工、经商以及省内外文化交流，也传到了四川，促使四川刻书业更加兴旺发达，逐渐形成了各具特色的成都帮、岳池帮、重庆帮、绵竹帮四大帮口。成都帮又称"省帮"，是四川刻字印书业恢复发展最早的帮口，早在康熙时就已有两仪堂翻刻的《第七才子书》6卷。由此亦可知两仪

---

① 严如熤：《三省边防备览》卷14。
② 严如熤：《三省山内风土杂识》，第19页。
③ 严如熤：《三省边防备览》卷9。

堂是清初成都最早出现的刻书坊。乾隆间,有严文古者又在成都指挥街开设了"文古斋"。后来,他的徒弟还在成都卧龙桥开设了"兴顺斋"。乾隆中叶,一批江西刻字工人来到成都开设刻字铺。学道街的"尚友堂"就是江西人周舒腾所开。其余如"肇经堂""玉元堂"等。在成都学道街开业的"文星斋",于乾隆四十九年(1784)刻印出了曾荫、黎攀桂等纂修的《蒲江县志》4卷。成都帮中设立较早、名气较大的书坊还有"贤成斋""志古堂""衡文堂"等。成都帮刻字、印书具有书坊规模大小参差不齐、刻印的书籍杂、刻印快、为科举考试服务、印销灵活等主要特色。岳池帮在明弘治年间就已刻印过不少书籍,到了清代其刻字、印书的传统技术优势很快体现出来,主要特色是善刻大部头书、工价廉、承揽灵活、成本低、刻工精等。重庆帮的主要特色有规模大、做转手、经营广等。而绵竹帮的特色是刻书印画的基础好、既刻书又印画、经营灵活、做工精等。

按刻印书籍的性质,又有官刻、学刻、寺刻、私刻和坊刻(商刻)等分工。在刻字印书的过程中,清代四川已在实践中形成了包括备料、写版、画版、校对、清版、贴样、刻版、打样、付印、装订等十项工艺流程。清代四川书版除大量是整块版子雕刻而成外,活字印刷也已经使用。不少书籍如道光丹棱《罗氏族谱》就是用活字与刻版拼合而成的。清代四川的书版字体,继承了历代刻字传统,用得最多的是宋体。一般书版正文均用长宋体,序、跋等多用方宋或据手书之楷体、行书、隶书等字体精刻。在清代刻书业中,有的书籍刻字工艺精湛。如乾隆五十一年(1786)刻本《灌县志》,刻工异常精致。道光三年(1823)成都所刻的《北泾草堂外集》,"镌工秀丽"。康熙三十三年(1694)的历书、嘉庆《汉州志》等,刻工质量很高,堪称佳品。清代四川还出现了许多有名的画版、刻字工匠。他们以自己高超的写版、刻字技艺,刻出了不少有价值的书籍,为保存四川文化典籍作出了贡献。如清代大学者李调元的《函海》,就在四川多次校正、刻印。另外,从清初到道光二十年(1840)全省共刻印地方志306种,也是四川雕刻印刷业繁荣和刻字技术进步的见证。

第四节 交通运输

一、水路运输

清代前期,随着川江航运业的兴盛,在重庆寻求生计的南北各省流徙人口甚众,仅在"大江拉把手"者中,每年逗留川中的就不下十余万人,每年递增,人众不可纪计。

清代四川城镇,大都分布在水陆要冲地带,尤以长江干道、岷江、沱江、涪江、嘉陵江沿岸地区数量最多。沿江城镇适应大宗商品流通的需要而快速发展。如彭山县双江镇,"岷江诸水至此合注,直下嘉、渝,来往商旅泊舟憩息,每日约有数百艘"①。境内其他场镇又与西部邻县保持贸易往来,因此,"居民贸迁","货贿山积"。

图 13—11 长江边上的夔州府(恩斯特·柏石曼摄)

---

① 乾隆《彭山县志》卷4。

第十三章 清代四川经济的恢复与发展

图 13-12 从叙州城俯瞰岷江（恩斯特·柏石曼摄）

四川山货、药材，大量汇集重庆出口。进入重庆之山货、药材，大体可分为川北、川江上游和川江下游三区。川北的阆中、江油、南充、盐亭等地的山货、药材依靠巴河、渠江、涪江运输之便，先汇于嘉陵江口之合州，再进入重庆市场。川江上游的各州县，通过岷江、沱江、赤水河、綦江河、永宁河等运道，汇于宜宾、泸州、江津，再转入重庆市场。川江下游的南川、酉阳、秀山等州县借乌江集中于涪州，再运至重庆。近代长江上游开放后，重庆更成为大批洋货入川的集散口岸。

为了改善川、滇、黔三省货运困难的状况，官府和民间对长江三峡、金沙江、嘉陵江和川滇、川黔的一些小河道进行过程度不同的修复或疏浚，使四川对外商贸交流得到很大改善。金沙江为长江上游，在川滇之间蜿蜒上千里，水量非常丰富。河道所经横断山区，地质情况异常复杂。清乾隆时，为了改善滇西铜、铅等铸钱原料运往北京路途艰险的局面，试图对金沙江进行全线疏浚。虽然耗费大量人力、物力和财力，历时六载，结果却未能达到预期的目的。

二、驿站交通

清代四川驿站，沿袭明制。康熙六年（1667），清廷就在四川着手建立北路（成都锦官驿到陕西宁羌州驿）、南路（成都到今康定，通西藏）、东路（龙泉驿到巫山县，隆昌到永宁，通云、贵）、西路（成都经灌县到汶川县）驿站。驿站分别轻重，设置数量不等的吏目、马夫、马匹和粮秣，以备驿递之需。

为了保证驿路的畅通，清廷十分重视维修或重修四川通往各地，特别是通往外省区的官道，如川陕北路、川滇南路、川藏西路等陆路（石板路）。康熙十九年（1680），对驿站进行了增补。康熙二十九年（1690），又对四川驿站进行了充实、调整，增补了一些重要驿路的站、铺。雍正、乾隆朝，四川驿站进一步加强，初具陆路网络规模。

四川驿站分北、南、东、西四路。北路起自成都锦官驿，至广元之神宣驿，与陕西之宁羌州驿交会；南路起自双流之黄水河站，至打箭炉，由打箭炉西行20余驿至前藏；东路起自简州之龙泉驿，至奉节之小桥驿；西路起自郫县之郫筒驿，至桃关驿止。

四川驿站的管理以驿丞专司和地方州县管理两种形式参差进行。驿站程限，分300里马上飞递至800里加紧或加急马上飞递5种。由于清代驿站设置严密，驿递速度很快。由四川打箭炉飞递北京，只需七八日即可到达。

随着四川经济的发展，驿递的频繁，道路的整修亦受到地方官员的重视。川陕驿道是四川通往北京的必经大道，栈道的整修更为迫切。乾隆三年（1738）、二十七年（1762），清政府曾两次对川陕栈道进行大规模维修，保证了川陕驿递的畅通。四川各级地方政府，对一些重要河道也拨款整治，架设桥梁，建造渡船，以便利往来。有的河段，还设置水驿，招募水手桡夫。因川江滩口较多，时有遇难船只。康熙还谕令在三峡河段设置救生船只，以防商民意外之虞。

清代四川交通的一项突出成就，是康熙四十五年（1706）建成连接川藏交通的大渡河上第一桥——泸定铁索桥。康熙皇帝取"泸水"（大渡河旧称）、"平定"之意，御笔亲书"泸定桥"桥名（后来泸定县也由此得名）。泸定桥全长103.67米，宽3

图13-13　雅州雅江上的便桥（恩斯特·柏石曼摄）

米，由桥身、桥台、桥亭三部分组成。桥身由9根铁链作底索，4根铁链作扶栏（每边两根）。每根铁链由862～997个用熟铁手工打造的铁环相扣。每根铁链重2.5吨。桥的东西两端各有桥台一座，全用条石砌就，下设落井，并用生铁铸成的地龙桩与卧龙桩锚固铁链。落井之上建有桥亭，飞檐翘角，十分壮观。泸定桥建成后，便成为四川入藏重要通道和军事要津，现为全国重点文物保护单位。

三、麻乡约

咸丰初，綦江县号坊乡陈家坝人陈洪义（又名陈鸿仁）经过个人艰苦奋斗，在昆明创立了民间运输组织——"麻乡约"，利用驿道开

图13-14 泸定桥今貌

展运输业务。主要业务有客运、货运、信汇三种。经营客运的招牌叫"麻乡约轿行"，经营货运的招牌叫"麻乡约货运行"，经营送信与汇兑的招牌叫"麻乡约民信局"，合称为"麻乡约大帮信轿行"，简称"麻乡约"。客运项目有过街轿子和长途轿子两类，使用滑竿或轿子运送旅客，同时兜揽货运业务，往返于四川、云南、贵州、湖南、湖北各省。为麻乡约担任运力的脚夫，筋强力壮，又会武功，有一定防卫能力，途中很少失误，并且坚持实行约定的客货损失赔偿制度。由于信誉卓著，麻乡约的业务范围日益扩大，有人将其概括为"管得宽，管得长"。"管得宽"是指无所不运，"管得长"是指远者京、津、沪、汉，近者西南三省的穷乡僻壤都可运到。

同治五年（1866），陈洪义看到重庆作为西南地区重要商埠的发展潜力，在重庆设立"麻乡约民信总局"，继而在成都、嘉定、泸州、打箭炉、昆明、贵阳、汉口、上海等地设立分局，开展信兑业务，并视路程远近、行程难易，规

定信资标准、日程长短、每月寄递的次数和寄递方法。如重庆至成都，32文，8日，每月9次，陆路；重庆至泸州，24文，4日，每月9次，陆路；重庆至打箭炉，100文，15日，每月9次，陆路等。寄信又分正站（相当于平信）和快站（快件）两种。民信局的汇兑也分两种方法：一种是互相兑用，多用于商业范围内，相当于邮政汇兑业务；另一种是将所托运的银子直接运送到目的地。光绪年间，麻乡约每年为四川票号、盐号、商号汇兑银子有上百万两之多，对四川及西南地区商业的发展起了一定的促进作用。由于近代交通邮政业的兴起，麻乡约的经营活动于20世纪40年代衰歇。

第五节　商业贸易

一、大宗商品的区域贸易①

从清初开始，四川人口激增，与全国各地的贸易发展，对作为日用品和手工业原料的经济作物的需求量不断增加。内江蔗糖"通鬻远近"，蔗农增加生产，收益大增，"其壅资工值，十倍于农"②。四川各地生丝行销全国各地。在成都西南的朱雀镇，丝店林立，各地来的丝客，都投到丝店，以丝求售③。綦江丝市"则大聚于抉欢坝，每岁山陕之客云集，马驮舟载，本银约百余万之多"④。郫县每岁蚕日，"有商来收茧取丝，至成都销之"⑤。荣昌麻布闻名遐迩，"山陕直隶各省客商，每岁必来荣购买，运至京师发卖"⑥。新津棉布"有贩至千里外者"⑦。山区"药材之地道行远者为厚朴、黄连两种"⑧。万县特产桐油、

---

① 本节参阅了王笛：《跨出封闭的世界——长江上游区域社会研究（1644—1911）》，第247~264页。
② 道光《内江县志要》卷1。
③ 彭泽益：《中国近代手工业史资料》卷2。
④ 道光同治《綦江县志》卷10。
⑤ 光绪《郫县乡土志》，第29页。
⑥ 光绪《荣昌县志》卷16。
⑦ 道光《新津县志》卷29。
⑧ 严如煜：《三省边防备览》卷9。

第十三章 清代四川经济的恢复与发展

木棉、线粉等，远销湖南、湖北和云南诸省①。茶叶的销售额日益增长，其他农产品也大量进入市场。

雍正以后，川滇建昌道商贾再次活跃起来，四川的布匹、铁锅、食盐、丝线、中药材等畅销南中、云南，云南的木料、竹笋、矿产、药材、牛羊皮也回销四川。成都所产绸缎以建昌道为中转站，除本省消费外，还销往西藏，一部分远销暹罗、安南等国。由贵阳、镇远到普安的道路已成为南北方各省入滇的重要通道，也是南下缅印的要路，许多商贾往返于途，驮载繁忙。

川滇石门旧道，清代商贸活动也十分繁荣。特别是乾隆七年（1742）因转运滇铜之需整治关河水道，乾隆十二年（1747）通航后，更呈现商旅辐辏景象。川商将成都、嘉定、叙府、筠连、建昌等地土特产运往云南，滇商、回商从缅甸、印度运回各种商品。云南实际上处于商品集散地带。经云南输出的商品，以丝绸特别是四川黄丝为大宗，形成种类繁多、规模甚大的对外贸易。转运到印缅的商品有川丝、纸、茶品、果品、黄铜、石黄、水银、朱砂、铁器、铅、明矾、瓷器、金银、丝绸织品、天鹅绒、酒精、皮革、扇子、鞋子、衣服、火腿、粉丝、药材等，从缅印转运回的商品有棉纱、宝石、缅印金条、印度金币、鹿茸、蓝布、熊胆、麝香、犀角、龙涎香、太西缎、追鹿布、象牙、漆、盐、羽毛等。中国商人将川丝等商品从入缅正路经八莫或由木邦取旱路阿瓦等地入缅转运销售后，又从实阶、阿瓦等地收购棉花，用船运到八莫，再用骡马运回云南。清代云南鹤庆"兴盛和"商号在建昌、叙府、遂宁、雅州、会理、成都一带经商，主要经营云南的土特产茶叶、药材等，又将这一带的丝绸布匹运往云南销售。大量川、滇两地商人在四川、云南、缅甸间从事转贩丝绸、棉纱、宝石、茶叶商务。嘉庆、道光、咸丰年间，"裕和"商号采购缅甸棉花、棉纱运销云南大理和四川会理、建昌。

四川叙州府和云南昭通城商务繁盛，时谚有"搬不完的昭通，填不满的叙府"之称。民国《盐津县志》卷16记载，叙州府"为川滇门户，两省往来必经"。昭通府处在川滇贸易要津，有"小昆明"之称。民国《新纂云南通志》卷57《交通考》记载："在昔昭城，商业繁盛，厂务发达，称银用秤。滇铜蜀盐，车马交驿……其时山货下川，杂货入昭，上会理，至省城者贩运不少，家居尤多。"

---

① 同治《万县志》卷13《物产》。

二、以区域经济为依托的城市商业辐射区

（一）成都商业区

明末清初的成都由于战争破坏，成为一片废墟。随着清初经济的复苏，成都城市也得到恢复和发展，城市手工业的兴盛促进了商业的繁荣，使成都在整个清代都起着川西地区经济中心的作用，"商贾辐辏，阛阓喧填，称极盛焉"①。清代成都城市，已形成上百个专业化的商业街区。成都东门外水码头"百货交驰，是以本地繁庶而毂击肩摩，自朝达夕"②。乾嘉时一首竹枝词说："郫县高烟郫筒酒，保宁醛醋保宁绸，西来氆氇铁皮布，贩到成都善价求。"③道咸间吴好山咏道："名都真个极繁华，不仅炊烟廿万家。四百余条街整饬，吹弹夜夜乱如麻。"④乾嘉时期，成都城市已是专业化市场，商号、行帮、商帮林立。商号中，同仁堂药坊、马正泰、马正裕锦缎庄、山西票号、东西南北四门粮号最为著名。商帮中，长机帮、金银铜铁锡帮、药材帮、酱园帮最有声势，还有相应的商帮会馆⑤。各地商人纷纷来成都经商。时人有歌云："嗟汝万里人，远作成都贾。成都贾，积金钱，青衣江水下如箭，一壶千金绝可怜；朝炊不敢食，暮睡不敢安。"⑥

法国旅行家马尼爱于光绪二十三年（1897）游历成都，认为成都为长江上流尽头之埠，"此中商务之盛，一望可知，货物充牣，民户殷繁。自甘肃至云南，自岷江至西藏，其间数千里内，林总者流，咸来懋迁取给"。他在成都所见"洋货甚稀，各物皆中国自制。而细考之下，似有来自欧洲者，但大半挂日本牌记。出口货有丝绸、布匹两项，物既粗劣，价反加昂，惟耐久经用，行销故广。不特销于四川，即毗邻各省，亦争相购致也。销路之远，可至广西、云南，乃至北圻各埠"。四川各属所产草帽、药材等土货，积聚成都后，"能在各通商口岸觅得西国主顾，装船后运赴汉口，以达上海"。如法国某洋行将草帽"发行欧

---

① 同治《成都县志》卷2《风俗》。
② 嘉庆《华阳县志》卷13《古迹》。
③ 定晋岩樵叟：《成都竹枝词》。
④ 《笨拙俚言》清稿本。
⑤ 张学君、张莉红：《成都城市史》，第97～111页。
⑥ 杨屲：《三峡猿声歌》，嘉庆《四川通志》卷75《食货·物产》。

洲，发约数千包也"。各种草药"尤以成都为荟萃处。凡药肆所售药料，皆来自四川装运"。马尼爱曾描写过成都的市容：城内大街"甚为宽阔，夹衢另筑两途，以便行人，如沪上之大马路然。各铺装饰华丽，有绸缎店、首饰铺、汇兑庄、瓷器及古董等铺，此真意外之大观。其殆十八省中，只此一处，露出中国自新之象也……广东、汉口、重庆、北京皆不能与之比较。数月以来，觉目中所见，不似一丛乱草，尚有城市规模者，此为第一"①。

（二）重庆商业区

重庆是清代长江上游重要的商业和货物集散中心。"渝州……三江总汇，水陆冲衢，商贾云集，百物萃聚……如昭文则有丹、漆、旄、羽，制器则有皮革骨角，取材则有楠梓竹箭，利用则有鱼、盐、絺、裘、漆、丝、绨、纻，若铜、若锡、若铁、若怪石、若金玉器玩、佳果香茗。或贩自剑南、川西、藏卫之地，或运自滇、黔、秦、楚、吴、越、闽、豫、两粤间，水牵云转，万里贸迁。"②仅运往下江的川米一项，"渝州每岁下楚米石数十万计"③。商业的发展扩大了重庆的城市规模。明代重庆城内有8坊，城外有2厢；到康熙中后期，城内已发展到29坊，城外21厢。

清代重庆城市的发展日新月异，首先体现在城市人口的变化方面。清初四川人口稀缺，于是由周边省份移民入川，重庆则成为首选的落籍地区。据称，重庆"自晚明献乱，而土著为之一空，外来者十九皆湖广人"④。作为长江上游最重要的港口城市，重庆以其优越的地理位置吸附了大量商业性移民，"吴、楚、闽、粤、滇、黔、秦、豫之贸迁来者，九门舟楫如蚁，陆则受廛，水则结舫"⑤。重庆城市商业人口在居民中所占比重很大，又多为移民，"各行户大率俱系外省民人"。嘉庆年间在重庆领牙帖者共109行，几乎全为外省人。在109家商行中，以经营山货、棉花、药材、靛青者为最多。重庆及周边经济区商业的繁荣，促进城市化过程加快。其表现之一是，大量农村人口拥入城市，寻求生计。不仅本省"土著子弟"受到商业利润的吸引，"鬻田宅为资本"，入城经

---

① 马尼爱：《游历四川成都记》，《渝报》第9册，光绪二十四年正月。
② 乾隆《巴县志》卷3。
③ 乾隆《巴县志》卷2《建置志·乡里》。
④ 民国《巴县志》卷10。
⑤ 乾隆《巴县志》卷2《建置志·乡里》。

商,而且"各省流寓诸民,原无恒产,不能禁其不逐末营生"①,造成"田野之民,聚在市廛"② 的新局面,带动了川江航运业的兴盛。

近代长江流域对外开放通商口岸以来,极大地刺激了重庆加工出口业的增长。以重庆的山货业为例,开埠前的山货原由药材字号附带经营,并未独立成帮,间有经营牛皮渣滓加工的胶帮附带运销牛羊皮出省,也有经销洋货的广帮贩运生猪鬃回广东加工后出口,均属小本

图13—15 重庆朝天门码头

经营,品种不多,数量有限。19世纪90年代初,山货出口品种和数量急剧上升,由原来的猪鬃、牛羊皮等数种迅速增加到30余种。到清末民初,除已有洋行10余家外,重庆专营山货的字号已经发展到10余家,中路商20~30家,行栈10余家。

19世纪末,重庆已成为洋货输入西南的转口地。进口洋布从重庆再远销到上游各地大中城市,如成都、嘉定、叙府、绵州、顺庆等地,并逐步向云贵浸销。以经营洋布为业的重庆布匹字号随之大为发展,广货铺也应运而生,大小水客经常云集重庆。一般字号的资本额大多增至3000两左右,而"聚兴祥"字号已达万两。布匹字号也由汉口进货改为上海进货,独资经营者也逐渐增多。光绪中重庆布匹商约有60家左右,甲午战后各种洋布充斥市场,重庆作为洋布西南转运枢纽的作用也更为突出。那些获得大利的各州县水客,转而在重庆开设字号,光绪、宣统年间布匹商已增至90家左右。布匹商在资金周转上较以前灵活得多,资本额一般增至6000两左右。

重庆市系川东中心城市,也具有集散市场的性质。省内及陕、甘、滇、黔、藏等地大宗土产,如粮食、药材、山货、井盐、蔗糖、桐油、生丝、川纸、木

---

① 乾隆《巴县志》卷10。
② 道光《忠州志》卷1。

材等等的经销商,均将重庆作为重要的集散地。另外,湘、鄂、赣、粤等省药材行销西南各省者皆以重庆为分配地。清末重庆有20多家药行、60多家药栈、100多家字号、200多家铺户,有药材从业人员2000多人①。上游所产桐油也大量汇集重庆出口。同时,重庆也成为大批洋货入川的集散口岸②。

(三) 水陆要冲、沿边城市的商贸交流活动

随着清代四川商品经济的发展,省内外市场需求的日益增加,形成了以长江上游水上贸易和陆路贸易为标志的、以中等水陆要冲城市为依托的、范围广阔的商贸交流活动。广元地处川陕要道,为陕甘药材的集散市场。陕西产药百余种,由广元转销外省;甘肃的麝香也多集中在广元交易。泸州是自流井、犍为和沱江沿岸等地盐的集散地,因而发展甚快。其交易之巨,在长江上游除重庆外,"无能及之者"③。赵家渡则为川西平原和沱江流域许多州县货物的集散地,川西德阳、汉州等地的大米,什邡、新都、郫县的烟叶,川北潼川的蚕丝,沱江中下游资州、内江等地的蔗糖,皆先运至此再转销他处。位于川西平原西北边缘的灌县城(即灌口镇),是沟通川西平原与川北山区贸易交通的枢纽,为山货、药材、皮毛以及大宗农副产品的集散地。"城内外廛肆罗列,有银号数家,东街尤百货骈阗,商贾麇集,以贩运药材、羊毛者特多,行销渝、宜、汉、泸"④。

一些地处两省交界处的州县城镇,虽规模不大,但仍具有集散市场的功能。如地处川陕边境的城口厅,"百工匠艺多别省别邑之人,商贾亦多外来,以棉花布帛杂货于市场,与四乡居民交易,复贩卖药材、茶叶、香菇、木耳、椒、蜜、猪、牛等物往各省发卖"⑤。邻近湘黔的彭水也是"舟楫往来,商贾辐辏,百货云集,并与楚、黔、闽、粤、江右等省俱通商贩焉"⑥。

这一时期,四川少数民族地区的商业贸易活动也较为发达。有"小成都"之称的打箭炉,是藏汉商人进行交易的会聚地。内地商人将大量的茶叶、粮食、

---

① 《四川卫生史料》总第4期,第2页。
② 参看王笛:《跨出封闭的世界——长江上游区域社会研究(1644—1911)》,第254~259页。
③ 《四川》第1号第82页。
④ 民国《灌县志》卷4,第5页。
⑤ 道光《城口厅志》,《风俗》。
⑥ 光绪《彭水县志》,《食货志》。

布匹运到这里,藏商也将西藏及川西北地区的牛、羊、兽皮等运到这里进行交易。清朝政府每年赏给达赖和班禅的茶叶也经此地运往西藏。形成于雍正初期的松潘市场,地处川、青、甘三省交界地,这一地区统辖土司 116 处、1927 寨,贸易供销量很大。在雍正三年(1725),于黄胜关之西河口和河州两处开辟常年市场,一些商号如"丰盛合""本立生""义和全"等也相继建立。其他地区如泸定、巴塘、凉山地区商业也日趋繁荣。

三、农村场镇市场的兴盛①

四川场镇在清代进入鼎盛时期,形成由日益繁荣的商品经济驱动的市场网络。乾嘉时期,四川市镇总数达到 4000 个以上,市镇密度前所未有,按 142 个厅、州、县均摊,每个行政区约 28 个场镇②。这些场镇大部分分布在长江上游水陆要冲地带,尤以长江干道、岷江、沱江、涪江、嘉陵江沿岸地区数量最多。场镇经济的兴盛,大大促进了四川地区城市化的进程。

清代长江上游地方特产成为市镇商品流通的基本物资,货物集散以市镇为起点。乐山沙嘴场,"居民三百余户,出产物以丝、绸、茧、巴丝、绠白布、棉纱、牛羊皮为大宗";五渡场"商业,茶叶、蓝靛、干笋、木通、黄连、金刚藤、土茯苓、包谷等"③。附子是四川重要中药材,"种出平武,殖在彰明,贸于江油之中坝场"④,于是中坝场成为四川著名市镇。"凡山之珍,海之错,陆之土药,水之广货,滇、楚之布,葛、铜锡,雍、兖之枣、栗、楠菌,舟运车负,罔不毕集。且其地又产附子,为直省所仅有,故名驰远近,人皆呼为'小成都'。"中坝两面临江,"秦、豫、楚各会馆胥修有渡船","每值集场市期,渡船所不及载者,又有小舟百余艘以接济之"⑤。

清代成都城市商业的繁荣,促进了郊区场镇市场的兴起。据统计,乾隆时期,成都地区(今成都市范围)共有大小场镇 51 个;嘉庆时期,共有场镇 195

---

① 本目参阅张学君、张莉红:《长江上游市镇的历史考察》,《社会科学研究》2006 年第 5 期,第 155~160 页。
② 高王凌:《乾嘉时期四川的场市、场市网及功能》,中国人民大学清史研究所编:《清史研究集》第 3 辑,四川人民出版社 1984 年版。
③ 民国《乐山县志》卷 1《方舆志·市镇》。
④ 道光《龙安府志》卷 3。
⑤ 桂星:《中坝场记》,见道光《江油县志》卷 4。

个。数十年间,增加近3倍。这些场镇星罗棋布,大小不等,相互间保持着一定的空间距离,并有着合理的场期。游动于四乡八镇的商贩,为了生计,必须"日日赶场,曰'流流场';言如川流不息也"①。为便于商贩"赶场",邻近的场镇,场期错落,有的逢五逢十日,有的逢一、四、七日,有的逢二、五、八日,有的逢三、六、九日,有的逢双日,有的逢单日,场期错落,形成互补关系。每个县作为一个区域市场,县境内的市镇承担特定范围和时期的商品流通种类和数量,构成商品市场的周转过程。

场镇市场的主要交易商品有:粮食、豆类、花生、油菜子、苕、盐、柴茅、蔬菜、茶叶、水果、药材、棉花、线子、布、麻、麻布、蚕丝、蓝靛、甘蔗、猪、牛、马、羊、鸡、鸭、鱼、竹、木、纸、瓷器、草、炭、杂货等。在经济作物产区的专门场镇,存在着大宗土特产品的贸易。例如,双流县簇桥镇为蚕丝大市,蚕丝来自简州、丹棱等州县,由专门贩运蚕丝的商贩

图13-16 清末四川乡镇上推鸡公车赶集的农民

在各地收购,而后再集中转销于簇桥大市。再如灌县青城山一带盛产川芎、泽泻、山栀、黄檗、木通、大黄、独活、柴胡等中药材,附近太平场、中兴场商贩以收购中药材为主要商业活动。所购中药材初步集中运销药材集散大市石羊场,由石羊场药材商贩再运销崇庆州北部占据水运要冲的药材集散地——大市元通场。元通场药材商人再将石羊场和其他场市的药材集中成庄,然后再大批地运往省内各地和其他省区销售。由此可见,在成都郊区场镇市场中,也有一部分场镇市场担负着大宗长途贸易。

清代时,有地方人士已经认识到:"乡非镇则财不聚,镇非乡则利不通。"②

---

① 万清涪:《南广竹枝词》,见《南溪文征》卷2。
② 宣统《广安州新志》卷9《乡镇志》。

从上述市镇经济活动可以看到，市镇的宏观经济意义由三个要素决定：一是它向其所在经济区提供商品和劳务的作用，二是它在连接经济中心地区的销售渠道、结构中的地位，三是它在运输网络中的位置。一般来说，商业繁盛的市镇在上述三个方面都起着重要作用。长江上游市镇除担负沟通区域经济的作用外，在社会功能方面也有不可低估的潜力。市镇作为"利之所在"的农村经贸集散地，首先受到地方官的重视。有场镇必有官吏、甚至地方武装力量进驻，目的是保证经济和政治控制。在珙县，地方官利用市镇场期宣讲"圣谕"，"士民老幼齐集环听"，"其在外八乡，皆设于其乡之场中，值月宣讲"①。场镇官设管理人员称为"场头""客长"等，负责控制物价、平息争讼、惩办奸猾、维持治安等。大小市镇的商民都定下规则。如巴县八庙堂虽仅有"贸民十余家"，也定下场市章程，其主要内容如下：（1）规范场期，定场期为三、六、九日；（2）整饬风气，只许商民"以货物登市贸易，凡奇技淫巧，有坏风俗事端，概行禁止"，也不许"结盟聚众"和"摇钱赌博，开设烟馆"；（3）交易规则，买卖货物"听民面议成交，不许奸商巨贾从旁怂恿，把持行市"；（4）场市区划，各项货物如米粮、牲畜等"分别安置立市成交"；（5）排解纠纷，设一处"公地"，有纠纷则"凭众理剖"，以免"酿成事端"②。

市镇也是四乡农民的社交场所。市镇内自然形成的茶房、酒肆，是赶场人们的聚会之所。各处乡民"持货入市售卖，毕辄三五群饮"，"即子衿者流亦往往借市肆为宴会之场"③。看似闲散、

图13—17　清末邛州乡村小镇（恩斯特·柏石曼摄）

---

① 乾隆《珙县志》卷2《建置志》。
② 《巴县八庙场场市章程》，见《巴县档案》。
③ 《巴县八庙场场市章程》，见《巴县档案》。

闭塞的当地人,有自己固定的场所交换信息、融洽感情,对市镇各种信息相当敏感。例如本地新闻、官府政令、婚丧嫁娶等,往往不胫而走。市镇也是人们消遣娱乐的地方,每逢岁时节令、迎神赛会、神会庙会,市镇或当地会馆均有会首出面组织娱乐演出活动,有当地群众自办的龙灯、狮子灯、采莲船、马马灯等,或邀请外地戏班、木偶班、灯影班前来演出。

19世纪上半叶到20世纪初,成都、华阳、双流、温江、新繁、金堂、新都、郫县、灌县、崇庆、新津、邛州、大邑、蒲江、彭县等15县场镇数量呈现快速增长,从195个发展到370个,增长率为89%。如此众多的场镇密集成都平原,每场之间,间距短者2~3公里,间距长者5~6公里。各场镇人口,少者数十百户,多者数百上千户。成都城郊场镇网络为各地农副业产品、手工业品和城市消费品提供了更为广阔的交易市场,成为成都城市经济的重要依托,也是成都农村地区加速城市化进程的显著标志。

第十四章 清代四川商品经济的发展

第一节 农村商品生产的发展与农业商品化过程的出现

一、土地租佃关系的变化

(一) 清代四川土地租佃关系的确立

明末清初四川人丁稀少、土地荒芜，承平时期从事农业生产的人不是死于战乱，就是逃离家园。因此战后恢复经济，必须招徕人口。而在招徕的人口中，既有回乡的土著，也有外省的移民，他们同土地结合的过程，实际上就是一场土地重新分配的过程。从最初的无限制"插占"到后来的"酌给"田亩，反映了垦殖人口从渴求逐渐达到饱和。土地再分配的结果，使大量自耕农涌现出来，也造成农户占田数量的极大反差，有的"膏腴遍温、郫、崇、灌"，家业兴旺、人丁繁盛；有的"山中垦荒、平畴佣工"，已难以养家。因此，地主、自耕农、佃户成为农村阶级结构的基本成分。雍正、乾隆时期，土地兼并虽然还不算严重，但与"插占为业"同时出现的"招佃垦殖"，也成为农业的重要经营方式。宁远府属于民族地区，汉民、彝民各有居住区。"自百数十年来，夷地招租，汉民开垦，遂致汉夷杂处，疆界混淆"①。

四川农业租佃关系的确立是以主佃双方凭中证人书写租佃契约开始的。租约要写明田土丘段面积、住房情况、地租和押金数额、租佃期限，以及其他需要申明的相关问题②。租佃剥削受到封建国家保护，租约具有法律效力。由于四川田土多属丘陵地带，旱地杂粮、水田稻谷采取分别计租。水田亩产量大约在2石上下，地租一般按产量均分，租额大约在1石左右。押租一律以现金支付，地租则以实物为主。实物租有湿分与干分之别：湿分即在收打粮食的田土上划分主客份额，通常称为分成租；干分即由佃户交纳预定数量的成品粮，即通常称为定额租。货币地租存在的领域有限，一是某些种植经济作物的土地，如棉花、烟叶、茶园等，二是某些公产，如祭田、学田之类，地租均以货币支付。

（二）佃户支付的开荒成本——顶银

押租制在四川租佃关系中是一个新问题，与清初土地占有方式密切相关。严如熤记述了一个新的押租制难题：位于川、楚、陕三省交界的巴山老林地区，从清初开始，汇集了大量外来移民，最初人烟稀少，"一纸执照之内，跨山逾岭，常数十里"。地主插占数量过多的土地，自己无法垦殖，于是"招外省客民，纳课数金，辄指地一块，立约给其垦种。客民亦不能尽种，转招客佃，积数十年，有至七八转者，一户分作数十户，客租只认招主，并不知地主为谁，地主不能抗争，间有控讼到案，则中间七八转之招主各受佃户顶银，往往积至数百金。断地归原主，则客民以荒山开熟成地，费有工本，而顶银当照据转给，中间贫富不齐，原主无力代赔，则亦听其限年再耕而已"。

严如熤讲述的虽然是巴山老林的情况，但清初数十年间四川很多地方的土地占有方式和由此衍生的租佃关系也十分相似，因此上述记载也同样适合于清初四川更大范围的地区。例如：广元县邹泳佃得杨坤朝土地耕种，乾隆五十一年（1786）邹泳将一半土地转租嫂子前夫儿子邹中斌耕种。五十六年（1791），杨坤朝要求邹泳加租钱2000文。邹泳也向邹中斌加租钱1000文③。由此引出一

---

① 何东铭：《邛㟏野录》卷29，赋役类·户口。
② 租佃关系部分参阅《四川古代史稿》，第465～469页。
③ 《清代地租剥削形态》下册，中华书局1982年版，第708页。

个新问题,土地私有制的所有权在原则上是排他的,不是土地的主人,便无权支配土地的出租和转让,然而荒地确实是佃户开垦的,"费有工本",如果在实行劳役地租的背景下,工本是被地主无偿占有的,无从提出工本理由;但现在佃户与地主不再是主奴关系,佃户拥有属于自己的权利,才会承担荒地的开垦劳务。这个权利就是,佃户按他支付的工本取得了对土地的部分支配权。佃户对土地的部分支配权,既可以表现为永佃权,也可以表现为转租权,前者在四川比较少见,后者却是普遍存在的现实。

(三) 顶银演化为押租

四川佃户转租权的基本状况是:插占为业的地主和投入工本的客民(佃甲)首先建立租佃关系。佃甲写得的土地自己不能尽种,于是将佃地分出若干,租给新的佃户(佃乙),佃甲即是主家,与佃乙结成新的租佃关系。佃甲为收回垦荒时支付的工本,不仅向佃乙索取地租,还索取"顶银"。然后,佃乙又不能尽种,仍照佃甲的办法把土地再次转租给佃丙。不同的佃户对同一块土地的层层转租,使原本简单的租佃关系走向复杂化。经过多次转租之后,本来意义上的抵偿开荒工本已经发生变化,但在地租之外索取"顶银"的习惯却保留下来,所谓"顶银"便逐渐成为押租。可以说,早期押租制正是从这里滋生出来的。

道光年间做过四川按察使的张集馨说:"四川民情浮动,买卖地亩,几同儿戏,每有朝为售主,夕作买户者。"① 由于土地买卖频繁、地权转移周期很短,买卖中时常出现的情况是,卖方急需脱手,而买方一时难以凑够买价。这时候,"佃户纳钱于鬻田者,代田主偿未完价,曰顶头。如退佃,则继耕者曰下佃,纳钱于先佃田者以偿顶头,曰顶打"②。押租由顶银演化而来,成为四川田土租约中的定规。涪州"州属有田之家能自耕种者十不过三、四,大抵以田取押钱佃人耕,而岁分其谷,所谓租谷也"③。道光时,成都某姓尝田押租定规:"此尝田二十八亩,小堰塘一口积水灌溉,草房一座,四向林园竹木俱全,取押租五十两,每年租谷二十八石。"这份尝田押租还规定:"此尝田或自己佃耕,或外姓佃耕,取押租银五十两,租谷二十八石。若天年不顺,看田亩取租"④。定规

---

① 张集馨:《道咸宦海见闻录》,第116页。
② 同治《荣昌县志》卷6。
③ 贺守典等编:《涪乘启新》卷3。
④ 无名氏:《尝田账册》,藏四川省图书馆。

成为铁券,从道光一直维持到民国时期。

(四)押租衍生另类问题

租佃关系一旦确立,佃户就要向田主交纳押金,不收押金的情况十分罕见。交纳押金以后,佃户就有转租权,这是一种不成文的习俗。但并非所有佃户都具备通常转租所需要的条件。若转租,一是佃户的租地量超过了自己的生产能力,二是佃户"因要另寻生意"①,才可能把全部或多余的田土转租给他人耕种。其中,更有殷实之家把转租活动作为土地经营的方式。从商业角度看,田土不仅可以买卖,还可以典当。一些自耕农把田土当出后,又佃回自种。拥有田土太多的农户,急需现金时,也可典当部分田土,或者径自提高押租数额,有时提押租高达田价的70%~80%,称为大押租,这与典当已没有多少区别了。但是,大押和典当都不属于土地买卖的范畴,支付高额押金和佃价的人,并非地主,也没有税契和田粮负担,然而他们却以"不耕佃农"或"二地主"的身份,集承租和出租于一身,不仅把转租活动作为田土经营方式,而且还得到农村高利贷者的实效。转租者在转当、出租的过程中,不仅把地租额提高,押租额也和典价相等,完全依靠租地耕种的贫困农户成了真正的受害者。

例如,乾隆四十年(1775)十月,合江县人董仲榜将土地佃与李儒耕种,得押租钱120千文,后董仲榜又立约向李儒借钱30千文,共钱150千文。到乾隆四十二年(1777)六月,董仲榜提出还要增加押租钱文,迫使李儒退佃②。佃户因为天灾人祸欠租,地主常以欠租为手段,扣收押租。如宜宾县人应绍仁佃耕王德容田地,每年租谷12石,现交押租钱22千文。乾隆三十八年(1773),应绍仁拖欠租谷12石,作价钱15千文,写立欠字,说明在押租内扣除。王德容将田另佃谢姓耕种,只退还原佃户应绍仁三张欠租约据,除扣除欠租18千钱外,该找回的4千文又转嫁另一欠租户方天纪替还③。

在通常情况下,租地面积大者押重,小者押轻;租轻者押重,租重者押轻。地租要受年成产量制约,过重地租还比较少见。因此提高押租或追加押金,就成为地主对农民加重剥削和夺田另佃的主要手段。如涪州"无押之佃必另与主

---

① 无名氏:《尝田账册》,藏四川省图书馆。
② 《清代地租剥削形态》下册,中华书局1982年版,第455页。
③ 《清代地租剥削形态》下册,第450页。

认息，良善田主或少有通融，其刻者无论押、息必求取盈，即荒岁租谷亦难望升合之让。又其甚者，视佃户如奴隶，役佃户若牛马，借贷不稍通（融）矣，或取倍称之息，额租与息不足则扣押钱，扣至尽则收田别佃，而前佃失业"①。

按照惯例，押租在租佃关系结束时，田主是要全部退还的。一种情况是，由于年陈月久，不少田主无力偿还押金，被迫将土地出顶或转让，而支付了高额押金的佃户往往成为优先承顶人或承买人。特别是公产（三费田、学田、祠田），因高押而出顶，又因辗转出顶而头绪纷繁，难以理清，受到损害的往往是原主。更多的情况是，由于乾嘉以后，四川人口增殖过快，无田之家居大半，田价猛涨，"故千金之家，不敢议买田宅"。井研县"县民既少地著，农民则恃分田而耕，名曰佃户。田主初取交质钱，曰押租。岁取田息分二等：曰水租，曰干租。水租以谷，干租以钱。岁租亏欠，则田主抑扣其交质本钱。然佃户终岁勤动，仅仅自食其力；值歉收，虽罄所有不足输租税，以致劫假风行，主佃相斵斵者往往而是。县无空土，而敖民独众，赤手遭荡街衢，一室仰哺，以至抵冒法律者，所在时有"②。人口增长超过经济增长，促使田价猛涨，造成押租和地租的高昂，使一部分购地资金不足的佃农难以承租田土，纷纷沦为雇农，一部分流入城市和水陆交通沿线另谋生路，给社会带来不安定因素。

二、集约型农业的出现

四川农村在乾隆时期出现了集约化农业，这是人口过量增加造成经济压力所带来的连锁反应。在人口稠密的农村，十口左右的家庭已不少见。为了供养太多的家庭食口和承担租税等义务，一方面农民一年四季很少有闲暇，边远山区，妇女为承担重活，"多不裹脚，春夏以布系小儿于背，耕耨自如"③；另一方面则不得不在有限的田土面积上创造尽可能多的经济效益。

（一）精耕细作，提高田土利用率

四川的粮食生产由清初的粗放型经营向乾隆时期的集约型经营转化；为养活过多的人口，人们不得不在有限的土地面积上使用高效肥料，采用精耕细作

---

① 贺守典等编：《涪乘启新》卷3。
② 光绪《井研县志》卷8。
③ 嘉庆《东乡县志》卷29。

的方式以提高单位面积产量。成都平原最富庶的温江县,盛产水稻,"秋谷收后,旋种麻、菜、麦、豆等,谓之小春。谷谓之大春"①。田少地多的彭山县也能利用天时、地利因素,得到更好效益,"其山地,小春刈毕,随栽黄豆、芝麻,名曰小秋,盖一岁两收与田等"②。

四川丘陵地带农民在利用小块田土获得更高的效益方面富有独创性,多数地区的农户都从尽其地力角度出发,"田种禾稻,山种杂粮,相资为用"③。民间习俗,称种稻者为"小土","凡木棉、豆、麦、芝麻、苎麻、黍稷、薏米等项易于生发"的农作物被称为"大土"。四川丘陵居多,山水之间"所有地势平衍,烟火相望,名曰坝田"④。这些坝田面积不等,小者产谷数百石,大者可达数万石。因为产量高,人口密度也比山区大。四川河流多,沿河有坡地,"刊木薙草,以坡为田",称为山地。为防备天旱无水灌溉,还掘土为塘,"以蓄天雨,有余则蓄之于塘,不足则出所蓄以泄之于田",塘田具有蓄水优势,"源泉混混,

图 14-1　清末四川乡村(尔尼斯特·亨利·威尔逊摄影)

---

① 嘉庆《温江县志》卷 14。
② 嘉庆《彭山县志》卷 3。
③ 乾隆《涪州志》卷 5。
④ 道光《荣县志》卷 13。

昼夜流注，穿渠而引之，旱涝可以无忧"①。

（二）合理利用水资源，促使旱地水田化

川西平原的边缘地带，自乾隆初年出现旱地水田化过程，通过建设大量堰渠，扩大自流灌溉面积用于水稻生产，也使成都稻作农业区得到进一步扩大。由于农业生产季节性强，堰渠在春夏需水季节往往供不应求，农户因争夺水源互不相让，甚至发生死伤命案，严重干扰了正常农业生产。

在恢复、兴修农田水利工程中，四川地方官对灌溉工程加强管理，制定堰规，实行堰工均摊、效益共享的办法，化解了许多矛盾。如仁寿县规定，凿石筒33处，每田千亩给筒口3.5寸，不及者递减②。石亭江为绵竹县与什邡县界河，两县各有堰渠，上游是什邡新堰，下游是绵竹火烧堰，原本水势均分，相安无事。后来新堰毁坏，什邡没有再修，却以一堰两口为借口，常与绵竹争水。康熙三十七年（1697），经王知县与什邡知县反复勘察、磋商，议定：两县共享一堰，什邡修右岸进水口，绵竹修左岸进水口，中间不筑横堤，而建直堤，以利两县分水。义务和权益协调以后，两县农田受益，纠纷渐息③。但到道光四年（1824）又因争水纠纷讼至官府，经再次协调定案，每年四月一日至十月一日，由两县汛、捕二吏当场轮流监放；此外，绵竹官渠、硼砂、宋家三堰，也因争水构讼，乾隆二十三年（1758）定案，照田粮负担分配水源，按12时辰燃香启闭，官渠燃6尺6寸，硼砂燃4尺2寸，宋家燃3尺6寸，循环往复。为昭信用，立碑为据④。

（三）变坡地为水田，增加水稻产量

对于平原地区而言，有水渠即可实现自流灌溉，丘陵、山区则不然。为了提高劳动生产率，农户大多使用龙骨车和筒车等引水工具。龙骨车的大小长短，因地制宜，小型者一人即可运转，大型者需用3到4人；亦可根据扬程，用2车或3车，互相衔接，分级提水，为高、远田地引水灌溉。筒车高二三丈至六七丈不等，用木枧承接入沟，引水溉田。嘉庆年间，威远县境正河与西北河沿

---

① 道光《昭化县志》卷9。
② 嘉庆《仁寿县志》卷1。
③ 罗锦《火烧堰记》，《四川历代水利名著汇释》第389~392页。
④ 道光《绵竹县志》卷10。

第十四章 清代四川商品经济的发展

岸共有筒车 133 架①。筒车提水的功效也很显著。如中江岸高水低,"沿江灌溉者,横江作堰,架高木置大轮车,略高于岸,斜缚竹筒于车尾,推轮吸引江水,倒倾岸上,始导入田中;虽山田亦可达"②。农田水利设施的进步为四川农业生产的稳产、高产提供了可靠保证。因此,尽管清代四川人口不断增加,但农村经济稳定,农户中小康之家也不少,每年生产的粮食,除了满足本省人民基本需求,还有大批粮食通过长江水道外运,远销江南各地。

三、日益活跃的农村副业

清人严如熤说:"川中财货之饶,甲于西南。"③ 清代四川农业之兴盛,固不待言。即以农村家庭副业而论,也已蔚为大观,以"富足"二字称之,实不为过。这里仅列举蚕丝、棉花、甘蔗、茶叶、中药材、烟叶、苎麻等,做一勾画。

(一)蚕丝

清代四川农村副业中,种桑养蚕居于重要地位。四川保宁府在明代就是蚕丝产区,府属昭化县,民间养蚕"多者以数屋计"④。阆中县"种棉种麻,均不及种桑之盛。"该县农村充分利用田边地角的空闲土地,种桑养蚕,"至人家隙地在在皆种者,则无过于桑"⑤。成都县乡间,"妇女务蚕事,缫丝纺绩,比屋皆然"⑥。荣昌农村,"蚕事方兴,农功迭起,男子耕作,女子采桑"⑦。潼川、保宁、嘉定都是著名蚕丝产区,"潼产白色织绸,所谓川北绸;黄色者织绢,盐亭县独多"⑧。盐亭县农村"均以植桑养蚕为业,城乡有丝市蚕市,远近商贾云集"⑨。遂宁乡间"比户饲蚕,其丝最广,有水丝、火丝之别,商贾趋为蚕市"⑩。乐山县在丝的生产方面有独特的经验,"邑中养蚕,三眠以前,皆饲柘

---

① 嘉庆《威远县志》卷1。
② 乾隆《潼川府志》卷2。
③ 严如熤:《三省边防备览》卷9。
④ 道光《昭化县志》卷22。
⑤ 咸丰《阆中县志》卷3。
⑥ 同治《成都县志》卷2。
⑦ 光绪《荣昌县志》卷16。
⑧ 乾隆《潼川府志》卷3。
⑨ 乾隆《盐亭县志》卷1。
⑩ 乾隆《遂宁县志》卷4。

叶，故丝质柔韧而耐久，较川北燥劣之品诚过之而无不及也"①。保宁府生产的水丝，质地良好，色泽鲜美，其中尤以阆中所产最为名贵，"匀净腻滑，则较胜焉"②。

犍为县人李拔在所著《蚕桑说》中记述了农家植桑养蚕的具体情况：蜀中墙下树桑，宅内养蚕，以为常业。蚕初生时，每重二钱，长大可满一簟。簟长一丈三尺，宽五尺，编竹为之。屋中立四柱，柱下有十齿作架盛簟挂，上可容五簟，养蚕家多者二百簟，少者亦十余簟。每簟可得丝一斤，若得丝二百斤，则小康之家也。"又蚕初生至成丝时仅四十日，获利最速，其粪可饲豕，水可肥田，柴可炊爨，故人皆宝之。"③

有的蚕桑之家，因加工条件差，无法制作适合市场需要的生丝，因而仅仅生产蚕茧，不再生产生丝。如郫县，"人家养蚕获茧，多不自缫丝。每岁蚕日，故有商贩来收茧取丝，至成都销之。"④ 商人定期向农人收购蚕茧，这是商业资本控制小商品生产者的基本方式。

在四川广大蚕茧产地，开始出现专门加工生丝和绸缎的作坊。成都大部分地区，每家居民都以纺、染、织绣为业。在乡间，甚至在冬天，缫制、洗涤及漂白生丝都是很重要的工作⑤。乐山的苏稽、白杨坝等场镇几乎是家家有织机、户户出丝绸。

（二）棉花

清代四川，棉花种植渐广，产棉州县由明代69个增加到103个，占全省州县总数的80％。清代棉花成为人们衣着，特别是御寒的重要纺织品，社会需求量很大。因此，种植棉花经济效益高。川北"涪水以西，多膏腴地，民相习植棉，其利倍谷"⑥。简州盛产棉花，"州属多种红花，今则渐种棉，始知其利倍于红花矣"⑦。威远县，植棉"可抵稻谷之半而商贩集焉"⑧。富顺县所产棉花，

---

① 《乐山县志》卷7。
② 咸丰《阆中县志》卷3。
③ 李拔：《蚕桑说》，见《牧令书》卷10。
④ 光绪《郫县乡土志》。
⑤ 彭泽益：《中国近代手工业史资料》卷2，中华书局1984年版，第90页。
⑥ 道光《蓬溪县志》卷15。
⑦ 乾隆《简州志》卷3。
⑧ 嘉庆《威远县志》卷1。

第十四章　清代四川商品经济的发展

除自己纺织外,还"销行云南"①。既然种植棉花可获厚利,对农户的吸引力自然增加。荣县农村棉农平时雇工不多,但在"秋收时,近邻贫家妇女皆来帮工,主家执秤,照轻重给钱"②。棉花一般由妇女手工织成布帛出售,坚实耐穿。广汉棉布,"布亦坚致,甲他郡"③。夹江盛产木棉,"女功亦收布帛之利,男耕女织,视他邑为劳"④。先前纯由妇女从事的棉织丝织生产,有些地区,男子也开始投入了。

（三）甘蔗

明末战乱,四川蔗糖生产破坏殆尽。康熙十年（1671）,福建汀州移民曾达一见四川内江自然状况与福建相同,于是借返乡迎亲之便,带来福建良种甘蔗在内江种植。同时,他还带来制糖技师和所需工具,在内江龙门镇梁家坝开设糖房。由于自种甘蔗不够糖房之用,他开始大量收购甘蔗。因甘蔗利高,内江农户纷纷改种甘蔗。种植甘蔗的地区也就成为制糖业的集中区域。清代内江的蔗糖生产兴盛,号称甜城,主要因为"沿江左右,自西徂东,尤以艺蔗为务"⑤。道光时期,四川甘蔗种植区已遍及内江、威远、荣县、资州、资阳、犍为、南溪、珙县、纳溪、峨眉、巴县、东乡、江津、江北、合川、遂宁、三台、盐亭、苍溪、安岳、南部等 21 个厅、州、县。

霜户（用粗糖加工白糖的作坊）为了取得廉价原料,开始以高利贷的形式控制蔗农。蔗农缺乏制糖条件和技艺,只好受其控制,成为对霜户提供蔗糖原料的人。

（四）茶叶

清代四川,茶叶已形成全省性市场。随着人口的快速增长,茶叶的需求量也日益增加。雍正年间,已实行产销地挂钩的"引岸专销制度"。商人取得专卖资格,持引在产地买茶,运往对口销岸出售。而在茶叶产地,则与其他农产品一起大量进入市场。天全、雅州、邛州、荥经、名山、新繁、大邑、灌县、乐山等主要茶叶产区,形成了专业化生产。与此同时,市场对商品质量也提出了

---

① 《富顺县乡土志》。
② 光绪《荣县志》卷 18《舆地志·风俗》。
③ 嘉庆《汉州志》卷 15。
④ 嘉庆《夹江县志》卷 32。
⑤ 乾隆《简州志》卷 3。

新的要求，这就迫使农产品生产者为适应市场的要求而生产和加工。乐山茶叶"有红春、白春、家茶之别。红、白春叶大、味甘，家茶叶小，味苦。春分前后采者曰毛尖、最香嫩"①。雅州府属雅安、名山、荥经、天全、直隶邛州五州县气候温和，雨量丰富，盛产茶叶，是西藏边茶的主要供应地。打箭炉（今康定）"不产茶，但系西藏总会，口外番民，全资茶食……五州县商人行运到炉，番民赴炉买运，至藏行销……今商旅满关，茶船遍河"②。

（五）中药材

四川山区盛产药材，如厚朴、黄连、川芎、泽泻、附子、山栀、大黄、独活、柴胡、麝香、鹿茸、红花，畅销省内外。在盛产厚朴、黄连的巴山老林，商人投资种植业，"买地数十里，遍栽之"。他们种植面积大，"常年佃棚民守（黄）连，一厂数十家……雪山泡、灵官庙一带，连厂甚多"③。广元、灌县、打箭炉的麝香、江油的附子、绵州的乌头，都是地方名产。红花既是染料，又是重要药材。由于红花的药用价值增加，物以稀为贵，商人获得暴利。如南充商人王某，道、咸年间"贸红花……晚年致产约银十万余两"④。綦江县产枳壳，其种在明代从江西引入，最初价低物贱，"乾隆中忽昂贵，遂获厚利"，"小贩收买，商人捆包，船载渝行，或径至楚"，每年最高可达万金⑤。

（六）烟叶

清代曾一度将烟草列为禁品。乾隆三年（1738）谕旨："种烟之地，自乾隆四年为始，悉令改种蔬谷。种烟之人，照私开烧锅例治罪。"⑥据雍、乾时人陆耀《烟谱》记载："衡烟以衡州名，川烟以四川名"。至迟在乾隆时期，四川已经是国内著名烟草产地之一。四川烟叶生产技术已经受到人们重视，彭遵泗《蜀中烟说》对这种技术做了归纳、总结⑦。

四川烟草种植，以川西地区为主，种植较多的州县有什邡、金堂、新都、崇庆、崇宁、绵竹、灌县、郫县、温江等，川北、川东、川南也有地方种植。

---

① 《乐山县志》卷7。
② 乾隆《雅州府志》卷5。
③ 严如熤：《三省边防备览》卷9。
④ 民国《南充县志》卷9。
⑤ 道光《綦江县志》卷10。
⑥ 《高宗纯皇帝实录》卷83。
⑦ 见张学君、张莉红：《四川近代工业史》，四川人民出版社1990年版，第9～10页。

图 14-2 清末四川郫县农村种植的烟草

四川烟品分索烟和褶烟两种。索烟以什邡、新都、金堂为主要产地，其他如崇庆、崇宁、绵竹、灌县以及川东、川北一些州、县也有种植。索烟烟味浓厚、香醇，不仅为四川吸烟者喜爱，也是外省烟民的佳品。褶烟的主要产区有郫县、崇宁、灌县、温江、绵竹等县，"惟郫县所产尤佳"[①]。褶烟多加工成丝烟、斗烟出售。什邡晒烟是清代四川名烟，各地烟商争相收购，"什地多产烟叶，远近贩烟者，各乡秤户为之交易"。于是，"有奸徒欲垄断其利，设立烟行"。嘉庆十一年（1806），纪大奎任什邡知县，不得不出面干预，以维护烟农利益。在彭县，烟叶和蓝靛的种植使农民获得大利，但人们认为这种经济作物的生产是"有利而害谷"[②]，虽能赚钱但不利于粮食生产，这是传统的经济观念。

（七）苎麻

苎麻是制作麻绳、麻布的原料。四川麻纺织品自古有名，行销南北各省。农户有种麻的习惯，有的成片地种植，有的则在田边地角、房前屋后的零星土地上种植。成都、保宁两府以及川南荣昌、隆昌一带，都是重要的产麻区域。温江县植麻农户多是外省移民[③]。荣昌县"南北一带多种麻，比户皆织，机杼

---

① 民国《崇宁县志》卷3。
② 光绪《彭县志》卷3《风俗志》。
③ 嘉庆《温江县志》卷30。

之声盈耳"。于是，荣昌麻布闻名遐迩，"富商大贾，购贩京华，遍逮各省。百年以来，蜀中麻产，惟昌州称第一"①。隆昌县以麻为原料，织成夏布，是四川著名特产之一。大竹县"产苎，行巴渝，四方之商，辐辏来集"；县南80里的高平寨，"寨中多造夏布、琢帐，远商尝聚集于此"②。

第二节 手工业生产规模的扩大与资本主义萌芽

一、手工业生产规模的扩大③

鸦片战争前，四川手工业生产进入兴盛时期，从农业和传统手工业不断分离出新的手工业部门，造成手工业种类繁多。19世纪上半叶，流寓巴山老林的劳动者达到"数百万计"。这些劳动者中除从事开荒种地的棚民外，大部分均在木厂、盐厂、铁厂、纸厂、煤厂中"庸工为生"④。以木厂为例，每到"冬春，匠作背运庸力之人，不下数万"⑤。手工业内部分工，有了进一步发展，有些达到了细密的程度，反映了手工业专业化的日益深入和广泛。四川手工业中，生产规模很大的部门已经出现。

以四川盐业而论，18世纪下半叶，全川著名产盐区达20余处。熟悉四川经济社会情况的严如熤指出："四川货殖最巨者为盐。大盐厂如犍、富等县，灶户、庸作、商贩各项，每厂之人以数十万计。即沿边之大宁、开县等厂，众亦以万计。灶户煮盐，煤户、柴行供井用，商行引张，小行贩肩挑贸易，或出资本取利，或自食其力，各营生计。"⑥ 严如熤对犍为、富顺两大盐场规模的描述，应是比较可信的。李榕《自流井记》给他的记载做了最好的注释："担水之夫约有万，其力最强，担可三百斤，往复运送，日值可得千钱。盐船之夫，其

---

① 光绪《荣昌县志》卷16。
② 道光《大竹县志》卷11、卷19。
③ 本节参阅张学君、张莉红：《四川近代工业史》，四川人民出版社1990年版，第1~30页。
④ 《宣宗成皇帝实录》卷10。
⑤ 严如熤：《三省边防备览》卷14。
⑥ 严如熤：《三省边防备览》卷9。

数倍于担水夫,担盐之夫又倍之,其值稍杀。盐匠、山匠、灶头,操此三艺者约有万,其价益昂。积巨金以业盐者数百家;为金工、为木工、为石工、为杂工者数百家;贩布帛、豆粟、牲畜、竹木、油麻者数千家,合得三四十万人。"[1] 随着盐业的兴旺,为制盐提供原料的煤业也发展起来。全川各地均有规模较大的煤矿开始生产。19世纪中叶,荣县每日向富荣盐厂"运石炭至八百余舟"[2]。开县以煤矿为生者,"井旺时日以万计"[3]。

四川丝织业以成都、嘉定、顺庆、保宁、潼川、重庆为最盛。19世纪上半叶,嘉定府丝织

图 14-3 自贡盐场井群

业拥有几百台大型织机,年产绸缎 10 万匹,其中嘉定大绸和花绫等精制品达到 2 万余匹。南充机房约 30 家,除织造花素绸外,还生产花绫、湖绉[4]。19 世纪中叶,成都即"有机房二千处,织机万余架,机工四万人"[5]。

早在宋代,四川蔗糖生产已经达到较高的水平。到清代前期,生产工艺在原有基础上进一步发展,已生产出六个不同的品种,"按糖之类有六,曰糖清、曰红糖、曰白糖、曰结糖、曰冰糖、曰漏水糖"。这些糖类是经过复杂的生产技术和由粗到精的三道工序逐步提炼出来的。这三道工序又独立发展成为三个手工业部门,"业此者有三:曰糖房、曰漏房、曰冰橘房",分别由种庶之家、霜

---

[1] 李榕:《自流井记》,《十三峰书屋文稿》卷1。
[2] 《荣县志·水道》。
[3] 严如熤:《三省边防备览》卷10。
[4] 《蜀锦史话》,第50页。
[5] 《清朝文献通考》卷384。

户、冰橘房分任之。这三个蔗糖生产部门既互相联系，又各成专业。前者生产粗糖或半成品，后者以前者产品做原料，进一步加工成白糖、冰糖以至蜜饯。很明显，后者比前者地位优越，他们以良好的生产条件和技艺生产高质量的冰糖，获利丰厚，"因作为冰糖，通鬻远近，利常倍称"①。

二、技艺改良与行业分化

（一）技艺改良

列宁指出，手工业"使用大量工人的结果，必然会在生产本身引起一连串的变化，必然会引起生产的逐步改革"②。鸦片战争前，四川手工业正是这样。生产规模的增大，促使生产技术发生引人注目的变化。乾隆《巴县志》卷10记叙当时手工业技艺的改革趋势说："近日习于文饰，一切服物制器，互相角胜。即如屋舍耻鬌垩，必磨砖绘采；盘盂厌油漆，务嵌玉镂金；织造薄布帛，尚倭缎刻丝。匠石之精奇，如犹自远云集，继则转相传授，熟极巧生，几与苏杭粤东相伯仲。"由此可见，当时四川各手工业改革技艺，已蔚然成风。

四川丝织业自古以工艺精致著称，清代技艺的变化最为显著。《蚕桑萃编》记载，当时蜀锦图案结构谨严，色调丰富，"花清地白"，层次分明。而要织出好的花样，首先必须挑花结本，"凡花必先挑而后织，花有本，挑有式，织有法"。其操作程序分为"棚纴""起绞""对线""挑苎""穿过线""挽结"等。机具也适应技术的提高而有所改良。四川省博物馆收藏嘉庆、道光年间的一台木质蜀锦机，比明代织机大而精密；而收藏的一幅清代"八答晕"锦，就具有独特的工艺水平③。成都生产的锦、缎、绸、绢有20余个品种④。18世纪中叶，嘉定府织造技术高超，生产出的"嘉定大绸"闻名全国，其中缎面提花花绫，乾隆时即已生产。南充花素绸、花绫、湖绉等也成为一方特产。阆中等县生产的"川北大绸擅名蜀中"⑤。

四川井盐生产技术，自明代后期起即在原"卓筒井"基础上逐渐改良，到

---

① 《内江县志》卷21。
② 《列宁全集》第3卷，人民出版社1976年版，第317页。
③ 《蜀锦史话》，第50页。
④ 同治《成都县志》卷2。
⑤ 咸丰《阆中县志》卷3。

第十四章 清代四川商品经济的发展

清代前期，在地质钻井、机械采卤、鬻炼盐色方面创造出一套完整的生产技术，并在打捞井下落物、处理井腔故障方面积累了大量富有创造性的实践经验。仅以盐场技术分工情况看，的确达到了工场手工业的阶段。温瑞柏《盐井记》对盐场劳动分工做了这样的描述："其人有司井、司牛、司车、司篾、司梆、司漕、司涧、司锅、司火、司饭、司草；又有医工、井工、铁匠、木匠；其声有人声、牛声、车声、梆声、放漕声、流涧声、汤沸声、火扬声、铲锅声、破篾声、打铁声、锯木声；其气有人气、牛气、泡沸气、煤烟气。气上冒，声四起，于是非战而群嚣贯耳，不雨而黑云遮天。一井如此，千井如何；一时如此，四时如何。"① 由于富荣盐场在开凿盐井、治理井下事故方面取得了极为成功的突破，从而钻凿了世界第一批深井，取得了中生代三叠系嘉陵江石灰岩蕴藏的黑卤和天然气资源，使四川井盐生产面貌发生了引人注目的变化②。

在冶铁技术方面，清代四川已有若干改良。以大竹县为例："冶铁之法，先在露天中，用木炭将生矿焙烧，使碳酸铁随热飞散，煅成红蓝二色，适于冶炼之熟矿，然后可以入炉。炉以石制，高二丈余，外方内如罇形，中宽丈余，上口只七八寸，下为金丝门，风箱位置，有湾吹、对吹两种。湾吹炉较大，对吹较小。湾吹箱在金丝门左侧，对吹箱在金丝门后方。冶铁者先用木炭将炉填满燃烧，俟木炭销熔一部，然后以矿与炭从上口陆续相间贮入，借抽运风箱之力，使发大热。经若干时，矿质化成铁水，如露珠下滴，落于河底。河满用湿木所制木扒挖出，流入池内，上复冷灰一二时，冷尽拖出，即成生板。县中采矿炼铁办法，大率如此"③。

除上述手工业而外，其他各手工业也有不同程度的技术改良。

（二）行业分化

技艺的改良必然引起手工业内部分工的发展。由于劳动条件、生产规模和技术水平的差异，分工的深度和广度也不一样。鸦片战争前，四川原有的手工业生产分化出新的、更多的手工业部门。这种分化"不仅把产品的生产，甚至把产品制成消费品的各个工序都变成专门的工业部门"④。

---

① 《皇朝经世文编》卷50。
② 张学君、冉光荣：《明清四川井盐史稿》，四川人民出版社1984年版，第53～74页。
③ 民国《大竹县志》卷13，第10～11页。
④ 列宁：《俄国资本主义的发展》，《列宁选集》第1卷，人民出版社1976年版，第161页。

在丝织业中,生丝的生产和丝织品的生产明显地分化为不同的生产部门。农村和城镇缫丝业专门生产生丝。嘉庆间,合州开始出现"丝帮,设置生产花线、衣线、绫子线的机房","州中丝帮为附近各属之冠,邻封杂货必来购买,故开贸较多"①。据光绪六年(1880)统计,四川缫丝作坊有两千家以上,大部分在成都、嘉定、重庆和顺庆。如前所述,以生丝为原料的丝织业的发展极为迅速。在19世纪40年代以前,已形成规模庞大的手工业工场。由此可见,生丝和丝织业生产有了明显的分化。

在井盐业中,18世纪以来,生产环节逐步有了分化,出现了专业化生产。井,专门生产卤水和天然气;枧,专门从事卤水的输蓄和买卖;灶,专门从事卤水的加工制盐。在生产条件优越的盐场,这些环节都各自作为独立的投资途径和生产部门而存在②。甚至于为井盐生产提供原料的煤、铁、木、竹各业,也都发展为极有生气的手工业或商业。富荣盐厂"为金工、为木工、为石工、为杂工者数百家;贩布帛、豆粟、牲畜、竹、木、油、麻者数千家"③。开县盐厂以煤作燃料,煤户广开煤窑,"井厂所用夫匠,水陆运煤,及商贩运背之人,井旺时日以万计"④。

(三)劳动过程的分工

与此同时,手工业内部劳动过程开始程序化和专业化。乾隆间,铁矿业以炉为单位,每炉用采矿砂丁9名,炉夫1名,厢熰夫2名⑤。而铜矿亦以炉为单位,每炉用挖矿工170人,捶矿背运工12人,冶炼工1人,鼓风工2人⑥。丝织业以机台为单位,每机台需要三至四人操作,一人执梭,一至二人提花,一人挽综。织造时,机台操作人员互相关联,紧密配合。"提花、挽综者听执梭人口中所唱,唱某字即知是某花,贯一梭唱一声,三人手口合一,即无停梭矣。"⑦

井盐业劳动分工比较细密,"其人有司井、司牛、司篾、司梆、司漕、司

---

① 张森楷:《合州县志》卷23。
② 参见张学君、冉光荣:《清代富荣盐场经营契约研究》,《中国历史博物馆馆刊》总第3期。
③ 李榕:《自流井记》,《十三峰书屋文稿》卷1。
④ 严如熤:《三省边防备览》卷10。
⑤ 清代钞档:乾隆五十五年三月初四日四川总督孙士毅题。
⑥ 清代钞档:乾隆五十五年三月初四日四川总督孙士毅题。
⑦ 温瑞柏:《盐井记》,见《清朝经世文编》卷5。

涧、司锅、司火、司饭、司草，又有医工、井工、铁匠、木匠"①。富荣盐场按井、灶、枧三个部门分工，井上工种15~19个，用工50~70人；灶上工种5~14个，用工14~23人；枧上工种9~11个，用工28人。有些工种专业化程度高，劳动者的技艺起着决定性作用。山匠专司钻井，盐矿地质知识丰富，"凡匠就地撷草拾土嗅之，即知下宜有水土"②，"偶坠物件，能以竹竿捡取，通井水有渗漏，能补塞之，向称绝技"③。这已经是具有高超的专门技艺。

上述情况说明，鸦片战争以前四川手工业中确实存在着部门的分化和劳动过程的专业化分工，这是手工业分工的两个方面。在若干个专门化生产单位组成的庞大手工业中，每个生产单位只是单一的成品或半成品生产部门，其产品必须同其他部门相交换，使自身变成某种商品的提供者和某种商品的购买者，成为整个商品生产的一环。而劳动过程的专业化，使同一生产部门以至同一工种能够雇佣多数劳动者，"在同一个资本家指挥下为生产同种商品而进行劳动"，正如马克思所说，这是"资本主义生产的出发点"④。

三、雇佣劳动的增长

农业和手工业社会分工的扩大，必然要反映到雇佣劳动上来，"在资本主义发展问题上，雇佣劳动的增长的程度差不多具有最大的意义"⑤。专业化生产部门的增多，劳动分工的发展和生产规模的扩大，对劳动力的需求量和专业化水平提出了前所未有的要求。在盐业中，出现了"投火灌水之术，争相趋逐"的热潮⑥。大宁县，"偶有营造，工役输不敷用"⑦。对于商品化的农业和手工业来说，当其产品只有通过交换才具有使用价值时，它所需要的劳动力再也不可能通过强制和屈从得到，而必须通过购买。列宁指出："资本主义是商品生产发展的一个阶段，这时劳动力也变成了商品，资本主义的基本趋势就在于：国民经

---

① 严如熤：《三省边防备览》卷10。
② 《四川盐法志》卷2，《井厂二·盐井图说》。
③ 严如熤：《三省边防备览》卷10。
④ 《资本论》卷1，第340页。
⑤ 《列宁全集》第3卷，第532页。
⑥ 同治《南部县志》卷6。
⑦ 光绪《大宁县志》卷1。

济的全部劳动力，只有经过企业主的买卖后，才能应用于生产。"① 很明显，这种作为商品出卖的劳动者，必须是自由劳动者，即他们不属于生产资料，生产资料也不属于他们，这样的劳动者才可能在劳动力市场上同资本进行两厢情愿的交易。

那么，鸦片战争前，四川是否有这样的自由劳动者呢？回答是肯定的。

严如熤《三省边防备览》卷9记载："川中沃饶，为各省流徙之所聚，其他陆路来者无论矣。即大江拉把手，每年逗留川中者不下十余万人，岁增一岁，人众不可纪计，岂山中垦荒，平畴佣工所能存活？幸井皂亦岁盛一岁，所用匠作转运人夫，实繁有徒，转徙逗留之众得食其力。"这些外籍人失去了生计，浪迹四方，他们只有到处佣工，而"食其力"。云阳县富豪谭锡奎，原籍湖南茶陵州，先世流纵至县，弟兄三人辗转流徙，在云阳县从事煤矿上的"凿运之役"，后来通过自己的辛勤劳动，积蓄资财，"自辟煤洞"，"遂为富人"②。很明显，这是身份自由的劳动者存在的典型事例。

除外籍流散人口而外，本省失业群亦是雇佣劳动者的一个重要部分。如富荣盐场的盐工在嘉庆、道光时多属江津、南川人，彭县以佣工为生者多属简州、安岳、乐至人。他们失去生产资料，被迫到外州县出卖劳动力。

鸦片战争前，四川采用雇佣劳动的地区很广，采用的行业也很普遍。从现有资料看，全省各州县，从通都大邑到深山老林，均有说明雇佣劳动存在的史实。从行业看，主要分布在冶炼、采煤、制盐、制糖、木材加工、航运、建筑各业，在农村一些生产部门雇佣劳动也有引人注目的滋长。那么，四川雇佣劳动发展到何种水平了呢？下面列举一些地区和行业的材料加以考察：

井盐业是四川各行业中雇佣劳动增长程度较高的。犍为县杨开禄在刘泽洪盐井包揽推水，转雇谭中义帮工，"每月四十五文工钱，按日支给，大家同桌共食，平等称呼"③。"工役则煮盐者多，习宾刚灌水之术，及灶户器什，日取酬值，可以食五口"④。这说明，在乾隆间就已确立了平等的雇佣关系，工资"按日支给"或"日取酬值"。盐工的工资水平虽不算高，但所得酬值已成为一家五

---

① 《列宁全集》第3卷，第532页。
② 《云阳县志》卷25《耆旧》。
③ 清代刑部钞档：乾隆五十二年十月十九日总督四川等处地方保宁题。
④ 道光《乐至县志》卷3。

口的基本生活来源。在生产规模较大的富荣盐场，19世纪中叶，出现了"论工受值"的计件工资。担卤工"持签运水"，"其力最强，担可三百斤，往返运送，日值可得千钱"。担盐工工资稍低于担卤工，山匠、灶头因有专门技艺，"其值益昂"①。这说明工资类型已随着雇佣劳动的发展而多样化。其中，计件工资的出现具有进步意义。马克思指出："计件工资是最适合于资本主义生产方式的工资形式。"②

图14-4 自流井挑卤的民夫

有关采煤业雇佣劳动的情况，据乾隆至嘉庆年间的史料记载，雇主与雇工关系，身份是平等的，并无人身束缚。他们"同坐共食、平等称呼"，"并无主仆名分"③。工资采用计时方式，按年、月发给，"每月工价银五钱"④，"每年议定工价钱七千文"⑤，"每月工钱一千文"⑥等等。除此之外，雇工对雇主还有额外义务。

建筑业的雇佣劳动发生在乾嘉时期，适应单项营造需要。一般属于零时雇工，雇主与雇工之间，仅有劳务关系，工资均为包工计件制，这虽然还不完全是资本主义性质的雇佣劳动，但它确实是商品经济发展的产物。

在农业中，雇佣劳动的增长是比较明显的。据清代钞档统计，乾、嘉朝四川农业雇工资料67件（乾隆间18件，嘉庆间49件）。乾隆三十年（1765）邻水县富裕农民开始租佃大片土地，雇佣不少劳动者从事生产，并设置"糖房"和"米房"，将所产甘蔗和稻子加工出售⑦⑧。嘉庆十五年（1810），南充县张镜

---

① 李榕：《自流井记》，《十三峰书屋文稿》卷1。
② 《资本论》第1卷，人民出版社1975年版，第609页。
③ 清代刑部钞档：嘉庆十四年三月十日四川总督勒保题。
④ 清代刑部钞档：乾隆十六年四月十五日行川陕总督尹继善题。
⑤ 清代刑部钞档：乾隆十九年十月二日四川总督黄廷桂题。
⑥ 清代刑部钞档：嘉庆十四年三月十日四川总督勒保题。
⑦ 清代刑部钞档：乾隆三十年十月二十一日四川总督阿尔泰题。
⑧ 清代刑部钞档：嘉庆十五年四川总督常明题。

雇胥春喜做长工,言定每年工钱六千文,同坐共食,并无主仆之分①。长年雇工外,零时雇工情况也不少见,荣县,棉农雇工收棉,"照所拾轻重给钱"②。隆昌县主家"称麻线二十八两,交与何纹织布,给工钱十八文"③。这是计件工资的支付形式。总之,在鸦片战争前,四川的手工业和农业雇佣劳动都得到较为明显的增长,这是商品生产发展的必然结果。在大量采用雇佣劳动的多数行业,"一方面是货币,生产资料和生活资料的所有者,他们要购买别人的劳动力来增殖自己所占有的价值总额;另一方面是自由劳动者,自己劳动力的出卖者,也就是劳动的出卖者……商品市场的这种两极分化,造成了资本主义生产的基本条件"④。毫无疑问,这种由商品生产所导致的雇佣劳动是资本主义萌芽的一个重要方面。

第三节 区域商品市场的形成与商业资本向产业资本转化

一、区域性市场的形成

马克思指出:"商品流通是资本的起点。商品生产和发达的商品流通,即贸易,是资本产生的历史前提。"⑤ 如前所述,鸦片战争前,四川农业和手工业商品生产已有了较大的发展,那么,与此直接关联的商品流通和由以滋生的商业资本的发展程度,以及它是否已经对生产起着某些支配作用等问题,就有进一步探讨的必要。

由于社会分工的扩大,商品生产的发展,用于交换的产品种类和数量都日益增多,这就需要通过各种商品市场进行大量的贸易。鸦片战争前,四川商品流通市场已形成如下的类型。

（一）县属场镇市场的形成

县属市场适应广大乡区初级农产品和手工业产品交易的发展而出现。其市

---

① 光绪《荣县志》卷18《舆地志·风俗》。
② 清代刑部钞档:嘉庆十二年十月二日四川总督勒保题。
③ 清代刑部钞档:嘉庆十八年七月六日四川总督常明题。
④ 《马克思恩格斯选集》第2卷,人民出版社1972年版,第220~221页。
⑤ 参见《资本论》第1卷上,第2篇第4章《由货币到资本的转化》。

场小而密集,商品种类繁多,是商品流通的基本渠道。鸦片战争前,四川县以下场镇大量涌现,成为商品交换的重要市场。以乐山县为例,据民国年间统计,县属场镇共53,创于明代者6,创于清代者34,其中创于道光以前者26①。荣县县属场镇在清光绪以前达到39②。这些场镇,居民少者数十户,多者达3000余户。县属市场为商品生产者提供交易场所,为手工业提供原料,为大市场提供种类繁多的商品。这些市场的大量存在,是商品经济繁荣的一个重要标志。

(二) 省内区域市场的形成

在商品流通日益扩大的历史条件下,适应大宗农副产品和手工业制成品的广泛需求,在大中城市或商品集散地逐步形成稳定的流通渠道和交易场所,成为省内区域市场。以井盐、蚕丝和茶叶为例,可以看出这样的市场确已形成。井盐自雍正九年(1731)实行"计口行盐"起,省内食盐供应就按场(产地)岸(销区)分区,由销盐县富民"分领引纸为坐商",富民多不解贸易,辄招"行商"到相应盐场购运食盐到该县发卖,"是为计岸"。全川26个盐场生产的

图14-5 清末成都青龙场集市(路德·那爱德摄)

---

① 《乐山县志》卷1《方舆志·市镇》。
② 光绪《荣县志》卷10。

井盐供应四川计岸118厅州县。这一井盐市场与前代官盐市场不同，它基本上属于商业盐市场。蚕丝市场以成都为中心，次及蚕丝产区嘉定、顺庆和川东贸易重镇重庆。四川茶叶，也已形成全省性的市场，由于茶叶需求量大，鸦片战争前，已实行产销地挂钩的"引岸制"，商人在产地买茶，运回销地出售。乐山茶叶"每岁产品输运出境者大约数千斤"①。彭县所产茶，"边引于本县买茶，至松潘发卖。腹引于本县买茶，至潼川府属发卖"②。

（三）涉足国内市场

在鸦片战争前，四川许多重要商品已经进入国内市场，并在其中享有盛誉。如井盐自雍正年间开始，已运销边岸（贵州、云南）、楚岸（湖北、湖南），岁销十亿零九千四百余万斤③。蚕丝和丝织品自清初起，就成为国内市场上的畅销品，供应陕西、山西、甘肃、北京、西藏、云南、贵州、湖南、湖北诸省市场。品种繁多的蜀锦，名重天下，"每年采办入京，常以供织造之不足"④。丝织品外，棉麻制品也行销外省。万县"米、大棉、桐油三者为大装，行于荆楚"⑤。四川山区中药材也行销全国。打箭炉（今康定）是四川与西藏总会，西藏所需茶叶，"惟赖雅州府属之雅安、名山、荥经、天全、直隶、邛州等五州县商人行运到炉，番民赴炉买运，至藏行销"。这些商品在国内市场上久负盛名，成为一方名产而畅销各省。

二、商业资本向产业资本转化

（一）商人与商业资本

在商业和商品流通的日益发展中，商人和商业资本的崛起，是鸦片战争前，四川经济生活中的一个引人注目的现实。四川商人作为商品交易的媒介，在扩

---

① 《乐山县志》卷7《经制》。
② 光绪《彭县志》卷4《赋税志》。
③ "引"为食盐行销的计量单位，行销陆路为"陆引"，行销水路为"水引"，行销云、贵、川少数民族地区称"边引"。根据唐炯《成山庐稿》卷12统计，迄止嘉庆间，边楚额销水陆引十六万八千四百七道，边引以长江为运道，一般以水引为计算单位，按乾隆间规定，额盐每包一百斤，加耗盐、包皮、垫草三十斤，重一百三十斤。水引每引五十包，重六千五百斤，十六万八千四百七道水引，约重十亿零九千四百余万斤。
④ 同治《成都县志》卷2。
⑤ 同治《万县志》卷13，《物产》。

第十四章 清代四川商品经济的发展

大的商品流通中表现极为活跃，他们为坐商，"或列肆居奇，或囤积贩卖"①；为行商，"连樯下驶"，"水陆辐辏"②。在追逐商业利润的过程中，他们的货币财富得到迅速积累，成为富甲乡里，甚至富甲郡邑的巨商大贾，这样的大商人各地均有，现略举数人为例：

犍为巨商吴金三，先世自楚入蜀，以小资贸易起家，"家益日裕"③。

内江巨富王方中，"以数奇辍读，起家贸易，累巨万"④。

富顺县巨富胡勉斋，"市场岁入，地租倍常产，乃大富"⑤。

乐山巨商徐如明，"少本寒微，以营运起家"，巨富王光裕居南溪，"豪于商"，后迁乐山，"邑东油华溪商业盛，乃涉而贾"⑥。

在众多的巨商大贾中，以陕商最为活跃。陕商在明代即已涉足四川商业。清初，陕商在四川渐次恢复元气，参与盐、茶、丝等商品的营运。以盐业而论，雍正七年（1729），四川推行"计口行盐"之法，招商领引运销食盐，"本地之商殷实者少，大半皆（陕）西商租引代销，认给引课"。陕西商为追逐利润，不受引额限制，"改配引之多寡"，引纸"有重照两三次之弊"⑦。既而利用长江之便，迅速将他们的运销领域扩展到贵州、云南、湖北、湖南，建立起庞大的川盐运销网。从现存契约看，早在雍正十年（1732），自流井已是陕商字号林立，为首的有：西万盛、东永顺、全兴益、尚义合、世德合、永兴隆、东万盛、西永顺⑧。乾隆初，陕商修建"西秦会馆"，捐银商号多达 152 家，捐银多者，达 359 两⑨。道光九年（1829）重建时，捐银商号 59 家，捐银多者，达到 3000 余两⑩，足见陕商在盐业运销领域势力之盛。在茶、丝、麻织品领域，陕商也占有相当市场。清初行茶引制，陕商采取租引代销方式，获得了四川茶叶的销售权。四川丝、麻制品价廉物美，有利可图，陕商亦大量购买，运销山、陕、直

---

① 光绪《永川县志》卷 23。
② 《云阳县志》卷 23。
③ 《先府君金三公行状》（碑文），碑存乐山县牛华溪吴家祠。
④ 《内江县志》卷 7。
⑤ 《富顺乡土志·耆旧篇》。
⑥ 《乐山县志》卷 9《人物》。
⑦ 严如熤：《三省边防备览》卷 10。
⑧ 《雍正十年租佃地基修建西秦会馆契约》，原件存自贡市档案馆。
⑨ 乾隆十七年《西秦会馆关帝庙碑记》，碑存自贡市盐业历史博物馆。
⑩ 道光九年《重修西秦会馆关帝庙碑记》，碑存自贡市盐业历史博物馆。

隶各省①。

由上可知，鸦片战争前，四川商人和商业资本获得了较大的发展。大量史实说明，四川的商业资本仍然同高利贷（钱庄、当铺）、地租（田土）结合，顽强地寄生在封建剥削方式上，分解封建的所有制形式，造成生产资料与生产者的分离。但是，这一分解有利于正在滋生的资本主义萌芽，因为它造成了资本主义生产关系的一极，即除自身劳动力以外一无所有的劳动者。鸦片战争前，四川众多流徙人口，同它不无关系。

（二）商业资本向产业资本转化

与此同时，商业资本开始支配生产，并进而转化为生产资本。

丝商对蚕丝的购买，反映了商业资本控制生产的最初形式。"井研丝在成都市称上品，织户争购，取名东路丝……岁入丝贾殆数十万金，农民资以为生计者甚众，凡国赋田租及一切馈遗，叩言、偿负、赁庸之费，常取给于此，命曰丝黄钱。贫户假贷子钱，以丝黄为期，无弗应者。然桑树年久多空灌，后来种植亦稀，而民间育蚕又不得培护之法，值桑叶翔贵及蚕病之年，因之债负累累者，十室恒八九"②。丝商通过贷给"丝黄钱"，权其子母，牢牢地把丝户控制在自己的手里，让他们提供廉价蚕丝。白蜡生产者亦有类似的情况，"蜡之产较逊于丝，然岁计亦数十万。丝民购买虫包自蓄于树，或赁树而蓄，倚为生产，与丝略同，利害亦相侔焉……其奸巧大猾，挟其厚资牟重利。贫户有所假贷，则先与之钱，指树蜡为券，减常贾而仇之，俗谓之卖空仓"③。这些蚕丝和白蜡生产者在商人重利盘剥下，必然由负债到破产，成为一无所有的劳动者。

四川商业资本投资生产，将其货币资本转化为产业资本的事例，在鸦片战争前已累见不鲜，最突出的要算盐业。陕商采用"直接投资""做下节""佃煎""杜买"等多种方式投放资金，插手盐场井灶，获取生产利润④。自18世纪开始，至19世纪50年代，"州省各厂井灶，秦人十居七八，蜀人十居二三"⑤。可见商业资本已实现了向盐业资本的转化。

---

① 见同治《荣昌县志》卷16，道光《綦江县志》卷10。
② 光绪《井研县志》卷8。
③ 光绪《井研县志》卷8。
④ 参阅张学君、冉光荣：《清代富荣盐场经营契约研究》，《中国历史博物馆刊》1981年第3期。
⑤ 刘蓉：《奏请筹办川省盐厘折》，见刘锦藻《清朝文献通考》卷37。

第十四章　清代四川商品经济的发展

从18世纪初开始，商人投资开办铜铁矿，形成开矿热潮。例如：乾隆十七年（1752），商民傅仿玉等，获准开办威远县大山岭、铁炉沟铁矿①。乾隆二十二、二十三年（1757、1758），各处商民云集马边，"挟重资而谋利者，不可胜数"②。乾隆二十六年（1761），"因商民之请，派于屏山县李村、凤村、石堰三乡设炉四座，二十八年，又于荣丁、利店、茨藜三乡设炉四座"③。在上述情况下，商业资本转化为生产资本。它开始"作为一种独立的社会力量，即作为一种属于社会一部分的力量，借交换直接的活的劳动而保存下来并增殖起来"④。

综上所述，鸦片战争前，四川商品经济，包括商品生产和商品流通，已经作为自然经济的对立物而发展起来。商品生产以社会分工为基础，主要表现为农业的专业化和手工业生产规模的扩大以及分工的发展，它使劳动者私人占有生产资料的自给性小生产演变为专门为市场提供单一产品的大规模商品生产。这种生产的发展，必然造成货币、生产资料和生活资料的所有者与脱离生产资料的大批自由劳动者的对立和发展。而日益扩大的商品流通，以及由此增殖起来的商业资本则成为扩大这一两极分化并促成其发生接触的有力媒介。在这一过程中，一方面使社会的生活资料和生产资料转化为资本，另一方面使直接生产者转化为雇佣工人，从而实现了资本主义生产关系的发生和发展。

---

① 清代刑部钞档：乾隆十七年八月十八日四川总督策楞题。
② 光绪《叙州府志》卷20。
③ 光绪《叙州府志》卷20。
④ 《马克思恩格斯选集》第1卷，第364页。

第十五章 清末四川资本主义经济的产生与初步发展

第一节 重庆开埠后四川经济的深刻变化

一、农村自然经济开始解体

(一) 洋布入川造成的市场效应

耕织结合的分离是自然经济解体的一个重要标志。这种分离过程主要是在外国资本主义入侵后加速的①。

在外国资本主义入侵前,四川"耕织结合"可分三种类型:一、植棉纺纱织布地区;二、不产棉亦不从事纺织地区;三、买棉纺纱织布地区。而以第三种为主。四川虽产棉花,但产量不足。从清代乾、嘉之际,就从湖北等省输入大量棉花,"贸广花成布"②,同时还进口大批湖北土布。本省所织土布亦"多贩往云南、贵州等省发卖"③。所以,在外国资本主义入侵前,既进口外省商品

---

① 本节参阅谢放:《论近代四川农村自然经济的解体》,《四川大学学报丛刊》第32辑,《研究生论文选刊》第2集,1986年出刊,第80~89页。
② 光绪《永川县志》卷2。
③ 同治《隆昌县志》卷38。

第十五章　清末四川资本主义经济的产生与初步发展

棉、商品布，也输出本省土布，表明耕织结合体系已有了局部的分离。

外国资本主义入侵加速了中国耕织结合的分离过程，先是洋纱代替土纱，使纺和织分离；继是洋布代替土布，使耕和织分离。然而，首先入侵四川的却是洋布。19世纪60年代中叶，洋布便开始输入四川。到80年代，每年约销售90万匹洋布和12万匹呢绒①。洋布入侵四川的过程，同时就是排挤湖北土布输入四川的过程。"自太平天国以后，湖广的土布已经逐渐为洋布所代替"②，不过，还只能取代一部分湖北土布。19世纪末20世纪初，输入四川的湖北土布折合银价计算由原来的800万海关两降至600万海关两③，被洋布排挤了四分之一。

然而，洋布的市场主要在城市而不在农村，"洋布主要只供给几个城市的居民使用"，"而广大的乡村居民仍继续穿用土布，因为土布又温暖又耐穿"④。

为说明洋布取代土布的程度，可从两方面加以比较。一、以入川洋布的绝对量同全国进口洋布的绝对量比较：1892~1902年，四川每年平均进口洋布约为67万匹，价值193万海关两，约占同期全国进口量的5%。如以人平购买洋布量计，四川为0.039海关两，全国为0.095海关两，四川仅及全国人平购买量的41%⑤。二、以洋布在四川的销售面比较。清末时，四川142州县中，有洋布销售记载的共42县，占29.6%⑥。而且，输入四川的洋布还要传输西南各省。例如，在光绪二十三年（1897）即"大半运往云南、贵州等处，川人用者寥寥"⑦。

总之，在辛亥革命前，洋布入侵四川的结果，主要是取代一部分原来输入四川的湖北土布，不过是以新商品取代旧商品。对四川农村地区耕织结合的分离影响较小。

---

① 姚贤镐：《中国近代对外贸易史资料》，中华书局1962年版，第1416页。
② 姚贤镐：《中国近代对外贸易史资料》，第1365页。
③ ［日］根岸佶：《清国商业综览》第3编，第152页。
④ 姚贤镐：《中国近代对外贸易史资料》，第1356页。
⑤ 据甘祠森：《最近四十五年来四川省进出口贸易统计》；李文治：《中国近代农业史资料》第1辑，三联书店1957年版，第489~490页资料计算。
⑥ 《成都通览》第6册，"成都土产及各属土产"。
⑦ 李文治：《中国近代农业史资料》第1辑，三联书店1957年版，第513页。

（二）洋纱对耕织结合的农业社会的冲击

继洋布之后入侵四川的洋纱，却对农村的耕织结合体系产生了较大的影响。洋纱入川较迟，因初来的英国纱细，"所织之布，不合川省、滇、黔之用"①。直到印度纱大量涌入后，才打开了四川市场。1892～1901年间，平均每年入川约18万担，占全国洋纱进口量的11%左右②，成为四川进口洋货中的主要部分。洋纱入侵四川的过程，同时就是排挤湖北等省棉花的过程。"往昔闭关之世，鄂棉盛销蜀中，自洋纱侵入，楚棉输进日稀"③。川省棉花也因之减产，在一些种植棉花的地区，"自洋纱入侵，民间种此渐少"④。

随着湖北棉花被排挤和本省棉花的减产，农村手工棉纺业日趋衰微。新繁县妇女"多勤纺织，每人一日能纺棉花半斤。近来洋纱稍夺其利，村巷夜深，机声微矣"⑤，"洋纱输入日重，民户自纺者日稀"⑥。达县"自棉纱输入，而棉纺业微"⑦。过去专门经售棉花的花行，开始变为棉纱铺⑧。经营洋纱的商人日众，大者形成纱帮，小者称为贩庄，"由下江购回，分售各县、各乡及本地各处"⑨，在不少地区终于发生了耕织结合分离过程的第一步——纺和织的分离。

那么，洋纱倾销，纺业衰

图15—1　洋纱与国产纱机的输入，促进了四川手工纺纱与织布业的分离。图为四川地区编织夏布的矮机

---

① 彭泽益：《中国近代手工业史资料》卷2，三联书店1957年版，第209、463页。
② 《重庆海关1892－1901年十年调查报告》；李文治：《中国近代农业史资料》第1辑，三联书店1957年版，第489～490页。
③ 民国《合江县志》卷2。
④ 民国《续修达县志》卷12。
⑤ 光绪《新繁乡土志》卷9。
⑥ 光绪《江油县志》卷2，民国《南充县志》卷11。
⑦ 《达县志》卷12。
⑧ 《涪陵县续修涪州志》卷18。
⑨ 《合川县志》卷2。

第十五章 清末四川资本主义经济的产生与初步发展

微,是否如一般论著所说,引起了大批农村手工纺纱者失业破产,从而提供了资本主义发展所需的商品市场和劳动力市场?

从四川的情况看,"两个市场"的形成,主要不是依靠大批农民、手工业者的失业破产来实现的,农民和手工业者并未因"洋纱夺利"而失业破产,而是迅速转为从事手工织布业。在洋纱的冲击下,反而出现了农村家庭手工织布业兴旺的局面。19世纪90年代,"川省购买洋棉纱异常踊跃","比户人家妇女,莫不置有布机",以洋纱织布,远销云贵①。清末民初,"自洋纱输入而纺棉业微"的达县,反而"机织渐多,每年输出布匹亦可谓一大宗"②。原出产棉花的中江县,贫民农隙时用洋纱织布,远贩各地,"岁不下数十万匹"③。总之,造成了"各地手工织布业散布更广"的趋势。究其原因,除了因为四川大部分地区过去买棉纺纱织布,现在直接用洋纱织布,价格合算,易于操作之外,还因为农民生活贫困,对于洋布乃至土布亦缺乏起码的购买力,不得不自己从事手工织布,既可满足自身需要,还可增加副业收入。

农村手工织布业的广泛发展,必然需要更多的原料——棉纱。这样,就为国内民族机器纺纱业准备了潜在的市场。正是尾随洋纱打开销路之后,国产纱始进入四川。光绪十八年(1892)国产纱入川仅300担,占全部入川棉纱0.23%。到光绪二十六年(1900)猛增至136516担,占32.3%④。

值得注意的是,农村手工织布业的发展进一步促使农民中分化出一批手工业者,四川手工棉织业1913年较之1912年,"制造户数"增加了一倍;人数增加近二倍,竟占了全国的45.3%。虽然其统计不够准确,但大体能反映出有一批农民脱离农业而成为手工业者。而且还有不少手工业者离乡背井,移居外省。19世纪末,因为四川人口过多,引起生存竞争,有的四川人便移居云南,以致"云南的织布者大都是四川人"⑤。他们脱离农业,离开家乡,可以说是耕织结合发生分离的一种反映。手工业者的增多,不仅需要购买更多的市场商品,也可能为资本主义的手工工场提供劳动力市场。1906年重庆开设的织布厂"实业

---

① 光绪《江油县志》卷2,民国《南充县志》卷11。
② 民国《续修达县志》卷12。
③ 民国《中江县志》卷2。
④ 《重庆海关1892—1901年调查报告》。
⑤ 姚贤镐:《中国近代对外贸易史资料》,第1428页。

富川公司"便"就近招致织手"①。在劳力众多的情况下,招雇的工人自然是熟练的手工业者,而不会是一般的破产农民。

辛亥革命前夕,四川资本主义性质的棉织手工工场正是在这个"新的地盘"上兴起的。1900~1908年,仅重庆一地就创办了9家织布厂②。合川县"自洋纱盛行,城中组织布厂,添设布铺,此帮遂日增隆盛而衣被万家矣"③。

但是,清末洋纱入侵对于促进自然经济解体的重要标志——耕和织的分离的作用不能夸大,其主要作用是改变了耕织结合的形式——由自纺自织转为买纱自织。在广大农村,小农业和家庭手工业仍结合在一起,依然是典型的耕织结合。

(三)洋纱倾销带来的消极因素

首先,手工织布业在农村的广泛兴起,进一步抵制了湖北土布的输入,加强本省棉布的自给。例如,1899~1903年四川每年进口原色布41万匹,1904~1908年则降至31万余匹。"皆因民间多有购纱,自织土布,抵制之故"④。大多数州县买纱织布又加强了本州县的自给。遂宁县原产土布行销全川及陕、甘等地,年约10万匹以上。自机纱盛行后,"受各地自行织造之影响,土布销路,日落千丈"⑤。商品布的数量大大减少,这是不利于耕织结合进一步分离的。

其次,由自纺自织转为买纱自织后,原料上依赖于国外市场,价格上受控于外国资本。于是"内地布缕价涨缩,恒依洋纱进入增减为差度"⑥。不仅广大农民、手工业者被迫同外国资本进行不等价的交换,而且耕织结合的分离过程,亦由此处于极不稳定状态,时而一度分离,时而重新结合,不能进一步解体下去。

二、市场开放为传统手工业带来发展契机

尽管棉纱、棉布等廉价洋货对四川耕织结合的小农经济及与此相关的手工业经济有不同程度的冲击,但在洋货未能取代土货的那些领域或土货在对外出

---

① 《广益丛报》总111号,纪闻。
② 隗瀛涛、周勇:《重庆开埠史》,重庆出版社1983年版,第93~96页。
③ 民国《合川县志》卷23。
④ 彭泽益:《中国近代手工业史资料》卷2,第209、463页。
⑤ 《中国工程师学会考察团报告之七——纺织》。
⑥ 《西蜀新闻》1912年10月28日。

第十五章 清末四川资本主义经济的产生与初步发展

口贸易中占据着重要地位的那些部门,资本主义萌芽不仅未遭到扼杀而且进一步发展,原来封建社会内部孕育的资本主义萌芽,在这一时期得到比较充分的发展。旧有手工业工场生产规模空前扩大,生产技术精益求精,劳动过程分工日益细密,资本的积累达到相当高的程度。有些原来的工场手工业开始向近代工业转化,还有在手工业工场物质技术基础上开办的部分新式企业,成为民族资本主义工业产生的一个途径。

近代四川手工业如井盐、丝织、矿冶、制糖业等,已达到相当大的生产规模,并不同程度地具有工场手工业的基本要素。外国资本主义入侵后,食盐、生丝、造纸、蔗糖、纸品等手工业产品,并未受到洋货的排挤。相反,由于商品市场、劳动力市场日趋活跃,给这些产品的生产造成了比较有利的发展条件,促使它们改革生产技术、扩大生产规模、采用新式投资和经营方式,向新式企业转化。

(一)井盐业持续增长

"川盐济楚"给四川井盐生产注入了活力,促使井盐生产力获得了奇迹般的提高,盐业资本在此过程中得到迅速积累,商业资本大量向盐业资本转化。盐业资本原始积累的实现,市场的大规模开拓,生产和流通渠道的畅通,说明四川井盐业已经具备了工场手工业的基本要素,向成熟的资本主义发展,是历史趋向和基本要求[①]。

(二)蚕丝进入国际市场

19世纪下半叶,四川缫丝作坊(包括手工工场)已超过2000家,成都、嘉定、顺庆、重庆缫丝工艺水平较高,能生产各具特色的生丝。不仅生产规模扩大,而且分化出缫制、洗涤、漂白等专门工序。川丝成为本省和南北各地丝织业的重要原料而畅销国内市场。丝商资本已进入生产领域,通过定期收购生丝和借贷"丝黄钱"控制生产。19世纪70年代以后,蚕丝进入国际市场。同治十年(1871),四川出口生丝6000包;光绪六年(1880)四川年产生丝6000担,居当时全国各省厂家第三位和产量的第五位[②]。九年(1883),经由重庆输

[①] 参见张学君:《论近代盐业资本》,《中国社会经济史研究》1982年第2期。
[②] 孙毓棠编:《中国近代工业史资料》卷2,科学出版社1957年版,第91、100页。

出的川丝即达 428 万两①。以此为契机，蚕丝生产面貌发生了很大的变化。为了适应资本主义市场的需求，四川开始出现了蚕丝生产技术改革的热潮，如改进缫丝方法，造成优质丝品；建立"蚕桑公社"，扩大蚕桑种植面积，引进优良桑苗、蚕种等。

（三）蔗糖市场扩大

道光年间，资州、内江等地成为蔗糖生产基地，沿沱江两岸到处是甘蔗种植区，糖房、漏棚已实现专业化生产。迄至 20 世纪 20 年代，四川蔗糖都未受到洋货的取代。相反，由于商品市场的扩大，蔗糖销路更为广阔。蔗糖"在本省的销路很大，特别是黄糖；并多半由木帆船大量运往湖北"②。销区的稳定扩大，对四川制糖业生产的发展具有促进作用。19 世纪末到 20 世纪初，蔗糖产地从传统川中各州县扩大到川西的邛州、蒲江，川东的达县、开县、万县。有关统计资料说明，仅传统糖产地内江，清末民初有糖房 1200 家以上，有漏棚 1000 家以上，有糖铺 160 家以上③。虽然多数糖坊制作方法陈旧、粗糙，但确有一部分糖坊，随着制糖工艺水平的提高、专业化分工的发展，开始演化为规模可观的手工业工场。19 世纪晚期，糖业资本的增殖极为可观。南溪县人李发勋，"制糖霜起家，积资百万"。黄正芳"以糖业起家，累资数千金"④。金堂人萧质夫，以商业兼营糖业，"锄禾种蔗业糖"，"积累数万金"⑤。

（四）造纸业稳步发展

19 世纪下半叶，四川造纸作坊和手工工场极为繁盛，其中以夹江、梁山、绵竹、大竹、达县、广安、綦江、璧山等县最为重要。清代夹江、绵竹造纸之家，资金雄厚、技术高超、雇工操作。到 19 世纪晚期，从部分生产规模较大的造纸槽户的生产水平和与商品市场的关系看，显然已具有手工业工场的基本特征。

三、四川兴办实业热潮

19 世纪末叶，中国遭逢甲午惨败，民族危机空前深重，朝野呼吁变法维

---

① 尹良莹：《四川蚕业改进史》，（台北）华冈书城 1978 年版，第 346 页。
② 彭泽益：《中国近代手工业史资料》卷 2，第 657 页。
③ 张肖梅编著：《四川经济参考资料》，中国国民经济研究所 1939 年刊行，第 117 页。
④ 《南溪县志》卷 5《人士》。
⑤ 《金堂县志》卷 10。

第十五章 清末四川资本主义经济的产生与初步发展

新。川籍官员宋育仁以"保地产,占码头,抵制洋货,挽回利权"相号召①。四川舆论也认为:"商务以挽利权为宗旨,必以广制造为要着。"② 广大绅商爱国热诚高涨,纷纷要求集资"购买机器"、"设立公司"、"绅督商办"③。光绪帝顺应商民的意愿,谕令川督鹿传霖,"于洋人未经开埠之先,迅速兴办",并"咨取苏、浙、江西各省商务章程,以备参酌"④。20世纪初,清廷颁布了一系列保护工商实业的章程、法规和奖励办法,进一步激发了四川绅商的投资热诚。

图15-2 1911年春,成都第四届劝业会及授奖仪式(路德·那爱德摄)

在世纪之交的投资热潮中,四川绅商以各种方式兴办四川实业。一部分四川手工业工场和大作坊如井盐业、缫丝业、制糖业、造纸业等开始向新式企业转化,在转化过程中,其经营者逐步演化为工业资本家。如商人兼灶户欧阳显荣在汉阳周恒顺五金厂订购了第一台蒸汽采卤机车,在自贡盐场的井上试车成功后,随后投资白银二万余两,组织华兴公司,经营机车采卤业务。成都"二酉山房"书商樊孔周,一改旧书业经营机制,大量印行中外新书报,宣传改革思潮,又集资兴建劝业场(后改称商业场)。20世纪初,全省18家缫丝厂,已有5家采用机器缫丝。内江制糖业酝酿改良制糖生产,委托糖商子弟、留日学生喻培伦考察日本机器制糖,准备筹资订购机器,因筹资困难未果。三台县蚕丝经营者陈宛溪,光绪二十九年(1903)开办裨农丝厂,开始采用蒸汽机车缫丝。夹江、梁山、彭县、广安、绵竹等传统手工纸产区,也有纸商、槽户购置

---

① 徐溥:《早期改良主义思想家宋育仁》,《社会科学研究》1979年第5期。
② 《颐园书牍》卷上,第18~19页。
③ 《渝报》光绪二十三年第6册,第2~4页。
④ 《德宗景皇帝实录》卷387。

机器，转向机器造纸业。他们投资的领域集中在原来的手工业，通过扩大生产规模，改革生产技术，成为早期工业资本家。

另一些绅商，包括受实业救国热潮影响的知识分子，集资开办工矿企业，成为新式工业的投资者。例如，森昌火柴厂和宝华煤矿的投资者是奉节县绅商邓徽绩、邓孝可父子；成都启明电灯公司的主要投资者是优贡生陈嘉爵（养天）；彭县大宝山铜矿的创办人是商人魏子书；合川复缫经纬丝厂的创办人是举人张森楷；重庆鹿嵩玻璃厂的创办人是留日学生何鹿嵩；重庆裕源布厂（裕济公司）的创办人是富顺举人、泸州学正孙荣；重庆昌华（振华）毛葛巾公司是渝商世合公商号掌柜白汉周考察日本制造业以后，选择的投资项目。重庆绅商为维护利权，早在光绪二十年（1894）就筹资30万两，购买日本机器开办矿业；二十四年（1898），举人文国恩集资白银11400两开采真武、老君二山煤矿。三十四年（1908），在发起收回英商侵占江北厅矿权的斗争中，重庆商民集资4万两所组"江合矿务公司"起了关键作用。

四川资本主义近代机器工业产生于19世纪90年代，最先发生于原有的手工业工场。20世纪初，民族资本主义的两部分——原有的工场手工业与受外来资本主义影响兴办的新式企业，均有向近代机器工业转化的事例。但是机器工业局限于少数行业，不具普遍性；同时，因其处于幼年时期，少数行业虽然已有工作机与动力机的配套，其生产规模受资本局限、政治形势影响，发展也很有限。因而，可以说20世纪初期，四川民族资本主义的发展，主要是新旧手工业工场和大作坊的增长，资本主义机器工业仅仅获得了极其有限的进展。

第二节　外商在四川的经营投资活动

一、对外开放的冲击波和冲击效应

19世纪60~70年代，在西方传教士、商人、探险家掀起游历、考察四川等中国西部地区热潮的同时，英国各工业城市商会纷纷向议会呼吁：中国西部是"最大的未开辟的市场"，"英国的毛织品正在失掉美洲和欧洲的市场"，"必须取

第十五章 清末四川资本主义经济的产生与初步发展

得中国西部有潜力的市场来补救"①。上海的英商商会甚至断言："除非汉口以上的长江航线开放通航，对华贸易就不能扩张。"② 同治十一年（1872）一月，英国商会联合会敦促议会和政府向中国政府提出开放扬子江上游通行外国轮船的要求，以便"中国最富足勤勉的一省（四川）几乎可以直接与欧洲交通"③。

这些呼吁和建议，立即成为代表商人利益的英国政府的一项新的对华政策。同治十二年（1873）十月，英国驻广州领事罗伯逊（Robertson D. B）表示：英国将在不触动中国统治者固有利益的条件下，"以逐渐接近和不惹人注意的外交方式，可以解决一些最令人烦恼的通商问题，如厘金和扬子江上游的航行等"④。

光绪二年（1876），英国通过《烟台条约》，将旨在开放四川的活动推进到宜昌，并取得了派员驻寓重庆，"查看川省通商事宜"的特权。宜昌开埠使英商得到巨大的利益，英国货物能比过去提前 30 天运到四川市场，"那里已成为我们最好的中国市场之一，每年销售 90 万匹以上的棉布和 12 万匹呢绒"⑤。以光绪三年（1877）为例，经重庆入川的洋货总值就达到白银 1157000 两，是宜昌开埠前一年（同治十三年）的 6.4 倍⑥。光绪十六年（1890）《新订烟台条约续增专条》签订，重庆正式开埠，英国和其他西方国家商人均可在宜昌、重庆间雇佣华船或自备华船往来运货，享受子口税待遇。随后，英、法、美、日、德等国先后在重庆设立领事馆。十七年（1891），重庆设立海关，海关总税务司赫德（R. Hart）任命英人霍伯森（H. E. Hobson）为重庆税务司，全面管理四川进出口贸易。

光绪二十一年（1895）《马关条约》的签订，使重庆同沿海城市一样，成为全面对外开放的通商口岸，规定新开通商口岸任凭日本轮船自由行驶。《马关条约》使四川与外国资本主义市场建立了直接联系。当时，英国政府公报以难以掩饰的欣喜心情宣布：《马关条约》"为贸易、侨居、工业和制造业开辟了四个

---

① ［英］伯尔考维茨：《中国通与英国外交部》，第 145~147 页。
② 《历史研究》1962 年第 5 期，第 131 页。
③ ［英］伯尔考维茨：《中国通与英国外交部》，第 176 页。
④ 马士：《中华帝国对外关系史》卷 2，三联书店 1963 年版，第 323 页。
⑤ 姚贤镐：《中国近代对外贸易史资料》第 3 册，第 1415~1416、1591 页。
⑥ 聂宝璋：《中国买办资产阶级的发生》，中国社会科学出版社 1979 年版，第 133 页，引《耐维耶报告》第 160 页。

第十五章 清末四川资本主义经济的产生与初步发展

新的通商口岸；轮船在扬子江上游从宜昌到重庆的航行权（虽然没有像原来的条件中所规定的西江航行权），保证在内地设立通商口岸、从事工业的权利。根据最惠国待遇，英国人民可以享受这一切特权"[1]。从此，清政府制止列强深入内地的防御战略彻底破产，外商从政治和法律上获得了在四川投资的可靠保证。

光绪二十八年（1902），重庆海关又增设万县的通商口岸，实际上，整个川东地区已纳入了对外开放的范围[2]。

近代四川对外开放地位的确立，使外商受到极大鼓舞。他们纷纷入川建立洋行、公司，选择项目，准备在与同行的竞争中获得最大的投资效益。但是，经过最初的狂热之后，他们又不能不面对一些棘手的实际问题：

（一）交通运输问题

四川与外界的交通极其困难。陆路早有蜀道难之称。川江水道受三峡险滩阻障，历来只能行驶载货量有限的小型木船，给大规模的中外经济交流造成很大不便。自宜昌开埠后，外商"屡探峡江险阻"，以英商立德（Archibald J. Little）为代表的外国商人和以英国为代表的列强政府，自19世纪80年代以来，不断探测川江行轮的可能性，并特制各种江轮、炮艇，上航重庆，试图开辟入川贸易投资的航路，但未取得预期成效[3]。川江轮运问题无法解决，外商在长时期内只好依赖川江的传统运输工具——木船。外商自备木船或租用木船，悬挂外国旗，同样享受子口税优待。但是，木船载重量很少，损失率高（在川江险滩报损率为10%），运输周期长（从上

图15—3 夔州府风箱峡中的帆船（恩斯特·柏石曼摄）

---

[1] 《英国及外国政府公报》1894~1895年，卷87，第799~804页。
[2] 《英国及外国政府公报》1894~1895年，卷87，第799~804页。
[3] 《英国及外国政府公报》1894~1895年，卷87，第799~804页。

海运货至重庆需 3~6 个月）。这给外商扩大对四川的通商投资活动造成难以逾越的障碍。重庆海关税务司华特森认为："资本家们在四川省的进一步开拓，必须与四川以外的世界互相携手，共同努力改善交通工具。"①

（二）不切实际的市场潜力

外商在宜昌开埠之初，对四川七千万人口的消费潜力作了不切实际的估计。他们把打开四川市场作为中国对外关系史的第三个阶段，"重要程度仅次于 1842 年和 1858 年的条约"。外商甚至把四川看做是"仅次于上海、天津和汉口的第四位销售中心"②。在经历了进口贸易的最初增长以后，洋货的销售出现了平缓曲折之势，销数"不如预期之好"。1892~1895 年洋货入川总值呈现负增长。1896、1897 年虽比前段有明显增长。但 1898 年又出现下降情势。1899 年增长迅速，1900、1901 年亦有显著下降③。出现这种曲线增长的原因，主要是外商过高估计四川市场的需求，因而陷入增长—过多进口—滞销的循环圈。十年间年平均增长率为 11.6％，从绝对增长数看，四川进口贸易出现两位数的增长率似乎是十分可观的。但是，如果考虑到四川外贸起步晚、基数低的实际状况，出现这样的初期增长形势并非奇迹。与全国洋货进口总值比，其数额微乎其微。以光绪二十年（1894）为例，四川进口洋货总值在全国进口洋货总值 16200 万海关两④中只占 3％。迄至 20 世纪初，四川进出口贸易额最高年份也没有达到全国进出口贸易总值的 5％⑤，这与四川人口占全国总人口 10％以上的情况极不相称。

四川进口洋货总值远远低于全国水平的原因，除了交通困难外，主要是四川居民消费水平太低，一般居民基本生活资料主要仰给于自给性生产，需要由市场提供的商品非常稀少。比如：1892~1901 年外国棉织品在四川市场呈现滞销趋势，1892 年四川进口棉织品总数为 735109 匹，而 10 年之后的 1901 年，进口数反而降为 643366 匹。外商发现，英国布匹"主要是川省各大城市少数居民才使用，几乎只有中产阶级购买……至于广大农村人口则继续穿着保暖耐用的

---

① 《重庆海关 1892~1901 年十年间调查报告》，《四川文史资料选辑》第 9 辑。
② 谢立三：《重庆洋货贸易报告书》；史密斯：《重庆进口贸易备忘录》，英国《蓝皮书》，1883 年。
③ 参见《四川文史资料选辑》第 9 辑，第 188 页统计表。
④ 姚贤镐：《中国近代贸易史资料》第 3 册，中华书局 1962 年版，第 1591 页。
⑤ 《四川经济季刊》1 卷 2 期，1935 年 3 月 15 日出版，第 112 页。

第十五章 清末四川资本主义经济的产生与初步发展

土布"①。这些土布都是农民自己生产的。他们"把棉花买来，在家庭里织成布匹自己使用，或者在村庄里出卖，或者借行商销到远地"。对于非买不可的生活必需品，消费率也保持极低的水平。比如，外商观察四川居民的火柴消费情况："他在早晨用火柴生火（当他不能从邻居借来一块燃着的木柴时），此后一根纸捻或灶火就供应了他的许多次需要。"② 在这样低微的消费水平下，外商在四川的任何投入都受到低下的市场购买力的制约。

（三）投资环境的特殊性

外商经过周密考察，认定四川是一个自然条件良好、资源十分丰富的省区。重庆海关监督华特生的重庆海关报告说明："四川发现的矿产包括金、银、铜、铁、水银、煤炭和石油，而输出的主要物品则为鸦片、麻类、白蜡、蚕丝和250余种药材。主要制造品是丝绸、刺绣、金漆家具用品、西藏羊毛毯和山羊皮、草席、草帽辫、篾器、蜜饯果品和酒类。"③ 但是，四川在采矿和制造加工业方面生产力水平不高，生产技术落后，设备陈旧，普遍采用简单协作方式维持效率低下的生产。比如煤矿开采，四川煤窑采掘皆用旧法，无用机械者。矿区隧道深恒至数里，采者篝灯而入，作劳其间，挖匠采好之炭，由拖匠伏地蛇行，拖负300余斤的炭篓，艰难出洞。又如冶铁业，四川中小冶铁作坊遍布全川，但冶铁方法原始。丰都县山区铁厂每厂用工40～50名，每日出矿十担或七八担不等，但"烧矿炼铁概用木炭"。再如缫丝业，四川大部分生丝均由家庭生产，生丝质量不高，在柔软和光泽方面，比不上浙江生丝，难以进入国际市场。18世纪70年代初，由于国际生丝原料短缺，川丝开始出口，同治十年（1871）有6000包川丝从上海输往国外。此后，生丝一直作为四川重要出口商品，销往海外市场。但是，由于质量不合国际标准，川丝大多作为废丝出售，以低贱的价格招徕主顾。社会生产力水平不高，必然对引进的先进技术和经营管理方式产生负效应，不能达到外商预期的经营目的。这是外商在四川投资中必然会遇到的现实问题。

---

① 《重庆海关1892～1901年十年调查报告》，《四川文史资料选辑》第9辑。
② 《重庆海关1892～1901年十年调查报告》，《四川文史资料选辑》第9辑。
③ 《重庆海关1892～1901年十年调查报告》，《四川文史资料选辑》第9辑。

二、外商投资活动及其成效

外商对四川的投资活动,受到上述历史条件和经济环境的制约,在选择投资项目和确定经营方式以及生产规模等方面,不得不从四川的实际情况出发,将长远目标和短期利益相结合,确定他们的投资意向和抉择。在外商掀起对华投资热潮的19世纪末20世纪初,在四川的投资意向或投资项目有如下几个方面:

(一)投资加工、制造业

在四川开办的第一家外国企业是英国商人立德设在重庆的猪鬃加工场。立德洋行开设于光绪十七年(1891),最初经营航运和进出口贸易。四川所产猪鬃,数量巨大,光泽较差,质地良好,其中"大河毛"硬度颇大,光泽较差,用途甚广;"小河毛"质地柔软,光泽甚好,但两种猪鬃均需进一步加工,除去"霉毛",才能适应国际市场的需要。二十二年(1896),立德洋行所属的重庆贸易公司在南岸设置猪鬃加工厂,专门洗制熟猪鬃出口。为扩大生产,在正式开工后,又招收七八十名学徒,由熟练工人分别带领从事加工业务。二十四年(1898)加工厂进一步扩大,按天津装潢生产优质猪鬃,确定商标为"鸡牌"。于是,"鸡牌"鬃毛很快就在国际市场赢得了声誉,在伦敦、纽约市场成为畅销

图15-4 英商立德洋行设在重庆长江边上的猪鬃厂

第十五章　清末四川资本主义经济的产生与初步发展

品。由于该厂规定了严格的质量管理和生产定额指标，自开办以后，产量倍增，由最初每月2000～3000斤，增加到4000～5000斤，后来发展到10000余斤①。20世纪初，立德将其洋行转顶与英商隆茂洋行，于是隆茂洋行继续经营猪鬃加工厂。同时，法商安利、德商宝丰、日商新利、英商怡和等洋行也纷纷设立猪鬃加工厂②，形成了洋行间的激烈竞争，四川的猪鬃输出量也随之猛增。根据重庆海关统计：光绪十八年（1892）猪鬃输出量为3806担，价值40619海关两；二十七年（1901）输出量为8070担，价值159812海关两，数量增长两倍多，价值增长近四倍③。

19世纪末，外商为打入四川棉织业，出现了投资机器纺纱厂的意向。经过多年筹备，光绪二十四年（1898），川东道黎庶昌正式提出设立官商合办棉纺厂的计划，因受到清政府的反对，抽出官股而搁浅④。日本领事嘉藤向重庆绅商提出："伊国有制就纱锭十万枚，如川商能集股数十万，伊国亦自认其半，同在宜昌举办。该埠既通轮舶，鄂省产花又旺，川陕诸商必争往购运，两国均有利益。"⑤ 这个计划，终因筹股的困难而未能实现。

19世纪90年代初，民族企业森昌泰火柴厂在重庆创办成功，获得专利，使外商大为振奋。从光绪二十七年（1901）开始，日商先后在重庆王家沱设立有灿火柴公司和友邻火柴公司，"制造红头火柴，销售贵州"⑥。除日商外，德商也在重庆开设了一家火柴公司。

此外，20世纪初，日商新到洋行大班宫坂伙同买办陈瑶章等在租界附近开设又新丝厂，主要股份均为日商所有，进口400余台日本缫丝机器，技术人员均来自日本。在经营管理方面，全按日本办法。

（二）投资交通运输业

外商认为，解决四川与外界的交通运输问题，是向四川进行大规模投资的先决条件。他们设想的办法有二："或者轮船航运……或者修一条铁路联络重庆

---

① 《重庆文史资料选辑》第3辑，第64页。
② 彭泽益：《中国近代手工业史资料》第2卷，第395页。
③ 《四川文史资料选辑》第9辑，第184页。
④ 《四川文史资料选辑》第9辑，第168～169页。
⑤ 《渝报》光绪二十四年第14册，第16页。
⑥ 邓少琴：《川江航运史稿·年表》未刊稿。

· 533 ·

第十五章 清末四川资本主义经济的产生与初步发展

与宜昌。但是,"无论是轮船运输或铁路运输,现时统计所能列示的和轮船可能运载的贸易总值和商品性质,都不够对投机者提供特殊引诱,把资金投入这种冒险事业"①。因此,外商在船运和铁路投资方面表现出极大的兴趣,同时又特别的谨慎。

川江航运业是外商在四川投资的一个重要方面,被西方资本主义社会誉为"西部中国的英国开路先锋"的英国商人立德,自19世纪70年代开始,就决心开辟川江轮船航线,并筹资组织川江轮船公司,不断试船川江,到达重庆。光绪二十六年(1900),立德与川商在重庆集资合办"岷江轮船公司",决定专门行使重庆以上川江,上航成都,在上海订购载重200吨的暗车式小轮船一艘,因义和团运动发生未果②。

上述商轮开辟川江航线的试验未能取得预期的成效。外商"一般意见对于在扬子江最困难的一段(即宜昌与万县之间)轮船营运的利润是断然否定的"③。作为航运计划的第二步,他们转而问津当时在川江负担主要运输任务的民用木帆船。这种木帆船,船体轻小,每艘载重二三十吨,由人力牵引,行动虽缓,却稳妥实用。外商从事航运贸易一般采用租用形式,"所以本地(重庆)好几家公司都互相帮助,联合起来,把租用船只装满货载"④。

洋商租用的民船主要用于承揽重庆至宜昌间大宗货物的转运,享受海关子口税优待。为与中国民船相区别,洋商租用民船得悬挂外国旗,因而又称挂旗船。从光绪十七年至三十四年(1891~1908)的17年间,租用民船的洋商主要有英商怡和洋行、太古洋行、立德洋行,法商柯芬立洋行,德商瑞记洋行分行和中国招商局利用川江民船从事航运业务。在此期间,洋商在川江的航运贸易活动具有相当稳定的增长,租船总只数除1891年初创伊始较低外,从1000余只增加到2000余只,租船总吨位从40000吨左右增加到80000吨左右。将进口和出口船舶只数、吨数相比,进口船只数和吨数大大高于出口船只数和吨数,没有例外的年份。这一情况,是由进口货物总数大大高于出口货物总数决定

---

① 《四川文史资料选辑》第9辑,第174页。
② 《东西商报》卷57,第11页。
③ 《四川文史资料选辑》第9辑,第167~168页。
④ 《四川文史资料选辑》第9辑,第175页。

的①。据统计，常年进出重庆港的民船总数约为 20000 只，运载总数为 50 万吨②。那么，洋商租用民船总支数和总吨数大约在其中分别占据 10%～14% 和 8%～16%。这清楚地表明，外商在川江航运贸易的总量中所占比例很小，并未形成取代川江民船航运贸易的优势。

外商在开辟川江轮运的同时，西方各国政府也开始争夺四川铁路投资利权。但是，在举国一致收回路权呼声的鼓舞下，四川人民不仅严杜外资，自办川汉铁路，而且掀起了轰轰烈烈的保路运动，使外商对川汉铁路投资的希望化为泡影。

（三） 开发矿业

外商早就注目于四川土产矿物资源。同治十一年（1872），法国传教士恩伯提专程前往自流井探测盐矿、天然气资源，并将所见情况作了报告。光绪十七年（1891）法国传教士寇德瑞考察了四川石油资源。他们认为："四川是一个极富裕的省份，幅员广大，物产丰富。"③ 以后，英国"驻寓官"也开始"遍历川省"④，调查四川土产、自然资源，以便为他们资本输出作准备。

甲午战争后，日本和西方列强对中国实行瓜分战略，民族危机空前深重。光绪二十二年（1896），内阁总理大臣李鸿章为牵制日本，周游欧美各国，声明中国在商务实业上，将实行开发主义。这引起了英国金融资本家摩根（Morgan, William Pritchard）注意。他主动陪同李鸿章访问，途中提出在中国开办矿务的要求。李鸿章欣然同意，并接受了英国官员喀鲁和育赛夫桑勃伦的保证书，证明"摩根实为中国开辟利益起见，愿往中国效劳"。李鸿章回国后，即电召摩根赴中国。摩根两次来华，随带工程师三人，先后勘探热河、山东矿苗，最后确定在四川办矿。李鸿章为此致书摩根，鼓动他投资四川矿产⑤。从此，外商开始将投资意向转向四川矿产资源。他们认为："资本家在四川省的进一步开拓"，应当"首先以矿业为限"，因为"四川矿藏之富是毫无疑问的"⑥。以英

---

① 参见海关总署 1882～1931 年《海关十年报告》。
② 参见海关总署 1882～1931 年《海关十年报告》。
③ 杨大金：《现代中国实业志》下册，商务印书馆民国 27 年版，第 760 页。
④ 杨大金：《现代中国实业志》下册，第 760 页。
⑤ 《东方杂志》第 7 年第 12 期，记载第 3，中国时事汇录，第 391～395 页。
⑥ 《四川文史资料选辑》第 9 辑，第 174 页。

第十五章 清末四川资本主义经济的产生与初步发展

法等国商人为首的外国公司,从光绪二十五年到三十年(1899~1904),先后与清政府签订了一系列开采四川矿产的合约;同时私下与官员、商人甚至少数民族上层订立合同,开采各地矿产。所开矿产主要是煤、石油等能源和铁、铜、黄金等五金矿藏。根据矿产资源遍布全省的客观情况,合同规定的开采范围广阔,英法两国公司几乎取得了"全省范围"的采矿权,而其他公司也取得了矿藏丰富的一至数县的采矿权。采矿需要投入巨额资金,而且生产周期较长,又具有相当大的风险,因而外商提供的资本甚大,同时合同规定外商的开采期限也很长。投资金额从30万到1000万两不等,而开采期限均达到五六十年,有的甚至规定"永远开采"。

采矿合同大部分为外国公司与四川地方当局达成草约,而后由川省矿务总局以保富公司、华益公司等名义与外国公司签订。少数合同则是外商通过地方官吏、商人和少数民族上层人士私下签署。如光绪十八年(1892),法商亨达利公司开采四川石油合同,是同四川商人钟毓灵、朱怀清签订的。是年,钟毓灵等向川东道具禀,"设厂采取煤油……拟邀亲友,集资开设泰康字号,炼油售卖。"获准后,即声言持执照前往上海采购机器,实则与法商亨达利洋行经理雷达利私立合同,"由洋商出资开采"。二十二年(1896)春,在钟毓灵等指引下,雷达利随带采矿工程师,并由法国领事哈士陪同,前往重庆、叙州、嘉定府、泸州、自流井、贡井等地"周历履勘"①。再如,二十九年(1903),四川管解白蜡委员候补知县刘鹏,在北京与法商代玛德商议,签署合同,拟设华利公司,由法商筹资30万法郎,开采夔州府属巫山、大宁、云阳、开、万等县金、铜、煤各矿。英法两国领事出面为该公司"照转"合同,要求清政府"请准办,或请立案"②。

外商与四川当局和官员、商人等签订的开采四川矿产协议、合同,具有以下特点:

1. 矿产方面。《四川矿务华洋合办章程》称:"四川矿务总局设立之华益公司,招商合同公司,拟定合同,华洋合办,利益均沾。"《中法四川矿务章程》则说明:保富公司股本"华洋各占五成"。具体权益是:《四川矿务华洋合办章

---

① 汪敬虞:《中国近代工业史资料》第2辑上册,科学出版社1957年版,第115页。
② 锡良:《英商、法商办矿各情况》(光绪二十九年十月十九日),《锡良遗稿》第1册,第373页。

程》规定：华益公司"筹备地价银一百万两，专集华股，不参洋股，主购矿山、管理交涉等事。"华方提供此项地基"交与合同公司承办"。《中法四川矿务章程》规定："华商总办专管地方官民交涉事项，洋商总办专管矿务工程。"此项地基"按矿质出井值百抽五收租，不问开矿盈亏，惟视出矿多少"。《中法四川矿务章程》规定："挖出煤、铁……照卖价值百抽五，征收井口税归保富公司，以作地租。"这种收取定额地租的华股，不参与矿业经营活动，仅仅提供土地和获得5％的矿产收益，是土地所有权得以实现的经济形式，并非双方享有平等投资权益的经营者。

2. 经济收益方面。外商作为主要的投资经营者，在矿产总收益中占65％，而四川华益公司土地资本的收益占35％，其中，包括华益公司提取的5％的地租，5％的落地税和25％"报销中国国家"的部分。保富公司的收益，除提供10％作为公积金外，法方占55％，中方占35％，其中包括向中方缴纳5％的井口税（地租），30％"报销中国国家"部分。这种分配方式体现了矿产所有者与投资经营者在矿业中的实际权益。

3. 税课方面。外国资本享有特别优惠权，进口机器设备，"凡合同公司开矿所需料件、机器等物，进口税照开平各矿规定章程，完纳海关正、半税项，内地厘税，概不重征"。而产品的外运，"自完纳出口一税后，内地厘税概不重征"。这一条款的订立，使外国投资者获得了厘税豁免权，对外商具有吸引力。

上述外商在四川矿业中的投资总额超过白银3000万两，在外商投资四川的各类企业中居于首位。

具有代表性的中国近代经济史研究认为：中国封建社会末期的资本主义萌芽不具备向近代资本主义发展的条件，中国近代资本主义产生于外国资本主义入侵中国之后，在外国资本主义直接影响下，中国部分官僚、商人、地主兴办了第一批近代工商企业。另外，中国封建社会原有的工商业，在外国资本主义的作用下也发生了分化，其中一部分转化为近代企业。这两部分企业构成中国近代资本主义工商企业的骨干。但是，对于外商在中国直接投资、开办的工矿企业，迄今没有得到深入细致的研究。

首先必须指出，近代外商在中国的投资活动，是在殖民主义的炮舰政策支持下，迫使清政府开放门户、丧失国家主权的特殊条件下实现的，是帝国主义的侵略活动的一部分，它从根本上损害了中国人民的利益。这类投资活动由于

有不平等条约作为出发点，无论外商的具体动机和行为如何，其结果都是弱肉强食，以牺牲中国的国家主权和民族利益为代价的，是不能和今天的对外开放时代条件相比拟的。

当然，从近代中国封建社会经济居绝对优势地位、资本主义经济的发展受到严重阻碍的特殊情况看，外商投资的企业在一定程度上有助于中国社会经济的进步，它实际上构成了中国近代资本主义工商业的一个重要方面。

从外商对四川的投资情况看，虽然投资规模、效益等不及东南沿海地区，但外商输入四川的资本、技术和管理经验等，对改变闭塞、落后的四川经济起了一定的促进作用。从这个意义上总结近代外商在川投资活动的成败得失经验教训，对当前坚持对外开放、鼓励外商到内地投资具有现实意义。

第三节　四川近代工商企业的产生和初步发展

一、丁宝桢与四川机器局[①]

19世纪70年代，清政府创办洋务形成浪潮。在此期间，川督丁宝桢在成都创办了四川第一家近代工业企业——四川机器局。

丁宝桢（1820～1886），字稚璜，贵州平远（今织金）县人，咸丰朝进士。曾在贵州参加镇压教军和苗民起义，历任湖南岳州知府、山东按察使、布政使等职。同治六年（1867）在山东巡抚任内，参与镇压捻军起义。次年，丁宝桢率精兵数千，"倍道北援"，阻遏捻军入京。清政府因丁"功最盛，数降敕褒嘉，加太子少保"。在使用洋枪、洋炮镇压农民起义的实践活动中，丁宝桢产生了建立新式兵工厂的强烈愿望，这也是他所以成为洋务派重要人物的一个因素。

丁宝桢与洋务派首领李鸿章关系密切，思想接近。他认为，清王朝要在内忧外患中生存下去，非得贯彻洋务派一整套"求富""自强"的方略不可。而"自强之术"，首在振兴军备，发展新式武器。他说："中国自强之术，于修明政事之外，首在精求武备，所谓弃我之短，夺彼之长也。"

---

① 本目主要参阅张莉红：《论四川机器局》，《近代史研究》1984年第1期，第231～254页。

先前，清政府所需洋枪洋炮购自外洋，丁宝桢看到，由于购买者昏庸无能，购来之物，价值既昂贵，又多是过时武器。即使是合用的武器，"又不知修理之法，用损即成废物，殊为可惜"。"且恐有事之时，药丸无处购办，枪炮转为弃物"。他认为，若想依靠外洋枪炮"达到自强"，"此实自欺欺人之语"。他从事事依赖外国武器的弊端中，提出建立自己的机器局、自造军火武器这一主张，应当是一种较有见地的思想。

丁宝桢对于创办机器局一事，可谓孜孜以求。光绪元年（1875），他首先在山东设立机器局。二年（1876），他擢升四川总督，随即上奏朝廷，要求设立四川机器局，并提出选派精通机械制造的候选通判曾昭吉赴川，"查看情形，令其自办机器制造"。

作为一个忠实于清王朝的官僚，丁宝桢创办四川机器局的首要目的，是为了镇压四川以至西南地区各族人民的反抗斗争。这一点，他在督川以前，就有相当明确的认识："川省介在边陲数千里，番、猓、苗、蛮环列窥伺；而内地人情浮动，伏莽时虞。虽兵可百年不用，不可一日无备。臣居安思危，不敢不深谋远虑，是以上年有奏设机器局。"另一方面，丁宝桢把设立机器局看成是"自强之要务"，是寻求反对外国侵略者的"战胜之术"。他在光绪五年（1879）指出："窃惟外洋各国，皆以枪炮雄视一时……今强敌各擅长技，中国独不屑蹈袭……近来讲求机器，实属目前之要图。"① 可见，他办机器局的目的也是为着反对列强侵略的长远需要。

光绪三年（1877），四川机器局在成都东南郊下莲池择地建厂。丁宝桢委派候补道夏时、劳文翔总理局务，成绵道丁士彬会同办理，曾昭吉总理工务（负责工程技术问题）。机器局职工需要具有专门技术，除由曾昭吉带来的湖

图 15—5　四川机器局的碉堡

---

① 《丁文诚公遗集》《奏稿》卷 17。

第十五章 清末四川资本主义经济的产生与初步发展

南、山东、江苏籍技术人员数十人外,还在四川招募工匠数百名。经费来源提自"成绵道收存土货厘金"。从光绪三年(1877)开办至五年(1879)奉旨撤局止,共耗去银77300余两;自六年(1880)机器局复开至八年(1882),共耗银164518两,主要用于发给制造委员曾昭吉等来川盘费、修理费用、购买地基及生产资料、购买外洋机器和各式附件及运费、购买生产原料及杂用物件、委员薪水和职工工资等。这当中,向外国购买机器设备的资金在总支出中的比例急剧增长,说明机器局与外国军火市场的联系更加密切。

经过一年多的创建,四川机器局初具规模,共建大小厂房188间,建筑全部仿照西式。前两年共自行制造水轮机及各种机器25部,机器部件及工具等12000余件,造成前膛、后膛等枪共148杆,未合成洋枪161杆。

光绪五年(1879),川籍京官给事中吴镇参揭丁宝桢"不谙机器,私亏库款,纵容私人,徇庇劣员等情",由政府当局派遣御史恩承、童华"查办"。四川机器局当即遵旨停止。这一处置办法下达后,朝野洋务派人士为之哗然。贵州候补道罗应旒上疏说:"若遽行停止,则前功尽弃","而中国之人复不能探讨西学神明变化,而思所以胜西人之法"。丁宝桢也据理力争说:四川机器局"较之别省机器局所费仅十分之一,即较之东省机器局,所费亦省十之四五"。"所造各种轮机器具,已成未成共有万数千件,虽未竣工,其洋枪堪以临敌备用者已有百数十杆"。面对这一窘迫局面,清政府又命丁继续兴办。四川机器局恢复后,以成绵道崇纲总理局务,丁士彬、黄锡寿等为委员,曾昭吉总理工务。

机器局复开后,仍"仿造西法,督工造办枪炮",但因新式枪炮需用洋火药,每年派人分赴山东、上海购运来川,"所费实属不赀",为"资节省而备要需",光绪七年(1881)又增设一火药厂于成都南郊古家坝。并派人前往叙永、懋功等县,采买硝磺。

光绪六年(1880)至十二年(1886),该局支用经费共计319019两,主要产品及数量如下:续造机器393种,新造机器644件,前后膛洋枪10983杆,药弹482170颗,铅弹605000颗,铜帽13750000颗,洋火药287035斤,修理水龙7座,修理各项机器及水轮10339件,修理

图15-6 四川机器局生产的马梯呢步枪

各营旧洋枪 5105 杆，格轮炮 2 尊，子母炮 1 尊，后膛炮 1 尊。

从以上资料可以看出，四川机器局经历的最初十年，成效是显著的，它为清王朝提供了数量可观的洋枪、大炮、子弹、火药等，并制造了不少用于军火生产的机器和各种部件、零件等。它有两个引人注目的特点：

1. 不用洋匠，由中国人自行设计、自行制造。丁宝桢有感于沿海一带的军火工业为外人操纵的积弊，在开办山东机器局时，即确定了"凡制造一切，不稍借助洋人"的原则。在筹办四川机器局时，他从山东带来了精通新式机械的曾昭吉和数十名技师，坚持不用洋匠，只仿其技巧。他说："欲造机器，决不能不仿西法。而仿造西法，仅可师其法，窥其意，而决不可用其人。"丁宝桢承认西方在技术上的领先地位，愿意"师其法"，但为什么不能用洋匠呢？他说："盖我方学彼之长，若再借彼人为工师，则西人之教法必将秘而不能尽授；即中国人之心思，亦将狃于故常而不能通灵。"这种认识反映了他的爱国情绪。在其督川期间，四川机器局始终没有任用一名洋匠，这同当时的洋务企业多为外国人控制的局面，形成鲜明对照。

2. 采用先进技术，创新后膛洋枪和水轮发电机。丁宝桢在山东时即开始大胆引进制造新式武器的先进技术。当时普遍使用前膛枪，但适于战士使用的后膛枪已经出现。丁宝桢到四川后，"专制造西洋上等之马梯呢后膛枪"。10 年中，四川机器局除造出数量不少的后膛枪以外，还造出了后膛炮、子母炮、格轮炮各一尊。这种在技术上锐意求新的态度，在全国洋务军事企业中是难能可贵的。四川机器局在吸取外国先进技术方面，比同类洋务军事企业是略高一筹的。在机器制造方面，丁宝桢鼓励技术人员积极创新，创制了不少新式机器。特别值得提及的是水轮机的制造者曾昭吉。曾昭吉"心思奇巧"，精于制造工艺。到四川后，教练工匠，仅在一年内，"自行造成水轮机器及各种机器共二十五部，未合成机器及工用器具等项共一万二千零六十九件，已合成前门、后膛等枪共一百四十八杆，未合成洋枪一百六十一杆"。其中尤以水轮发电机引人注目。机器局创办之初，丁宝桢考虑到"以制造一切，煤炭最为大宗"，而四川"煤价素昂，制造需用尤巨，所费颇为不赀"。为解决这一困难，曾昭吉利用成都河道密集的特点，"积思数月，竟能设法造为水机器，专取水力而不用火工"。水轮机利用水力带动发电机，其功率相当于 20 匹马力，"日可省煤一千数百斤，合计每年约可省煤银四千余两"。这种水轮机在英国工业革命时期，作为制造业动力改革的一部分，与蒸汽机同时问世，成为世界资本主义发展史上的里程碑。但在国内，在四川机器局以外的洋务企业中，尚未发现研制和使用这种水轮发电机的先例。因此，它是四川机器局的一大发明，在我国近代工业史上具有首创意义。

但是，官办的四川机器局，经营管理方式陈腐落后，又受到普遍低下的社会生产力水平制约，不可避免地存在着许多弊病，如某些产品粗制滥造，质量低劣；官僚腐败，浪费惊人等等。

光绪十二年（1886）丁宝桢病故。是年冬，刘秉璋接任川督。刘初到时，对四川机器局取得的初步成效尚能给以肯定和表彰。但不久，态度大变，认为"局中所有司事工匠，皆中国之人，不雇洋匠，以致铸造各项，究未得其真诀"。"铸枪工料，其用费已昂于外洋买价"，"殊不合算"，因命暂停铸造洋枪，并裁减局中司事工匠，将每年节省的"局费银"购买外国枪支弹药。与此同时，他转而向上海洋行购定后膛毛瑟枪、哈乞克司枪等及弹药，将局中已铸成的枪支，修整好以后留为次等之用。机器局经整顿后，专造后门枪子弹、铜火帽及开花炮弹拉火、洋火药等。四川所需枪炮武器，除向外国购买外，则请江南制造总局等军火企业代造。

甲午战后，列强掀起瓜分中国狂潮，中华民族危机日益深重，兼之刘秉璋去职，四川机器局出现转机。光绪二十二年（1896），继任川督鹿传霖认真查验丁宝桢时生产的后膛洋枪，认为除个别存在问题、需要加工修理外，"均能合用"，要求逐渐恢复生产各式枪炮，并增设了抬枪厂和前膛洋枪厂。

四川机器局是洋务运动在四川的一项成果。从19世纪末期起，机器局便开始枝蔓出一些民用生产，这在它的整个生产中，虽然微不足道，但其发展趋向却值得注意。光绪二十七年（1901），机器局兼制银元、铜元，所获利润尚能为机器局扩大军火生产提供资金。锡良督川后，将机器局改建为成都兵工厂，"以精制造"，并从国外购回发电机设备，安装电灯2000盏左右，成为成都使用电灯之始。

二、近代工商企业产生的途径

（一）部分工场手工业向近代工业转化

考察四川早期近代化的进程，有两个基本事实值得注意：一是外国资本主义对四川的经济侵略，实际上开始于19世纪70年代，加剧于90年代，晚于中国东南沿海地区大约30年；二是由于四川对外交通运输极端困难，洋货入川和

第十五章　清末四川资本主义经济的产生与初步发展

土货出川都历尽艰险，运费高昂，客观上限制了洋货在长江上游的畅行。因此，尽管棉纱、棉布等廉价洋货对四川耕织结合的小农经济及与此相关的手工业经济有不同程度的冲击，但在洋货未能取代土货的那些领域或土货在对外出口贸易中占据着重要地位的那些部门，原有资本主义萌芽不仅未遭到扼杀而且得到进一步发展，手工业工场生产规模空前扩大，生产技术精益求精，劳动过程分工细密，资本的积累达到相当高的程度。部分手工业工场在已有的物质技术基础上开始向近代工业转化，成为民族资本主义工业产生的一个途径。

近代四川手工业如井盐、缫丝、矿冶、制糖业等，已达到相当大的生产规模，并不同程度地具有工场手工业的基本要素。外国资本主义入侵后，食盐、生丝、造纸、蔗糖、纸品等手工业产品，并未受到洋货的排挤。相反，由于商品市场、劳动力市场日趋活跃，给这些产品的生产和运销造成了比较有利的条件，促使它们改革生产技术、扩大生产规模、采用新式投资和经营方式，向新式企业转化。

19世纪70年代初，四川缫丝业为了在沿海省份和外国市场与浙江生丝竞争，就开始吸取沿海地区先进的缫丝技艺，"很快地改变了缫车"。在蚕丝生产技艺进一步改革的浪潮中，四川缫丝业在产品质量、生产规模、投资、经营方式方面，均发生了引人注目的变化。20世纪初，种桑、养蚕、缫丝技艺普遍精良，缫丝业成为维护利权、振兴实业的一个热门行业。四川蚕丝质量显著提高，蚕丝销售市场日益扩大，19世纪晚期到20世纪初期，虽然外国资本主义开始向四川输出商品和输出资本，但其效果远不及东南沿海地区。尚未失去自己原料和产品市场的井盐业、缫丝业、制糖业和造纸业并没有被扼杀，受国内外市场经济的影响，还出现了继续增长的势头。主要表现在，原有的生产规模进一步扩大，无论资本总额、雇工人数还是产品数量都达到前所未有的高度；在此基础上，改革生产技术，积极引进资本主义生产技术，使原来的手工业获得了勃勃生机；投资经营方式也发生了显著变化，原来在很大程度上"以生产资料集中在一个资本家手里这件事作为前提"的经济结构，已在向由许多互相独立的商品生产者集股合资经营企业方向发展。总之，这些旧有的手工业工场，在新的历史条件下，所具资本主义趋向是比较明显的。

（二）在外国资本主义影响下开办的新式机器工业

由于自然地理条件的限制，外国资本主义对四川的经济侵略始终是以输出

商品和掠夺原料为主要内容，生产资料和技术设备等方面的资本输出极少。即使在输出商品和掠夺原料方面，受川江水道的限制，其进出口贸易量也为数不多。20世纪初，四川对外贸易在全国对外贸易总额中，只占4.22%，无法与沿海地区相比。以蒸汽机为原动力的新式大机器工业在工业中所占比重很小。官办军火工业——四川机器局虽然肇端于光绪三年（1877），但当时四川并不具备产生近代机器工业的社会经济背景和物资技术条件，在以后的十余年间，四川没有再兴办一家机器生产企业，就是最好的证明。

20世纪初，四川在出现投资新式企业热潮的同时，也出现了制造工艺的革新热潮，主要涉及井盐、缫丝、造纸、印刷、棉织、机械、采矿、化工等工矿企业。四川近代大机器工业并没有首先出现在受外国资本主义作用影响下兴办的新式企业，而是发生在四川原有的资本主义手工业工场。其中，蚕丝业就是向机器工业转化的行业之一。

从19世纪晚期，到辛亥革命前后，涌现了30多家脱胎于旧式缫丝工场、作坊的新式缫丝企业，如三台县禅农丝厂、三台县永靖祥丝厂、合川复缫经纬丝厂、乐山县荣记、丰记两丝厂，等等，这些企业都采用新式缫丝技艺，仿制日本、意大利等国缫丝新车，着意训练熟练劳动者，因此能缫制出高质量的生丝。这些企业以振兴实业、开拓生丝市场、特别是满足国际市场的需求为生产目的。它们生产的生丝，开始具备竞争力，在国际市场上获得前所未有的注意。

三、近代工商企业的初步发展

如果说，中国近代资本主义工业具有先天不足的特点，那么，四川近代资本主义工业就更加突出地表现了这一特点。实际上，所谓四川近代资本主义工业，主要是以专业化分工为基础的大作坊和手工业工场占主导地位，以蒸汽机为原动力的大机器工业所占比重很小。

庚子国变以及《辛丑条约》签订后，列强瓜分中国之势已显，亡国灭种的现实迫使清廷继续实施振兴商务、兴办实业的经济政策，进一步激发了四川绅商的投资热诚。

投资新式工业的绅商，大多是以实业救国身体力行的知识分子。他们艰苦奋斗、自强不息，竭尽全力开办工矿企业，成为新式工业的投资者。例如，陈宛溪"知天下大利在农，因佃地种桑，又时时研究育蚕新法"，并著有《禅农撮要》《蚕桑浅说》二书,以资推广。

19世纪晚期到20世纪初期,四川地区出现了一批与旧有的资本主义萌芽割断了关系或根本没有关系的新式企业,这些企业直接接受到外国资本主义市场、资本以及技术的刺激和作用而涌现出来,形成新式企业。

(一) 火柴业

火柴业是四川开办最早的新式企业。四川先后建立的主要火柴企业有森昌正火柴厂、聚昌火柴厂、立德燧火柴厂、丰裕火柴厂、信诚火柴厂、溥利火柴公司、官办惠昌火柴厂、协义火柴股份有限公司等。迄止20世纪初,四川省内开设有9家火柴厂。其中6家在重庆,有两家是日本公司,有一家是德国公司。四川新兴火柴工业所具有的特点是:首先,四川火柴工业是在外国资本主义影响下产生的。清代史学家、实业家张森楷说:"近时西人通商有火柴一种,于是吾国踵之,吾川踵之。"早在19世纪80年代,火柴作为资本主义商品输出的一部分,已经进入四川市场,主要有瑞典、德国、日本火柴。火柴生产工艺设施以及部分原料全由国外引进,川商卢干臣等最先开办的森昌正火柴厂,是从日本直接迁川的,火柴生产原料磷和毛玻璃等物"悉取给于上海",硫黄先靠进口,后才改本国土磺。尔后开办的其他火柴厂,也都向国外学习生产技术和开办经验。其次,在四川近代工业中,火柴业是卓有成效的行业之一,它虽是引进于外域,但在与外国火柴的激烈抗争中,取得了初步的成功。以森昌正、聚昌两厂为代表的民族资本,始终在火柴市场上占有优势,在中国民族资本主义工业发展史上,是一个值得注意的现象。

(二) 棉纺织业

20世纪初,织布业显著增长。扯梭织布机的推广,给四川织布业带来了蓬勃生机。扯梭木机构造精良,织成的布匹较土布幅面宽,时称"宽布",在市场上,这类宽布具有很强的竞争力。棉织技术的改革,使棉织业出现了投资热潮,为棉织业的兴旺带来了莫大的希望。挟巨资而欲投资的实业者纷至沓来,其经营情况也有了变化。这一时期的新式棉织企业规模不大,一般有新式扯梭木机数十张,少数企业达到数百张;使用织工数十人,少数达数百人。企业资本既有集股合营,又有独资经营,资本额一般为数千元,很少上万元。比较有代表性的棉织企业有吉厚祥布厂、裕源布厂、昌华毛葛巾公司、幼稚染织厂、富川布厂、复原布厂、竞存公司、谦复恒宽布厂、裕华染织布厂等。新式棉织工厂的大量出现，造成了棉织工业的畸形繁荣。据民国初年统计，上海棉纱年销四川 30 余万包。这些洋纱作为四川主要是重庆棉织企业的主要原料，在很大程度上主宰了四川棉织工业的盛衰存亡，造成了四川棉织工业的不稳定性。

（三）矿冶业

四川商办铜、铁、煤各矿业，在清代前期就有相当的发展。19 世纪末到 20 世纪初，由于外国资本开始掠夺四川矿权，四川商民、官绅为捍卫民族生存、挽回利权，开始兴办五金煤炭各矿。与此同时，清政府为维护自身利益，也开始集资开采川西五金各矿。因此，四川采矿业中，出现了一批新式企业，诸如官商合办冕宁金矿、彭县大宝山铜矿、商办江合煤矿等，采用新式生产方法，采取官办、官商合办、商办三种形式。由于经营管理不善，加之受自身生产力水平局限，对新技术难以接受，因此，多数企业在发展的道路上极不顺利。

（四）玻璃、化学工业

四川的玻璃、化学工业具有代表性的有何鹿蒿创办的鹿蒿玻璃厂，这是直接从日本引进玻璃制造工艺，在重庆投资设厂的首家玻璃企业，也是四川近代玻璃制造业中规模较大、技术水平较高的企业。其他在四川开办的化工企业有瓷器、樟脑、制酸、制碱、肥皂各业。

这些工矿企业与旧有手工业工场和大作坊相比，其不同点在于生产技术制造工艺不少由国外引进，有些与中国传统技艺没有什么瓜葛，如火柴、玻璃制造方法等。少数五金、煤矿开采冶炼设备，由资本主义各国输入，与中国土法矿冶技艺结合，形成独特的半机械化生产。但使用近代机器生产的极其有限，因此，这类企业还不能称之为资本主义近代企业。近代企业的投资者大多是受外国资本主义熏陶的留日学生或从事对外贸易的商人，他们力图输入资本主义生产方式，企业所需设备、原材料，以及部分产品的销路，都依赖于外国资本主义市场。有的企业以外国洋行为靠山，有的与洋人合资经营，具有浓厚的半殖民地性质。

第十六章 清代四川文化（上）

第一节 教 育

一、清代四川教育概述

（一）府州县学与学额

清代教育制度因袭明代，有官办府、州、县学，也鼓励民间创办义学、私塾，教材以"四书""五经"为主，实行科举取士。

清代四川教育行政组织亦甚完备，省设学政，主管全省教育工作，有专折上奏权，直接受礼部领导；府设教授，州设学正，厅县设教谕，并于府州厅县设训导，协助主管官员工作；乡试之期，礼部还从翰林院抽调官员任主考、副主考、同考官，会同学政进行全省举人选拔。

在清代，凡经过本省各级考试取入府、州、县学的，通称生员，即习惯上所谓的秀才。生员中，又有廪生、增生、附生等名目。在岁科两试中，取在一等前列的，方能取得廪生名义，并享受官府发给的膳食津贴称为"廪饩"；增生（又名增广生），地位次于廪生，没有膳食津贴。所有生员必须经常接受本地学官（即教授、学正、教谕、训导等）及学政的监督考核。

清代府、州、县学生员的名额以及生员中廪生、增生的名额，称为学额。

第十六章 清代四川文化（上）

学额多少由国家规定，地方不得随意增加。根据学额多少，各州、厅、县儒学分为大学、中学、小学三等。此三等，非指文化程度，而是以国家规定的学额多寡而定。人丁较多，文风较盛的州县，国家规定的学额就多，称大学；一般州县，国家规定的学额中等，称中学；边徼或经济文化较差的地区，国家规定的学额就少，称小学。一般是：小学10余名，中学20余名，大学数十名不等。武童岁科，额取府学20名，大学15名，中学12名，小学8名。凡入学生员，俱免丁粮。清初，四川各府州县学额较少，后来有所增加，各府、州、县之间也有所调整。如乾隆时期，成都府"学额进二十名，廪生四十名，增生四十名，一年一贡"①。重庆、保宁、叙州等府学额等同成都府。嘉定府犍为县学额原进8名，乾隆四十三年（1778），"题准于乐山学额裁拨四名"，因此，犍为县"学额进十二名，廪生二十名，增生二十名，二年一贡"②。

府、州、厅、县学宫，一般设在孔庙（文庙）之内，无孔庙者另建有简易学宫，并拥有学田、房产等公共财物，一般是地方政府拨给，亦有地方官员捐俸、士绅捐产助学者，对发展地方教育起了良好的引导作用。到清朝末年，四川全省有官学167所，其中府学15所，州厅县学152所③。

图16-1 资中文庙灵星门

---

① 嘉庆《四川通志》第2册，巴蜀书社1984年版，第2517页。
② 嘉庆《四川通志》第2册，第2542页。
③ 《四川省志·教育志》上册，方志出版社2000年版，第72页。

（二）书院、义学、私塾

明清两代"书院"，一改前代讲学之风，而以科举制义为主。清初，为防止利用书院宣传反清思想，明令"不许别创书院"。直到雍正十一年（1733），下诏"建立书院，择一省文行兼优之士，读书其中，使之朝夕讲诵，整躬饬行，有所成就，俾远近士子观感奋发，亦兴贤育才之道也"。此后，四川各级书院蓬勃发展，不少学宫均以某某书院命名；有的州县既有学宫，又有一个或数个书院。所以清代四川书院在数量上远远超过历朝，达到504所①，以乾嘉道三朝所建最多。咸同年间，四川书院学生达到3万余人。官办书院经费由学田学产支出，不足部分由地方政府补足。雍正十一年（1733）礼部议准，各直省书院"皆遵旨赐帑银一千两，岁取租息，赡给师生膏火"。书院的学生来源，除部分已经入学有了"秀才"功名还要继续求上进的人外，在私塾中已经开笔做文章的青年（童生），经过地方官的考课录取，也可进入书院深造。四川著名书院皆设在府州县治地，如：成都府有锦江、尊经书院；重庆府有东川、嘉陵书院；夔州府有少陵书院；绥定府有通川书院，以及绵州涪江书院、宜宾翠屏书院、蒲江县鹤山书院等都有佳绩，培养了很多人才。各州县书院经费均能勉为支持。如新都龙门书院，"旧置田一百三十，每年实纳租谷一百七十一石斗……山长束脩银每年一百两"，另有48名生童享受膏火补贴②。这是办得好的书院，而不少州县书院仅能维持日常开支，修缮、扩建均靠地方士绅捐献。

因官学一般都设在城市，乡村及边远地区无教学机构，清廷于顺治九年（1652）准礼部题奏，"乡置社学一区，择其文化通晓、行谊谨厚者，补充社师，免其差役，量给廪饩养赡"③。此后，四川的"义学"（亦称"义塾"）、"私塾"大体都是照此精神建立的，是向府、州、厅、县官学输送生童的乡村基层学校。

"义学"一为士绅捐资兴办，一为宗族祠堂出资兴办。前者广收乡村各色人等子弟入学，后者主要接收宗族内子弟入学。嘉庆二十四年（1819）开县知县白容华奉文劝设义学，县民黄宾、傅朝升等十人"各捐钱二十千，建立义学一所。捐钱借放生息，每年收息钱三十六千，以作延师束脩之用"④。道光四年

---

① 胡昭曦：《四川书院史》，巴蜀书社2000年版，第182页。
② 道光《新都县志》卷5"学校志"。
③ 《钦定大清会典事例》卷396，《礼部·学校·各省义学》顺治九年下。
④ 咸丰《开县志》卷8。

(1824),上命州县兴设义学,犍为县在县中遵置产业,在县城和各乡场共兴办义学14所,"每年各地由县官考取塾师一名,住塾教授,例给束脩元银四十两"①。义学中,也有由某一民族兴办的,如回民义塾,专收回民子弟入学。

大足县令沈潜,为了加强县内义学教育,特撰"学规""十四条",要求学子"先立志,常主敬,慎言行,本忠恕,辨是非,戒利欲,择交友,尚谦虚,治经史,贵自省,严改过,顺情理,体经权,考志行"②,每条都贯穿儒家修身思想,不失为热心教育的好官。乾隆九年(1744)调掌罗江县令,即以此14条训士。罗江义学、县学都办得非常出色。其后,罗江出现李氏一门四进士三翰林,西蜀鲜有能及者。

私塾是四川城乡普遍存在的启蒙学校,一般分"专馆"和"散馆"两种。"专馆"常以生童和老师家舍或祠堂作为授课点,以一家或数家共同延聘老师或专为自家同宗子弟授课,或专为女童授课,一般生童较少;"散馆"是教师自谋馆舍,广招学生,故生童较多。私塾收费高低不等,"专馆"高于"散馆"。农工贫户亦送子弟入"散馆",边远山区和极贫之家子弟若又缺义学设置,则不能入学者众,故清代四川文盲较多。私塾的启蒙教材一般是《三字经》《百家姓》《千字文》《增广》等,层次较高的,则要读"四书""五经",开笔做八股文章。生童凭考试成绩,可进入州县学宫或书院继续深造。有的硕学鸿儒或致仕官员,也办私馆教授年长未举士子,讲授经史诗文或制义之学,出而即能参加科举考试,亦有中举、中进士或部试入贡者。如双流刘沅设馆授生徒1000余人,门生中举中进士甚多。铜梁贡生吴崃村所办私塾成绩卓著,被大学士翁同龢、工部尚书李鸿藻赞誉为"家塾楷模"③。清末虽建立新式小学、高等小学,颁布《私塾改良会章程》,但私塾之风仍不减当年。

(三)考试

清代沿袭明代的考试制度。凡应考"秀才"(生员)者,不论年龄大小,皆称文童、儒童或童生。童试(又名小考,是相对于乡试、大考而言的)要经过县、府、院三个阶段的十二场考试,全都合格后,并由一名廪生具结保证其无

---

① 民国《犍为县志》"文事"。
② 乾隆《罗江县志》"学规偶拟"。
③ 光绪《铜梁县志》艺文志2。

身家不清及冒名顶替等弊,才能取得"秀才"(生员)功名,进入府、州、县学,即为廪生、增生、附生等。

清代生员考试,分岁考、科考两类:逢丑、辰、未、戌年为岁考;逢寅、巳、申、亥年为科考。考试制度规定甚严。按雍正十二年(1734)议准定例执行,凡进入府、州、县学的生员,由学政主持岁、科三年两考。岁考为学政摸底考试,科考为选送乡试之考试,最为重要。岁、科考试考棚集中在府或大州治所,学政亲临主持,优聘阅卷幕友,成绩按一、二、三等分档,再经提调官拆卷填案,晓示发榜。如果每次考试均优,可继续在学宫深造,直到乡试、会试有成才离去。这种考试程序不能轻易更改或省略。是故,在官学之中有很多"老秀才",占据了公费补贴名额,影响了很多青年士子再造之机。

各类生员期盼的大比之年,即各省三年一次的乡试,成绩优等者,取为正榜举人或副榜。举人是省内官学培养的最高学历。乡试正副主考官,由皇帝钦派,一般在翰林院或六部主事以上官员中选任。省内只派数额不等的同考官,校阅试卷,提出推荐意见。清初,全川未靖,四川省会暂设保宁(今阆中),所以四川第一次乡试在保宁举行。时为顺治九年(1652),称为补辛卯科(即补顺治八年的乡试)①。在保宁共举行了四次乡试,以后才转到成都。康熙四年(1665),巡抚张德地在原明蜀王府修建四川乡试贡院。此后,四川乡试均在成都贡院举行。清代四川共举行106科,考中举人7652名,其中包括八旗中试举人80人;四川参加顺天府应试贡、监中举人

图16-2 有"清代四川第一考棚"之称的阆中清代考棚,亦称川北贡院

---

① 今阆中市在省级文物保护单位——川北道贡院建有"科举博物馆"。川北道贡院是我国迄今保护最完好的两座考棚之一。

第十六章 清代四川文化（上）

257人，以及钦赐举人7人①。

乡试分正科和恩科。正科即三年一举，逢子、卯、午、酉年八月举行；恩科是逢皇帝登基、皇太后寿诞之年，恩加的乡试。乡试次数多，中举、贡的机会就多，所以士子无不多盼恩科。参加乡试的生员，是各州、厅、县经过科试甄选，一、二等和三等前五名才有乡试资格。

清代四川乡试录取举人名额，历朝有所不同，最低为顺治十四年（1657），只有42名；最高为同治九年（1870），为92名。正榜外溢额者为副榜，多寡各省均不同，四川原定每科取副榜8名，后规定每正榜5人，取副榜1人。因此，每次乡试，考生可达七八千人。故自乾隆五十一年（1786）以后，四川贡院前后共建房舍7506间。武举，四川额定40名，除考试加武场外，其余皆同文生考试。还有一种可以取得举人资格的考试，即参加顺天府乡试，凡在京川籍小官是贡、监生者，或文武高官子弟，均可参加，一般按十取一。四川通过顺天府乡试录取举人共257名。

生员获得举人学历后，即获得了赴京赶考的资格，此所谓会试。会试成为贡士后，又经殿试最后一关，选为一甲或二甲、三甲进士。有进士学衔，即取得了七品以上官员的任职资格，外放为知县，留京可任六部小京官。清代会试始于顺治三年（1646），四川尚未纳入清朝势力范围，无人参加。后设巡抚于阆中，故顺治十二年（1655）乙未科会试，四川有阆中张注庆等4人成进士；康熙六年（1667）有2人考取进士。乾隆以后，四川政治、经济得到恢复和发展，额定举人有所增加，会试中进士者日益增多，如丹棱彭氏一门三进士，罗江李氏一门四进士，通江李氏一门三进士。有清一代，四川共考中

图16-3 清代四川唯一的一名状元——骆成骧，民国时期曾任四川省临时议会议长，四川高等学校、国学专门学校校长等职

---

① 《四川省志·教育志》上册，第85页。

进士 786 名,约占全国总数的 2.9%①,大大低于江南、齐鲁、粤闽。四川由进士出身担任清代高官的,唯遂宁李仙根,顺治十八年（1661）进士,榜眼,官户部左侍郎；张鹏翮,康熙九年（1670）进士,官太子太傅、文华殿大学士。涪州人周煌,乾隆二年（1737）进士,工、兵两部尚书,左都御史；开县人李宗羲,道光二十七年（1847）进士,两江总督。光绪二十一年（1895）,资州人骆成骧在乙未科殿试中被光绪钦点为状元,是为清代四川唯一的一名状元。四川由进士出身的文坛高手则不乏其人,如彭端淑、李调元、张问陶、刘光第、宋育仁、廖平、赵熙等,对发展四川文化都作出了贡献。

清代士子通过府、州、县学,参加乡试、会试,是进入仕途的主要通道。生员不举者,还可以通过其他选贡途径（如恩贡、拔贡、副贡、岁贡和优贡,均属正途出身）,进入国子监深造,再经吏部考试,成绩优等者,可担任最低官职。四川的唐甄、杨锐等就是由这条渠道进入清吏行列的。另一条渠道就是通过"捐纳"、买官而进入仕途。赵尔丰就是因为屡试不举,其兄赵尔巽为其"捐纳",从最低级官吏一步步攀升到封疆大吏。由于买官需要较多资金,所以一般人户子弟,只能通过科举考试资格而进入仕途,在生齿日繁的普遍现象出现后,不少府州县绅粮、富室捐银要求增加生员名额,如梁山县捐银 24747 多两,朝允"每岁试广文武学额一次,若干名不载"②。所以又有"附生"名目,如同"增广生"一样,不享受国家经费待遇,一切自筹,唯准许参加科举、选贡等诸种考试。

清末推行新政,在创办新式学校的同时,朝野要求废除科举制度的呼声日高。光绪三十一年（1905）八月,清廷下令停止科举考试,在中国历史上延续一千多年的科举考试从此终结。

二、尊经书院

明末清初,四川各地书院大多毁于战火。康雍以后,各地书院相继恢复。康熙四十三年（1704）,四川按察使刘德芳为振兴蜀学,培养人才,在成都文翁石室的旧址上,重建学舍讲堂,创立锦江书院,是为当时全省最高学府,为四

---

① 《四川省志·教育志》上册,第 88 页。
② 光绪《梁山县志》卷 5。

第十六章 清代四川文化（上）

川培养了不少人才。道光以后，西学东渐，而锦江书院依旧崇尚八股制义，乡试、会试业绩不佳。至咸丰之时，"流弊较前尤甚"，四川有识之士均呼吁建立新的书院。

同治十二年（1873）七月，具有洋务思想和真才实学的张之洞奉旨

图 16-4　锦江书院旧址

任四川乡试副主考。九月，即简放为四川学政。他发现考场作弊严重，士子学识平平，乃锐意振兴蜀学，创建新式书院。

同治十三年（1874），工部侍郎、洋务派官僚、丁忧回川的薛焕（四川兴文人）联络官绅15人，上书川督吴棠及学政张之洞，陈明锦江书院已不合时宜，请允办一所省立书院，培养人才，以"通经学古课蜀士"。此举立即得到学政张之洞的赞同，川督吴棠亦批准建立。光绪元年（1875）春，尊经书院在成都城南落成，薛焕为第一任山长。书院学生来源由各府按比例从有功名的秀才、贡生中推荐，再由书院择优录取。第一批100余名，就是由3万多名生员中选拔的。因此，尊经书院从建立起就是四川士子荟萃之地，成为当时全省最高学府。上承文翁之教，下启近代蜀学。

张之洞对尊经书院影响最大。他不仅亲自制订书院学规章程18条，而且先后撰写《书目答问》《輶轩语》两书，作为学生学习和操行指导。前者是为学生所开列的阅读书目，一反锦江书院偏重时文帖括，研习八股之陋习，"以有用之学及训诂、考据、诗、古文词为研习之旨"①。后者是针对各地生员所写的赏罚教诫，加强对学生品德操行的管理。由于川中闭塞，书院缺少参考书籍和各种工具书，甚至连许氏《说文》也很罕见。张之洞慷慨捐出薪俸，从外地购回经史子集各类典籍1000余卷，并着"志古堂"周达三亲自校刊许氏《说文》，士

---

① 周询：《蜀海丛谈》，《张文襄公轶事》，巴蜀书社1986年版。

子称便。又倡议修建"尊经阁",以收藏图书典籍。同时,还为书院多方筹集资金,使书院积蓄日丰,保证了师生常年膏火有靠。张之洞还亲赴各府州县,选拔优秀学生"约百人"到书院深造,"后捷甲乙榜以去者,率十之六七",故后世人称:"蜀学丕变,实唯公力。"①

除张之洞外,对尊经书院影响最大的是王闿运。王闿运,字壬秋,湖南湘潭人,曾做过曾国藩的幕僚,著有《湘军志》一书。光绪四年(1878),应川督丁宝桢再三邀请,出任尊经书院第二任山长。他除主掌书院外,还主讲《春秋公羊传》,在四川首倡今文经学,是我国近代著名的大经学家。他把经世致用的思想带进四川,反对务名,提倡务实;要以经、史、辞章来教育学生,并规定学生每日读书必须写出心得笔记,交山长、襄校审定,定期作业,不准抄袭陈词滥句,更不准请人捉笔代刀。王闿运所讲今文经学,是江浙粤湘等地早已兴起的经世致用之学,是一大批爱国知识分子,如龚自珍、魏源等人

图16—5 尊经书院第二任山长王闿运像

御侮救国、讥切时政、批评专制的最新思想,对封闭落后的四川无疑起了思想解放的作用。书院学生不再是蒙头死读书,而是注意时事,学以致用,研究社会,倡言变法图强。王闿运还将学生中的优秀经史词章汇集成册,名为《蜀秀集》,由尊经书局刊印发行。该书局还刻印经史典籍及名人论著,大大方便学生购买和阅读。

光绪十三年(1887),王闿运辞归,尊经书院开始走向衰微。但是,经王闿运培养的学子中却出现了一批出类拔萃的经世致用人才,其中尤以杨锐、宋育仁、廖平三人最为著名,对四川乃至全国的维新运动作出了卓越贡献。光绪二十三年(1897),尊经书院决定模仿西学,筹设天文、地理、算学、格致、商务、外交等新课程,考试方法也准备改为策论,但因师资条件不具备等原因,

---

① 周询:《蜀海丛谈》,《张文襄公轶事》。

第十六章 清代四川文化（上）

这些设想未能实现。光绪二十四年（1898）初，宋育仁任尊经书院山长，其所办《蜀学报》亦传播改革诸方面思想，但为时甚短。戊戌政变后，一切变法均被废除。光绪二十八年（1902），尊经书院与锦江书院、四川中西学堂合并为四川省城高等学堂，从此结束了书院讲经习古的历史。

综观尊经书院创立的28年中，为四川培养了一大批"蜀学鸿儒"和叱咤风云的人物，除杨锐、宋育仁、廖平外，还有吴之英、张祥龄、骆成骧、张森楷、蒲殿俊、罗纶、傅樵村、颜楷、彭家珍、顾印愚、邵从恩、周翔、吴玉章、张澜、谢无量、林思进、万鹤斋、刘咸荣等人。

三、新式学校的兴起

鸦片战争以后，不少官员和知识分子提倡向西方学习。洋务派主张"中学为体，西学为用"，并相继建立了一些新式学馆和学堂。四川新式学堂的开办，较京、津、沪、穗、鄂、闽、浙等省要晚十多年。光绪二十二年（1896），川督鹿传霖奉旨于成都创办中西学堂，"分课华文、西文、算学"。戊戌变法期间，成都、重庆、荣县、江津、遂宁、广安、蓬溪等地，也先后开办了一些类似的学堂学舍。

光绪二十七年（1901），清廷宣布实行"新政"，并决定将全国书院改为学堂。次年，清政府颁布《钦定学堂章程》，将学堂分为蒙学堂、小学堂、高等小学堂、中学堂、高等学堂、大学堂、大学院七级，并规定对高等小学堂以上的毕业生授予贡生、举人、进士等名衔。这是近代中国的第一个学制，史称"壬寅学制"。光绪二十九年（1903）十一月，清政府又颁布了经张之洞等人修订的《奏定学堂章程》，将学堂分为三段七级，史称"癸卯学制"。这些学制颁布后，即在全国实行。四川当局卖力推行"新政"，对清廷"兴学育才"的指令和有关办学章程立即作出了积极反应。锡良就任川督后，更是大力兴办各式学堂。为造就师资，四川当局派遣留学生赴日接受师范教育，并令各府州设立师范学堂。还派员赴美、日等国考察，学习外国教育经验，并聘请相当数量的外国教习入川任教。此外还通过各种途径广筹学款，制定详尽的兴学计划，将兴办学堂成绩作为考核地方各级官员的内容。这些措施的贯彻，大大促进了四川近代教育的大发展。

（一）小学教育

光绪二十九年（1903），清廷新颁《学务纲要》，提出："初等小学堂为养正始基，各国均任为国家之义务教育。"① 在此规定下所拟《小学堂章程》，限定儿童七岁入学，学制五年。嗣后，四川各地均遵照办理。光绪三十年（1904），彭县将经纬学堂改为高等小学堂；涪陵亦创办高等小学堂；华阳、灌县、邛州均将所属书院改为官立高等小学堂。富顺县"奎文书院光绪二十九年改办初等小学堂；文昌书院三十年改办公立高等小学堂；庆恩书院……三十一年改办公立高等小学堂。"② 至宣统二年（1910），四川全省"已设立四年制简易小学1284堂，三年制简易小学1664堂。加上初等完全科小学、高等小学……及半日学堂、女子小学堂，全省官、公、私立各类小学共计12627堂，男女学生341738人，教职员22890人。小学数量之多，名列全国之冠"③。此外，基督教各差会，尚在四川开办173所小学，学生总人数达3316人④。

《奏定学堂章程》还规定设蒙养院，收三至六岁幼儿，以辅助家庭教育。早在光绪十八年（1892），基督教重庆教区，在重庆沙坪坝建育婴院，带有慈善性质。光绪三十一年（1905），美国浸礼会教士汤姆金在宜宾开办司里亚幼儿园，招收10名幼儿，是为四川近代首座幼儿教育学校。宣统元年（1909），省城女子师范学堂附设官办蒙养院，招收幼儿116名入学，分大小两班，是为四川官设最早的幼儿院。而从全川观察，幼儿教育大大落后于江南、闽粤和京津等地。

（二）中学教育

早在光绪二十六年（1900），永川致仕翰林黄秉湖从广东宦游归来，创达用学堂，聘日籍山本神田等为教师。旋奉命改为中学⑤，是为四川最早兴办的中学校。

在《奏定学堂章程》中，规定各府必设中学一所，"如能州县皆设一所最善"。分官立、公立和私立三种。省学务处亦盼各地官员和士绅通力合作，将州县中学堂迅速建立。在锡良督川后，加快了筹建中学堂的速度。光绪三十年

---

① 转引自《四川省志·教育志》上册，第106页。
② 民国《富顺县志》卷6，第16页。
③ 《四川省志·教育志》上册，第95页。
④ 《四川基督教》，第341页。
⑤ 《永川县政概况》1935年刊印本，第35页。

(1904)，全省官、公立中学堂只有8所，至光绪三十四年（1908）已达到51所，其中官立45所，公立5所，私立1所。一般是高等小学堂附设中学班，或改高等小学堂为中学堂，校舍、设备均较简陋，特别缺乏理化、外文教师，教学质量平平。此外，天主教、基督教尚在四川建有多所中学[①]。

（三）高等教育

光绪二十二年（1896），川督鹿传霖在成都创办四川中西学堂，是为四川新式高等教育之嚆矢。光绪二十八年（1902），四川中西学堂、尊经书院、锦江书院合并，成立省城高等学堂，是为四川文理兼设的

图16-6　华西协合大学校门

综合性高等学府。锡良督川时，在成都设立四川武备学堂和通省师范学堂，从事高等军事教育和高等师范教育。从光绪三十二年（1905）起，成都相继设立四川法政学堂、甲种藏文学堂、通省农政学堂、四川工业学堂、四川存古学堂。这五大专门学堂，民国时期均成为国立四川大学的组成部分。此外，英、美基督教会于宣统二年（1910）在成都创办了华西协合大学。

（四）其他教育

清末，为了培养新政人才，四川的职业教育发展迅速。光绪二十八年（1902）合州举人张森楷创办四川蚕桑公社，成立四川民立蚕桑中学堂，至宣统二年（1910），六个班有110多人取得了中等职业学校毕业生资格，成绩突出的28人还保送到日本深造。光绪三十一年（1905）四川机器局附设工艺学堂，亦属职业中等教育。光绪三十二年（1906）四川农政总局开办通省中等农业学堂，工商总局开办中等工业、商业学堂。当时先后开办的职业学堂还有财政学堂、

---

① 参见本书第十八章第一节第五目《基督教在川的文化活动》。

警察学堂、实业学堂、铁路学堂、体育学堂、游学预备学堂等等。这些学堂有的官办，有的私立。官办职业学堂经费都由省财政支出，其他各州、县所办中等职业教育经费，由各州县筹措。

师范教育最早出现的是光绪二十六年（1900）泸州所办经纬学堂，次年改名为川南师范学堂，应是四川最早的师范教育学校。光绪二十八年（1902），四川省锦江书院改办的成都府师范学堂，川督岑春煊自任总理，赵藩为堂长，招生305人。宣统元年（1909），部令在川东、川南、川北、川中分设初级师范学堂，并将私立淑行女子中学改办为省城女子师范学堂。

此外，清末还实施成人教育，并在少数民族地区开展新式学校教育。据宣统二年（1910）统计，"康属办学200余所，在校生5000余人；宁属办学约200所，在校生约6000人；松潘、茂州……马边、峨边8县共有在校生8000余人"①。

第二节 科学技术

一、农业与《三农纪》

明末清初，四川经兵燹之劫，农业生产凋敝，昔日天府之国遍地蓬蒿，后经移民垦殖、开发，至雍乾时期，农业生产逐年恢复；特别是移民带来红苕、甘蔗、优良稻麦籽种、棉花及辣椒等蔬果品种，使各类农产品丰产丰收。农业的发展，更迫切需要农业科技知识的普及，四川历史上唯一一部农书——《三农纪》应运而生。

该书作者张宗法，字师古，号未了翁，什邡县人。他"性简傲不可一世，工草书，人得尺幅珍之"②。他博闻强记，潜心著作，于乾隆二十五年（1760），仿照古农书体例，结合四川具体情况，撰写《三农纪》24卷，30余万字。

所谓"三农"，是指平地农、泽农和山农。《三农纪》全书分"农时""农作

---

① 《四川省志·教育志》上册，第344～345页。
② 嘉庆《四川通志》第4册，巴蜀书社1984年版，第5353页。

第十六章 清代四川文化（上）

物""农民"三大部分，以考订、引证、论述三种方法，对各子目逐个解释明白，凡涉农问题无不毕载，并广征博引，穷源寻根，论实结合，颇具大学问家风度，一扫抄袭自诩陋习。《三农纪》是清中叶以后仅次于官修《授时通考》在四川传播的农书，对发展四川农业甚为重要。但过多引典据经，晦涩难读，其"时令"部分，尚缺乏科学依据。

（一）关于"农时"问题

作者称"农时"为"天道"，新颖而又贴切。其引文称："天清明，主岁和民安；朝看东南，晚看西北，色黄而暗者，主风雨；白主大风，黑主阴雨，青主风；晨赤难暗，晚赤主晴；天中亮者主无雨，四边亮者主雨；天低则久雨，天高则久晴。"[1] 上述虽不尽科学，但亦符合盆地气候特征，便于农民熟记。作者就日月星辰运行变化对气候的影响，也引经据典予以介绍；同时，对四季宜栽宜收农作物品种，条条交代清楚，操作性强，实用性大。

（二）关于农作物问题

作者称此为"地道"，即依靠田土生长的诸物，亦甚恰当。农作物大致分谷物、蔬果、棉麻、油料、林木、药材、烟糖诸大类。作者言"三农"种何作物，一定要因地制宜；并对选种、育秧、栽插、耕田、施肥、种法、耘苗、收获等知识和操作方法，都一一作了说明。他说，"物承天而生，顺地而长，逆则杀之，顺则成之"[2]，这是尊重"天时""地利"的中肯之言。

作者还专门介绍"藷"，"苗扑地传生，一蔓至数十百茎，节节生根，一亩种数十石，胜种谷二十倍……可生食、蒸食、煮食、煨食，可切米晒干收贮，作粥食，可磨粉，可馈饵，可酿酒，其制甚多；蔓可饲牛马，根养猪易长，蓏（luǒ）中之至美者"[3]。"藷"即"薯"的异体字，即红苕，于康、雍时期由闽粤移民传入，开始在成都、双流栽种[4]。乾隆年间，新繁有生产红薯记载[5]。张宗法通过调查，总结了种红苕的栽培经验，这是四川最早介绍红苕的书籍。嘉、道时期，已在全川普遍推广，与包谷一道成为四川大部分地区的主食，张宗法

---

① 《三农纪》卷1，《续修四库全书》第975册，乾隆二十五年桂林堂本，第3页。
② 《三农纪》卷2小引。
③ 《三农纪》卷5。
④ 雍正《四川总志》卷8。
⑤ 《新繁县志》卷10"风土志"。

推荐之功不可没。

作者还对粳稻栽插辟专目予以介绍。不仅阐明粳稻能适应四川气候,而且从大量调查中得知,粳稻只要加强管理,就能达到稳产。他从治秧田、浸种、照田、耕稻田、插秧、耥禾、耘稻田、起禾、振禾、收获、留种等11个方面,分别详尽阐述明白,照此程序操作,农事一定兴旺。其中"照田"颇为新颖,"出田秧长三四寸时,宜于夜静,点蒿草火,照游田畔塍(chéng),焚其飞蛾,免致遗卵秧间,以绝后来虫患"①。这是治理农作物病虫害的"偏方"。另尚有防治"虫灾"一目,专讲灭蝗诸法,可见作者关心农事之周详。其他诸如"稻豆套种""留种换种""扩大肥种""拌桶打谷"等都有建树,影响后世几百年。

(三)关于农民问题

作者关心农民问题,称之为"人道",期盼"天道成,地道平,人道立……当尽其人事以俟天命"。该书最后几卷,专讲农民问题,分"选择一""选择二""谋生""修藏"等子目。内容包括大到择基筑屋,小到"作厕"避臭,无不完备。特别提出修猪圈,要离人住之屋稍远,对大小规模均有建议,并考虑沤肥之用。他认为家庭和睦,才能促进农事顺利,因而对民居建成,而后嫁娶教育子女等等都有建议,并有防荒抗灾诸议。

他对妇女缠足厉言挞伐,说:"今俗尚缠足,堪伤天地之本元,自害人生之德流,而后世不福不寿,皆因先天有戕,所语可为知者道也。"他呼吁"谁能转此风而归古",功莫大焉。在乾隆年间张宗法就反对妇女缠足,比近代"天足"运动早一百多年,在全川乃至全国亦不多见。

作者还引导农民"理财",发展副业,诸如:树桑养蚕,育猪售卖,制作酱腊,养马牧牛,养鸡养鸭,广种蔬果,酿酒醃醅,割白蜡,蓄池鱼,造舟车,习铸冶等,照此终日勤动,农家不愁衣食。作者还对农村卫生、治病、防病都有提及,并对各种农作物、蔬果、瓜豆的治病功能都有介绍,照此仿模,小病可以自疗而愈。

(四)水、肥是关键

《三农纪》对于农田水利特别注意。书中说:"有用者使之无用,得利者不

---

① 《三农纪》卷3。

可令之无利。然一水也，万物无不润，不得则不生。"① 把水利提高到无水则万物不生的高度。他提出，平地农要引流灌溉，泽农要排洪排涝，山地农要架车、制戽斗，亦可凿井泉"取水浇禾"。并告诫说："夫水生天地间，本以利人，蓋聚之则生害。"主张重视水利工程的修建和维修，善于利用水资源，则可趋利避害。

作者对农作物的施肥问题给予了极大的注意。其书中"粪田"载："土有厚薄，田有美恶，得人之营，可化恶为美；假粪之力，可变薄为厚……农夫必储粪以育之，则土力精壮，而收获必倍。"他还区别不同土壤、作物，施用不同肥料。水稻、麦、黍喜罨肥、灰肥，蔬果喜人畜尿水。由于肥料对农作物的重要性，作者又列"积粪"子目，引用古农书记载的众多肥料品种，又收集整理四川人民的积肥经验，总共有六七十种肥源。这些肥源，时至今日，四川农民仍未完全抛弃。

《三农纪》在刊印时，扉页书"全致富奇书"，今天应视为彼时"农村实用百科全书"。嘉庆《四川通志·经籍志》题名。其版本有什邡"富兴堂"、绵竹"福兴堂""四川文发堂"等 10 种刻本，争相销售，并传往外省。现已汇入《中国农学遗产选集》。《中国古农学书录》亦列名。1995 年被收入《续修四库全书》第 975 册。

二、医药学

（一）清代四川医药学概况

清代，四川各府、州、厅、县都配有官医一人，如射洪"李嘉儒，邑人，充府医学，善治伤寒，应于奏效"②。整个清代，"全省有名医 10000 人以上"③；有场镇之处，皆有中医医生和药铺，不少鸿儒亦通脉理。

张宗法所撰《三农纪》中，对农作物的食性和治病作用，以及农作物因加工不当、多食、误食亦可致病，都一一作了详解，并有不少预防疾病的措施。其中内容有些摘录自古农书，不少是作者采集的"偏方"，照书中所言，小病不

---

① 《三农纪》卷 2。
② 光绪《射洪县志》卷 18。
③ 《四川省志·医药志》。

离家，即可治愈。因之，《三农纪》也算一部研究药物学的"本草"。

（二）唐宗海与中西医汇通

鸦片战争以后，西方国家的医学理论、医药及医疗技术和诊断方法开始传入中国，并逐渐在大中城市推广，四川虽僻处内陆，但随着大批外国传教士入川开办医院，西医在川中各地也开始推广。许多中医医生自发地学习西医，不但在治疗上吸取西医的优点和方法，有的还在医理上探讨中西医的各自特点，加以分析比较，试图使中西医的理论汇通融合，因病使用，各显其长。其中最著名的当推川人唐宗海。

唐宗海（1846~1896），字容川，彭县三邑乡人。他精于中医医道，努力学习西医知识，成为我国最早在理论和实践上汇通中西医学的先行者。他医术精良，医学著作宏富，尤以《中西汇通医书五种》著称于世。

唐宗海少时家贫，靠其母替人针黹，供其读书习文。同治元年（1862）入泮为秀才。七年（1868），因其父体弱多病，久医无效，乃"涉猎医书"。其时医书既多且杂，检校不便，唐宗海乃将前人诸医书总其切要，著《医柄》一书问世。光绪五年（1879），其父患血症去世。唐宗海深感未早悟医道，由此潜心攻读"血症"，并

图16-7 血症大师唐宗海像

于光绪十年（1884）写成《血证论》。他在序言中写道："是书议论多由心得，然其发明处要皆实事实理，有凭有验。"堪称是临床经验的总结。《血证论》共8卷，分上干、外渗、下泄、中瘀诸门，集血症诊治之大成，创止、消、宁、补要法，可谓精辟独到，至今仍不失为中医医学名著。

唐宗海在探究医术的同时，仍不忘科举仕途。光绪十一年（1885）乡试中举人。其后游学江南，与上海等地医友相交，每有疑症问之，辄对答如流；凡人身脏腑经络，相生相克之理，无不通晓；有疑难病症求医者，一经宗海诊治，疗效显著，"人俱惊为神奇"[1]，以其医术之精湛而扬名于沪上。光绪十五年

---

[1] 《四川近现代人物传》第1辑，四川省社会科学院出版社1986年版，第208页。

(1889)，中二甲进士，授礼部主事。次年，在告假返乡时期，常求教于《易》理造诣甚高的川中名儒吕调阳，攻读《易经》，撰《医易通说》。用《易经》解释医理，辟研究医学的新途径，进而达到将"易学"与中西医贯通，是为唐宗海医学思路的又一特点。唐宗海在假满重返京城后，将所著《血证论》出示于众，医者皆折服，声名日播，京城求医者上至达官下及平民，络绎不绝。不久，唐宗海辞官寓居上海，从事行医和医学著述。

自西医传入中国后，国内医学界分为两派：一派崇尚中医，视西医为异端邪说；一派推崇西医，认定中医无科学可言。唐宗海认为，中西医各有所长。他以中国古代医学理论为基础，吸取西医解剖、生理学等知识，写成《中西汇通医经精义》2卷，于光绪十八年（1892）刊行。

次年，唐宗海又撰成《本草问答》2卷、《金匮要略浅注补正》9卷，两书皆刊行于世。光绪二十年（1894）又著《伤寒论浅注补正》7卷刊行。以上四书，加上《血证论》，于同年由褒海山房辑成《中西汇通医书五种》丛书刊出，是为唐宗海的医学代表著作，广为流播，行销海内外。由是唐宗海医名不仅名噪京城、上海、广州等地，且蜚声印支和南洋等地。

（三）其他名医和药厂

乾隆时，什邡岁贡生孙介嘏善医，"读陶尚文六书，至得其要领……遂精究《素难》及四大家之说。最爱仲景书，精思研嚼，术遂通微。霍荣朝十月得寒疾，医治之不效，孙曰：'黄涎入脑也'，一剂愈。一妇新产，后瞑目不语，孙曰：'臁翻也'，药下平复……晚年著有《脾胃续论》，孙卒而书莫可追寻"[①]。孙介嘏不是一般偏方郎中，他是有深厚医理的名中医。

郑寿全（1804~1901），字钦安，邛崃县人。行医成都，擅长温扶阳气，善用姜、桂、附等热性药，被誉为"火神派"首领。晚年授徒，代有传人，著有《伤寒恒解》《医法圆通》《医理真传》等书刊行于世。

曾懿（1852~1927），字伯渊，女，成都华阳人。其父曾历任户部主事、员外郎、郎中等职。曾懿天资聪敏，在医学和文学方面都有很深的造诣。她从研读近世温病学家的著述中领悟到：古医典不可不读，但不可一概拘泥；古医方不可不循，但应当重在运化。由于她善于吸收前人成果，又具有大胆探索精神，

———

① 嘉庆《什邡县志》卷44。

因而医道精进。她将平生经历医效古方、时方并自制诸方，选其灵验素著者，分为伤寒、温病、杂症、妇科、幼科、外科等类，于光绪三十二年（1906）著成《医学篇》8卷，次年于湖南长沙刊出，受到医学界同行的高度重视。曾懿去世后，苏州国医学社于1933年重辑再版，名《曾女士医学全书六种》。为传者评曰："历代医家不乏其人，然少见女辈为医，尤罕见女医有著述者……实乃吾国近代医界之一杰也。"①

李凤廷（1850～1925），温江县人，人尊呼"李三太医"。世居踏水乡双水辗。自幼习医，擅长内科，医术医德闻名远近。他将古医书改成短文，作为门徒必读之书。经他改写的有《伤寒赋》《六淫晰义》《小六淫》《妇科》《儿科》等书。光绪十八年（1892），成都、温江等二三十个县流行传染病"麻脚症"，死亡者甚多，可谓"沟死沟埋，路死插牌"。后，凤廷作七言歌诀《麻脚病发壬辰年》："壬辰亦有此症传，手足麻木及吐泻，四脚如冰不能言。经验有方能救得，姜黄皂蝉与僵蚕，雄黄朱砂及陈艾，共末开水送下咽，服之顷刻吐泻止。"②对穷人看病，他不收脉礼钱，还介绍到镇上"体仁堂"免费拣药，甚受百姓赞誉。

光绪三十四年（1908），许健安在成都创桐君阁中药厂，以生产丸药著名。产品具有质量高、疗效好的特点。其中磁珠丸、黑锡丹、化症回生丸、月酒、雄狮丸、嫦娥丸，行销国内外。

三、盐业钻井技术的成就

四川盐业发达，钻井技术先进。明代在钻凿、固井、淘井、修治井病和打捞井下落物等方面都有长足的进步。清初，承袭明代凿井法，并在钻头两面开"凹槽"，避免了泥沙、岩屑卡住钻头，提高了钻井速度和凿井深度。乾隆三十年（1765），老双盛井已达530米；嘉庆二十年（1815），桂咸井已凿到797.8米，是当时世界上最深的盐井。此时汲卤工具亦有所改进，动力传动装置使用大车和天车，较南宋以来使用的推车速度大为提高。

道光时期，自流井"王三畏堂"族人王芳，精通"锉井法"，专为陕帮商人

---

① 参见《四川省志·大事记述》，四川科学技术出版社1999年版，第143页。
② 《成都掌故》，四川大学出版社2001年版，第544页。

"包取滥井,而获酬银 3000 两,其所聘技师颜蕴三技术更高,不仅是治井病高手,也是凿井能人,死后匠人供奉颜蕴三香位之木牌于井口土地之侧"①。王三畏堂"锉井法"除在钻头上开"凹槽"外,又加以改进,其技术对外保密,特别是其中关键部位"偏尖"及其安置技术不外传。由于王三畏堂首先对凿井技术进行革新,在同治及光绪前期,产量大增,财源滚滚而来,掌门人王朗云成为自流井盐业"四大家庭"首富,捐赈灾金 7 万两,清廷对其加按察使衔、赏二品顶戴及三代一品封诰。

在今自贡市大安区阮家坝山下,于道光年间诞生了世界上第一口最

图 16-8 世界上第一口由人工钻凿的超千米深井——燊海井

早由人工钻凿的千米超深井——燊海井。该井于道光十五年(1835)始凿,历时三年凿成,井深达 1001.42 米,已钻到三叠纪石灰岩层中部,既产卤,又产气。当时自喷含盐量极高的黑色卤水,每日达百担,天然气日产可达 4800~8000 立方米。燊海井是人类探索地下奥秘的见证,是中国古代深井钻凿技术的象征,是川人对人类文明和科技进步作出的贡献。1988 年,燊海井被国务院公布为全国重点文物保护单位。2006 年,以燊海井为主要载体的自贡井盐深钻汲制技艺被颁定为全国首批国家级非物质文化遗产②。

四、近代科学技术的推广

鸦片战争后,西方资本主义国家的近代科学技术逐渐传入中国。四川也受

---

① 《王三畏堂兴亡纪要》,《四川文史资料集萃》卷 3。
② 参见《自贡日报》网络版,2006 年 8 月 31 日。

到影响，开始采用先进科学技术进行生产。

四川工业应用近代科学技术，始于川督丁宝桢光绪三年（1877）创建的四川机器局，主要制造和修理枪炮。丁宝桢任命能自制机器、枪炮的候补通判曾昭吉总办机器局，其主要机器设备，由曾昭吉等人到上海陆续选购，"其余机器曾昭吉心思奇巧，即令自行创造"①。丁宝桢注意培养本国技术力量，将熟悉西方科技的曾昭吉等提拔为二、三品大员。由于机器局的外洋锅炉需煤，而当时川中煤价昂贵，丁宝桢乃命曾昭吉"设法造为水机器，专取水力而不用火攻"②。这种"为水机器"即"水轮机"，"藉城内金水河水力以发动机械"③。由于成都金水河河水的落差很小，不能保证车床转速的稳定，因而造出来的机器零部件和枪支的精密度较差。但这毕竟是四川自己的发明创造。四川机器局作为四川近代军火工业的先驱，为本省近代机器制造技术的发展和人才培养，都作出了一定的贡献。

19世纪末20世纪初，随着四川资本主义经济的发展，各种实业竞相开办，一些西方科技引进四川，并应用于工业生产。

光绪十七年（1891），川商卢干臣和邓徽绩在重庆创办两家火柴厂，从日本引进制造器具，使用硫黄制造火柴。

光绪十九年（1893），重庆引进西洋织布机和纺纱机，取代传统的手工织、纺机具。随后，四川许多州县都派员赴日学习染织技术，回国后创办新式织布厂。旧式织布机逐步得到改造，由丢梭改为扯梭，不仅能织宽布，而且产量倍增。在扯梭木机兴盛的同时，脚踏铁轮织机于光绪三十一年（1905）前后传入四川，重庆富川织布厂、复原织布厂首先使用。每机一日可织布十余丈，较扯梭木机提高效率一倍。此后，四川较大的城市都更新织机，或从外省购进，或自己制造。

蚕丝业是四川的传统产业，这时也开始采用较先进的生产技术。许多丝厂从上海购买机器缫丝设备，有的直接从日本进口。由于使用了近代生产工具和采用新技术，许多缫丝企业获利甚多，发展很快。光绪三十四年（1908）开办

---

① 《丁文诚公奏稿》卷14。
② 《丁文诚公奏稿》卷20。
③ 《蜀海丛谈》，第15页。

的潼川永靖祥丝厂，实行新法缲丝，产品质量在国外也享有美誉。其丝样送法国里昂商会检验，评语是："均匀光泽，且丝质强韧，尤合机器织造之用。"①

四川造纸业也采用了新技术，梁山向产黄表纸，行销省内外。当地人李济川有志于新式制造业，于光绪三十一年（1905）集资创办公司，从事黄表纸的"改良制造"②。彭县"向有纸厂，销路甚旺"，"近有某绅由粤购造纸新机数架，使用西法，削竹入机器中，旋转旋复，竹即成浆，欲造某式，即量浆某机，一昼夜可出纸数万张"③。忠州造纸厂由曾留学日本东京化学专科的通江人吴铸九"筹集股本，组织一化学造纸厂，吸取残废账簿及各字纸，以药水融化，令墨迹沉下，纸料浮上，复造成纸，其质不减外洋。所造颇通适用，闻其价甚廉矣"④。夹江县素为四川产纸之区，该县于光绪三十三年（1907）出现新式造纸企业。某商邀约同人，集股数千金，聘人赴东洋购办机器药料若干种。"购回后，即设厂试造，所出之品坚韧洁白，与洋纸无大异"⑤。

四川采矿业在20世纪初已出现采用机械或半机械生产。重庆绅商创办的合江煤矿公司，于宣统元年（1909）购买了英人立德兴办的"华英煤铁矿务有限公司"的"开山修路各种机器、材料、窑厂房屋"后，使合江公司的采煤技术设备在四川处于领先地位。光绪二十二年（1896）官商合办的冕宁金矿，所需开采金矿机器，由矿师唐星球前往上海采办，主要有蒸汽机、碎矿机等。次年，所购机器运到投产后，成为四川第一家使用机器开采的金矿。官办的彭县铜矿也不断改良采炼技术，曾"借拨官款银四万两，用新法采冶，添设厂房，延聘日本技手、职头共五人"⑥。

四川井盐业采用先进科学技术，是光绪二十年（1894）欧阳显荣等人研制的第一部采卤蒸汽机车诞生并在富顺盐场投产。吸卤机车的问世，标志着四川井盐业开始进入近代工业行列。

除上述工矿企业外，还有一些新科技在生产中采用。光绪二十七年

---

① 《四川保路运动档案选编》，第79~81页。
② 杨大金：《现代中国实业志》上册，第337页。
③ 《各省工艺汇志》，《东方杂志》3年10期。
④ 《四川官报》戊申（1908）13册，五月下旬。
⑤ 《四川官报》第34期，丙午（1906）十一月下旬。
⑥ 杨大金：《现代中国实业志》下册，第676页。

(1901)，川商尹尊三，自筹资本，制造镪水。光绪三十一年（1905）秋，邻水县一位留日学生，筹建工厂，制造樟脑。成都某君为清除五金煤矿洞内的积水，制造出抽水的机器。光绪三十二年（1906），广汉县李某在日本学习制造水压机技术，回国后与周某合资制成数架水压机，可以用来榨油、磨面。中江县乡民刘某，仿照西式自行车，以土钢化炼，参以洋钢，制成双圈自行车数辆。光绪三十三年（1907），成都设厂制造土雪茄烟。重庆设纸烟厂，采用日本机器制造俄国式纸烟。宣统三年（1911），隆昌县黄光藻试制成功采矿用的螺旋汲水器，由省劝业道批准专利权，设厂制造。

清末，重庆、成都开始有了电报、电话、电灯、自来水等近代城市必备的设施。光绪十二年（1886），电报线路由汉口经沙市、宜昌、万县铺至重庆，随后又经泸州到达成都。次年，四川—云南电报线路开始通话。当时，四川不仅可与全国各省互通电报，而且省内不少州县，包括川边的打箭炉、理塘、巴塘等地也通了电报。光绪二十九年（1903），重庆铜元局在厂内安装了一台法国制造的120千瓦直流发电机，专供厂内使用。光绪三十四年（1908），重庆烛川电灯公司开始向城区提供照明用电。同年，成都劝业场引进40千瓦直流发电机一台，建立了悦来电灯厂，是为成都民用电灯之始。此外，成都、重庆还先后安装了电话，成立了自来水厂。这些动力、照明与通信设施，加速了成渝等大城市近代化的步伐。

从总的情况看，四川近代科技尚处于引进推广阶段，虽有一定发展，但大多数近代企业仍然采用传统的生产技术，与沿海地区和长江中下游地区相比，四川的科学技术仍处于落后状态。

第三节　学术思想

一、清代四川学术思想概述

清初，四川遭受数十年战乱，教育和科举恢复相当缓慢，以致江南流传顾、王、黄反理学、倡经世致用之学说，蜀中罕有人知。虽然川人费密、唐甄在经学研究上亦有成就，但都是在江南完成的。此后川人能通"十三经"者，唯李调元、刘沅、廖平等数人而已。他们的著作都有新意或一得之见。19 世纪末 20 世纪初，随着西方民主、人权等社会学说的传入和爱国主义、民族主义思潮的涌动，四川又出现了杨锐、刘光第等鼓吹维新变法思想和邹容、卞鼒等宣传民族民主革命思想。

川人在有清一代研究"五经"最多的是《易经》，综计有 18 种。最早有胡世安的《大易则通》《易史》，前者专主阐明图像，后者叙述读史与读《易》的关系。稍有成就的丹棱人彭珣的《易百家注》，倾向于马融、郑玄的《易》古文学派。长寿人李开先的《周易辨疑》，效法明来知德"专取系辞错综其数之说"①，属程朱易学一脉。其他多种，或作为授课教材，或为诠释、辨疑，只有罗江李调元《易古文》，稍有论述，表明倾向于《易》古文学派。而最有分量的是双流刘沅的《周易恒解》，是清代四川《易》学能跻入研究平台的著作。

关于《书》经，有费密《尚书说》、李调元《尚书古字辨疑》和《古文尚书证讹》、刘沅《书经恒解》等。李调元采阎若璩说，认为《古文尚书》是伪作；而刘沅多采"折中"说，但仍有新意，故是书被收入《续修四库全书》。

关于《诗经》研究有：费密《二南偶说》、冯之瑆《诗经论旨》、嘉玉振《诗经精华》、刘沅《诗经恒解》。以上著作多散佚，唯《诗经恒解》受到后人重视，是川人唯一能登上《诗经》论坛的著作。

川人对《礼》经研究有：费密《四礼补录》、李开先《礼记胜余》、李调元《礼记补注》《仪礼古今考》、刘沅《礼记恒解》《周官恒解》。只有李调元、刘沅著作有成就。李调元在《仪礼古今考序》中言："仪礼，古礼经也，汉以前，先儒聚讼不一，至唐昌黎直以为难读，嗟乎！难读而遂不读，尚得为士乎。"② 其《礼记补注》认为："盖说礼者，汉唐莫善于郑（玄）、孔（颖达），而郑注简奥，孔疏典渥……因遍采说《礼》诸家为之补注。"计有 144 家之说③，应是清代《礼记》注疏最完备的本子之一。后因西学东渐，作者又偏居西南一隅，无人问津，只能作为一部著作留存于世。而刘沅对"四礼"（指《周官礼》《仪礼》和大小戴《礼记》）的研究，"不受门派之见"的约束和左右，很有独立见解之处，

---

① 嘉庆《四川通志》第 4 册，巴蜀书社 1984 年版，第 5274 页。
② 《童山文集》补遗，丛书集成本，卷 3，第 44 页。
③ 《童山文集》补遗，丛书集成本，卷 3，第 42 页。

是清代治"礼"最佳著作之一。惜与李调元一样命运,不曾引起外省学术界的重视。

川人对"春秋三传"的研究,留下的著作不多。只有杨晋《春秋纂要》、李调元《左传官名考》《春秋三传比》《春秋左传会要》、嘉玉振《春秋举要》、王锡《春秋汇览》、刘沅《春秋恒解》等不足十部。李调元以《左传》解《春秋》,属经古文学派;刘沅则比较客观,认为"拘泥三传过为艰深,以晦本文者亦多……及门多从事此书时,以大义相质,久乃成编"[1]。是清代川人对《春秋》诠释最好的本子。

在"四书"研究方面,清代四川作者不多,费密有关"四书"著作均散佚,甚为可惜!而刘沅《四书恒解》是四川仅有的本子,也是刘沅《十书恒解》中写得最好的一种,它涵盖了刘沅丰富的哲学思想和儒家丰厚的经学思想,其中尤以《中庸恒解》为上品。

二、反理学思想家费密

费密(1625~1701)字此度,号燕峰,四川新繁县(今属新都县)人。因其在避难途中落井而致残,时人称他为"成都跛道士"。他是清初恢复两汉正统儒学的思想家和宗法汉魏的著名诗人。费密生于明末书香世家,6岁入塾,聪慧异常。10岁,父口授《通鉴》时,屡发问,父甚"奇之"。嗣后,遵行乃父偏重汉学之好,对儒家经典及其注疏都一一阅读,辄能过目不忘,为自己的汉学功底打下了坚实的基础,并在诗文写作上有长足的进步。

费密20岁时,张献忠率领农民起义军攻占成都,费密曾"穿自擐甲",与义军对抗。其后携家避难于陕西沔县。顺治十四年(1657),时年33岁的费密侍奉父母由沔县沿汉水东下,次年春到达扬州投亲。

当时的扬州是江南文人荟萃之地,也是典籍储藏最丰富之地,为费密反理学思想的形成奠定了基础。此后,费密曾游历南方各地,与天下名士魏禧、陈维崧、屈大均、唐甄、冒辟疆、万斯同、阎若璩、朱彝尊、孔尚任等,"纵横经史文字之交,海内莫不服考之经学、诗、古文辞矣"[2]。康熙四十年(1701),

---

[1] 《春秋恒解·序言》,西充鲜于氏特园藏辛未二月刊本。
[2] 费锡璜:《费中文先生家传》,《新繁文征》卷9。

费密病逝于江都县宜陵镇野田庄,享年77岁。死后,"门人私谥中文先生"。费密一生著述甚丰,共32种122卷,嘉庆《四川通志·经籍志》有费密全部著作目录,其经学研著十余种及杂著数种均散佚,所幸诗文保留至今的尚有《弘道书》3卷、《荒书》1卷、《燕峰诗钞》1卷。当时,"论者谓蜀中著述之富,自杨慎后,未有如密者"①。

费密学术思想的主旨是复汉学反理学。在他撰写的《周礼注论》《大学中庸驳论》《毛诗笺注》《弘道书》诸书中,批判了理学"天理""道统""性命""良知""义理"诸说,弘扬了汉唐儒家经学济世实用之本意。

首先,费密对理学的"天道"论予以澄清。他认为:"天道远而难知,论之是生纷恶,故圣人不言。人道实而可见,所以通伦常而错礼义,故圣人重之。"②"五经"皆言道,孔、孟暨七十子皆言道。汉唐儒家诠释古经字义,"道"为"忠恕",或为"善",或为"中",或为"德"。而宋明儒家诠释古经义理,"道"即"理",即"心性",即"致良知",并将其穿凿于《四书》、《五经》注疏,强制性地塞进科举命题,培养了一批坐而论道者。费密认为,研究"人道"是最为实用之学,并把"人道"分为"君道"和"臣道"。"君道"为根本,就是要施"仁政",要"励精图治";"臣道"就是"文武臣僚奉令守职",实实在在为民行政;儒士要据圣人所言,正确传布"道"的本义,不能挟私己之利而标新立异。他又说:"以孔子之道,自治则德修;以孔子之道治天下,国家则政备……则二帝三王之道可明矣。"③

费密还对宋明理学的道统论进行了批判。费密撰写《道脉谱论》,认为道脉是以帝王世系为主干,是行"实政"的主体;儒生以经术言行"实教"于民,并向君上建言,惠泽万民,是"支也"。而理学道统论则相反,"不以帝王系道统",因而造成了"草野重于朝廷,空言高于事实"④。远离治国安天下的古经本旨。

费密对"五经"的推崇,都贯穿于《弘道书》及其他经学著作中,尤其精

---

① 费锡璜:《书先人文集后》,《民国新繁县志》卷4。
② 《弘道书·圣门定旨两变序记》。
③ 《弘道书·统典论》,见《续修四库全书》946册。
④ 《弘道书·统典论》,见《续修四库全书》946册。

于古注疏。他说："古注言简味深，平实可用，后儒即更新变易，卒不能过。"①费密认为一个人在修身、治事之才未成之前，就应认真学习"六艺"，"礼以立身，乐以和气，射以观德，御以达能，书以通事，数以理财。六艺成，而才当于用"②。"实用"是学习儒家经典的最终目的。

费密不仅是杰出的哲学家，而且是著名诗人。早在青年时期，费密"与成都邱履程、雅州傅昭以诗文雄西南，称三子"③。到江南后，费密以《北征》《朝天峡》诸首，使众多名诗人倾倒，并跻身于顺康江南诗坛。费密之子费锡琮、费锡璜，均以诗文著称于世，故人称"三费"。更有人加上费密之父费经虞，称为新繁"四费"。

三、唐甄与《潜书》

唐甄（1630~1704?），原名大陶，字铸万，别号圃亭，明达川东乡县（今宣汉县）人④。唐甄出生在当地世家大族，父唐阶泰，明崇祯丁丑（1637）进士，授吴江（今苏州）县令。以后又在江西、燕京、南京等地任职。唐甄均随父行，接受儒家经典教育。顺治十四年（1657），唐甄回川乡试中举。次年，京试落榜，复参加礼部考试，被分发山西候补。康熙十年（1671）实授长子知县，因与上宪政见不合，仅在任10个月即被罢官。唐甄为官清廉勤政，提倡农桑，废除严刑，民皆颂之曰："唐公，吏之贤者也。"在仕途上失败后，唐甄辗转于晋、冀、豫、皖等地谋生，均不遂愿。后变卖旧产事贾，仍不景气，从事牙行中介亦遭厄运，只得又回吴江业儒。自云从40岁始，立志著书立说，虽一日三餐难谋，仍坚持"鸡鸣而起，夜半而寝"，勤于诵读、挥毫，撰著《衡书》。康熙十八年（1679），江南文豪魏禧读《衡书》惊而叹曰："是周秦之书也！今尤有此人乎！"⑤并资助之。《衡书》3卷13篇得以面市。其篇目为"核儒、仁师、五行、审知、利才、释孟、受任、抑尊、权实、贱隶、贞隐、明悌、富国十三

---

① 《同治新繁县志》卷11，"人物·文苑"。
② 《弘道书·原教》。
③ 《民国新繁县志·新繁文征》卷15，"诗歌"。
④ 东乡县为西魏新置古县，元省，明复置属绥定府。清雍正六年达州升为直隶州，以夔州府东乡、太平二县来属，民国改属宣汉县，称东乡镇。
⑤ 《清史列传》卷66。

篇"①，取《衡书》名，"志在权衡天下意"。付梓之后，"四方争购之"。此激励唐甄更加努力，又花20多年时间创作其他篇章，集新作与《衡书》共97篇，取名《潜书》，以表个人"连蹇不遇"，只好"潜存以待"之意。《潜书》分上下篇，上篇抒发其学术观点，下篇表达其治国安邦诸策，大致在康熙四十二年（1703）付梓。次年初，唐甄卒于吴江，享年75岁。

他认为："海内之财，无土不产，无人不生；岁月不计而自足，贫富不谋而相资。是故圣人无生财之术，因其自然之利而无以扰之，而财不可胜用矣。"（《富民》）这种百姓拥有的"自然"生成的财富，只要不被幸臣攘夺，为政者并促之发展，"此皆操一金之资，可致百金之利"（《富民》），这是一种不同于前的富民思想。唐甄懂得通过鼓励消费，促进物流畅通，进而促进社会生产的发展。因此，他主张改革货币，废银用钱，便利商民使用。只有"富在编户，不在府库"，才能解决"百货皆死"的滞销状态。由于唐甄曾经经商，又当过牙行经纪人，故能形成他的"富民"经济思想，即：改革货币流通手段，注重富室和中产者的消费群体，促进商品生产发展，才能"富民"。唐甄创造性的经济思想出现在17世纪末，比西方亚当·斯密（1723～1790）的古典政治经济学《富国论》还要早几十年。

唐甄追求明君贤臣政治。他大胆地提出："治天下者惟君，乱天下者惟君……治乱，非他人所能为也，君也。"（《鲜君》）他指斥君主是"贼"，但巧妙地把清王朝避开，"大清有天下，仁矣。自秦以来，凡为帝王者皆贼也。"（《室语》）又说："盖自秦以来，屠杀二千余年，不可究止。嗟呼！何帝王盗贼之毒至于如此其极哉！"（《全学》）所以他主张抑制君主权力，倡"士议于学""庶人谤于道"而不究。（《省官》）进而，他认为天子必须以仁爱待人，是"天下之慈母也，人所仰望以乳育者也"。（《室语》）唐甄的胆略和灼见，如重磅炸弹，震动朝野。唐甄认为，"惟贤君，然后能用贤臣；惟君能知人，然后能用知人之臣"（《主进》）。这样，天子用相"得人"，"冢宰总五卿得人，以共摄群牧，皆得其人……不劳而天下大治。"（《用贤》）这些观点对清初政权架构设置不无小补。

一部《潜书》97篇，篇篇都贯穿了深厚的儒家思想，究其儒学源流及其派

---

① 嘉庆《四川通志》卷185。

生的新意，是研究《潜书》的首要课题。40岁的唐甄，一下子就进入儒学的核心，有两个条件不能忽视：一是谨遵祖训，家学渊源深厚；二是反思宋明理学造成的亡国之痛。

唐甄对儒学的社会功能，作了精辟阐述："儒者之为贵者，能定乱、除暴、安百姓也。"（《辨儒》）所以他的文章，论证了儒家思想齐家、治国、平天下的卓越成就。他尊崇孟子、推崇"仁学"、反对理学，并在孟子思想指导之下，为明末清初乱世之治理，提出了从政治到经济，从军事到教育，从思想到行动诸方面的改革主张，以期纷乱的清初社会能安定下来，《潜书》的贡献就在这里。

四、刘沅与《槐轩全书》

刘沅（1767～1855）字止唐，双流县人。出身于书香门第。乾隆五十八年（1793）乡试中举，后三次会试均落榜，只好"置身故纸堆中"①，设馆授徒，"舌耕"以维生计。道光六年（1826）吏部选授湖北天门县令，辞；又改授国子监典簿。刘沅以老母多病为由，辞归乡里，继续其塾师生涯，与弟子门人谈诗说经，"消磨岁月"五十春秋。咸丰五年（1855），以88岁高龄逝世。川督锡良奏准为刘沅立传，宣付史馆。清《国史馆本传》有《刘沅传》。

图16-9 刘沅像

刘沅是四川土生土长的大儒，他与外界很少交流，外界对他也不甚了解。他埋首于浩瀚的"十三经"注疏之中，对儒家主要经典著作都有考订和诠释，做到言之有物，而不空泛；论之有据，欲驳不能。刘沅著述丰富，涉及经学、史学、文学、教育学诸多方面。清代后期，刘沅不少著作已有单行本面世。民国时期，由刘沅之孙、四川大学名教授刘咸炘整理成《槐轩全书》问世，引起轰动。1995年，刘沅部分著作被收入《续修四库全书》，得到学术界充分肯定。

---

① 《槐轩全书》卷3，西充鲜于氏特园藏，庚午（1933）刊本。

刘沅认为，儒学自两汉以后，"圣道弥晦"，被二程、朱熹等弄得面目全非，"执私见以妄测圣人，而实未能，所言皆谬；欲彰圣人，反失圣人之真；欲觉斯民，反为斯民之累"①，是他们窜改孔孟学说真谛，致使圣学不传。短短数语，概括了作者研经的主旨。这是继唐甄以后，四川经学界对宋明理学最激烈的批判。

刘沅虽力主重树汉学中心地位，但在其诸经恒解中仍不失偏颇，凡涉及今古文经学之争，尽量执中处理，即"解经尽除门户之见，不苟异同，务求当于经义"②。他在两大派之间，仍不露倾向，就经论事。当时，皆指斥《周礼》为刘歆"增入者"。刘沅说："然考其文义，殊不然也。因意义之未通，遂并其书而斥之，愚不敢然。"③故对"三礼"（《周礼》与《仪礼》《礼记》统称"三礼"）研讨其"立法之意"，认为均在阐述圣人之道，都是儒家经典，不能厚此薄彼。这种实事求是的态度，和全盘否定、一味折中，显然有别。

刘沅不倾向任何一派，最明显表达于《春秋恒解》一书。他说："乃春秋变乱，无复知有圣王之道者，夫子惧大义之凌夷，不得已而笔削鲁史，以存是非"，而作《春秋》。是书仅存大义，亦即"微言大义"是也。有时一字一事，"三传"（指《左传》《公羊》《穀梁》三传）经解分歧很大。刘沅对"三传"都作了考证，认为："不知'三传'之谬不削，则经义不明；而沿'三传'之说者，且横流无已。"因此，其《春秋恒解》对以往所有注疏"一一辨正，务使圣人之心明白共知"④。

《诗经》也是经学诸派争论不休的儒家经典，其中包括孔子是否删诗，几首作品的作者认定，用词淫佚放荡能否称"经"，《诗》与《乐》的关系，毛诗与鲁齐韩三家诗孰为正宗，等等问题。刘沅说："盖自二南、幽雅而外，其诗皆不过当时之词，而自子鳌订，则无往非圣人之教也。历史诸儒发明传注，不为无功，然其不达圣人之意，流为世俗之谭者，抑又夥矣。夫风雅之文，通乎天地，而哀乐之过，失为淫哇，不有以正之，则诗之道日薄，而诗义遂亡。愚故不辞

---

① 《槐轩全书》，《正讹》卷1。
② 《清国史馆本传·刘沅传》。
③ 《周官恒解》凡例。
④ 《春秋恒解》序。

冒昧，集众说而折中焉。"①

刘沅尽毕生精力，为四川作出两大贡献：其一，他办了数十年私学，成绩卓著，在四川恢复汉学，播撒孔孟之道，传授巴蜀诗文传统技法，其馆授生徒多达数千人，"成进士登贤书者百余人，明经贡士三百余人，薰沐善良得为孝子孝悌贤名播乡间者指不胜屈"。而再传弟子更多，并有在省外设馆授课者，堪称桃李满天下。是继文翁之后，四川最有成就的教育家之一。其二，他的授课讲稿，经过大半生岁月的锤炼，反复修改、考订而成书20余种，100多卷，是清代四川继李调元之后又一多产作家，其中尤以"四书""五经"恒解最为著名。以传布正宗汉学为宗旨，以吸纳百家之言为美德，不偏不倚对待经学诸派，所考订、训诂、诠释之处，亦有新意，堪与江南乾嘉学派相比美，是有清一代贯通"十三经"之佼佼者。咸丰中，云南布政使林鸿年经川得刘沅著作，"读之惊喜，求问时，沅已死，因受业于沅弟子内阁中书刘菼，尽购其书去。及罢官归，遂以其学转相传习。闽人称沅为川西夫子"②。

五、经学奇才廖平

廖平（1852～1932）原名登廷，字旭陔、勖斋，光绪二十三年（1897）中举后改现名，字季平，四川井研县人。幼年家贫，7岁入学，刻苦攻读"五经"，先后两次参加乡试均落榜。张之洞任四川学政时，偶阅廖平试卷，大为赞赏，选拔为府学第一名，后又选送廖平到尊经书院深造，从此双方建立了深厚的师生情。张之洞的"经世致用"观念及"中学为体，西学为用"等洋务派理论，对廖平影响很大。在尊经书院，廖平师从湖南名士王闿运，从此学业大进。同治十五年（1889），廖平赴京会试，中二甲进士，以知县用，为孝敬双亲，辞不就，改授龙安府教授。戊戌变法期间，曾参与创办《蜀学报》，宣传维新思想。保路运动中，曾担任《铁路月刊》主笔，鼓吹破约保路。辛亥革命后，曾受聘为四川军政府枢密院院长，后来担任过四川国学专门学校校长等职。

廖平一生尽瘁经学，著述120余种。他治学独辟蹊径，敢于"离经叛道"，不断"标新立异"，否定前见。自称一生经学凡六变，亦因善变，学术界褒贬

---

① 《诗经恒解》，西充鲜于氏特园藏，庚午（1933）刊本。
② 《清国史馆本传·刘沅传》。

不一。

廖平经学第一变，始于光绪十二年（1886）。他在家乡来凤书院任主讲时，根据《汉书·艺文志》所存书目，阅读了"十三经"各家注疏，进行对比研究，撰《今古学考》。把东汉郑玄以来以"今"注"古"和尊"古"抑"今"诸方面，区分清楚，有褒贬，稍隐晦。有人赠之"平分今古"说，甚是恰当。

廖平认为，今古文经的本质区别，在于礼制上，今尊《王制》《礼记》中的一篇，古尊《周礼》。并由此抒发出作者对经学一系列

图 16—10　廖平像

新颖的、独到的、大胆的见解："经在先秦已有二派，一主孔子，一主周公"；"《王制》为今学之主，《周礼》为古学之主"；"今祖孔子，古祖周公。今，孔子晚年之说；古，孔子壮年主之"；"今异于古，皆孔子损因周制之事"；"今学盛于西汉，屏斥古学不明显。古学盛于东汉，今学寝微。二学积为雠敌，相与参商"；"今古之分，自郑君一人而斩，尊奉古学而欲兼收今学"①。

这种对比式的研究，使人一目了然，更使士子瞠目结舌。平分今古经文，是廖平从乾嘉学派走向今古经文皆崇的时期，确实将郑玄以来混同今古的来龙去脉，梳理得较为清晰，虽未厚今鄙古，仍在晚清"经"坛上引起莫大震动。张之洞甚为不满，托人带信告诫廖平，"风疾良马，去道愈远"。

廖平经学第二变，始于光绪十三年（1887）。他撰写《知圣篇》《辟刘篇》（后改名《古学考》）等书，一改"平分今古"说，主张"尊今抑古"。《知圣篇》认为，今文经系"孔子受命制作"，其中的"微言大义"，《托古改制》《经世致用》应当尊崇，坚贞不渝。《辟刘篇》认为，《周礼》是伪说，是刘歆一手羼改的，以此动摇经古文学派的基础。"尊今抑古"说，无论在学术上还是在政治上的影响都是廖平始料未及的。有人说，康有为在后两年据《知圣篇》撰《孔子改制考》，依从《辟刘篇》撰《新学伪经考》，为戊戌变法提供了思想基础。但

---

① 《廖平学术论著选辑》（1），巴蜀书社1989年版，第35～106页。

康有为对此讳莫如深。究竟廖著对康有无影响，时人评说不一，但有几点是肯定的：光绪十五年（1989），廖平数晤康有为于广州，竟夕长谈，并向康出示过《知圣篇》《辟刘篇》；张之洞认为，康有为是廖平的嫡传弟子，梁启超为再传弟子；梁启超也撰文称，其师受廖影响，"不可诬也"①。

廖平经学第三变，发生在光绪二十六年至三十年（1900～1904）期间。戊戌政变中，杨锐、刘光第殉难，廖平失去两位好友，心中异常悲痛。而世间又盛传康有为所倡素王改制之说源于廖平，其弟子多劝他速焚二变中的有关各书。廖平虑祸殃及，除焚书稿外，撰写了《知圣续篇》《地球新义》《周礼大统义证》《皇帝疆域图》等书，一反"尊今抑古"之说，而倡"古大今小"之说。认为"《王制》专详中国，《周礼》乃全球治法"。"故改'今古'为'大小'，所谓《王制》今学者，王霸小一统也；《周礼》古学者，皇帝大一统也。"②

《辟刘篇》把《周礼》打下18层地狱，时隔12年，《知圣续篇》又把《周礼》捧为"全球治法"，又走上另一个极端。"夫子善变"，是时人的统一看法。但是，他毕竟与康有为《新学伪经考》划清了界限。

其后，廖平经学尚有四变、五变和六变，是就"六经"专讲天人之学。这些属于廖平后期的学术观点，其中有不少牵强附会、离奇怪诞之处，大都不能得到学术界的认同。但廖平继承和发扬了中国古代的天人思想，为研究中国古代学术思想另辟了一条途径。廖平一生执著的辨经精神，仍然值得称赞。

六、宋育仁的"经学"与"西学"

宋育仁（1857～1931），字芸子，晚年号道复，富顺县大岩乡人。幼年父母早亡，靠伯父伯母抚养三兄妹成人，得到犹如双亲般的关怀，使宋育仁更加珍视家庭血缘之情。11岁随伯父至广汉读书，15岁入庠。光绪元年（1875），全省最高学府尊经书院成立，宋育仁、杨锐等被接纳为首批学员。二人品学兼优，被誉为"扬雄、宋玉"。此时，宋专工"三礼"，重训诂、考据、名物之学，颇接近乾嘉学派。七年（1882）宋育仁乡试中举；次年，出任资州艺凤书院主讲，

---

① 梁启超：《清代学术概论》，《饮冰室合集》专集之34。
② 《知圣续篇》，《廖平学术论著选集》（1），第224页。

第十六章 清代四川文化（上）

以"五经"授课，学员"始知时文帖括之外，尚有经学词章"①。在此期间，先后撰著《周礼十种》《周官图谱》《说文部首笺正》，欲从《周礼》中找到"复古改制"的依据，而《周官图谱》恰是"复古改制"的蓝图。

光绪十二年（1886），宋育仁赴京试，中进士，授翰林院庶吉士。次年，宋育仁对中法战争"虽胜尤败"的屈辱结局义愤填膺，撰《时务论》阐述应以《周礼》诸经为治乱理政之管见，得到新派人士陈炽（维新人士，著有《庸书》《续富国策》）、黄遵宪（维新人士，著有《日本国志》）等人的推崇。十五年（1889），宋育仁升任翰林院检讨，适逢光绪帝亲政、加冠、大婚之期，宋作《三大礼赋》"圣清九世，累哈照明"②颂之，文词典雅清馨，将汉魏丽赋之风，演绎得淋漓尽致，得到朝野好评，享有"二百年安有此才"之赞，并得到光绪帝的召见，帝师大学士翁同龢亦寄予厚望。十七年（1891），宋育仁典试广西，见沿途吏治败坏，庶民生计维艰，萌发"复古改制"必须注重外交，著《时务论外篇》以示诸同僚。回京复命后，得到礼部尚书孙毓汶的推荐，于二十年（1894），得以参赞衔随公使龚照瑗出使英、法、意、比四国。他常住伦敦，广为结交各国政要，学习西方政治、经济等方面知识，著有《泰西各国采风记》等书。适中日开战，宋上书注意日、俄居心叵测，宜早提防。并乘公使回国述职之机，与使馆参议杨宜治等密谋，以己身及妾绣姬为质③，向英、美军界、银行界借款200万英镑，购水师一旅之炮艇装备，从菲律宾出发直攻长崎，以救国难。会公使突归，事败露，且中日已议和，宋被召回，仍供职翰林院。宋将此次秘密行动，记载于其《借筹记》一文之中，朝野舆论褒贬不一。从此他在政坛上不得遂其爱国之志，向当道呈递奏章及上言，均未被采纳。二十二年（1896），祭酒张百熙奏"筹办四川矿务商务折"，以抵御英法等国对四川工商业的窥伺，并推荐宋育仁督办此事。宋育仁回到四川，担任商务局监督。他在重庆大刀阔斧地招商、举办公司，重庆市场一下子活跃起来。同年，《渝报》刊行，是四川第一家集股创办新式报刊，系统阐发宋育仁"复古改制"的思想。二十四年（1898）初，宋育仁调任尊经书院山长，在成都创蜀学会，办《蜀学

---

① 《宋育仁》"国史馆存稿"，《民国人物碑传记》，四川人民出版社1997年版，第341页。
② 《问琴阁文录》卷1第1页。
③ 《悼绣姬并序》，《问琴阁文录·哀怨集》，第6页。

报》，改革之风使西川为之一振。殆戊戌政变以后，"一切改革悉罢，蜀商务亦坐废"。次年，宋赋闲京师。不久，义和团事起，宋避乱西山得免。八国联军进京，宋心中惨然，有诗曰①：

请看国破家何在，还望天明照肯微；
钟鼓寂然谁问阙，台城空见纸鸢飞。

革命军兴，清廷逊位，宋育仁"黄冠遁迹茅山之麓，欲因垦辟荒田以终老"②。数年以后，宋育仁回川主持《四川通志》和《富顺县志》的总纂工作。1931年卒于成都，门人私谥为"文康先生"。

宋育仁所处时代，天朝威望一落千丈。面对洋务派和今文经学派思想泛滥，宋育仁从捍卫"五经"圣人本意出发，选《周礼》为突破口，著《周礼十种》和《周官图谱》，认为西方政治、经济、司法等等一切，皆在《周礼》之中。学好《周礼》，就可以富强，就可以御敌，就可以使万民乐业，百官尽职，国乃昌盛无垠。

《周礼》何以能治世、富国、利民？他认为其官制设置非常合理完备：大宰"以八法治官府，以八则治都鄙，以八柄驭群臣，以八统驭万民；以九职任万民，以九赋敛财贿，以九式均节财用，以九贡致邦国之用，以九两系邦国之民"③，果能履行首相职责，可"坐而论道"也。"三岁，则大计群吏之治而诛赏之"。而"司空为三公之兼官，其属士夫分领于五官之属，尤监督也"④。一部《周礼》其官吏之间不仅有垂直领导关系，亦有横向互相监督的关系，在三年"大计"之时，"不作为"或有劣迹的官吏就要裁汰，以保证吏治的有"治世"之才能。同时，小司徒所属"师氏"，对王室或世子有教育和约束的权力，"保氏掌谏王恶"，像御史或西方议员一样，有直谏之权，"使王谦慎其身，而归于道"⑤。

---

① 《庚子出都留别》，《问琴阁丛书·哀怨集》，第3页。
② 《宋育仁》"国史馆存稿"，《民国人物碑传记》第342页。
③ 《十三经注疏·周礼注疏》，中华书局1997年版，第645～647页。
④ 《时务论》，《渝报》光绪二十三年十月下旬第3册。
⑤ 《周礼·郑注》，《十三经注疏》，第731页。

第十六章 清代四川文化（上）

光绪二十三年（1897）出刊的《渝报》，连续刊载经过修改的宋著《时务论》，篇篇都在阐述《周礼》所蕴涵的基本经义，不仅与现时的政府职能相吻合，与西方政治、经济、教育等方面亦多雷同。所以他主张"复古改制"，就能使国家富强起来。

同期刊物发表了一篇社论性文章，即《复古即维新论》，是宋育仁政治思想的集中体现，公开与康、梁维新派唱反调，并招来保守派的大帽子。然而仔细分析一下，仍值得进一步探讨，不能一棍子打死。宋育仁说："今天下竞言变法，不必言变法也，修政而已；天下尽言学西，不必学西也，论治而已；天下竞言维新，不必言维新也，复古而已。"① 他的"修政""论治""复古"三大论点，皆其研习《周礼》之所得。他比较了欧洲、非洲、南美洲为政之得失，认为今日中国之弊，皆言"富强而乐利"，而忽视传统的经义学教育，要培养"修政""论治"的管理人才，像《周礼》所言："惟王建国，辨方正位，体国经野"的政治家，能统率百官、万民，通经义而安邦定国，而不在于"人人能执西艺，操西语"，或"议者纷起，修海防，练陆军，造铁路，广电线"② 等方面。有人言"先圣先王不足师"，他则言此"必天下之狂瞽"。他要求士子普读"六艺"，培养千千万个"通经之用"的人才，再据英国的议会制度，提倡"君民共治"。他说："彼国有上下议院，上议世爵为主，下议士民为主，两比而从其众，两持而折其中。"他认为这就是《周礼·小司寇》所司，"掌万民之逆。逆者如上书矣，是民得以言达于上也。司寇询国危，询国迁，询立君，则举其重者而兴贤与听讼，又皆有询众庶万民之事，上下情通，则文具之法无焉，而弊之泰甚亦去矣"③。小司寇还要做到，以五声听狱讼，"一曰辞听；二曰色听；三曰气听；四曰耳听；五曰目听"④。一个现代法官，能做到"五听"，也不是很容易，其中，包括当事人双方讼辩文辞、心理、生理诸方面都包括在"五听"之内，甚为科学。故而宋育仁抓住《周礼》，而大作"复古改制"的文章，提出"政非议不行，议非公不行，而民众不能按户而说，执途而语，故由民举其能

---

① 《时务论》，《渝报》光绪二十三年十月上旬第 1 册。
② 《时务论》，《渝报》光绪二十三年十月上旬第 1 册。
③ 《时务论》，《渝报》光绪二十三年十一月上旬第 4 册。
④ 《十三经注疏·周礼注疏》，卷 35，"小司寇"第 873 页。

者，贤者代民达隐，陈其所利，除其所害"①。这就是宋育仁"伸民权"思想，"民献其意，主决其计……议有善者，未尝不举用也"②。若能做到，此即"君民共治"。

《时务论》初稿成于光绪十三年（1887），在京师流传。翁同龢说："宋育仁编修……以所作《时务论》数万言见示，此人亦奇杰，惟改制度，用术数，恐能言而不能行耳。"③可知其"改制"思想稍早于康、梁、廖"托古改制"说。迨《时务论》在《渝报》发表后，其影响在四川远远超过"托古改制"的维新派口号。《渝报》主笔潘清荫也在创刊号上，发表《经史之学与西学相为贯通说》，为宋育仁《时务论》宣传《周礼》治世说，提供舆论支持。

靠"五经"治乱治世，当然不可能。宋育仁的政治思想，只能作为清末川人对救国治世的一种独特思维方式，存于史籍。

研读《问琴阁丛书》，可知宋育仁的经济思想来源于《周礼·考工记》，来源于他的"通经之用"的执著追求，来源于在国外短暂考察的敬业精神，表现在他的著作《周礼十种》《时务论》和《采风记》三书之中。

首先，宋育仁考证了《周礼》缺《冬官》④一章，"以余观，考工三十工，即《冬官》事典……《冬官》盖未尝缺，河间此时为完书，非取而补之，盖故出然也"⑤。这一点确认非常重要，因为攻击《周礼》为伪书，往往均从《考工记》入手。

《考工记》中有 30 个工种，大致分六大部分，能制造车舆、宫室、兵器、礼乐诸器。"百工之事，皆圣人之作也"⑥。他们与王公、士大夫、商旅、农夫、妇功（纺织）六大职能部门组成了国家。即"国有六职，百工与居一焉"，地位很高，是不可或缺的重要部门。宋育仁据《考工记》，依照外国公司经验，结合本国实情，提出其在经济领域"复古改制"的设想：

"今有工部，复有内务府，宜以供御之事，一归之内务，而变通工部衙门旧

---

① 《时务论》，《渝报》光绪二十三年十一月中旬第 5 册。
② 《时务论》，《渝报》光绪二十三年十一月上旬第 4 册。
③ 《翁同龢日记》卷 33。
④ 后人考证，《周礼》为春秋末成书。西汉河间献王刘德因《周官》缺《冬官》篇，将《考工记》补入。刘歆时改《周官》为《周礼》。
⑤ 《时务论》，《渝报》光绪二十三年十月下旬第 3 册。
⑥ 《周礼·考工记》，《十三经注疏》第 906 页。

制，复《周官》之政，而参以外国之法。先责令工部司员晓习工事，若算，若舆图，若营造，若制作，若鼓铸……国与官民共集股，首立厂于京城，统于一署，而分为数区，凡为通业……欲为徒者，以都工为师；其采买用贾人；如庶人在官，其奉与入股，视都工为例……此礼经之义，既足以明制，且可以生财……"①

宋育仁在主管四川工商矿业时，鼓励集股发展工商实业，并规定"不招洋股，不借洋款，不动公款"，"官归官本，商归商本，分设官厂商厂，彼此各不相涉"，而且申明工商局不干预公司自主之权。他的这些措施对发展民族工商业无疑会产生深远的影响。但他在重庆时间甚短，而"大吏忌绅权""当道掣肘，事寝不行"②，只得悻悻离渝奔蓉，赴任尊经书院山长之职。不数月，戊戌政变事发，改革诸事俱废。但全川的工商业却呈现一个大发展时期，重庆的火柴业、玻璃制造、冕宁麻哈金矿开采、拟在叙州等地开采煤油等，都有宋育仁的一份贡献。

① 《时务论》，《渝报》光绪二十三年十一月中旬第5册。
② 《宋育仁》"原国史馆存稿"，《民国人物碑传记》，第342页。

第十七章　清代四川文化（中）

第一节　文学与艺术

一、清代四川文学艺术概述

康乾以来，四川经济得以缓慢恢复，县州府学相继建立，中举、中进士者日渐增多。自遂宁张鹏翮由进士而官累至武英殿大学士，其文风淳朴简明，诗作音律皆佳。此后，通江李氏三兄弟出，以李钟峨诗作最佳；丹棱彭氏三进士出，以彭端淑最善诗文；罗江四进士三翰林出，以李调元为文坛全才，李鼎元诗与书法最佳；遂宁张氏三兄弟出，以张问陶性灵诗作倾倒诗坛。在四川诗文界值得一提的还有刘沅、刘光第、杨锐、赵熙等人，在当时都是一流大笔手。

四川在清代出现很多女诗人，有名有姓者数十人，仅列数人以证其工诗技巧。杨雪娥《雪》：

银装袅袅辉帘外，玉屑霏霏落槛前；
醉酒深闺无别祝，望他膏泽兆丰年[①]。

[①]《国朝全蜀诗钞》卷61，第699页。

第十七章 清代四川文化(中)

宜宾闺秀张氏撰《燕窝》诗一首：

燕来双飞舞，重整壁上土；
殷勤为子孙，孰把劬劳补①。

最令人感动的还是林韵徵给张问陶的和诗：

爱君笔底有烟霞，自拔金钗付酒家；
修到人间才子妇，不辞清瘦似梅花②。

韵徵为四川布政使林儁爱女，因慕问陶诗才，不惜以"填房"下嫁，又因问陶嗜酒如命，官俸菲薄，酒债多多，故有"自拔金钗付酒家"佳句。

清诗发展到同光以后，出现了"诗界革命"，主张摒弃古典诗歌专为颂扬皇权的单一倾向，要求诗人放歌西方民主、自由、平等诸进步思想。夏曾佑、谭嗣同、黄遵宪等都是倡导者，以黄遵宪做得最好。四川众多诗人都投入"诗界革命"之中，告别风花雪月、皇恩浩荡、柔情似水等老套内容，也放松对古体诗、近体诗音韵、对仗、格律、用典诸方面的制约。同治时，崇庆州人吴克让《游圆明园》："四春憔悴埋秋草，五校荒凉隐暮筱；珠箔银屏销歇尽，更无人访内人斜。"③ 以及他的《万寿山》《屯海戍》等诗，都对现实社会中的丑恶有所揭露。涪州光绪乙未（1895）科进士邹增祐《庚子纪事》诗："红尘万骑仙居暗，白骨千树鬼哭悲；猿鹤沙虫同一化，责言深悔补牢迟。"④ 对发生在京都的不幸事件，万分感慨"补牢迟"。灌县羌族诗人董湘琴（1843~1900）应邀赴松潘，沿途写了很多自由体诗歌，记载途中山关险阻，抒发诗人内心的激情。如在《瓦寺土司》一诗中写道："过桥去，涂禹山，瓦寺土司，蜀国屏藩。土司土

---

① 《国朝全蜀诗钞》卷62，第6页。
② 《外子为余写照得其神似诗以谢之》，《蜀诗总集》，天地出版社2001年版，第657页。
③ 《蜀诗总集》，第890页。
④ 《蜀诗总集》，第987页。

官，论世袭远追汉唐，五年一贡递相传，慑服荒边。"① 这种自由诗格式，是古体诗向白话诗过渡体裁。最能代表"诗界革命"的成果，还有四川革命党人激人奋进的诗作。其中有邹容《狱中答西狩》：

> 我兄章枚叔，忧国心如焚；
> 并世无知己，吾生苦不文。
> 一朝沦地狱，何日扫妖氛；
> 昨夜梦和尔，同兴革命军②。

饶国梁《由沪返滇途中》：

> 北来南去复春秋，西风潇洒动人愁。
> 萍飘支剑孤身在，志士心肝索虏头③。

杨庶堪《宣统元年秋成都送志士入京》：

> 冠盖京华憔悴行，忽将血泪向时倾。
> 一生知己惟刘惔，何日还山了向平④。

龙鸣剑《和西狩》：

> 中原久陆沉，英雄出隐沦。
> 举世呼不应，抉眼悬京门。
> 目瞑负多疚，长歌招国魂。
> 头颅当自抚，谁为墨新坟⑤。

---

① 《松遊小唱》绘图本，四川美术出版社2004年版，第44页。
② 《蜀诗总集》，第991页。
③ 《蜀诗总集》，第994页。
④ 《蜀诗总集》，第1009页。
⑤ 《蜀诗总集》，第1038页。

第十七章 清代四川文化（中）

此外，秦枋撰《蜀辛》收集无名氏《咏辛亥保路死事》《秃厮儿二十首》等诗，都在颂扬革命，反对封建镇压。他们既是政治上的革命者，又是"诗界革命"的带头人。

清代四川在艺术上最有成就的就是川剧正式诞生了，这归功于移民大潮将各省声腔带进四川，使五种声腔融入四川社会，经艺人、剧作家和官员的提倡，使川戏能北上京都，东下江南，名噪一时。到清末时，川剧终于在各戏班中占据了不可动摇的位置，并日益为四川各阶层人民接受和喜爱。与此同时，四川曲艺也日渐定型化，尤以扬琴、清音、评书市场占有率最高，市场运作也日益规范。

二、彭端淑与《示子侄》文

彭端淑（1699～1779），字仪一，号乐斋，丹棱县人。世为当地望族。端淑行二，自幼聪慧好学，雍正四年（1726）乡试中举，十一年（1733）与其弟肇洙同榜进士，授吏部主事。两年后，弟遵泗亦登进士。兄弟三人皆长于诗文，时京师有"三彭"美称。四川士子则以"丹棱三彭"赞之，与稍后罗江李氏"一门三翰林"，同辉于乾嘉文坛。

彭端淑为官正直，善理政务，历任吏部员外郎、文选司郎中等职。乾隆十二年（1747），任顺天府乡试同考官。乾隆十九年（1754），擢升广东肇罗道，以治事勤敏、无私敬业而名闻岭南。后在执行公务乘舟返任途中，不慎堕海，险葬鱼腹，因而无意宦途，于乾隆二十六年（1761），辞官归里。

乾隆二十九年（1764），彭端淑受聘执掌成都锦江书院。他提倡以实学育人，一再告诫学子要勤学苦读，相互切磋，永不自诩自夸。他的《赠僧》《再掌教锦江书院作》《为学一首示子侄》等诗文，对学子都有启迪作用，培养出一批进士、翰林和蜀中硕才。李调元、李鼎元、姜锡嘏、龙煜岷等皆出其门，开创了锦江书院又一极盛时期。他40岁以后才撰写文章，阅5年成集；又花了25年时间写诗，成《白鹤堂诗稿》，此时他已73岁，仍笔耕不已，其为学之精神为后世崇仰。乾隆四十四年（1779）病逝于成都，享年81岁，是康乾时期四川诸大学者中，活得最长的大文学家。

彭端淑文章以散文最佳，传记次之，诗又次于文。其文风短小精练，无繁文赘言，亦不尚华丽辞藻，顺乎自然情势，一气呵成。其《文论》一文说："作文之道有三：曰学、曰识、曰才。才所以辅吾之学，识以达于文者也。有学有识，而才不至，则无以达其所见，以行于自然之途……呜呼！学可充之而富也，识可引之而高也，惟才不可强。才固授于天者也。"① 后人评价此文，"气势雄厚，笔力刚健，非善司马迁、韩愈之文者，不能几也"②。

彭端淑散文之最，当推《为学一首示子侄》。全文如下：

> 天下事有难易乎？为之，则难者亦易矣；不为，则易者亦难矣。人之为学有难易乎？学之，则难者亦易矣；不学，则易者亦难矣。
>
> 吾资之昏，不逮人也；吾材之庸，不逮人也；旦旦而学之，久而不怠焉，迄乎成，而亦不知其昏与庸也。吾资之聪，倍人也；吾材之敏，倍人也；屏弃而不用，其昏与庸无以异也。圣人之道，卒于鲁也传之。然则昏庸聪敏之用，岂有常哉！
>
> 蜀之鄙有二僧：其一贫，其一富。贫者语于富者曰："吾欲之南海，何如？"富者曰："子何恃以往？"曰："吾一瓶一钵足矣。"富者曰："吾数年欲买舟而下，犹未能也。子何恃以往？"越明年，贫者自南海还，以告富者，富者有惭色。西蜀之去南海，不知几千里也，僧富者不能至，而贫者至之。人无立志，顾不如蜀鄙之僧哉！
>
> 是故聪与敏，可恃而不可恃也；自恃其聪与敏而不学者，自败者也。昏与庸，可限而不可限也；不自限其昏与庸而力学不倦者，自力者也③。

这篇著名散文，影响后世两百多年，至今仍为初学者的范文。《国朝古文选》选15家，文45篇，把彭端淑与顾炎武、魏禧、陆陇其等同列其中。清以后，均入选中小学课文，并作为大学文科学生习作范文。《中华活叶文选》《中国历代散文选》均入选。彭端淑散文"自成一格"，永远生辉于中国文坛。

彭端淑主张写诗要"有为而作"，反对酬唱饮宴以自娱，登临游历以自乐。

---

① 《彭端淑诗文注》，巴蜀书社1994年版，第450页。
② 张舜徽：《清人文集别录》。
③ 《彭端淑诗文注》，第464页。

这是受陶渊明、杜甫的影响。他给"有为"说下的定语是:"志动而为情,情发而为言,是以咏歌、嗟叹皆出于有为,虽使圣人见之,或不废也"①。在"有为而作"诗论的框架内,彭端淑写了300多首"言志""言情""恤民""感愤"的诗作。

三、文坛全才李调元

李调元(1734~1803),字羹堂、赞庵、鹤洲,号雨村、童山蠢翁,常以调元、童山、雨村为其著作落款。原绵州罗江县人。乾隆二十五年(1760)四川乡试中举,二十八年(1763)赴京会试,获二甲第五名进士,钦点庶吉士,入翰林院深造。此后,李调元见到《四库全书》收集的众多古籍版本,如饥似渴、废寝忘食阅读、誊抄,为后来万卷楼书库和《函海》的编辑打下了基础。后历任吏部文选司主事、考工司主事、广东学政等职。其间,除勤于任事外,编著有《岭南视学册》26卷,《南越笔记》10卷,《观海集》10卷,《粤东试牍》2卷,《全五代诗》100卷。任满回京,于四十六年(1781),补任为直隶通永道道台。在任内创潞河书院,为辖境士子谋科举之路。次年,因运送《四库全书》去盛京,在通永道辖境内被雨淋湿,引起乾隆震怒,部判"发伊犁充当苦差"。后经吏部堂官奏以李调元母老为由,愿以二万金赎罪获准。

在留住通州的两年中,研究汉学,撰《古文尚书辨异》等多部著作,并辑《蜀雅》20卷,刊刻《函海》30辑。乾隆四十九年(1784)春随带已刻《函海》板片离通州回罗江。

李调元自归里后,主要是致力于《函海》的定稿和刊行,并常到成都及川西诸县拜会故旧、游历,都留有诗作。60岁以后,蛰居罗江,写了很多诗篇,表达其尊唐兼宋的诗风,鞭斥世间不平诸事。

在李调元去世前两年,发生了两件使他悲痛欲绝的事:其一,嘉庆五年(1800),万卷楼被当地土棍何氏父子焚烧,"楼共五楹,贮经史子集四十厨,内多采宋刊抄本尤多"②。调元心碎,有"烧书尤烧我"哭诗三十韵③。其二,李

---

① 《彭端淑诗文注》,第258页。
② 《童山自记》,第57页。
③ 《童山诗集》卷40,第537页。

调元平日偏袒姚氏所生二子，在白莲教事起，阖门逃至成都避难，长子李朝础夫妇与养子俞隆夫妇忤逆不孝，席卷家财而去。李调元受到很大打击，身心悃悴，留下遗嘱，将二人逐出族门，并盼当地官员若遇家庭争讼，"念弟一生辛苦，年老无侍，伏乞照生前《童山自记》判断，重治逆子，追回私产，使二子平分，则虽九泉，亦必衔环以报矣！"①

嘉庆六年（1801），李调元对其父所书《梓里旧闻》进行重新组合，作序，并改名《罗江县志》。七年（1802）底，李调元含恨卒于罗江，享年70岁。

李调元在经学上著作甚多。乾隆四十九年（1783）撰《古文尚书辨异》1卷，《古文尚书证讹》10卷。他是偏向经古文学派的，其所撰《易古文》《周礼辑要》《三传比》《礼记补注》《仪礼今古考》《十三经注疏锦字》等，都有这种学术倾向。

李调元在文坛上造诣很深。除《童山文集》《童山诗集》《雨村剧话》外，其所编辑的《函海》40辑，是李调元最大贡献。四川自明末清初兵祸之后，不仅人口骤减，生产凋敝，且案卷、书籍散失殆尽。川中书少，萌发了李调元广辑古书之念头。经在浙江、广东、京师等地的搜集，在乾隆四十三年（1778），李调元就有了腹稿和初步打算，于通永道任内，开始编辑《函海》巨著。

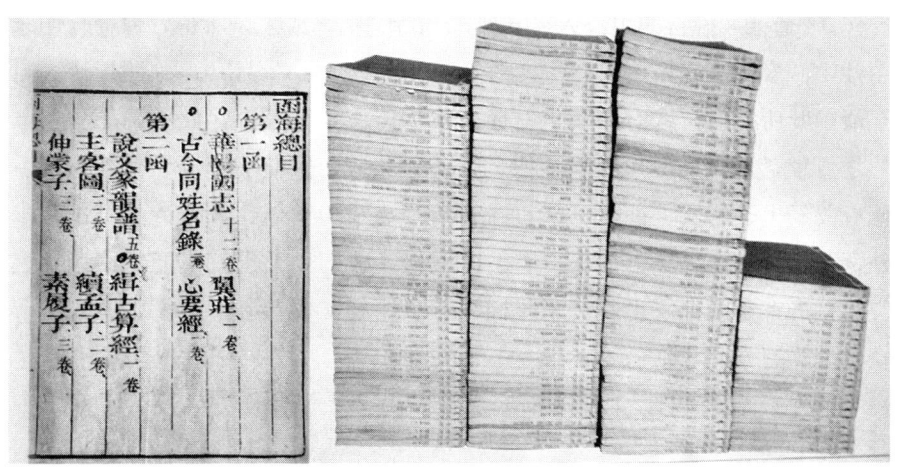

图17-1 李调元的《函海》

---

① 《童山自记》，第60页。

第十七章 清代四川文化（中）

今存《函海》有几种版本。一是乾隆四十六年（1781），李调元出任通永道，是年即开雕《函海》，拟于次年完成，称为"通州本衙版"。"书成分为三十集，自第一至十，皆刻自晋而下以至唐宋元明诸人未见书，自十一至十六皆专刻明升庵未见书，自十七至三十，则附以拙刻。"①"全卷共一百五十种"②。二是以通州版为基础，补刻10集混合编为40函，是为万卷楼版，又称《续函海》③。前16函与通州本衙版同，"自十七至二十四，则兼刻各家未见书，参以考证；自二十五至四十，则附以拙纂"④，共收书159种，于乾隆末陆续印完。三为道光重校本，在广汉刻印。嘉庆中李鼎元重校，李调元之子李朝夔于道光五年（1825）印行。40函未变，函内各部书稿略有调整，总计有161种。四为光绪六年（1880），广汉人钟甲登鉴于道光以后《函海》"板付灰烬"⑤，故广为搜集"万卷楼"本，重刊《函海》，于光绪八年（1882）付梓。版心版面均小于"万卷楼"本。

在历史上，川人编著丛书甚多，《函海》的贡献尤著，"其表彰先哲、嘉惠来学，甚为海内所称"⑥。其一，完整地保存了杨慎著作。今杨升庵全集，皆依《函海》本，对繁荣四川学术文化李调元功莫大焉；其二，为今本《华阳国志》的完整性，做了收集与考订工作，得到后人赞誉；其三，编辑《蜀雅》，保留众多诗作。《蜀雅》摘自四川诗人已刊或未刊诗文集，或采风所得，保存自明末至清中叶100多年来四川诗人诗作，衔接费经虞⑦所编《蜀诗》，则四川诗人自汉唐至清中叶所有名诗皆有归属也。而今不少诗文集已不存，此亦调元先生《蜀雅》之贡献，让时人得知四川是诗歌强省；其四，保存了李调元全部著作。李调元有关经史、诗文、词赋、金石、音韵、戏剧均有佳作，除诗文有单行本流传外，其他著作若无丛书汇集，恐早已散佚，我们今天也就不能全面评价这位出类拔萃的大学问家了。其父李化楠《石亭诗集》《醒园录》《罗江县志》等亦

---

① 《函海序》，《童山文集》卷3，第36页。
② 《函海后序》，《童山文集》卷3，第37页。
③ 嘉庆《罗江县志》卷24"人物"。
④ 《函海总序》，仿万卷楼本。
⑤ 钟登甲：《重刊函海序》，《函海》光绪乐道堂本。
⑥ 《清史列传》卷72。
⑦ 费经虞，字仲若，号鲜民，费密之父，崇祯己卯（1639）举人，官至昆明同知，著有《荷衣集》等。

均得以流传于后世。

李调元誉满宇内，咸称他为乾嘉时期四川才子，"蜀中撰述之富，费密而后，厥推调元"①。

李调元不仅文冠西蜀，并以擅长诗作而为诗坛所公认。其诗作均收入《童山诗集》，并有《雨村诗话》《雨村词话》《雨村曲话》《蠢翁词》以烘托。他的《石匠行》《窑户行》《乞儿行》《担炭行》《农夫词》《牧童词》等，同情百姓疾苦，鞭斥贪官污吏横行不法，值得赞许。他在广东学政期间，作《采珠曲》，对采珠者寄予无限同情：

> 海底螺筐何处探，藤条丝兼人发缆；
> 翻涛惯与恶龙争，入窟宁辞巨鱼唸。
> 可怜性命系縆绳，得珠多寡仍无凭；
> 摘来骊颔两三颗，尽出鲸波几万层②。

李调元一生好读书，通于经，善为诗，精于文，长音韵，博金石，懂戏曲，是清代四川最有成就的全才大学者。1995年，他的大部分著作，被收入《续修四库全书》，得到学术界的肯定。

四、性灵派杰出诗人张问陶

张问陶（1764～1814）字仲冶、柳门，号船山，四川遂宁人。出生于山东馆陶，其父时为山东省馆陶令，故取名问陶。康熙时大学士张鹏翮之玄孙，祖辈皆官僚世家，亦是书香后代。问陶自幼聪慧过人，15岁即能赋诗。乾隆五十四年（1788），张问陶应顺天府乡试，中举人，27岁时中乾隆庚戌科（1790）进士，入翰林院庶吉士深造，散馆授检讨，每日轮值午门，司奏章传递、誊录诸务十年之久未外放，因其性格孤傲，不被上司推荐。直至嘉庆六年（1801）才奉派教习庶吉士，十年（1805）改任御史，十四年（1809）选任吏部郎中。十五年（1810）任山东莱州知府，因与山东巡抚龃龉，于嘉庆十七年（1812）

---

① 《清史列传》卷72。
② 《童山诗集》卷16，第212页。

第十七章 清代四川文化（中）

初被迫辞官，是年已49岁，遂携家移居苏州。不二年去世，留下诗作4000余首。友人选其中2000余首汇刻成集，名曰《船山诗草》①。张问陶还擅长书法、绘画，造诣颇高。

清代诗派大致分为崇唐、尊宋、唐宋皆兼、非唐非宋四大类；康乾时，按诸家诗的理论分派，大致以格调派、肌理派、神韵派、性灵派为四大派。各派互相批斥、攻讦，均言己是而彼非，言词之激烈，可见诸家"诗话"。

清代首主性灵说者是江南大诗人袁枚（1716～1797），主张"贵今""创新"，认为"性情遭际，人人有我在焉，不可见古人而袭之，畏古人而拘之也"②。因此，他对其他诸派均有批判。并主张少用典，语言通俗，诸凡人间情爱、钱财、酒色，都可以诗颂之。赵翼（1727～1814）继其后，主张"性情""趋新"。张问陶比袁、赵小一辈，但他主张性灵说更有战斗力。其《梅花》一诗，堪称一绝：

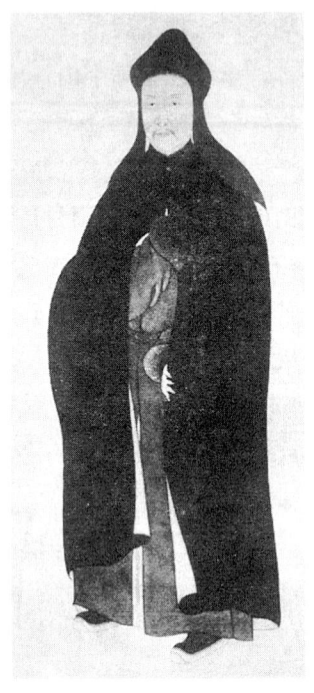

图17-2 张问陶画像

    天生不合寻常格，莫与春花一例香……
    照影别天清净相，传神难得性灵诗。
    万花何苦争先后，独立能香亦有时。

又如：

    文章体制本天生，只让通才有性情。
    模宋规唐徒自苦，古人已死不须争。

---

① 本目所引张问陶诗作，除特别注明者外，均引自《船山诗草》，中华书局1986年版。
② 《小仓山房文集》卷17。

这是对尊唐崇宋派的嘲讽。他在翰林院与人论诗,就有:

诸君刻意祖三唐,谱系分明墨数行;
愧我性灵终是我,不成李杜不张王。

张问陶我行我素,没有单独的"诗话"专著,其诗歌理论都包含在诗作之中,其中以《论文八首》《论诗十二绝句》最为集中。"诗中无我不如删,万卷堆床亦等闲",以"我"为中心是性灵诗的基本诗论。剖析诗人每一首诗,充满了自"我"的激情,表述自"我"对周围一切事物的唱颂或贬斥,主张:"诗成何必问渊源,放笔刚如所欲言。"不模仿,不慕门派,走自己的路,是张问陶写诗的基本理论,所以他的诗在40岁以后写得更好,更能体现他的倔强性格和不断创新的拼搏精神。

张问陶也写了一些关心百姓疾苦的诗作。如河北饥荒之时,他作《拾杨稊》诗云:"拾杨稊,老妪苦,绿瞳闪烁如饥鼠。人摅柳叶我无梯,人斸柳皮我无斧。"

嘉庆三年(1798),张问陶由成都出发回京,途经宝鸡,有《宝鸡县题壁十八首》,被时人推崇可与杜甫题壁比美,溢美之词不绝篇幅。诗中追究三年数省兵祸"焦土连云万骨枯"的战争责任,其中有对庸吏的嘲讽,也有对白莲教起义的咒骂。"题壁十八首"虽然指斥庸吏,但诗的主旨是"宵肝空贻圣主忧",是诗人忧心"群盗如毛久未平",故向清廷献计献策,"悲来欲献平戎策,夜仰危檐手自叉"。就是因为"杀""剿""献计献策"的诗句多,所以博得清代士子廉吏的喝彩。今日细审,对《宝鸡县题壁十八首》的社会价值显然应当重新评价。

张问陶一生嗜酒,以致到酗酒、滥酒的地步。丙辰年(1793)写诗83首,其中有关酒的诗就有41首,几占一半。佳作如《醉后口占》:

锦衣玉带雪中眠,醉后诗魂欲上天。
十二万年无此乐,大呼前辈李青莲。

由于喝酒过多,负债累累,又伤及身体,30出头,就咳嗽不止。40出头,已是骨瘦如柴，50余岁就命丧姑苏。

除嗜酒外，张问陶的另一特点是狂傲。他自诩才过李、杜，对其最尊敬的袁枚，也诗云："何止随园一瓣香"。他自言"手中诗卷惊时辈"，与好友饮酒唱和，常流露出狂傲且蔑视一切的态势。"酒"与"狂"，构成了船山诗作的主轴，故堪称乾嘉时期诗坛一怪才。

张问陶是清代最有才华的诗人之一。他坚持并发扬性灵诗派诗风，写了很多脍炙人口的佳作，当时就极受推崇。袁枚称赞张问陶的诗"沉郁空灵，为清代蜀中诗人之冠"。清末学者孙桐生评价张问陶说："所为诗，专主性灵，独出新意，如神龙变化，不可端倪。近体超妙清新，雅近义山。古体奔放奇横，颇近太白。卓然为本朝一大名家，不止冠冕西蜀也。"① 他在编《国朝全蜀诗钞》时，选张问陶诗最多。诗人张维屏言："然先生官未昌而诗则大昌，年未永而名将愈永，则造物之于先生厚也。"②

五、杨锐、刘光第的诗文成就

（一）爱国诗人杨锐

光绪时期，封疆大吏张之洞曾夸奖杨锐及其长兄杨聪为"蜀中今日之轼、辙"。杨锐在尊经书院读书时，就有"扬雄再世"之赞，杨聪后来还任尊经书院山长，可谓杨门家学严谨，子弟拔萃。光绪五年（1879），四川学政谭宗浚所编《蜀秀集》中，收有"杨锐文、赋11篇，诗22题"③。现存杨锐诗文有沈宗元编《杨叔峤文集》《杨叔峤诗集》，张元济编《说经堂诗草》等。

爱国主义是杨锐诗文的主旋律，光绪二年（1876）杨锐19岁时作《闻官军收复乌鲁木齐》诗：

> 回首关中乱，孤儿弃走多。
> 秦川流战血，瀚海濯恩波。
> 雪尽黄金堡，春生绿玉河。

---

① 《国朝耆献类征》卷244，补录。
② 《国朝诗人征略》卷51。
③ 《杨锐著述初探》，《杨锐刘光第研究》，巴蜀书社1989年版，第117~118页。

明年是青草，葱岭奏铙歌①。

杨锐入张之洞幕府，适逢中法战争、中日战争两件事关国家兴亡的大事，诗人义愤填膺，作《客闻越南战事》《闻倭灭琉球》《南皮师六十寿诗》诸诗②。谴责朝廷作为战胜国反拱手将藩篱让给侵略者，真是"夷舶波涛来鬼国，袄祠风雨变神州"，"白马要盟事竟同""金牌真悔易和戎"，申斥道光至光绪四朝割地赔款辱国之事，颂扬冯子材镇南关大捷，"溢寇南关第一功"。表达诗人爱国之情的作品还有：《喜闻官军收复伊犁》《失题》《荆州四首》《登广州五层楼》《前蜀杂事》《读宋史》等等，从中可窥见杨锐是以诗系史的爱国主义诗人。

杨锐诗赋在言志、抒情、恤民、咏景等方面都留有佳作，其中"明月出边城，流光照汉京；秋风何处至，吹送捣衣声"的《捣衣篇》，曾被誉为"清丽而有风旨"、脍炙人口的六朝古乐府，曾在京都、两湖、巴蜀广为传诵。

杨锐文章亦炉火纯青，其"代人作奏"，如利刃一柄，收除奸佞护良吏之功。在入值"军机章京时，决疑定难，枢垣旧僚皆拱手推服，每一起草，条理精密，往往数百言无一字移易"③。他的赋、论序、解等文体数十篇，不乏佳作。其中《读鹖冠子》一文近似乾嘉考据之学，旁征博引，足证作者知识广博；文章用词引典，流畅清晰，足证作者有大手笔文学功底。最后论证"鹖冠子"为魏晋时作品，"时承清谈风尚之余，好事者因赝为一书，以投时好，略缀旧闻，杂采他书，附以己意。故其精语，亦间与诸子争衡；而其悖谬不经之谈，如谓尧不慈，舜不孝，仓颉不道，汤武放弑利其子……亦惟六朝人始敢为之"。论《鹖冠子》文章甚多，如韩愈、柳宗元、王应麟诸大笔手都有专文，杨锐《读鹖冠子》一文，可与之比美，且其考据部分尤过之，但仍仅一家之言。他还著有《隋书补注》《晋书注》，惜已散佚。

（二）革新派作家刘光第

刘光第少时家境贫寒，父殁时，兄妹皆年幼。其母王氏，勤劳持家，并勉励刘光第弟兄读书上进，为四川培育了一位伟大的爱国者和诗文并茂的革新派

---

① 《杨叔峤先生诗集》，《续修四库全书》1568册，第247页。
② 参见《杨叔峤先生诗集》，《续修四库全书》1568册。
③ 参见《杨叔峤先生事略》，《续修四库全书》1568册。

第十七章 清代四川文化（中）

作家。为感谢母亲的抚育，刘光第作《王太恭人家传》，又撰《先妣述略》，两文表现了一位贫穷人户的母爱，至今读来尤催人泪下。母亲王氏"自奉啬，而济人则力避寒俭；持躬洁且峻，而论人务掩其瑕疵"①。

由于母亲督学极严，刘光第亦能发奋读书，14岁即能诗，现存诗678首，包括咏史、咏物、咏名山古刹，以及少量与友唱和之作。

刘光第恪遵"诗文必无一赝语，而不欺其志，斯无愧著作"②的原则，故其诗文均体现作者高风亮节之志，忧国忧民之心态。在中法战争时期，他"拔剑高歌"："哀牢犯徼古亦有，英法今逼西南疆……君不见，冰洋谁去持节旄，画界弃边罪莫逃！"③刘光第爱国主义诗篇甚多，但用词用语隐晦难揣，用典冷僻难辨，反映了三唐诗风诗骨，必须细读深思，才能悟得诗人师从杜甫的真谛，其《送宋检讨育仁充英法等国参赞》六首，既是刘光第爱国主义思想的又一亮点，也是清代诗坛崇唐派作品之一。其一：

> 海邦玉帛久相从，忽忆当年靖海烽。
> 白日鲸鲵愁鬼国，热河霜露泣文宗。
> 似闻野火延空苑，真见花旗列峻墉。
> 不尽万方臣子恨，昆明战舰有长龙④。

诗人将道咸以来"城下盟成剧可怜"⑤的历史，真实着墨于诗行之间，令人倍感屈辱、愤慨；其对仗、比兴、韵律、用典均依唐诗格调，这与杜甫的《北征》《收复三京》《送郑虔贬台州司户》等史诗颇类似。后礼部侍郎朱孝臧言："裴村……有少陵意境。"⑥刘光第对杜诗执著的探索，再通过艰苦的磨炼，中年以后，诗文技巧大有长进，跻身于清末文坛。宋育仁、赵熙等人皆言刘光第诗学杜甫，时人无不钦仰。最能代表学杜诗的佳作是《梦中》一首：

---

① 《王太恭人家传》，《刘光第集》，中华书局1986年版，第42页。
② 高楷：《刘光第传》，《刘光第集》，第439页。
③ 《刘光第集》，第342页。
④ 《刘光第集》，第389页。
⑤ 《刘光第集》，第390页。
⑥ 《晚晴簃诗汇》（4），第371页。

梦中失叫惊妻子，横海楼船战广州。
五色花旗尤照眼，一灯红穗正垂头。
宗臣有说持边衅，寒女何心泣国仇。
自笑书生最迂阔，壮心飞到海南陬①。

刘光第对宫廷奢侈、官吏贪滥都有诗予以揭露。对广大百姓遭受的苦难，亦有诗作表示同情："饱食长祝太平年，不识国危吁可怜。草根树皮食已绝，故里哀鸿眼流血！"②

刘光第文章学韩愈，为文气势雄浑，表达文意清晰，无魏晋华丽辞藻，不讲音律对仗，序、传、记、铭都有佳作，其中尤以《甲午条陈》《论〈校邠庐抗议〉》及书札最为精彩，都是文章技巧上的佳作。

光绪二十年（1894），中日开战不数月，忧国忧民的刑部候补主事刘光第，以"末秩小臣"，撰改革御敌《甲午条陈》，其政治上的创建诸点，切中要害。再从文采而言，亦是一篇极佳的议论文。他希望光绪"勃然奋发，内断于心，披览史册，鉴古今之成败，周知海内，酌中外之利害，然后用开创之规模，为继述之事业。彼外洋诸大国闻之，尤当心折气沮，况于胜倭，必如操券"。用"勃然奋发，内断于心"八个字，真气势雄浑，语重心长，将刚从慈禧手中接过权力的光绪皇帝卑弱谨慎的心态，都刻画出来；只要励志改革，列强闻之皆"心折气沮"，此四字用得更妙；"况于胜倭，必如操券"又给光绪皇帝以鼓励，真可谓撰文之高手。

刘光第学韩愈古文体例，惟妙惟肖。故泸州进士高楷说："工为古文，雄厚肖昌黎"③；宋育仁说："光第古文学昌黎，诗兼学韩、杜，书法学颜平原，时辈罕与抗手"④。

六、清代四川竹枝词

竹枝词原名竹枝，最早是流传于楚西川东一带的民歌，内容多三峡风光、

---

① 《刘光第集》，第126页。
② 《京师蔬菜有最美者漫赋》，《刘光第集》，第341页。
③ 《刘光第集》，第439页。
④ 《刘光第集》，第442页。

男女爱情，以当地方言、民谚、俚语充饰其中。据唐朝冯贽《云仙杂记》载："张旭醉后唱竹枝曲，反复必至九回乃止"①，可知竹枝曲在唐开元以前就已存在。

竹枝曲谱只在民间口头流传，古曲早已失传。道光时，陶澍由川东道任升迁，作《泊重庆》一首："山川自昔雄巴峡，风俗于今半楚人，何处渝歌中夜发，竹枝声古调翻新。"② 同治年间，进士洪良品认为竹枝词是古巴渝曲，其词不传，唐刘梦得始拟为之，沿至今，骚人墨客皆习之。可见，清代竹枝内容亦离巴渝古风甚远。内容和曲调的变化，是"竹枝词"得以留存和发展的必然趋势，故仍以声文并茂跻身于民歌丛中而不衰。

形式往往是一种艺术得以保存的关键。"竹枝"最早以七言二句十四字流行，多数以平韵为常体，仄韵甚少，便于一般庶民脱口而出，无须深厚文学功底，甚而即兴而作。后竹枝词四句体较普遍，经唐代诗人刘禹锡提倡而成为一种民歌体诗，七字一句，四句一组，类似七言绝句；可以单组，也可以多组，又类似七古。每组分述一事一物一景，每组可以押同一或近似声韵，以平声为多。歌舞时手执竹枝，击鼓以赴节。因手执"竹枝"为不可少之特征，故以"竹枝词"名之；因为一般平民百姓喜闻乐见的艺术形式，故而经久不衰。

七言四句竹枝词，与七言诗最大的区别，在于押韵、比兴、对仗、用典、含蓄、影射、转韵诸种技法，前者宽松，后者不得逾越雷池半步。竹枝词带拗格，往往又与七绝近体相似；也可以说"竹枝词"以拗格为常体，以七绝近体为别体。

入清以后，竹枝词的创作盛于历朝，但与"巴娘"古典完全脱节。手持竹枝边歌边舞，除瑶、苗族外，亦甚罕见。不少官员、士子主政、主教或游历四川各地，都有竹枝词留世，或记载于个人著作或为府州县志所收录，故能保存至今，并继续影响后世。呈现以下特点：

其一，流行范围扩大了。竹枝词不仅流行于巴渝与湖广接壤地区，而且扩大到全川各地，甚而外省州县；民国以前新修方志艺文目类，一般都选存几首竹枝词；清代四川诗人墨客也都存留篇数不等的竹枝词。

---

① 《唐诗百名家集·顾逋翁诗集》卷4。
② 《陶文毅公全集》卷59，（台北）文海出版社1968年版，第37页。

其二，内容扩大了。清代四川竹枝词已不是专歌三峡的题材，它包括了各地不同风土民情，涉及各个行业、时令季节、花鸟虫鱼、茶馆酒肆、政令弊端、怪人怪事，可谓琳琅满目，各显风骚。其影响力之深，从参与竹枝词的创作者可见一斑。现摘数首以佐证：

武英殿大学士熊赐履："白帝城边月转低，巫山凄断杜鹃啼；扁舟直下黄牛峡，一夜风吹到鄂溪。"①

神韵诗派创始人王士禛："锦官城东内江流，锦官城西外江流；直到江阳复相见，暂时一别不须愁。"②

四川著名诗人费锡璜："邻舟谁唱采莲声，秋月凄凄秋露情；一曲未终天已白，不知潮水夜来生。"③

四川全才学者李调元："穿遍清渠与浊渠，斜风细雨钓皆虚；万家港里君休去，上钓无非小白鱼。"④

有关介绍农业生产经验的竹枝词也很多，有普遍的指导意义。作者多为当地官员，重视农桑，以求治地丰收平安。

拔贡万清涪《南广竹枝词》："农人谁识养花天，晒水惟求暖稻田；莫到秧门开月半，莫教春雨再绵绵。"⑤

绵州知州文棨《左绵竹枝词》："养蚕天气费商量，疏雨才过遍夕阳；拟约东邻诸姐妹，来朝同登马头娘。"⑥

嘉庆八年（1803），钱学宪以《锦城竹枝词》百首之作，对清代成都坊间民情、风俗、时尚作了生动而又细微的描述。川西俨然成为竹枝词的第二故乡。

当然，这些冠名的竹枝词，不一定都是原汁原味手执竹枝的"巴娘"声腔，只保留一种即兴发挥的近体诗与打油诗相间的民歌体裁，专以泛咏地方风物为务。这样，古老的"竹枝词"词格形式就被保留下来，并日益为更多的士子和百姓所接受。

---

① 《经义斋集》卷18。
② 《渔洋山人转华录》卷7。
③ 《江上竹枝词》，《掣鲸堂诗集》卷9。
④ 《钓鱼竹枝词》，《童山诗集》卷35，第481页。
⑤ 《南溪文征》卷2。
⑥ 民国《绵阳县志》卷10。

第十七章 清代四川文化（中）

七、川剧

川剧是我国著名的地方剧种之一，主要流行于四川，兼及贵州、湖北、云南的部分地区。作为我国地方戏剧中较为古老的剧种，川剧直接继承和发展了我国民族戏曲的优秀传统，无论是反映广义的社会生活，还是描绘风土人情，具有不同于其他剧种的独特的艺术风格和浓郁的地方色彩。

川剧作为一个地方剧种，大约产生于清乾隆年间。

川人原本能歌善舞，擅长戏曲。唐、五代时期，就有"蜀戏冠天下"之美赞。明代，川调杂剧曾到湖北、江苏等地演出，颇受下层百姓欢迎。明末清初，四川遭受兵燹之祸，人亡居毁，丝弦绝唱，优伶散匿。经过康雍乾数十年大移民后，四川人力资源得到补充，经济才逐渐恢复，巴蜀大地又现人气。在移民浪潮中，也带进各省戏曲文化，皮簧腔、弋阳腔、苏昆、秦腔等，都对川剧的诞生，起了不可忽视的作用。川省文化先驱有吸纳百川的海量。他们善于运用外省唱腔、道白，改用四川方言，伴之以使人耳悦心欢的打击乐器，苏昆即变成川昆，"皮簧"则成为四川的"胡琴戏"，秦腔则变成了四川"乱弹"，而四川高腔中又增加了弋阳腔。于是，昆腔、高腔、弹戏、胡琴、灯戏五大声腔在乾隆中期已为四川各地戏班所采用，四川地方新剧种，跻身于中国戏曲大舞台，展现出无穷的后续发展潜力。

图 17-3 川剧绝活——吐火

图 17-4 川剧绝活——变脸

川剧有许多鲜明的特点。如使用四川方言，词汇丰富、生动，演员一张口，便川味十足；川戏打击乐器独特，锣鼓曲牌有二三百种，故有"一台锣鼓半台戏"，"三分唱七分打"之说；川剧剧本甚多，不少于千种，且文字优美，诗意丰赡，脍炙人口。而最能表现四川特点的是"高腔"。"一唱众和的高腔最有特色，而且具有代表性。它不仅剧目繁多，所唱曲牌也最为丰富，能适应各种剧情和人物的需要。"① 它的艺术特色表现为"帮打唱"三者有机的融合。四川在乾隆时期出现的新高腔，已发展成为后台帮腔定调，为演员延续喜怒哀乐剧情，表现剧中人物内心世界的道白等等，进而在川剧各种声腔结构中占主导的地位，起核心的作用。后来众多压轴大戏，如《玉簪记》《彩楼记》《谭记儿》《情探》等，都因有优雅的"帮腔"而使剧情进入绝佳境界，令听众回味无穷。"高腔"与"帮腔"就这样密切融合在一起，发挥了其吸引观众的特殊作用。可以说不识高腔，就不足以言川戏。

早期川剧以班社为活动单位，对川剧的传播与交流，对各种外来声腔逐步地方化并最终形成独特的川剧艺术起了重要作用。在乾隆、道光年间，较早的班社便已先后出现。它们多以不同的声腔组班，各唱一种声腔，活动在某一地区，拥有一批独特的剧本和优秀演员，形成不同风格流派。当地群众则按其不同的声腔分别呼之为"昆腔班子""高腔班子"或"丝弦班子"（胡琴与弹戏的合称）。在当时交通闭塞的情况下，各班社往往通过各条水路分布于各地，活跃于水域沿线的城乡，逐渐形成资阳河、川北河、下川东、川西坝四条重要河道的演出区域。因此，四大河道对川剧的形成和发展具有重要作用。

资阳河系指以盐都自贡为中心，包括釜溪河、岷江与沱江流域的资阳、资中、内江、隆昌、荣县、威远、泸州、叙永、嘉定等大片地区。这一地区是当时的盐业、采煤、制糖、纺织区和交通转运枢纽，聚集了众多的船工水手和各业工人，这就为戏曲的发展提供了大批市民观众。江西弋阳腔通过湖北传入四川，便在资阳河形成川剧高腔。从咸丰年间开始，陆续出现了大批班社，有的班社系当地大盐商、大糖商集资筹办，有的则是艺人自己创办。广大艺人对弋阳腔进行加工改制，逐渐与当地民间音乐和方言融合，衍变成为独具特色的川剧高腔。被誉为丑角"鼻祖"的岳春和名角苏一凤、周辅臣等人，是弋阳腔向

---

① 文国栋编：《川剧高腔曲谱》上册，天地出版社1997年版，第4页。

川剧高腔过渡的关键人物。资阳河最负盛名的班社是"大名班"。岳春、肖遐亭等人创办的"三字科社",要求学生"三文"(学文、学史、学绘画)、"三练"(练功、练嗓、练腔),培养了一大批川剧精英。旦角唐金莲,唱腔"玉润珠圆,清秀动听,优美悦耳",形成了川剧中最负盛名的"唐派"。资阳河系的代表剧目有"五袍""四柱""江湖十八本",以及"楼""院""配"等剧目①。

川北河,即嘉陵江流域,包括巴河、州河、渠河、涪江、遂宁河,泛指以保宁府、顺庆府为中心,包括西充、南部、广元、仪陇、渠县、达县、合川、遂宁、通江、南江、巴中、广安、蓬溪等广大地区。这个地区与陕西接壤,山西、陕西地区的秦腔沿着陇蜀栈道进入四川,在自古盛行"巴渝舞"的川北河这一具有悠久文化传统的地区滋长、演变,最终形成了川剧中的弹戏声腔。川北河较早的班社出现于道光年间。"一乐科社"培养了大批表演艺术家。川北河的艺人大都多才多艺,能拉善吹,边演边唱,并有一大批题材新颖、风格别致的剧目,以演"三国戏""聊斋戏"为主。各种班社广招科生,授徒传艺,发展了川剧弹戏,扩大了影响。

下川东以重庆为中心,包括川东与贵州北部的广大地区,是孕育川剧的一条重要河道。从地理位置看,重庆既是嘉陵江与长江的汇合处,又是四川与湖北、贵州两省往来的枢纽。以声腔流布而论,则是资阳河(乃至川西坝)的高腔、川北河的弹戏,以及湖北汉调的交汇处。在咸丰前后,这里便出现了较早的戏班。如"必胜班""吉祥班"。到清末,下川东的班社云集,场面盛大,这与都市经济发达密切相关。水上贸易的频繁往来,加强了声腔的交流,刺激了技艺的提高。下川东的戏班各种唱腔都有,却不唱高腔,尤其发展了川剧胡琴声腔,时称"京汉调"。

川西坝亦称府河,以成都为中心,包括南路与北路,是早期川剧发展的一条重要河道。南路泛指新津、大邑、邛崃、雅安乃至康定以远的广大地区。这一带有些地方虽然偏僻落后,地瘠民贫,但作为一种娱乐赛会的重要工具,戏曲反倒十分盛行。艺人纷至沓来,竟连三岁孩童也能哼唱。尽管场镇小、观众少,戏台却星罗棋布,且精工雕饰,格外考究。北路泛指陇蜀往来沿线,包括新都、广汉、金堂、罗江、什邡、绵竹、安县、绵阳、三台、江油、平武以远

---

① 参见邓运佳:《川剧艺术概论》,第136~138页、453页。

的大片地区。这一带人口稠密，物产丰富，农商手工业发达，大小县镇棋布，为戏曲发展提供了众多观众。各地的袍哥舵爷，联合官绅大办戏班，既为敛财，也图排场，客观上促进了戏曲的发展。广汉素有"川剧之乡"之称，这里常办庙会，逐月应接不暇，远近名角争相献艺。由于川西坝以成都这个全省政治、经济、文化中心为核心，这里云集的众多文人学士也醉心于梨园，聊以自遣，从而促进了川剧的发展，李调元就是四川最早从事戏曲研究和剧本创作的人之一。他写了《春秋配》《花田错》等川剧剧本，还从苏州延聘昆曲教师到罗江，培养一批小童学唱昆曲，称为"家乐"，即其诗所云："先生实苏产，弟子尽川孩，书塾兼伶塾，英才杂俊才。"① 李调元经常"日挈伶人，逾州越县"② 演出川昆，为推广昆曲和川昆的形成起了很好作用。

川西坝尤其是成都，是川剧艺人艺术实践的重要场地。正如艺人所说："南路学戏，北路打磨，成都挣招牌。"各条河道、各个班社都有一批剧目和名角，都要争取到成都互较短长，从而产生了一大批杰出的川剧表演艺术家，如魏长生、浣花仙、贾培之、康子林等。

魏长生（1750～1802）③，四川金堂人，原名魏宛卿，小名魏三。幼时家贫，随舅氏在陕西学戏，攻旦角，日久，形成具有川味的四川梆子，俗呼"乱弹"，以标准的四川方言，委婉动听的唱功，细腻而缠绵的表演技巧，富有挑逗性的诗歌般的道白和唱词而名闻远近。乾隆三十九年（1774）魏长生赴京演出《滚楼》，一炮打响，使原来在京享有盛名的"昆腔""京腔"顿然失色。于是"京腔效之，京秦不分"。乾隆五十二年（1787），魏长生到江南戏曲中心扬州献艺，受到江南名人江鹤亭、赵翼、焦循等的推崇。《扬州画舫录》卷5有载："四川魏三儿，年四十，来郡城，投江鹤亭，演戏一出，赠以千金。"四方名旦角，"采长生之秦腔""得魏三儿之神"，可见魏长生对江南戏曲的影响。

康子林（1870～1930），原名康学清，后名芷林、紫麟，邛崃县人。他8岁拜师学艺，先习旦角，后又改习文武小生。12岁登台，17岁已名噪一时。其拿手的"踢尖子""翎子功""把子功""变脸功"令观众无不叫绝；其唱功吐字圆

---

① 《戏作》，《童山诗集》卷25，第339页。
② 《答祝芷塘同年书》，《童山文集》卷10，第126页。
③ 有关魏长生卒年说法甚多，今采屈守元先生《谈魏长生》中考证，《四川师范学院学报》1979年第1期。

润,音调高亢相济,令人回味无穷。由于他尊师爱友,严于律己,乐于助人,在光绪二十八年(1902)"戏曲改良"评奖时,他与"大洪班"台柱子李甲生一道被评为第一名。康子林戏路很宽,尤以演文生戏见长,由赵熙改编的《情探》,经他对人物的领会,表演得惟妙惟肖。康子林一生创造了100多个不同角色,都给戏迷留下深刻的印象,故被尊为"戏圣"。

晚清川剧达到繁荣兴旺地步,据《成都通览》记载,仅成都一地上演剧目已达360余种,若加上各府州县,川剧剧目更为可观。20世纪初,川剧掀起了一场"改良运动",成立了"戏曲改良公会"。其口号是:"改良戏曲,辅助教育"。他们除了兴建戏团,加强管理外,还大力改编或创作"改良剧本",并谋求川中宿儒的支持,于是先后涌现了赵熙、黄吉安等一大批杰出的川剧作家,创作了《情探》《闹齐廷》《柴市节》《三尽忠》《刀笔误》《离燕哀》等近200部作品。其中,黄吉安最为著名,创作川剧剧本80余种,扬琴脚本20多个。时人称之为"黄本",尊誉他为川剧中的莎士比亚。

清末川人喜好川剧,把看川戏当做生活中的大乐事。傅樵村在《成都通览》中说,成都人"好看戏,虽忍饥受寒亦不去,晒烈日中亦自甘"。"成都妇女有一种特别嗜好,好看戏者,十分之九"。为了看一场戏,人们可以跑上几十里路,站上几个时辰。乡村农民更不放过看戏的机会,一有戏班来演,方圆几十里的人都争相前来观看,戏散后打着灯笼火把三五成群回家,边走边谈戏。

清末民初四川几乎无处无川剧,香会、庙会要请戏班唱戏,会馆、行帮祭祀神祇也要唱戏,富豪之家寿庆婚丧更离不开唱戏,甚至每遇干旱或地方有凶煞之时,也要请戏班唱"打叉戏"。由于川剧的普及,很多人都会哼唱几句。有些人在工余饭后,也想自己演唱一下,便邀约三五人一起清唱几段,俗称"打围鼓"、"吼玩友"。

城镇玩友围鼓大多在茶馆里,而乡村则在月亮坝中。茶馆打围鼓时,在堂口挂上纱灯或牌子,上书玩友会名,茶馆内摆一张桌子,有的还拴上红色桌围,打鼓的、拉琴的、清唱的便围桌而坐。有的玩友会邀请袍哥大爷或地方上有名望的人任会长,还有专人管理内外事务。打围鼓唱什么戏,有的事先定好,挂牌预告,有的则临时商定。如果是被人邀请去唱戏,则要迎合主人,如喜事唱《天官赐福》等喜剧,丧事则唱二十四孝之类的剧目。打围鼓不用化装和服饰,也不要舞台,演出简便,因此各地都有玩友们的清唱活动。一些人家在红白喜事、生日做寿时，也愿请玩友到家中打围鼓。

清末，成都、重庆是玩友的中心。广汉连山镇，富顺自流井、牛佛镇，绵阳丰谷镇，金堂淮口镇等也是玩友荟萃之地。有的玩友熟谙音律，精研唱腔，自有其独到之处，故戏班中的艺人愿与玩友交往，以取长补短。一些玩友还自编唱本，这些唱本出自民间，乡土味浓厚，就连一些戏班子也要采用。打围鼓使川剧艺术流传更广，深入寻常百姓家，还培养出一批功底深厚的鼓师和以唱功见长的演员。玩友中的一些演艺高超者，常客串演戏，人称"票友"，有的还由票戏而"下海"，成为专业川剧演员。

当时正规戏班的川剧演出，多在场坝、庙宇、会馆及场镇的戏台上进行。人们边吃瓜子、甘蔗等边观戏，常常"戏场人散蔗片多"。戏台称为"万年台"。清末成都开始兴建以演戏为主的茶园，同时供应茶水、点心及饭食。冯家吉在《锦城竹枝词》中吟道："梨园全部隶茶园，戏目天天列市垣，卖座价钱分几等，女宾到处最销魂。"当时茶园专辟有挂帘遮掩的女宾席。演出时，堂倌、小贩穿梭其间，十分热闹。

八、曲艺及其他

四川曲艺，源远流长。有清一代，四川曲艺吸纳各省曲艺之长，形成了品种多样化的四川曲艺体系，计有清音、评书、扬琴、竹琴、金钱板、莲花落、相书、皮影戏、傩戏、车灯、荷叶、盘子、花鼓等等。早期曲艺艺人主要是以赶场天"跑乡场""扯地圈"方式演出，以后逐渐进入遍布城乡的茶馆坐堂演唱，或者参与祠堂、会馆年节祭祀演唱，而茶馆听说书、听扬琴段子则最为普遍，成为四川绵延数百年的时尚。嘉庆九年（1804）杨燮作《锦城竹枝词》多首，中有"清唱洋琴赛出名，新年杂耍遍蓉城。淮书一阵莲花落，都爱廖儿《哭五更》"[①]。道光末，合州拔贡陈蕴辉作《合阳竹枝词》："乡村乐趣四时多，插罢新秧又刈禾。月里胡琴声响亮，豆棚围著唱灯歌"[②]。从这里可以得知，乡村曲艺活动亦甚普遍。

清音也称"唱琵琶""唱月琴""唱小曲"。源于唐宋巴渝民歌，经历数百年

---

① 《成都竹枝词》，四川人民出版社1986年版，第48页。
② 《成都竹枝词》，第143页。

的演变,至乾嘉时形成专擅唱功的"清音"。演唱者多为一人,左手打板,右手击鼓而歌。清音有故事情节,亦重人物刻画,把段子演唱得生动紧凑,是四川曲艺中最为普及的形式。清末,多以女角为主,男角为辅,用月琴伴奏,有时也答腔几句,似"高腔"中之"帮腔",艺术效果甚好。所唱声调分"大调""曲调""小调"三类,以不同内容配以不同声调,均由艺人自选。同光间,

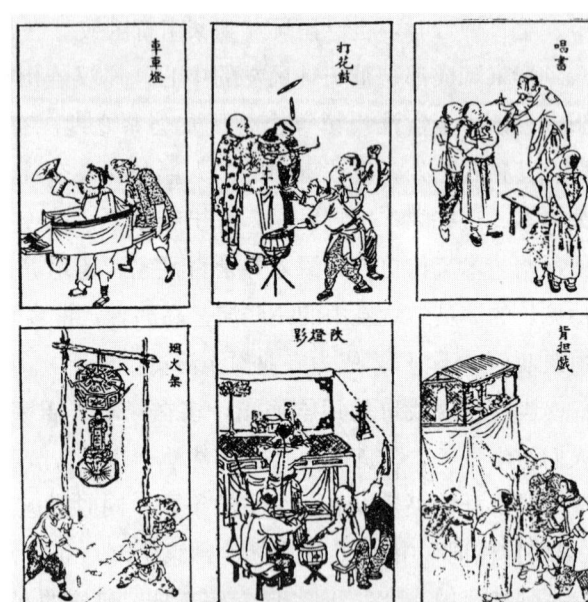

图17-5 《成都通览》所载清代各种曲艺与杂耍

重庆陈婆婆、合川刘光耀及其侄女刘明德,是川东最著名的清音艺人。

评书从明代以后即流行于四川各地。艺人凭一张桌子、醒木、折扇、帖子等道具,以地地道道的四川地方方言,说《三国》《水浒》等系列话本悦众,专以道白及其穿插的趣味小段,配合少许恰如其分的表演动作,以烘托故事情节,很能抓住听众。其说书地点多在茶馆,泡一杯茶,即可听一场评书。

扬琴是清初扬州清曲传入四川后,与省内俚曲相结合,经过乾隆年间众多艺人的提炼精选,形成的一种新的曲艺形式,并流行于重庆、成都地区。这种被称为"雅乐"的扬琴由多人组合,唱本文学性强,故事情节有感染力,通过生、旦、净、末、丑分别操纵的扬琴、鼓板、小胡琴、三弦、二胡等,边说边唱边演奏,将叙事、抒情与高低音乐伴奏声融为一体,将故事情节和人物性格展现得淋漓尽致,故四川扬琴又有"坐地传情"之称。扬琴唱腔有"大调""越调"两大类;曲本分"大本""单折"。"大本"需十天半月才唱完一本故事。光绪年间,扬琴分"南会""北会"两派,南派行腔华丽、柔美,长于抒情和人物刻画,带有浓厚江南余音,故又称"文采派"。北派唱腔淳朴、豪放,长于叙事,带有梆子戏本的影响,也称"本色派"。扬琴主要演唱地为茶馆,只向听众

另收一二制钱。亦有富商大贾或缙绅大户请扬琴班子唱堂会，一般给赏丰厚。扬琴唱腔的诸多优点，均为川戏演员所吸收，不少川戏艺人还擅长扬琴曲艺，并把扬琴故事改编成川戏。

竹琴又称道琴，源于清初个体游方道士在城乡劝善说道，以竹筒鼓、筒板、碰铃伴奏，演唱神仙洞府、道人羽化诸故事，向听众收取零星小钱，以维持生计或为宫观筹资，亦颇受市民农夫喜爱。光绪年间，竹琴曲艺形式为一些职业、半职业艺人所借用，专为演唱非宫观内容的历史故事、才子佳人艳事，用以谋生，仍取得成功。此时竹琴一般由一位艺人自打自唱，也有四五人一组在茶馆坐唱，或走街串巷游唱。因其竹筒击节时发出的声音清脆悦耳，亦能招徕观众。

相书又称"隔壁戏"。据说亦从扬州传入，咸同年间开始流行。演出时演员用一道布幔与观众隔开，一艺人在布幔内，或以口技模拟各种声音，扮演若干角色，互相对话，铺展故事情节；或用醒木、铜铃等道具碰击，增强艺术效果。观众隔幔聆听，似有众多演员同在幕后献艺。相书内容多为以幽默滑稽的方言，描述社会生活的方方面面。人称"滑稽相书，话中有话"。

金钱板又称"金剑板""三才板"，是曲艺中最易掌握的表现形式。各省皆有，唯名称略有不同而已。四川金钱板以竹制板片嵌铜钱，由艺人边打边唱。唱词为七字句或十字句，两句一联，亦有不规则的韵脚。特别是伴以打板技巧，既能打出千军万马之雄壮，亦能打出清风流水之典雅，能紧扣听众心弦，增加唱词的艺术效果。

皮影戏又称"提戏""灯影戏""皮灯戏"。皮影戏源于陕西。乾隆初，陕西人来川经商、垦荒，皮影戏也随之传入，并与四川地方土皮影等民间戏曲相结合，出现了具有四川特色的皮影戏。嘉庆四年（1799），李调元作《异谱百咏并序》诗，以影射时弊，其中《提戏》一首云："立板浮纱布障悬，提人全在一丝牵；如何走肉行尸者，纵有人提不肯前。"① 诗前两句即是对皮影戏表演的概括。一张大幕，灯光照射下，艺人加工制作的人物特征明显，全身有活动关节14处，动作灵巧自如，服饰得体；所制动物亦甚逼真，能表演多种姿势。四川皮影戏分川西、川北两大支，后以川戏五大声腔为基本唱腔。观众不仅听戏，更主要的是看皮影表演，观赏灯光折射下的皮影人物手足挪动，张目动口，表

---

① 《童山诗集》卷38，第520页。

演得栩栩如生，惟妙惟肖，深得乡民和儿童的喜爱。

傩（nuó）戏源于古代迎神赛会、驱逐疫鬼的巫歌傩舞，是在民间祭祀仪式基础上吸取民间戏曲元素形成的一种戏曲形式。四川傩戏有不同分类①，川东一带的"阳戏""傩原戏""师道戏"属之；川南的"师道戏""端公戏""庆坛"属之，川西的"芦山庆坛""端公戏"属之；川北傩戏名目更多，诸如

图17—6 皮影戏

"傩坛戏""梓潼阳戏""剑阁阳戏""庆坛"等；苗、彝等少数民族居住地的"端公戏"也属驱鬼降魔之傩戏。乾隆八年（1743），大臣奏请查禁邪教折，曾有禁傩戏之议。乾隆在谕旨中说："至于无知乡人迎神赛会，如古人傩蜡之类，亦不必概行禁止。"②所以傩戏能继续存在。

傩戏的特点是戴面具演出，并且在一整套极有规模的祭祀仪式中进行，伴以戏剧表演和插演民间灯戏，前者称"正傩""正坛"；插演称"耍傩""耍坛"，并有比较固定的剧目。川东酉阳"阳戏"戏目有《穆柯寨》《杨家将》《薛刚反唐》《沙陀救围》等。其他地区"阳戏"正戏有《姜子牙下山》《孟姜女寻夫》等，插演灯戏有《安安送米》《南山耕田》《九流相公》等。由于傩戏与鬼神打交道，封建迷信部分甚多，因此，插演的"灯戏"逐渐反客为主。至清末，除极边远山区乡村外，傩戏已不多见。

九、书法与绘画

清代康雍乾三朝皇帝，对书法垂青有加，自王羲之以降书法诸家，无不涉猎。康熙帝对董其昌书法尤加推崇；乾隆帝则更痴迷于赵孟頫、董其昌，这对清代书法的发展多少起了一些推动作用。然而，"皇上"的偏好和诠释，却使书法渐渐走向平庸和刻板，导致了"馆阁体"的盛行。因为，明清实行科举取士，

---

① 《四川省志·艺文志》"戏剧"，第103页。
② 《高宗纯皇帝实录》卷190。

考卷上的文字要求乌黑、方正、光洁，大小一律，至清代中期，要求更严，致使书法艺术陷于僵化。这种拘谨的书体，在明代称为"台阁体"，清代则叫"馆阁体"，因当时内阁及翰林院中的官吏擅长这种书体，故名。由于"馆阁体"的盛行，也制约了清代书法艺术的发展。当时，一些具有远见卓识的朝野书法家，力图摆脱"馆阁体"的束缚，提出了"扬碑抑帖"的主张，于是碑学兴起。到清代晚期，篆书、隶书、魏碑大兴，异彩纷呈，出现了书法史上的又一辉煌时期。

清代皇帝、皇子在四川留下了一些"御书"和题字。如雍正二年（1724），皇帝赐川人岳钟琪"御笔诗"，行草体颇有气势。康熙十七子果亲王经成都时，谒工部祠时题"少陵草堂"；访武侯祠时题"名垂宇宙"，并书有"文殊院诗偈"、邛崃县"琴台诗碑"等手迹。乾隆帝于五十年（1785）赐达州百岁寿星张子翼御书"颐龄衍庆"匾额，又于五十三年（1788）赐成都101岁寿星刘万迎御书"期颐衍庆"匾额，都是造诣颇深的墨宝。

据《益州书画录》载，顺治至雍正年间，四川著名书法家有先著、费密、破山、吕潜、李仙根等人。这当中，以破山书法成就最为突出。

破山海明是禅宗临济一脉的祖师级人物，擅长行书和草书。当代书法家启功在《论书绝句》中评论说："憨山清后破山明，五百年来未见曾；笔法晋唐原莫二，当机文董不如僧。"破山的墨迹，四川省博物馆、成都文殊院、新都宝光寺、梁平双桂堂都有收藏，昭觉寺、石经寺、龙藏寺存有破山的书法匾额、楹联、石碑。

继破山海明之后，四川禅林还涌现了一批著名书法家，如丈雪通醉、雪堂含澈、熹公竹禅等。他们出家为僧，无须应付科举，因而免受"馆阁体"束缚，故书法造诣很高。

在四川清代书法史上，值得大书一笔的是蜀中著名诗僧和书法家含澈（号雪堂，1824～1900）。他于道光三十年（1850）担任新繁龙藏寺方丈后，从咸丰年间开始，以寺产作抵押，遍求历代和当时的书法珍品，特聘名工巧匠摹刻石上，并建亭、阁、精舍嵌立之，创建了在清代具有深广影响的"龙藏寺碑林"。后经光绪时期扩建，共有碑刻200余通。碑林荟萃了宋代苏轼、黄庭坚，明代文徵明、王守仁、董其昌，清代石涛、刘墉、何绍基等60多位书法家的各种书法200余品，颇富艺术价值。其中，清代张鹏翮、刘沅、丁宝桢、黄云鹄、顾复初、王懿荣及含澈本人所书的碑刻，具有很高的史料价值。"文化大革命"

中,龙藏寺碑刻遭到破坏,仅存 100 通左右。1980 年初,有 66 通碑刻迁入新都升庵桂湖,新都宝光寺、新繁东湖及龙藏寺分别存有部分碑刻。

罗江李调元不仅是四川全才学者,其书法成就也很高,在他所编《函海》各卷的序中,保留有他书写的多篇手写体序言①,书法颇近虞世南、褚遂良之风格,惜毁于万卷楼大火,现只有零星对联、石刻散布在罗江邻近诸县。在德阳有对联"红雨欲飞惊宿鸟(右),碧波不动待游船(左)",落款为"羹堂李调元"。其堂弟李鼎元书法宗颜、柳,劲健浑厚,时人称在其兄调元之上②。

在成都武侯祠诸葛殿大门的两侧,悬挂着一副引人注目的对联:

能攻心则反侧自消,从古知兵非好战;
不审势即宽严皆误,后来治蜀要深思。

此联书于光绪二十八年(1902)。撰书者赵藩,云南剑川人,白族。赵藩在川为官 20 余年,历任永宁道、盐运使、按察使等职,颇有政绩,也是著名书法家。此联书体宗颜真卿,笔趣流畅着实,疏落大方,给人有笃重朗达的感觉,与诸葛亮的治事旨意,有着艺术形式与内容完美统一的工巧。1958 年毛泽东莅此视察时,曾在此联前注视良久,故此楹联闻名全国,影响深远。

今成都人民公园矗立着一座四川保路运动纪念碑,全碑通高 31.86 米,碑身高 15 米,四面嵌有"辛亥秋保路死事纪念碑"10 字阴刻碑文,字径 0.66 米,是由清末四川著名书法家赵熙、颜楷、吴之英、张学潮分别用四种书体写成,代表了清末四川书法艺术的高超水平。

清代四川诗、书、画兼优者不乏其人,成就最高者,当推吕潜、张问陶、熹公竹禅等人。

吕潜(1621~1706),字孔昭,号半隐、耘叟,遂宁人。《益州书画录》载:"吕潜工诗善画,山水尤长。用笔放纵不越矩矱。著有《怀归草堂》《守闲堂》《课耕楼》等集。"享有"诗书画三绝"之誉。吕潜书法以行书、行草书为主,书风清秀古淡,散逸苍清,深得董其昌意趣。传世画品有《山水图》《林下草堂

---

① 《函海》乾隆"直隶通州本衙版"。
② 《重校函海序》,《函海》道光本第 1 函。

图》《层峦丛林图》等。扇面《仿云林山水》画，现藏四川省博物馆，被定为国家一级文物①。

乾隆五十七年（1792），张问陶与丹棱彭田桥（蕙支）饮酒于成都南台寺。他以写生手法，作《南台寺饮酒图》②，"图像为疏林竹篱，高台横亘，老树掩映，半露一屋，临轩两人，左右对坐，举杯呼饮"③。张问陶在画角题诗两首，彭田桥及清末廖平、吴之英等多人都有题诗。该画即成为四川书法名家最集中的画轴。张问陶还有《自题山水》诗画多轴，以及为他人画轴题诗200多首，今仅存诗而无手迹。《墨林今话》收蒋宝龄评语一则："船山才情横轶，世但称其诗而不知书画俱胜。书法放野，近米海岳。山水花鸟人物杂品悉随笔为之，风致萧远。椒畦孝廉谓其脱尽凡骨，虽画名家弗及也。"④

熹公竹禅（1824~1901），俗姓王，梁平县人，被誉为"书坛怪杰"。竹禅初学怀素，精于狂草，后通篆隶，自创一体称为"九分禅字"。今藏新都宝光寺说法堂的原幅书法《华严经序》高6米、宽5米，尺幅之大，世所罕见。竹禅在跋语中说："如是之字体，从古未有也，曾经五十余年写成，更其名曰'九分禅字'，与八分隶书而为筹"。光绪二十五年（1899），竹禅任梁平双桂堂方丈，两年后病逝。寺僧为建墓塔，墓门联语为"携大笔一枝纵横天下；与破山齐名脍炙人间"。今双桂堂、宝光寺、文殊院、北京法源寺、宁波天童寺等都存有他的墨迹。

竹禅一生，书画成就最高。他绘画长于人物与竹石，著有《画家三昧》6卷。此书风行于世，近年由北京中国书店影印出版。竹禅书画喜作大品。他晚年有诗云："老僧年迈七十七，终日手中不释笔；纸长丈二犹嫌短，信手拈来涂粉壁。"今藏新都宝光寺的《捧沙献佛图》，高6米，宽5米；其《风、晴、雨、露》4条屏，高1.81米；《墨竹》高4.65米。竹禅的传世画品还有《十六罗汉像》《墨狮》《宝贵寿考图》等。

清代四川民间绘画以绵竹年画最为驰名。绵竹年画，源于明代，盛于清代。与天津杨柳青年画、山东潍坊年画、苏州桃花坞年画，并称为我国"四大年画"。据绵竹县志载，嘉庆年间，绵竹年画发展到鼎盛时期，当时专业作坊有

---

① 参见胡传准：《明末清初"诗书画三绝"奇才吕潜浅谈》。
② 原件藏四川大学博物馆，被收入《中国古代书画图目》第17册。
③ 江玉祥：《读张问陶〈南台寺饮酒图〉》，《四川文物》2003年第6期。
④ 《船山诗草》，第718页。

300多家，从业人员有1000多人。仅门画一年就生产1000多万对，除本省销售外，还销售至云南、贵州及西北地区，有的还远销东南亚一些国家。与其他三家年画相比，绵竹年画最大的特点是以手绘见长，民间艺人可自由发挥，艺术特点非常明显。一幅年画的制作，要先由画师起稿，刻板师雕版，其线条只起轮廓线作用，印刷到专用的纸上，再经彩绘艺人手绘而成，形成水印与彩绘浑然一体的艺术效果。绵竹年画题材广泛，有孔明、张飞等历史人物，有小说、川剧的精彩画面，有武士神像、动物花鸟等等，其中还有《耗子嫁女》《三猴烫猪》等民间传说。绵竹年画具有浓郁的四川乡土特色和民族特色，如今已被列入全国首批非物质文化遗产。

图17-7 绵竹年画——赵公镇宅

第二节 新闻出版

一、清代四川的图书刻印

（一）书籍刻印

明末清初，战乱频仍，四川雕版刻印业遭受灭顶之灾。直到乾隆以后，四川雕版印刷业出现生机，主要集中在经济、文化较发达的成都、重庆、泸州三地，尤以成都最为著名。

1. 成都刻印业

乾隆年间，成都出现川人开设的"严正古斋"书肆，并有规模简陋的刻字铺，自刻自售少量训蒙读本。嘉庆中，川人张介侯创设"二酉堂"于卧龙桥，其所售各书皆为严正古斋校刻本。在"严正古斋"创办的前后，有一批江西书商贩书到成都出卖，继而自刻销售书籍，对四川木刻业的恢复起了很大作用。

当时这批书商称为"经元八大家",如"耕经堂""肇经堂""玉元堂""一元堂"等等,集中在成都学道街、卧龙桥、青石桥等处,到光绪二十六年(1900)前,已达二十五六家之多。在此期间,以"尚友堂""志道堂""志古堂"最有成就。

"尚友堂"是江西书商周舒腾于乾隆年间来川开办的第一家书肆,主要贩运江浙刻本,大受巴蜀学子欢迎。到其子周承元时,又开设"九思堂",但只售不刻,无出版业务。道光二十八年(1848),周承元之徒王述斋于学道街开设"志道堂",除运售一些讲求格致和科场应试的书籍外,还自刻一些训蒙读本及其他古籍。到王述斋收留周承元之子周达三以后,"志道堂"的业务日益发展,遂执成都出版业之牛耳。其蜀刻本可与江浙本齐名。

周达三(1856~1922)名永德,字达三,落籍华阳。六七岁时,"尚友堂""九思堂"被大火焚毁,家道中落,13岁弃学从商,投奔"志道堂"门下。在王述斋精心栽培下,苦心钻研目录版本学,熟悉《四库全书总目提要》,并喜结文人墨客,探求经史学问,"自光绪五年至二十六年,凡隶'尊经'籍者,无论先后皆从达三游,自旦至暮宾客常满"①。王述斋在与周达三合作以后,又在学道街开设"志贤堂"和"翰缘堂"两个门市,并把"志道堂"改名"志古堂"作为总号,全权委托周达三经营管理。志古堂在周达三主持下,出书500多种,其中有《韩诗外传》《杜诗镜铨》以及由他亲自校勘出版的《玉海》300卷、《外台秘要》《十七史商榷》《天下郡国利病书》《湘军志》《文史通义》《书目答问》《艺风堂丛书》《今古学考》等100多种。特别是他出版了《盛世危言》《劝学篇》等鼓吹尊经变法的书,对四川士子产生了巨大影响。他以待人诚实可靠,校勘精细无讹,且擅长鉴定古书版本,而博得四川学术界的赞誉。张之洞主四川学政时,出资要周达三亲自校刻《许氏说文》,取得成功。应试士子大为称便,"志古堂"名声大噪。1922年周达三病逝。廖平为他撰墓志铭曰:"(周达三)任'志古堂'经理凡五十余年,殚竭心力,恢张书业,先后刻版凡若千卷,皆补益学术,挽救浇俗之书……此三十年蜀学之盛比于齐鲁,虽诸贤之自立为不可及,而达三补苴提挈之功不可没也。"②

此外,樊孔周与"二酉山房""成都商务印书馆""存古书局""守经堂"也

---

① 廖平:《周达三先生墓志铭》。
② 廖平:《周达三先生墓志铭》

值得一谈。

樊孔周，四川华阳人，幼读诗书，习科举，为增生。后受维新思想影响，投身实业救国，对发展四川民族资本主义经济作出了卓越贡献。光绪十年（1884）樊孔周与高石铭在学道街创办"二酉山房"书店，除贩售江浙刻本外，还代销上海商务印书馆、点石斋、扫叶山房等石印书刊。至清末，陆续出售过《明夷待访录》《戴南山集》《扬州十日记》《嘉定屠城记》《天演论》《民约论》《新民丛报》《民报》等刊，对宣传反清和倡导西方民主思想，起了积极作用。宣统二年（1910），樊鉴于成都印刷业"大有应接不暇之势"，遂集股创办昌福印刷公司，自任经理。至辛亥后，已扩充为四川第一家拥有石印、铅印、套色设备的印刷厂，承印《四川公报》等报刊，还翻印出版了《刘杨合刊》、吴虞的《秋水集》等书。

光绪二十六年（1900），上海商务印书馆派朱锦章来成都开展业务，委托部分木刻书店代售该馆各铅、石印新版书籍，对同业往来八折优待。二十九年（1903），建立成都商务印书分馆，此后，该馆的业务日益繁荣昌盛。

存古书局创办于宣统元年（1909），是四川官办木刻本出版机构，专为存古学堂校刻书籍，作为教材之用，并在成渝等地设肆售卖。其新刻本有《四史》《相台五经》《许氏说文》《文选》《八代诗选》《唐诗选》《廿二史劄记》，以及乾嘉以来经史考据各书和部分"集部"书籍。

守经堂是双流刘氏儒学大族的私家出版发行书店，光绪中叶开业，刻印有名儒刘沅所著《七经恒解》《四书恒解》《槐轩约言》《槐轩杂著》等书数十种。

20世纪初，新式印刷企业开始在成都出现。除成都商务印书馆外，还相继开办了成都印刷局、文伦书局、照相楼印刷厂、成都图书局、正谊有限公司（印刷兼营药品）、昌福印刷公司等。

2. 重庆刻印业

重庆刻印盛时多至百数十家，以光绪年间的"宏道堂""善成堂"书坊最为著名，木刻印制经史诸书，然实少佳本。

重庆是四川最早接受西方文化影响的工商业城市，与之相适应的近代新闻出版业，也最先在这里诞生。光绪二十九年（1903），重庆开办"广益书局"；三十三年（1907），建立重庆商务印书馆；三十四年（1908），创设"聚义和印刷厂"等，这些印刷企业都担任报刊和时人论著的印刷出版，采用机器印制，包括铅印和石印两个部分,与旧式木刻迥然不同,深受读者欢迎。

此外,19世纪60年代以后,法国天主教在重庆设立川东教区,开办"公义书院",印制宗教印刷品,主要供应川东各县教民阅读,并兼及湖北、贵州、云南。20世纪初,法国唐神父从法国购得新式印刷机来渝,"公义书院"就改名"圣家书局",继续宗教印刷品的印刷发行工作。光绪三十年(1904),该教区创办《崇实报》,出版中、法两种文版,由"圣家书局"印制发行。先为半月刊,后改为周刊。

3. 泸州刻印业

泸州是四川又一文人士子荟萃之地,工商业亦较发达,木刻印刷出版也较其他州县为多。泸州旧有书坊12家,历史最久、刻工最精、出书最多首推杨姓"宏道堂"。后因管理失当,经营乏术,杨氏已不再是"宏道堂"的主人。泸州书坊除刻印一些启蒙读物外,也为鹤山、川南两书院刊刻印制一些经史方面的读本及时人论著,如《怡养斋文存》《高氏三种》等等。

光绪二十八年(1902),泸州商人"集资五千两,创办开智书局,购日本制之三号铅印机一部,三号、五号铸字铜模各一副,是为蜀中创办新印刷业之始"①。后因经营亏损,机器转售于劝学所中学校、川南师范等处,另组印刷局营业。辛亥革命时期,泸州有人办《川南报》,皆新式印刷机所印。泸州近代文人墨客甚多,为官不顺而隐逸者仍不少,他们闲居故里,吟诗作画著文,有的付梓,有的散佚,泸州印刷业很多就是为他们刊刻印制诗文集,刊印百十部,分赠好友亲戚门生故旧。当然也有出自外地刻工之手。如任谦《澹园古体诗六集》,万慎《山憨山房文集》,高楷《快隐堂诗文钞》,高树《鸰原录》等等。

四川有学问的士子,一般都喜著书立说,本人或后代或门生故旧将手稿刊刻成书,不向外出售,留作传世赠友之用。这在成渝两地尤为普遍,各州县也有这种情况,并在四川图书出版中占很大的比重,其中不乏精品。如李调元《函海》的万卷楼本、道光本、光绪本等均在四川刻印完成。

此外,梁平双桂堂、成都昭觉寺、文殊院、新都宝光寺、成都青羊宫等寺庙宫观,都刻了大量佛教、道教经书典籍,对佛教、道教的传播起了很好的作用,如二仙庵本《道藏辑要》等。

---

① 民国《泸县志》卷3,第25页。

有些官吏，对属境内的名人名著亦亲督刻印，以保留该州县文化精髓。眉州知州方翙靖觅得三苏善本，请行家校勘，于道光十二年（1832）刻印出《三苏全集》305卷，在当地传为佳话，是三苏著作最好的刻本。

清代四川官府刻书甚多，其中以"志"书为最，而学署、藩司等衙门用书，亦有官招刻工监制。四川自康熙《四川总志》印行以来，至光绪时共修省、府、州、县志400多种。可见其刻、印数量之大。在志书中，附有天文、舆地、交通里程诸图，以及主修、主纂等官员序文手迹，刻工都能保持原图及书法风格，因此，志书中保存下古时绘制地图法和不少书法精品。

（二）地图刻印

清初，康熙皇帝接受西学，传教士带来制作地球仪的知识，使他看到世界如此广阔。他聘用外国人汤若望、南怀仁司理钦天监，又学习天文、地理、数学等方面的知识，并下令全国测量，费时8年，于康熙末绘制有经纬度的《皇舆全览图》，其中包括四川政区。乾隆二十五年（1760）绘制的《乾隆内府舆图》（又称《乾隆十三排图》），较康图更详。此后各省行政区划图，都以此为蓝本，但对经纬法不甚了解，仍依据星象定城池方位，以分水划定山脉，以山脉尽括地形，意近立体示意图，还未超出"计里画方"古法。四川各府州县所修志书，大部分都附有此种示意图，还谈不上使用比例尺缩尺法和更科学的经纬法。晚清较规范的经纬度地图传入四川后，川人绘制地图才达到科学化。光绪二十六年（1900），傅崇矩在成都兴办图书局，出售历史地理地图。《成都通览》"成都之地图专业"载："川省向无地图家，光绪庚子，图书局傅樵村实开风气之先，创办地图，一时见所未见……图书局遂为川省舆地学之独立家，计新出之历史大图二十种，皆中外无双品也。"① 计有：《禹贡历史大地图》《山海经历史大地图》及周、春秋、战国、秦至清等17种历史大地图，《四川全省明细详图》《亚东南形势道里图》《万国通商水陆新地图》《分省暗射地图》等25张，《四川全省新图》《万国新地小舆图》《成都街道新图》《历代地球沿革交涉图》《最新大清一统大舆图》等。

此外，有彭县吕友芝所立之观象庐，"亦刻地图数十种，均有定价。各属之

---

① 傅崇矩：《成都通览》上册，第355~366页。

地图，多为吕氏所绘"[1]。

光绪三十三年（1907），因援藏川军物资转运需要，祥符张其勤绘川军援藏路线图，见《清档·赵尔巽全宗》。此图起自打箭炉，迄止拉萨，为一长条形示意图。类乌齐至喇（拉）萨段，虽有经纬度，但还不够准确，比例尺亦未标明，可能仍为"计里画方"法。

二、清代四川的新式报刊

中国封建社会，朝廷传知朝政和臣僚了解朝廷政情的报纸称为"邸报"。至明末有专门翻印"邸报"为业的民间报房，其翻印报纸称"京报"。

清代"京报"，先用胶泥活字，后用木刻活字，光绪末才用铅字。"京报"要送四川，需时半月以上。成渝等大城市除能看到《京报》《纶音捷报》外，还可以从制治衙门的"辕门抄"得到一些消息。

甲午之战后，京、津、沪、穗等大城市各类政治倾向的报纸纷纷面市。大致分为革命的、维新的和宣传朝廷"新政"三大类。

四川第一份宣传改制变法的报纸是《渝报》，第一份由革命派办的报纸是《广益丛报》，而《四川官报》则为第一份官办报纸。

（一）《渝报》

光绪二十三年（1897）在重庆创办，是四川第一家近代报刊。创办人是四川改革派首领宋育仁及杨道南、潘清荫等。该报每月出三期，是旬刊册报，土白纸，活字版印刷，丝线装订，每册约30余页。除报馆零售外，还在成都、嘉定、夔州等地和省外的北京、天津、上海、南京等处设有几十个代售点。《渝报》栏目有上谕恭录、译文择要、各省近闻、本省近闻、外国近闻、渝城物价表等，但分量最重的栏目是宣传宋育仁"复古改制"的思想。《渝报》与全国不少维新报刊都有联系，办报方针仿效当时国内主要维新报刊《时务报》和《湘学报》，内容及版面安排比较生动活泼，一开闭塞的巴蜀士子的眼界，并受到进步知识分子的欢迎，发行量逐渐增多，最高达到2000多份，促进了改制变法思潮在四川各地迅速传播。次年春，由于宋育仁应聘为尊经书院山长，《渝报》出刊到第16期即停办。

---

[1] 傅崇矩：《成都通览》，成都时代出版社2006年版，第178页。

第十七章 清代四川文化（中）

（二）《蜀学报》

宋育仁抵成都后，于光绪二十四年（1898）闰三月（5月）正式创办《蜀学报》，初为半月刊，第4期后改为旬刊，共出13期，最多每期发行2000册。《蜀学报》是宋育仁在成都发起组织的改革团体"蜀学会"的机关报，宋育仁任经理，吴之英任主笔，廖平为总纂。其办报宗旨和所设栏目实际上是《渝报》的继续，对启迪四川民智，推动改革运动在四川的开展起了积极作用。同年，戊戌变法失败，《蜀学报》被迫停刊。

（三）傅崇矩与四川报业

傅崇矩，号樵村。《成都通览》的作者，多种报纸的创办人。光绪二十六年（1900），他与算学馆总教习苏星舫在成都创办《算学报》，仅出了两期，开四川理科报纸之始。次年，又在成都创办《启蒙通俗报》，仍为册装，由于当时民众文化不高，识字者少，无读报习惯，发行量不大。三十二年（1906），将《启蒙通俗报》改为《通俗日报》，机器印刷，日出一张，半土纸，是为真正的日报类型。除刊登社会新闻外，多偏重于文艺小品，常登载"诗钟"、灯谜等，应征者每字给钱二文作为稿费。宣统元年（1909）增出《通俗画报》，誊版印刷，是为四川办画报之始。"此时的傅氏通俗报纸更趋完备，从文字通俗到以图代文，使识字不多或不识字的人皆看报"。

图17-8　《蜀学报》

图17-9　光绪二十八年（1902）出版的《启蒙通俗报》（现藏四川大学图书馆）

此外，光绪二十九年（1903），他积极向四川当局建议，开办官报书局，出版发行《四川官报》。次年，官报书局又创办《成都日报》。两报虽系官办，但内容较为广泛，除刊登官方文书外，还转载上海各报新闻，报道本省地方新闻。各县皆订阅，商界且有刊登广告者，此皆傅氏热心四川报业的结果。

（四）《广益丛报》

光绪二十九年（1903），由朱蕴章、杨庶堪、胡湘帆等在重庆创办，杨庶堪任主笔，每旬出版一册。该报以"树新风，振民气"为宗旨，宣传民主思想，传播西学精要，评论国政是非，播扬国学精华。三十一年（1905）杨庶堪等加入同盟会。次年，同盟会重庆支部成立，该报即以宣传革命思想、反对清廷媚外卖国、推翻封建专制、建立民主共和政体为职责，从而成为四川资产阶级革命党人的喉舌。辛亥革命后停刊。

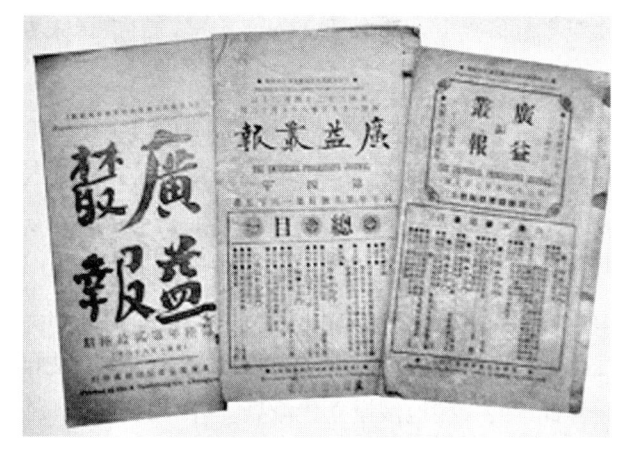

图 17—10 《广益丛报》

（五）《重庆日报》

光绪三十年（1904）由卞鼒在重庆创办，是四川第一家公开宣传革命的报纸，又是四川第一家实现报、刊分离并具备新闻迅速传递功能的日报。为避开官府干扰，争取办报的合法地位，他礼聘日本进步人士竹川藤太郎为社长，并由革命青年肖九垓、燕梓材、周拱极担任编辑、记者，自己则以记者身份主持全局。该报创刊时仅印500份，皆赠阅，数月后才向社会征订，停刊前已发行到3000余份。其出版形式是"每日一张"，突破了《渝报》《蜀学报》《广益丛报》的"册"装形式，并用土白纸活字版印刷，具备了近代报纸外形，并以其新闻时效、革命政见而获得革命人士的爱戴。三十一年（1905），《重庆日报》因发表文章触犯当道而被查封。

（六）《鹃声》《四川》

这两种杂志，由川籍留日学生中的同盟会员先后创办，对四川乃至全国革命思想的传播产生了积极影响。《鹃声》于光绪三十二年（1906）在日本东京创刊发行。参与筹划和编辑的有川籍同盟会员雷铁崖、邓絜、董修武、李肇甫等人，雷铁崖任主笔。采"杜鹃啼血"以"唤起国人"的典故，而取名《鹃声》。时人均知此刊物代表四川。《鹃声》是一本综合性的刊物，第一、二期为白话文，有浓厚的四川方言特色，发行海内外，复刊后的"复兴第一号"，体裁有所改变，栏目减少，改白话文为文言文，但宗旨未变，并要求"思想自由、言论自由、出版自由"①。

《鹃声》被迫停刊后，四川留日学生中的同盟会员于三十三年（1907）下半年，决定筹办《四川》杂志。吴玉章被公推为主持人。原《鹃声》的编辑和主要撰稿人雷铁崖、邓絜仍继续参加《四川》杂志的工作。是年底（1908年1月），《四川》杂志在日本东京出版问世。《四川》杂志在成部、重庆设立分社，还在嘉定、荣县、大竹等22个州县和国内的上海、北京、汉口、西安、贵阳、宜昌、昆明等大城市，以及国外缅甸的瑞波、法国的巴黎、越南的河内、新加坡、日本的一些地区设立代派处。《四川》第一号《本社重要广告》对该社的创办宗旨作了说明："本社同人，以中夏阽危，乡邦锢蔽，爰推四川以爱中华之义，创办本杂志，专为西南半壁警钟。"②《四川》杂志一出即受到人们热烈的欢迎，销路很广。一、二号在出版后半月内又再版，各销售4000份，第三号发行达5000份。第4期即将发行时，被日本当局查封。

综观清代四川报刊，多达数十种。其中，主张维新变法的有三种，开启了四川近代报刊的先河；主张立宪和推行"新政"的只有数种，因其观点和政见多由外省引进或者承上启下，一时影响颇大；而主张革命、反对帝制的报刊，在辛亥前后创办多达几十种，堪称为四川近代新闻业最辉煌的时期。但这些报刊大多旋起旋灭，昙花一现，或因当局镇压而停刊，或因派系之争而泯灭，或因经费无着而关闭。能跨入现代报刊行列的只有重庆的《商务日报》、成都的《国民公报》《川报》等寥寥数种。

清末四川报刊基本上起到了新闻传递、政治宣传、娱乐消遣三种功能。"册刊"的新闻时效性差些，日报的新闻时效性好些，又因缺少电报、电话等通信设施，皆转载京沪等外地报纸新闻，也只是迟到的消息，而且不甚准确。各报创办的目的都是为宣传各自的政见。政治宣传功能在清末四川报刊中得到了充分体现。清末四川报纸大都办有副刊栏目，刊载小说、诗歌、小品、谐话、对

---

① 《说报》，《鹃声》第2期。
② 《本社重要广告》，《四川》第1号。

联、趣闻等等,可谓五花八门,丰富多彩。但因其发行、宣传不力,以致在外省影响不大。就以数十种倾向革命的进步报刊而言,包括卞鼒的《重庆日报》在内,也很少传出省外。在冯自由的《开国前海内外革命书报一览》统计中,只提到《鹃声》和《四川》两种,而对地处更偏僻的贵州,却提到《黔报》(1908年创办)、《西南日报》(1910年创办)。可见四川革命派的报刊,甚少传到省外革命党人的手中。

表17-1 清代成渝两地报刊一览

名 称	创始年	创办人	参与人	备 注
渝报	1897	宋育仁	主笔潘清荫、协理杨道南、副主笔梅际郁	旬刊
蜀学报	1898	宋育仁	主笔吴之英、总纂廖平、采访傅樵村等	旬刊
渝州新闻	1898	潘清荫		工商小报
算学报	1900	傅樵村	苏星舫	只出两期
启蒙通俗报	1901	傅樵村	史嵎峰	后改名《通俗日报》
广益丛报(渝)	1903	朱蕴章	杨庶堪为创办人兼主笔,另有胡湘帆等	旬出1册
四川官报	1904	官报书局	总办陆钟岱、钱锡保等	官办旬刊,府厅州县派销,达万份
成都日报	1904	钱锡保	官报局主办	停刊于1911年10月
重庆日报	1904	卞鼒	社长日人竹川藤太郎,编纂肖九垓、燕梓材	四川第一家日报
崇实报	1905	古洛东、雷龙山	天主教川东教区机关报	周刊,有中、法两种文版
工会日刊	1905		南蛮(署名)	只出一个月停刊
重庆商会公报	1905	曹涞棚	周文钦、卯眉丞	旬刊(后改名商会公报)
开智白话报(渝)	1905			
通俗日报	1906	傅樵村	主笔杨叔尧	指导小学、师范教育期刊,每份一张半土纸,机器印刷

第十七章 清代四川文化（中）

续表

名称	创始年	创办人	参与人	备注
成都商报	1909	廖用之		次年改为四川商会公报
蜀报	1909	四川咨议局议长蒲殿俊	主编兼发行人朱山，主笔吴虞	册报
通俗画报	1909	傅樵村		四川第一家画报
西顾报	1911	池汝谦	主笔，杜万菁、邱聘三、陈子奴等	新闻纸两面印，发行达万份
白话报	1911	汪三乘		
四川保路同志会报告	1911	罗纶	邓孝可等	日出万份，多时日送五六万份
评论报	1911	朱山	王羡门出资	为抵制《成都通览》而办，后改名《评论日报》
军声	1911			
救世报	1911			在重庆创办
启智画报	1911			
正俗新白话报	1911	官印书局		抵制立宪而办，发行万份
蜀醒报	1911		杨叔尧题写报名	后为巡防军捣毁
游艺	1911		黄方、张辑五等在监狱里办	一周一次
皇汉大事纪	1911	朱云湘	蜀军政府主办	

资料来源：杨丙粗《重庆报纸小史》、孙少荆《成都报界回想录》，《中国近代报刊发展概况》，新华出版社 1986 年版，第 564～583 页。

三、德格印经院

德格印经院又名"德格吉祥聚慧经院"，是我国藏区三大印经院之一[①]。创建人是德格第 42 任土司瞿加·登巴泽仁。

登巴泽仁是一位有学问的高僧，又是有远见的政治家。他于雍正六年

[①] 藏区三大印经院是：布达拉宫印经院、日喀则印经院、德格印经院。

(1728)归附清朝，其辖地被授为德格安抚司。雍正七年（1729）登巴泽仁即着手修建德格印经院于更庆寺原址，融拜佛、刻经两大任务为一体。雍正十年（1732），又被清廷提升为宣慰司。登巴泽仁去世后，历经四任土司的不懈努力，费时30年印经院始告竣工。德格印经院的建成及其刻经成就，增加了德格土司的知名度，使之一跃成为康区四大土司之首。有"天德格，地德格"之称。

德格印经院的主体结构为大经堂、小经堂和藏版库，而其附属建筑与主体建筑巧妙地融为一体，依东高西低、南低北高的自然地形，组成若干个四合院，以长廊连接，把两个经堂拥簇在北楼东西两面，高差为3米的两个台地上，更显层次分明，视觉美观。每当晨念之际，香烟缭绕于河谷之中，伴着乐器声、诵经声，把人们的思绪带向佛国天堂。

德格印经院之所以闻名遐迩，主要是它对藏文经书的刻印成就，特别是至今保存着21万多块藏文刻版，具有极其珍贵的文化价值。

印经部分建筑，面积几乎占整个经院的一半，是登巴泽仁初建时的规划，足见这位法王的卓识远见。更庆寺内原有一些藏文刻版，但都不完整，登巴泽仁及其后任派人到各寺庙收集刻版，集中到新建印经院中分类收藏。藏版库最大，楼上楼下十几个房间都是库房，分架整整齐齐，摆放着每部藏文经书版片。因木材经过特殊加工制作成版片，一般不生虫。版有两寸多宽、一尺多长。每块印版都有手柄，方便取放。"这些版子都按每册书的第一个藏文字母，编排目录，整齐地放在一层层的版架上"①。印版字数达二亿五千多万字。

登巴泽仁是虔诚的佛教徒，他在世时亲自督刻藏文《大藏经》中的《甘珠尔》103函及半部《丹珠尔》209函。后，其子彭措登巴又主持刻齐《丹珠尔》，并请到过印度学佛的司笃却吉牛勤活佛为两书撰写了目录200多页，又对两书认真作了校勘，使《大藏经》中两部主要著作质量很高，甚受喇嘛欢迎。除《甘》《丹》两大佛经著作外，还刻制了包括天文、地理、历算、修辞学、诗词音韵、美术、音乐、雕刻工艺等书326部，4500种。这些内容有些是从印度翻译过来的，有些是历代藏族学者的著作，例如《诗的创作》"是八百多年前藏族著名学者杨勇沙本著的……而《诗的解说》这部书，则是三百多年前藏族著名

---

① 杨居人：《访康藏高原》，作家出版社1955年版，第57页。

第十七章 清代四川文化（中）

图 17-11 德格印经院

诗人栢克巴著的"①。而《甘珠尔》一书，在印度已经失传，内有《印度佛教源流》《汉地佛教源流》和孤本《般若波罗密多经八千颂》。此外还有《萨迦言论集》《宗喀巴言论集》《米龙甘布》等大小书版82部，计586册，约合15万页木版，以及40余幅新、旧版佛画②。其所收藏藏文之书版，占藏区文化典籍的三分之二左右。

木版雕刻是一项精细手工技艺，藏文笔画细，雕成阳文，难度很大，速度很慢，刻成后，要在滚烫酥油中浸泡三四次，再经专门水液清洗付印。所以雕刻工都是刻版世家，祖祖辈辈都以刻版、印书为业。他们有200余户，有书刻印就来院工作，免差徭；无书刻印就回家当差。在四朗工布执政时期，对印经院进行了扩建，印书业务日益繁忙，"其经版之丰富，无有能踰者"③。久藏书版，要反复涂酥油，以免生虫，而且对木材要求极严，只用秋天落叶的红桦木，经羊粪沤泡一冬才制成书版。

藏经印刷纸张要求甚严，具有质厚、吸墨、光泽、鼠不咬、虫不蛀、多翻

---

① 《访康藏高原》，第58页。
② 《四川省甘孜州藏族社会历史调查》，四川省社会科学院出版社1986年版，第110~112页。
③ 格勒：《甘孜藏族自治州史话》，四川人民出版社1984年版，第151页。

不朽坏、久藏不破损等要求。白玉附近有几十家农奴世代以此为业，作为对土司的"差徭"，每户每年上交1700张，时称"活差"；多余由经院收购，每50张换藏洋一元。造纸原料一般用本地所产"如胶似漆"的草根皮制造，成纸犹如"棉纸"一般，符合经院各项要求。由于手工制纸技术世代相传，所以能够保证纸张质量。

印刷用墨，是用松烟和水融合而成，红色是用朱砂，两种原料康区都有固定产地。印时，一个工人涂墨于版片之上，要均匀，不干不湿；一个工人铺以纸张，用棕刷一刷即可。装订的绳子是用牦牛毛做成，结实耐用。

这样，德格印经院不仅保存了大量珍贵的藏文书籍版页，而且保存了藏族古老的刻印、造纸传统工艺，这是藏族文化遗产中最耀眼的两个部分。其所印《甘珠尔》《丹珠尔》等经书，远销西藏、青海、甘肃等有喇嘛教的地方，对藏传佛教的传播贡献巨大。1996年被国务院公布为全国重点文物保护单位。

第三节 史 志

一、四川治史修志概述

有清一代，四川无鸿篇史学著作问世。究其原因，清代实行文字狱，令士子却步；官方只提修志，不提治史；私家受战乱影响，衣食皆难，何敢妄言修史。若言一般性的史书，无非是私家回忆录之类的短篇，且内容大都涉及大西军、吴三桂叛军烧杀淫掳之事，或出使某国某地的亲身记录等。如张烺《烬余录》，费密《荒书》，欧阳直《纪乱》，沈荀蔚《蜀难叙略》《明末清初雅安受害记》，傅吉迪《五马先生纪年》，李馥荣《滟滪囊》，杨鸿基《蜀难纪实》，彭遵泗《蜀碧》，李仙根《安南使事纪》，王开禧《山城纪事》，张鹏翮《出使俄罗斯纪略》，李调元《南越日记》，刘在伟《金川从戎事实》等等。真正称得上史的只有川人黄密《历代纪年》4卷、《古史正》10卷，黄霖《蜀记略》24卷，周煌《琉球国志略》16卷及张森楷《二十四史校勘记》《通史人表》等。

清代四川"史"无巨著，而"方志"则百花绽放，总共修成方志460种，其中不乏上品，其主要原因是康雍乾三朝皇帝为修《大清一统志》，屡屡诏令各

第十七章 清代四川文化（中）

省纂修方志，提供地方史料；又令各州县 60 年修一次，也有 30 年一修者，故逢修志之年代，州、县官员无不积极纂修，以作为自己的政绩而载入史册；官家修志经费有保障，一由政府支给，二由社会捐助。

清代四川一共修了三部省志：(1) 由蔡毓荣、钱受祺等纂修的《四川总志》36 卷，于康熙十二年（1673）印行；(2) 由黄廷桂、张晋生等于雍正十一年（1733）纂修的《四川通志》47 卷，卷首 1 卷，在乾隆元年（1736）刊刻印行；(3) 由常明、杨芳灿、谭光祜等纂修的《四川通志》204 卷，卷首 22 卷，于嘉庆二十一年（1816）刊行。

清代四川辖 12 府，康熙时修有《四川成都府志》35 卷，《顺庆府志》10 卷，《叙州府志》《夔州府志》各 10 卷、《龙安府志》不分卷。乾隆时修有《夔州府志》10 卷、《潼川府志》12 卷及卷首 1 卷。《雅州府志》16 卷。嘉庆、道光两朝还修有府志 7 种①。

清代四川新修州厅县志有 200 多种，对各地自然、社会、区域沿革、民族、政治、经济、文化、教育、人物、风俗、宗教、建筑、金石等方面均有记载，保留了很多可贵资料。

综观清代四川方志 460 种②，其中分官修私修两种。虽精粗有别，质量不等，但都注意到修志的现实性和实用性。彭县令张龙甲认为：志书记载有疆域、土田、户口、政事、人文，"一展卷而了然其间。或援古以证今，或随俗以立制，或因地以制宜"③。清代方志中，优等质量者甚多，都排除了抄袭官修《明史》的恶习，能开展调查，收集史料，并能进行一些考证工作，文笔憨直风雅，表事记贤言简意赅。这类方志有段玉裁修乾隆《富顺县志》，李调元修乾隆《罗江县志》，张赓谟修乾隆《广元县志》，彭遵泗等纂乾隆《丹棱县志》等。

但乾嘉以后所修地方志，抄袭之风盛行，不敢超越《明史》及前志所定框框，举凡禁书禁诗禁文均一律不载，且多讳言官绅劣迹。而三纲五常的"忠义""烈女""兵匪"皆罗列殆尽；穿凿附会的"星野""祥异"及千篇一律的"八景""宦迹"却无志不载。这种修志状况，引起了一些有识之士的议论，指出过

---

① 以上详见何金文：《四川方志考》，1985 年吉林省图书馆学会出版（吉林内部准印证第 408 号）。
② 张秀熟：《重印清嘉庆〈四川通志〉序》，嘉庆《四川通志》，巴蜀书社 1984 年版。
③ 光绪《重修彭县志》序。

去修志有五种弊端：有对前人之书略加增删，即谓远超前人；有抄袭前人著作，谓为己出；有标新立异者，好攻击前人成果；对有争议问题，偏袒一说，有失公平；有对本地人物评价拔高之嫌。修志之弊病入膏肓，要改变，则"难哉"。

清代四川方志虽然弊症甚多，但就官绅修志的目的而言，除"以备国史采择""以备考稽而治理"和考核官吏政绩外，对于保存地方历史的连续性，整理残存的文档和口碑资料，都作了有益的贡献。陈元杰在修志序中说"……书成之后，诚能家置一编，使邑之髦俊闻昔人之典型，有以作其感发奋兴之气；即官于斯者，亦得按图稽古，勉继前修，因地制宜，以为编氓造福"①，这反映了部分官绅也有良好的修志目的。同时，一些方志确实保存了很多珍贵史料。如光绪《越西厅全志》，就保存了石达开在四川覆殁的史料；四川民教冲突的起因和结果，地方志中记载最为翔实。

清末废科举，兴学堂，清廷准学部奏，着各州县为初等小学堂讲授乡土知识，撰编乡土教材，其内容以本县地理、物产为主，并将本县学校、古迹、祠庙、山水、桥涵、道路关隘、农商诸业记叙详细不等。据此，四川很多州县均编有乡土教材，可惜迄今只存65种②，如光绪《丹棱县乡土志》、光绪《涪乘启新》等都是上品。

乡土教材多为私人编撰，多数又是高等小学校本地教师担任，对本乡本土山川历史谙熟，虽经费无着，仍辛勤笔耕，以致书成而只能有抄本流传，为四川地方志增添了一大亮点。乡土教材与旧志迥异，不言某官政绩，不书某妇节烈，不表某公忠义，不附文征，真正以乡土历史、地理知识教授新式学子。有些乡土教材，还记录了社会上存在的苛捐杂税，地主对农户的苛索，高利贷对平民的盘剥等等，这在旧志中是少有的。

二、方志学者的修志见识

偏重修志，不乐作史，是有清一代不成文的规矩。在修志体例上，大都注意把史志分开，既不以志代史，也不以史抑志。绵州知州文启在同治《直隶绵州志序》中说："世谓志乘之书与国史同，非也。史简而文博，而志则洪纤悉

---

① 《续修汉州志序》，同治八年（1869）刻本，第3页。
② 据《四川省地方志联合目录》《中国地方志综录》。

备,凡夫城邑、河渠、政刑、赋税,以及文物技艺,下至匹夫匹妇,苟于忠孝节义有一事之可传者,无不辑而存之。此体例也。"官绅修志均言"信今而传后",但由于取舍褒贬立场之不同,以致造成很多事实本末倒置。旧志不能做到公平公正,此为通病,不必苛求。由于有的官绅不专史学,对于"史""志"的区分不甚了然,如光绪《续修双流县志》周廷揆序言:"窃维志者,史之亚也。史之例严,志之体博。"此说与乾隆《双流县志》黄锷序言"邑志犹外史也"雷同,都没有搞清楚"史""志"的界限。光绪《射洪县志》杨甲秀"序"亦言:"夫志所以信今传后,则邑志与国史等",更是走得太远。他们都没有领会章学诚的"志乃史体""志属信史"的真谛,往往都在序言上对"史""志"作了不完善、不正确的叙述。清代四川官绅、士子对史、志区分不太清晰,但都采用乾嘉修志理论编写方志,为数众多。也有不少有识之士,敢于标新,提出了今天仍然有参考价值的修志灼见。这些灼见包括:

(一)新修方志要注意天文星野、坛庙典礼非一地所有,毋庸一一记述,文艺志应严禁"滥收庸腐诗文";县志要重视采访,但"采访不得其人,必至饬赝成真,而蒙蔽之患生焉"①。

(二)修志首先要分门别类,子目、附目、订讹不可少;山川、城邑考订必须慎重,切忌穿凿附会,关防、古迹、金石更要"加意考订",不使谬讹混迹其中。刘光谟提出的修志"六议"(正名、辨体、博征、分门、订补、征文)②,对志书的修撰是有启迪的。

(三)刘光第提出修志要注意方言的搜集,提出"谣关诗教,谚有至理"③,把"民谣""民谚"提到应有的高度,并期望志书成为保留各地方言的载体。

三、嘉庆《四川通志》

清代康熙、雍正、嘉庆三朝,修了三部省志,其中,以嘉庆《四川通志》修得最好。这部通志,汇集了乾隆以来各府厅州县上报的资料,分门别类,纳入子目,然后按大类分编,以府、直隶州、州编排,便于检索;一事一物,按

---

① 李惺:咸丰《阆中县志·序》。
② 见光绪《潼川府志》。
③ 《方言记》,《刘光第集》,中华书局1986年版,第79页。

年代将所有资料辑录于后,可谓搜罗较为齐全,是四川志书中上乘之作。

嘉庆十五年(1810),四川总督常明奏请设局新修通志,奏文言雍正《四川通志》"迄今已历七十余年,其间典章制度损益因时,与旧志所载多不符合……如大小两金川及廓尔喀皆从古不宾之域,今则德威远播,尽入版图,或列成安屯,或输忱纳贡,允宜登诸志乘……至剿捕教匪,军兴以来……更宜详纪始末。……若乘此时续行编纂,实为一举两得"①。在清廷批准以后,四川大吏物色修志精英,聘户部广西司行走员外郎、会典馆总纂杨芳灿、四川夔州府通判候补同知谭光祜二人为"编辑",实际担任总纂工作。各地道、府、州、厅主管一把手担任采访,又聘任20名进士、举人、贡生等为各专志"分辑",其他校对、收掌、督梓、绘图等人员,都各司其职,于嘉庆十七年(1812)开局,费时五年,于嘉庆二十一年(1816)付梓印行。

嘉庆《四川通志》篇幅浩大,总计204卷,加卷首22卷,共分12个大类,68个子目,近500万字,五倍于旧志。

嘉庆《四川通志》分门别类皆比旧志科学。其《舆地志》是全志最大的一类,涵盖建置沿革、疆域、形势、山川、江源、堤堰、城池、公署、关隘、津梁、祠庙、寺观、陵墓、古迹、金石、风俗等16个子目,按地区、时间先后逐条列次,并配有地图方便检索;资料极其丰富,方便府厅州县志借鉴。其《西域志》除延旧志旧说外,对乾隆以来的变化,一一作了补充,并增加了"国朝驻藏大臣题名"和"西域职官政绩""西域职官忠节"等内容,是研究西藏史川边藏族史不可或缺的珍贵资料。嘉庆《四川通志》文风朴实、流畅,遣词用语准确。即如常明"序"文:"……职贡极于廓尔喀,郡县列于大小金川,此尧封禹甸未辟之疆域也。粮站抵于唐古特,屯戍接于巴勒布,此汉主唐宗未立之边防也。賨人剑舞而力农,巴女罢歌而输织,此太史公未录之土风也。升庵以放废老滇,此度以乱离去蜀,此陈承祚未记之耆旧也……"②

嘉庆《四川通志》作为"志"书,始终体现资料性"志"书规范,把乾隆以来70多年在四川发生的大事,搜罗殆尽,特别是有关大小金川之役、白莲教纵横川中数十州县之役,其官方文档、私家著述,尽量采撷无漏。清代四川官

---

① 嘉庆《四川通志》第1册,巴蜀书社1984年版,第34~35页。
② 《重修四川通志序》,巴蜀书社1984年版。

吏重视恢复农业生产，这在《舆地志》《食货志》《职官志》《人物志》中都可以找到证明。张秀熟在《重印清嘉庆〈四川通志〉序》中说："检阅古籍，具有包罗全省各地区自然、社会千态万状事物的纪录可供所有市、州、县参考借鉴的，莫过于清嘉庆《四川通志》。"①

但是，嘉庆《四川通志》同样存在封建社会所有"志"书的缺点，这是毋庸置疑的。

四、傅崇矩与《成都通览》

《成都通览》的印行，使清末成都人为之一震。这种前所未见的体例和白话文体，吸引着各方读者，一册在手，能知成都大事小事。

作者傅崇矩（1875~1917），字樵村，简阳人，青年时随父迁居成都，故以成都人自诩。他是接受新式教育的四川士子，曾东渡日本追求救国救民真谛。回川后曾办过报纸，传播科学知识和实业救国思想，且学问渊博，著作甚多。光宣之际，花了多年时间，走街串巷，深入社会各阶层，收集各方资料，于宣统元年（1909）撰《说成都》30余万言，拟在《通俗报》分日刊出；后因得到资助，付梓刊行，改名《成都通览》，并配有《四川全省邮路交通图》《灌县岷江分水图》《最近四川简明图》《军用川藏路程图》等。文字内容无所不包，"举凡山川气候，风土人情，农工商业，饮食、方言、居家事物、凡百价目、水陆程途，靡不毕载，诚人生必用之书也。以个人之调查，为人群之指南，其裨益社会，岂浅鲜哉"②。

傅崇矩在《自叙》中说："此书以实用为主，期于雅俗共赏，故半用白话，以辅助普遍之知识为目的。"通俗易懂是此书的最大特色。作者没有延旧志窠臼，未列忠孝节义等目，只记叙清末成都经济、文化、教育、风俗、宗教、政治、建置等现实情况，使读者可以看到这座古老的城市，出现了哪些新鲜事物，以及还存在哪些恶习，无奉承阿谀之词，寓褒贬于统计记录之中。如记华阳一县教会产业有"房屋二百四十余所，田地五百二十余亩"，使人一目了然外国教会势力之雄厚；又说"成都妇女有一种特别嗜好，好看戏者，十分之九，好斗

---

① 张秀熟：《重印清嘉庆〈四川通志〉序》，嘉庆《四川通志》，巴蜀书社1984年版，第8页。
② 傅崇矩：《成都通览》上册，沈秉堃撰《叙一》，巴蜀书社1987年版。

麻雀者，十分之八，好游庙者，十分之七"。对成都社会当时存在娼妓、烟馆、赌博、巫术及官场污垢也均有记载。故作者自信地说："官于成都者不可不阅；凡商界、学界、军界、工界不可不阅；游历家、调查家、新学家、旧派家不可不阅；幼孩妇女之能识字者，均不可不一阅。"

傅崇矩敢于直言，在"成都之当禁革及应改良者"条目中，提出许多应当禁革改良的主张，如：

——地方官坐堂问案时，不应中停会客；

——著名害人之赌棍，应认真随时拿禁；

——庙中药签，应立行毁禁；

——无执业之子弟，应逐户清查，令其习艺；

——干点心铺之茶食，有日久生虫者，宜禁其出售；

——有急症于夜深求医，不准医生不去；

——医生开药单，应饬令一律正楷；

——官绅调查地方事件，多不肯耐劳求实，宜禁其敷衍；

——欲实行禁革官场之烟瘾及麻雀，应准贫闲官员随时密探，面谒禀揭，实则奖之，虚则记过、停委①。

他对城市管理很有超前意识，且能处处从环保卫生着手。他认为"海会寺及暑袜街两处之皮铺，臭气有碍卫生，应令其硝皮时，一律移置城外"；"玉河水秽，应禁止挑夫妄挑"；"驼牛马遗粪……应随见随刮……"他提出"儿童教育宜讲求，凡小儿四、五岁及八、九岁时，好出街游耍，易沾街市恶习，为父兄者宜知之"，宜切禁止小儿在街上"碰钱""扎翻""丢圈""打蟋蟀""打石"等等，以保证小儿心理、身体健康。他说成都人好说假话，最为恶习，无论官商士庶，均难以真言对人。凡任最著名之优缺，官囊丰盈，而人问之者，必答曰："尚负累若干"；商家年终获利而人问之，必答曰："尚不够开销"，或曰："仅敷月息"；乡人收获大丰，而人问之者，必答曰："今年不如去年"。这些真知灼见，得到社会好评。"微闻傅君樵村有《说成都》之作……及索稿浏览，则裒然成巨册，不下数十万言，不假雕镂，自成信史，益州耆旧之传无此详明，蜀中文献之录逊其赅备；盖自有成都以迄今日未有之新著也……凡蜀人、非蜀

---

① 《成都通览》上册，第199～200页。

人，皆当手一编，以资快睹，试一展卷焉"①。后人说此书是清末成都一部百科全书。

五、历史学家张森楷

张森楷（1858～1928），原名家楷，字元翰，号式卿、端叟，后改名石亲。四川合川县人。19岁入州学，读学政张之洞《輶轩语》《书目答问》二书，开阔了视野，激发了求知欲，并以优异成绩，于光绪四年（1878）选入尊经书院深造，以主攻史学而小有名气。后转入锦江书院学习，开始著书立说，撰写有《三国志音注》等书。光绪五年（1879），张森楷主要史学巨著《廿四史校勘记》初稿成，又拟就了《通史人表》提纲。后费时22年，几经修改，于光绪二十六年（1900）始告完成，计《廿四史校勘记》337卷，《通史人表》296卷。

图17-12 张森楷像

光绪二十年（1894），张森楷以癸巳（1893）科举人赴京应礼部试，将两书例言石印件，分赠当时学术界知名人士缪荃荪、王懿荣、李慈铭、康有为等人，祈赐教诲，收获甚丰。返蜀前经江浙诸地，拜会了俞樾、丁丙、陆心源、汪康年、罗振玉诸名家，出赠两书例言印件，征求意见，获益匪浅。张森楷将诸多真知灼见，编成《师友赠言录》，置于《通史人表》卷首。

我国的著名史书从《史记》到《明史》，共有24种，故称"廿四史"。历朝又有众多的注、疏、解，以补其不足或订讹。乾隆四十五年（1780），钱大昕撰《廿二史考异》（《廿二史》不含《旧唐书》《旧五代史》）100卷，对各史错误之处作了订正。乾隆六十年（1795），赵翼著《廿二史札记》36卷，对各史考核颇具功力，加上王鸣盛《十七史商榷》，被尊为清代三大考史名著。张森楷在这些研究的基础上，全面而又系统地对廿四史作了校勘，或年代互讹，或有漏字衍文，或人名地名不当，凡所"疑者"，分别年代，一一注录己见，如是《廿四史校勘记》书成。

---

① 《成都通览》上册，《叙二》。

光绪二十一年（1895），张森楷应聘担任尊经书院襄校，撰写《历代邦交录》100卷，主张"以史治国"。后来，回家乡合州创办四川第一个蚕业公社，亲赴日本考察蚕桑，力行"实业救国"。民国成立后，曾任川汉铁路公司四川总理、成都大学教授等职，撰有《史记新校注》《合川县志》等书。1928年由于过度劳累，病逝于北京。

张森楷文史论著甚丰，共计48部1259卷。其杰出的代表作，应是《廿四史校勘记》《通史人表》《史记新校注》三种。学术界对张森楷及其史学论著给予了很高的评价。

罗振玉评价《二十四史校勘记》是"全史功臣，一经播布，即为史家所不能废"①。任崧生推崇张森楷的史著"体大精深"②。郭沫若对张森楷评价说："他是我们四川乃至全中国有数的历史学专家，而且是很有骨鲠之气的一位学者。"③张秀熟评价说："石公治史，胸罗卓识，校考精严，嘉惠百世。"④

第四节 名胜古迹与建筑艺术

一、清代对名胜古迹的修缮和扩建

经明末清初兵火破坏，四川名胜古迹，或被毁被焚，或年久倾圮，或无人管理而荒废。顺治十六年（1659），清军进入成都，四川巡抚高民瞻等捐俸修复都江堰，十八年（1661）四川巡抚佟凤彩疏请修复成都府城和文庙。康熙四年（1665），省会从阆中迁成都后，其时全川人口不足10万，因之，首要是移民实川，恢复农耕和城市工商业；继之，对名胜古迹进行修缮和扩建，并使这一修缮工作有序地向府厅州县铺开。

康熙三年（1664），四川巡抚张德地约集属员捐资，费时4年，修复青羊宫。十一年（1672），官府出面重修武侯祠；三十四年（1695）四川按察使赵良

---

① 民国《合川县志》卷75，《跋序》上册，第33页。
② 民国《合川县志》卷75，《跋序》上册，第13页。
③ 《沫若文集》卷12，第215页。
④ 唐唯目：《张森楷史学遗著辑略》，"张秀熟题词"，西南师范大学出版社1998年版。

第十七章 清代四川文化（中）

璧出俸银修二仙庵。雍正七年（1729），全真派道士张清夜在华阳县令支持下将惠陵、武侯祠合而为一，进行大规模维修和扩建；乾隆时大将军岳钟琪有诗曰："鱼水君臣两遗恨，祠堂残照惠陵云"①。

川东丰都仙都山佛道建筑群，清初被战火毁尽。康熙初，经僧侣道士及乡绅共同努力，修复改建工程逐年铺开，至乾嘉时期，"死人大笑生人哭，浪指丰都作地狱"②之景象已完全恢复。

建于南宋年间的峨眉山伏虎寺，明末全毁。顺治十八年（1661），高僧贯之、圣可师徒倡修，得到四川督抚司道捐俸助之，费时数十年竣工，成为峨眉山最佳寺庙。川抚张德地约同司道还修缮了万年寺、光相寺等寺庙，使峨眉山佛教建筑群得以归复昔日之盛。

成都工部祠、昭觉寺，巴县慈云寺、崇因寺、治平寺，遂宁广德寺、灵泉寺等寺庙，也都在清中叶以前得到修缮和扩建，使千年以前的古迹，得以恢复旧貌。

明朝之时，四川各府州县建有众多文庙和书院，清初亦都遭兵燹。清朝尊儒重教，除修复、重建众多文庙书院外，还新建、扩建很多学宫和书院，有官修和民间捐修两种。富顺文庙经过康雍乾三朝由知县出面集资三次重修，至道光十六年（1836），知县邓仁堃得到乡绅的大力支持，对原文庙进行了大规模改建。四川四大文庙之一的德阳文庙，经过顺康乾三次重修、扩建，不仅恢复旧貌，且"较之旧制，宏敞壮

图17—13 工部祠（即杜甫草堂）在清代得到修缮，亭中碑文为雍正年间果亲王书"少陵草堂"

---

① 嘉庆《四川通志》卷34，"舆地"成都府20。
② 《丰都山》，《船山诗草》卷8，中华书局1985年版，第198页。

丽有加"①。其他诸如渠县、崇庆州等州县文庙都一一得到修缮和重建。成都府学明伦堂原系文翁石室故址，"明末古制尽毁"，康熙四十三年（1704），按察使刘德芳在原址上筹建锦江书院；嘉庆十九年（1814），"知府李尧栋仿古制建石室于讲堂后"②。其他如嘉定府九峰书院、东坡书院，邛州鹤山书院，阆中锦屏书院，合州濂溪书院等都在康乾时期重建或修复。

二、清代新建的名胜古迹

清代各府厅州县修建了不少堪称名胜古迹的建筑，最有代表性的有自贡西秦会馆、忠县石宝寨和梁山（今梁平）县的双桂堂等。

（一）自贡西秦会馆

西秦会馆坐落在今自贡市中心区。乾隆元年（1736），入川经商的陕西人合资修建关帝庙，历时16年始建成，内奉家乡崇拜之神——关羽，亦作为陕西人会晤和祭祀的会馆，即今西秦会馆。由于会馆是祭神的地方，其建筑设计均采佛道寺庙模式，即长方形或方形、对称，沿中轴线修建各式殿堂，突出主殿雄姿，两庑原作为四合院的配房，大门要反映这个大建筑群的规模等等。

西秦会馆坐南朝北，以遥望北方的秦陇故乡。在道光七年至九年（1827～1829），又进行了一次大规模的维修和扩建，面积

图17-14 西秦会馆戏台

---

① 道光《德阳县新志》卷3。
② 嘉庆《四川通志》卷79"学校"。

达到 3000 平方米，纵深达到 86 米，依山势层层叠建，基本上呈正方形，形成若干个既有联系又能互相独立的四合院，体现了我国古代宫殿、寺庙建筑的基本格局。

走进会馆大门，可谓"移步即景"，宽敞的名为"天街"的坝子，面积达 798 平方米，矗立着四层建筑的"门厅""献技"

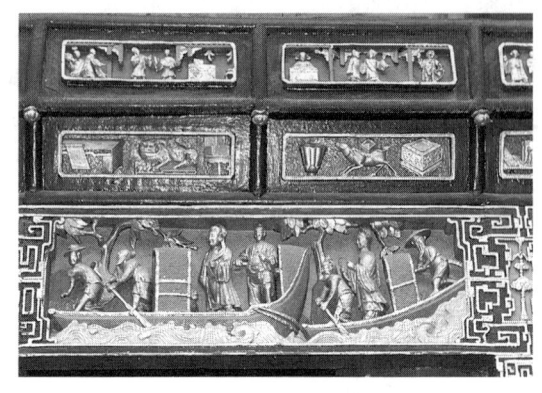

图 17—15 西秦会馆内建筑上的木雕

"大观""福海"诸楼，与"大丈夫"抱厅相望，如寺庙中晨钟暮鼓之设的金镛、贲鼓东西两阁对峙，并通过廊楼相接，构成了第一个四合院建筑群。而以参天奎阁为中心所形成的第二组建筑群，前接抱厅，后枕中殿，左右为"胜十年书""留三日香"两个客廨，是整个会馆建筑最为密集区，并有水池、花圃点缀其间，别有情趣。中殿为单檐结构，七柱落地，高 6 米，阔 25 米，进深 10 米，殿中作为装饰用的 87 个斗拱，均刻有龙头、凤头、象头，排列有序，参差别致。其时，中殿为主要祭祀场所。第三组建筑群是以道光年间扩建的正殿为中心，殿分两层，檐为双重，有龙亭、神庖、内轩拱卫，气势雄浑。内供奉关羽和陪祀诸神，庄严肃穆，不仅比中殿宏敞，也是会馆最高最大的殿堂，其所构成的第三个四合院，是道光以后的主要祭祀区。

西秦会馆建筑艺术之精华，主要表现在大门武圣宫的造型，殿楼廊庑的科学结构和雕刻浮雕的工艺技巧。1988 年，国务院公布西秦会馆为全国重点文物保护单位。1959 年建立的自贡市盐业历史博物馆即设在西秦会馆内。

(二) 忠县石宝寨

石宝寨矗立在忠县以东长江北岸的玉印山上。全寨由寨门、寨身、层楼和寨顶古刹三部分组成。乾隆初年，借助架于石壁上的铁索在山顶修建了一座寺庙，嘉庆年间又聘请能工巧匠研究如何取代铁索上山，于是便依山取势建成这座楼阁。寨中楼阁 9 层（1956 年改建为 12 层），四角三方，飞檐展翼，全为木质穿斗结构，层层扶壁而上，为登山的唯一路径。山顶古刹名"天子殿"，共三重，始建于康熙年间，凭栏远眺，滚滚长江，壮丽景色，一览无余。石宝寨是我国清代古建筑的一颗明珠,被誉为"世界八大奇异建筑之一",被国务院公布为全国重点文物保护单位。

图17-16　忠县石宝寨

(三)梁平双桂堂

双桂堂坐落在今重庆市梁平县城西13公里处。始建于清顺治十八年(1661),占地73334平方米。创建人是清代高僧破山海明,因破山禅师在寺内植有双株桂树而得名。这是佛教僧侣在清代自募自建的第一座寺庙,而且是代表禅宗下属极盛的临济宗杨岐派,在四川开辟的最大说法佛坛。其主要建筑仍依传统寺庙建筑规则,按中轴线依次建有武圣殿、大雄宝殿、大悲殿、戒堂、弥勒殿、舍利殿、藏经楼等。东西两廊厢有回廊相连,组成多重庭院。殿堂高低相间,通风采光甚为科学,梁架用柏木制作,"系大木小式作法,檐下撑拱、雀替、花罩雕刻精致,尤以花窗图案丰富,工艺讲究,具有川东传统建筑风格"[①]。特别是主殿大雄宝殿支撑大屋顶的52根石柱,每根柱高9米,直径0.7米,如此巨大的石料,在四川寺庙中是罕见的,而且石柱的采石、打磨、运输、竖立都

---

① 《四川省志·建筑志》,第41页。

具较高的建筑工艺水平①。

除此之外，清代还新建或扩建了一批场镇，为我们留下了许多珍贵的古镇文化遗产。较有特色的有今龙泉洛带古镇、双流黄龙溪古镇、犍为罗城古镇和雅安上里古镇等。

三、民居府第

图 17—17　犍为罗城古镇——街中戏台

乾隆二十五年（1760），什邡人张宗法撰《三农纪》，对农民的房屋建筑作了详尽勾画。作者通过到各地调查访问，总结了一整套建造农民住宅的经验，描绘出当时四川中小农户家室布局的生动蓝图。首先是"卜地"，避阴朝阳；建造三合院或四合院平房一进或二进；夯土筑墙架梁，盖以草、瓦或树皮；窗要大以充分采光；天井注意"放水"，即排水设施"暴雨不涝"；挖井以解人畜饮用；人畜分隔，以防"秽浊腥臭"；养狗以防"盗"；"作厕"以积人畜粪和罨

图 17—18　清代四川农家住宅——朱德故居

---

① 1983 年，双桂堂被列为全国重点保护寺庙，1996 年被列为重庆市重点文物保护单位。

肥；建"仓廒"、养猫以防"鼠害"；四周种树、植桑等等。其中对农民卧室有一段生动描写："终身经营，只享得半壁之房；一日劳苦，惟落得三时之息，当卜吉位，安置卧室，须宜洁净雅致……虽经陋室蔽窗，亦宜令其洁爽，及致召祥，夫妇皆老"①。这是主要的民居建筑形式。四川农居比较分散，喜独居，至多也只有两三家聚居；喜几世同堂之家，则再建相连的四合院，形成一个共财的大家族群居区。

至于乡村缙绅和城市富户，居室不仅开间大，且有二三进平房居室，虽达不到府第水平，但皆配有丫头、仆人居室和书斋、中堂等建筑。

清代四川居民建筑极少使用琉璃瓦，常以小青瓦覆面；屋台基及墙身、屋盖为四川古建筑的基本构图手法，外形观之，朴实自然大方；柱础常作成鼓形、兽形或莲花形等，这是受佛教造型艺术的影响，石刻、石雕、木雕均精美。木门窗花纹不下百余种。

清代四川著名的民居、府第有江安"夕佳山民居"、温江"陈家桅杆"、崇州"宫保府"、重庆"韩府大堂"、罗江"醒园"、成都"朱财神府""棉花街卓宰相府"等。可惜有的已毁坏无存。

图17-19　温江陈家桅杆民居

图17-20　温江陈家桅杆民居——照壁斗拱

---

① 《续修四库全书》，上海古籍出版社1995年版，第975册。

江安夕佳山古民居是我国目前保存最完整的古代民居建筑群之一。据史料记载，明代锡姓富户开始在此建园，清顺治年间扩建，规模宏大，有房屋108间，建筑面积5146平方米，是典型的清代传统民居，由两个四合院组成，客厅、堂屋、花厅、闺楼等分布其间，错落有致。建筑群中的石台阶、栏杆和柱石上的龙凤花草浮雕，刀法娴熟，镂刻细腻，形态自然。民居四周簇拥着60多亩郁郁葱葱的楠木。每年春季有数千只白鹭飞来栖息，被人们誉为"天然鹭鸟公园"。1996年被国务院公布为国家重点文物保护单位。

崇州"宫保府"，是曾任清朝陕甘总督杨遇春的私宅。杨遇春（1761～1837），崇州人，武举出身，战功卓著，朝廷封赏甚重，府第建筑规模宏敞，有天井13个，各类用房大小数百间，按天井区分为正房、厢房、杂院、正厅、花厅、过厅、穿堂厅等。每个厅建筑结构殊异，有宽大的正厅，以作祭祖、祀神和接待贵宾之用，而小巧花厅，则作为家人、亲友聚会之地。厅内装饰、雕花门窗都不雷同。最能反映其庄穆风格的是门厅外的摆饰和悬挂物：一对石狮左右守卫着朱漆大门，门额正中悬挂着"一等昭勇侯府"金字匾，左右有红底黑字对联"圣清如天""臣心似水"，十四个大字，显现出府第主人身份何等威严尊贵。1999年，宫保府实施异地搬迁，照原样修建。

第十八章 清代四川文化(下)

第一节 宗教文化

一、清代宗教文化概述

顺康之时,清廷奉行前朝宗教政策,"钦崇佛教,总持道教","崇儒重道","儒释道三教并重",倡三教合一。雍正时连颁御旨:"朕惟三教之觉民于海内也,理同出于一源,道并行而不悖人……始奉三教合一之旨。"并选儒佛道14人参与当今法会,御选"三教语录",倡"三教并行不悖之说"①,可谓用心良苦。四川仪陇县、彰明(今江油)县、犍为县等都有三教寺。成都三教寺建于明朝,清初毁,康熙、乾隆时曾重修、增修。三教寺中供奉的塑像,有儒家诸子,释家诸佛、菩萨,道教天尊、真人及诸仙。有清一代,诸大禅师和宫观道长皆能诗善墨,并互有赠诗,形式上看都在奉行朝廷三教合一的指示,实际上唐宋以来佛教僧众强据峨眉山道教宫观都未退还,在四川佛教的寺产远远超过道教,三教合一只是清廷一种政治上的拉郎配,特别是把儒家纳入宗教范畴,更是不伦不类,不会出现终结性的效果,而只能算是四川宗教文化上的一个亮

---

① 《重修道藏辑要》卷首。

点。此外，伊斯兰教、基督教都有文化遗存，散布于四川各地。

二、道教文化

道教是四川土生土长的古老宗教，一直都是四川民间文化最为集中的载体之一。明末清初，四川战乱频仍，道教驰名宫观大都被毁，各派道士或亡或散。成都青羊宫已成败井颓垣；青城山上清宫仅存小屋"三楹"；号称第七洞天的峨眉山宫观，尽为僧尼占据。

图18-1 重建于清代的成都青羊宫八卦亭（恩斯特·柏石曼摄）

康熙三年（1664），四川巡抚张德地走访成都青羊宫①，并约集属下捐俸集资，费时五年（1667~1671）将青羊宫恢复原貌。自康熙八年（1669）以后，龙门派②第七代宗师王月常，开"律宗"传戒之法，使全真派的修炼从偏重内丹法向奉持戒律转变，弟子陆续入川布道，是为四川道教进入恢复与发展时期。从此，龙门派在四川名噪一时。

清代第一位到四川传教的龙门派第十代弟子陈清觉，道号寒松，别号烟霞，湖北武昌人。康熙二十六年（1687）入川，到青城山，将被毁天师洞修葺一新。后只身至成都青羊宫侧结庐修炼，深得崇信道教的四川按察使陈良璧器重，出俸银祈清觉监修二仙庵，并置田500亩以作庵产，使青羊宫、二仙庵香火有继。陈清觉在此出任住持，开坛授徒，从习教徒甚众，学成分赴省内各地宫观任住持，全真教龙门派得以广为传播。康熙四十一年（1702），陈良璧为陈清觉请得"碧洞真人"敕封，获赐御书"丹台碧洞"匾额，及御书"张紫阳诗章"。陈清

---

① 青羊宫，原名元中观，唐僖宗避乱临蜀，下旨改今名，见《全唐文》卷88；元顺帝时立"蒙文圣旨碑"，免除青羊宫赋税，禁止侵占宫产。

② 龙门派为"全真七子"之一的丘处机（1148~1227）所创，该派继承全真道脉正宗，不食酒荤，不娶不嫁，在丛林道观净修，师徒相传，广布道缘。

觉去世后，其徒吴本固为碧洞宗传人，再传弟子甘合泰对二仙庵继续修葺。"青羊二仙庵"堪称国内一流，是四川道家、道教的文化中心。

除陈觉清外，在川传授全真教的还有穆清风等人。穆清风，四川忠县人。他在游历吴越时，遇詹大风授以全真戒律，是为龙门派第十代传戒法师。康熙五十四年（1714）回川，曾在成都梓潼宫三次设坛授徒，传演律宗衣钵。全真教经过多位道长的传播，逐渐成为成都及其附郭最火红的教派，并使正一、清虚、符箓诸派黯然失色。

成都武侯祠最初建于西晋，约5世纪时迁建于"昭烈祠"旁。自唐宋以来，与惠陵一起均归道士管理，而自《三国演义》对诸葛亮、关云长道化以后，道教与武侯祠关系更深一层。明末清初，武侯祠亦遭战乱破坏，康熙末稍作清理修缮。雍正元年（1723），道人张尊（1676～1763）溯三峡入川，游青城、峨眉诸宫观，后至成都，在武侯祠结庐，改名张清夜，潜心习道。雍正七年（1729），张清夜任武侯祠住持，开始对"久荒不治"的惠陵及武侯祠进行培修，使武侯祠园林生机盎然。张清夜撰《敷扬道要》《潭东草》等书。其众弟子及再传弟子恪遵张清夜的"不言神仙""不习丹术"的清修道法，道教所崇拜的诸神仙殿堂在武侯祠不曾出现；主体结构从未改变，只在中梁上画一八卦符号。其继承者张合桂在嘉、道年间，对武侯祠又作了扩建，并于道光七年（1827）配合地方官吏，募资纂修《昭烈忠武陵庙志》。这些都是道教南宗道长张清夜等留在武侯祠的文化遗存。

嘉庆二十二年（1817），道教内丹派传人傅金铨（字鼎云，号济一子，江西人）入蜀，寄居川东巴县达40年，传东派内丹，以修炼丹田之精气，做到炼精化气，炼气化神，炼神还虚，以达养生长生的目的，从信者众。内丹西派传人是乐山人李西月（1806～1856），字涵虚、团阳，著有《太上十三经注解》《二注无根树》《三丰全集》等十余种道书，是清代四川道书著作最多的学者。

清代四川道教文化的一大亮点，是《重刊道藏辑要》的印行。光绪年间，成都道士阎永和接任二仙庵主持后，邀约井研道家学者贺龙骧等，费时七年，在安岳重刻《道藏辑要》印行，"以千字文别号，凡三清、八洞、三茅、五祖、南北七真诸子经论，统载无遗"。主编贺龙骧对原刊本错误一一作了校正，并补原刊本未收47种,"又选女丹十余种附诸卷末,以示男女普度之意"①。他在"重刊道藏辑要事目初编序"中言:"彭定求相公撰《道藏辑要》一书,为世称快,惜原书总目只载卷数,未列子目,莽如烟海,下士难觅,不久书帙散失,虽达士通人亦罕识宗旨焉"。乃编子目四卷,大大方便查阅。《重刊道藏辑要》虽有"选择不精"之处,但在清末国势日蹙的状态下,四川道家学者和虔诚的道教徒众通力合作,打造出成都二仙庵《重刊道藏辑要》品牌,则是川人对道教文化的一大贡献。

图18-2　成都青羊宫保存的清代《道藏辑要》木刻版片

清代四川著名道教宫观,除成都青羊宫、二仙庵、武侯祠外,最有名的是青城山道教宫观建筑群

图18-3　青城山岩石内的修道之所(恩斯特·柏石曼摄)

中的建福宫、常道观、上清宫,丰都县名山佛道寺观建筑群以及梓潼文昌宫等。

三、佛教文化

明末清初数十年兵祸,四川佛寺大都被毁,庙产流失,僧人亡佚,经书被焚,佛事活动陷于停顿。康雍乾三朝修缮了不少寺庙,但尚不能与唐宋盛世相比。

---

① "贺龙骧校勘《道藏辑要》书后",光绪二仙庵《重刊道藏辑要》安岳刻本。

图 18-4 清末的文殊院（恩斯特·柏石曼摄）

清廷对佛教的政策是限制与利用并重。康雍乾三朝都有限制寺庙、寺僧发展的谕令，违者处罚甚严，但又不反对正常的佛事活动，对全国古刹名寺，都有诗文、匾额、佛经赏赐。如峨眉山的卧云庵、伏虎寺，成都的昭觉寺、文殊院，以及一些著名高僧，就曾获得御赐的匾额、经书或诗章。

领会朝廷佛教政策精神的四川巡抚张德地，途经峨眉山，见光相寺、万年寺等均遭兵燹之祸，乃邀约同僚，共捐俸 800 余两①，于康熙四年（1665）重修两寺，从而大大推动了川西官民重修寺庙的热潮。五年（1666），四川总督李国英重修巴县治平寺②，也推动了川东各属重修佛寺。全川众多官吏、绅商、僧尼联手，或捐俸或募化，修复众多被毁寺庙，使四川佛门香火重燃，信徒日增。

清代活跃在四川的佛教派别，主要是禅宗和净土宗。明末清初，禅宗在四川东部地区崛起两支临济宗杨岐派，对四川佛教影响巨大，并出现几百年少见的繁荣景象，以致为全国佛教僧尼所敬仰，有"言蜀者不可不知禅，言禅者不可不知蜀"诸类赞语，这就是指聚云禅系和双桂堂禅系。

聚云禅系是因川东忠州聚云古寺而得名。宜宾人吹万广真禅师（1582~

---

① 《张德地重修万年寺碑记》，嘉庆《四川通志》第 2 册，巴蜀书社 1984 年版，第 1623 页。
② 乾隆《巴县志》卷 2，第 64 页。

1639）在此说演临济禅学，并在夔州兴龙寺设坛传杨岐佛法，创杨岐宗聚云禅系。吹万禅规严谨，不轻收弟子，从学者累百盈千。聚云寺因有吹万及其传人铁壁、三山祖孙三代的禅学造诣，一跃而成为全国禅系杨岐派名门，是为清初四川佛教界的一株昙花。双桂堂禅系亦属临济宗杨岐派，创始人为破山海明（1592～1667）。破山，俗名蹇栋宇，大竹人，20岁时在湖北黄梅破头山禅宗五祖弘忍创"东山之学"地苦修时，不慎坠岩损足而参悟，遂自号破山海明。回蜀后，到川东一带寺庙弘法，信众尊为大师。顺治十年（1653），破山于梁山（今梁平）万竹山福国寺内修"双桂堂"，作为修行和说禅的法坛，不久，"双桂道风，大振遐迩"①。去世时，嘱其弟子"棺椁衣衾，完如俗人礼"，这在佛教内又是惊世骇俗之举。

明清以来，由于禅宗临济宗在四川势力很大，有"临半天"之说，故净土宗与禅宗出现了整合趋势，两宗派在四川相处融洽，相互关照。

清代四川佛教名寺，主要有成都的大慈寺、昭觉寺、草堂寺，峨眉山的万年寺、光相寺、伏虎寺，遂宁的广德寺、灵泉寺，嘉定（今乐山）的凌云寺，巴县的崇因寺，新都的宝光寺等。

图 18-5　今新都宝光寺大门

---

① 《巴蜀禅灯录》，第39页。

清代，四川禅宗大师个个能文善诗，通翰墨，甚而作画亦可入品，而对佛教经典的深入探讨、对佛经蕴涵的丰富文化和学术思想问津者微。师徒间对话都用对仗佛偈，且多有诗词韵脚，禅八股威胁着禅宗的命运，是故"双桂堂""聚云系"三传以后，大禅师已不多见，整个四川佛教至清末已日薄西山。四川名僧除破山、吹万之外，还有三山灯来、丈雪通醉、贯之性一、可闻禅师、圣可得玉、蒋超居士、清福大师等人。

清代川边藏族地区普遍信仰藏传佛教，即喇嘛教。本书已在第十章中介绍，不赘述。

四、伊斯兰教文化

回族笃信伊斯兰教。元代始有成批回民入川，伊斯兰教随之正式在川活动。清代是回民入川的高峰期。由于大批回民迁川，促进了伊斯兰教文化在四川的传播。

伊斯兰教派别甚多。四川回民多属逊尼派的格底目派。格底目为阿拉伯文译音，意为"老教""古行""尊古派"。在教义上，也可视为"经典派"。该派主张"昏礼"后开斋，故又称"后开派"。自元代以来，格底目派一直是四川占主导地位的伊斯兰教派。

在四川回民中，有的则属于苏非派。"苏非"一词源于阿拉伯语"苏夫"(suf)，即羊毛，"因该派成员身着粗毛织衣，以示质朴，故名"①。该派既不卷入哈里发继承问题，也不加入教法教义之间的争论，只注意穆斯林自身的修为，通过苦行磨炼，达到超凡脱俗，净化灵魂，以"洁净"的自我与安拉合一的最高境界。是故逊尼、什叶、瓦哈比等派中都受苏非主义的影响，为各派下层信徒所向往。

康熙初年，华哲·阿布都·董拉希将苏非主义戛底林耶派传入甘肃、青海、宁夏。康熙二十三年（1684），华哲应其弟子、时任川北总兵马子云的邀请，到阆中清真寺传授戛底林耶派教理，二十八年（1689）殁于阆中，其弟子为其修墓庐，即"拱北"，名"久照亭"，被尊为"盘龙道祖"，每年都有上千西北地区教徒来阆中清真寺朝拜。

---

① 张文德：《中亚苏非主义史》"导言"，中国社会科学出版社 2002 年版。

第十八章 清代四川文化（下）

比华哲·阿布都·董拉希稍早入川的宁夏王寺马五太爷，先到广元传戛底林耶派，殁后葬于大滩穆家坡，康熙十三年（1674）建"九井拱北"，供教徒朝拜。后，甘肃凉州陆姓穆斯林也来广元传教，殁后葬于北山墓庐，称"北山拱北"。乾隆初，

图18-6 久照亭

甘肃河州马四太爷来广元传教，殁后葬于南山，教徒于乾隆十八年（1753）建"南山拱北"。

戛底林耶派传教地区大都在川北，有清一代还有四座拱北是该派文化遗存，即松潘"隐仙亭"，称"上拱北"；松潘"光照亭"，称"下拱北"；青川"广惠亭"；青川"清真亭"。

哲赫林耶派主张"敬主赞圣，尊经从训"，简化聚礼拜教，注重赞圣词的韵调，以高亢的声调朗诵"迪克尔"经典。道光年间，由云南传入四川冕宁、西昌。该派商人在成都、新都建有清真寺，影响一般。

清代，大量回民迁入四川，在成都、重庆、川南、川西北各地都建有碧瓦木结构清真寺。乾隆年间，重庆一地就有清真寺3座，清末，成都有清真寺10座。

四川著名的清真寺，大都始建或重建于清代。成都鼓楼南街清真寺，始建于明代，重建于乾隆七年（1742）。康熙五年（1666）始建成都皇城坝清真寺。该寺建筑规模宏大，最早占地10余亩，其礼拜殿堂高雅亮敞，照壁长9米高4米，富有大寺气派，另有邦克楼、讲经堂、经书楼、浴室、阿訇室、管理室等。清真寺四周皆为回族民居，是典型的格底目派教坊制建筑群。阆中清真老寺，于康熙二十九年（1690）修建。其大殿不用横梁，仅用短木叠架于四根柱子之上，顶部作穹隆式，俗称"无梁殿"，四壁施以伊斯兰彩绘，美观庄严，处处皆体现中亚戛底林耶派建筑风格。建于乾隆二十年（1755）的叙永清真寺，经过

维修和扩大，后来成为四川五大名寺之一①。在西昌地区，"清咸丰前，宁属地区有回民2万多人，清真寺近50座"②，均规模宏伟，建筑精美。

格底目派清真寺都以本寺为中心，周围有回民居室环绕，称为"教坊"，亦称"寺坊"，是综合宗教活动、经文教育、经济活动为一体的回民社会组织。清真寺由阿訇、海推本、穆安津三种神职人员司理各自掌握的部分寺务，第二阿訇还为经文学堂讲课。"教坊"由回民推荐董事管理。寺与寺、教坊与教坊无隶属关系，异于苏非派"门宦"制。教坊制的推行，保证了格底目派信徒的各项利益，而回民亦自愿承担对清真寺的捐赠义务，特别是回民中的商贾大户，是维系教坊制经久不衰的保证，这也是格底目派一直稳坐四川伊斯兰教第一大派位置的原因所在。

四川各地的清真寺在乾嘉以后都设有经文学堂，以教授回民子弟识字习经，并培养神职人员和高级诠经学者。清代四川穆斯林，十分重视回教经籍的刊印工作。著名的成都"宝真堂"，以及成都冯氏、广元马氏、成都周氏"敬畏堂"等都先后翻印了回教经籍译著数十种。

成都人马大恩，字惠泽，常钻研王岱舆、张中、刘智等人的著作，于道光二年（1822）冬始，陆续将《天方性理》《五功释义》等40余种"经籍注释各书，悉付剞劂"③。

成都人余海亭于道光年间创"宝真堂"，刊印《天方典礼择要解》，后曾三赴云南，搜集王岱舆、马注、张文、马德新等人著作，回川后尽付梓印行，光绪三十四年（1908）去世。其子余泽洲先生继承父业，在清末民初对伊斯兰经籍原著或译著，更是大量刊印近百种，畅销全国，对传播伊斯兰文化作出卓越的贡献，受到各方面人士的一致赞誉。

五、基督教在川的文化活动

在中国，基督教有广狭两义。广义是基督教所有各派的总称，在清代官方文献和私家著述中，天主教、东正教、基督新教等，均统称为基督教；狭义则

---

① 《世界三大宗教在云贵川地区传播史》，中国文史出版社2002年版，第575页。
② 四川省政协文史资料委员会：《四川文史资料集萃》卷5，第519页。
③ 白寿彝：《回族人物志·清代》，宁夏人民出版社1996年版，第71页。

专指基督新教，俗称耶稣教①。基督教信仰上帝（或称天主），以《旧约全书》和《新约全书》为经典。基督教称耶稣为救世主，认为人类因始祖亚当犯罪而具有"原罪"，无法自救，上帝差其独生子耶稣降世为人，钉死于十字架上，作为替罪的赎价，相信他的人就可使自己的灵魂得到拯救，升入天堂。

传入中国的基督教主要是天主教和耶稣教两大派。二者的区别在于：天主教自称是"普世性的教会"，是公教，信徒称其所信之神为"天主"，崇奉圣父、圣母和圣子。天主教以梵蒂冈教廷为组织中心，以教皇为最高领导，实行"圣统制"和"教阶制"。天主教的《圣经》有73卷，其中《旧约》46卷，《新约》27卷。教堂中一般有圣母、耶稣、圣徒等塑像。天主教教职人员均为男性。主教、神甫、修士、修女，必须独身。不主张信徒离婚。主要节日有复活节、圣诞节、圣神降临节、圣母升天节等四大瞻礼。教徒在天主教节日和星期日到教堂"望弥撒"。耶稣教只信仰耶和华一神，不接受教皇的领导，没有自己的权力中心，废除了天主教的教阶制，认为教徒无需神职人员即可与神直接交通。耶稣教的《圣经》只有66卷，《旧约》中有7卷未收入。教堂中一般没有塑像，只挂一个十字架。教职人员是主教、牧师、长老、传道员。有男性，也有女性，可以结婚。不主张信徒离婚。主要节日有复活节和圣诞节。耶稣教节日和星期日信徒到教堂做礼拜。

明代崇祯年间，天主教开始传入四川。意大利人利类思、葡萄牙人安文思先后入川，在成都等地传播天主教义，介绍西方天文、地理、文学、历史及西医、西药知识。张献忠建立大西政权后，曾赐利、安二教士"天学国师"称号，并命其制造天、地球仪及日晷等天文工具。清初顺治年间，四川学政刘缵真笃信天主教，曾聘陕西传教士来川治理教务，"在成都、保宁等处建堂，或谓在重庆亦立有圣堂"，"约一年内已付洗六百人"②。康熙三十五年（1696），罗马教廷在四川设"四川宗座代牧区"。康熙四十一年（1702）传教士穆天尺、毕天祥、白日升、梁弘仁等入川，在成都、安岳等地购房传教。康熙末，因"礼仪之争"而引发驱逐传教士之事，此后雍、乾、嘉、道百余年间都执行禁教令。

---

① 我国现在一般称耶稣教为基督教，如"基督教青年会""基督教三自爱国会"等等，实际皆指基督新教，再也没有称耶稣教了。

② 《圣教入川记》，四川人民出版社1981年版，第63~68页。

天主教虽然转入秘密状态，但传教活动并未停止。截至道光二十年（1840），天主教在川已有神职人员44人，其中外国14人，中国30人；建有经言学校169所，有教徒5.5万人①。

鸦片战争后，西方殖民者强行在中国推广西方宗教，清廷被迫取消禁教令，发还雍乾时期查封的教产。一些西方教会组织和传教士，依仗列强与中国签订的不平等条约，秉承本国政府的旨意，充当外国资本主义入侵四川的先锋。此时，除早已在川立足的天主教乘机大发展外，英、美、加拿大等国的基督教（新教）各差会也于同光时期开始入川传教，建立福音堂，"其势骎骎乎与天主教抗，教徒日增而未有艾"②。

图18-7 法国传教士于光绪三十四年（1908）创建的彭州白鹿上书院（又名圣母领报修院）

应当指出，来华传教的教会组织和传教士，并非都是西方各国侵略政策的执行者。他们之中，不乏虔诚的教徒和科学工作者。这些人来川传教、游历、探险、考察，建教堂、办学校、医馆、育婴院、印刷所，把西方文化传进四川，同时也把四川的情况介绍到国外，为促进中西文化交流作出了贡献。

现将天主教、基督教（新教）在川兴办的学校、医疗机构、慈善事业等介绍如下：

（一）天主教会兴办学校概况

注重对天主教徒的基础教育是天主教在川迅速传播的重要原因之一。这种教育分为教理教育和普通教育两类。所谓教理教育就是大量开办经言学校（有的称为教理传习所），免费吸收天主教徒子女、孤儿院孤儿以及新入教的成年人就读。主要讲授天主教的经言教理，用以强化学生的宗教信仰，同时也学习国

---

① 《世界三大宗教在云贵川地区传播史》，第128~130页。
② 《排外与仇教》，《四川》第1号，第70~71页。

文、算术、写作等课程。经言学校没有固定的学习年限，可以利用农闲时间集中学习。据《重庆海关1892～1901年十年调查报告》载，截至1901年12月，全川有天主教经言学校425所①，可以说只要有教堂的地方，就有经言学校。普通教育是指天主教创办的初级和中级学校，如铜梁教会学校、重庆法语学校等。这类学校的学生大多来自教友家庭，一般不对外招生，后来才招收非天主教学生。20世纪初，天主教利用"庚子教案"赔款大力发展中小学教育。1901年，天主教在四川开办正规中小学7所。1904年，叙府教区开办法语学堂，学制2年，学生多为富家子弟。1909年，天主教西南教务会议决定，各教区必须成立含新学科的教会学校、普通中等学校及师范学校。总的说，天主教在创办新式学校方面，较基督教（新教）要逊色一些。

（二）基督教创办小学表（录有名者）

学校名称	创办年代	地　点	创办差会或创办人	其　他
私立进德小学	1905	乐山县城白塔街	加拿大英美会	限招女生
明伦小学	1908	重庆新华路	英国伦敦会，后由加拿大英美会接办	
广益小学	1905	成都青龙街	英国公谊会陶维新	初小四年，高小三年
广益小学	1907	三台城区	英国公谊会陶维新	后改为城关三小
私立启化小学	1906	成都陕西街	美以美会	
私立崇德小学	1907	资阳城关李家祠	美以美会	后迁南大街福音堂内
私立启明小学	1907	重庆戴家巷	美以美会	
华美学校	1909	简阳县城	卫理公会	
华美小学	1904	永川县城	美以美会	
懿德小校	1900	永川城下街	美以美会	始称女校，1904年改现名
华西小学	1903	巴塘架炮山顶	美传教士浩格登	初名康化小学，汉藏文皆有
华英女子小学	1911	荣县北邻巷	英美会米尔斯	后改女子中学

---

① 《重庆海关1892～1901年十年调查报告》，《四川文史资料选辑》第九辑，第225页。

续表

学校名称	创办年代	地点	创办差会或创办人	其他
私立明注小学	1911	雅安	美浸礼会教士夏时雨	后附设初中班

注：1899年差会在四川办小学仅31所，学生共806人[①]。

（三）基督教创办中等以上学校表（录有名者）

学校名称	时间	地点创办	差会名或创办人	其他
重庆圣功书室	1889	浮图关	美以美会鹿依士	1891年在曾家岩重修，改名求精中学
华美女子中学	1884	重庆戴家巷	美以美会柯立亚	1904年迁成都陕西街，开全川女子中学之先河
淑德中学	1890	重庆曾家岩	美以美布道会	1906年迁成都，1910年又迁回重庆
私立华英女子中学	1896	成都方正街	英美会女布道会，加拿大教士白宝玉	初只有初小，继办高小
私立华英女子初级中学	1911	荣县城关北邻巷	加拿大英美会米尔斯	初为女子小学
私立明德女子中学	1902	宜宾城关鲁家园街	美国浸礼会	先后设初小、高小，1910年改名真光女学堂
私立广益中学	1894	重庆下都邮街	英国公谊会陶雄义	原名广益书院，1904年迁入南岸黄桷垭新址
华西协合高级中学	1908	成都南门南台寺	英美会等差会	原称华西高等学堂
华西协合大学	1910	成都南门南台寺	英美会、美以美会浸礼会、公谊会	在华西高等学堂基础上扩展

注：1907年统计，基督教各差会所办学校共173所，学生总人数3316名[②]。

---

① 参见《四川基督教》，第341页。
② 《世界三大宗教在云贵川地区传播史》，第375页。

第十八章 清代四川文化（下）

（四）两教会开办医疗事业

以下为天主教开办①：

1853年，重庆教区开办扶济诊所、福三馆诊所，不久，成都教区也设立诊所。

1893~1915年间，重庆建仁爱堂医院，在叙府建公信医院。

1899年，在广元建麻风医院。

1903年，建成都圣修医院，初有病床50张，后增至280张。

1903年，建重庆杨家什诊所。

1906年，在成都外北张家巷建平安医院，专门救治孤贫无靠病人，后有200张床位。

1910年，建康定公教医院，先后入院病人631名②。

以下为基督教开办：

1877年，英内地会麦卡悌在重庆设诊所。

1888年，英内地会教士章晤道在阆中、广元传教，带西药金鸡纳霜、山道年等为人治病。

1892年，美以美会医生马嘉礼在重庆临江路建宽仁医院。

1892年，加拿大英美会启尔德医生在成都四圣祠建仁济医院。初名福音医院，1905年，川省补助1500多两黄金，修四层医院大楼，1907年落成，有病床120张及门诊，为四川一流。

1894年，美以美会医生甘乃德在成都陕西街建存仁医院。

1895年，英国内地会教士盖士利在阆中建仁济医院，有病床10张，有简单手术室和药房；1897年扩建，有房屋205间、病床40张、医护人员共30余人。

1896年，伦敦会医师樊立德在重庆木牌坊建仁济医院，有病床40间，收内、外、产科病人。1910年交加拿大英美会承办，病床增至85张。

1899年，加拿大传教士在乐山白塔山修教堂，开药房。

1902年，美以美女布道会甘伯尔夫人费5000美金，在重庆石板街修宽仁

---

① 据《重庆海关1892~1901年调查报告》载："1891年全省有天主教医院10个，药房180个。"
② 以上载《世界三大宗教在云贵川地区传播史》，第348页。

女医院。

1904年，美国浸礼会在宜宾鲁家园建仁德医院。

1905年，英国公谊会教士范瑞在潼川府城建仁慈医院。

1905年，加拿大医生谢子固在乐山九狮堂建嘉定福音医院，设病床三四十张，能做一般手术。

1906~1907年间，加拿大英美会派医生沈德才到自流井开展医疗工作。

1908年，美国卫理公会教士满里，在资中福音堂出售西药。

1908年，加拿大英美会医生高文明，在彭县建福音医院，后改名仁济医院①。

（五）两教会所办慈善事业

1773年，法籍梅神父在重庆、长寿、达县成立婴孩会，收养弃儿。

1851年，重庆教区建养德堂，以供养孤寡老人为目的。

1853年，重庆教区又办"福三馆""婴孩会"，收养孤寡老人和弃孩；同年，成都教区成立"天神会""圣婴院"，专收女婴。

1885年，教堂开办泸州孤贫所。

1892年，教区在重庆沙坪坝建育婴院。

1895年，教区在成都外北建残疾孤女院。

1904年，澳大利亚女传教士贝永光在阆中千佛场一带传教，见路旁常有女弃婴，她便办"福音女孤院"，收容人数曾达到200余人。

此外，天主教会还在南充、遂宁、宜宾、泸州、新都、巴县等地办有孤儿院、养老院，但由于经费不足，条件甚差，死亡率较高。不过，"教会的救济、慈善事业毕竟聊胜于无"②，还是应该给予肯定的。

（六）两教会创办新式印刷业与所印书刊报

1892年，西北教区属绵竹天主堂，备有中文木刻。

19世纪末，重庆白果树修院设圣家书局，以铅字印刷机印拉丁文经书，以木刻版印中文经书。印有《拉丁文苑》、中文《圣经》以及拉丁教科书刊报约40万份。1900年出版《汉字字典》，每部有12册。

---

① 以上见《四川基督教》，第411~423页。
② 《世界三大宗教在云贵川地区传播史》，第350页。

第十八章 清代四川文化（下）

1904年，重庆教区法国神甫古洛东、雷龙山创《崇实报》，半月刊，1906年改周刊。

1897年，加拿大英美会教士赫斐秋携新式铅字印刷机，在乐山开印字馆，印传教印刷品，1904年迁成都，定名华英书局，设备有铸字机、中英文排字、石印、月光机、切纸机、蒸汽机、内燃机、瓦斯机等。

此外，同治八年（1869），法国传教士、生物学家戴维在四川宝兴县发现了"动物活化石"大熊猫，并在邓家沟天主教堂内制作了世界上第一只大熊猫标本，将其介绍到国外。该标本现藏于巴黎自然博物馆。

图18-8　法国传教士戴维

第二节　社会与习俗

一、由移民社会向土著社会转化

经过清代大移民，四川人口构成发生了巨大变化，形成了名副其实的移民社会。史料载，苍溪县"清初招徕，复业者十之四五，余则楚籍十之三四，粤、黔、闽十之一二，本籍十之四五"①。什邡县"土著稀少，四方侨寓，率多秦、楚、闽、粤之人"②。金堂县"国朝平定以来，人杂五方"③。雅安"按籍而索土著者，十无二三"④。

外省移民入川，见荒田荒土，就"用树枝插起，作为占有者的标记"⑤，称为"插占"。无论是有主无主可开垦田土，无不抢占一空。这就引发了移民与返

---

① 民国《苍溪县志》卷10，第8页。
② 嘉庆《什邡县志》卷18，第1页。
③ 嘉庆《金堂县志》卷2，第51页。
④ 李藩：《明末清初雅安受害记》。
⑤ 陈世松：《大迁徙："湖广填四川"历史解读》，四川人民出版社2005年版，第442页。

乡土著田主之争，不同省份移民间之争，移民与土著佃户之争。另外，清军和散兵游勇强占民田的情况十分严重，民敢怒而不敢言，直到平定吴三桂叛乱以后，川抚杭爱奏请凡被文武官员、兵丁占种的田土，"如有承认原田者，应令退还给民；如仍行强占者，照例治罪"①。这个矛盾以朝廷谕批得到解决。而移民与土著的矛盾日趋尖锐，械斗中伤人命事常有发生。"湖广入川之人，每每与四川人争讼，所以四川人深怨湖广人。"② "四川昔日荒芜田地，渐皆垦辟……止计块插占管业……此侵彼占，争讼繁兴。"③ 故川抚宪德言："川省讼词，为田土者十居七八。"④ 土地是农民的命根子，也是最稳定的经营产业，插占与反插占的斗争，势所难免。四川地方官吏在审理土客争讼案件时，虽常出现偏袒移民、压抑土著的现象，但总的来说，对调解主客矛盾、促进主客和谐共处方面仍做了不少工作。

土著与移民为田土之争，在康雍时尤为炽烈，讼狱遍巴蜀。直至嘉庆以后，经过一个多世纪的磨合，土客之间，各省移民之间，在共同的生产、生活中，逐渐沟通整合，土客矛盾就"基本消弭"⑤ 了。客民都取得川籍，土客都能捐弃前嫌，互婚互助，感人之事例，不胜枚举。

外来移民最早是慕天府之名而来，确实这里地广人稀，气候适宜，不患天旱，故新来者大都以垦荒种植业为主，少数亦为商贸赚钱及设馆课士而来。经三五代人的敬业，逐渐融入当地各行各业，以农耕为主，次为工商，再次为馆课，少数成为当地缙绅，行善积德，更少数取得功名，成为下层官吏。亦有成为豪绅地主，欺良压善，盘剥农民者。史进爵在修嘉庆《什邡县志》"杂识"中说："土著已见繁庶……皆我朝招徕绥辑，休养生息之所由也。今日孰非王民，群焉土著，愿我民渊睦任恤，一体相亲，共乐化日之舒长可也。"大概到嘉庆中，移民皆融入当地社会，皆成为土著了。亦即民国《双流县志》所载："明季之乱，村市为墟。清初招徕，大抵楚黄之人为多，次则粤东，次则由闽由赣由

---

① 《圣祖仁皇帝实录》卷96。
② 嘉庆《四川通志》第1册，第60页（卷首之一，第20页）。
③ 《大清会典事例》卷165，《户部·田赋·丈量》。
④ 《宪德传》，《清史稿》卷294。
⑤ 嘉庆《四川通志》第3册，第3606页。

陕服贾于此，以长子孙，今皆土著矣，风俗亦无差殊焉。"①云阳县"扶、徐、何、冉、杨、谭诸族"，"其始颇仇客民，久乃相浃，寻结婚媾……比户丰裕，鲜闻冻馁，客土和睦共处，彼此皆自称四川人矣"②。定远县（今武胜）土著绝少，嗣后广为招集，民多自楚来，垦荒占田，遂为永业，生聚安养，繁衍数代，均自认是道地川民。安岳县"盖藏日裕，而四方侨寓，复多秦、越、吴、楚之人，始则佃地而耕，继则携家落业，虽曰客民，同于土著矣"③。

康熙二十九年（1690），朝廷规定"凡他省民人在川垦荒居住者，即准其子弟入籍考试"④。这一政策，使移民及其子弟获得了与四川土著同等入仕的权利。移民子弟可以通过科举公平竞争，进入仕宦，有利于化解主客矛盾，发现人才，促进双方融合。

移民融入士农工商是大趋势，数世以后，他们首先都讲北方语系的四川话，只有少数客家人在相互间对话时，保留南方话系的闽粤话；其次在风俗习惯上与土著互有影响，形成康乾以来移民与土著共创的新风尚、新习俗；与此同时，新的阶级阶层也在不断交换，移民与土著都有破产为佃农、雇农，亦都有少数上升为地主富农者，新的阶级对抗代替了清初插占与反插占的对抗；在婚配上，坚持不与外省通婚者，也在三五世以后互通婚姻，移民与土著、外省与川省都淡化了清初的严格限制。嘉道以来，移民与土著已融合为新一代四川人。

二、家族、宗族

在清代，以血缘关系为纽带的家族、宗族组织遍布四川城乡。家族、宗族是中国宗法制度的细胞，是封建社会结构的有机组成部分。家族是以族长为首，由若干个分家或不分家的家庭组成的大家庭，一般是指五世之内；宗族则略有不同，其族长是由若干个同姓大家族推举辈分高、年长稳重者担任，不世袭。老族长过世，仍按上述要求推举新族长，可以说是"按辈论资推举制"。无论家族族长、宗族族长，一般都由有产者或硕学鸿儒担任，贫苦工农无缘问鼎。

四川五方杂处，外省移民多于土著，各地习俗亦有所不同。移民入川，使

---

① 《双流县志》卷1"风俗"，第8页。
② 民国《云阳县志》卷13，第3页。
③ 道光《安岳县志》卷2，第26页。
④ 嘉庆《四川通志》第2册，第2246页。

家族、宗族之间联系更为密切，会馆、宗祠的建立如雨后春笋，家谱、族谱的修撰大盛于前代。

（一）家族

清代盛行大家族，普通民户保留三代同居很常见。而望族、缙绅之家，一般都要熬到"四世同堂""五世同堂"，以争取官府的"旌表"。

垫江巨族卢氏介菴夫妇，扶养亲侄卢鹿平成人。介菴夫妇先后卒，鹿平如丧考妣，在乡引为美谈。后鹿平以子贵，被恩封奉直大夫，有"子男五……孙男十四人，曾孙十六人，元孙十人"①，五世同堂，朝廷恩封"寰宇照春"四字。乾隆五十一年（1786）鹿平卒，年81岁，是乡里甚孚重望的大家族。

兴文县人李巨卿，兄弟四人，子孙繁衍几百口，同居共爨、耕读，各执其业，内外肃然，毫无诟谇声，友爱和睦②，这是最具有典型意义的特大家族，在全川乃至全国也少见。

图18-9 仁寿双堡牌坊，分别建于光绪七年（1882）和光绪八年（1883），是清王朝为表彰"徐母杨氏"和"徐母余老太君"（杨氏之婶娘）"夫死从子"和孝敬老翁钦旨建造的"节孝坊"

蓬溪"民妇徐氏年九十九岁，五世同堂；民陈子奇妻王氏年九十岁，亲见六代；民邓璠妻陈氏年九十七岁，五世同堂；民王清位年九十五岁，五世同堂；民王达德妻周氏，年九十三岁，亲见五代；处士杨德修妻赵氏俱年九十二岁，五世同堂；民石文尧妻柯氏，年九十岁，亲见七代"③。

---

① 《诰封奉直大夫卢鹿平先生传》，咸丰《垫江县志》卷8，第29~33页。
② 民国《兴文县志》卷4，第39页。
③ 道光《蓬溪县志》卷16，第4页。

温江"曾洪锡字瑞三,其先广东长乐人。曾祖璠入蜀,卜居华阳,夫妇皆年近期颐,四世同居……"①

蒲江人安玉,"四世同居,家教严肃,子孙登武科甲游庠序者甚众,年七十八卒。今男妇七十余人犹同居"②。

大家族对乡村作用有好有坏,若成为豪强,则邻里不堪其扰;若成为当地贤良,则乡村能保平安,甚或贫苦人家还能得到"富室"善举的泽惠。温宗旺,犍为县肖家山天池坝人,"以勤俭起家,丁口百余,五世同居,人无闲言。光绪初,川督丁文诚公荣以'瑞满天池'匾额。性尤好施济,晚年焚债券百有余张,乡人义之"③。

(二)宗族

宗族是同姓同宗长期联系的纽带,并以族谱记载各分支子孙生卒年和住址。清代爱新觉罗氏大宗族,有宗人府记载本宗子孙赏罚事宜。一般宗族,则通过修谱、建祠的方式,来保护同宗子孙的经济利益,享受宗族内的某些救助,如子弟优先进入本宗所办义学;分享年节族祭、年祭的礼品;优先得到本族施赈;参加本宗组织的自保武装等等。

聚族而居是宗族最普遍的表现形式。没有聚族,宗族的联系就会松散,就不能在当地凝聚成一方族姓势力集团,以抗衡其他姓氏宗族集团势力的欺凌。外省迁川人户,经几十年经营繁衍,不仅具有一定的经济实力,且子孙众多,更注意宗族之间的联络,以对抗土著居民的排斥;而土著居民,为对抗移民对田土的占夺,也扩大和加强宗族的联系。双方都在建馆、修祠、撰谱等方面加大投入,展开了外地宗族与土著宗族间的维权斗争,并在斗争中壮大宗族势力。

刘才亨于康熙五年(1666)自湖南武岗破塘迁德阳县北盘龙山,六传俊德,任安县外委。咸丰十一年(1866)蓝大顺攻破安县时阵亡,入祀昭忠祠,"族中科名鼎盛,有举人三……列胶庠者尤多。县中巨族,人推刘氏为第一"④。

南溪李庄乡张氏宗族,属土著,传至张瑶时,"治家有法,子侄慧,能读则读,弗能读,即去而耕,无舍业嬉者,无袖手游者,无嘻嗃,无诟谇。门以内

---

① 《温江县乡土志》卷4,第10页。
② 光绪《蒲江县志》卷3,第18页。
③ 民国《犍为县志》"人物"上,第26页。
④ 《德阳乡土志》"氏族",第58~60页。

皆纺车机杼声，操女红者，袜履缝纫外，无他剌。乾隆间，瑶以富名里中时，以此余沾丐戚党；环李庄二十里凡道途坍塌、桥梁倾圮者，皆通之……至今清明，子孙千余人拜跪秩然，礼弗废。所居板栗坳，子姓聚居，房舍栉比如乡镇市焉"①。

宗族设立义学，在四川亦较为普遍，"威远胡君顷集阖族开议，拟就宗祠提款，创一家族学堂，凡近支子弟均可入堂肄业"②。食宿一切概由堂内开支。道光十四年（1834），邻水县"共设三十三处"义学③，覆盖各场镇，且大多数均为宗族祠堂所办。

（三）族谱

清代四川各家族、宗族，十分重视修撰族谱。族谱内容繁杂，一般有序列、谱系、恩荣、祠宇、冢墓、家传、艺文、小传、著作等，特别是本族有显宦、鸿儒者，族中引为骄傲，大书特书其事迹。这些内容的收集，旨在"溯源本，列尊卑，明辈分，敬长者，辨亲疏"④。长房还有一项任务，就是会同族众排出字辈，有些府县称为"派"。重庆徐氏十四代祖朝俊入川，"原议立字辈沿用至今：奉天宣理，正直忠良，名垂千古，家声辉煌，琼枝秀发，继志书香，家猷见诏，奕世其昌"⑤。

潼川府勾氏总祠议定二十字派，是为乾隆三十九年（1774）立："芳发永承宗，文华毓世隆，作培玉如树，朝泰锡章洪。前代议定，各宜遵守，不可擅改紊乱宗派。"同年，丹棱进士彭肇洙书梓州《勾氏宗谱序》云："夫谱也，人生首重事也。故谱存而百世可考，谱失而一世难辨。存不存，不綦重欤！"⑥

四川修谱与他省一样，也存在很多弊病，特别是乾嘉以后所修之谱，"往往繁称远行，上溯受民之始，茫无断限。甚或牵连别派，联为一宗，攀援贵显，夸耀门第，莫可究诘"⑦。

族谱是反映一个家族兴衰存亡的历史，同时也反映其成员自强不息的生命

---

① 民国《南溪县志》卷5，第3页。
② 《四川官报》光绪三十四年第8册"新闻"，第2页。
③ 道光《邻水县志》卷2，第62页。
④ 《四川民俗大观》，四川人民出版社1989年版，第226页。
⑤ 川渝《徐氏族谱》1999年内准版，正规胶印本，藏四川省图书馆特藏部。
⑥ 《勾氏宗谱》1997年内准版，正规胶印本，藏四川省图书馆特藏部。
⑦ 黄之澜：《刘氏族谱序》，同治《渠县志》卷52，第49页。

第十八章 清代四川文化（下）

图 18-10 光绪年间重刊的
遂宁蓬溪县张氏族谱

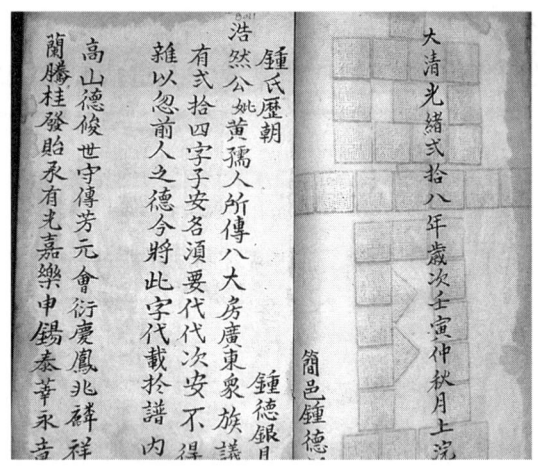

图 18-11 简州《钟氏族谱》手抄本
（四川省社会科学院文献信息中心馆藏）

力。中国族谱只表达父系传承，生男谱上列名，生女只列数不书名，带有浓厚的封建色彩。清代四川族谱以移民后代撰修为多，其中保存了很多珍贵史料，以弥补正史之不足。四川修谱事业的繁荣除移民思乡之情外，官方的提倡也是一个原因。乾隆曾说："凡属一家一姓，当念乃祖乃宗，立家庙以荐蒸尝，设家塾以课子弟，置义庄以赡贫乏，修族谱以联疏远。"①

南溪县张学飏，为乾隆时李庄望族张氏后代。他所撰《张氏家谱并序》，对谱牒学研究颇有造诣，"义例取式于河间纪昀，殚思凡六七年，光绪四年成书，经纬明，画文亦宏深肃括……如帛有幅，如珠受贯"②。所撰《张氏家谱》已刊行，时人评价甚高。

不少外省移民，行囊中往往都有族谱家乘之类的东西，可以使远在千里之外的子孙后裔，依然保持与故乡宗族之间的血缘关系。他们来到四川定居并创业成功后就着手修谱，是故，四川族谱修撰甚为普遍，留下的族谱数量在全国也名列前茅。

三台县柳林坝《陈氏族谱》，刊印于同治四年（1865），是四川省境所修并刊印较早的族谱之一。《陈氏族谱》具备了族谱学应具备的各项内容：姓氏溯

---

① 刘光谟：《遂宁县新修李氏宗祠引》，《高十斋文钞》卷3，第28~29页。
② 民国《南溪县志》卷5，第63页。

源；始祖及其生活年代和地点；横表登录各房情况；尽力搜寻支系；族中关键人物列小传；体现长房保存族谱和继续记录后代繁衍。《陈氏族谱》记载了始迁祖陈时安于乾隆十七年（1752）移民入川，三十一年（1766）定居于三台县柳林坝，佃田为生。五世孙陈光赞保留的族谱，终于同治四年刊印成册，他在族谱上亲笔题有"光赞置"三字，体现了长房子孙的"权威"①。谱中还收集到"颖川陈氏宗支图"，起到了大房世家应尽的义务②。《陈氏族谱》一直由农耕为主的长房子子孙孙保存到20世纪80年代，体现了顽强的家庭生命力。华夏千千万万个家庭都有谱牒，家族强大的凝聚力，体现了"民族生命力"。

（四）祠堂

祠堂是宗族间联系的载体，四川各县都普遍存在。它是以同姓同宗为前提，以创建显赫业绩一房之始祖而立，除有大小不等的建筑物外，还有田产若干，作为祠堂祭祀、办义学、施贫等正常开支。族长会同若干理事共同管理祠堂诸务。四川建祠高峰，主要在清中叶以后，此时移民实川已经完成，经济恢复，社会安定，人口增加，宗族势力形成，建祠以团结族众就成为必要。

简阳"孝友祠"为钟氏祠堂，坐落在县东踏水桥，为钟成上及其子弟所建。成上原籍广东长乐县，兄弟四人分家已久，"康熙庚子（1720）粤旱，成上奉母命迁蜀，留四子玉舟在粤侍养"。成上以种树卖柴为业，家境日丰。雍正四年（1726）广东闹饥荒，成上携银归粤救助，其母说："汝弟明上丁繁室罄，恐作饿莩。"成上说："愿即引弟至简合爨同耕，所置产业令六子与弟平分，其母欢悦。"③ 后钟氏成员苦力经营，置田千余亩，并承诺平分田产，建祠堂名曰"孝友祠"。成上卒年81岁，子孙繁衍，有多人获得科名，并撰有《钟氏家谱》传世。

富顺县遭兵燹之后，"典籍灰烬，父老逃亡，世家宦族流离播迁，莫知所住"，宗族与族谱无从查考。移民迁入百年以后，生齿日繁，百业复兴，故有"合一族建宗祠一所，或合本支建宗祠一所，亦有一人独建者。岁时四仲之祭多未举行，仅冬至日合其族众祭始祖、远祖于祠"④。

---

① 陈世松：《大迁徙："湖广填四川"历史解读》，第220、25、27页。
② 陈世松：《大迁徙："湖广填四川"历史解读》，第27页。
③ 民国《简阳县志》卷9"士女篇"，第10～11页。
④ 民国《富顺县志》卷7"礼俗"，第5页。

第十八章 清代四川文化（下）

道光十四年（1834），邻水统计有廖氏、张氏等宗祠共20座，以在邻水城内为多①。宣统元年（1909）傅樵村对成都各姓祠堂作翔实的调查，城内共有83座，城外共有12座②。广安州在宣统年间统计，城内城外共有各姓祠堂50座③。一般州县基本都能达到这个数量。

（五）族规

康熙十八年（1679），朝廷颁《圣谕十六条》："敦孝悌以重人伦，笃宗族以昭雍和，和乡党以息争讼，重农桑以足衣食，尚节俭以惜财用，隆学校以端士习，黜异端以崇正学，讲法律以儆愚顽，明礼让以厚风俗，务本业以定民志，训子弟以禁非为，息诬告以全善良，诫匿逃以免株连，完钱粮以省催科，联保甲以弭盗贼，解仇忿以重身命。"④此为清室安定社会的重要圣旨，层层下发，遍城镇乡村。雍正二年（1724），再次特颁《上谕十六条》，晓谕八旗及直省兵民人等，一体遵行。雍正七年（1729），四川各乡场镇均设"讲约所"，每月朔、望由耆老、里长"先读圣谕广训，皆亢声言诵，使人鹄立悚听"⑤。诵读与否，作为考核当地官员的内容。乾隆元年（1736），又推"素行纯谨、通晓文义者举为约正"，以加强对《圣谕十六条》的宣讲。

由于清廷再三推行"十六条"，故各地制订的乡规、民约、族规都含有"十六条"的基本内容。如：合州兆鳣堂《杨氏宗谱》，"首录清圣谕十六条，以为

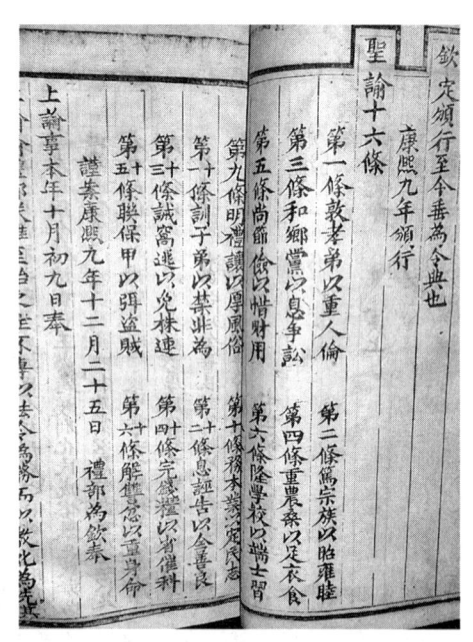

图18-12 清代《邱氏族谱》所载《圣谕十六条》书影（四川省社会科学院文献信息中心馆藏）

---

① 道光《邻水县志》卷3"宗祠"，第82~83页。
② 《成都通览》上册，第41~43页。
③ 宣统《广安州新志》卷18，第6~8页。
④ 光绪《梁山县志》卷首。
⑤ 民国《南溪县志》卷3"礼俗上"，第2页。

后人准则"①。

邻水《熊氏家谱》载有家训十八则："敬祖宗，敦孝悌，尊长上，慎丧葬，和夫妻，秀闺门，训子弟，正风化，联朋友，务正业，和乡里，睦宗族，息争论，习勤俭，为整洁，戒异端，重庆节，尚公侯。"②

蓬溪《钟氏家谱》载有"家规十二则：敦孝悌，敬祖宗，尊长上，睦族党，举族长，禁讼端，慎婚嫁，戒渎伦，禁冒宗，矜孤寡，择术业，正心术"③。

一般族规，率皆有："族中宜各亲其亲，各长其长"；"敦孝悌以重人伦，遵乡约以杜犯科"；"重惩以下犯上、伤风败俗之事"；"同姓不婚，倡寡妇不二嫁"；"祠堂族产不准个人侵占，只宜时加修葺"；"祖茔、祠堂春秋二祭，每年派会首轮流担任，不得一门专擅"等等。

违犯上述族规者，按情节施以不同处罚，轻者诸如祠堂扫洒、罚跪、打屁股、掌嘴；重者开除族籍或处死，四川常见的处死方法是沉江河、沉堰塘，特别是边远乡村，尤为普遍，官府不予过问。

三、会馆

会馆是指同乡在异地修建会晤和接待的场所，从事祀神、商务、迎神赛会诸活动。

四川会馆之多，冠于全国。这是明初、清初两次移民实川所造成的，"蜀多侨籍，人尤怀其故土，往往醵为公产，建为庙会，各祀其乡之神望，有若其地多名宦乡贤祠，尤存祀典遗意"④。会馆与祠堂不同，前者为同乡、同行，后者为同姓同宗，二者构成四川乡镇社会不可或缺的民间合法组织。

清代普遍建造会馆，始于雍、乾，盛于嘉、道。其中少数在"争修会馆斗奢华"的风气中，建造艺术之精湛，亦为国内罕见。

初期会馆以祀乡神、结乡情、抗土著为主，会馆多依附寺庙；后期会馆以活商贸、祀乡神、演大戏为主，同、光极盛，会馆多以地域名之，其中以陕西会馆、湖广会馆最为驰名。

---

① 民国《新修合川县志》卷29，第68页。
② 《邻水县志》，四川科技出版社1991年版，第642页。
③ 转引自《四川民俗大观》，第227页。
④ 民国《资阳县志稿》卷3，第93页。

第十八章 清代四川文化（下）

（一）早期会馆

早期四川移民插占田土，开荒垦殖，立足未稳，经济尚欠富裕，为思念乡情，团结本省本族袍泽，以对抗土著，故在修建的寺宫中，附设本地会馆。由于各省祭祀之神不同，阐其名，便知属何省迁来移民，如：万寿宫属江西，祀许真君；天后宫属福建，祀天后林妃；南华宫属广东，祀六祖惠能；禹王宫属湖广，祀大禹；帝主宫属湖北黄州，祀天帝；关帝庙、三元庙属陕西、山西，祀关公；淮堤庵属江南，祀淮堤；浙江会馆祀吴大夫伍员、越王钱镠。

以成都为中心的川西平原，清初遭受兵燹之劫最为严重，以致各省移民大量涌入。康熙二年（1663），在省会未搬到之前，陕西移民就在今陕西街修建三官堂，祀关羽，即今陕西会馆。江西江南移民于康熙二十七年（1688）修淮堤庵，是为两地客民聚会祭神之所。嗣后，在城内修建了南华宫、山西会馆；在华阳县境建有各省会馆十余座，其中洛带广东会馆建于乾隆十一年（1746），坐北朝南，面对遥远的岭南故乡。同年，还修建了江西、湖广会馆。

金堂县"五省会馆乃各乡人共建，以不忘其所自者。岁以各神寿辰庆祝、赛会演戏，以答神庥、会乡里，全省皆然，各乡镇亦多有之"[①]。

图 18-13　成都陕西会馆内景

---

① 嘉庆《金堂县志》卷1，第42页。

早期会馆修建都比较简陋，或附于某寺庙之中，以联乡情、祀乡神、强势力。而会馆祭祀庄严肃穆。远离故乡的游子，通过共祭家乡崇拜的神，倍感亲切；用家乡土话尽情交流各自经历，无比温暖。祀毕，不论贫富，共同饮筵，猜拳行令，欢悦无比。修建于乾隆年间的自贡西秦会馆，堪称中国会馆之最，本书在第十七章中有专门介绍。

（二）嘉道以后所建会馆、公所

金川事件暨白莲教事件后，四川经济进入一个新的发展期，耕地增加，人丁兴旺，农产品产量大幅提高，社会需求扩大。随着商贸业和物流业的发展，各州县修建会馆

图18—14　洛带广东会馆内景

趋之若鹜。各会馆都把迎宾送客、堆放货物、迎神赛会、祈神保佑作为首要任务。

长江四川境内航道所有城镇都普遍建有会馆，尤以川东的重庆、万县、夔州为最。重庆原有湖广、江西、福建、广东、山西、陕西、浙江、江南等省会馆，嘉道以后，都有增修和正名，即简称八省会馆，各推举首事一名，经常聚会于三义祠，协调商贸纠纷，并形成一股强大的社会力量，以抗御官吏和洋商的侵夺。太平军占领武汉时期，重庆八省会馆曾筹划积谷、办保甲、团练以自保。时有谚语四句：湖广馆的台子多（是指该馆内尚包含"省会""府会""县会"三种类型馆中之馆，说明湖广移民在当地占多数），江西馆的银子多（江西人善商，在四川各地都占优势，以贩运起家致富者，比比皆是），福建馆的顶子多（福建诗书大家甚多，移民不忘耕读，故取得功名的人甲于他省），山西馆的轿子多（山西商帮巨擘，全国闻名，票号、钱庄开遍各地，重庆的金融业以其为老大，往返拜会皆乘肩舆，"轿子多"形容恰当）。四句谚语反映了重庆会馆

之盛行。"滇黔人最后建立云贵公所，所供黑神"①，祀唐南霁云。

万县仅禹王宫就有 7 座，万寿宫 5 座，帝主宫 3 座②，其他诸如天后宫、三圣宫、南华宫无不具备；后又建八省公所于川主庙内，遥与重庆相对应。

成都是川西最大的商品集散地，各省在成都的会馆、公所起到"宾馆"与"货栈"的作用，至同光时期，会馆与公所所起的商业作用达到顶峰。据统计，宣统元年（1909）前，成都城内共有会馆 16 座、公所 14 座，以燕鲁公所、两湖公所为最大；城外还有浙江公所、屠行公所、烧坊公所、安徽公所 4 座。会馆和公所都担负着商业运营的任务，不同的是，前者是为同乡服务的社区组织，后者是为同行服务的行业组织。到清晚期，会馆与公所已无多大区别。

清代成都府辖 16 州县，各州县除城关会馆林立外，近 200 个乡镇都建有会馆。金堂土桥镇就有 6 座会馆，华阳四乡仅粤、赣会馆就有 10 余座。所以《锦城竹枝词》称："大姨嫁陕二姨苏，大嫂江西二嫂湖。戚友初逢问原籍，现无十世老成都。"③

清代后期，四川会馆祭祀流于形式，而演大戏、比阔绰成为时尚。川剧在此时处在形成与发展之中，各种曲艺也在此时绽放异彩。成都多陕西会馆，陕西戏帮将高腔、梆子带进四川，而湖广会馆则将皮簧、花灯戏引入四川，庙会之日，各逞其能，争相夸耀，盛况多多。《四川的会馆》一文称："四川各地会馆多借祀会以乐游观，至会期，'鱼龙曼衍，百戏杂还。士民走观，充衢溢巷'……因而四川民间戏剧艺术的发展繁荣，与会馆有相当重要的关系"，故有"会馆虽多数陕西，秦腔梆子响高低。现场人多坐板凳，炮响酹神散一齐"④。

四、服饰

四川是多民族省份，汉族占 90% 以上，服饰差别不大。而彝、藏、羌、土家、苗、满等族，服饰殊异，只有回族除头戴一顶小白帽外，服饰与汉族同。

清代服饰发生了较大变化。除了妇女、儿童、释道等人仍袭明制宽衣大袖之外，规定男人（无论官民）一律薙发垂辫。清之薙发，即金之髡发，是在额

---

① 民国《巴县志》卷 5，第 16~17 页。
② 同治《增修万县志》卷 7，第 29~31 页。
③ 《成都竹枝祠》，巴蜀书社 1987 年版，第 44 页。
④ 《四川文史资料集萃》卷 6，四川人民出版社 1996 年版，第 24~25 页。

角两端取一直线,剃去直线以外之发,再将剩下头发编辫盘在头顶或耷在背上。这是女真、满族独有的风俗。清初强制推行薙发令,曾遭到汉族人民的坚决反抗,后来仍在汉族男子中普遍强制推行。

清代服饰分官服和民服两种。官员及官吏家眷及富商大贾服饰用料考究,以丝织品、皮货为主,棉织品次之;城市贫民和农民、手工业者,服饰用料以棉麻织品为主,以自硝羊、狗、兔毛制品次之。清王朝对穿戴都有严格规定,绝对不许僭越,士民皆知,依序制作各自服饰。

(一)官服

清代官服为长袍,袍子前后开衩,胸部有"补子",绣不同鸟兽,代表文武不同品级,官员皆遵守,不敢僭越。官帽所用宝石,皆称顶戴,有严格规定,不得乱用。以翎为贵者,有三眼、双眼,一般只一眼,均在接受赏赐后获得;常用则有花翎、蓝翎,皆取雉鸟羽制成。

表18-1 清代官服品级对应表

品级	官服		顶戴	朝珠
	文官	武将		
一品	仙鹤	麒	红宝石	有
二品	锦鸡	狮	珊瑚	有
三品	孔雀	豹	蓝宝石	有
四品	云雁	虎	青金石	有
五品	白鹇	熊	水晶	
六品	鹭鸶	彪	砗磲	
七品	鸂鶒	犀	素金	
八品	鹌鹑	犀	缕金	
九品	练雀	海马	缕银	

御史、按察使官服绣獬豸,顶戴同品级。状元顶戴同六品,进士冠用裹金,三枝九叶,顶服均如常制;举人、监生、贡生冠戴八品,服皂绘缘青;生员冠带同九品,服青缯缘。少数民族土司及改土归流者,冠戴服饰皆同所授品级。

四川各府厅州县现职官员虽不太多,但通过各种科试所授生员甚多,还有原品致仕官员、捐纳官员、封荫之员甚多,在年节祭祀亦均着官服。即使边远小县，有资格着官服者亦超过百人。

官员便服是长袍、马褂、小帽、薄底靴，袍子左右开衩，与缙绅、大户主人同。

（二）汉族民服

1. 农工贫户之家

因受满族服饰影响，清代男子多穿长衫。长衫又分单、夹、棉、皮数种。男性冬夏之衣不过两三套。冬季时棉袄或自硝羊皮袄一件，毡帽一顶，鲜有穿棉裤，一般都着两条单裤过冬。夏季有对襟短褂两三件，半长单裤、套裤两三条，马甲（坎肩）为初夏常服，盛夏都穿无袖汗襟，多数贫者皆赤膊、赤脚，即所谓"侬家小户难争赛，一件单衫也拜年"①。农村男子喜用白帕缠头，相传此俗源于四川民众对诸葛武侯的悼念。头缠白帕犹如戴了一顶帽子，既可防风御寒，又是装饰品，还可取下来包东西、作护腰等。清代妇女仍袭前代陋规，到一定年龄，必须缠脚。四川妇女，勤于纺织，是全家棉、麻衣料的提供者，"俗名家机布"，亲手剪裁，制成自用常服。家机布可染成青、黑、蓝色，为全家缝制衣服。农村妇女所穿上衣，一般长至膝，大袖口，一般领口、袖口、下摆、襟上镶有花边，亦有绣花上衣和裙子，作为"走人户"和赶集时穿着。一般在劳作时，均穿紧身大襟短上装和长裤，以一条绣花围腰罩在外面，此为村妇、村姑最普遍的衣着。

2. 士绅之家

缙绅及地主、富贾大户子弟，夏日均着葛麻及丝绸长衫，外套以用绸缎制作的马褂为常。对襟短衫、长裤是在家休闲时便装，皆制作精细美观。冬季，棉麻绸面料缝制成的长棉袍，士绅之家视为常服，羊、狐毛皮袍间亦有之。少数绅粮大户长者，亦着虎裘或丝绵长袍过冬。故殷实之家，"衣服多尚华美，缙绅之家，尤竞整饰"②。

士绅官宦家妇女多穿旗袍，不仅用料考究，而且追求时新，有《竹枝词》云："额围貂勒学昭君，短短皮衫浅浅裙。衣料尽挑新样制，梅兰竹菊兼

---

① 《成都竹枝词》，四川人民出版社1987年版，第83页。
② 嘉庆《温江县志》卷14。

冰纹。"①

大襟宽大上衣和长裙是仕女常服，居家时，亦有着长裤者。汉族妇女在晚清时亦有仿效短袄短裙女学生装者，在式样上以紧身为多。富家妇女都喜爱缎面或绣花马甲，式样繁多，做工细致。追求服装式样更新，四川殷实大户妇女不逊于他省，有《竹枝词》一首说："绸缎绫罗任意穿，栏杆镶滚又花边。共说好看年年换，只计时新不计钱。"②

五、习俗

（一）民风

淳朴勤劳、崇尚文化是四川习俗的主流。清初兵燹之后，"其民则鲜土著，率多湖广、陕西、江西、广东等处迁居之人，以及四方之商贸，俗尚不同，情况亦异，叙泸、松茂、重夔、黎雅、宁远之间，夷汉杂居，抚绥尤为不易"③。面对这样一个复杂的百姓构成，移民与土著融合后习俗仍保持"土习民风蒸蒸日上，秀者服诗书之泽，朴者安耕凿之常，孝悌力田，敦本务实，以至蛮、寶、夷、獠莫不慕义向化"④。

威远县民多"耕读为业，逐末者少……俗多醇厚，有白首不见官者"⑤。

安岳县民，男勤耕，女勤织，"市无赌博之子，巷无游妓之家，乡无游手之民"⑥。

资州属地，"士志于学，礼义相习，昼经夜史，诵声不绝。农……皆树艺百谷、园蔬、麻棉之属……虽终岁勤动，鲜见异思迁者。商引贾坐……均各有帮……恒求友朋臂助，合伙成业发家"⑦。

綦江县"以耕读为本，以俭约为教，以淫乱为大耻，以盗窃为大防。动之以真诚，则扪心欲泣；饰之以诈伪，则掩耳弗闻"⑧。

---

① 《成都竹枝词》，第82页。
② 《成都竹枝词》，第83页。
③ 《四川布政使宝启瑛序》，嘉庆《四川通志》第1册，第18页。
④ 嘉庆《四川通志》卷2册，第1283页。
⑤ 光绪《威远县志》卷2，第55页。
⑥ 道光《安岳县志》卷2，第25页。
⑦ 民国《资中县续修资州志》卷8，第1页。
⑧ 道光《綦江县志》卷9，第46页。

第十八章 清代四川文化（下）

一方民风，非一朝成，儒家四维八德思想，通过义学教育及对康熙所颁"十六条"不间断的宣讲，深入人心，作为多数百姓的行为准则，久之，淳朴、勤劳之风成为社会时尚，是主流，是"五方杂处"的巴蜀全体居民所共建。

（二）时令俗

1. 过年

阴历十二月三十日称过年，是汉族传统而又最热闹的节日，四川官民一直沿袭此俗。从十二月初起，开始准备。农村杀猪宰羊，做腌腊制品；磨米熬糖，做糕点糖食。城市市民买鱼买肉，农民则杀猪捕鱼，熏腊肉，腌咸鱼。官府也在腊月中旬末至次年正月中旬封印，不理公务。二十日，各户"掸扬尘"，清洁宅第；挂春联，以显家室风雅；贴门神年画，拒鬼魅潜入。二十四日祭灶，送灶神归天，亦名过小年。三十日称"除夕"，合家拜祭祖先，再吃"团年饭"。年饭十分丰盛，菜肴必有鸡、鱼，以示"吉利"（鸡）和"有余"（鱼）。不慎打碎碗碟，也无人责怪，说是"岁岁（碎碎）平安"。年饭后，家长向小孩发"压岁钱"，一家围在火盆前守岁。

正月初一，俗称"大年初一"，子时起，各家争放鞭炮。早餐一般吃汤圆或粉子醪糟，川东川北也有吃挂面者，以祝福合家团圆、长寿。然后人们穿上新装，上寺庙求神拜佛，到城镇游览嬉耍。成都人多要到昭觉寺上香，人山人海，热闹非凡。初二以后为拜年之期，亲友互相道贺、饮宴，并相互馈赠"年礼"。六对山人《锦城竹枝词》云："锦江春色大文章，节物先储为口忙。男客如梳女如篦，拜年华服算增光。"① 亲朋好友，互请"春酒"，"年景花开兰草香，家家春酒客来忙"②。

农历正月十五为元宵节，为本年过年最热闹的一天，除家家必吃汤圆外，还有观灯、耍灶火、猜灯谜等项活动，一般均在寺庙、会馆、宫观、公所内举行。在这些建筑物门前，常立一根三丈多高的灯杆，上挂红色三角灯，俗称"玉皇灯"，"两侧又挂若干盏灯。最多的有108盏，代表36天罡、72地煞星宿"③。在城镇主要路口和有造型的建筑物上，还挂有"过街灯""牌坊灯"，衙

---

① 《成都竹枝词》，第43页。
② 《成都竹枝词》，第81页。
③ 彭贵贵：《清代四川农村的社会面貌》，《清代四川农村社会经济史》，天地出版社2001年版，第295页。

门、学宫均张灯结彩,鸿儒、富室、巨商府第,亦挂满花、鸟、虫、鱼、猴、兔、龟、鹤彩灯。贫苦人户均自扎莲花、兔子、金鱼诸灯,供幼孩提灯嬉耍。入夜,游人如织,赏灯猜谜;观舞龙灯、狮灯、蚌蛤灯、车灯、踩高跷等传统民间技艺,把元宵节闹到午夜方休。李调元于乾隆五十四年(1789)到成都观灯,有《元宵》诗一首:"灯遇元宵尽力张,暗尘滚滚逐人忙。烛天火树三千界,照地银花十二行。宝马长嘶成队醉,油车细辗遍街香。谁知月到团圆夜,早已微销一线光。"① 过年也到此结束。

2. 清明节

清明节是全国汉族通行的节日,时间在每年夏历三月内,公历4月5日前后。民间习俗清明三件事:祭祖,插柳,踏青。

四川各地祭祖俗尚大致相同,人们皆备供酒、香烛、纸钱、鞭炮、供果,举家前往祖茔,摆好祭坛,燃放鞭炮,烧纸钱,家人按序磕头跪拜,并将纸钱或纸幡挂在竹竿上,插在坟头,称为"挂青""标坟"。同日,各宗族祠堂都举行祭祖仪式。毕,有膳食或分以供品。

插柳之俗始于唐代,后世流为民俗。清代戴柳之风遍于全川,男女一般于是日戴柳圈于首,游田野,或插柳于门窗前以辟邪。民间有谚语说:"清明不戴柳,死去变黄狗。"川人评论说:"以柳枝插门首,沿江淮故事,今簪于首,风尚各别如此。"②

"踏青"又名"春游",特别盛行于城镇居民。清明时,春天来临,人们相邀出城观赏盛开的李花、桃花,去河边折垂柳嫩枝,履插柳之俗,让身心沐浴在春光明媚的大自然之中。此时放风筝、吃荠菜饽饽,也都是四川传统习俗,是四川民俗文化的组成部分。吕燮柜《渝州竹枝词》云:"春来扫墓踏青行,翠翠红红尽出城。多少少年游侠子,纸钱灰里醉清明。"③ 王培荀有"踏青游女绣罗襦,云鬓均粘柳林符"④ 的诗句。

3. 端阳节

农历五月初五,是汉族崇奉的端午节,四川称"端阳节"。相传为吊唁屈原

---

① 《童山诗集》卷26,第354页。
② 嘉庆《汉州志》卷15,第5页。
③ 《四川竹枝词》,四川人民出版社1989年版,第2页。
④ 《四川竹枝词》,第124页。

而设，唐宋时四川便广为流行，这一天，悬菖蒲、艾蒿于门上，以驱邪除秽；挂香囊于身，以避蚊蝇。其他诸如饮雄黄酒、吃粽子、赛龙舟诸习，与他省皆同。六对山人《锦城竹枝词》云："龙舟锦水说端阳，艾叶菖蒲烧酒香。杂佩丛簪小儿女，都教耳鼻抹雄黄。"① 在龙舟赛上，还有"抢鸭子"活动。其时，彩船上先后抛鸭子于河中，各龙舟争向鸭子出没之处划去，并跳入河中争抢，抢到鸭子即归各船所有，抢得越多，成绩越好，因此争抢异常激烈，娱乐性特别强。成都旧有在端阳节打李子之习，少年齐集东校场，互以李子对掷，追逐、吆喝，观者如堵。

4. 中秋节

农历八月十五是中秋节，是汉族传统的三大佳节（过年、端午、中秋）之一。是日，各家各户要打糍粑、杀鸭子、做麻饼，亲友间互赠月饼，取团圆之义，故又称中秋节为"团圆节"。晚上，皓月当空，全家老小都齐集户外"赏月"。

四川旧时还有中秋节晚"偷瓜""送瓜"的习俗，不孕之家，夫妇借月华之光，潜入农家菜地偷摘南瓜，破瓜得籽（子），视为吉利。农家亦不干涉，或者向不孕之户送上一瓜，以慰其盼早生贵子之心。陈蕴辉有"竹枝词"一首，以记其事："箫鼓声声月未斜，中秋桂子落谁家。嫦娥也觉团圆好，照见人家正送瓜。"②

（三）婚丧俗

1. 婚嫁

清代四川汉族男女婚嫁仍依"父母之命，媒妁之言"，无敢逾越者。清末有自由恋爱之风，但仅限少数仕宦子弟。

多数人家婚配，媒人成为不可或缺的中介，即俗称"天上无云不下雨，地下无媒不成亲"。而媒人多能体揣双方要求，如："门当户对"，即俗呼"板板门对板板门，笆笆门对笆笆门"；双方人品和身体健康状况；有无前科和不良陋习等。媒婆亦有操守欠缺者，不讲真话者，并进而引发婚后的纷争和诉讼。因此，社会对职业媒婆都持戒心。

---

① 《成都竹枝词》，第49页。
② 《四川竹枝词》，第144页。

四川妇女还有"簪花""开脸"之俗，即所谓"非簪花不即婚，非开脸不即嫁"①；男性青年也必须在施"冠礼"以后，才能论婚娶。清末，冠礼已不盛行，"彭人不知冠礼，缙绅家偶或行之"②。

四川汉族婚娶过程无多大差别，只是在行使中有些名称不同而已。男女两方首先提媒者，书年庚于媒人，另家接柬，亦将子女年庚开明，交媒人携回，即"浼星士查生尅，以凭可否，谓之合八字。合则用描金红全柬排书男女年庚，谓之换庚帖"③。亦有得到另方庚帖后，禀告祖先，七日内家中无不祥之事发生，即"谓之天合婚"④，俗称"六合"。媒人送庚帖至女方，"谓之插花"，"谓之换帖"。婚期既定，"男家预帖递期，谓之报期及奠雁"⑤。迎亲之前，女方有"哭嫁"之俗，甚或亲属姊妹也帮着哭，诉说娘家对己恩情和别离之苦。"哭嫁"之俗，各地稍有不同，"渝城仅哭而词不达，合川多词而哭不随，广岳则设歌堂，有哭有词，但是词不甚雅驯"。大喜之日，男方一般不亲迎，请一女眷随迎亲彩轿往迎，女方亦请一女眷伴送新娘至男家。"三拜"后送入洞房及"揭头盖""合卺酒""闹房"诸俗各州县均相同。三日后，女方派人迎新婿夫妇至家宴会，俗称"回门"。至此，结束了婚礼全过程。

2. 丧葬

清代崇儒，儒主厚葬。四川幅员辽阔，五方杂处，厚葬之俗虽有小异，但大的过程无甚差别，对某一细节，因方言稍殊，称谓亦有别。但贫富之间丧葬有些差别，如"丁忧""暂厝""守制""祖坟山"等，贫者是无力俱备的。

农民及城镇贫困小户，丧葬之俗过程不从简，如：对老人早备"寿木""寿衣""墓地"；临终前子女必须守在床前"送终"；灵堂设置与香烛纸钱不能少；披麻戴孝向吊唁人送白帕子不能免；哭泣在"断气""祭奠""入殓""下葬"时不能免；为尸体守夜和停尸于家数日不能无；葬毕竖碑及"打丧伙"亦视为必具环节；七日一祭多数人家只做到"三七"，仅烧点纸钱而已，少数能坚持到"七七"，整个葬礼才暂告一段落，贫者亦因此负债累累。关于守制期间禁婚嫁、

---

① 民国《重修彭山县志》卷2，第1页。
② 光绪《彭县志》卷3，第43页。
③ 嘉庆《温江县志》卷14，第2页。
④ 道光《中江县志》卷1，第28页。
⑤ 《成都通览》上册，第221页。

禁饮酒、着孝服，年节不贴红对联等，一般都能做到；三年守制期满，对父母的葬礼方告结束。

仕宦富贾之家，厚葬除各环节规模更隆重外，为官者要"丁忧"三年；死后次日即请和尚或道士做"道场"三、五、七日不等；在做"七七"祭日时，还要焚烧纸房、纸人、纸轿、纸马，场面壮观，更有请巫婆至家"招魂"者。棺木"暂厝"寺院道观，择吉日下葬于自家或家族坟山之上。不少士绅、官员在墓地搭棚守孝三年。这种丧礼在清前期仕宦中有之，清晚期渐少。富室一场丧事办完，用费少者百两，多者数百两银子亦在所不惜。而一般穷困小户，"数日而葬，谓之乘凶葬"[1]。热天三五日下葬，冬天七日之内。

第三节　饮食文化

一、川菜文化

从乾隆初期至清末，是川菜形成时期。它包含了以下诸种条件：（1）乾嘉以来四川社会安定、经济繁荣，各类食品原辅材料四时取之不竭；（2）有一定高消费阶层的存在，便于厨师烹饪实践；（3）有专业烹饪书籍刊印或传抄，有利于烹饪技术的普及和提高，并大大丰富了川菜的品种；（4）调味品的齐全，特别是辣椒、霜糖、保宁醋的引进和创制，使咸、甜、香、辣、麻、苦六种母味型变换为23种常用味型，再加上姜、葱、蒜、酱、糟、酒、陈皮、八角、山柰的酌量使用，还可以调配出更多的川菜味型。

清末，不少四川官员，也提倡美食。黄晋龄开办"姑姑筵"；四川警察总监贺伦夔倡导"北菜川烹，南菜川味"；四川劝业道周善培鼓励筵席创新，翻出芋头圆子、茄皮鳝鱼等"周派菜品"[2]。这些都是川菜形成期的一种表现。

川菜按不同阶层需求，大致可分以下几类：一是筵席大菜，专供达官绅商应酬之用；二是一般席桌菜，城市士子、中小商贾偶尔酬客之用；三是家常菜，

---

[1] 《邛嶲野录》卷13。
[2] 陈光新：《中国烹饪史话》，湖南科技出版社1990年版，第247页。

也称大众便餐，荤素搭配饱肚之用；四是三蒸九扣菜，一般称为"田席"，是农村红白喜事和年节之用；另有风味小吃，供包席或游客品尝。但是，广大贫苦百姓之家，谈不上美食佳肴，即如西充县训导刘鸿典所言："喜逢嘉客火锅烧，也识鸡豚味最饶。借问平时糊口计，可怜顿顿是红苕。"① 情况稍好一点的农户，能吃上豆花下饭，一月打一次"牙祭"，就不错了。

若按不同品种分类，则有以下系列菜：一是海鲜类。有燕窝菜、鱼翅菜等价格较高的系列菜。二是豆腐类。是川人不可或缺的菜肴，贫富均宜，老少均喜，其中尤以冻豆腐、芙蓉豆腐、麻婆豆腐、煎豆腐、油豆腐等为筵席、家庭常用菜，而豆花更为全川百姓所青睐，其葱花、豆瓣、煎菜油、酥黄豆混拌的一碟香料，人人皆为其垂涎。三是猪、牛、羊肉类。猪肉菜肴品种甚多，如蒜泥白肉、东坡肘子、坛子肉、青椒肉丝、甜烧白、咸烧白、回锅肉、盐煎肉等。回民还创制出成都"夫妻肺片"、阆中"王板凳牛肉干"等著名品牌。四是鸡、鸭、鹅、禽类。禽类菜肴一般都通过炖、烧、炒、烤、卤诸法成菜，各地大同小异，以白油鸡片、椒麻鸡片、宫保（爆）鸡丁、烧鸭舌掌、酱烧鸭、清蒸大甜鸭为最有名。五是水产类。清代具有特色的鱼类菜肴，有红烧鳖裙、红烧鱼唇、鲞鱼烧肉、五香熏鱼、炖脚鱼、炒鳝鱼等。六是蔬菜类。川省以蔬菜为主的名菜肴有：蒜薹肉丝（以腊肉丝最上口）、韭黄肉丝、冬瓜火腿、茄子烧肉、溜青菜、炒油菜薹等。七是小吃类。四川"小吃"涵盖的内容很广，诸凡在菜肴以外的"点心"、糕饼、汤羹、包饺皆属之。简阳人赖源鑫于光绪年间在成都挑担卖汤圆，由于皮薄质美，逐渐为深巷闺秀、士子所赞许，逐渐名满蓉城，设店专营，慕名来食者，络绎不绝，人称"赖汤圆"。

川菜烹饪技巧，仍以水熟、油熟、直烤法为主，间或使用物熟法（盐焗、沙炒、烟熏、泥裹）。其中，尤以水熟、油熟二法为常用之法，是川菜成菜最擅长而又是花样最多的烹饪方法。

由于川菜品味多，烹饪法齐备，所以川菜受到"一菜一格，百菜百味"的赞许。

川菜烹饪技巧还包括刀法、火候两门技术，它是川菜做到鲜、嫩、香的重要环节。刀法不仅制作出精美绝伦的菜形，丝、条、片、块、丁有如模制，使

---

① 《四川竹枝词·西充竹枝词》，第 193 页。

人食欲大增，而且使菜肴入味均匀，鲜嫩可口。火候分旺火（猛火）、中火（常火）、小火（文火）三类，间有用微火者。一般家庭烹饪，均以煤柴作燃料，间或有用枫炭者。厨师可从火的亮度上判别火力之强弱。炒、爆宜用旺火，烧、煎、煮宜用中火，炖、焖、煨宜用小火。只有火候适当，烹饪出的菜肴才能达到色、香、味俱佳的境界。

四川人有"尚滋味""好辛香"的传统。明清时期海椒传入四川后，丰富了川人"尚滋味""好辛香"的内涵。若以为川菜唯麻辣，则是一种误解。

咸、甜、酸、辣、麻、苦六味，为一切菜肴之本味，川菜则通过厨师的调制，可以制成二三十种品味。主要有鱼香味、五香味、姜汁味、陈皮味、怪味、烟熏味、蒜泥味、酸辣味、麻辣味、椒盐味、冲辣味、红油味、辣子味、椒麻味、胡椒味、豆瓣味、荔枝味、甜味、糖醋味、醋熘味、鲜糟味、酱味、白油味、家常味、红烧味、白汁味、麻酱味、芥末味、咸甜味。有些蔬菜微苦，如苦瓜、青菜头等，厨师仍能使其保持原汁原味。

各种不同的味觉，会包含不同的香气，如醋香呈酸味、陈皮香呈苦味、花椒香呈麻味、荔枝香呈甜味。只有鼻、舌同时得到满足，菜肴的鲜味才被肯定；加上悦目的菜肴颜色，才能得到色、香、味俱佳的评价。四川厨师长于三者的完美结合。

欲使正宗川味远播，还必须依靠正宗调味品。四川一年四季常青，各类调味品都能自给有余，不缺供应。蔬菜类调味品有：葱、蒜、仔姜、芹菜、韭菜、泡菜、辣椒、榨菜、芽菜、冬菜、豆豉；干货调味品有：胡椒、花椒、辣豆瓣、甜酱、干姜、芥末、大茴、小茴、山奈、八角、杏仁、陈皮、芝麻、丁香、草果、甘草、白芷等。酒也是不可缺少的调味品，有重庆生产的"仿绍"，以及各地糟坊生产的糯米酒和醪糟汁等。各种调味品用量都有规定，川厨皆能运用自如。

川菜菜谱手抄本、刊印本的出现，是川菜烹饪经验的总结，川菜核心特点——"味在四川"被确认，是川菜形成时期的主要表现。川菜形成期是其扬名宇内的关键时期，它为半个世纪以后进入发展推广期并成为中国四大菜系之一奠定了坚实的基础。

二、川酒文化

川酒历史漫长，明代是川酒向高质量攀登时期，而向外省引进先进"制曲"

第十八章 清代四川文化(下)

"窖池发酵""蒸馏""勾兑"技术,在这一时段均有记录,为清末几大名酒的诞生打下了坚实的基础,并创造了全国唯一的浓香型曲酒,是四川酒文化的瑰宝。

清代前期有严格的禁酒令,康雍乾都下过无数道圣旨,惩罚亦甚重,对全国酒业发展起到一定抑制作用。四川在康熙前期忙于医治战争创伤,军民口食尚仰赖外省供给。雍乾时期,四川经济得到恢复,但酿酒业规模甚小,因为还没有形成以缙绅、富贾、官僚为首的消费群体;同时各州县对酿酒业征收"规费"①,也抑制着新糟户的创建,而朝廷禁酒令也不敢违拗。乾隆五年(1740),朝廷令川抚"切谕小民撙节爱惜,弗靡费于无益之地,如造酒、造曲诸事,尤宜禁约"②。但是,自产自用和馈赠亲友的家酿酒,只要不超过限量,不进入市场,就不在禁令管辖之内,而且是四川人民数千年饮用酒的主要来源。酒与人类生活非常密切,诸如祭祀需酒,时令需酒,习俗需酒,人际交往需酒,个人创作冲动需酒,政治图谋需酒,御寒治病需酒,而所派生的酒文化内涵,千姿百态,蕴涵广阔,只能择其要者以记之。

(一)诗与川酒

巴蜀自古即以诗赋文章闻名于世,自文君"当垆"佳话始,酒与诗便结下了不解之缘。

清代新繁三费、丹棱四彭、罗江四李、遂宁二张,都是四川著名诗人,留下众多诗篇,其中尤以不饮酒的李调元和酗酒滥酒的张问陶涉酒诗篇最佳,精彩之处,堪称绝妙。

李调元18岁作《将进酒》诗,有"壶中有酒且须酌,莫教酒尽求人怜"句③。他对酒及酒具研究造诣颇深,在《明经巩五其建昌馈丰谷烧酒临去屡索酒笼诗以戏之》诗中说:

> 吾虽不嗜酒,颇喜谈酒具,生长本蜀人,酒悉知其故。白虽名惠泉,比较无锡误。黄者名绍兴,不产会稽处。惟郫县称良,哑则以筒呴。微嫌淡于水,不能令人酗。中江有小曲,巨釜滴小注……就中数绵竹,大曲清

---

① 民国《富顺县志》卷5第58页载:"旧规,每糟房一家……征收烧锅钱二千二百四十文。"
② 《高宗纯皇帝实录》卷122。
③ 《童山诗集》卷2,第20页。

第十八章 清代四川文化（下）

若露。秦人之所酿，西门名尤著。实足称醇醪，但少生辣趣。独有丰谷烧，味如薑桂互。一樽未及开，冲人数十步①。

这是李调元在嘉庆三年（1798）写的咏酒诗，对四川当时所产中江"惠泉"、重庆"仿绍"、"郫筒酒"、中江小曲、绵竹大曲以及丰谷烧酒都作了介绍，堪称清代四川酒谱，尤以五言诗体表现出来，押韵自然，更是难得，达到酒与诗最佳结合。

张问陶为乾嘉年代诗坛奇才，其嗜酒程度超过酒仙李白，在其4000多首诗中，有关酒、饮、醉的诗占1000多首。他的《醉后口占》诗云："锦衣玉带雪中眠，醉得诗魂欲上天。十二万年无此乐，大呼前辈李青莲。"②时人以其诗之"狂"、酒之嗜，以"小李白"称之。而其"涉酒"诗更为绝妙："酒贵诗情苦，拈毫兴索然"；"诗不惊人酒不争，疏狂收取十年名"；"本无作诗心，对酒忽成句。不醉诗不来，既醉诗已去……酒气出十指，下笔遂多误。酒自不负诗，诗终酒之蠹"；"吸尽都城酒万杯，此行原不算空回。眼前醉语天收去，别后诗情梦补来"。由于诗人过多酗酒，不仅家境拮据，而且造成对身体的伤害，英年即长眠姑苏。

（二）习俗与酒

四川各地诸色人等，时令年节、婚丧寿祭、御寒防湿、祛病烹饪，都离不开酒。酒成为家家户户不可或缺的用品。官宦富室用名牌商品酒，农夫贫户皆用家酿酒。

农耕与酒：清代与前朝一样，很多祭天、祭神之礼，皆为农耕。不少祭祀完毕，官宦士绅聚饮以庆。如都江堰开水日之庆祝、府州县"江渎庙"之祭礼等。农家为不误农时，大都以"换工"方式，流行"栽秧酒""开镰酒""打谷酒""丰收酒"。斯时，农家日供饭食五餐，餐餐有酒、有肉。以家酿酒为主，亦有乡镇糟坊"土烧"。四川又流行"赶场"，农民皆携带自产物品赴场销售，购回所需生产工具和生活用品，若有赢余，二两"白干"、一份豆花饭，其乐无穷。

---

① 《童山诗集》卷36，第501页。
② 上述张问陶诗句，均引自《船山诗集》，中华书局1986年版。

第十八章 清代四川文化（下）

节日与酒：四川传统节日，各地率皆相同，顺序以除夕团年酒、迎春酒、清明祭扫酒、端午雄黄酒最为普遍，可以说无节不酒。"除夕"之夜，合家恭肃站立堂下，依辈序给祖先叩头。李调元《己酉除夕》："却检生衣祀祖先，合家欢庆拜庭前。"① 长者"以酒酹地"，必用酒。祭祖、吃团年饭，必用酒。迎春互拜亦必用酒。李调元诗《初四日携眷至曹大姑家贺新》："又酌大姑酒，红炉尽室围。雪消松叶健，春早杏花飞。"②《射洪县志》载："正月元日……阖家合饮屠苏酒"，以避瘟疫，"如有亲朋互拜，必款留饮此酒……尽欢而散"③。四川女诗人耿静如有《戊寅（1878）除日》诗一首，催人泪下。其诗云："爆竹声中泪暗挥，屠苏一盏奠灵帏。伤心最是三龄子，犹说辞年待父归。"④ 后其子崔荆南成进士，点翰林。正月十五之前，川俗亲友有互相请春酒习惯，"年景花开兰草香，家家春酒客来忙"⑤。德阳县是川西农业大县，其年节饮酒习俗颇有代表意义。"岁重三节，端午饮菖蒲酒，食角黍；中秋食饼饵，饮桂花酒。此二节者，姑、姊妹女子出嫁者，皆迓之归宁。年终岁首先月宰猪为腊肉，比间族戚交相过从，以醉饱为敬"⑥。端午饮雄黄酒最为普遍，大人在小儿前额用雄黄酒书"王"字，以避邪祛病。

典礼祭祀与酒：清代典礼甚多，有延古礼而遵行，有新立之礼各地必执行。在这些典礼中，有"以酒酹地"和饮宴两种，各府厅州县所在地必奉行。祭礼为大典，"顺治三年（1645）定每岁以春秋仲月上丁日致祭……司尊者举冪酌酒……主祭官饮讫"⑦。祭关公、文昌，皆用"尊一爵三"。祭"社稷坛""神祇坛"，均用"爵三尊一"。四川还要特祭川主祠，向李冰父子献"尊一爵三"。

各府厅州县每逢正月十五和十月初一，举行"乡饮酒礼"。乡试之时，还要举行"宾兴礼"，此为古礼，必须奉行，官绅士子被邀入席，举杯共饮，畅述乡情，嘉勉生员，尽欢而散。

至于民间祭祀、婚丧用酒更为普遍。叙州府丧事用酒名目："凡曾进香吊

---

① 《童山诗集》卷32，第372页。
② 《童山诗集》卷32，第1页。曹大姑名李小兰，李调元之妹，适曹家。
③ 光绪《射洪县志》卷4，第1页。
④ 《国朝全蜀诗钞》卷61，第15页。
⑤ 《成都竹枝词》，第81页。
⑥ 道光《德阳新志》卷1，第23页。
⑦ 光绪《雷波厅志》卷18，第1~3页。

唁，皆具素柬邀之饮，谓之烧香酒……必有祭文，丧主皆治具款之，谓之开奠酒；葬之日，亲友毕会，执绋以送，丧主仍治具酬之，谓之送丧酒。"① 川西人皆言"打丧伙"。会馆月月有祭神、赛会之事，用酒亦为大宗。酒在民众之间耗量巨大，推动了川酒的研制和质量的提高。

三、川茶文化

（一）诗词与茶

川茶历史悠久，历代文人墨客吟咏川茶的诗词，不绝于书。

最脍炙人口的名句，莫过于元明时出现的"扬子江中水，蒙山顶上茶"②，把四川蒙顶茶传播四面八方，茶馆、茶坊均作为对联张挂，茶客均能默记咏诵，为四川茶文化的传播，起到难以评估的作用。

在康熙初，名山县民罗登应在香花崖下种植茶树，至咸同间，"树大合抱，老干盘屈，枝叶秀茂……叶较别茶粗厚，入杯中云雾蒙结不散"③，因名"雾钟茶"，此是蒙山茶之一种，从此可知。整个蒙山所产之茶，皆有"云雾蒙结"的现象，清香扑鼻之味随着煮煎的水蒸气，从杯、盅中升起，"仙茶"之名远播。有关"仙茶"诗歌史不绝书。

四川采茶山歌诗意浓郁，选择一首，以显川茶文化内涵：

> 采茶采茶初采茶，清明谷雨茶发芽；
> 茶到发芽被侬采，采侬去者是谁家？
>
> 采茶采茶再采茶，姑嫂房中齐叹嗟！
> 小姑问嫂低声道，哥哥背柴未回家。
>
> 采茶采茶三采茶，采得茶来卖商家；
> 商家娘子不知苦，不去采茶去采花④。

---

① 光绪《叙州府志》卷2，第3~4页。
② 此佳联最早出于元代李德载小曲《蒙山顶上春光早》，曲云："蒙山顶上春光早，扬子江心水位高。"后，明代陈绛《辨物小志》有："谚云，扬子江中水，蒙山顶上茶"句。
③ 光绪《名山县志》卷8，第8页。
④ 光绪《天全州志》"文征"。

（二）四川茶馆文化

我国茶馆历史甚早，唐称茶肆，宋称茶坊，元明因之。清代北方有称茶社、茶园，四川率称茶馆。明蜀人张岱说"崇祯癸酉（1633），有好事开茶馆，泉实玉带，茶实兰雪，汤以旋煮，无老汤，器以时涤，无秽器，其火候、汤候，亦时有天之合者"[①]，一般皆以此说为茶馆之始。

清代乾嘉时期，社会日趋安定，四川茶馆已较为普遍。乾隆五十九年（1794），李调元"过白鱼铺，偶坐茶坊，主人严姓乞诗，赠以二十字云'路往什邡城，茶坊要留句；也算途人中，知己偶一遇'。今再至，则坊已易主"[②]。同光时期，即使是穷乡僻壤的幺店子，亦有茶馆傍依竹林、溪边、桥头待客；而州县乡镇水陆码头热闹之地，街街遍布茶馆，视为常事。宣统初，简阳人傅樵村统计成都街道"凡五百一十六条"，而茶馆在"省城共计四百五十四家"[③]。

四川茶馆不同于豫、鲁、闽、粤和江南，它有三大特点，展现出四川浓郁的乡土古风。

其一，竹椅矮桌的茶馆设置独一无二。清一色的竹靠背椅和稍矮的小方桌，可拆可拼，少则二三人，多则十余人，均可围坐畅叙乡情、友情。四川气候适宜竹子生长，各类竹器价格便宜，开设茶馆投入不多。竹椅可坐可靠，甚至可以打盹，不会跌倒，而竹椅坐垫多用籐条编，柔软舒适，劳动之余，可在茶馆中得到恢复，怡静清闲；长途跋涉，可以在此歇脚、解渴。

其二，茶具和掺茶技术独一无二。北方、江南均用壶茶杯饮；四川则是用盖碗茶。茶碗、茶盖、茶托三小件饮茶器具及快速冲茶技巧，使饮者目不暇接，倍感亲切。茶倌手执十余套已放入茶叶的盖碗托，在茶客落座的同时，托碗已整齐到位。有的茶倌手执长嘴紫铜壶，可在一米以外一滴不漏地将开水射入茶碗；有少数茶倌还可以从饮者头上悬壶射出开水，俗称"雪花盖顶"；茶倌双手各提一壶，同时射水入茶碗，俗称"双龙戏珠"；对着茶客茶碗射出，而无飞水溅湿客人衣襟，俗称"海上飞虹"。这些冲茶绝招，代有继人，成为四川茶文化亮点之一。

---

① 张岱：《陶庵梦忆》卷8，"露兄"。
② 《白鱼铺有彭生馈盐鱼有感而作》，《童山诗集》卷35，第473页。
③ 《成都通览》，第253页。

第十八章 清代四川文化（下）

其三，多功能的服务项目独一无二。四川茶馆似有不成文的规定："善待顾客，重在包容。"茶客也把茶馆当做最佳休息场所，一杯茶可以坐至"打烊"，堂倌从不"吆客"。饮茶客还可以得到各方面的服务，如：挖耳、听曲、"打围鼓"，小件赶场物品搁置，购买流动小贩香烟和瓜子，传言带话、提供民事调解，等等。

康乾以来，四川五方杂处，移民与土著之间的矛盾、百姓之间的民事纠纷，累累不断。若告到官府，"锁押有费，口食鞋脚又有费"，刁讼从中搢索，胥吏还要从中敲诈一笔，双方尽受其害。所以一般是纠纷双方请村社约正、耆老在茶馆调解，"到茶馆去说理"就成为川人的口头禅。俗谓："一张桌子四个脚，说得脱来走得脱"。理亏者开茶钱、赔不是，遵约正、耆老意见，解决后续应办诸事所费，一杯茶仅一二制钱而已。茶馆提供拼桌、安座、勤掺开水服务，纠纷双方及茶馆均感满意。

四川茶馆气质大度，不仅供茶，亦允"扬琴""评书"等民间曲艺入场演唱，不买茶座者，亦允旁立而听。更有甚者，喜爱川戏的众"玩友"，泡上几杯茶，亦可在此清唱，切磋技艺。唐幼峰的《川剧杂拾》说："票友亦称玩友，为各界喜好戏剧之人，茶余酒后，学习打唱，以资娱乐者。其唱戏谓之'打围鼓'，俗称'唱板凳戏'，地点多在茶肆。"①

川剧五种唱腔，其中川昆、高腔、胡琴、弹戏均在明末清初相率由江南、湖广、陕、甘、晋诸省传入，在四川五大水系码头会馆、茶馆中演出、磨合，至清末才形成富有地方特色的川剧。而"玩友"在茶馆中"打围鼓"，在全川极为普遍。茶馆应是五种唱腔最早的磨合地。不少打、唱玩友"下海"后，成为名鼓师、名艺人②。四川茶馆为川剧的形成尽了绵薄之力，是毋庸置疑的，也是四川茶文化的一个亮点。清末冯家吉有《竹枝词》云："梨园全部隶茶园，戏目天天列市垣。卖座价钱分几等，女宾到处最销魂。"③

遍布全川城镇街道码头、乡村桥头渡口的茶馆，还推动了四川制茶业、陶瓷业、竹制品业、锡铜制品业的发展，可谓是四川茶文化的延伸。

---

① 转引自邓运佳：《川剧艺术概论》，第493页。
② 参见邓运佳：《川剧艺术概论》第9章，第491～500页。
③ 《成都竹枝词》，第91页。

大事年表

1644年　顺治元年

清军进入山海关,在北京建立清朝政权。

张献忠率军攻克成都,推翻明朝在四川的统治,建立大西政权。

1646年　顺治三年

肃亲王豪格率领清军从陕西攻入四川。清朝四川政权机构暂建保宁(今阆中)。

张献忠在抗清中战死于西充凤凰山。

1653年　顺治十年

清廷准四川荒地官给牛种,听兵民开垦。

1661年　顺治十八年

四川布政使司公布全省人口为16096丁,按一丁五口计,全省人口仅8万余人。

1664年　康熙三年

清军剿灭夔东十三家抗清力量。

1665年　康熙四年

清朝四川政权机构全部由保宁迁成都。

1668年　康熙七年

四川巡抚张德地奏请迁湖广人士填实四川。

大事年表

1674 年　康熙十三年

平西王吴三桂叛乱。长达 8 年的四川平吴战争开始。

1704 年　康熙四十三年

四川按察使刘德芳在成都文翁石室旧址创建锦江书院。

1706 年　康熙四十五年

大渡河上第一桥——泸定铁索桥建成。

1712 年　康熙五十一年

康熙谕令，"滋生人丁，永不加赋"。

1726 年　雍正四年

云南巡抚鄂尔泰奏请改土归流，四川改土归流拉开序幕。

1727 年　雍正五年

清廷开始在川清丈土地。

1729 年　雍正七年

德格土司登巴泽仁修建德格印经院。

1749 年　乾隆十四年

第一次金川之役，平定大金川土司叛乱。

1760 年　乾隆二十五年

什邡张宗法撰成《三农纪》。

1776 年　乾隆四十一年

第二次金川之役，平定大小金川土司叛乱。

1781 年　乾隆四十六年

李调元开刻《函海》。

1786 年　乾隆五十一年

6 月 1 日（五月初六日）打箭炉、泸定间发生 7.75 级地震，震中裂度超过 10 度。

1796 年　嘉庆元年

川、楚、陕白莲教起义爆发。

1816 年　嘉庆二十一年

常明、杨芳灿等纂修《四川通志》刊行。

1835 年　道光十五年

盐都自贡凿成世界上第一口超千米（1002.42米）深井——燊海井，创造了世界深井钻井新纪录。

1840年　道光二十年

第一次鸦片战争爆发。

法国传教士潜入四川传教，建立天主教四川教区。

1851年　咸丰元年

太平天国起义爆发。清政府定四川为"协济省"。

1859年　咸丰九年

李永和、蓝朝鼎在云南大关发动反清起义，随即进军四川。

1863年　同治二年

第一次重庆教案发生。

石达开所部太平军在大渡河畔覆没。

1875年　光绪元年

尊经书院在成都建成开学。

1876年　光绪二年

中英签订《烟台条约》，规定"四川重庆可由英国派员驻寓，查看川省英商事宜"。

1877年　光绪三年

川督丁宝桢在成都组建四川机器局。

1886年　光绪十二年

四川第一条电报线路自汉口经万县、重庆、泸州到成都架设完成。

廖平撰《今古学考》及《续今古学考》《辟刘篇》《知圣篇》等相继问世。

1888年　光绪十四年

英国冒险家立德企图率"固陵"号轮船侵闯川江。

1890年　光绪十六年

中英签订《新订烟台条约续增专条》，英国取得在重庆开埠通商的特权。

大足余栋臣武装仇教事件爆发。

1891年　光绪十七年

重庆设立海关。英国在重庆设立领事馆。

川商卢干臣等在重庆创办森昌正火柴厂

1894年　光绪二十年

中日甲午战争爆发。刘光第撰写《甲午条陈》。

1895年　光绪二十一年

中日签订《马关条约》，重庆开为商埠。

川籍举人张联芳、杨锐等在京参加康有为等发起的"公车上书"。

成都教案发生。

1896年　光绪二十二年

法国、日本、美国在重庆设立领事馆。

川督鹿传霖在省城创设中西学堂。

1897年　光绪二十三年

宋育仁、杨道南等在重庆创办《渝报》旬刊。

1898年　光绪二十四年

宋育仁、吴之英、廖平等在成都组织蜀学会，创办《蜀学报》，刊行《蜀学丛书》。

杨锐、刘光第等"戊戌六君子"就义于北京菜市口。

1900年　光绪二十六年

义和团运动爆发。大邑县民罗文榜举旗响应。

1901年　光绪二十七年

清廷宣布推行新政。四川大吏遵旨相继在川兴学校，废科举，办警察，练新军，振兴商务，发展实业。

四川选派第一批官费生22人赴日本留学。

川东义和拳散发揭帖，提出"灭清剿洋兴汉"口号。

日本在重庆王家沱设立租界。

1902年　光绪二十八年

四川省城高等学堂创办于成都。

1903年　光绪二十九年

朱蕴章、杨庶堪等在重庆创办《广益丛报》。

邹容《革命军》在上海出版。

川督锡良奏请设立川汉铁路公司。

英国人控制的重庆海关永租重庆"打枪坝"。

1904年 光绪三十年

德国在重庆设立领事馆。

卞鼒创办《重庆日报》。

重庆成立总商会,成都及不少府厅州县相继建立商会组织。

1905年 光绪三十一年

巴塘事件发生,杀死驻藏帮办大臣凤全。

川督锡良奏请在川开办"四川官银行"。

1906年 光绪三十二年

中国同盟会重庆、成都支部建立,随即在川发展组织,宣传革命,发动武装起义。

赵尔丰任川滇边务大臣,在川边厉行改土归流,开发藏区。

1908年 光绪三十四年

商办川江轮船公司成立。

1909年 宣统元年

成都劝业场(商业场),正式开业。

四川绅商从英商手中赎回江北厅矿权。

四川省咨议局在成都成立。

1910年 宣统二年

美、英、加(拿大)三国的5个基督教会在成都创办华西协合大学。

1911年 宣统三年

5月9日 清廷宣布铁路干线国有政策,四川保路运动兴起。

9月7日 川督赵尔丰制造成都血案,同志军武装起义爆发。

9月25日 荣县独立。

11月22日 重庆独立,建立蜀军政府。

11月27日 成都独立,建立大汉四川军政府。

1912年 民国元年

3月 成渝两军政府合并,通告全川统一。

后　记

　　本书的编写工作是在重修《四川通史》编委会及《四川通史》主编的统一规划和指导下进行的。由于重修《四川通史》对本卷的历史断限作了重大调整，所谓"重修"，实际上是"重写"。因此，本卷在原课题组的基础上重新组织了课题组。新的课题组由四川省社会科学院的吴康零、张力、王纲、王炎，四川省地方志编纂委员会的张学君，成都市社会科学院的张莉红、胡越英等七人组成。吴康零任主编。各章执笔人如下：

　　王　纲：第1章、第2章、第11章；

　　王　炎：第3章、第12章；

　　张学君、张莉红：第4章、第13章、第14章、第15章；

　　胡越英：第5章；

　　张　力：第6章、第16章、第17章、第18章；

　　吴康零：前言、第7章、第8章、第9章、第10章、大事记。

　　贾大泉、胡越英、张学君、吴康零等参加了本书图片的收集工作。图片文字说明由吴康零撰写。本书所配图片主要来源如下：（1）晚清、民国时期国内学者以及来华的西方传教士、探险家、学者等拍摄的反映四川风土人情的历史文化照片；（2）档案馆、博物馆、研究机构、高校图书馆收藏的历史图片；（3）由师友提供的部分文物及古建筑图片。按全书统一标准，本书所配图片未能分幅署明来源，我们在此一并表示感谢。

后 记

本课题组成员，虽多年涉足四川清史及四川省志资料的搜集、整理、编纂与研究工作，但我们在编撰本书时，仍严格按照编委会关于"打造精品"的要求，对自己过去形成的某些见解和看法，认真进行反思，吸收了学术界的最新研究成果，挖掘了一些新的史料，并对有的史事重新作了订正。王炎及张力、吴康零等人还分别前往南充、新津查阅了南部清档和新津档案馆收藏的有关史料。

本书在编写过程中，直接得到了四川大学隗瀛涛教授、彭静中教授，四川省民族研究所李绍明研究员、周锡银研究员，四川省社会科学院曾绍敏研究员、陈文渊编审等师友的关心、支持与帮助；四川省社会科学院文献信息中心、四川省图书馆等单位为我们查阅文献资料提供了方便；四川人民出版社的编辑对本书的出版付出了辛勤劳动。在此，一并致以最诚挚的感谢。由于我们学识有限，功力不逮，以致本书繁简难免失当，甚或有疏漏谬误之处，祈盼学界同人和广大读者匡正。

编　者

2009 年 2 月